© Cambridge University Press 2003
Comparative Legal Studies: Traditions and Transitions
Originally published by Cambridge University Press in 2003
This translation is published with the permission of the Press of the Cambridge University.

法律今典译丛

比较法研究

传统与转型

Comparative Legal Studies
Traditions and Transitions

〔法〕皮埃尔·勒格朗 〔英〕罗德里克·芒迪 主编
李晓辉 译 齐海滨 吴静 校

著作权合同登记号:01-2005-3733

图书在版编目(CIP)数据

比较法研究:传统与转型/(法)勒格朗,(英)芒迪主编;李晓辉译.—北京:北京大学出版社,2011.1

(法律今典译丛)

ISBN 978-7-301-15191-4

Ⅰ.①比…　Ⅱ.①勒…②芒…③李…　Ⅲ.①比较法学-文集　Ⅳ.①D908-53

中国版本图书馆 CIP 数据核字(2009)第 070878 号

书　　　名:	比较法研究:传统与转型
著作责任者:	〔法〕皮埃尔·勒格朗　〔英〕罗德里克·芒迪　主编
	李晓辉　译　　齐海滨　吴　静　校
责 任 编 辑:	周晖煜　王　晶
标 准 书 号:	ISBN 978-7-301-15191-4/D·2294
出 版 发 行:	北京大学出版社
地　　　址:	北京市海淀区成府路 205 号　100871
网　　　址:	http://www.pup.cn　电子邮箱:law@pup.pku.edu.cn
电　　　话:	邮购部 62752015　发行部 62750672　编辑部 62752027
	出版部 62754962
印　刷　者:	北京大学印刷厂
经　销　者:	新华书店
	965 毫米×1300 毫米　16 开本　30.75 印张　506 千字
	2011 年 1 月第 1 版　2011 年 1 月第 1 次印刷
定　　　价:	59.00 元

未经许可,不得以任何方式复制或抄袭本书之部分或全部内容。
版权所有,侵权必究
举报电话:010-62752024　电子邮箱:fd@pup.pku.edu.cn

作者简介

乌彭德拉·巴克西(Upendra Baxi) 沃里克大学(Warwick University)法学教授,前德里与南古吉拉特大学(University of Delhi and South Gujarat)执行校长。

罗杰·科特雷尔(Roger Cotterrell) 伦敦大学玛丽皇后与威斯特菲尔德学院(Queen Mary and Westfield College, University of London)法学理论教授。

H. 帕特里克·格伦(H. Patrick Glenn) 麦吉尔大学(McGill University)法学院及比较法研究所皮特·M. 朗宁(Peter M. Laing)法学教授。

米凯莱·格拉齐亚代伊(Michele Graziadei) 维尔切利-东皮埃蒙特大学(Università del Piemonte Orientale Amedeo Avogadro)法理学教授。

詹姆斯·戈德雷(James Gordley) 加州大学伯克利分校(University of California at Berkeley)法学院申农·塞西尔·特纳(Shannon Cecil Turner)法理学教授。

伯恩哈德·格罗斯费尔德(Bernhard Großfeld) 明斯特大学(Universität Münster)法学教授。

戴维·肯尼迪(David Kennedy) 哈佛法学院亨利·沙特克(Henry Shattuck)法学教授。

米切尔·拉瑟(Mitchel de S.-O.-l'E. Lasser) 犹他大学奎尼法学院(University of Utah S. J. Quinney College of Law)塞缪尔 D. 瑟曼(Samuel D. Thurman)法学教授,康奈尔大学访问学者。

皮埃尔·勒格朗(Pierre Legrand) 巴黎第一大学(Université Panthéon-Sorbonne)法学教授。

罗德里克·芒迪(Roderick Munday) 剑桥大学,彼得学院及大学法律讲习(Peterhouse and university Lecturer in Law)成员。

达维德·内尔肯(David Nelken) 马切拉塔大学(University of Macerata)法律制度与社会变革杰出教授;威尔士大学(University of Wales, Cardiff)杰出法学研究教授,伦敦政治经济学院(LSEPS)荣誉教授。

埃辛·厄吕居(Esin Örücü) 格拉斯哥大学和鹿特丹大学(Glasgow University and Erasmus University Rotterdam)比较法教授。

劳伦斯·罗森(Lawrence Rosen) 普林斯顿大学(Princeton University)人类学教授,哥伦比亚大学法学院(Columbia Law School)客座法学教授。

詹姆斯·Q. 惠特曼(James Q. Whiteman) 耶鲁大学福特基金比较法与外国法教授。

目　录

第一编　导　论

第1章　导言　　　　　　　　　　　　　　　　罗德里克·芒迪　3

第二编　比较法研究及其传统

第2章　普世主义传统　　　　　　　　　　　　詹姆斯·戈德雷　27

第3章　殖民主义传统　　　　　　　　　　　乌彭德拉·巴克西　41
　　"词"与"世界"　　　　　　　　　　　　　　　　　　　　41
　　不同的叙事　　　　　　　　　　　　　　　　　　　　　　45
　　法学世界观(Juristiche weltanschauung)原理　　　　　　　48
　　第一种传统:重商主义的治理术(governmentality)　　　　　51
　　第二种传统:"高度"殖民化的合法性　　　　　　　　　　　52
　　第三种传统:"低程度的公民自由"　　　　　　　　　　　　56
　　掠夺的合法性与"低程度的公民自由"　　　　　　　　　　　58
　　无意识的传统　　　　　　　　　　　　　　　　　　　　　65
　　替代结论　　　　　　　　　　　　　　　　　　　　　　　67

第4章　国家主义传统　　　　　　　　　　H.帕特里克·格伦　68
　　比较与国家主义传统的起源　　　　　　　　　　　　　　　69
　　比较与国家主义法律传统的衰落　　　　　　　　　　　　　78
　　结论　　　　　　　　　　　　　　　　　　　　　　　　　89

第5章　功能主义传统　　　　　　　　　米凯莱·格拉齐亚代伊　90
　　功能主义的不同类型　　　　　　　　　　　　　　　　　　90
　　比较法的功能研究方法:一个阐释性的说明　　　　　　　　90
　　功能方法:目的何在?　　　　　　　　　　　　　　　　　93
　　功能方法与冲突法中的法律概念冲突　　　　　　　　　　　93

方法论传统的成长　　　　　　　　　　　　　　96
　　功能主义及其超越：一个批评性评析　　　　　　98
　　拆解法律与拆解法律文化：一个比较法的动态方法　102
　　法律移植、法律与社会　　　　　　　　　　　　106
　　结论　　　　　　　　　　　　　　　　　　　　112

第三编　比较法研究及其限度

第6章　比较法学家与社会学　　罗杰·科特雷尔　117
　　Ⅰ　　　　　　　　　　　　　　　　　　　　　117
　　Ⅱ　　　　　　　　　　　　　　　　　　　　　120
　　Ⅲ　　　　　　　　　　　　　　　　　　　　　127
　　Ⅳ　　　　　　　　　　　　　　　　　　　　　132

第7章　比较法学家与语言　　伯恩哈德·格罗斯费尔德　138
　　引言　　　　　　　　　　　　　　　　　　　　138
　　语言　　　　　　　　　　　　　　　　　　　　140
　　书写　　　　　　　　　　　　　　　　　　　　147
　　超越语言与书写　　　　　　　　　　　　　　　153
　　比较法学家　　　　　　　　　　　　　　　　　162
　　比较的可能性　　　　　　　　　　　　　　　　168
　　共享的经验　　　　　　　　　　　　　　　　　170
　　全球会计　　　　　　　　　　　　　　　　　　172
　　一致意见　　　　　　　　　　　　　　　　　　176

第四编　比较法研究及其理论

第8章　理解问题　　米切尔·拉瑟　179
　　乐观的方法论　　　　　　　　　　　　　　　　181
　　怀疑性的异议　　　　　　　　　　　　　　　　192
　　再论乐观的方法论　　　　　　　　　　　　　　201
　　结论　　　　　　　　　　　　　　　　　　　　213

第9章	共性与差异	皮埃尔·勒格朗	217
第10章	新浪漫主义转向	詹姆斯·Q.惠特曼	285
	I		288
	II		301
	III		305
	IV		307
	V		313
第11章	方法与政治	戴维·肯尼迪	315
	作为治理的比较法		315
	方法论折中主义的夸张研究		323
	比较法专业的兴起及其方法与政治的衰落		336
	当代比较法的政治性		371

第五编 比较法研究及其未来

第12章	比较法学家和法律的可迁移性	达维德·内尔肯	397
	导言		397
	尊重差异将社会科学从法律迁移中排除出去了吗？		400
	法律迁移能否适应其植入的社会,这一问题有意义吗？		405
	我们能够成功地完成法律迁移吗？		411
	变化语境中的法律迁移:一个研究日程		417
第13章	比较法学家与特区	埃辛·厄吕居	424
	导言		424
	什么是特区？		425
	"特区"中法律变调的重要性		428
	几个"特区"的样本分析		431
	共享的因素		438
	"特区"中的模式和不匹配		440
	评价		442

第六编 结 语

第14章 超越比较　　　　　　　　　　劳伦斯·罗森　447

索引　　　　　　　　　　　　　　　　　　　　　　463

译后记　　　　　　　　　　　　　　　　　　　　　481

校者附识　　　　　　　　　　　　　　　　　　　　485

第一编

导 论

第 1 章 导　言

罗德里克·芒迪
(Roderick Munday)

"大胆比较,不必担心不当。"①正是出于这种确信,2000 年 7 月 26 日至 30 日,本书作者们在剑桥大学唐宁学院举行了一次讨论比较法学研究诸问题的小型研讨会。这次会议恰逢具有里程碑意义的第一届巴黎国际比较法大会召开 100 周年。因此,剑桥会议也试图去纪念那个属于巴黎会议的世纪。出于这一目的,全球十五位代表不同学派的比较法学家应邀在千禧之年就他们的专门领域发表见解,自由地根据他们的研究,去考虑未来研究中可采用的富有成果的探索途径。这本文集收录了提交剑桥会议讨论的论文。本书即为剑桥会议所提供和讨论的论文汇编。剑桥会议可能并未如同 1900 年巴黎会议获得与世界博览会同时召开的附随效应。但是,如同巴黎会议一样,这次会议也处在一个新世纪的开端,而这个开端将不可避免地为比较法事业划定一个标志性的边界。剑桥会议明显地在效法巴黎会议,试图"导览比较法研究"在当下法律研究的特定语境中所付出的努力。

关于巴黎会议对后世比较法发展的显著影响,茨威格特和克茨已经在他们著名的教科书的开篇就予以申明了:

> 正如我们所知,比较法始于 1900 年的巴黎会议……这次会议极大地促进了比较法律科学,或者至少是比较法方法的发展。此次会议上表达的见解,使这一年轻的法学分支在后来产生了丰硕的研究成果。②

1900 年 7 月 31 日至 8 月 4 日召开的巴黎会议彰显的目的是:"不仅要建立和加强来自全世界的学者、法学家之间的联系,而且特别要力图

---

① Charles Perrault, "Le siècle de Louis le Grand", in Parallèle des Anciens et des Modernes, vol. I (Paris: Coignard: 1688), p. 1. 英语表达是:"One may compare without fear of being unjust."

② Konrad Zweigert and Hein Kötz, An Introduction to Comparative Law, 3d ed. transl. by Tony Weir (Oxford: Oxford University Press, 1998), p. 2.

为比较法律科学的发展提供其所需要的精确模式和既定方向"。③ 很明显，一个世纪过去了，促进不同法域甚至不同法律研究领域学者之间联系的必要性并未被削减。然而，给比较法学科强加一种模式的打算并没有出现在剑桥会议的议程上，尽管比较法本身已经得到充分承认并且已经发展出许多本学科内不同的但已确定的研究方向。

巴黎会议组织者们向所有已建立起"法律科学"的法域发出了盛情邀请。会议通知声称：巴黎会议不仅首先要产生科研成果，而且也可能间接地为增进不同民族国家间的和平与理解作出贡献。当然，设想剑桥会议可能会为国际和平与理解做一些贡献是令人高兴的，但出于显而易见的原因，这并未作为指定的主要目的。我们的目的就是，简单召集十多位同行，在具有挑战性的圆桌会议上，就他们各自擅长的领域在充分而激烈的辩论中讨论当代比较法学研究的现状并预测这一学科未来的可能走向。

基于对巴黎会议的不同描绘，人们对这次会议的纲领作出了不同的阐述：雄心勃勃的、包罗万象的或者是过于冗赘的。整个会议的议程被拆分为六个不同的部分，每个部分都被刻意安排同时包括理论和实践问题。第一个部分，被用于讨论比较的理论和方法，这也是智识上最引人入胜、争论不休的部分。会议组织者雷蒙·萨莱耶（Raymond Saleilles）意图将此问题作为"整个会议的焦点"。④ 剩余的其他五个部分致力于讨论分散在国际私法、商法、民法、公法和犯罪学等不同领域的具体实践论题。组委会为后五个部分设定的讨论主题反映了比较法学研究的当务之急。因而，公法学家关注的主题是"比例代表制：在不同国家的进展和影响"；而国际私法专家则争论"通过国际组织或通过单独的条约在司法管辖权和判决执行方面在国家间达成一致的方式"；同时商法的讨论板块却考虑"在可流转票据方面，实现法律和惯例统一化的方式"。⑤

---

③ Georges Picot and Fernand Daguin. "Circulaire", in Congrès international de droit comparé, Procè-verbaux des séances et documents, vol. I (Paris: L. G. D. J., 1905), pp. 7—8 [见后文 Procèverbaux er documents]. 有趣的是，有报告说 1900 年 5 月 24 日至 10 月 13 日间在巴黎举行过 127 次会议. 见 Anon., "The Paris Copyright Congress", The Nation. 20 September 1900, p. 226.

④ Raymond Saleilles, "Rapport présenté à la commission d'organisation sur l'utilité, le but et le Programme du Congrès", in Procès-verbaux et documents, supra, note 3, p. 15.

⑤ "Programme et rapporteurs du Congrès international de droit comparé de 1900", in Procès-verbaux et documents, supra, note 3. pp. 18—20.

萨莱耶提交组委会的报告指出：有四个目标需要明确记住。第一，方法作为技术和比较法"科学"的一部分，有必要确定一些恰当的方法；正是通过这些方法，构成比较法特有任务的三项活动即制定法律、比较法律和调整法律才可能得以展开。第二，从学术的观点来看，明确比较法作为一种教育工具的地位十分重要。第三，从实践的观点来看，该次会议必须考虑从比较分析中获得的法律解决途径在何种程度上可以得到施行。第四，发现和交流外国法律信息的方式应该得到发展。⑥ 正如萨莱耶所言："作为一门远未形成规范的科学，这些工作都还需要精心完善。"⑦ 一个世纪之后，比较法律研究的目标已经变得相当折中而不能容许这样的智识干预。

此外，越严密地考察萨莱耶所设定的"整个会议（巴黎会议）的焦点"，就越会发觉一个与国际议程一样显著的国内议程。的确，巴黎会议的目标是依据一个客观的、国际的"法律科学"规范形成的；该"法律科学"如果运用得好，将揭示法律实体的最深层秘密，并最终达致在各法律体系之间的最大统一。事实上，萨莱耶在他提交大会的总报告中严厉指责一直有一些以比较法学家自诩的人只是无意义地简单地列举不同的法律制度，而根本没有构思比较和没有"任何些许的努力对需要比较的科学规律展开分析。"⑧然而，对于巴黎会议来说存在一个明显的法国标准。克里斯托弗·杰米（Christophe Jamin）在剑桥会议期间的一个晚上作了一个题为"再评朗贝尔和萨莱耶的崇高梦想"（Lambert and Saleilles's Noble Dream Revisited）⑨的报告。该报告文笔优美，构思精巧，非常好地展示了这方面的问题。人们认为，世纪之交是法国人法律思维不可磨灭的分界线。在 1900 年之前，特别是法国民法借助注释法学运动占据优势地位，这一运动笃信立法文本的力量，并相信法律文本经过恰当地解释能够就所有法律问题给法官提供全面的答案。然而值得注意的是，1900 年之后，另一种哲学和另一种倾向开始占主导地位。如杰米所指出的，萨莱耶和爱德华·朗贝尔的思想都代表着一种完全不同的

---

⑥ Saleilles. *supra*, note 4, p.14.

⑦ *Id.*, p.15.

⑧ *Id.*, p.13. 也见 Saleilles, "Conception et objet de la science du droit comparé", in *Procès-verbaux et documents*, *supra*, note 3. p.167.

⑨ 这篇文章已以下面的题目发表过，"Le vieux rêve de Saleilles et Lambert revisité：à propos du centenaire du Congrès international de droit comparé de Paris", Rev. int. dr. comp., 2000, p.733. 曾在下面的文集中得以重印：Mireille Delmas-Marty（ed.）, *Variarions autour d'un droit commun*（Paris：Sociéré de législation comparée. 2001）, pp.31—48.

路径，主张在其历史发展的语境中而不是孤立地看待法律规则。因此，萨莱耶提出了著名的口号"通过民法典超越民法典"。⑩ 萨莱耶对和谐与平衡的寻求以他所称的"一种比较法的本国法科学"（a national science of comparative law）⑪的形式出现。在这一形式中，对外国法律体系的研究听命于（而且因此屈从于）本国法的需要。如果本国法不完善，其他法律体系则可作为本国法律模式的替代选择。因此，比较法需要扮演一种实践角色。

尽管朗贝尔和萨莱耶的出发点各有不同，但是他也同样认为，对外国法律体系的研究要服务于本国法的利益。加之，在国际统一立法过程中存在一种确信，这种确信认为，普世性原则和趋势能够通过对不同法律体系展开的考察工作而获得认识；而如果这些统一性不够清晰，则可以借助其他学科，诸如统计学、经济学或任何其他方式，来帮助论证统一性是首选。正如杰米阐明的，其结果就是要强化法国学说的重要性，要求将不同的素材体系化并为法院判决指明路径：

> 萨莱耶和朗贝尔本质上将比较法作为一种更新法国法律思想的方式，他们给法国民法学家的**学说**（doctrine）强加了一种方法，这一方法在接下来的整个世纪都将得以遵守。19世纪法学家们通过严格的字面解释来阅读文本的方法，已经备受责难。法国的法律界摒弃这一方法时所留下的空间，正可以由比较法所填补。比较法探寻那些必须替代文本分析方法的原则，以此为既有的法律结构提供了一个更广泛的基础，并同时赋予它们一种极受推崇的科学的客观性。……因此不可避免的是，将这一特殊角色赋予比较法将会在相当大的程度上决定它最终所要采取的主要方向。⑫

从其他法律体系中寻找启示并非不受限制。对于朗贝尔而言，某些法律（特别是英国普通法）实在是过于疏隔，而且缺乏内在一致的结构，

---

⑩ Raymond Saleilles, "Préface": in François Gény. *Méthode d'interprétation et sources en droit privé positif*, 2d ed.. vol.1 (Paris: L. G. D. J., 1919). p. xxv ["*Au-delà du Code civil, mais par le Code civil!*"].

⑪ 同 Raymond Saleilles. "Droit civil et droit comparé", Rev. int. enseignement, 1911. p. 30.

⑫ Jamin, *supra*, note 9, pp. 743—744 and 40—41.

以至于无法为有效的比较提供素材。⑬ 只有在广泛共享一些相同特质的一组法律体系中才可能展开富有成效的比较。

巴黎会议的唯科学主义现在看来明显过时了。同样,甚至没有必要再说明,当代比较法研究已不再特别寻求曾经被视为沟通所有文明国家法律的普世法律原则这样一个梦想了。⑭ 2000年剑桥会议的与会者也无意看到复兴东道国法律思想的做法,而这种做法在1900年则与现代比较法律研究的滥觞相伴而生,而且不可避免地混淆不清。剑桥会议不再用虚构的不相容性来限制比较法的研究范围或者断言某种方法论的正统性,而是特意在寻找兼容性和自觉的包容性(consciously all-encompassing)。为达此目的,剑桥会议试图确认并给予比较法学所有的重要学派以表达的机会。这种开放性体现之一,即为剑桥会议将其第四部分也即最后一部分特别用于讨论"比较法研究及其未来"。

在这一部分中的两篇文章致力于探究这一学科的边界究竟在何处。首先,以当今欧洲法律一体化和法律全球化趋势为背景,达维德·内尔肯(David Nelken)(第12章)考虑了不断增长的法律迁移这种普遍现象。这一现象显然引发了一系列问题。我们能够渴求完全了解另外一个体系中的法律吗?如果不能,这是否会是一个严重的问题?⑮ 如艾伦·沃森(Alan Watson)所言,是否法律移植在相当大的程度上只是运气和机会的产物?⑯ 或者说,移植更应被看做是深思熟虑后的产物?我们有没有得心应手的办法足以预言:某些具体的制度或规则是否可能被具体证明是法律移植的适当对象?紧接着,这又导致了另一个问题的产

---

⑬ 见 Edouard Lambert, "Une réforme nécessaire des études de droit civil", Rev. int. enseignement, 1900, p. 421. 缺少结构似乎已经成为普通法一直以来的特性。没有哪个比较法学家不了解 Bernard Rudden 这个有深意的玩笑,见"Torticles",(1991—1992) 6/7 Tulane Civ. L. Forum 105, p. 110:"这一符号体系是普通法运用的智识秩序的唯一工具。"

⑭ 这种观点在那个时代被大部分人接受。巧合的是 Haldane 勋爵提到了巴黎会议年代的其他法域,指出:"所有国家的法学在原则层面是相同的。排除技术术语,差异在很大程度上消失了。"Richard B. Haldane, "The Appellate Courts of the Empire", in Education and Empire: Addresses on Certain Topics of the Day (London: John Murray, 1902),p.141. 从这一点看,他推论出"法律原则的掌握者已经具有足够自由的头脑摆脱地方主义的束缚,因此成为所有案件中最好的法官":Id., pp. 141—142.

⑮ 这一理解他者的问题唤起了安伯托·艾柯(Umberto Eco)关于他的作品《误读》(Diario minimo)英译本的导言, in Misleadings. transl. by William Weaver (London:Jonathan Cape, 1993), p.4. 他列举了下面的轶事:"有一次,一群人类学家邀请非洲学者到法国来,以此了解观察法国人的生活方式。非洲人惊异地发现,法国人居然有遛狗的习惯。"

⑯ 见 Alan Watson, Legal Transplants, 2d ed. (Athens, Ceorgia: University of Georgia Press, 1993).

生,即我们如何度量"适当性"(appropriateness)?——在此范围内,成功与失败又如何判断?另外,一个与此同样相关的问题,即是否法律具有一种社会语境,或者更令人困惑的是:是否法律也同时地或者独立地构造它自身的语境?[17]越努力去审视所有这些概念性的谜团,它们就越是难以捉摸。最后面临这样一个问题:在解释广泛的政治、经济和社会因素影响法律迁移过程方面,社会学和比较法学(这是两门经常相互争论不休的学科)能够一起作出什么贡献(如果有所贡献的话)?内尔肯同时提出了一项重要的警告,即比较法学家在研究这一现象的时候一定不能忽略"不同的隐喻如何为那些关于法律如何适应社会的不同观念提供机动性和支持",也不能忽略事实上"移植"一词在某些特定语境中可能是相当含混和不一致的。[18]他还指出,对这一系列疑难问题进行经验性研究已经完全失败了。很显然,在一个全球化的世界,已出现了在许多法律领域不断强化的促进统一运动,上述问题是一些相当重大的和具有潜在重要性的问题。

这个被内尔肯(Nelken)提出的隐喻多样性问题——这些隐喻是各种各样的,比如音乐的、烹饪的、生物的、婚姻的、医药的——在埃辛·厄吕居题为"比较法学家与特区"(第13章)的文章中有相当程度的印证。很显然,一个地方能够以多个不同的方式表现出"特殊性"。尽管如此,厄吕居的论辩基础是:在这样一个世界,即法律输入、移植(或者不论现在人们选择如何称呼它们)经常发生于几乎不具有法律、社会或者宗教共同特质的法域之间,比较法学家的关注焦点必须转移。对于不同法律体系之间的比较,今后应该给予至少同样的关注,而以往的研究主流对此曾一度放弃,其原因仅仅是认为别的法律体系相距太远而无法进行有意义的探究。厄吕居在没有低估理解欧盟范围内的制度和规则迁移(一项支配着比较研究日程的活动)的重要性的情况下,他指出"西方法律传统的变调(transposition)对于东欧和中欧的法律体系同等重要,如果不是更重要的话"。因此,等待着明天的比较法学家的艰巨挑战性任务就是:寻找法律移植所采取的有时似乎是不可能的某些路径;研究它们在移入国法律体系(the host system)中被同化、被拒斥或被更新的过程;分析法律移植和适应过程所带来的影响;最后,评估在这些法律现象

---

[17] 见 Gunther Teubner, *Autopoietic Law* (Oxford: Blackwell, 1993).

[18] 见 Gunther Teubner, "Legal Irritants: Good Faith in British Law or How Unifying Law Ends Up in New Divergences", (1998) 61 Modern L. R. 1.

中所具有的必然的观念性意义。⑲ 随着时间的推移,也许全球化将最终导致"特区"概念的终结。"特殊性"将随着全球趋同步伐的加快而完全萎缩消失。比较法学家的世界最后可能缩回到一个更加熟悉的规模和形态。但是目前,这些前所未有的远景还有待展现。

直到今天,令人吃惊的是,比较法研究能否作为一个学科仍作为一个问题存在,仍被一些人认为是"法律科学中的灰姑娘"⑳。事实上,"比较法"这一术语总是招致了这样一句俏皮话,即它一直根本不是一个真正的法律范畴——尽管从哈罗德·格特里奇(Harold Gutteridge)的时代之后,应该承认:所有的语言都不再遭遇这种困境了。㉑ 因为"比较法"在某种程度上是一个没有支持者(读者)的学科,所以对它的目标的清楚认识是至关重要的。事实上,这一问题可能以一种更具威胁性的方式表达出来,即除非这个学科发现一个有意义的目标,否则它将发现自己没有观众。㉒ 当然,这种反思也带来关于比较法在学术课程中的合适地位问题——这一问题不时出现。㉓ 这些基本疑问的长期存在不时地提醒着致力于比较法研究的学者们:在许多人眼中,它在智识上存在的理由(raison d'etre)可能还有些不稳定。尽管这些问题会不可避免地形成这本文集中收录作品的部分背景,编者和作者的姿态却绝不是防御式的绝望。正如本书标题——"传统与转型"所示,这本书并没有忽视比较法研究中的问题性;在比较研究传统与转型的背后,本书的目的是展现本学科研究的连续性及其发展,即探索目前在比较法研究中已经成为方法论的思维习惯,以及激发比较法方法现在能够赋予研究者的智识活力和宽宏愿景。

剑桥会议的第一天议程安排考虑那些对我们来说在比较法研究中成就卓著的四个重要学术流派,这似乎是恰当的。首先,是被广泛称为"普世主义的传统"。正如詹姆斯·戈德雷(James Gordley)(第 2 章)在

---

⑲ 见 Esin Örücü, "A Theoretical Framework for Transfrontier Mobility of Law", in R. Jagtenberg, Esin Örücü and A. de Roo(eds.), *Transfrontier Mobility of Law*(The Hague: Kluwer, 1995), pp. 5—18.

⑳ H. C. Gutteridge, *Compararive Law*, 2d ed. (Cambridge: Cambridge University Press, 1946), p. 23.

㉑ *Id.*, pp. 1—2. 提供给剑桥会议的主题刻意避免了这一学术困境。

㉒ 见 Basil Markesinis, "Comparative Law—A Subject in Search of an Audience", (1990) 53 ModernL. R. 1. 马克西尼斯(Markesinis)仍然坚持,鲜活的生命可能在英格兰因仅由法官把持比较法研究受到影响。见 Basil Markesinis, *Always on the Same Path: Essays on Forgeign Law and Comparative Methodology* (Oxford: Hart. 2001), p. 1.

㉓ 见 Geoffrey Samuel, "Comparative Law as a Core Subject", (2001) 21 Leg. Stud. 444. 他人挑衅式地提出,比较法应该成为法学院课程中的核心课程。

开始时就指出的那样,这种方法,至少其作为各种各样自然法理论衍生物的经典模式,在两个世纪前就失去了统治地位。但是,重新审视亚里士多德仍然是有益的,而阿奎那就更值得注意。他们个人的著作都有一个假设,即存在普世性指导原则;他们的著作还思考了直到今天仍困惑着比较法学家的那些问题。詹姆斯·戈德雷在我们面前提出一个直接的问题,即关于不同的法域所采用的法律的差异与原则的差异之间的关系的问题。他的中心意思是,如果对那些我们历史上的教训给予适当注意,我们就会避免由于过分轻率作出这样的判断:国家法之间的差异必然意味着原则的差别。从自然法学家的视角来看,许多差异明显的原则可能证明仅仅是各种法律制度处理不确定性的不同方式而已,而这种不确定性,反过来说又正是由于很难形成明确的规则这一个基本事实。甚至是在最明确的情形下,矛盾、冲突的规则之间相互抵触的情况似乎仍然存在——詹姆斯·戈德雷举言论自由和隐私权之间的紧张关系为例,这一关系在美国法和德国法中解决的方式相当不同——但事实上,要论证不同的原则在发生作用是不可能的。当然,如果这个结论是正确的,那么这个结论对于比较法学家去寻找用以解释差异的方法将产生直接影响。因此,普世主义传统或许尚未完全丧失其功用。

在比较法研究中另一个至关重要的传统是殖民主义。乌彭德拉·巴克西(Upendra Baxi)(第3章)敏锐地注意到,这个强加的法律文化的历史遗产怎样成为一种提示,提示着并列出现在我们此次会议标题中的"传统"与"转型"之间的某种"交易"。出于一种对法律理论贫困的**担心**(Angst),巴克西首先回溯了通过殖民征服而将外国法律强加于殖民地这一过程的固有本质,包括意识形态和制度两个方面。他认为殖民产生的后果包括:主要目的是对殖民地进行经济剥夺的制度体系,混杂的法律体系,本土叙事观念的解体和公民自由度的明显降低。这个结果具有"掠夺式法制"的形式,在这个形式中,个体的权利被视为一种让步,并被用于维持现状;在这个形式中,任何广义的"人权"概念都失去了应有的位置;在这个形式中,对于扩张现有权利或者创设新的权利之类的做法都怀有敌意。正如巴克西认为的那样,与掠夺和殖民统治相匹配的法律殖民主义仍然携带着自我颠覆的种子,它可能还转而攻击自己。甚至我们可能看到这种情况发生在今天的世界各地。正如内尔肯、厄吕居提交的论文一样,巴克西对殖民主义传统进行的冷静检视对传统比较法思想的边界提出了质疑。它批判了一种常规的智识,这种智识凭直觉假定:前现代法律与"进步"是对立的。更重要的是,它使我们直面这样的问题:对于比较法学家来说,开始为某些法律传统——相对于那些追随欧美法轴心法律体系激活的传统而言,这些法律传统与它们既不相同,也未曾认同它们——提供巴克西称为"平等的话语权"(equal discursive dignity)的时机是否不够成熟。

传统上,比较的做法取决于界定和定位(situate)不同法律体系的能力,这一点已经是不证自明的。其关键一直是民族国家。尽管民族国家是相当晚近的发明,但国家主义者的观念已经对比较法研究的范围和方向产生了相当深远的影响。正如帕特里克·格伦(Patrick Glenn)所主张的那样,这些观念预先假定两个主要因素的存在:国家(states)和国家法律体系。从这两个主要因素中可以推论出:一定存在第三个因素,就是某种国际(international)的观念。今天的问题是,广泛多样的地方化和特殊化趋势和不断上升的全球化潮流,都在侵蚀国家法律传统。格伦将全世界两百多个民族国家大体划分为三个群组——位于欧洲的国家、欧洲人居住的国家以及大体不在欧洲思维体系之内的国家。接着格伦进一步阐述,对"国家主义传统"至关重要的头两个因素,是如何在各个民族国家群组中通过不同的方式受到威胁。区域主义、全球主义甚或普世主义的抬头影响到这个被设计用于支持并将"民族国家"(national statehood)合法化的国际体系。以此为背景,一种更加准确的表述被称为"地区蚕食国际"(region devour the international)。这一表述提出的基本问题可以被概括为:国家主义传统有能力"排除地方的和远距离的渊源作为身份和法律的渊源",而一旦这种能力被削弱,那么国家主义传统的未来角色又是什么?——如果有的话。

第四个毋庸置疑的比较法研究传统是功能主义。米凯莱·格拉齐亚代伊(第五章)一方面介绍了作为这一方法的主要倡导者的茨威格特和克茨,另一方面介绍了鲁道夫·施莱辛格(Rudolf Schlesinger),阐明了功能主义方法曾经何等有影响并且迄今犹然。它服务于实践目的,而且通过将比较研究置于表面上中立并适宜于因果解释的情境中,似乎提供了转向普世主义的满意答案。但是这一方法是有代价的。例如,以茨威格特和克茨著名的"类似推定"(praesumptio similitudinis)[24]为背景,它倾向于假定比较法学家的适当角色是建立一种跨越全世界的法律经验的基本相似性。它还符合这一观念,即不能仅仅因为某些法律领域不适宜这种解释方法,就说它们不适于被比较法学家所关注。格拉齐亚代伊

---

[24] Zweigert and Kötz, *supra*, note 2. p.40.

(第5章)断言,"试图将任何事实的法律意义简约化为用操作性语汇所陈述的该事实之法律效果,这或许是有瑕疵的。"将功能上的相似性等同于一致性也是错误的。对法律"事实"的解释如果不适当考虑其生长于其中的文化背景则彻底是不完整的。当然,功能主义可能试图去适应这一洞见。这可能导致某种"方法论功能主义",例如,在欧洲的"共同核心"计划就实践这一方法。㉕ 然而,将"解释性的理解"与因果诠释之间结合起来将提出令人烦恼的问题,即"文化"概念究竟意味着什么。此外功能主义还有另外一层涵义:将法律视为一种对社会需要的反应。"法律将是或应当是其民族的产物"这一理念㉖曾由萨维尼或孟德斯鸠明确表达过,今天已经大行其道了。今天在法律移植语境下所提出的问题集中关注:规则和制度并未在其运行的具体社会中被专门的设计并且事实上这并不是要紧的事情,在此意义上,法律是否真的功能不正常。功能主义可能并未最终过时,但它作为一种分析法律现象的方式其有限性越来越清晰了。在格拉齐亚代伊看来,将解释和诠释作为一种研究法律现象的可选择的、补充性的替代方式更为可取。

会议在讨论了比较法研究中的上述这四个对整个学科的发展作出了实质性贡献的因素之后,第二部分用于讨论"比较法研究及其界限"。在第二天讨论的这两个主题强调比较法研究与其他学术领域的关系。例如,社会学和语言学为比较法研究带来什么?

比较法研究与法律社会学的关系一直都很复杂和紧张。当过去的社会学家用怀疑的眼光看待某些比较概念时,过去的比较法学家则或许已被社会学吸引,原因在于这一学科已经对任何社会研究所提出的基本的认识论和本体论问题作出了成熟的回应。罗杰·科特雷尔(Roger Cotterrell)(第6章)将今天的比较法学家对待法律社会学的态

㉕ 见 Ugo Mattei and Mauro Bussani. "The Common Core Approach to European Private Law", (1997—1998) 3 Columbia J. Eur. L. 339.

㉖ G. K. Chesterton 在一篇报纸文章中很好地论述了这一问题:"没有比英国人更理想化的了,也没有人比英国人更充满模糊的距离感和预见力;没有人像他们一样充满矛盾的情绪。他们视所有的东西都相互融化融合,就像他们的北方天空。而拉丁人视所有的东西都像在坚硬的珐琅质天空衬托下的阿尔卑斯的轮廓分明的山峰一样清晰。英国法就像一幅描绘雨天的印象派绘画,而拿破仑法典则像一张罗马的彩色照片。杂乱无章、手口相传,在我们的立法和司法中都是这样。这更多是某种模糊的仁慈的结果,一种绝望的仁慈,留在一个困惑和从不敢相信自身能遵循普遍规则的灵魂中。"The English Way: in A. L. Maycock (ed.). *Thg Man Who Was Orthoclox: A Selection from the Uncollected Wrirings of G. K. Chesterton* (London: Dennis Dobson,1963). pp.100—101 [1905].

度理解为一种普遍的矛盾,但认为,事实上这两个学科"在法律的经验研究中是互相依存的合作者",分享了共同的目标,即欲将法律理解为社会中的规范治理。尽管杰罗姆·霍尔(Jerome Hall)可能已是最后一个学者试图将比较法纳入社会科学的范围[27],但科特雷尔的论文主题依然认为法律社会学家仍然拥有能够引导比较法学家的洞见,即使是在那些基础性问题上,诸如比较什么以及比较的有效性等。同样,比较法学家的视角能够为社会学家的工作提供帮助。因此,智识交流是双向的。科特雷尔在三个方面阐述了社会学的功用,而这三个方面比较法学家似乎都在极力排斥任何形式的社会学研究导入。接着,他认为,社会学关于分析社会本质方面的理论可用于理解关于法律移植问题的讨论[28],系统理论可能导致产生一种框架,其坚持将法律作为一种自主的或作为功能独立的沟通系统,[29]社会学的视角,或者更具体一点,社会人类学的视角可能有助于概念化和阐释诸如"文化"这些高度复杂但越来越吸引比较法学家关注的观念。比较法研究与社会学的关系互相交叠且很难简单说清,但是这两种学术行业显然都令人感兴趣。

这一部分的另一个题目是关于比较法研究与语言的关系。致力于不同国家法律制度的研究,比较法学家经常运用外国资料进行研究,这不仅需要理解它们的背景,也需要对于其书面语言本身的理解。比较法领域的学者并不是唯一遇到翻译问题的人。[30] 文学翻译也经常遇到类似的困难。例如,凯瑟琳·杰森(Kathrine Jason)翻译并出版了一部一位意大利作家托马索·兰多尔菲(Tommaso Landolfi)(1908—1979)的短篇小说集。[31] 兰多尔菲有点贵族化和神秘兮兮,他的作品博学、古典,文风显得不羁、幽默。他有时被描述成"月球上的作家"。在小说 *Parole in agitazione* 中有这么一句话:

---

[27] 见 Jerome Hall, *Comparative Law and Social Theory*(Baton Rouge: Louisiana State University Press,1963)。

[28] Contra: Watson, *supra*, note 16。

[29] 见 Teubner, *supra*, note 17. Teubner, *supra*, note 18。

[30] 见 Lord Brougham's "introduction" to his traslation of Demosthenes in *The Oration of Demosthenes upon the Crown*(London: Charles Knight,1840),pp. ⅲ—xxⅲ, 特别是他对 Dudley 勋爵在其首次尝试中的错误判断的反映,"试图将最伟大的演说家的最伟大的演说结构和语气翻译为另外一种相当不同的语言"(p. ⅲ)。

[31] Tomasso Landolfi, *Words in Commotion and Other Stories*, transl. And ed. by Kathrine Jason(New York: Viking, 1986)。

可以明确的一件事是,两个女人和一只鹅在那不勒斯就是一个市场!㉜

这是什么意思?他想表达什么?意大利原文是:"è proprio vero che due femmine e una papera misero un mercato a Napoli."㉝我倒以为,这句话主要的指向应是那不勒斯。兰多尔菲在一个简直可以说是语言上的拿手好戏的小说中回到那不勒斯本地人的说法:"*Nà femmn e nà papra arrevutarn Nàpile*"。在那不勒斯之外,这一谚语的意思就不会有人明白了。㉞在该谚语特殊的语境中,单词"mercato"并不真正意味着"市场"(market),而是有点类似当法国人说"quelle foire!"时那个法语单词"foire"(市集、展销会)的意思(真令人困惑!)。然而,通过有趣的巧合这个法文单词也给我们提供了难得的比较之物——一个商业隐喻,但"*foire*"一词没有传达意大利语和那不勒斯语中"*mercato*"一词的完整意义。"*foire*"一词的意思既指"公平"(fair)也指"混乱"(confusion),这个词同时也是一种事物,是一种对法国人来说普遍的表达;但是"*arrevutarn*"或者"*mercato*"具有其他层面的含义。这些含义只有那些来自那不勒斯或者那些分享相同文化价值的人才是可理解的。因此,除了"产生混乱"之外,这一词语可以指"站在拥挤的人群之外","诡计"和"表达一种错误印象即某人在讨价还价"——所有这些存在的意思与街头市场的生活有着密切的联系。这个例子的有趣之处在于,兰多尔菲在其翻译中已经成功地传达了"mercato"这一那不勒斯语词汇的丰富含义。相当清楚的是,一旦人们试图用英语表达帮助人们理解这一词语,他就注定失败。障碍就是缺乏共同的文化公分母。但是,面对这种语境,其他许多问题也纷纷出现。兰多尔菲事实上想要传达多少?他是刻意玩弄这些含糊之处吗?为什么兰多尔菲将惯用的"*una femmina*"改成了"*due femmine*",后来甚至使用了"*tre femmine*"的说法?㉟ 试图忠实表达兰多尔菲散文的译者如何能够向美国读者或者其他英语读者群传达这些意

㉜ *Id*., p.266. 原本请见 Tommaso Landolfi, *Parole in agitazione*, in *Opere*, ed. by Idolina Landolfi, vol.Ⅱ:1960—1971(Milan : Rizzoli,1992),pp.855—858.

㉝ Landolfi, *supra*, note 32, p.857.

㉞ 意大利的表达请参见:"*Una femmina e una papera misero sotto sopra Napoli*".

㉟ 他的暗喻甚至更加复杂了。兰多尔菲可能是指两个女性,因为这一节与两个参与者的争吵有关,第三者唐突地加入("*macché due femmine*:*tre*, *femmine*, *dice il proverbio*": Landolfi, *supra*, note 32, p.857). 或者是,第三个女人的加入仅仅是加强了混乱的程度。对"femmine"的翻译更加复杂了,由于出现了这一事实,即在意大利语中"parola"本身就是阴性的,而且"femmine"这一术语可能因此也参照了这些在故事的争吵中所使用的词语本身。

思？每一个译者可能参照相当不同的文化框架去解释这些。有多少层含义被译者故意省略了？在哪一点上,译者合理地放弃了忠实于原文的努力,而且在何种程度上译者应该提醒读者,他在某一点上已停止追索？㊱对我来说,当和这些困惑斗争的时候,译者和比较法学家具有很大的相似性,比较法学家们也是试图忠实地传达并呈现给对于另一个体系来说是枯燥乏味的、法律术语、规则和制度中的准确意义和文化共振。格罗斯费尔德的文章(第7章)涉及这一困难的主题,重新强调人们对准确的、对应的翻译中的交流可能存在的困难,诸如意思相近但有所区别的概念"Rechtsstaat"(德语),"preeminence du droit"(法语)和"rule of law"(英语)。在任何形式的跨文化交流中都显然存在一个基本的问题。技术性装置或安排只能增加困难。因此,人们是否应该期望比较法研究中会有完美的沟通？在格罗斯费尔德看来,这种期望显然是不合理的,而且比较法学家必须勉强接受不完美的沟通。他认为,我们应该"避免完美主义"。但即使是比较法学家会因此永远受到指责,说他们忽略了许多含义微妙的所指,而外国法律的话语模式恰恰是浸渗于被这些忽略了的东西里,他们也不能放弃自己的责任。通过对与外国法律话语(模式)相伴随的概念和文化参照物进行精巧解释,对很多意义的传达是可能的。根本上,不完美的表述决不是人们的意愿。因此比较法学家的终生使命,就是扮演沟通者的角色,不知疲倦地搭建跨文化的桥梁。㊲

　　在第三部分,关于"比较法研究及其理论"部分,收录了四篇文章。论据并不容易获得,概念也很微秒,但是问题无可否认极为重要。正如许多发言人一样,詹姆斯·惠特曼(James Whitman)(第10章)关注多样性观念,批判了一种比较的文本,他发现该文献表现出"对于人类社会判然有别这一事实的荒诞无知"。他试图通过历史的方法探寻新浪漫主义的有限性,他认为"差异"方法论已经慢慢地被灌输到比较法研究之中。他对构成当代浪漫主义的各学术流派进行了历史回溯,回溯到它们在19世纪德国著述中的起源,著名的有赫尔德(Herder)、胡果(Hugo)和萨维尼(Savigny)的作品;回溯到20世纪早期令人振奋的解释学,

---

　　㊱ 我非常感谢我的朋友,Pasquale Cardellicchio and Maria Luisa Pinto,为了证实我的怀疑给我介绍了那不勒斯语。

　　㊲ 这一想象来自Basil S. Markesinis, *Foreign Law and Comparative Methodology: A Subject and a Thesis* (Oxford: Hart, 1997), p.194.

特别是伽达默尔(Gadamer)的作品。这种复兴的浪漫主义潮流在比较法思想中关注"特性(otherness)"问题,关注其他法律的终极可知性问题。这些发展表现为不同的形式——有时关注法律自身的"内部"视角,有时关注那些作为法律之基础的并未明确表达出的前提——而且不同的学者对于问题的难度持有不同意见。所有这些"令人兴奋的和迟到的"发展所共同的是,它们都注意到这一事实,即充分的理解在比较法领域并非易事。但什么才是比较法学家真正应该做的?以他所称的"人格尊严法"为例,惠特曼首先试图表明,与文化人类学不同,比较法学家仅仅通过研究内部人的"内在"解释,无法获得一种对其他制度的精确理解。因此,他注意到,欧洲法涉及大量的问题——诸如出售人体器官、性骚扰和隐私权——这些都在广义的"人格尊严法"的范围之内。令人好奇的是,在这些完全一样的领域中,美国法并非建立在这样的观念之上。当他开始探究为什么欧洲人表明他们要诉诸"人格尊严"这一观念时,惠特曼发现,欧洲人似乎歪曲了他们自己的法律的根据,重写了他们的历史。他们事实上误解了其法律的功能,而且已经沦为他们自己的规范重构的受害者。惠特曼认为,这表明,比较法学家需要的远非仅仅是诸如威廉·埃瓦尔德(William Ewald)等人主张的"内部"视角[38],而另外也需要对那些被视为理所当然的隐含性假设保持敏感——这些假设在伽达默尔关于法学解释学的研究中以"前理解"(pre-understanding 或 Vorverständnis)的概念得到识别。[39] 当然,这并不是理解外国法的唯一路径。事实上,比较法学家可能产生某种海森堡(Heisenberg 1901—1976,德国物理学家)效应。只是把原来没说出来的加以阐明,比较法学家就可能改变前提;更可能的是通过阐明前面假定了什么,他可能更便利于修正这个前提。同时,由于完全认识到在文化语境中理解法律的重要性,惠特曼提出了警告,他提醒人们:法律在本质上是规范的事业,它应该是各种激烈争论的主题,比较法学家能够为此一活动真正带来的宝贵产品就是一种对其他规范观念的充分的、有见地的认识。

与某些其他风格的法律人不同,比较法学家倾向于主张一种与政治目标无关的科学中立的一本正经的品格。这一现象中值得注意的例子

---

[38] 见 William Ewald, "Legal History and Comparative Law", Zeitschrift für Europäisches Privatrecht, 1999, p.553.

[39] Hans-Georg Gadamer, *Truth and Method*, 2d ed. Transl. by Joel Weinsheimer and Donald G. Marshall (London: Sheed & Ward, 1993), pp.265—307.

是欧洲的"共同核心计划"。这一计划不管欧盟寻求统一化目标这一声名狼藉的举动,而主张冷静的比较研究能够"致力于获得可靠信息,而不论它的政策用途如何"。[40] 戴维·肯尼迪(David Kennedy)(第11章)坚持一种直觉,即比较法研究在产生政治影响的意义上是"政治性的",从这一直觉出发,他考察并开始描画出比较法在政治治理中仍未被了解的参与角色。他的主要理论假说是,方法论带来政治结果。这些结果都是不证自明的,因为一个比较法学家往往选择赞成某种比较法方法论而拒绝采用另一种,而每一种方法论看起来都具有某种"政治"因素。换言之,从作为比较法事业基础的和广泛背景的前提假定中探明某种政治性是可能的,不论这种方法论追求什么样的目标。这一路径能够提供的洞见在若热·埃斯基罗尔(Jorge Esquirol)对比较研究在拉丁美洲产生的各种影响的分析中获得了例证。[41] 但是,如果仅仅诉诸于学科的当代折中主义,当今的实践则证明,比较法的政治性很难被压制。肯尼迪着手以广泛的笔触描画出一幅当代比较法研究的政治性或者"治理贡献"的立体地图。比较法的政治性被分成三个层次:一是作为群体和个人实际追求的政治目标;二是比较法学家所分享的知识经验,这些知识经验可能对治理者产生影响;三是,比较法对社会治理的更大贡献,这种贡献是比较法学家在知识分子阶层中获得学术认同之后的一种产物。正如肯尼迪注意到的,令人好奇的是,一个世纪以来在比较法专业化过程中所有对方法论的讨论中,我们很少看到有人注意到比较法的政治性。

假如比较法学家最终要面对关于理解这么一个无法克服的问题,那么在何种程度上有意义的法律比较是可能的?通过首先评估比较法学家可能作出的乐观假设,即其他的法律是可知的,米切尔·拉瑟(Mitchel Lasser)(第8章)讨论了这一难题。他认为可以采用一些技术来克服这一难题,诸如沉浸于外国法律文化之中,使用从文学理论中借鉴而来的严谨的文本分析方法,不要限制自己仅考虑由官方机构发布的代表"官方"法律观点的素材。如果这样,则一定层次的理解可能实现,那么与外国法律体系中的人开展有意义的对话就成为可能。但不论如何,障碍仍然存在,这些障碍都围绕着这样一个事实:外国法律体系并不可能作

---

[40] Mauro Bussani, "Current Trends in European Comparative Law: The Common Core Approach", (1998) 21 Hastings Int. & Comp. L. R. 785, p.796.

[41] Jorge Esquirol, "The Fictions of Latin American Law: An Analysis of Comparative Law Scholarship", [1997] Utah L. R. 425.

为一个完全统一的结构而得以真正的理解;相反,它们是混乱的实体,经常处于一种流动状态。障碍还与一个基础性难题有关,即比较法学家选择的方法论所要建构的正是他打算分析的对象。因此,比较事实上是一种"干预"(intervention)。正如格罗斯费尔德那样,拉瑟总结道:出于各种各样的原因,妥协不仅是不可避免的,而且还是可以被正当化的。㊷比较法学家能够、而且必须要增进对外国"文化"及其内在观点的了解。但是不论是从外部抑或是从体系的内部,完全理解事实上是不可能的。方法论选择的确反映了动机和政策的选择,但是这些选择是可以被解释并能够被正当化的。由于与过去相关,或开始与其他学科相互交叉,这些决定仅仅表明:比较法是一种"关联的(relational practice)实践"。进而,恰恰在卡尔·卢埃林(Karl Klewellyn)的"情境感"(situation-sense)之后㊸,诉诸某种经过训练获得的直觉,比较法学家可能知道,哪种方法论最适合他的研究对象的需要,最适合他的作品的读者的需要。在拉瑟看来,最终的检验是,人们的研究成果必须在外国法律制度中相当重要的实践、教学或者其他方面"及格"(puss muster)。他的解决途径并非特别脆弱,但是这里提到的问题却远远没有解决。

皮埃尔·勒格朗(Pierre Legrand,第9章)用不同的风格对试图消灭或忽略差异这一思潮展开了批评,这一思潮至少自朗伯特(Edouard Lambert)和1900年巴黎会议以来就一直流行于比较法研究之中。展现其他的体系将会不可避免地涉及一种规定性的行为,在此,一致性(identity)甚至不是人们必然可以认识到的。事实上,只有当抽象地考虑法律问题,在完全与其文化环境相游离的情况下,主张共性才能够真正说得通。但是,这样一种方法将几乎无法告诉我们有关这些被考察的问题的信息或相关法律体系的信息。此外,或许值得作如下考虑:如果法律统一化是我们的政治任务,那么"只有摆脱对同一性的那种帝国主义式的冲动,并且通过对不同法域的深刻多样性给予正确的评价,才能确保共同体之各部分对整体的忠诚。"出于这样那样的原因,勒格朗认为,比较法学家必须"反对使差异屈从于一致性的智识运动",而且"比较法

㊷ 这可能让人想起了维特根斯坦对于一个模糊不清的概念究竟是不是一个概念这一问题的回应。他问道:"一副模糊图片是一副人像吗?是否应该总是用一副清晰的图片代替那一幅模糊的?是否那幅模糊的图片常常恰恰是我们所需要的?"见 Ludwig Wittgenstein, *Philosophical Investigations*, 3d ed. by G. E. M. Anscombe and R. Rees and transl. by G. E. M. Anscombe (Oxford: Blackwell, 2001),§71.

㊸ Karl N. Llewellyn, *The Common Law Tradition* (Boston: Little, Brown, 1960), *passim*.

研究必须承担起认识、欣赏和尊重他性(alerity)的责任"。与拉瑟和其他一些参加这次剑桥会议的学者一样,勒格朗将差异视为是比较法学家面临的、很棘手的但是不证自明的事实。如果比较法学家赋予差异而不是共性以优先地位,会产生几个结果:他们显然将不再目光狭隘而只看到法律各种可能性的一部分;他们不再需要中伤外国法以适应某种事先锻造好的统一模型;他们也不用再抱着这种不可能的普世主义期待去赞成功能主义的观点。尽管(面对)一个以全球化自诩的世界,他们将会发现,联系的加强事实上强调了差异的意义,而不是共性。他们可以避免天真的幻想,以为比较法研究的目标是为任何既定的法律问题寻求最好的解决途径。因此之故,比较法学家应该"拒绝保守的学者通过简单地回到19世纪概念化时代这一方式,而试图将他性简化为共性",相反,比较法学家应该赞成这一点,即比较"并不意味着统一化,而是为了世界的多样性"。

劳伦斯·罗森(Lawrence Rosen)(第14章)在会议的最后一个晚上,在Peterhouse发表了一个总结式的演讲,他提出了关于比较的一般性思想。在论文中,他提到了早期研究涉及的主题,他惊讶地发现:今天的比较法研究似乎仍然植根于与巴黎会议相联系的陈旧的科学主义。他急于强调的是,比较能够对法律研究作出积极的贡献。因此引用了切斯特顿(G. K. Chesterton)的名言,"想象的功能并不是使奇怪的事情变得确定,而是确定的事情变得奇怪"[44],他探讨了比较的视野可以产生哪些类似收益。他举了法律和殖民主义的例子,在这些例子中,比较法研究已经增进了对殖民地经验的理解,并增进了对普通法和伊斯兰法系中的文化和法律推理之间关系的理解;也正是在这些例子中,比较法分析揭示了某些意想不到的方面,同时也增进了对普世主义和功能主义的理解,带有一种对这种有影响的自大的方法论温和的控诉,即功能主义应该成为"所有比较法的基本方法论原则"。[45] 罗森指出,比较可能帮助我们避免"分类错误",而且更具体说来,能够使我们看到某些潜在的联系。比较法这一正面形象或使人们放弃那些似乎无法解决的问题。因此,如果关于差异与共性的争论是无法解决的,答案可能就转移到更加具有建设性的问题上来。如果没有分类的真正基础,如果我们所使用的

---

[44] G. K. Chesterton, *The Defendant* (London: Dent, 1922), p. 84 [1901]. 这一段接下来认为想象的角色并不是使事实成为奇迹,而是使奇迹成为事实。

[45] Zweigert and Kötz, *supra*, note 2, p. 34.

分类在性质上都是一些假设,那么未来比较法研究的方向就仍然是不确定的。可以肯定的是,比较研究能够使我们带着新鲜的视角认识到那些我们错误地认为熟悉的但却又不熟悉东西。⑯ 它能够带来一些意想不到的概念与制度的结合。不过,罗森提出一项警告:尽管比较能够收获丰富的洞见,人们也不应该假定太多的主题:"比较法不能被设想为魔法般地为每一个目的论问题或者实践效果提供答案的工具。"

这本书收录的论文意图对当下主流比较法研究的各种学术观点提供一种全面的说明和批评,同样也试图考察这一学科建立的传统及其可能的未来方向。但是这些观点也可能遭到质疑,自大的理论总是自我感觉良好。但这与许多在第一线辛苦劳作的比较法学家又有什么关系呢?答案可能是非常明显的。正如这本书所选择的问题的意图所揭示的:比较背负着智识行囊,对此每个人都必须留意。人们不能再仅仅遵循科学家巴甫洛夫对苏联青年的草率教导:"学习、比较并搜集事实。"⑰ 这一要求足够明确。但是任何比较法学家马上就能感受到,这事实上涉及多少问题。应该比较什么?我们寻求比较的现象真是可以比较吗?何种潜在的目的存在于比较行为背后等等。而且,只有当人们认同可能的哲学立场和相关学科的全部范围基础上人们才可以进行对话,比较法学家也才会意识到观察任何法律客体的丰富视角。对比较法理论的根本性理解能使我们可以辨别出淹没在智识海平面之下的礁岩,这实在是很像一幅水手的航海图。为在微观层面——而不是简单的宏观层面处理这一问题,循着拉瑟的方式,让我们试着简要地阐述这些洞见如何对正在进行研究的比较法学家们产生影响。

让我们看看不同法系中的一个或许被视为带有根本性的特征,即上诉法院形成司法判决的过程,这在普通法系和大陆法系中表现出不同的风格。显然,有些看似能够直接确立事实的方面实际上是相当成问题的。随之而来,或许就意味着,确定这一问题本身是否是真正重要的也存在问题。长久以来存在这样的假定,即在英国法和大部分的大陆法国家之间的差异中有意义的一点是法官分别所适用的判决制作程序。一

---

⑯ 可能这离 Kipling 的意思不远,"他们怎么才能知道只有英格兰人知道的事呢?":Rudyard Kipling, "The English Flag", in *Rudyard Kipling's Verse: Definitive Edition* (London: Hodder & Stoughton, 1940), p. 221 [1891].

⑰ 关于这一广为人知的引注的权威渊源可能是 I. P. Pawlow, "[Brief an die Jugend]", in *Sämtliche Werke*, ed. by Lothar Pickenhain and transl. by G. Kirpatsch, vol. Ⅰ (Berlin: Akademie-Verlag, 1954), p. 14 [*Studiert, vergleicht und sammelt die Tatsachen*].

般认为英国法官,即使是坐在由三个、五个或者七个法官组成的上诉法庭中,也将宣布个人的判决意见,哪怕仅仅是说"我同意"。通过这一方式,英国法官可以被认为是坚决地主张了他自己的发言权这一基本权利。这是一项被接受的英国司法程序原则。相反,大陆法系的法院相当不同,法官们组成了合议庭,联合行动、作出集体判决。这经常被比较法学家作为不证自明的观点,也同样被认为是非常重要的。但是事实上这是不证自明的吗?也是真的重要吗?当我们开始研究这一问题,我们就会发现,一种比较的想象能够"使确定的事情看上去显得奇怪"。㊽

2001年,在英国上诉法庭民事分庭中,至少有七分之一的案件是集体判决(conposite judgements)。而且,现在的倾向是这一比例在不断上升。在这14%左右的集体判决案件之外,还有40%—50%的案件,出于各种目的,只有一个上诉法官提供完整判决,其他的上诉法官只是简单地签名表示同意。这样人们就真的开始质疑,在何种程度上,这种英国法庭自我标榜的、富有活力的个人主义传统是英国司法方式的一个核心的或是特别重要的特征。事实是,十余年来,英国司法方法已经发生了某种或许是根本的转变。司法已经悄无声息地发生了这一变化,并未经过专家讨论,简言之就像一场秘密行动——甚至没有人注意到。为了理解这种变化的可能意义,人们非常愿意将这种变化视为一种借鉴或者视为朝向欧洲一体化的另一可能步骤。这是否是对功能主义的一种辩护主张,其认为:在根本上,法律体系趋向于相同和被最好的运作方式所吸引?比较法学家可能因此被鼓励去考察其他法律体系,在这些法律体系中上诉法庭进行集体判决。他也可能倾向于验证一个理论假设,即英国上诉法院已经开始像法国、意大利或者德国法庭,或者更像欧洲法院那样审理案件。但是,这些法院事实上是相同的还是不同的呢?

如果考察法国,人们用什么与英国上诉法院进行比较呢?这是一个中间层次的法院,近些年来除一次偶然的机会之外㊾,上议院并没有涉及我所提到的实践中的这些特别变化。然而,我认为,如果人们关注他们中间层次的上诉法院(*cours d'appel*),对法国法律家来说可能显得有点古怪,就像关注曾经流行的比较法主题——最高法院(*Cour de cassation*)

㊽ 随后的评论引自 Roderick Munday,"'All for One and One for All': The Rise to Prominence of the Composite Judgment Within the Civil Division of the Court of Appeal",[2002] Cambridge L. J. 321; *Id*.,"Judicial Configurations: Permutations of the Court and Properties of Judgment",[2002] Cambridge L. J. 612.

㊾ *R. v. Forbes*,[2001] 2 W. L. R. 1 (H.L.).

一样显得有些古怪。而且,即使是人们解决了此一问题,仍然需要考虑一大堆其他可能的变量:语言的和制度的。进而,当人们考虑英国法院现在有时宣布附带着少数法官不同意见的多数法官的集体判决时㊿,结果却是更多的附反对意见的类似判决可能出现在欧洲人权法院,或者根本不在欧洲而可能在美国或澳大利亚的法院。于是乎人们可能试图获得"内部"观点,以解释为什么这些法域中的法官采取目前他们所采取的判决方式。英国的司法解释在寻求有效性与清晰的权威性之间摇摆,然而法律从业者倾向于将英国的变化归因于懒惰。支持诉讼当事人观点的铁证将很难获得。在传统上支持集体判决样式的那些法律体系如何评价其自身表现?而且更耐人寻味的是,它们如何将自己的集体判决方式与普通法系法官的个人主义方式进行比较?㉛ 由于法国法院采用集体判决方式的原因与促使各种普通法法院采取这种方式的原因相当不同,历史也将使整个问题变得更加复杂。但是人们能够发现普通法法院事实上首先发展并保持了这样一种发表个人判决的强烈传统的原因吗?有趣的是,普通法的法学家们几乎从未提出这样的问题。我们如何赋予一致同意判决这一做法以正当性?但是这恰恰是比较法理论常常提出的那种令人尴尬的问题。如果人们的确发现了在很多法域中作出集体判决的法院所遵循的方法之间的差异,这是否表明了原则上的差异?这种原则又是什么?而且,如果人们经过更专心的观察发现了方法之间的相似性,那么是否能发现在表面之下存在着更深层的确信——比起那些貌似宏大而其实无关痛痒的法制改革,观念方面的证据有着更为持久的效果。此外,正如人们可以在对治理的影响这一意义上识别司法姿态中存在的政治因素,是否人们也就参与了政治,仅仅因为他的研究是对所研究的领域的一种介入?更具体一点说,追寻这些问题的答案背后的目的究竟是什么?

贯穿整个剑桥会议的一个主题是全球化和趋同。在这方面还可以作出两个更进一步的观察。首先,法律变革,现在常常以法律统一化的名义而发生,几乎在每一个地方都以使人不知所措的速度发生着。因此,比较法学家永远都由于瞄准多项移动靶而受到责难。他的困难是保证知识的与时俱进。但在一个趋同似乎是口号的世界中,人们可能会受

㊿ 例如,参见 *Bellinger v. Bellinger*, [2002] 2 W. L. R. 411 (C. A.)。

㉛ Jean-Marie Baudouin, "La collégialité est-elle une garantie de la sûreté des jugements?", Rev. trim dr. civ., 1992, p.532.

到欺骗去相信:此一趋同的过程是直线型的,所有的都会导致一个相同的结果。如果再次回到作出司法判决的方式的问题上来,能够看到:潮流并未完全朝一个方向发展。枢密院司法委员会在有关主权案件给出的建议中习惯上都以单一的集体意见的形式出现,但现在在来自苏格兰的有关授权的上诉案件中,也首次获得了可以发表个人判决的权利。[52]这一点似乎也没有得到人们的关注。[53] 并且在所有的迄今为止有关授权案件的上诉审中,枢密院司法委员会中的每一个委员都已经成功地行使了个人判决权。[54] 上诉法院可能已经达到了半集体判决的程度,然而对采用可靠的、经过检验的司法方式这一冲动似乎已证明了其在另一种法庭上同样地强有力。事实并不可靠。那么在变换不居的图景中,究竟什么才是有意义的证据呢?

比较是复杂的。它以一些预料不到的方式检验人们的假定。如果说有一件事是清楚的,那就是:比较法研究并不存在一个单一的关键点。对于比较法学家的每一个问题都会有一个普世的答案,或者存在一种单一的完美方法论能够适用于所有的情况,这些观念看来都是幻想。但是幻想被证明是顽固的。加布里埃尔·加西亚·马奎斯(Gabriel García Márquez)的小说——《没有人写信给上校》(No one Writes to the Colonel)里有一个意味深长的片断,下面的对话发生在坚持乐观主义(而这种乐观 27
主义又往往不能被他面临的窘境证明有效)的饥饿的上校和他同样饥饿的妻子之间,这个对话指出了他们的"两种完全不同的世界观"[55]:

---

[52] 见 Lord Hope, "*Edinburgh v. Westminster & Others*: Resolving Constitutional Disputes-Inside the Crystal Ball Again?", (1997) 42 j. L. Soc. of Scotland 140, p. 142; Aidan O'Neill, "Judicial Politics and the Judicial Committee: The Devolution Jurisprudence of the Privy Council", (2001) 64 Modern L. R. 603.

[53] This is by virtue of the Judicial Committee (Powers in Devolution Cases) Order 1999, art. 4 (1)(a). 尽管不是严格意义上的法院,事实上,司法委员会长久以来就被当作法院看待。见 *British Coal Corp. v. R.*, [1935] A. C. 500 (P. C.), pp. 510—511:"很显然,司法委员会是一个司法机构或者说是法院,尽管它所做的是向女皇陛下进行报告或者提出建议"(Viscount Sankey L. C.). 也见 *Ibralebbe v. R.*, [1964] A. C. 900 (P. C.), p. 913 (Viscount Radcliffe).

[54] 我忽略了对集体判决上诉的权利,相关案件请见 *Montgomery v. H. M. Advocate* (DRA Nos. 1 and 2 of 2000); *Procurator Fiscal, Dunfermline v. Brown* (DRA No. 3 of 2000); *H. M. Advocate v. McIntosh*, [2001] U. K. P. C. D1; *McLean v. Procurator Fiscal, Fort William*, [2001] U. K. P. C. D3; *Millar v. Dickson*, [2002] W. L. R. 1615 (P. C.); *Anderson v. Scottish Ministers* (DRA Nos. 9, 10 and 11 of 2000); *Procurator Fiscal, Linlithgow v. Watson*, [2002] U. K. P. C. D1.

[55] Stephen Minta, *Gabriel García Márquez: Writer of Colombia* (London: Jonathan Cape, 1987), p. 69.

妻子说:"你不能总吃幻想吧。"

上校答道:"你是不能吃幻想,可幻想会让你感觉不到饥饿。"㊾

最后,要表达我的感谢之情。编者希望表达对凯文·格雷(Kevin Gray)教授的感激之情,是他给予了这个项目热情的支持,这个主意最先在他的头脑中形成;感谢剑桥大学法学院同仁们慷慨的财务支持,使这次会议得以举行;感谢剑桥大学唐宁学院为会议的举办提供了最适宜的环境;感谢瓦伦蒂娜·斯蒂尔(Valentina Steel)和她带领的剑桥大学继续教育研究所的工作人员将组织活动安排得如此周到。最后,我们要表达对与会学者的感谢,他们中的很多人长途跋涉来参加会议。皮埃尔·勒格朗和我希望特别感谢劳伦斯·罗森,他为我们作出了难以估量的贡献。另外,在本书的结尾,他完成了结论部分,其中讨论并品评了本书的每一篇论文。如同烟花一样,他使整个会议讨论绽放成亮丽的焰火,有时甚至使讨论变得白热化。令人惊奇的是,在会议召开之前所有的与会学者都对许多其他人的贡献有所了解,但没有一个人曾经遇见过所有与会的其他人——这让人想起维特根斯坦(Wittgenstein)关于轮船靠岸所系的绳索的隐喻。㊿ 正如维特根斯坦注意到的,没有哪根纤维能够与绳索一样长,但是绳索仍然结实。尽管在很多问题上没有达成全体一致的意见,但我们共同事业的意义从未削减。不论这一事业的最终可能的结果如何,15个学者毕竟于2000年7月在剑桥大学共同度过了五个紧张而又富有成果的日子,交流和争论着比较法研究的智识基础。

㊾ *Id.*, 这一段的另一个英文文本见 Gabriel García Márquez, *No One Writes to the Colonel*, in *Collected Novellas* (New York: Harper Collins, 1990), p.144 [1961]. J. S. Bernstein 翻译。

㊿ 特别是,维特根斯坦在关于这一问题的讨论中提到的恰恰是"比较"观念:"我们发现将所有比较的例子联系起来的是大量重叠的相似性,而且一旦我们发现这一点,我们就不再必须说对于他们所有而言只有一个共同点。将船栓定在码头的是由很多纤维组成的一根绳索,绳索的力量并非来自任何长度从头至尾的纤维,而是来自于无数相互绞缠在一起的纤维": *Preliminary for the "Philosophical Investigations" Generally Known as the Blue and Brown Books*, 2d, ed. by R. Rhees (Oxford: Blackwell, 1964), p.87. 也见 Wittgenstein, *supra*, note 42, § 67:"绳索的力量并不在于存在这一事实,即有些绳子的纤维跟绳索一样长,而在于绞缠在一起的大量的纤维。"

第二编

比较法研究及其传统

第 2 章　普世主义传统

詹姆斯·戈德雷
(James Gordley)

与本书中的其他作者不同,我讨论的法律方法至少早在两个世纪之前就已经过时了。我们经常将它与19世纪实证主义兴起之前流行的自然法学派联系起来。这个学派的法学家试图寻找作为所有法律体系之基础的普世原则。在这里,我不关注是否存在这些原则。我的问题是:基于相同的原则却发展出不同的法律,在这方面,自然法学家的方法能告诉我们些什么?作为比较法学家,我们应该对这些差异如何可能以及这些差异是什么感兴趣。我们能够在现代法律体系中看到这些差异。如果对此保有敏感,我们就能够避免这种方法论错误,即只要看到法律上的差异就假定那些衍生出法律的原则必定不同。首先,无论如何,我们都应该将一些17、18世纪受理性主义哲学影响的自然法学家的方法与基本上继受亚里士多德和托马斯·阿奎那观念的早期自然法学家的方法区别开来。

后期理性主义者的方法试图像数学家一样从假定为不证自明的原则中演绎出结论。在回顾过程中,我们能够很清晰地发现这么做的困难。那些不证自明的原则远非如此不证自明。此外,许多原则并非推导出一套唯一结论。当然,从上文提到的比较法学家目前的目的出发,我们也足以认识到:即使这一方法的确有效,即使法律规则能够从不证自明的原则中符合逻辑地演绎出来,我们仍不能解释在法律体系之间存在的重要差异。要么这些差异无关紧要,要么这些差异是逻辑演绎中的错误造成的结果。然而,如果说比较法带给了我们什么结论,那就是指出这些差异是相当重要的而不仅仅是逻辑推理中的错误。

相比之下,早期自然法学家的方法存在两个方面的差别。我所要强调的第一个差别,就是有关这一事实:原则与规则之间、高层次原则与低层次原则之间、高层次规则与低层次规则之间的关系,不仅仅是概念上的而且是目的论的,它们建立在目的之基础上。正如阿奎那在纪念亚里士多德《伦理学》的文章开头所言,在事物之中能够发现两种秩序:部分之于整体的秩序以及手段之于目的的秩序,前者以后者为基础。① 一个整体的不同部分通过它们的功能加以界定,而且它们的功能是整体功能的手段。如亚里士多德所言,我们应该去解释我们所研究的一切:一种动物、一个人造物或者一种政治制度,确认每一个构成要素以及这些要素对事物整体功能所具有的意义。②

从这一视角看来,根据其基本原则来解释某一法律体系看起来更像生物学或者工程学而不是数学。每一个规则将根据与其他规则的关联中所获得的目的而得到解释,同时这一目的以更高层次的目的为根据获得解释。正如生物学家根据器官的功能来解释细胞的特化作用,而又根据有机体的生存和繁殖来解释器官的功能。在法律体系解释的最高层面将是那些原则,它们描述社会及其成员最终希望通过法律实现什么目标,对于亚里士多德和阿奎那来说,这些目标不仅仅是指生存和繁衍,还指真正的人类生活中,其中每一个人不同的才能都尽可能地得到施展。

第二个区别与我们如何了解哪些规则和原则是正确的和恰当的途径有关。后期的理性主义方法开始于不证自明的原则,从这些原则中演绎出其他所有的一切。通过早期的方法,我们已经能够看到,即使推理是系统的,我们也仅仅是从一个不证自明的原则中演绎出一种法律体系,正如生物学家从一种生物的定义中推理出向日葵或者海星的结构。他检查这一结构,并且查明每一个部分对于一株向日葵或者一只海星的整个机体的作用。此外,对于亚里士多德和阿奎那来说,系统推理并非人们确认究竟哪些规则具有适当性的唯一方法。当人们选择从事某些行为以成就其独特人生,他们就在行使一种被亚里士多德和阿奎那叫做"实践智慧"(prudence)的能力。③ 实践智慧使他们明白某种特定行为是对的,即使他们不能解释原因。例如,很多人都能够明白谋杀是不对的,即使他们不能给谋杀一个很好的定义或者准确解释谋杀为什么是错的。

当人们能够而且的确展开了关于法律的系统推理时,当他们制定规则和裁判案件时,他们行使着两方面的"实践智慧",被亚里士多德叫做

---

① Thomas Aquinas, *In decem libros Ethicorum Aristotelis ad Nicomachum expositio*, ed. by Angelo Pirotta (Turin: Marietti. 1934), I. lect. 1. no. 1.

② Aristotle, *The Parts of Animals*, 1, i, 641a.

③ Aristotle, *Nicomachean Ethics*. Vl, v [hereinafter *Ethics*]; Thomas Aquinas, *Summa theologiae*, Ⅱ—Ⅱ, q. 47, a. 2 [hereinafter *Summa*].

"概括"(synesis)和"智慧"(gnome)。④ "概括"是制定规则时良好的判断。而"智慧"是决定特定案件时良好的判断。⑤ 具有这两项能力的人能够较好地制定规则,并能够较好地裁判案件,即使他们可能无法系统地解释为什么如此制定规则是好的,或者为什么这样裁判案件是恰当的。⑥ 阿奎那认定社会中的特定角色具有这些能力:立法者和法官。

在早期的方法中,关于法律的系统推理并不完全等同于逻辑演绎,而且并非所有的关于规则和原则恰当性的知识都来自于系统推理。他们能够来自于"概括"和"智慧"。让我们现在提出这样的疑问:通过这一早期方法,即使最终依据相同的原则,法律体系之间将如何可能存在差异?我无意做穷尽式的阐述,这里只是讨论这一情况可能发生的几个原因。

首先要说的是,人是容易犯错误的。正如亚里士多德和阿奎那解释的那样,尽管上文所说的能力使人们知晓什么法律是恰当的,人们并不能够一下子知晓他们可能知道的一切。所以,我们必须认真区分这些能力如何发挥作用、它们在理想状态下所发挥的作用以及它们如何在我们通常所处的非理想环境中发挥作用。从理想的角度来说,"概括"能力总是会使立法者明白,哪些法律规则能在最大数量的案件中产生正确的结果。至少如阿奎那对亚里士多德的解释一样,"智慧"将会补充这一能力。它将会使法官清楚何时某一具体案件的特殊环境需要背离规则。根据亚里士多德和阿奎那,由于规则服务于目的,所以总能够出现这样的情形:即遵循规则将无法实现其目的,因此,这时必然需要背离规则。⑦ 因此,即使有制定得最好的规则,要判断何时应该背离规则,仍然需要"智慧"的能力。⑧ 最后,通过系统推理,人们可以根据赋予原则恰当性的高级原则来解释规则及背离规则行为是否恰当。同时,知识对于良好地制定规则和裁判案件虽并非必须,也仍然是有帮助的。如亚里士多德所言:"如果我们知道什么是善的,关于它的知识就不会对生活有重要的影响了吗?我们难道不应该像弓箭手那样,瞄准一个靶子,就更

---

④ 在阿奎那的技术术语中,它们的意思是准势的(quasi-potential)部分:*Summa*, *supra*, note 3.Ⅱ—Ⅱ, q. 51, pr.

⑤ *Id*., Ⅰ—Ⅱ, q.95, a.1; q. 96. a.6; Ⅱ—Ⅱ, q. 51,aa.3—4; *supra*, note 1, Ⅵ, lect. ix; *Ethics. supra*, note 3,Ⅵ,xi. 自始至终,我没有考虑阿奎那的解释在多大程度上忠实于亚里士多德。

⑥ *Summa*, *supra*, note 3,Ⅰ—Ⅱ, q.95, a,ad.3; *Ethics*, *supra*, note 3,Ⅵ,xi.

⑦ *Ethics*, *supra*, note 3, Ⅴ, x; *Summa*, *supra*, note 3.11—11, q. 120, a.1.

⑧ *Summa*, *supra*, note 3, Ⅰ—Ⅱ, q. 96, a.6.

有助于射中那个正确的目标吗?"⑨

相反,在我们这个并不完美的世界中,立法者可能不确定制定什么样的法律规则,法官可能不确定如何裁判一个案件,而且那些对法律进行系统推理的人可能经常发现自己受到干扰。这就是即使从同一原则中发展出来,法律体系之间的差异仍然会出现的原因之一。它们可能面对相同的不确定性但作出了不同的反应,任何一种反应都各有优劣。

设想即使对某一问题进行了最深入的思考,立法者决定如何行事仍有困难。他会发现很难制定一项法律能够恰当界定具有既定结果的案件类型。一个选择是,制定他所能制定的最好的法律,即使他知道这些规则只是大致适合这些案件。例如,在法国法中,一个人需要对由他保管或看管(garde)的对象造成的损害负严格责任。⑩ 我怀疑法国人是否真正认为他们的界定是恰如其分的。但恰如其分的界定本身就是不清楚的。或者例如,在中世纪法中,当合同约定的价格偏离合理价格的幅度超过,应实施债务免除。⑪ 尽管规则是清晰的,但人们不禁会感觉到,除简单的偏离百分比之外,还有更多的问题。

这是立法者的一种选择:尽可能好地制定规则,同时也抱着最好的希望。如果说制定法律仅仅需要"概况"能力的话,立法者能做的就只有这么多了。但另一种选择是,抛开一个清晰的一般性规则,然后诉诸一种能力去发现在某一特定案件中什么结果是恰当的。阿奎那讨论了以此方式运行整个司法体系的可能性。每一个案件交给法官时没有任何法律约束他们。他说这样做有三点缺陷。首先,发现少数有能力的立法者比发现众多有能力的法官要容易;第二,立法者有更充裕的时间去考虑,并顾及到更大范围的可能情况;第三,立法者是为未来立法,因此可能比较公平和冷静。⑫ 不过,如果立法者真的不确定如何行事,他可能发现冒这一风险比确立错误的一般规则更加可取。法律体系之间的差异可能因此而出现,这不是由于任何原则上的差异,而是不同的立法

---

⑨ *Ethics*, *supra*, note 3, V. i, 1094a.

⑩ 《法国民法典》第 1384 条,正如目前的解释。在这里,在我对《德国民法典》第 138 条第(1)款和第 242 条的讨论中,我并不认为法典的起草者头脑中已经有了现在的解释。我论述了保持对这些条款现有的解释的好处和弊端。

⑪ 参见 James Gordley, "Just Price", in *The New Palgrave Dictionary of Economics and the Law*, ed. by Peter Newman, vol. II(London:Macmillan,1998), p.410.

⑫ *Summa*, *supra*, note 3, I—II, q. 95, a.1, ad. 2.

者通过不同方式解决不确定性导致的。

　　立法者若发现制定一个一般性的规则相当困难并希望逐个案件地处理某一类法律问题,那么他有两个选择。他可以自己列一个案件清单,在这些案件中他相信假定的结果是恰当的。或者他可以允许法官去决定当案件出现时什么样的结果是恰当的。第一个方法的例子是德国法律中关于严格责任的规定。这里没有一般规则,有的只是关于承担无过错责任的专门规定,例如驾驶火车[13]、飞机[14]、汽车[15]以及其他电气设备的具体法规。[16] 即使案件看上去具有相似性,法官也不能将其列入这个清单。[17] 相似的情况也存在于在法国法中,没有一般规则来制止显失公平的"苛刻交易"(hard bargain)。《法国民法典》规定,只有法律规定的案件才可以提供救济。其中特定法条保护那些以低于公平价格5/12[18]的土地出售者的权益、保护那些在化肥、种子和饲料交易中支付过高对价的买方的利益[19]、保护在海难[20]及空难[21]中被救助人的利益以及那些在艺术和文学版权中获利极少的人的利益。[22]

　　与将判断留给法官相比,事先列出这样一份清单的益处在于法律的确定性更强。人们不需要猜测法官将会如何行事。但这样做的问题在于,立法者必须抽象地考虑这些案件,因此与身处具体事实环境中的法官相比,立法者也许更不可能发现恰当的结果。另一个弊端是,当立法者无法发现可能发生的全部案件,就会有漏洞存在。诚如海因·克茨在提到德国法中的严格责任时所言:

> 如果一个人利用轻轨搬运泥土,他应该负严格责任,而当他使用重型推土机时则适用疏忽大意的过错负责,这一区分的原因远未清晰。为何一个受害人请求损害赔偿的权利取决于这一事故是发

---

[13] 参见 *Haftpflichtgesetz* (4 January 1978), §1, I (BGB1.I.145).
[14] *Luftverkehrgesetz* (14 January 1981), §33 (BGB1.I.61).
[15] *Straßenverkehrsgesetz* (19 December 1952), §7 (BGB1.I.837).
[16] 参见 *Haftpflichtgesetz* (4 January 1978), §2, I (BGB1.I.145).
[17] 参见 Konrad Zweigert and Hein Kötz, *An Introduction to Comparative Law*, 3d ed. transl, by Tony Weir (Oxford: Oxford University Press, 1998), p.656.
[18] 《法国民法典》第1674条。
[19] *Loi* of 8—9 July 1907, art. 1, D.P.1907.4.173.
[20] *Loi* of 29 April 1916, art. 7, D.P.1919.4.285. See now *loi* no. 67—545 of 7 July 1967, art. 15,67.L.258.
[21] *Loi* of 31 May 1924, art. 57, D.P.1925.4.41. See now *Code de l'aviation civile*, art. L. 142—141.
[22] *Loi* no. 57—298 of 11 March 1957, art. 37, D.H.1957.L.102.

生在船上还是火车上？如果一个机动运输工具造成了损害，为何要依据这一工具是电梯、汽车、机动船、轻轨、升降机、索道还是自动扶梯来确定责任？㉓

进而，不管立法者可能会怎么说，法官都会试图去填补这些漏洞。于是，法律的确定性这一优势便丧失了。法国法院已经通过发现欺诈、胁迫和错误意思表示来为法条所列案例清单之外显失公平的交易提供救济。即使受害人没有听到谎言也没有受到威胁，即使他唯一的错误是对他出售或购买标的的价值判断错误，也可以获得救济。㉔

因此，一个立法者可能允许法官裁决出现的某些特殊案件。在这里他同样有两个选择。他可以像从前一样列举案件，但允许法官增添。德国的（*Allgemeinegeschäftsbedingungengesetz*）以及《欧盟委员会关于消费契约中不公平条款的指令》就是例证。㉕ 他们列举了大量推定为不公平的条款，但是增加了有弹性的一般性规定，允许法官发现其他无效的不公平条款。这一方法避免留有漏洞，但仍有弊端，即立法者在理论上抽象地考虑这些案件，可能比在具体环境中考虑案件的法官更难发现恰当的结果。

为了避免这一弊端，立法者可以不列举清单而简单地制定一个模糊规则，从而当案件出现时允许法官去决断。这一模糊规则可能是充分界定的，能够为实践给出某种指引，也可能是完全含混的。美国关于严格责任的规则给出的指引是：如果被告从事了"反常危险行为"（abnormally dangerous activity）他就应该承担责任。㉖ 这一规则过于含混，无法为美国法律家提供适用案件的指引。从这一规则中，他将无法猜测驾驶汽车造成的损害不包括在内而飞机造成的地面损害却可能包括在内，即使飞机比汽车安全。当他想知道这一规则包括的范围时，他应当去查阅那个因过于冗长而被我放在脚注中的案例清单，这一清单包括爆炸、储存爆炸物或者大量的水、喷洒农药、飞机可能造成的地面损害

㉓ Zweigert and Kötz, *supra*, note 17, p. 658. 类似的批评参见：Karl Larenz and C.-W. Canaris, *Lehrbuch des Schuldrechts*, 13th ed., vol. II, part 2 (Munich: C. H. Beck, 1994), no. 80, I, 2, c.

㉔ Req., 27 April 1887, D. P1888. I. 263; Req., 27 January 1919, S. 1920. I. 198; Civ., 29 November 1968, Gaz. Pal. 1969. 63; Douai, 2 June 1930, Jurisprudence de la Cour d'appel de Douai, 1930, p. 183; Paris, 22 January 1953, J. C. P1953. II. 7435.

㉕ European Community Council Directive 93/13/EEC of 5 April 1993.

㉖ *Restatement (Second) of Torts*, s. 519.

以及核能可能造成的损害。㉗ 然而不管怎么说,规则还是给予了某种指引。

立法者还可以选择公布模糊规则,允许法官在特定案件中在没有任何指引的情况下依照看似正确的做法行事。一个例证是:在《德国民法典》中为苛刻交易提供救济的两个原则性条款:§138(1)规定违反公序良俗的合同无效(gute Sitten),§242 条规定合同必须遵照诚信原则来履行(Treu und Glauben)。但是,没有人知道这些规则的涵义。

同样,每一种方法都有优势和弊端。给出指引是有益的,但只有当这种指引正确时才是有益的。这种指引可能并非正确,因为按照假定,立法者并不能确定应怎样根据特定的具体结果来界定案件类型。这种指引对于法官考虑一个行为是否"异常地危险"可能是有益的。不过乔治·弗莱彻(George Fletcher)认为,重要的不是是否危险,而是造成了一种不对称的风险:被告将他人陷入的危险境地要甚于他人对被告本人带来的危险。㉘ 如果他是对的,那么可能美国规则指向了一个错误的方向。

相反,模糊规则的益处是它给我们时间在作出任何指引之前汇集经验。德国诚实信用规则的模糊性使德国法学家看到,诚实信用的术语适用于不同类型的案件,诸如从属性合同条款的涵义、滥用契约权利、情势变更和不可抗力的情形。㉙ 这将使法学家在发展适用于每一类型案件的清晰规则方面更进一步。相似的是,在美国法院最初给隐私权提供救济时并没有任何关于隐私可能涵义的清晰观念。借鉴这一经验,威廉·普罗瑟(William Prosser)区分了四类需要提供救济的案件:姓名和肖像的商业利用、侵入隔离空间、揭露尴尬的私人事实以及将原告置于

㉗ 在危险地方大量蓄水;或者允许流水渗漏;在城市中心区大量储存易爆或者易燃物;引爆爆炸物;打桩;喷洒农药;使用氰化物在建筑的部分进行喷涂;钻油井作业或者在人口稠密区冶炼作业;海洋挖掘作业;工厂在城市中心区释放烟雾、灰尘或者有害气体;房顶建筑结构导致将积雪倾倒在高速公路上;[……]危险的界墙以及航空导致可能的地面危险;火箭和核能的危险:W. Page Keeton et al., *Prosser and Keeton on the Law of Torts*, 5th ed. (St Paul: West, pp. 549—550 and 556.

㉘ See George P. Fletcher, "Fairness and Utility in Tort Theory", (1972) 85 Harvard L. R. 537. 至于为什么他可能是对的的原因请参见 James Gordley, "Tort Law in the Aristotelian Tradition", in D. G. Owen (ed.), *Philosophical Foundations of Tort Law* (Oxford: Oxford University Press,1995) pp. 151—157.

㉙ See Günter Roth, in H. Heinrichs, *MünchenerKommentar zum Bürgerlichen Gesetzbuch*, 3d ed., vol. II (Munich: C. H. Beck, 1994), no. 93 [appended to §242 BGB].

公众误解之中。㉚ 此后,建立更加明确的规则便成为可能。

我们看到,当立法者不能确定如何制定规则时,另一个选择是依赖在缺乏规则的情况下正确裁判特定案件的能力。事实上,某些人认为,大陆法系与普通法系的主要区别是前者更加依赖民法典中的规则,而后者则更加依赖法官裁判特定案件的能力。我认为这种对比很容易被夸大。但是这一对比在某种意义上却是实实在在的,即它进一步提出问题:怎样才能把使用这些能力作为可供替代的选择? 如果它们是可选择的,分别都具有优势和弊端,那么我们可以再一次地证明,法律的差异可能并不是因为它们所依据的原则不同,而是因为处理不确定性的方式不同。

前面描述的另一个能力是根据原则系统地解释规则。历史上,一些法律体系对于发现这些解释比其他东西更感兴趣。古罗马法已经被注意到并不是十分体系化。我在其他文章中提到,在16世纪,当后期经院学派或西班牙自然法学派的学者试图通过亚里士多德学派和托马斯学派的原则去解释罗马规则时,罗马法才首次被系统化。㉛ 无独有偶,在19世纪以前,普通法没有通过学说被系统组织起来,而是后来通过令状和诉讼程式被系统化的。㉜

如前所述,如果立法者对于如何制定规则不确定,一种选择可能是依赖于其根据原则解释规则的能力。㉝ 即使我们不能制定规则,原则仍然可以起作用。事实上,依据阿奎那的说法,对我们来说,发现一般原则比发现它们的具体结果更容易。㉞ 对于某些案件范围来说,下列原则一

㉚　See William Prosser, "Privacy", (1960) 48 California L. R. 383.

㉛　See James Gordley, *The Philosophical Origins of Modern Contract Doctrine* (Oxford: Oxford University Press, 1991), pp. 69—111.

㉜　*Id.*, pp. 134—160.

㉝　解释规则的能力也被用于评价一项规则,甚至是当我们不知道它最终依据的规则是什么的时候。我们可能会看到某项规则是不一致的,带有某些似是而非的例外。例如,关于法律为什么有时会给不公平的交易以救济,并没有一般认同的理论。即使没有这样的理论,人们仍然会对前面提到的中世纪规则提出疑问,这项规则认定,当交易价格超出公平价格的50%时,法律就会提供救济。这项规则与《德国民法典》第138条第(2)款的规定不同,它忽略了优势一方是否通过使用劣势一方的"情绪悲伤的情境、缺乏经验、缺乏判断能力或者意志薄弱"而获得了更多的有利条件。没有一种关于如何提供救济的理论,人们就无法判断是否这些因素应该作为原则加以考虑。但即使所有方面根据原则都是对公平价格的背离,仍然可以说这些因素是相关的。很难判断,当合同已经达成时什么样的价格是公平的。当劣势一方已经更加缺乏自我保护能力的时候,交易就已经是不公平的了。因此,当根据原则中的这些因素,合同的条款在某种程度上是不公平的,这时劣势一方就应该具有主张救济的权利。

㉞　*Summa, supra*, note 3, Ⅰ—Ⅱ, q. 94, a. 4.

定是正确的:"契约必须遵守"(pacta sunt servanda),有过错伤害他人必须作出赔偿,所有权人可以任意处置他的财产,不当得利必须返还。否则,就没有合同法、侵权法、物权法和不当得利制度这些法律了。然而,从这些原则中推衍出清晰的规则则比较困难。因此,在缺少清晰规则的情况下,立法者可能允许法官接受原则的指引。

但困难是,任何单一原则都不可能解决所有问题。上述一般原则几乎都需要通过其他原则加以限定。因此,如果立法者仅表述了一个原则,就会存在这样一种危险:法官可能就认为他们应该一成不变地遵循它,将它视为解决问题的全部。法国法学家没有对不可抗力(imprévision)或者情势变更㉟提供救济的一个原因可能是他们的法典没有提到这一原则,而只包含了"契约必须遵守"(pacta sunt servanda)㊱这一原则。这一理由,我相信是历史的偶然,起草者从让·多马(Jean Domat)与罗伯特-约瑟芬·波蒂埃(Robert-Joseph Pothier)的合同中获得了启发,而他们恰好并未提及情势变更学说,尽管这一学说在当时已经被广为接受。同理,美国联邦最高法院积极地保护表达自由,若美国宪法也像德国宪法一样提及名誉权㊲、荣誉权㊳和人格权㊴,可能这种热情就不会这么高涨了。

不过也存在这种情况:规则制定者可能希望法官一成不变地遵循原则,并假设它能够解决所有问题,即使它不能。在不存在清晰规则之处,对于原则的背离导致不确定性,即使这种背离是在特定案件中达到正确结果所必需的。为追求确定性而导致错误结果可能是值得付出的代价。在英国法中,合同的效力不考虑是否已经存在违背诚实信用原则的情况。㊵ 在法国法中,合同的效力不考虑是否存在情势变更的情况。其原因可能并不是法国人和英国人都认为契约必须遵守这一原则能够解决所有问题,像19世纪的意志论(will)法学家那样。恐怕是,他们担心人们无法确定什么时候合同是有效的。同样,美国联邦最高法院有时表现得好像认为表达自由能解决一切问题。依据该法院判决,如果责令

㉟ see François Terré, Philippe Simler and Yves Lequette, *Droit civil: les obligation*, 7th ed. (Paris:Dalloz, 1999), no. 441, pp. 428—430.

㊱ 《法国民法典》,第1134条。

㊲ 德国宪法(《德意志联邦基本法》)German Constitution [Grundgesetz], art. 1.

㊳ Id., art. 5(2).

㊴ Id., art. 2(1).

㊵ 参见 G. H. Treitel, *The Law of Contract*, 10th ed. (London: Sweet & Maxwell, 1999), p.225.

Hustler 杂志因使用粗俗淫秽的语言奚落杰里·法尔维尔(Jerry Falwell)部长而承担法律责任㊶,或者当一份报纸因在施暴者尚逍遥法外之时刊出强奸案受害者的姓名而承担法律责任㊷,都是违反宪法的。可能法院错误地认为表达自由就是一切。但是恐怕编辑们无法确定什么时候他们将会为刊载的信息或讽刺文学负责。

因此,法律体系可能会有所差异,因为人们是容易犯错的。当他们无法制定清晰的规则以明确何时可以实现某种特定的结果时,他们会以不同方式处理不确定性问题。这并不意味着他们的法律基于不同原则。

导致基本原则相同而法律不同的另一个原因,正如阿奎那自己所指出,是不同的法律可能与同一个原则相容。㊸当这种情况出现时,制定什么法律有时就显得无关紧要。小偷应该受到惩罚,但是刑期长短或多或少带有任意性。我们必须在马路右侧或者左侧驾车行驶以避免迎面而来的撞击,但是究竟是马路的哪一边并不重要。对我们眼下的讨论来说,认识到这一点是重要的,即使法律所根据的原则是相同的,选择制定什么样的法律有时也并非无关宏旨。事实上,当这些基本原则一致时,我们对于制定何种法律的选择正成为塑造我们价值观和文化的因素。这其中可能有两个原因,首先是环境不同,适合一套环境系统的法律并不一定适应另一套环境;第二,即使环境相同,法律也可能不同,尽管他们基于相同的原则。

首先,不同法律适应不同环境,同时我们也的确能够察觉这种法律的差异,因为它是价值观和文化差异的体现。一个例子是:在前商业社会人们赠送礼物时,接受馈赠的人通常有义务回赠等值的礼物,虽然这一点并未指明。当人们处于这种社会交换之中时,他们通常会与特定的对象形成稳定的交易关系。交易关系的每一方都在进行交换时,当另外一方提出要求时,不论供需双方如何变化,都有义务以稳定的价格完成这一交易。㊹这与我们现在的社会不同,在现代社会,礼物赠与通常是以赠与人的利益减损为代价而使受赠人受益,同时在现代社会里,人们可以随意选择他想要的对象与之交易,并且根据市场可以接受的对价进

㊶ *Hustler Magazine v. Falwell*, (1988) 485 US 46.

㊷ *Florida Star v. B. L. F.*, (1989) 491 US 524.

㊸ *Summa*, *supra*, note 3, I—II, q.95, a.2, ad. 3; q.96, a.1; q.97, a.1.

㊹ See James Gordley, "Contract in Pre-Commercial Societies and in Western History", *in Contracts in General*, *in International Encyclopedia of Comparative Law*, vol. VII, ch. 2 (Tübingen: J. C. B. Mohr,1997), pp.2—9.

行讨价还价。但是前商业社会的规则在其环境中是合理的:当时几乎没有积蓄财富的途径,因此,赠送礼物以期在未来可以获得帮助;市场很不充分甚至根本不存在,因此供给和需求每天都可能发生巨大变动,因此,与稳定对象交易具有意义,他们不会贪图一时之利,同样,也不会遭到对方的如此对待。㊺ 这并不暗示,处于前商业社会中的人们只在特定环境中视其规则为合适。他们很难想象受赠者不回赠或者对老顾客涨价是恰当的行为。他们从未考虑情况会发生什么变化以及那时怎么做是适当的。

处于前商业社会中的人们认为某些做法是错的,而我们认为是适当的,在这种意义上他们的价值观与我们的不同。进而,这一差异可能与许多其他在态度和行为上的差异相关联。他们不能像现在的债权人和商人一样进行相互交易。他们的关系需要信任,因信任而稳固,关系必须更加深入、更加私人化,而不仅仅受经济需要的限制。进而,这一差异将会影响人们的性格、人格以及他们对于自身和他人的看法。在这种意义上,人们就可以谈论文化上的差异。

我的观点很简单:在这种意义上提及价值观和文化差异并不涉及原则的差异。如果原则不同,那么哪一套规则更合适将不会取决于环境。人们不能将规则作为对环境差异的反映来加以分析。而且,如果把我们中的一员送到一个完好地具有我们同样价值观和文化的社会,人们也不会发现我们的行为标准会变得不适当。如果某人接受礼物时很明白应该礼尚往来,但后来并没有回赠对方,那他当初接受馈赠就是错误的了。如果某人与主张少于本可主张的利益的人进行交易时明白对方的让步是期待自己能够作出相同的让步,但后来他却没能作出相同的让步,那么,他当初进行交易就是错误的。

假设现在法律基于相同的原则和环境,按照亚里士多德学派的传统观点,法律仍可能存在差异,而且这种差异可能事关重大。这不必是诸如应该在马路右侧还是左侧行驶之类无关宏旨的问题。这听上去很奇怪。当我使用这一术语时,原则是最终的标准,借助原则我们能够判断出好坏。如果有两个规则都同样与一项原则相一致,它们之间不存在孰优孰劣。在它们中的选择看起来无关紧要。对于亚里士多德和阿奎那

㊺ 通过这些考虑以试图解释前商业社会的合同法,请参见 James Gordley,"Contract in Pre-Commercial Societies and in Western History", *in Contracts in General*, *in International Encyclopedia of Comparative Law*, vol. Ⅶ, ch. 2 (Tübingen: J. C. B. Mohr,1997),pp.2—9.

来说,情况并不是这样。要明白其中原由,我们必须回到他们关于人们如何作出选择的观点上去。如前所述,当人们面临选择时,他们运用"实践智慧"的美德。明智是一种辨别出哪些是对于他们目前和将来所要过的生活有意义的选择,那就是好的选择,否则就是坏的选择。[46] 当一种行为一方面与某种生活吻合,另一方面又背离,"实践智慧"的能力会帮助人们权衡好的和坏的结果。当然,他可能会错,他可能只看到这一行为对其生活的有益作用,并且认为它事关全部,或者他可能夸大该行为有益作用的程度。对亚里士多德和阿奎那来说,在考虑了所有好的和坏的结果之后,选择本无优劣高下之分,但选择本身是重要的。例如,设想一个人正自问应与谁结婚或者是应该从事法律职业还是医生职业。诸如此类的选择并非不重要。他们都塑造了人们的生活,但可能并不存在正确答案。[47] 根据阿奎那的理解,上帝创造世界时并没有唯一正确的方式,这正是他能够自由地创造他所选择的美好世界的原因。[48] 他并没有创造"所有可能的世界中最好的那个"。所有可能世界的美好程度不能排序。根据阿奎那的理解,这也是为什么人们有自由意志可以不仅仅在好和坏之间做简单选择,而是选择实践多种可能的美好生活。[49]

立法也是这样。当立法者运用某一方面的实践智慧(被称为概括)之时,他权衡一项法律好的和坏的结果。有时只有一个唯一的选择是正确的,有时则有选择的余地。因此,不同立法者即使身处相同环境而且依据同样的原则判断好坏,选择不同的法律仍然是可能的。保护表达自由、名誉权和隐私权的现代法律体系也许就是一个例证。如前所述,美国最高法院已经判决,报纸有运用粗俗和淫秽的词语奚落公众人物的自由,而且有权在施暴者未被捕时公开强奸案受害者的姓名。但在欧洲大陆国家,对此公众人物以"侮辱"为由很容易胜诉。在法国,一名电台评论员以被称为"犹太屠夫"(kosher pork butcher)而受到侮辱为由获得了

---

[46] *Ethics, supra*, note 3, VI, v; *Summa, supra*, note 3, II—II, q. 47, a. 2.

[47] 有些现代哲学家也相信,当一种选择建立在多个原则的基础上时,可能并不存在正确答案,尽管这些选择仍可能是重要的。请参见 Joseph Raz, *The Morality of Freedom* (Oxford: Oxford University Press, 1986), p. 332; Isaiah Berlin, "Alleged Relativism in Eighteenth-Century Legal Thought", in *The Crooked Timber of Humanity*, ed. by Henry Hardy (Princeton: Princeton University Press, 1991), pp. 70 and 79—80; Christopher L. Kutz, "Just Disagreement: Indeterminacy and Rationality in the Rule of Law", (1994) 103 Yale L. J. 1023, pp. 1023—1029. 这里我无法描述这些立场与阿奎那的观点是如何一致和如何分歧的。

[48] *Summa, supra*, note 3, I, q. 19, aa. 3 and 10.

[49] *Id.*, I—II, q. 10, a. 2; q. 13, a. 6.

胜诉。⑤ 在德国,德国军队及其士兵以称这只军队为杀人机器而受到了侮辱为由提起诉讼并胜诉。㊶ 当人们的私生活被公开时更容易胜诉。在法国,一家报纸因披露一名法官因"精神压力"休假而承担了法律责任。㊷ 在德国,一名妻子因离婚的信息被公开而赢得诉讼。㊸

  人们可能会认为,美国人、德国人和法国人因表达自由与名誉权、隐私权存在冲突而对前者的重要性的看法并不一致。如果是这样,他们的原则就是不同的,这是非常可能的。我的观点是,即使他们的原则相同,他们的法律差异仍然会存在。美国人可能对侮辱或者公开隐私的愤恨不亚于德国人和法国人,甚至比他们更强烈。德国人、法国人与美国人一样热衷于激烈的自我表达,甚至有过之而无不及。但是,即便人们必须对于他们所言所写更加小心,人们仍然不得不选择是否应保护隐私和名誉权。这里没有正确答案。诸如此类的选择塑造了不同的社会,使它们之间具有不同的特征。在这种意义上,人们能够提及价值观和文化上的差异。然而,在对原则的认同上可能并无二致。我想要成为一名法学家而不是医师,但我并不必须要相信按照正义行事比挽救生命更重要,即使我致力于前者而不是后者。我可以最爱我的妻子或者祖国,而无须认为这与他人有什么相干。表达自由的例子是我所知道的现代私法中最清晰的例证之一;在现代私法中原则,或者至少这些原则的重要性似乎是不同的。然而,即使在这里我们也不能确定。这一例证显示出,在作出下面的假定时多么容易犯方法论错误:如果他们采纳不同的规则,那就表明人们必定相信不同的东西。如果我们采用这种方法,那么一旦发现规则有不同,我们就会假定在原则上必有不同,或者与之相关原则的重要性必有不同。而事实上,两个选择了不同法律又都喜欢自己法律的人群,可能要交谈很久才会发现他们在原则上是否有分歧。

  在关于比较法学家能否期望了解各法律体系之间的差异这一个问题上,请允许我发表最后一点看法。如果法律基于人们信奉的原则不同而有差异,那比较法学家能够描述这一分歧,甚至比较法学家也许还能帮助解决这一问题。如果法律基于环境的不同而有差异,那比较法学家

---

⑤ Paris, 15 February 1988, J. C. P. 1988. II. 21115.

㊶ *BGH*, 19 January 1989, JZ, 1989, p. 644.

㊷ *Civ.* 2e, 27 April 1988 *pourvoi* no. 86—13 303 [retrieved from the Lexis data bank].

㊸ *OLG* Hamburg, 26 March 1970, NJW, 1970, p. 1325.

可以描述这种环境的不同是如何使不同的法律适应环境的。也许他们的解释能够有助于重塑法律，以使每一种法律更加适应其所在的环境。但如果即使环境和原则相同而法律仍有所差异，比较法学家的研究就只能到此为止。唯一的解释只能是历史的：去描述先前与此类似的选择，是这些选择使社会成为现在的样子。问题取决于人们做了什么。有时，他们的行为依据他们的目标和原则，而且与他们所处的环境相适应，包括他们所具有的自然能力。但有时人们只能通过讲述他们是何以成为这样的人的经历，来解释自己正在从事的行为。

第3章 殖民主义传统

乌彭德拉·巴克西
(Upendra Baxi)

"词"与"世界"

"传统"(heritage)观念,不论如何表述,都像就职演说一样,被赋予了某种统治特权。暗含在这些概念中的是关于一个重要历史时代的一些基本理念;而那些时代已被叙事话语霸权所具有的命令符号压扁了。谁塑造了殖民传统？使用了什么暴力和排挤手段？什么因素构成了"它"的核心又是谁"接受"了它？"它"的哪些方面是通过暴力强加的？谁又如何拒绝了"它"？这些问题一旦提出,便展开了那些被我们象征性地称为"殖民的"/"后殖民的"不同历史时代和地域的图景。胜利者和失败者的问题迫使我们关注利益微积分的变幻不定的特征,这些利益微积分同时激发了对宗主国合法性的被迫接受、继受(reception)和不同类型的抗拒。被忽略的、处于传统和转型(本书的主题)之间的中间术语是"交易"(transaction)。这一"危险的补充"使我们能够对各种类型的主流历史编纂中所固有的那些话语暴力的来源作出区别性理解,正是它们使一切从属者的声音都归于沉寂。

比较法研究中的各个流派从不同角度体现殖民传统的意义。比较法研究的实证主义流派特别强调全球主流合法性的规范与制度扩张的形式。工具主义方法,主要是老的或者新的"法律与发展"流派,仍关注从"非现代"法到现代法转型中的有效治理问题。社会学流派探究在不同法律文化内部、相互之间或者相互交叉之处的差异如何产生,特别注意运用法律/司法多元性的视角。批判比较学派提供了理解主流法律意识形态传统扩张及内部变迁的框架。每一个学术流派互有联系,也都发展出了自己的(突出的是欧美式)认识论的共同体,以坚持关于界定比较法研究不同领域的各种或包容或排它的做法。我在这篇关注殖民地合法性比较研究的文章中使用的方法,源自这些比较研究的传统,但同时也寻找在观念、方法和信息上超越它们,因此必然存在许多叙事的风险。

殖民地的法律或司法传统,充其量不过是外国意识形态和制度的一个临时拼凑物,可以从三个相互区别但相互关联的模式来观察:作为一种伦理事业、作为一个历史事件,以及作为一个暴力实践的整体。

康德1784年"什么是启蒙?"(参阅米歇尔·福柯的版本)①一文可以被理解为在建立一种殖民主义传统的伦理观念。康德建立这一观念的根据是"某些管理者已经如此善意地承担起了对绝大部分人的监督职责"。康德强调"敢于认知"(sapere aude)(要有勇气运用自己的理性)与一种"低程度的公民自由"(公民自由允许"自由思考的天性和才能")之间存在张力。这种存在于自治与服从之间的具有创造性的张力,会逐渐反作用于人们的性格,因此,他们通过创造出"在治理人上具有优势,且与人的人格尊严相符的治理原则……"而逐渐能够控制自由。这一理论中的许多东西以及比较法研究的大部分理论和实践都只是在重复有关法律家长主义的道德根源的启蒙观念而已。

相反,萨维尼帮助我们以历史方式而不是以伦理方式来思考传统,将其作为一个法律的社会(代际)传承的历史过程。他认为,法律如同语言,是人们世代相传和不断创造的结果。与语言一样,法律必然是人们的传统之汇集物,具体体现为活生生的具有变个性的经验模式(这令人想起索绪尔主义关于 langue 和 parole 的区别),这被萨维尼带着悲剧式的语气定义为"民族精神"(Volksgeist)。在他与蒂堡(Thibaut)的争论中,萨维尼将这一观念概念化从而标志着两个流派的分裂。② 一方面,"民族精神"代表强迫接受或继受的具有重要历史意义的侵入所重构的"精神";另一方面,通过激发人们被重构了的民族精神,拒绝进一步的法律入侵就显得更加清晰和合法了。通过暗示有效的法律转型存在局限性的方式,这种"精神"进一步分为表征"大众"的方面和"法律技术"的方面。③ 这一观念带来的洞见是,为社会转型立法的认识共同体的权力必然受制于大众的拒绝。然而,另一个问题是存在这样一种事实,即构成"人"的那些要素同化或一体化了法律的"提供者"和"接受者",更

---

① Immanuel Kant, "What is Enlightenment?" ["Was zst Aufklärung?"], in Michel Foucault, *The Foucault Reader*, ed. by Paul Rabinow (New York: Pantheon, 1984), pp. 32—50 [1784] (hereinafter *Foucault Reader*). 福柯的原文由 Catherine Porter 翻译。

② 参见 F. K. von Savigny, *Of the Vocation of Our Age for Legislation and Jurisprudence*, transl. by Abraham Hayward (New Yore Arno Press repr. 1975) [1831].

③ 有关有效的法律转型的局限请参见 Julius Stone, *Social Dimensions of Law and Justice* (Sydney: Maitland, 1966), pp. 101—118.

不用提"法律"观念本身了。

通过暴力实践方式体现的殖民法制,制定了各种各样的政治脚本,以彰显其统治全球的欲望,同时也复杂化了"传统"这一观念。大多殖民法律的早期历史都留有暴力驱逐本土传统的法律和政治的印迹。④ 当该说的都说了,该做的都做了,"人们"的"特质"或"精神"就已经被统治者通过暴力强加的治理重构。残酷的政治统治历史似乎对比较法理学(卡尔·卢埃林喜欢用 Jurisprudent)很少有兴趣。但是这个关于"传统"的历史——如果这种传统尚未全部消亡的话,剥夺人们传统的能力。这种剥夺至少是两方面的:一是消灭他们对认识/创造"法律"的认知力,二是强加给他们外在法律的各种形式,这个过程并不是由受支配状态转向自由,而是从一种受支配状态向另一种受支配状态(引用福柯在另一个文本中使用的表达)。⑤ 现代法的"恶名"⑥向我们展示了殖民地的法律和法学传统的暴力成分。因此在比较研究大厦的门槛上,便放置着阿尔都塞式的"冷漠的逻辑",这是一个知识与权力关系的秩序,在这一秩序中,所有具体的差异都被认为是"同样的无关紧要"(equally indifferent)。⑦

为了使这一图景进一步复杂化,殖民传统影响的不仅仅是"接受"者,因为"给予者"/"遗赠者"也还在继续着自身的再生产。比较法研究被理解为创生"现代法"的叙事,仍然留有"卡利班(Caliban)综合征",并通过取悦和确认欧美的进步和"发展主义",构建殖民/后殖民叙事的声音。⑧ 卡利班是一种存在,或者是一个存在的历史,他是"一个被排除出去的特例,永远不具有可能性……他看起来是一个偶然,是一个因能够被用于服务他者自身发展的目的而变得合理的存在"。⑨

---

④ 参见 Upendra Baxi, *The Future of Human Rights* (Delhi: Oxford University Press, 2002).

⑤ 参见 Michel Foucault, "Nietzsche, Genealogy, History", in *Foucault Reader*, supra, note 1, p. 85. 福柯原文的翻译由 Donald F. Bouchard and Sherry Simon 完成。

⑥ Peter Fitzpatrick, *The Mythology of Modern Law* (London: Routledge, 1992), pp. 63—86.

⑦ Louis Althusser, *For Marx*, transl. by Ben Brewster (New York: Vintage, 1970), p. 203. 相反,"传统"观念的多元化寻求对抗这种"'无关紧要'的认识论",提出"一致性的优先地位"以及构建一种推动了"无休止的将受到不公正对待的'非必须部分'的人群的附属地位"的"一致性的逻辑"。我从另一个文本中引用了这一令人震惊的语段。参见 Wai Chee Dimock, *Residues of Justice: Literature, Law, Philosophy* (Berkeley: University of California Press, 1996), p. 74. 比较法研究的实践仍然简单地保持着对这一多样性的无知。

⑧ Patrick Chabal, "The African Crisis: Context and Interpretation" in Richard Werbner and Terence Ranger (eds.), *Post-colonial Identities in Africa* (London: Zed Books, 1996), pp. 45—46.

⑨ George Lamming, *The Pleasures of Exile* (London: Alison & Busby, 1984), as cited and further in Edward W. Said, *Culture and Imperialism* (London: Vintage, 1994), pp. 256—258.

这是一个复杂的故事。殖民法律思想体系,即使在殖民统治已经不复存在之时,仍然留存下来。比较法研究的主流传统仍然重复着二分法的对立,"普通法"与"大陆法"的文化对立,或者在"资本主义"和"社会主义"理想类型之间的对立。由此,这种传统将世界法律体系的多样性简化为一个统一的欧美标准。⑩ 在各个领域,"现代法"仍然是西方赠送给非西方世界的礼物。法律"西方化"、"现代化"、法律的"发展"乃至现在的"全球化"这一宏大进程展现的是一个永无止境的故事,一个法律自由主义洋洋得意的故事,而不顾近来有力而鼓舞人心的后社会主义和后现代主义对"现代法"的鞭辟入里的批评,也不顾法律多元化的世界格局的启示。唯一能够引导法律未来的历史便是"现代法律"的历史;我们所有法学的未来归属于在一个没有选择的世界上。法律只能是现代或者后现代,而不可能是其他。

因此,计划法律朝单向度发展的思想史便得呈现,然而,在法律发展中,多元主义可能经常形成有关差异的逻辑,揭露当今现代法律的新殖民主义本质。在当代高科技语境中,现代法律被设想为一个司法的"人类基因组"计划,或者至少作为通用性的"文化软件"⑪,继续支配着比较法研究和应用。单向度导致全球认识论霸权主义行动更加完美,从而强调了现代法律掌握者和创制者没有必要向其欧美的离散的传统学习的观点。例如,在致力于重构所谓"转型"的后共产主义社会的法律/司法的过程中,提供战略的比较法学家坚决地避免向脱离殖民进入自治的国家的法律/司法传统学习(例如,向上个世纪中期的印度以及上个世纪末的南部非洲国家学习)。

至少在这个意义上,对非欧美传统表示平等的尊重的比较法研究终究要出现。另一方面,比较法研究一如既往地以欧美世界为讨论中心,这些讨论的重要性无疑是因为它们决定着法律的统一性。通过它们"看得见"的方式,就构建了那看不见的领域;通过它们"言说"的方式,就决定了沉默的统治;通过"感知"的方式,就贬低了其他殖民地所受遭遇的价值。这本书最终能成为突破这一认识论的开幕式吗?

---

⑩ See Gyula Eörsi, *Comparative Civil (Private) Law: Law Types, Law Groups, The Roads of Legal Development*(Budapest: Akadémiai Kiadó, 1979); Pierre Legrand, *Fragments on Law-as-Culture*(Deventer: W. E. J. Tjeenk Willink, 1999).

⑪ J.M. Balkin, *Cultural Software* (New Haven: Yale University Press, 1998).

不同的叙事

创制"现代法"几乎被认为是一个进步观念的英雄传奇。法治、分权、法律职业的相对自治以及《权利法案》经常被作为欧美政治和法律理论的道德发明,而没有任何其他地域的渊源谱系。它们的传播被构建为一个康德主义的文明化善(Kantian civilizational good)。在这第一个叙事中,殖民的传统和遗产标志着对"前殖民"传统的决定性断裂,而且"前殖民"传统随即延续了殖民传统的统治和拒绝本土传统的方式。因此,汤普森(E. P. Thompson)直到1975年才能提出即使"现代法"的规则和修辞也是帝国主义权力的假面具:"这是一个甘地和尼赫鲁将要代表50万伪装的支持者借鉴的假面具。"⑫在这一语境中,后殖民主义者的使命仅仅是展现现代法的权势,以促进普遍性的"永恒的回归",以此作为"解放的支柱"(从Santos那里借来的表达)。⑬ 当由后殖民的"空间"转向处于正在形成的全球化"秩序"之中的"地区"时,法律最新近的现代性使命便是通过可能的劝诫以及必要时通过所谓正当的武装干涉,防止偏离法律自由主义道路。⑭ 在追求"民主"、"良好治理"、"经济理性主义"等全球化世界的标志性图景的过程中,这一使命修正和利用了殖民传统和后殖民经验。事实上,它的目标就是使世界各地对于外国投资者来说变得更加安全。

在第二个叙事中,那些"不可逆转"以及"理性的"传统和遗产作为现代法律的神话出现时,也作为广义的"白色神话"的一个方面。⑮ 这一论述通过对"现代法"的基本的、反复阐述的暴力特征的描述表现了现代法的进步过程。⑯ 从沃勒·罗德尼(Walor Rodney)到穆罕默德·马姆旦(Mahmood Mamdan)⑰,我们将现代法的自传作为一个将"法治"与"恐

---

⑫ E. P. Thompson, *Whigs and Hunters* (London: Penguin, 1975), p.266.

⑬ Boaventura de Sousa Santos, *Toward a New Legal Common Sense: Law, Globalization, and Emancipation*, 2d ed. (London: Butterworths, 2002), pp.21—61.

⑭ See John Rawls, *The Law of Peoples* (Cambridge, Mass.: Harvard University Press, 1999).

⑮ See Robert Young, *White Mythologies: Writing and the History of the West* (London: Routledge,1990).

⑯ See Jacques Derrida, "Force of Law: The 'Mystical Foundation of Authority'", in Drucilla Cornell, Michel Rosenfeld and David Gray Carlson (eds.), *Deconstruction and the Possibility of Justice*, London: Routledge, 1992), pp.3—67.

⑰ See Walter Rodney, *How Europe Underdeveloped Africa* (Dar-es-Salem: Tanzania Publishing, House, 1976); Mahmood Mamdani, *Citizen and Subject: Contemporary Africa and the Legacy of Late Colonialism* (Princeton: Princeton University Press, 1995).

怖的统治"联系在一起的野蛮历史来阅读。"后殖民理性"通过无数方式质疑已作为殖民传统和遗产的"理性"观念。[18]

第三个叙事通过引入法律多元主义的工具而稀释了现代法律的叙事霸权。行动主义的法律多元主义质疑普遍流行的殖民主义关于正义的元叙事(Meta-narrative),以及当下主导的"全球化"模式。法律多元主义的惯常叙事方式是告诉我们事实上发生了什么,而将评论留给了伦理情感领域。出于当下的目的考虑,两种论述都表明殖民主义对于"习俗"(customariness)的采纳导致了混合的法律多元主义。[19] 无论是体现在印度殖民地中盎格鲁—印度、盎格鲁—穆斯林法律体系的创造,还是非洲酋长制度的重构中,都是殖民者与本土精英之间诸多相互矛盾的利益作用的结果。这些习俗的不同方面总是对殖民以及后殖民模式的合法性提出质疑。

在第四个叙事中,现代法广泛存在的暴政被各种相当不同的流派所叙述。女权主义叙事将殖民传统或遗产建构成为众多的维护男权的方式之一。[20] 女权主义叙事致力于为受害者的声音赢得一席之地,为拒绝霸权、反抗统治而真正展开行动。经济女权主义与经济史使我能够批判殖民主义和后殖民主义通过普遍商品化而获得合法性的方式。[21] 而心理历史学促使我们思考现代性重构殖民主义与后殖民自身的方式。[22]

---

[18] See Gayatri Chakravorty Spivak, *A Critique of Post-colonial Reason*: *Towards a History of a Vanishing Present*, (Cambridge, Mass.: Harvard University Press, 1999).

[19] Mamdani, *supra*, note 17, pp. 109—137.

[20] 参见 Ann Laura Stoler, *Race and the Education of Desire*: *Foucault's History of Sexuality and the Colonial Order of Things* (Durham: Duke University Press, 1995); Rajeswari Sunder Rajan, *Real and Imagined Women*: *Gender, Culture and Post-coloniality* (London: Routledge, 1993).

[21] 参见 Maria Meis and Vandana Shiva, *Ecofeminism* (London: Zed Books, 1993); Ariel Salleh, *Ecofeminism as Politics*: *Nature, Marx and the Postmodern* (London: Zed Books, 1997); Ranajit Guha, *Savaging the Civilized*: *Verrier Elwin, His Trials and India* (Delhi: Oxford University Press, 1999).

[22] 请参见 Ashis Nandy, *The Savage Freud and Other Essays on Possible and Retrievable Selves* (Princeton: Princeton University Press, 1995); Ashis Nandy, *Exiled at Home*: *Comprising at the Edge of Psychiatry, the Intimate Enemy* (Delhi: Oxford University Press, 1990). 请注意,人权激进主义对我们讲,不仅涉及治理的系谱学,而且涉及在"主体缺位"中创造的殖民合法性模式(参见 Fitzpatrick, *supra*, note 6) 以及在"主体—公民"的建构中的矛盾性和复杂性,甚至畸形化公民的形成过程。参见 Veena Das, "Language and Body: Transactions in the Construction of Pain", in Arthur Kleinman, Veena Das and Margaret Lock (eds.), *Social Suffering* (Berkeley: University of California Press, 1998), pp. 67—91. 殖民法、政治和政府也构成了后殖民暴力的未来历史。参见 E. Valentine Daniel, *Chapters in Anthropology of Violence*: *Sri Lankans, Sinhalas and Tamils* (Delhi: Oxford University Press, 1997); Donald Horowitz, *Ethnic Groups in Conflict* (Berkeley: University of California Press, 1985).

因此,现代法殖民传统的基本要素在这些不同的叙事中表现得也相当不同。加上组合的、参差不齐的殖民化过程,殖民主义法律的建构则呈现出更加不同的历史样貌。在被大英帝国高度殖民化的印度,最受推崇的人物是杰里米·边沁。他的功利主义计划在法律的"科学化"改革中得到了最好的体现,这一改革已被证明对于英国本土的宗主国权力来说是不可能的。[23] 盎格鲁-法兰西模式的竞争进行得如此深入,鼓舞了"印度进入非洲"式的殖民形式追求它们的法兰西之梦[24],即在法语非洲建立一个民法法系的政治制度,这种模仿的渴望甚至比对普通法的向往还要明显。相反,葡萄牙在莫桑比克仅仅输出了他的法律、法令和法律家,就像输出其他商品一样。[25] 除了都具有支撑殖民统治的共性之外,殖民主义法制在观念和制度两方面都提供了并非一种而是多种历史。它也提供了多种多样的关于反抗的叙事,特别是当文学被认为是法律的镜子之时。[26]

殖民传统几乎使殖民主义不可能从"后"与"新"的殖民主义中解脱出来。殖民主义法制传统与遗产仍留存在脱离殖民后的时期。更明显的是,它们以治理形式和治理组织留存下来,而且以此装备最高行政权力的权威。在冷战时期的许多表述中,新殖民主义强化了自身,这个现象与从殖民占领中解放出来的过程是同时代的。冷战时代的司法史与法律史由强加的新殖民主义合法性构成,这些为福柯似的研究者在比较法研究中出现提供了条件。出于当下的目的,它必须充分强调殖民主义与新殖民主义的法律形式构成了一张无缝的网。[27]

因为不可能详尽无疑地指出所有问题,然而,即便对于比较法研究中"进步的"欧洲中心传统来说,这个只能被称为"认识论种族主义"(*epistemic racism*)的问题依然存在。"认识论种族主义"这一术语是一个比阿尔都塞的"冷漠逻辑"更不具有政治上正确性的术语。"惯习"(habitus)在殖民时代的比较法研究中完全是可以理解的,但自从 20 世

---

[23] 参见 Upendra Baxi, *Towards a Sociology of Indian Law* (Delhi: Satvahan and Indian Council of Social Science Research, 1985).

[24] Thomas Pakenham, *The Scramble for Africa*: 1876—1912 (London: Abacus, 1992), p. 168.

[25] Albie Sachs and Gita H. Welsh, *Liberating the Law : Creating Popular Justice in Mozambique* (London: Zed Books, 1990), p.3.

[26] Said, *supra*, note 9, pp. 320—340.

[27] 参见 Upenda Baxi, "Postcolonial Legality", in Henry Schwarz and Sangeeta Ray (eds.), *A Companion to Postcolonial Studies* (Oxford: Blackwell, 2000), pp.540—555.

纪中期以来已经变得捉摸不透了。因此,哈贝马斯、罗尔斯或者德沃金仍能详尽阐释正义理论、公共理性或者司法程序,就好像第三世界国家或南方国家中的"活法"(living law),已超越殖民传统,而根本就不存在,或者是彻底与理论建构无关。比较宪政主义研究的复兴几乎总是忽略了殖民解放中公法理论所取得的显著成果。不论是作为印度司法和法律的创新五十年抑或南非宪政法院的显著发展都被忽略了。除纳德(Laura Nader)的先锋团队拷问过支撑比较法学实践中的霸权假定,已经再没有人致力于追随格鲁克曼(Max Gluckman)关于非洲巴罗特部落(Barotse)式的法学研究了。㉘ 就我所知的最好的情况,即使繁荣的法律多元主义研究也没有兴趣探究如下事实发生的方式,即前殖民主义法制可能已充实并塑造了宗主国文化对法律的想象。

主要的是,比较法研究超越了由西方法律传统形成的内在的历史,它致力于满足紧迫且重要的海外贸易需求,这一点反映在所谓的新国际商法(lex mecatoria)以及"良好治理"的相关修辞上。比较法"理念"逐渐呈现出一种工具主义的特质,放弃了反思的丰富内涵,而自马克斯·韦伯(Max Weber)到马克斯·莱茵施泰因(Max Rheinstein)等许多奠基者恰好是从这一点中受到启发的。

法学世界观(*Juristiche weltanschauung*)原理

任何未将对"殖民主义传统"的理解作为一种"进步"叙事,在构建"法学世界观"(Juridical World Outlook)之外看起来都是合理的。㉙ 法学世界观将"现代"法作为了人类解放的构成性环境,尽管它具有复杂性和矛盾性。通过"*juridisme*"(一个理念,即制定良法,这世界所有一切都会好起来),用法治替代了人治㉚,法学世界观所推崇的座右铭是"所有的法律都是资产阶级的法律"。㉛ 事实上,这一座右铭可能为这个全球化时代的比较法研究提供基础。

法学世界观仍对"前现代"法模式存有敌意,而且被认为是与"进

㉘ 参见 Max Gluckman, *The Ideas in Barotse Jurisprudence* (New Haven: Yale University Press, 1965).

㉙ V. A. Tumanov, *Contemporary Bourgeois Thought: Marxist Evaluation of Basic Concepts* (Moscow: Progress Publishers, 1974), p.30 [referring to Friedrich Engels].

㉚ *Id.*, p.43.

㉛ *Id.*, pp.50—51.

步"相对立的。㉜"进步"的工作导致了"加倍"的忘祖症。首先,法学世界观导致了对 10 世纪到 15 世纪西方法律传统的起源的遗忘,以及对基于阶级、种族和性别的多重侵犯历史的遗忘。这些抹消或抹灭使"现代"法律具有一种理想主义的叙事,即其本质上优于所有的前殖民法律渊源。第二,殖民统治中的人们不得不学着去遗忘他们自己对法律的天赋,不得不遗忘这样一种事实:并没有任何证据表明法律人意义上的"高度发展的法律"与经济和社会发展有关。㉝

当然,任何一种有组织的遗忘症也不能完全实现它的意图。㉞ 许多民族主义者对殖民合法性的批评,尤其是著名的莫汉迪斯·甘地(Mohandas Gandhi)(在他写就于 1911 年的仍然鼓舞人心的《印度自治》(Hind Swaraj)一书中)㉟,事实上反映了生活在殖民行动和伟业下这一不光彩的过去。在这一过程中,共产主义美德和前殖民法律的价值观被作为与强加的殖民合法性相对抗的秩序而加以重构。

当"合法性的手段"将"惊惶失措的资产阶级"驱赶到了"其原则的总体崩溃"的程度(国外帝国主义与国内的法西斯主义),法学世界观的自满与共谋完全占据了优势。㊱ 同样,通过无需在此陈列的方法,马克思主义—列宁主义的法学世界观在其自身的"原则崩溃"中得以塑造。

"原则的崩溃"使拟列入计划的殖民主义传统的观念进一步复杂化了。对大多数的殖民地来说,被迫接受殖民法律在很大程度上意味着对宗主国法治观念的有意背离。大体上殖民统治(这里运用了福柯在另一本书中提到的语汇)不是"将法律强加于人的问题,而是安排事物的问题,也就是说,使用了策略而非法律,而且必要时将法律本身作为策略来应用"。㊲

㉜ 在这一意义上,社会主义的重建与资产阶级的观点重合。

㉝ 参见 Lawrence Friedman and Stewart Macaulay, *Law and the Behavioural Sciences* (New York: BobbsMerrill, 1977), p. 1060.

㉞ 参见 Upendra Baxi, *The Conflicting Conceptions of Legal Cultures and the Conflict of Legal Culture*, in Peter Sack, Carl Wellman and Mitsukuni Yasaki (eds.), *Monismus oder Pluralismus der Rechtskulturen?* (Berlin: Duncker & Humblot, 1991), pp. 267—282.

㉟ 参见 A. J. Parel (ed.), *Gandhi: Hind Swaraj and Other Writings* (Cambridge: Cambridge University Press, 1997).

㊱ Tumanov, *supra*, note 29, pp. 63—66 [referring to Lenin].

㊲ Michel Foucault, "Governmentality", *in The Foucault Effect: Studies in Governmentality*, ed. By Graham Burchell, Colin Gordon and Peter Miller (Chicago: University of Chicago Press, 1991), p. 95. The translation from the French is by Rosi Braidotti and Colin Gordon. 关于批评意见请参见 Alan Hunt and Gary Wickam, *Foucault and Law: Towards Sociology of Law as Governance* (London: Pluto Press, 1994), pp. 39—58.

与进步叙事相反㊳,通常被刻画为一种传统的法律禀赋,它的本质竟然只是作为实施压迫统治的"策略"中的保留曲目。

所有这些带来的是对前殖民地大部分法律(如果不是全部的话)的普遍不信任。当法律自身以"政治策略"的姿态出现时,它引起甘地主义的谴责:法律不过是"权力的便利条件"而已。㊴ 进而,叛乱的历史,"普遍不合法"的秩序表现为法律虚无主义,而这一虚无主义在后殖民时空中遗留下了活性剩余物。当民族抵抗运动越来越多样和激烈地反抗殖民统治权力,挑战帝国的天赋权力,揭穿各种具体的诡计和运用"法律策略"进行统治的本质,随之国家主权主义者关于法律的建构则显得相形见绌。

比较法研究仍不关注阻碍法学世界观形成的历史。阻碍法学世界观形成具有双重功能:消解殖民/帝国主义的合法性以及消解它们正在进行的意义深远的重构合法性。权力和秩序在分析意义上将法律从政治中分离出来的历史,使关于反抗的叙事通过有关"秩序"和"安全"的法律呈现,仅仅作为"叛乱"、"谋反"和"政治犯罪"的行为和事件。㊵ 因此,比较法研究的实践至少已知传统印证了这一点并没有将人民的斗争作为一种可能的合法性的象征。事实上,对此的任何承认,将不可避免地使关于进步的欧洲中心主义合法性的主导叙事迷失方向。㊶

结果是,在他们强化殖民传统中的进步叙事的方式上是多么令人惊骇。令人难以置信的是我们居然要被迫相信这样一种事实:从圣雄甘地到曼德拉,他们所主张的反抗殖民/帝国主义法制的秩序,竟然要从被迫接受的殖民主义法律秩序中寻找到它们的道德和伦理根源。那些非欧美的其他法律观被叙述为是对法学世界观的基本传统的模仿,法学世界观在某种程度上从一开始就禁止潜在的、刷新比较法研

㊳ 骄傲的英国人自夸道:印度人根本不知道法律为何物,是英国法把法律带到了印度。参见 Susanne Rudolph and Lloyd Rudolph, *The Modernity of Tradition* (Chicago: University of Chicago Press, 1969), p.253.

㊴ 参见 Upendra Baxi, *The Crisis of the Indian Legal System* (Delhi: Vikas, 1982).

㊵ Ranajit Guha, *The Elementary Aspects of Peasant Insurgency* (Delhi: Oxford University Press, 1973).

㊶ 因此,印度独立 50 年后,主流的法律史学仍然倾向于将转变的过程称为"权力的移交"。争取自治的斗争很少被作为提供对殖民/帝国主义法律传统的观念以及对这些观念遮蔽的殖民统治的批评的可喜的萌芽来解读。

究的历史的可能性。㊷

法学世界观,不论是资产阶级的还是社会主义的,也不论它的本质如何变化,始终都包含着对法律的创造性和处于"边缘"的人民的能力的彻底拒绝,其核心是由欧美传统(现在包括短暂的社会主义传统)构成的。它拒绝批发却经常对零售让步。殖民/帝国主义的法律多元只有在下面的情况下才能够接受"前殖民"法律传统,即要么这些传统与他们的意识形态构造相一致(比如在家庭和人格权法体系中的家长制,或者是乡村农奴);或者是当它们没有威胁到主导方式时(比如本土的法律人)。殖民主义法律否认这样一种理念,即殖民地人民有可能拥有合法性、法治、平等和人权等理念。法律"文明的本质"仅仅是它们独一无二的恩赐,但如此恩赐的本质,正如目前已经可以看到的那样——也是一个祸根。

第一种传统:重商主义的治理术(governmentality)

通过殖民主义合法化,被继承的东西不仅是自由的实践,还包括对自由的管控,同时还继续保留法律暴力的手段和目的。我已经在别处提到,在一些细节中,这一在殖民和后殖民合法性之间的"连贯性"和"非连贯性"的历史正在形成。㊸ 我在这里需要做的是详述内在于殖民传统中的治理术。

在许多殖民压迫的时刻("统治"(rule)一词通过它的广义涵义将其构成合理化),最强烈和最持久的"压迫"是将治理术以纯粹重商主义的术语来表达。主要体现是,殖民地人民和领土成为私人合资公司的商业资产。迄今为止,任何"公共"权威的观念都可以被辨别出因为它们相当于是获取利益和战利品的特权。这些利益和战利品被认为是这些所谓的"公共权威"自身的"道德"目的。其典型的标志是治理术的观念,它使政治变为商业或者商业政治,它的制度形式是跨国公司,英国东

㊷ 诸如,反殖民斗争的法学天才如何形成当代人权运动的历史,请参见 Baxi, *supra*, note 4. Even Gramsci(绝不是大多数比较法研究者的主要资源)被转换为描述一种甘地在"不合作运动"或者"非暴力革命"的口号下对帝国/殖民主义合法性的反抗:Antonio Gramsci, *Selections from the Prison Notebooks*, ed. And transl. by Quintin Hoare and Geoffrey Nowell Smith (New York: International Publishers, 1971), 同样的思想激发了我之前援引的 E. P Thompson。(*supra*, note 12)。即使是同情的理解模式也不可避免的处于司法的世界视角之内。*supra*, note 27, p.540.

㊸ 参见 Baxi, *supra*, note 27, p.540.

印度公司便是一个典型范例。而且法律将其诞生作为奥斯丁式的主权者的命令,作为一部"专制实证化"法典(采用了尼古拉斯·卢曼的术语学)。㊹ 商人们(这里当然没有女性的地位)成为立法者和法官,他们和执法者几乎或者根本不了解:深层的规范性和制度性变化正在塑造宗主国统治的合法性。

暴力和欺骗为重商主义国家的权力治理提供了技术。即使没有通过霸权主义将法律中的暴力和有关暴力的法律法典化,统治的价值观和品行也已在最初的"国家"和"法律"理念中得以制度化。㊺ 这一现象也意味着殖民统治中国民的缺席。早期殖民统治中的"长处"也正是它的弱点(正如统治权力中存在各种形式的分裂和偏执),这些弱点在许多殖民联合体中得以体现。如果欧洲权力之间的竞争(是对霍布斯自然状态的一个真实描述)塑造了这种治理形式的本质和未来状态,那么商业资本派别之间的利益冲突也产生了这种效果。通过那些寻求身体治权和心灵治权的㊻(使用了福柯的分类)人们相互之间的冲突,联合体会进一步分裂。这样,在重商主义统治时期,传教士和商人之间的冲突并不是微不足道的。最后,当然并非最终,殖民地人民发起的抵抗运动的方式激起了猛烈悲壮的政治运动。㊼ 因此治理术以多样的方式建构了殖民传统,而其中一些方式仍留存在后殖民的时空中。

第二种传统:"高度"殖民化的合法性*

当殖民主权向被"适当"建构的宗主国迁移时,出现了法律"高度"殖民化的第二次浪潮,尽管法律在不同殖民地的扩展是非常不均匀的。㊽ 不

㊹ Niklas Luhmann, *A Sociological Theory of Law*, transl. by Elizabeth King and Martin Albrow(London: Routledge & Kegan Paul, 1985), pp.147—158).

㊺ Bard, *supra*, note 23.

㊻ Foucault, *supra*, note 37, pp.87—104.

㊼ 关于档案中的例子情参见 Guha, *supra*, note 40; Mamdani, *supra*, note 17; Oliver Mendelssohn and Upendra Baxi, *The Rights of Subordinated Peoples* (Delhi: Oxford University Press, 1994); Pakenham, *supra*, note 24; Rodney, *supra*, note 17.

* 关于 Legality 的翻译,在译校过程中存在多种意见,一译为"法制",一译为"合法律性",一译为"合法性"。经过讨论,最终决定使用"合法性"这一译法。其理由主要是:按照译者理解,Baxi 在文中使用这一词语的主要意思是:"通过法律将……合法化和制度化"。因此,文中出现"掠夺式合法性"这样的表达并不矛盾,作者意在批评殖民者使掠夺的制度合法化过程背后所隐含的殖民霸权。——译者注

㊽ 参见 David Washbrook, "Law, State and Agrarian Society in India", (1981—1982) 15 Modern Asian Stud. 157.

可避免的是,一些构建宗主国合法性秩序的理念和理想随之也转移到了殖民化结构的时空之中,尽管这一过程伴随着深刻的矛盾心理。这一危机标志着许多历史性的开始,同时也显现了帝国末日的到来。

但是,即使当比较法学家叙述作为殖民结果的法域诸如"英语法系"和"法语法系"之时,或者总体上提及法律版图上的"普通法法系"和"民法法系"时,他们也很少会追溯伴随殖民征服而来的、作为殖民合法性构成性语境的那些事实。从殖民地人民的主观判断来说,无论如何,高度殖民的国家对西方法律传统的传播可视为一个持续征服的过程。法律自身被认为通过另一种方式而被征服。它改造了共产主义法律传统并使之服务于殖民主义的行政和司法目标。这一"法律征用"(expropriation of law)(使用了韦伯主义的语汇)导致了混合的法制。随之,这种混合的法制冲过了公共记忆,殖民化了制定法律的规范性手段,至关重要的是殖民化了时空结构。在比较法研究中,没有比与这样一种政治同谋更过分的错误了,这种政治有组织地遗忘法律曾作为殖民征服的一种产物。

这样,各种殖民法律多元化的构成秩序出现了。如果高度殖民的法律在一些殖民属地(比如在英属印度或者法属印度自治区(Pondicherry))较早出现,那么它在其他地方(比如东非或东亚)则(出现得)相当晚,而且在有些地方根本就没有出现(我记得大多数葡属殖民地,不论是印度的果阿(Goa)还是莫桑比克都属于这种情况)。脱离殖民化后的大约半个世纪,我们仍缺少一份描绘高度殖民的法律联合传播和不均匀传播的地图。而且,大同小异的法律"绘图法"在比较法律和比较法学研究的构成模式中重新产生了存在地域不公平的潜存可能。

高度殖民化的法律也呈现出一种复杂的内在合法性(inter-legality)(比如斯里兰卡,早先的印度支那或印度尼西亚)。通过殖民化制造的法律从一个法域出口到另一个法域(如强制同为英国殖民属地的南非接受印度法典),这种内在合法性就成为真正的迷宫。宗主国的上诉法院对殖民地法律解释的控制,进一步增加了高度殖民化法律的场景错综复杂的程度。即使殖民法律的多样性的大多数促成因素存在于殖民统治的网络中,且不论这种殖民统治是通过本土还是欧洲人的管理来实现,多元化仍是高度殖民化法律的显著特征。

因此,混合性成为高度殖民化的法律和后殖民社会中殖民法律传统的基本特征。自由主义和帝国主义之间的矛盾形成了相互冲突的治理,亦影响了"现代法律"的发展历程。⁴⁹ 重商主义的治理术不再允许批发。然而，它们零售的产品和部署，需要通过宗主国的法律理论和实践加以重构。对土地和生产关系的控制现在不再与"非语词暴力"有关，而是通过"语词暴力"(force of phrases)（这里用了马克思的分类）实现的。⁵⁰ 通过帝国内有关财产权和公正治理的话语，殖民统治实现了殖民地有计划的非工业化和劳动人口驱散。对于通过财产的统治来说，维持殖民"法律和秩序"是至关重要的，因为它们代表着一种好的甚至是善的治理。因此，高度殖民化的法律将法律家长主义的基础置于康德主义模式之下，并且为自己设计了一个人道殖民的形象。

高度殖民化的法律可能从未假定殖民地人们是忠诚的，所有的殖民地人们都威胁到帝国主义的治权。而且许多组织，即使它们是合法的社会团体，也会对殖民统治构成威胁（根据英属印度的结社犯罪法中的相关规定）。高度殖民化的法律是典型的"精神分裂症和偏执狂"，敏感的法律合理性的周期性危机是导致这种状态的因素。高度殖民化法律在服从与叛乱交织的网络中，即便有点害怕受到伤害，从未放弃斗争。因此，建构一个对殖民法律忠诚的主体，一直被视为是非常冒险的事业。在高度殖民的合法性之下，法律的惩戒和准法律的恐怖统治的效果存在事实上的限度。

因此，殖民地的法律主体不仅有"服从"义务，还有"接受影响"的义务。英属印度刑法典，有一项规定很好地被应用到了其他帝国属地，其压制的潜力甚至比已经庆祝过五十周年的印度宪政主义时间还要长。这一条文界定煽动叛乱为犯罪（和叛国类似），因为它煽动了对合法建立的统治的不满。所有顺从的殖民地人民被设想为可能的间谍。被广泛传播的殖民地印度公务员秘密法，将任何由公务人员组织的在所谓被列举的地点内进行的任何行动视为犯罪。一旦一个区域被描述为法律中的"特定"地点，当地人民将很有可能被作为间谍，并且受到军事审判。殖民地有关刑罚的法律制度与针对国家的犯罪有广泛的联系，这在构成政治上的地域不公平的各种立法模式中不胜枚举。

殖民法制的形成，伴随着对其制度化机构所进行的全面"规范性"

---

⁴⁹ 参见 Uday Mehta, *Liberalism and Empire* (Chicago: University of Chicago Press, 1998).

⁵⁰ 参见 Karl Marx, *Capital*, vol. I (Moscow: Progress Publishers, 1976), pp. 671—693 [1867]. 也可参照 Upendra Baxi, *Marx, Law and Justice* (Bombay: N. M. Tripathi, 1993), pp. 85—94.

衡量,也型构了时间的观念。通过控制时间节奏,殖民合法性获得了胜利。其证据法和程序法设置了界限,作为衡量什么样的关于人类反抗和苦难的故事是可以讲述的标准,打破和解构了叙事话语——拉纳吉特·古哈(Ranajit Guha)已经辛辣地描绘了一幅现代法律的肖像。[51] 在构成(分解)殖民地人民的时间观念的过程中,高度殖民化的法律去除了所有可能限制对抗公共权力的起义的语境。

殖民法律作为裁决限制了并经常造成这种谱系叙事的不可能性,即在公民社会中人类在国家强权的压迫下被迫的违法与暴力行为。在相当不寻常的普通法法域,各种不同的制度安排(特别是所谓的传闻证据规则)通过打击有生命的社会记忆之根基,型构了典型的关联性和可采性的理念。同时,合同法为强制劳动和债务奴隶提供了合法化机制。被吹嘘的"公法"与"私法"之间的区别导致了在满足家长制的同时制造的那些看不见也听不着的家庭暴力与虐待。税法在推进大规模的土地控制的同时,激励了有产阶级的忠诚(我想起了尼采的奴隶道德)和对本土农奴制最坏的滥用的合法化。森林法使本土人们的人格被降低、人性被阉割和丧失。关于时效的法律致使任何对违法救济的"迟延"要求都得不到支持(即使是一个英国法官写这个题目也会很想知道为什么印度时效法需要描述163种可以被称为怠于行使其可诉权利的方式[52])。当涉及以严重暴力手段对财产和国家进行的犯罪适用刑罚的时候,刑事审判体系通常以复杂的方式延迟司法裁决程序,这削弱了有关证据记忆。不能说真话的殖民地人们,通过劝说、政治高压,抑或通过殖民法律的制定而最终都被社会化。正如其过去所表现的伪善的本质,殖民地的法律主体*,现在注定是另外一个伪善的化身。

毫不令人惊讶,以造就一个忠诚的臣民群体为目的的高度殖民的法律—治理计划已经被证明没有引发比较法学家什么兴趣,他们绝大部分只关注在殖民统治中对西方法律的规范和制度的"介绍"、"传播"和"接受"。作为型构殖民国家和殖民法律的一系列暴力和灾难性时间,殖民"传统"的观念仍然是比较法学中任何有意义的"次级"(subaltern)研究传统中的一个基础性前提。

---

[51] Ranajit Guha, "Chandra's Death", Ranajit Guha . (ed.), *Subaltern Studies V: Writings on South Asian History and society*, (Delhi: Oxford University Press, 1989), pp.135—165.

[52] 参见 Upendra Baxi, "*Conflict of Laws*" in (1967—1968) Annual Survey of Indian Law 227, p.284, n. 305.

＊ 殖民地人民。——译者注

第三种传统:“低程度的公民自由”

不论公开还是私下,在比较法学的主流叙事中法律和统治的暴力都是有口皆碑的。这一粗暴的渗透、暴力的进入、令人骄傲的开放,请福柯原谅:不是从一种支配向另一种支配的运动,而是从支配走向进步的运动。进步仍通过与资本主义发展的关系来界定。现代法是进步的,因为它推动了从身份到契约的运动(我提到梅因的观点),即在韦伯主义中所提到的神授的/传统的/世袭的统治发展到法律理性的统治,从机械连带的压制惩戒到有机连带的回应性惩戒(涂尔干)。

除了社会达尔文主义这一基本的殖民政治学,这一进步叙事在马克思关于人类解放的辩证观念中也有其根基。生产力和生产关系使工人阶级陷入苦难的同时,也使他们享有作为未来人类解放历史创造者的特权,他们通过倒置“进步的”资产阶级合法性的方式来解放人类。马克思关于社会发展的规划的诞生受限于资本主义未来的历史,但它通过在殖民地实施不同模式的民族自决,使殖民主义和后殖民主义的合法性受到挑战。在这里,这个主题显得过大。但它仍值得一提,“马克思主义
63 的幽灵”(引用德里达)惊扰了高度殖民化的法律。社会主义合法性的初始观念和他们对资产阶级合法性的根本批评,在一定意义上对于革新殖民法律实践作出了贡献,纵使它们与法律帝国主义的核心模式有相互一致之处。尽管有人已经受到进步的欧洲中心主义的合法性这一相互竞争与矛盾的观念的启发,但是关于高度殖民化法律的比较史仍未有人写就。

通过在殖民地至少采纳“低程度的公民自由”观念,高度殖民/帝国主义的法律形态反映了法律的如下运动。前殖民形态只有权威观念,是高度殖民法律带来了合法性观念。(53) 前殖民形态缺少对权力领域的初步区分,是高度殖民的法律带来了分权观念和相对自治的司法观念。“僧侣式的”知识/权力组合维系着前殖民法律的合法性,高度殖民国家在不断进行世俗化的同时,也允许宗教的多样性。用以维系神示法律的解释权的垄断让位于另外一种观念,即法律是由一些人临时指定的,用以统治其他人。如果法律仍然构成“命运”,它就是暂时的命运而并非

---

(53) 参见 Robert Lingat, *The Classical Law of India*, ed. and transl, by J. Duncan M. Derrett (Delhi: Oxford University Press, 1972).

不可更改的宇宙力量。被国家法律赋予效力的专业知识网络，即在福柯话语框架中的"矫正性"（certificatory）知识[54]——逐渐形成了新的权力／知识组合以及新的"普遍的善"的概念，它排斥有组织的知识秩序。由职业律师、法官、公务员、警察和安全部门、公共健康专家、税收和林业官员、殖民地法医官以及人口普查官员构成的认识共同体，形成了新的权力／知识网络，这一网络联合最高的权力形式与规训（disciplinarity），为塑造忠实臣民这一计划提供不断加强的有效与稳定的秩序。[55]

这些明显和广为人知的对比，应该至少能够突显曾推动高度殖民化的法律的立法者与改革者话语的部分福音主义者的宗教热情。[56] 有趣的是，再在一种与此相同的秩序，这种秩序以声称将"法律"带入后苏联时期的各联邦和共和国的话语为特征。立法者和改革者的最初意图是和善的和慈父般的，并非不道德的、险恶的。用探险家、传教士达维德·李维斯顿（David Livingstone）的话说，最初的意图就是带来三个 C，即商业（Commerce）、基督教（Christianity）和文明（Civilization），或者使用布罗尼斯拉夫·马林诺夫斯基（Bronislaw Malinowski）的三个 C，即法典（Code）、法院（Court）和警察（Constabulary）。[57] 征服和侵略性的占领在高度殖民地区仅仅提供了模糊的记忆文本，其中最初意图现在必须要实现（与中东欧转型社会的冷战不同）。然而，隐含在它们的努力之中的却是未被质疑的社会达尔文主义、帝国主义以及不间断的对区别和异数的边缘化。[58]

我们对"原意主义"*的"不可能性"都太过熟悉（感谢美国宪政主义者之间无休止的争论）。但是高度殖民法律的原意主义（上述社会的公民——学者们的解释学偏好与"幸福的结果"之间毕竟相差很远）扮演了一种实质性力量的角色，进行了许多凌驾于殖民地人民之上的权力

---

[54] 参见 Michel Foucault, *Power/Knowledge: Selected Interviews and Other Writings* 1972—1977, ed. by Colin Gordon (New York: Pantheon, 1981), pp. 77—108.

[55] 关于高度殖民时期官僚机构的发展得以加强和多样化的当代研究文献不断增多，以致其太丰富而不能概括式地引用。本文的下面两个部分包括了多样的说明性的参考文献。

[56] 参见 Eric Stokes, *The English Utilitarians and India* (Oxford: Oxford University Press, 1959).

[57] 参见 Livingstone, Pakenham, *supra*, note 24, p. xxv. 关于 Malinowsk 的总体资料见 Bronislaw Malinowski, *Crime and Custom in Savage Society* (London: Kegan Paul, Trench, Trubner, 1926).

[58] Dimock, *supra*, note 7, p. 74.

* 原意主义（originalism）是当代美国保守派宪法学家的主要口号，即强调法官释法必须完全按照宪法制定者或宪法修正案作者的原意来解释，不能随意引申。——译者注

实践。对人民法律的社群主义传统的去传统化（detraditionalization）是朝向殖民法律权威发展的第一步。裁判官垄断权和殖民刑罚的创制进一步协助形成了殖民服从。殖民地监狱不仅为"受控制的犯罪"的产生和对"普遍违法"进行管理提供了条件，而且还形成了这样一种事实："温顺的行尸走肉"为高度殖民化的法律型构了许多事实依据。⑤⑨ 殖民地警察和各种国家安全机构负责监督，甚至不时采取恐怖措施，以便控制对"自身"的叛乱的出现。权力/知识的网络导致了现代法律职业的产生，包括裁判角色，更不用提"过度发展"的公务员，这个权力/知识的网络为上升的本土精英的物质利益服务，他们世世代代忠诚于帝国。⑥⓪

这就是说，我们需要注意通过"低程度的公民自由"构建的"客观"的传统。我将这一传统描述为"客观的"，只是在实质影响（material effects）的意义上，这些影响超出了许多高傲的殖民权威的意图。

掠夺的合法性与"低程度的公民自由"

与重商主义殖民形态相反的是，高度殖民法律寻求将法律建构为、或者在某种程度上将法律展现为公共产品。但是法律的观念是具有严格限制的。高度殖民的法律被设计为使殖民暴力合法化，用以提升帝国的繁荣。因此，高度殖民的法律首先是作为一种掠夺的合法性（predatory legality）形式存在。⑥①

掠夺的合法性使法律面对各种相悖的任务。法律同时被安排了两项任务：一是将殖民暴力及其事实合法化，二是执行各种不同的任务以帮助宗主国从殖民地获取大量利润。某种合法性秩序被要求制造一个

---

⑤⑨ 参见 Michel Fouault, *Discipline and Punish*, transl. By Anlan Sheridan (New York: Pantheon, 1977).

⑥⓪ 一定不要忽略在殖民统治精英的命令下代表殖民帝国参战的武装部队的构成。在冷战后期，经英国皇家陆军军官学院和西点军校培训的武装部队，至少在大英帝国，为后殖民军事政变、军事政权和军事独裁统治提供了可能的基础。在治理的民主形式终结之时，他们现在产生了数不清的对西方公开的哀叹。这种抱怨掩饰了部分的但也是实质的西方武器工业和非正式的武器交易的影响。复杂的物质利益交换因此在高度殖民的法律支持之下形成了，而且毫不令人惊讶地维持了法律想象的再殖民化。

⑥① 在 2000 年 6 月 1—3 日，由发展研究会组织的一个关于中低收入发展中国家法律的作用问题的讨论中，我提到了"危险和衰退中的权利"这一问题，在我之前还没有人使用这一观念（参见 Baxi, *supra*, note 39, pp. 348—358）——Laura Nader 教授建议，"掠夺"被证明是更加容易接受的观念。这一术语的当下转变让我想起，已故 Julius Stone 一直以来的建议，我始终没有内在化的建议，即人们应该学会尊重他最初叫做"学术外交"的方式。

忠心服从的阶层,他们不仅从殖民统治体系中受益,而且变成了忠心耿耿的传教士,不断赞美高度殖民化法律的进步本质。法律(不论作为规范、政策或者治理)不得不分配利益和惩罚,分配社会机会,丰富生活选择和物质利益。高度殖民的法律也根据认同分配象征性资本(且没有再分配)。[62]

与此同时,掠夺的合法性构建了殖民繁荣(thrift)的逻辑。资源、自然和人力不得不为宗主国的最理想获利而开发。因此,高度殖民的法律主要关心:设计某种法律政策和治理,以此掌控自然资源。合同法和财产法的一般范畴虽然重要,但仅仅这些是不够的。自然资源法中的一些特殊领域是必须的并已得到发展[63],在这些特殊领域,法律在法治中的作用,并不是被设计用于民族殖民者掠夺殖民地资源的基本需要,而是在一定条件下积累的一系列非意图的副作用。这些法律领域足够强大到能够萌发反殖民化运动。

殖民地提供了充足的原始资源、留存了过剩的工业大军以及大量可供征用的本土民众,这些维系着殖民边疆的巩固和帝国战争的胜利。掠夺的合法性也不得不去追求相当困难的、有组织的掠夺土地税和对自然资源和人力资源的"榨取"式管理等目标。它不得不为持续的"非自由劳动力"供给提供便利(包括在殖民地内部和通过殖民地),不得不创造一些会导致殖民经济去工业化的生产模式。进而,殖民法律、政策和治理不得不在榨取殖民地内部的剩余价值的相当复杂的模式内求得某种程度上的支出平衡。

这些任务并非与宗主国传统中的资本主义法律发展完全不具有相似性。然而,宗主国实现这些目标的方式不得不强调进步的合法性形式,这种形式在漫长的历史过程中精心雕琢了法治、人权和民主治理等理念。但是,高度殖民化法律的使命确实合理化向殖民地人们否认这些理念的举措,或者在必要的时候将这些理念以相当微弱的形式提供出来。正是这一情形促使古哈提出了"劣等的自由主义"(mediocre liberal-

---

[62] 特别参照了 Nancy Fraser 的丰富成果,特别是她的"*Rethinking Recognition*",(2000) 3 New Left R. (2d) 107.

[63] 我想起了在农业土地中的财产关系,对"公共设施"的永久占领权的运用服务于满足诸如灌溉、铁路、港口和海运、矿业、电力和道路交通、森林工业和出口日用品制造等殖民资本运作的需要。

ism)的概念。[64] 掠夺的合法性因此发明了"封锁合法性"(quarantine legality)形式。这一形式授权本土治理者控制这些新观念在殖民地的传播。[65] 在提及英帝国占领期间南亚的高度殖民化法律和掠夺式的合法性时,必须注意到这些掠夺式的合法性因法律领域和殖民化境的不同而呈现不同的样态,否则我们将无法展现这些过程的历史。[66]

那么,这些高度殖民的合法性是如何建构起来的呢?这些问题将我们引至相当不同的视角,每一视角都将优先对治理、权利、发展和正义给予特别的关注。

次要(附属)的视角

在一个相当次要的视角中,高度殖民法律(依然再一次)构建了作为一种宿命(fate)的法律。对于殖民地人民来说,由于长期适应了由潜在无限的压制所支撑的主权者所期望法律,因此,他们对高度殖民化的法律也是同样地适应。不为殖民地人民所知的约翰·奥斯丁,范例式地证实了他们自身生活方式中所理解的法律的终极社会意义。法律是一种经验的秩序,但在形成这一秩序时他们并无发言权,这就如同洪水、干旱、饥荒袭来一样,也如同出生就注定是一个从摇篮到坟墓苦苦挣扎求生存的生命一样。高度殖民法律通过其发明的宗主权力形式、语言、制度和处理纠纷的专业形式、主张和争论等,加深了殖民地人民生活的悲惨境况。即使是作为"弱者的武器"(weapon of the weak)(受斯科特·詹姆斯(Scott James)的启发),法律作为一种"宿命"的经验并未经历任何深刻的转变:一言以蔽之,它只不过是一种以骗取人们进入未充分发展的生存状态为目的的、较为独特的经验模式而已。

然而,在一些忠告之下,在一些殖民语境中,一些附属的话语已经赋

---

[64] 参见 Ranajit Guha, *Dominance Without Hegemony*: *History and Power in Colonial India* (Cambridge:Cambridge University Press, 1997), p.5.

[65] 在某种意义上,维系殖民合法性反映了一种任务,即发达国家目前正在面对遗传基因管制的任务,这项任务寻求限制和惩罚从转基因种子、植物、食品中进行的横向的基因转移。以无法预料和无法控制的方式进行交叉受精的观念与基因突变很像。当这种情况发生,就会暴露法律固有的弱点。

[66] 欧洲的进步合法性观念在他们的国内革命中表现各为不同(任何戴雪的著名的"法治"文集的读者都明白这一点)。在有关分权、司法自治、立法的权威、犯罪的定义和惩罚的理论与实践等方面的观念中存在着值得思考的差异。在殖民主义情况下商谈的方式中也存在着明显的差异:法国与英国不同,但二者都与荷兰、比利时、葡萄牙、意大利和西班牙不同。不仅仅殖民传统的比较历史没有得到完整的表述,而且在这些殖民历史的书写中形成的不同的本土声音的方式也没有得到充分的表达。

予高度殖民化法律得以解脱的可能性。印度永久性取消"贱民"(outcastes)的事实证实了这一点。⑥ "贱民"(Dalit,印度种姓制度下最低的阶层)解放运动领导人,作为印度宪法奠基人的安贝德卡(B. R. Ambedkar)博士就强烈赞同将殖民法律带来的自由主义作为社会平等的先驱,特别是在解放数以百万计的比首陀罗地位还要低的"贱民"(atisudras)的运动中所表现的那样。他将社会和经济的最底层,即那些被各种印度教实践活动推至处于劣势和无产的永久秩序中的人们,统称为"贱民"(antisudras)。⑧ 根据这一概念可知,高度殖民化法律成为前殖民法律强加给"贱民"的"宿命"的鲜明对照。

殖民生产模式

高度殖民化法律使人们作为服从者深受其影响,但并非奴隶。在政治理论方面,它标志着一种摆脱生产的奴隶制或者在某种程度上模糊的"亚洲"模式的规范性转换。然而,法律现代化并不是构建工业资本主义和作为其上层建筑的合法性的工具。更准确地说,它发生在殖民生产模式的庇护下诞生。作为一个高度复杂和矛盾的历史事件,这一模式通过为殖民掠夺目标提供便利条件,从而使财产关系和依附型的工业化发生变化。现在所有这些历史都有详尽的记录。⑥ 通过推动有利于宗主国经济的系统去工业化与经济增长,从而阻止农业中资本主义生产模式的发展,而高度殖民化法律是推动这一进程的主要工具。⑦

国家差异

高度殖民化法律在国家机构和治理模式中表现出了相当程度的差

---

⑥ 参见 Oliver Mendelssohn and Marika Vicziany, *The Untouchables: Subordination, Poverty and the State in India* (Cambridge: Cambridge University Press, 1998).

⑧ 参见 Upendra Baxi, "*Justice as Emancipation: Babasaheb Ambedkar's Legacy and Vision*",. Upendra Baxi and Bhikhu Parekh (eds.), Crisis and Change in Contemporary India (Delhi: Sage, 1995), pp. 122—149.

⑥ 参见 Elizabeth Whitcombe, *Agrarian Conditions in Northern India in Late Nineteenth Century* (Berkeley: University of California Press, 1972); Kumar Ravinder, *Western India in the Nineteenth Century* (London: Routledge, 1968); Washbrook, *supra*, note 48. 进一步的资料参见 Baxi, *supra*, note 23.

⑦ Utsa Patnaik, "*Capitalist Development in Agriculture*", (1971) 6 Economic & Political Weekly A-123, p. A-146. 参见 Paresh Chattopadhyaya, "*On the Question of the Mode of Production in Indian Agriculture*", (1972) 7 Economic & Political Weekly A-39; Baxi, *supra*, note 23, pp. 29—40. 关于非洲的情况也可参见 Rodney, *supra*, note 17; Mamdani, *supra*, note 17; Issa G. Shivji, *The Concept of Human Rights in Africa* (Harare: Africa World Press, 1989).

异。权力分立的观念作为实现"分散专制权力"(decentralized despotism)的一系列方式出现⑦;表面的权力分散,正在发生变化的为强制和命令提供机会的范围,不断分散的人口普查权力(通过地方史志、人口普查和土地记录)⑫,所有这些,包括权力分立,都融入了殖民国家的中央集权的体系之中。

国家差异也使福柯称为"矫正性"(certificatory)的国家治权的增长成为必要。⑬ 所有的职业工作者(不论其在公共服务领域、医药和法律服务、城镇规划、建筑、社会工作、新闻和教育、警察和监政)目前都需要国家的认可,通过法律规范和程序商谈细节。这也意示着(受格拉姆希的启发)这些职业机构通过渊博的知识实施镇压。高度殖民化的法律塑造了它所需要的官僚机构,反过来,这些官僚机构也在塑造它。通过这一方式,它进一步具体化了构建忠诚服从的臣民的计划,并且日益加强抑制、禁止和限制对殖民帝国的不忠诚之举。

对膨胀的治权构成必要限制的受统治者的意愿,其永不停息的驱动力在高度殖民化法律中至少以两种形态显现出来:在必要的时候对前殖民治理形式的剩余物进行破坏;在有利时则与其合作。由于有时需要发布紧急行政命令,一种相对自治的治理形式成为殖民法律计划的必要附属物。这种治理,创制了一个国家机构以筛选本土的和宗主国资本家中的机会主义者之间的具体纠纷;附带创制了支持殖民统治的总体目标的完整框架,从而提升博学的法律职业群体地位;为在犯罪和刑罚中凝结的利益团体提供一个表演的舞台,最重要的是,它在产生"正当的"殖民法律领域中维持"信仰生产"(引自布迪厄)⑭。

下列现象通过不同的方式依次发生:通过立法和法典化引入法律的"不确定的确定性";在刑事司法中采用最低限度的公平观念以及在民事和刑事司法中采用不同证据标准;建立法院和法官的层级。换句话说,所有这些都为法律的殖民"实质"的产生提供了不同的模式。只不过,这一争论的领域基本上被适时缔造的顺从的殖民地臣民中的"大多

---

⑦ Mamdani, *supra*, note 17, pp. 37—61.

⑫ 参见 Arjun Appadurai, *Modernity at Large: Cultural Dimensions of Globalization* (Minneapolis: University of Minnesota Press, 1996), pp. 114—138.

⑬ Arjun Appadurai, *Modernity at Large: Cultural Dimensions of Globalization* (Minneapolis: University of Minnesota Press, 1996), note 54.

⑭ 参见 Pierre Bourdieu, *The Field of Cultural Production: Essays on Art and Literature*, transl. by Randal Johnson (Cambridge: Polity, 1993), pp. 40—61.

数"(引自奥斯丁)所忽略。在建构掌握裁决程序、司法体系和法律权利体系时,对维系帝国规则的"基本规范"的需要决定了高度殖民法律必需限制公平和权利的标准。当我们在头脑中想起这些殖民"权利"的特征之时,我们最好能够洞悉在高度殖民时代所拥有的"自由"的本质。

权利语言

迄今为止,反思权利能够窥见帝国殖民的形成历史,对于在这个迷人的领域进行一些冒险旅程仍然是有意义的。权利的语言具有几个重要的功能。它们帮助协调和保护竞争的资本各方的利益。权利语言是基本法制欠缺的必要救济手段;同时也为治理提供了措辞。⑮

采取纯粹的行政强制从农业中征收税收、建立霸权司法、(在不同程度上)保护和促进非自由劳动,而且跨越殖民地边界培育自由市场,这些都需要求助于作为高度殖民治理之表现的权利语言。同样,通过不同方式建构忠诚的殖民地臣民也需要借助权利语言。与霸权司法一样,法律职业也多少成为支撑殖民法律管理的主体。这些计划困扰着许多权威的意图。然而,权利具有路标(signposts)般的功能,即使它们的逻辑和谬论有时也会形成完全矛盾的指向。概括来说,高度殖民化的法律中的权利具有下列属性:

首先,出于各种理由,权利作为偏好或者特许,是殖民统治者给殖民地臣民的提供。殖民权利依赖于殖民者的意志,而并非依赖于对所有人具有平等地位的肯定。殖民帝国的合法性痛恨人权观念——不论何处的人都能够分享普遍的人权秩序——任何对这种权利的认可都将会使帝国主义的企图成为徒劳。与重商主义治理传统相反,偏好或者特许可能被认为是进步的。天啊,这确实意味着进步!

第二,不同的权利只有作为特许或偏好才具有合法性。国家无需正当化各个社会阶层之间不平等的权利分配,诸如地主和无地劳工之间、放贷人与债务人之间、工厂主和工人阶级的各个社会阶层之间不平等权利分配。事实上,有些人可能根本不享有任何权利(比如如此众多的各种强制劳工)。因此,权利并未为最高行政权力设置真实的界限,相反,权利只是行政权的恩赐。

第三,承认权利通常也是确认权力,这些权力直接用以维系某种治理方式。地主对佃户的权利,在19世纪晚期的印度,就是为国家提供税

---

⑮ 参见 Baxi, *supra*, note 4.

收的有效权力保障。统治权力(即治权功能的履行)经常与此类权利授予的方式携手并进。

第四,所有的权利不论具有何种本质,必须源自已经建立的法律渊源。在一种踉跄而迅速的镇压过程中,这一要求剥夺了殖民地人民中大多数人的继承权。从一种比较法的技术层面来看,关于帝国法律的哪个方面和哪个部分被传播到殖民地这一问题,一直就是高度殖民法律史上的争议之点。一些宗主国的权利通常通过司法解释被输出到殖民地(例如,衡平法权利及其它们在英属殖民地的传播)。但总体上,在高度殖民法律中,司法过程是为了在所谓权利可能存在之处强化权利(给正确评价留有相当的空白),而不是在解释的伪装之下阐明新权利,这一点是不证自明的。

第五,没有受法律保护的主张就不是"权利";而且,应作为"权利"受法律正当保护的利益必须随殖民管理中的各种偶然情况和基本应急措施而变化。

第六,在殖民地,并不存在自然权利。除殖民主义固有的基本自然权利之外(对欧洲帝国的自然权利),殖民法律传统严格批判了任何自然法学的权利建构理论。

第七,权利是在家长式统治的普世帝国秩序中被构思出来的。高度殖民化的法律通过某种程度上尚未被理解但仍可理解的方式来执行这一秩序。它在前殖民合法性模式中找到了同盟者,即前者认同推动女性处于从属地位的大量实践。与此同时,它对要求改进殖民法律家长主义谱系的形态的大量实践的强烈呼声作出回应。这些后来都有所改进。例如,抑制野蛮的杀害女婴的行为[76],或者强制要求寡妇殉葬的萨提(sati)。法律家长主义使"进步的"高度殖民化的国家形态合法化以及延伸殖民行政治理的范围和空间。前者通过殖民法律家长主义承诺式的行为来实现。其中,人身法体系的保留就是典型代表(比如,始自前殖民时代不朽的压迫体系的性别歧视)。殖民主义传统在许多方面就是关于痛苦的法律组织诞生的共同之路的叙事,这些组织在非殖民化斗争之中幸存,而且在后殖民法律的时空中继续存在。[77]

---

[76] 参见 Lalita Panigrahi, *British Social Policy and Female Infanticide in India* (Delhi: Munshiram Manoharlal, 1972).

[77] 参见 Bina Agarwal, *A Field of Their Own: Gender and Land Rights in South Asia* (Cambridge: Cambridge University Press, 1994); Urvashi Butalia, *The Other Side of Silence: Voices from the Partition of India* (Delhi: Viking, 1998); Das, *supra*, note 22.

无意识的传统

生命,即便是高度殖民化法律的生命,并未按照霸权计划的最初意图进展。但无论如何,不存在殖民意图的单一轨道。展开欧洲霸权的历史,被混合的"高贵的"和"野蛮的"意图深深分裂。激进主义者站在被压迫者的立场对殖民主义进行批评,认为殖民主义是启蒙计划的一个谎言和寓言。与此同时,启蒙计划继续存在于许多后殖民地的杀戮场上。但是"高贵的"和"野蛮的"意图混合使关于非意图后果的宏大叙事变得异常困难。

讲述这个故事的第一种方式是选择康德主义模式,在这一模式中,殖民统治通过帮助本土国民共同寻找更高程度的自由来塑造"人民的性格"。高度殖民化法律用自决和非殖民化等来教化殖民地人民,在某种意义上,这就构成了启蒙运动计划的巨大胜利。从这一视角,对于欧洲来说,只能通过对各种野蛮剥削和掠夺秩序进行贫乏而有限的观察来学习自由和权利的语言。在这种意义上(如果这一论点是合理的),殖民合法性潜在的征服功能被合法生成(jurisgenerative)了。[78] 这种叙述非意图结果的方式,逻辑上错误,历史上不精确、伦理上成问题,然而,这种方式依然流行,甚至被作为人权来理解。而且这种观念仍仿佛永生似的不断进行自我复制。[79]

关于非意图影响的历史的第二种叙事方式避开大量有争议的主题,代之将注意力放在现代/后现代法律制度实体上。借此,我意指这样一些制度的繁衍:这些制度有权力阐释法律规范和标准(包括法律改革的模式),管理和执行(或忽视和推翻)这些规范和标准,并且通过国家强

---

[78] 参见 Robert M. Cover, "*Nomos and Narrative*", (1983—1984) 97 Harvard L. R. 4, pp. 11—23 and 40—45.

[79] 这一问题在最近的讨论中得到了证明。这些讨论有关"良好治理"和经济理性主义,把外国援助与民主治理状况联系起来。与此相关的发现是:近现代法律的全球任务是使世界上的贫穷国家保障外国投资的安全,以实现共同繁荣。面对非殖民化的失败,发展中国家的政权和政治精英的可能道路是敦促全球关注。但即使是世界银行也在倾向于定义良好治理的概念并制定制度和法律改革的日程。去殖民化失败的外在原因(例如,冷战阶段很多人提出的"结构"调整项目,即用与贸易有关的、市场友好型人权话语以及用武器贸易话语取代人权宣言)很少会引起注意或者引发忧虑。我认识到,一个简单的注脚很难成为持续的分析交流的工具。但是它仍可能使人们注意到:权力和法律的全球化运动仍然是从一种统治到另一种统治,差别是,通过全球持续构建"低程度公民自由",现在的殖民掠夺发明了一种没有殖民者的殖民形式。

制方式去执行(或忽略)占支配地位的法制。社会强制结构的发展(韦伯以此为根据区分了现代和前现代法)⑧⑩需要国家资源的大量流动以便维系专门化的官僚体制。法律实体的建构必然包括循环往复的具体的治理工作的全部范围。而且社会成本在法律秩序的受益者和受害者之间的分配仍不平均。强加的合法性的语言也是一种重要力量,因为它们通过比文学方式表达更加具有决定性的方式,决定殖民地人民的话语秩序。

　　法律的实体形式也包括了一种制度的相对自治,以寻找施行高度殖民化法律的统治计划。⑧⑪ 相对自治的形式在不同的高度殖民法律分支中各不相同,主要取决于治理所构成的权力阶层的意图。典型的是解释垄断方面,逐渐通过司法裁判据和律师职业形成的相对较高的自治程度,在社会作用上体现得很明显。同时,其也以较不明显的形式存在,通过专门公务员(比如税收官和林业官员)执行法律与政策的方面,这些公务员在殖民体系中引入了本土的治理方式。即使监狱和其他各种法庭也发展了他们自己的关于免责和免罚的不同秩序。

　　这个故事并非仅仅包括国家差异,而且发展出了这样一种自治:即在人民法律的不同组成成分之间以及针对高度殖民化的法律的反霸权关系中发展出来的自治。殖民地人民在这些故事中不仅以消极继受高度殖民化法律的姿态出现,而且作为其战略批评者和颠覆者存在,作为积极拒绝、抗争、伏击高度殖民化的法律的非定向化的宏大结构而存在。这方面的先驱人物,如甘地或尼赫鲁,他们作为推翻殖民法律主张的强有力化身跃入人们的脑海。但是,也存在日常生活中的"百万叛变(million mutinies)",它们危及法律的基本原则和本质特征,通过运用强加的规范作为拒绝法律的内在逻辑的社会机会展开底层的斗争。⑧⑫

---

　　⑧⑩ 参见 Max Weber, *Economy and Society*, ed. by Guenther Roth and Claus Wittich, t. II (Berkeley: University of California Press, 1978), pp. 880—900 [1922].

　　⑧⑪ 在这里的统治至少假设了五种形式,参见 Roy Bhaskar, *Plato Etc.* (London: Verso, 1994), pp. 212—213:镇压、排斥、边缘化、理想化和默许地同谋(suppression, exclusion, marginalization, idealization and "tacit complicity")。

　　⑧⑫ 参见 V. S. Naipaul, *A Million Mutinies Now* (New York: Viking, 1981).法律人类学家已经将一些值得记录的例子归档。我自己最偏爱的是英国人如何抱怨高度殖民化的法律规则的零散和不成体系。1889年的北孟加拉租赁法试图规范农业土地领域的财产关系。小地主们采用新的法律制度、运用现在被称为"诉讼"爆炸的方式提起诉讼,从而塞满了法院。短短一天时间他们就提起了60,000件民事诉讼,主张的通常是虚构的土地所有权。这一所谓的印度人的"好诉"提供了另外一种使"法律合理性"权威无效的例子。参见 Bernard S. Cohn, *An Anthropologist Among the Historians and Other Essays* (Delhi: Oxford University Press, 1987), pp. 608—623.

殖民传统的第三种叙事是描绘在殖民和后殖民合法性之间的连续和非连续性。⑧ 构成这些连续或者非连续性的东西经常是难以捉摸和有问题的，这些东西标识了法律惯性和政治意图。某种程度上，规范的和制度的连续性是以维持治理习惯和风格的不变为方式得以维持，而这些治理的习惯和风格往往将资源分配给统治集团（甚至是一个暴君）。人们可能会提及非殖民化的失败，正是贫困阶层被更多更普遍地排除在非殖民化的利益之外，即便为社会底层谋福利的口号正是使非殖民化产生深远影响的原因。但是，非连续性、中断和分离标志着全新（也是自组织的）的法制形式和功能的出现。

替 代 结 论

在这篇梳理殖民传统的文章的结尾，让我们仍然开始却在中途结束。换句话说，殖民法律经历的开始没有可预见的终结。继承（inheritance）和剥夺继承（disinheritance）的过程拥有某种原初的没有边界的力量，标志着非殖民化的胜利，也表明了它失败的渊源。

与此类似的是，叙事的力量没有剥夺未来解放的可能。正如存在赋予各种殖民传统以权力的叙事方式，从属的叙事总是即将把霸权主义击碎。比较法研究需要诉诸一部并非在胜利号角声中简单编纂的史料。它还需要，而且从未像现在这样需要倾听经受了千年苦难的失败者的哀叹。

---

⑧ 参见 Baxi, *supra*, note 27.

第4章 国家主义传统

H. 帕特里克·格伦*
（H. Patrick Glenn）

在美国,威斯康星州最高法院的首席大法官曾经阐述了原告律师如何在案件审理中,在法庭面前引用佛罗里达州和加拿大的判例。被告律师试图突出佛罗里达判例的权威性,但对于加拿大判例,用首席大法官的话来说,那是"完全不同的一个问题"。① 被告的答辩摘要"调皮地"声称:"请求人并不知晓加拿大判例法在美国是否具有作为先例的价值"。② 结果是,法院没有依据加拿大的判例,并且司法在外国法面前保持节制的实例在美国联邦最高法院审理的一个案件中重演。在这一案件中,一名法官宣称:"比较分析不适合担当解释宪法的任务。"③

比较法研究至少在当代司法世界里是与国家主义法律传统冲突的。而且,全世界范围内自治的法律体系将致力于自主的法律发展,尽管这一发展方式是渐进式的。然而,这一对于国家法和外国法关系的短视的、排他主义的观点也许并不能洞悉本土法律和异域法律关系的过去和未来,也无法洞悉世界上其他法域的司法经验。因此,需要对这一问题进行回顾和展望。国家经验的扩展也可能是有益的。考虑到相对晚近的民族国家的起源,在国家法律传统的发源中何种程度上提及比较法研究是妥当的呢？当代全球化的情势下,人们必须在何种程度上提及国家主义传统目前和未来的衰落。此外,不同国家的不同经验又在何种程度上必须对这些问题作出不同的反应。

---

* 我非常感谢研究助理 Marianne Tara 的工作,感谢 Wainwright Trust, Faculty of Law, McGill University 的资金资助。

① 参见 Shirley S. Abrahamson and Michael J. Fischer, "All the World's a Courtroom: Judging in the New Millennium", (1997) 26 Hofstra L. R. 273, p.275. 非常感谢芝加哥肯特法学院的 Sarah 教授提供的这些司法资料。

② *Ibid.*

③ *Printz v. United States*, (1997) 521 US 898, p.935 (Scalia J.). 不同看法请参见美国最高法院,参见 *infra*, note 64.

比较与国家主义传统的起源

在说明排他的国家主义传统如何展开其轨迹方面,美国的例子是具有启发性的,它至少是法律权威机构间断性地运用比较方法的结果。美国的历史研究已经发现:美国的法律制定者,包括法官和立法者,在建立美国法律体系的过程中相当广泛地应用了欧洲的大陆法(英国法被一种更矛盾的方式考虑)。法官和法学家是这一建设性比较过程中最频繁的参与者。④ 但是立法借鉴过程延续到了 20 世纪,其中最著名的例证就是美国统一商法典的颁布。⑤ 一种"美国化"的普通法(和大陆法)是这一过程的全部结果:即处于本土和国家的目的,工具性地获取欧洲资源并完全不受北美先前固有的规范性形式的约束。⑥

美国法律大体上可以视为一种衍生物,因为欧洲法律从 16 世纪起就建设性地继受外国法(以罗马法的形式出现)。这种外国法一旦被"倒入"(decanted)其他国家容器中,就丧失了罗马法的身份。⑦ 这一具有争议性的过程始于屈雅斯(Cujas),他完成了将罗马法转变为一种事实的主要事实任务。罗马法在此前一直只是罗马人的法律,在其他地

---

④ 参见 Peter Stein, "The Attraction of the Civil Law in Post-revolutionary America", (1966) 52 Virginia L. R. 403; W. Hamilton Brison, "The Use of Roman Law in Virginia Courts", (1984) 28 Am. I. Comp. L. 135; Michael Hoeflich, *Roman and Civil Law and the Development of Anglo-American Jurisprudence in the Nineteenth Century* (Athens, Georgia: University of Georgia, 1997); Richard Helmholz, "Use of the Civil Law in Post-revolutionary American Jurisprudence", (1992) 66 Tulane L. R. 1649; John Langbein, "Chancellor Kent and the History of Legal", (1993) 93 Columbia L. R. 547; Mathias Reimann (ed.), *The Reception of Continental Ideas in the Common Law World* (Berlin: Duncker & Humblot, 1993).

⑤ 参见 Stefan Riesenfeld, "The Influence of German Legal Theory on American Law: The Heritage of Savigny and His Discipline", (1989) 37 Am. J. Comp. L. 37, 提到了德国人对卡尔·卢埃林(Karl Llewellyn)的影响, 并将"有保障的交易"作为借鉴民法起源概念的例子。

⑥ 参见 William E. Nelson, *Americanization of the Common Law: The Impact of Change on Massachusetts Society*, 1760—1830 (Cambridge, Mass.: Harvard University Press, 1975); Morton Horwitz, *The Transformation of American Law* 1780—1860 (New York: Oxford University Press, 1992). 关于本土法律的概念化, 请参见 Robert A. Williams, *The American Indian in Western Legal Thought: The Discourses of Conquest* (New York: Oxford Press, 1990).

⑦ 参见 Jean Carbonnier, "*Usus hodiernus pandectarum*", in R. Graveson et al. (eds.), *Festschrift für Imre Zajtay* (Tübingen: J. C. B. Mohr, 1982), p.110, 注意到罗马法被转变成立法条文"transvasées dans des articles de la codification". But 参见, *Id.*, p.107, 注意到目前需要更加继受的接受形式和有限本质的形式:"*des gorgées de droit prises de temps en temps, selon la soil, à l'antique fontaine.*"

方,甚至在欧洲都不具有必然的"先例价值"。既然法国人及其法律与罗马人及其法律之间必然存在区别,那么规范的中立化也仍必然使它们存在差别。作为一种事实的罗马法,只有恢复到规范形成,才可能成为适用于法国人的法律。这正是后来发生在美国的情形:与美国法有所区别的欧洲法律在美国同样被制定成法律,为在美国生活的欧洲人所适用。因此,革命可能本来就是表面现象,并不会导致基本观念的变化,即便这一公开事件的参与者会有一些理念的变化。

国家法传统已经以两个基本元素以及隐含的第三个元素的形式传统给我们。这两个基本元素是国家和一个国家法律体系的理念。国家理念已将在规范向事实的转化过程中被分离。国家法律体系的理念,是法律被本土化和实用化的工具性和前瞻性的结果。第三个元素是国际,这一观念以可识别的形式几乎与国家观念和国家法律体系观念同时出现。因此,我们具有一致的观念集合,这些观念在晚近三个或四个世纪中控制了欧洲和美国法律思想,而且构成了国家主义传统(national heritage)。在转向讨论它们在当代欧洲一体化背景下出现衰落的可能性之前,我还可以对每一种元素作出哪些进一步的阐释呢?

国家

国家不仅被定义为"想象的共同体"⑧还被定义为"民主契约"(plébiscite de tous les jours)⑨。因此在本质上国家是短暂的,受到持续的内部熵和外部挑战的威胁。正如我们将会看到的,这意味国家是多种多样的,而且还意味着对于国家来说极其重要的是确定和稳固自身与领土。土地是根本。所以,当代国家的基础仍然是领土控制,这一点在所谓国际法中得到了明确的承认。"明确的疆域"⑩是一个国家存在的条件,而且近几个世纪以来在界定特定国家的疆域方面作出了巨大的努力。

为什么一个国家的疆域必须是"确定的"这一问题如此重要?为什

---

⑧ Benedict Anderson, *Imagined Communities* (London: Verso, 1991).

⑨ Ernest Renan, *Qu'est-ce qu'une nation?*, in *Oeuvres complètes*, ed. by Henriette Psichari, vol. I (Paris: Calmann-Lévy, 1948), p. 904.

⑩ J. L. Briefly, *The Law of Nations*, 6th ed. by Humphrey Waldock (Oxford: Oxford University Press, 1963), p. 137; Pierre-Marie Dupuy, *Droit international public*, 3d ed. (Paris: Dalloz, 1995), pp. 30—31,指特殊的主权范围以及界定疆域参见 Malcolm N. Shaw, *International Law*, 4th. Ed. (Cambridge: Cambridge University Press, 1997), pp. 140—141,提及对划定疆界的需要,但是也注意到在国际法中不需要界定疆域,只要对主权控制的范围达成一致。

么不能在一些区域保持不确定,或者在有效国家控制衰减的地区,例如在远离国家首都的地区,进一步减少不确定?这存在两个包含着比较思想的原因,因此,我们再次从根本上发现了比较国家主义传统之起源的重要性。

在一定意义上,一个国家的领土没有被明确,它可能很容易受到其他国家的占领(我们不得不在讨论国际问题时回到这一主题),因此,鉴于存在多种多样的国家,领土定界成为必要。如果某区域不能明确是我的,那它则可能是你的。我只能通过比较、界定什么是你的,才知道什么是我的。如果克什米尔不属于印度,那它就属于巴基斯坦。因此,多个国家的存在使通过比较确定领土成为国家确定自己身份的必需手段,因为国家根植于土地。

第二,更广义地说,需要界定一个国家领土的原因可以在国家之间、他们的领土和法律之间的关系中找到。国家观念的发展始于 13 世纪的欧洲,并在 17 世纪得到加速发展。⑪ 国家观念既非希腊亦非罗马的创造。它也没有作为启蒙思想的产物在世界不同的地方得以爆发式的发展。但在相当长时代的发展中,国家曾经被作为特殊的欧洲环境的产物。阻碍国家在欧洲存在的主要障碍,较为明显的是基督教的普遍性和欧洲普通法(*jus commune*)(二者相互之间具有关联性)⑫,以及在欧洲被称为"习惯"的规范。⑬ 国家君主与反对封建特权和奴役(奴隶制)的那些人,都并不迷恋这些普遍性。因此,与既存的(且经常被摧垮)的社会组织形式相比,国家是一种相对比较好的社会组织形式。既然现存的社会组织非常顽固不易改变,它们不得不以一种有约束力的方式被完全替换。国家法律必须具有约束力,如若不然,将不会存在国家法,当然也不会存在国家。政府的权力不能容忍一点真空(l'autorité de l'Etat ne souf-

---

⑪ 参见 Martin van Creveld, The Rise and Decline of the State (Cambridge: Cambridge University Press, 1999). 将"国家"的界定应用于抽象的政治联合始于 17 世纪前半叶。

⑫ 关于基督教与欧洲共同法的关系请参见 Manlio Bellomo, *The Common Legal Past of Europe* 1000—1800, transl. by Lydia G. Cochrane (Washington, DC: Catholic University of America Press, 1995), p.101 ["对所有的基督教信徒来说,统一的基督教帝国的观念(但丁·阿里基里(Dante Alighieri)的意识形态)铺垫着和统辖着法律和文化的潜在的复杂的理论和实践中的'普通法'观念"]。

⑬ 关于在德国国内拒绝将律师职业现代化、罗马化和中心化方面的内容请参见 Gerald Strauss, *Law, Resistance and the State: The Opposition to Roman Law in Reformation Germany* (Princeton: Princeton University Press, 1986). 关于如何通过重新编辑的过程将欧洲原始神秘的法律转化为"习惯"或惯例请参见 H. Patrick Glenn, "*The Capture, Reconstruction and Marginalization of 'Custom'*", (1997) 45 Am. J. Comp. L. 613.

fre point le vide)。⑭ 因此,国家当局不得不始终如一地、尽可能地扩展地理疆域。它不得不消除所有其他共同体或者异端。⑮ 面对其他政策和其他身份认同,地方性权威扩展其规范性以确立其自身的政策与认同。这一情况不断重复发生,世界上没有任何一个地方例外,因此,语境的和比较的解释是对其最好的解释。

一旦国家作为一个概念被认可,它就不得不在地面上被执行。这意味着,边境一方面既是一个政治、法律概念,另一方面也是一个地理物理学概念,需要在地图上和领土上划出来。国家边境是一个有趣的概念,而且也能够在与其他先前存在的概念之间的关系中得到最好的理解。在"国家"观念产生之前,不存在一种明确的、地缘政治上的界定,去划分相互竞争的主权。⑯ 曾经存在罗马的上帝、终极天国的领地边界,但就其本身而言,必然是不可改变的。两个相邻国家若通过国王或王子形成相互平等的关系,那么它们边界周围的区域则不会被精确界分,而是作为互惠的客体,并在边境地区或边界处划出一个共同管理的区域,彼此削减自己对这个区域的控制。但是,在这些区域的某些模糊地带,A国的控制往往会开始屈服于B国的控制。⑰ 因此,有关边境的语汇必须得到发展,这一发展始于13世纪,一开始意指"前线"(*front and frontie*)(起源于法语),随后是德语 *Grenz*,在相当晚近时代,经由17世纪的《威斯特伐利亚条约》(Westphalia),英语出现了"边境"(boundary)一词。⑱ 在法国,确定国家边境开始于16世纪,在18世纪开始变得系统化。⑲ 这

---

⑭ Daniel Nordman, "Problématique historique: des frontières de l'Europe aux frontières du Maghreb (19e siècle)", in *Frontières: problèmes de frontières dans le Tiers-Monde* (Paris: L'Harmattan, 1982), p.19 [hereinafter Frontières].

⑮ Monique Chemillier-Gendreau, "Synthèse juridico-politique", in Frontières, *supra*, note 14, p.30. 出于国家法律范围内的联合的增长过程,它与道德之间的联系逐渐减弱,而政治化的倾向更加明显(随之哲学的关注从正义的概念转向抽象的法律定义),参见 Uwe Wesel, *Geschichte des Rechts: Von den Frühformen bis zum Vertrag von Maastricht* (Munich: C. H. Beck, 1997), pp.47—49.

⑯ 参见 Paul Guichonnet and Claude Raffestin, *Géographie des frontières* (Paris: Presses Universitaires de France, 1974), pp.83—84; van Creveld, *supra*, note 11, pp.143,4 [关于欧洲国家疆域划分问题的文章,根据拿破仑从莫斯科的败退,作者注意到在疆域问题上仍然存在大量尚待解决的问题。

⑰ 参见 Samuel W. Boggs, *International Boundaries* (New York: Columbia University Press, 1940), p.7.

⑱ 参见 Guichonnet and Raffestin, *supra*, note 16, pp.11—12. 在牛津英语词典中最早的"边境"的例子出现在1626年,据说是源自古法语 bodne, bone, bune, bonne, bunne 以及盎格鲁-法语 bounde,以及后来的用以描述土地的"*metes and bounds*"。

⑲ 参见 Nordman, *supra*, note 14, p.18.

一过程最初往往表现得相当随意,根据现存的人与人之间的相互依赖关系来确定边界。如果这个村庄被划归一国,那么另一个相邻的、相互依赖的小村庄该如何处理?这一独栋的房子该如何处理?这些长期由这一村庄使用的树林该如何处理?[20] 我们被告知,个人对祖国的忠诚经常控制着边境的划定而不是相反。[21] 划分边境的过程在两个平行的智识层面上展开:地图和自然法。地图以鸟瞰的方式使人能够清晰地看到这一地区边境的垂直界面;它成为一种目的模式(model for)而不是所属模式(model of)。[22] 对于文艺复兴时期的地图绘制者而言,当世界呈现"世俗脸孔",而不是神圣的宇宙中心时,空间就成为"纯粹计量"(pure quantity),从意义和经验的本质中提取出来。[23] 全权委托(carte blanche)的观念诞生了。自然法提供了"自然边境"的观念。然而,自然自身从未分离,自然面貌可以被赋予政治和法律的意义——莱茵河既是法国也是德国的自然边境。这一观念是属于欧洲的、地方性的观念,它起源于文艺复兴。"自然"这一观念不得不顺从"边境"(frontier)这一概念,正如峡谷(couloir)[24]这一概念那样。

国家法律体系

欧洲国家因此全部坚持国家主义传统,欧洲存在的大量非国家观念也声称:社会组织应该摒弃封建或者宗教形式,而采用一种具有确定边境的政府组织形式。国家是国家主义法律传统首要和根本的因素。但也必须被进一步的信息所补充,这些信息告诉我们一个特定的国家如何获得正当性以及如何运作。国家的规范性必须获得保证。实现这一点

---

[20] Id., p.19.

[21] 参见 Michael Biggs, "*Putting the State on the Map: Cartography, Territory and European State Formation*", (1999) 41 Comp. Stud. Soc. & Hist. 374, p.386(规则是针对主体适用而不是针对土地)。

[22] 参见 Anderson, *supra*, note 8, p.173. 地图被作为政治的工具,请参见 Jeremy Black, *Maps and Politics* (London: Reaktion Books, 1997), pp.9, 11, 18—21, 123—125 and 136, 描述了地图对混合法域的不适用性,并且注意到以49度纬线作为北美的分界线表明了运用欧洲科学使疆域服从于欧洲的空间观念。

[23] Biggs, *supra*, note 21, p.377.

[24] 参见 Nordman, *supra*, note 14, p.19. 关于文艺复兴时期的"自然边境"观念请参见 Guichonnet and Raffestin, *supra*, note 16, p.19; Catherine Coquery-Vidrovitch, "Présentation", in *Frontières*, *supra*, note 14, p.4; Stephen Jones, "Boundary Concepts in the Setting of Place and Time", in Harm J. de Blij (ed.), *Systematic Political Geography*, 2d ed. (New York: Wiley, 1973), p.167.

的手段,现在至少在西方被广泛接受的观念是国家法律体系。

系统理论起源于自然科学㉕,其发展大约与国家观念同时。因此,我们看到文艺复兴思想既影响了科学也影响了法律。将"系统"概念作为操作性因素得以在科学和法律思想中发展时,存在一种互动或者比较。进而,在科学和法律中,"系统"概念以与先于它的概念相反的方式发展。在西方广为人知的"法律哲学"已经被引向强调和改进跨国法律传统。㉖ 它的基本要素已经被表述为命令㉗,一个假定的基本规范㉘或者服从的事实。㉙ 寻找正当性的努力仍在继续,尽管已经显现了衰落的迹象。所有的努力集中指向一点,即国家法律渊源的排他性,因此所有努力都服务于创制具有约束力的法,这些法律能够在确定的国家领土内普遍实施。

广为人知的西方法律概念是国家法律体系传统之中的要素。大陆法法域在19至20世纪已经将他们的国家法法典化;在普通法法域,国家法中遵循先例的理念,作为一种与法典编纂具有相等同功能的做法也在19世纪发展出来。在美国,既存在国家法典编纂,也存在国家法的遵循先例原则。在欧洲大陆和美国,权利都被广泛作为表达国家法的方式,尽管英格兰在这一点上表现得相当的顽固。㉚ 在大陆法系和普通法

㉕ 参见 Carl von Linne [Linnaeus], *Systema naturae* (London: British Museum, 1956) [1735],建立了分类学思想。关于系统论观念的一般认识,不论在法律还是科学方面请参见 Thomas D. Barton, "The Structure of Legal Systems", (1992) 37 Am. J. Jurisp. 291,有关"系统"概念的历史请参见 Christophe Grzegorczyk, "Evaluation critique du paradigme systémique dans la science du droit", Arch. phil. droit, 1986, p. 301,注意到如果法律是实证的、理性的,"系统"观念最终并非十分丰富或者富有建设性但却是必要的。

㉖ 有关法律体系建构的起源和发展,请参见 Werner Krawietz, *Recht als Regelsystem* (Wiesbaden: Franz Steiner, 1984)。

㉗ 参见 John Austin, *The Province of Jurisprudence Determined*, ed. By Wilfrid E. Rumble (Cambridge: Cambridge University Press, 1995) [1832]。

㉘ 参见 Hans Kelsen, *Pure Theory of Law*, transl, by Max Knight (Gloucester, Mass.: Peter Smith,1989), ch. 5 ["The Dynamic Aspect of Law"], ss. 34 ["The Reason for the Validity of a Normative: The Basic Norm"] and 35 ["The Hierarchical Structure of the Legal Order"],组成了规范的金字塔。

㉙ 参见 H. L. A. Hart, *The Concept of Law*, 2d ed. (Oxford: Oxford University Press, 1994), p. 116(法律存在至少需要两个条件。一方面这些行为规则根据体系之中最终的效力认定标准是有效力,必须得到一般遵守;另一方面,改变规则和裁量规则应该被官员作为被广泛接受的公共行为标准)。对于一个法律体系的理解是建立在对连续的、时下体系的理解之上,因此变革和革命是允许的。参见 Joseph Raz, *The Concept of a Legal System*, 2d ed. (Oxford: Oxford University Press, 1980), pp. 34—35。

㉚ 参见 H. Patrick Glenn, "*Law, Revolution and Rights*", Arch. Leg. & Soc. Phil., 1990, No. 41, p. 13。

系,人们对国家法的充分性的信仰,很大程度上会因需要求救助于外国法律而受到妨碍。本文开篇讨论的那些例子则可以在这一过程中找到正当性。在一些情形下,求助于外国法是违反国家法的禁止性规范的;在其他情形下,则坚持一个简单地信念,即国家法丰富的渊源排除任何求助于外国法的必要。[31] 一些法域已经基本实现法律的自足,尽管这一过程也产生了对国家法的各种形式的地方抵制以及地方性解构。[32] 国家法通过它的渊源和内容被识别,尽管它的渊源多种多样。从 16 世纪开始,在系统化国家法的过程中,在挖掘习惯法、罗马法和教会法等渊源的过程中,比较法成为一门正式的学科。然而,到了 20 世纪初,当国家建构过程大致完成之时,比较法却降格成为一个科学性和补充性的角色。[33] 然而在决定国家法应为何物的过程中,比较仍是基本的要素。

国际

在国家和国家法律体系传统发展过程之中,这一传统在欧洲成为广泛的、甚至是不可抗拒的具有说服力的权威形式。因此,19 世纪和 20 世纪的法典编纂决定了将整个欧洲版图划分成各个民族国家这一过程的诞生。然而,即使在这一过程完成之前,我们可以明显地看到它自身产生了第二类问题,即有关这些国家之间的关系问题,现在在这方面我们已经建立了相互平等的制度。因此,国际法的观念源于其自身的正当性,作为一个新的制度性的、正式的以及类似于国家法的法律体系,它很快成为一个明确、清晰和自发的制度体系。

从其公法维度来看,国际法最初和最主要的功能是为每一个民族国家确定的领土范围提供合法性。在国家形成的过程中,每个国家都在尽

---

[31] 例如欧洲禁止适用外国法的例子(比如在瑞士的州或者在法国的省中),参见 H. Patrick Glenn, "Persuasive Authority", (1987) 32 McGill L. J. 261, pp.280—281 [hereinafter "Persuasive Authority"]. 在拉丁美洲和中国,即使是在国际私法的案件中也禁止诉诸外国法,参见 H. Patrick Glenn, "*Comparative Law and the Judicial Function*", in John E. C. Brierley et al. (eds.), Mélanges Paul-André Crépeau (Montreal: Blais, 1997), p.317. 关于引用不同国家观点会破坏地方完整性的讨论请参见 Ulrich Drobnig, "General Report", Ulrich Drobnig and Sjef van Erp (eds.), *The Use of Comparative Law by Courts* (The Hague: Kluwer, 1999), p.21. 有关美国的相反的司法观点请参见 Abrahamson and Fischer, *infra*, at text accompanying note 65.

[32] 参见 Glenn, "Persuasive Authority", *supra*, note 31, pp.262—263.

[33] 参见 Glenn, "Vers un droit comparé intégré?", Rev. int. dr. comp., 1999, p.842 and the references cited.

量压缩邻国可能获取的领土范围㉞,而且一旦相互争夺领土的一幕上演,使争夺结果定型化则需要制造一条"固定的"("无形的")国家边界。条约,作为新的国际公法可能公开了这一相互争夺的过程的结果。因此,国际公法开始了关于领土分配的理性原则㉟和其他能够规制主权实体的原则的"不可能探寻"。国际公法被型构的同时,正式的国家法形式也在形成。国际公法在特质上表现得相当西方化,然而,它又必须在西方法律的核心要素——主权者的权威——缺席的情况下得以构建。关于国际公法的二元论已经相当流行,而在西方法律意义上,这一理论下的国际公法并不是法律,除非它已经被国家法律转为国内规范。㊱

然而,在关于国际私法法律关系的方面,法律或流行的国家法对此的主张则还是比较清晰的。国际私法并非国际法,而是适用于调整国际私法法律关系或者法律冲突的国内法,这一点目前已经获得了广泛认同。将欧洲法律划分为理论上完整的、相互排他的多个私法规则体系,意味着所有的国际私法法律关系不得不受到这个或那个相互排他的规则体系的调整。曾经存在的欧洲法律统一已经被保持法律不统一的原则所取代,而后者正是国内法统一的产物。国家法之间的差异被看成是法律冲突,而且即便是不存在法律冲突的情况下,在欧洲的很多地方,国际私法法律关系也必须适用某一国家的国内法。㊲ 由此,这一相互不合作、抽象、昂贵和耗时的过程也遭到普遍的反感。

国际法如国家法一样并非随意之作,它依据罗马法(万民法)和国家法(合同法、仍有效运行的习惯和判例法)而来。所以,在国际法的发展中,我们可以再次看到内在与法律发展中的连续性和比较。因为国家这一概念迅速传播至它的起源地之外,国际法在欧洲之外也会拥有前景。而且在殖民主义和帝国主义扩张过程中事实也的确如此,这两个过

㉞ 参见 Chemillier-Gendreau, *supra*, note 15, p. 31. 也请参见 Eric J. Hobsbawm, *Nations and Nationalism Since* 1780 (Cambridge: Cambridge University Press, 1990), p. 32(建构国家的过程不可避免的被视为扩张的过程)。

㉟ 参见 Chemillier-Gendreau, *supra*, note 15, p. 36.

㊱ 即使是在声称接受国际法的一元论原则作为本地法的法域中的案例中也是这样,这一原则在承认地方立法最高权威性的各种方式中被认定有效。例如,参见 Brierly, *supra*, note 10, 93; Dupuy, *supra*, note 10, pp. 323—342. 关于瓦特尔创造的"经典"的建立在主权存在基础上的国际公法的影响参见 Emmanuelle Jouannet, *Emer de Vattel et l'émergence doctrinale du droit international classique* (Paris: Pedone, 1998), p. 421.

㊲ 在法官方面应用国际私法"自治"原则(*d'office*)或职权原则(*von Amts wegen*),消除以诉讼各方的协议作为调和法律差异的方式,见 H. Patrick Glenn, "Harmonization of Law, Foreign Law and Private International Law", (1993) 1 Eur. R. Priv. L. 47.

程也是国家主义者传统的主要部分。这一主题在本书乌彭德拉·巴克西(Upendra Baxi)教授的论文中已有阐述。但是,注意到欧洲人的殖民主义和帝国主义的不可分性仍然十分重要。欧洲国家的建立过程是国家控制不断扩张的过程,也是一个不断压缩邻国领土可能范围的过程。[38] 洛克的自然法概念认为:上帝已经命令人类去"征服地球"[39],欧洲国家不得不越过宗主国的领土不断扩张,直到遇到有效抵抗为止。它们都做过殖民者。首先这一过程发生在欧洲"内部",各个地区被纳入新的国家结构之中。随后,随着海外地区对本国的领土负有责任,这一做法扩展之海外。在殖民持续扩张的过程中,因前线不断被退回至宗主国,于是上述做法又不断地重复。比较又一次变得重要,罗马的"帝国"概念在殖民扩张过程中扮演了重要的、导向性的角色。[40]

国家主义和殖民主义传统已经使世界版图分化为各个国家的领土,"全权委托"(*carte blanche*)从世界地图(*mappemonde*)上消失了。现在世界上存在不到 200 个国家。正如我们看到的,这一过程并没有完全结束,但是欧洲法律的扩张不可避免地导致领土界定和新国家的出现。[41] 鉴于国家概念已经被灌输到或者被继受到海外,因此,国际法也不得不超出欧洲的范围,继续发挥其在欧洲已经发挥得淋漓尽致的功能,即使相互争夺领土的结果定形化。1884 年至 1885 年的柏林会议结束了"争夺非洲"的混战。[42] 国际法在这里具有明显的霸权,是一个用以确认欧洲人观念和法律的工具(包括国家观念)。其他共同体、差异或者法律传统将不得不被抹杀或成为一层涂胶(*gommeés*)。如果这一过程获得成功,那么国际法将重复欧洲的殖民历程。然而,至此,我们已经触及了

---

[38] See *supra*, note 34.

[39] John Locke, Two Treatises of Government, ed. by Mark Goldie (London: Dent, 1993), p.130 [1690].

[40] 有关罗马"帝国"观念的影响请参见 Anthony Pagden, *Lords of All the World: Ideologies of Empire in Spain, Britain and France c. 1500—1800* (New Haven: Yale University Press, 1995), ch.1 ["The Legacy of Rome"].

[41] 参见 John C. Wilkinson, Arabia's Frontiers: The Story of Britain's Boundary Drawing in the Desert (London: I. B. Tauris, 1991), p. xiii ("只有当东印度公司的权威被大英帝国的制度所取代,英国人才开始提出其作为'文明的'国家的角色,在领土的界定中发现了其推行的规则体系的正当性的最终表达。")参见 John R. Schmidhauser, "Legal Imperialism: Its Enduring Impact on Colonial and Post-colonial Judicial Systems", (1992) 13 Int. Pol. Sc. R. 321.

[42] Wilkinson, *supra*, note 41, p. xxxi. 参见 Lauren Benton, "Colonial Law and Cultural Difference: Jurisdictional Politics and the Formation of the Colonial State", (1999) 41 Comp. Stud. Soc. & Hist. 563, p.588 ("对这种殖民冲突模式的再现形成了全球法律秩序,即国际的体系,其中对法律权威的位置的期待变得相当一致,尽管政治观念差别很大")。

国家主义传统可以扩张的极限。接下来,我们将注意力转至国家主义传统的衰落,甚至进一步讨论它的生存问题。

比较与国家主义法律传统的衰落

在欧洲,国家主义法律传统的成长遇到了抵制(resistance),但那是相当有限的抵制形式。国家仍相互抵制,但这种抵制却建立在共同的基本观念之下。一些人们基于宗教、习惯法或者地方认同而抵制国家法律,但国家主义传统整合了他们的部分观念和信仰;对于最终受国家法律约束的人们来说,这些法律不是外来的,或不全是外来的。在欧洲之外,国家法律传统必然遭到更大的抵制。它与其他法律传统背道而驰;其他法律传统的追随者不能或者至少不能马上在欧洲法中看到对这些法律传统的反映。国家主义传统也与其自身的、本土的智识资源保持距离,其航海线不得不延伸却经常遭遇困难。法律图书的运输非常昂贵,即使是在本国,保持绝对独立的国家渊源也越来越困难。无论如何,信息是不可能被完全控制的,欧洲国家的成功和欧洲人的富裕使得对信息的控制显得更加困难。在某种程度上,今天国家法律传统正在衰落。这发生在世界上的三大区域:欧洲自身;欧洲移民国家和欧洲裔移民控制的国家;帝国衰落之后在欧洲思想范围之外大量保留下来的国家。在所有这些区域中都有国家主义传统之组成要素衰落的征象。

国家

对划定国家边界的抵制正在世界范围内增长。在欧洲,针对其观念的抵制远不如针对其执行的抵制那样直接。人们想要不同的疆界划分,而且准备为实现各自的目标去奋斗。这里,由于排他主义者主张的国家结构被认为与其试图整合的诸多社会认同不相兼容,因此旧的社会共同体和各种差异再次显现。在其他"私人的"信仰、组织和语言形式面前,国家并非中立。[43] 国家必须在众多选择中作出抉择并代表它;内在于国家起源中的各种比较因素在其发展中重新显现。在欧洲,正如其他地方一样,随着新边境被痛苦地划定时,国家数量仍在增长。

---

[43] 参见 Will Kymlicka, *Multicultural Citizenship: A Liberal Theory of Minority Rights* (Oxford: Oxford University Press, 1995), pp.53—54 and the references cited ("殖民者认为,英国的自由制度与自由的英国人一样,足以移植到需要它的地方")。

在欧洲之外,在由欧洲裔移民建立并控制的国家中,存在多种欧洲边界观念对真实的国家边境线的抵制。来自欧洲不同国家的不同人们想要属于他们自己的边境线,如同他们国家在欧洲那样的边境线。然而,在这些国家存在不同的抵制,甚至以抵制"确定领土边界"的理念的形式出现。非欧洲裔居民抵制欧洲关于国家边界的观念。在北美,美国和加拿大两个大国无法控制莫霍克族人穿越在圣劳伦斯谷的美加边境进行迁徙。人们带着被国家定为"违禁品"的东西,在晚上、通过水路穿越边境。边境确实存在,但对这些人没有意义;国家观念的衰落是显而易见的。你只要等到夜幕降临,然后将头低下。

在其他欧洲人殖民统治并不长久的地方,具有确定的领土边界的国家观念是最脆弱的,不论是观念上还是其执行都存在问题。就概念而言,人们并不赞同"确定的领土边界"的观念。对于这一点,存在一些深刻的理由可以质疑诸多欧洲思想。在阿拉伯世界,确定的边界是一个非常晚近的概念,很多人并不接受它,因为他们妨碍了几个世纪以来在使用自然资源方面的自由流通。"arab"一词的涵义是"游牧的",而"Arabia"就是游牧民族的土地,在这片土地上具有上千年的希吉拉(hijra)古老传统。"hijra"就是"沿着路标前行,建立新的共同体"。㊹ 穆罕默德离开麦加前往麦地那就是一种"hijra",同时伊斯兰教历(AH)的纪年从"hijra"那一年开始。这是个并不容易清除的传统。它植根于意义深远的有关人与土地关系的信仰之中。这些信仰看起来更接近"用益权"概念而不是"所有权"概念。阿布塞斯(*Abusus*)并非一种法律权利。稀缺资源借此既可分享又受到保护,同时群体之间的利益能够"重叠并且确实相互补充"。㊺ 这里还存在一个代际平等的内在观念。这是前国家时代的欧洲情形,即使不是在绝大多数国家,至少也是在欧洲之外的很多地区的情形。这一观念目前在欧洲和美国各州受到越来越多的追捧。

定居的非国家居民也怀疑确定的国家边界。他们并不像反对确定的边界那样反对边界本身。权威或对土地的控制不应是"线形"(linear)的而应是"带状"(aonal)的,或者说是以划定两极的方式实现的(polar)。这种控制从既存的中心向不存在的、但在欧洲被认为是"边界地

㊹ Wilkinson, *supra*, note 41, p. xi.
㊺ *Id.*, p. xvi.

区"的地方减弱。边境地带或者边界地区将大大降低其政治内涵[46];它们将代表相互影响的空间。这一思想在亚洲和非洲占据了主流。中国的长城是一个例外,但是,它首先是一个防御措施,同时也限制了扩张。[47] 空间在这里并非以米量度,而是以财富、人类文化和发展量度来度量。如果没有这些标准,人们就不会在没有利益可获的情况下对空间进行占据和最终控制。[48] 在东南亚,西方式的鸟瞰地图取代了另外两种地图:一种是纵向的——表示天地关系;另一种横向的,那是从旅行者的眼光看来,表示在自然环境中所应遵循的道路[49],其中并不存在纬度、海拔以上这类地理概念。墨卡托(Mercator)*的头脑中已经或多或少存有这些思想。

对"边境"观念的抵制,导致了执行这一观念的困难。在世界的许多地方,说边境规则没有得到执行是比较合适的。因为在地理学中已经接受了在地图上标示的许多边境线,在土地上并没有相应的对等物。[50] 正如国家本身,这些边境线代表着一种"想象",它们受到关于法律和地理的国家理论的驱动,而不顾实际实现的不可能性。这些想象的边境线可能会成为有关国家之间在理论上达成妥协的目标。在边境争端的问题上,情况越来越复杂,而且由于世界上的国家数量在不断增加,争端也已经成倍增加。[51] 如此而言,国家必须在没有确定领土的情况下存在,而且许多国家显然是这样。许多边境争端都很著名而且持续了很长时间。另外一些争端不那么广为人知,但也并不容易处理。在伯利兹和危

---

[46] 参见 Guichonnet and Rafestin, *supra*, note 16, pp. 15—16; Coquery-Vidrovitch, *supra*, note 24, p. 5, 参见"同心圆"理论; Jones, *supra*, note 24, p. 162. 最近有关用于地区海洋合作目的的边境地带("边境区域的特定地带及其两端")参见 Ian Townsend-Gault, "Regional Maritime Cooperation Post-UNCLOS/UNCED: Do Boundaries Matter Anymore?", in Gerald Blake et al. (eds.), *International Boundaries and Environmental Security* (The Hague: Kluwer, 1997), p. 3.

[47] 参见 Jones, *supra*, note 24, p. 164.

[48] 参见 Oskar Weggel, *Die Asiaten* (Munich: C. H. Beck, 1989), p. 206.

[49] 参见 Anderson, *supra*, note 8, p. 173.

* 1512—1594,比利时佛兰德地区(Flanders)地理学家、地图制作家。——译者注

[50] 参见 Yves Lacoste, "Typologie géopolitique", in *Frontières*, *supra*, note 14, p. 11; Boggs, *supra*, note 17, pp. 7—8; Husain M. Albaharna, *The Arabian Gulf States: Their Legal and Political Status and the International Problems*, 2d ed. (Beirut: Librairie du Liban, 1975), p. 261.

[51] 在20世纪50年代,国家的数量增加了50多个,目前联合国成员国的数量是192个。有关边境争端方的关系以及国家数量的增长请参见 Lacoste, *supra*, note 50, p. 9; Coquery-Vidrovitch, *supra*, note 24, p. 5; Wilkinson, *supra*, note 41, p. ix. 关于目前的边境紧张请参见 Martin Pratt and Janet A. Brown, *Borderlands Under Stress* (The Hague: Kluwer, 2000), p. 4,请注意,目前世界上17%的边境划定存在争端。

地马拉之间,边境线将穿越 Arenal 村的足球场,他们相互之间争斗了近 150 年。㊼ 在一些例子中,比如在非洲,殖民地边界被保留下来作为不得已而求其次(faute de mieux)的边境,或者正如国际法中所言,按照占领地保有原则(uti possidetis juris)㊽的精神进行处理。只有这样的"自愿化解僵局"才能够补偿边境划界这一"历史性革命"过程的缺隙。㊾ 当国家的数量不断增长,边境争端也会不断出现。国家界限将会变得越来越不确定。

国家法律体系

国家的定义意味着一致性,因为所有的国家都由一致的因素构成:政府和确定的边界。国际法支持这种一致的模式,因为所有的国家都至少在原则上应得到平等对待。然而,国家主义法律传统具体呈现为许多种形式,一些接近于源于欧洲的模式,一些与欧洲模式相去甚远。每个国家的成员对其国家法律的构成要素总是有多种选择。国家法律体系的传统并未阻止这样的选择,因为必须根据相互作用的各个要素构成的整体,才能界定"系统"。这就是系统观念不能卓有成效的原因,它只是一个正式的描述符号,依据系统的观念,几乎所有的东西都可以被构想出来。㊿ 由此,在广泛的描述世界上迥然不同的法律现象时,"法律体系"这一表达却无所不在。因为,所谓的"法律体系"相差如此之大,尽管国家是"多形态"(polymorphe),所以并不存在单一的国家主义传统。○ 国家可能是单一制的也可能是联邦制的,还可能是邦联的;他们可能是独裁的或者民主的,君主的或者是共和的;可能是议会制的或者国会制的;它们可能以出生地主义、血缘主义或者综合考虑二个因素来

㊼ 参见 *The Globe and Mail*, 29 April 2000, p. A-17. 有关拉丁美洲目前的边境争端请参见 *The Economist*, 19 August 2000, p. 32.

㊽ 从语义上讲,"since you possess"。这是一种欧洲国家相互扩张挤压现象的古罗马拉丁语表达。

㊾ Coquery-Vidrovitch, *supra*, note 24, p. 6.

㊿ *supra*, note 25. 对于甚至能够接纳失败的"系统(体系)"概念请参见 Ivar Ekeland, *Mathematics and the Unexpected* (Chicago: University of Chicago Press, 1988), and 106. 对于社会科学中的体系,这一体系能够容忍甚至最具战略性或者革新的或者反叛的选择,请参见 Sally F. Moore, "History and the Redefinition of Custom on Kilimanjaro", in June Starr and Jane F. Collier (eds.), *History and Power in the Study New Directions in Legal Anthropology* (Ithaca: Cornell University Press, 1989), pp. 287—288 以及所引的注释。

○ 参见 Norbert Rouland, *Introduction historique au droit* (Paris: Presses Universitaires de France, 1998), p. 107.

确定其公民的身份。当一种形式的国家主义传统的信息比另一种形式的国家主义传统的信息更受青睐时,国家主义传统就会从此种形式变成另一种形式。法律体系并不会自己产生约束力,与其他传统类似,在一定程度上,当人们选择遵守它们时,它们才会具有约束力。

是否"国家法律体系观念"的所有不同的表现形式都在衰落?再次,这个问题必须在以下三个区域被提起:欧洲;欧洲移民国家和欧洲裔移民所控制的国家;在欧洲思想范围之外保留下来的国家。

在欧洲范围内,欧洲人认为"国家法律体系"观念的重要性正在降低。正是所谓"国家权力不是至高无上的"(Le droit national n'est plus souverain)⑤⑦,而且这一惊人的结论源自两个不同现象:欧盟法日益增长的重要地位和国家外法律(extra-national law)不断增长的运用。欧盟法,包括公法和私法,它们对国家法律体系中的公法和私法都产生了影响。它对公法产生影响最为令人震惊,因为这个领域被奥托·凯恩-弗伦笛认为是最强烈抵制外国法影响的领域。⑤⑧ 现在在公法方面则被称为集中反映了欧盟法的发展。权力不单是指国家权力(Le droit n'est pas un droit uniquement national)。⑤⑨ 在欧洲法的范围之外也存在对国外法律的应用。在英格兰,这符合英联邦普通法权威的不确定特征,但是,现在,大陆法系法域内的法律也经常被普通法法官援引。在 1994 年和 1995 年间,英格兰法官引用外国判决的数量增长了三倍,现在英国法官明确提倡适用这种比较性的材料。⑥⑩ 在荷兰,通过私人当事人缔结的协

---

⑤⑦ *Id.*, p. 386.

⑤⑧ 参见 Otto Kahn-Freund, "On Uses and Misuses of Comparative Law", (1974) 37 Modern L. R. 1, pp. 12—13.

⑤⑨ 参见 John Bell, "La comparaison en droit public", in *Mélanges en l'honneur de Denis Tallon* (Paris: Société de législation comparée, 1999), p. 32.

⑥⑩ 参见 Esin Örtücü, "Comparative Law in British Courts", in Drobnig and van Erp, *supra*, note 31, pp. 264—265 and 294. 关于法官的声名参见 Lord Goff in Kleinwort Benson Ltd v. Lincoln City Council, [1998] 4 All E. R. 513 (H. L.), p. 534 ("现今法官……已经注意其他法域中适合的判决",而且 Woolf 勋爵在他给 Basil S. Markesinis, *Foreign Law and Comparative Methodology: A Subject and a Thesis* (Oxford: Hart, 1997), p. viii 一书的绪言中提到:"当上诉案件可能涉及法律的发展,上议院上诉委员会已经越来越多地要求案件中的各方提供比较法资料。但在过去,参考其他可能的普通法判决受到限制,现在已经发生了变化……司法孤立主义已经成为过去。"对大陆法律渊源的借鉴已经开始革新 19 世纪的英国实践。在 19 世纪,波蒂埃(Pothier,法国著名法学家)的权威极高,几乎与这个国家的法院判决比肩。参见 *Cox v. Troy*, (1822) 5 B. &Ald. 474, p. 480; 106 E. R. 1264, p. 1266 (K. B.; Best J.).

议和他们的诉请,或者政府的代理人,法官经常会获悉一些外国的经验。[61] 在法国使用比较法资料正在"逐渐成为一种工作方法"[62],也成为法国最高法院的常规实践。[63] 国家法的排他性在"国家"观念的起源地也正在被摒弃。

在欧洲之外,美国法律体系,以国家的、普遍的主权的名义,一直以来最信奉欧洲的法律体系排他性的观念。然而,美国联邦最高法院在这一问题上的一致性现在也被打破,有关应用比较经验方面的争论在法院内部已经发生。[64] 不论是在联邦法院体系还是在州法院体系,广泛借鉴外国法的呼声已经很高,以便更加充分地理解"引起争论的政策问题"。[65] 历史上,排外主义的姿态,即便这种姿态源自于联邦最高法院,也已经被美国学术界刻画成"一种自满的孤傲,败坏的沙文主义名声"。[66] 美国主流制度以及主流学术界的公开争论本身表明了国家主义法律传统已经衰落;一致意见已经不再是主流。

在欧洲之外其他的、欧洲后裔所居住和被其控制的法域,也从未严格继受欧洲法律体系的排他模式。对于这些欧洲人来说,他们继受了欧洲的法律,但拒绝了国家法律体系的排他性,在这一点上,他们并没有忠实于欧洲。因此,只要在适当之处,即比较的过程清晰明确并且继受的过程继续进行,欧洲法律还是会被继受的。在国家环境、国家权威与外国权威之间的对话随之发生,正如在欧洲法律史上某些特别的地方,地方习惯与普通法得到同时适用。没有一种渊源具有霸权

---

[61] 参见 Sjef van Erp, "The Use of the Comparative Law Method by the Judiciary-Dutch National Report", in Drobnig and 该作者的前述著作, note 31, p. 243.

[62] 参见 Raymond Legeais, "L'utilisation du droit comparé par les tribunaux: rapport français", in Drobnig and van Erp, *supra*, note 31, p. 121.

[63] 参见 Mitchel Lasser, "Judicial (Self-) Portraits: Judicial Discourse in the French Legal System", (1995) 104 Yale L. J. 1325, p. 1370.

[64] 请比较 Breyer J. in *Printz v. United States*, *supra*, note 3, pp. 970—971, 和同一案件中的 Scalia J. 的观点, *supra*, note 3.

[65] Abrahamson and Fischer, *supra*, note 1, p. 284. 也见上书 p. 286 ("注意到:外国判决常常以新鲜而且具有挑战性的视角看待这一问题。这些法院表明并说明了这一点") p. 290 ("美国法院的狭隘态度已经变得越来越孤傲")。联邦司法体系请参见 Roger Miner, "The Reception of Foreign Law in US Federal Courts", (1985) 43 Am. J. Comp. L. 581.

[66] J. M. Balkin and Sanford Levinson, "The Canons of Constitutional Law", (1998) 111 Harvard L. R. 963, p. 1005. 这方面进一步的学术成果请参见 Mark Tushnet, "The Possibilities of Comparative Constitutional Law", (1999) 108 Yale L. J. 1225; Annelise Riles, "Wigmore's Treasure Box: Comparative Law in the Era of Information", (1999) 40 Harvard Int. L. J. 221 and the references cited at n. 2; Kathryn A. Perales, "It Works Fine in Europe, so Why Not Here? Comparative Law and Constitutional Federalism", (1999) 23 Vermont L. R. 885.

或者排他适用,任何可能存在启发的渊源人们都不放过。这种对于法律的态度在英联邦广泛传播。"法律的宣告理论"在此过程中得到广泛应用而且仍将产生更大的影响。[67] 因此,法官不造法,但他们宣告对于"法律可能是什么"这一问题他们自己目前的理解。他们如在普通法系传统中一样进行类推,而不是进行演绎。在普通法世界遵循先例原则目前正在衰落,在大多数法域,这一原则也从未获得事实上的主导地位。这一模式既是一种"对等说服",也是一种垂直的命令或者层级。[68] 因为国家法不再具有排他性,一些土著人或其他少数族裔的法律得到了认同,或者通过属人原则(*statut personnel*)得到了承认[69],抑或通过不断深化的"合理包容"观念来操作。[70] 国家法律传统的衰落已经持续了相当长时间。这就是在欧洲之外,欧洲传统完全不适用的典型。在欧洲之外,国家也的确存在,然而它们不是相同类型的国家。欧洲法律理论在这些环境中显然并无助益,尽管欧洲正在发生的变革暗示着更大范围地分享这一经验。

这一出于与欧洲法律保持联系的目的而对欧洲法律理论的拒绝不局限于普通法领域。拉丁美洲持续追随西班牙、法国、德国和意大利法律(除美国法外),尽管通常只以学说(教义)或者立法的形式表现出来。这种情况的发生不顾这些法域已经采取了"进口替代"经济政策和适用

---

[67] 参见 Glenn, "Persuasive Authority", *supra*, note 31; Glenn, "The Common Law in Canada", (1995) 74 Can. Bar R. 261, pp. 265—266, 271 and 285, n. 96, 注意:加拿大初审和上诉法院遵循英联邦的权威而不是遵循加拿大最高法院。关于澳大利亚的情况请参见 H. K. lüke, "The Common Law: Judicial Impartiality and Judge-Made Law", (1982) 98 L. Q. R. p. 45; Peter Wesley-Smith "Theories of Adjudication and the Status of *Stare Decisis*", in Laurence Goldstein (ed.), *Precedent in Law* (Oxford: Oxford University Press, 1987), p. 75. 关于其他法域的情况请参见 H. Patrick Glenn, "Reception and Reconciliation of Laws", Rechtstheorie, 1991, No. 12 pp. 209—214.

[68] 关于"同等说服理论"(coordinate persuasion)请参见 Peter McCormick, "The Evolution of Coordinate Precedential Authority in Canada: Interprovincial Citations of Judicial Authority, 1992—1993" (1994) 32 Osgoode Hall L. J. 271, p. 275 ("对等说服"显然是现代呈不同权威等级的司法决定的大部分。)

[69] 在加拿大的普通法中对土著人关于收养法律的承认和适用甚至优先于地方立法。参见 *Casimel v. Insurance Corporation of British Columbia*, (1993) 106 D. L. R. (4th) 720 (也引用优先的权威渊源)。关于魁北克同样的结果请参见 *Deer v. Okpik*, (1980) 4 C. N. L. R. 93.

[70] 参见 José Woehrling, "L'obligation d'accommodement raisonnable et l'adaptation de la société à la diversité religieuse", (1998) 43 McGill L. J. 325.

地方法律的激进的本土理论。在区域和国际贸易协定的影响下[71],这些障碍正在消除,法律信息交流将会更加便捷。魁北克长期保持法国学说的权威高于其他主要法律渊源。[72] 最近,在国家主义理论影响下这一过程可能已经延缓,但它不像是会永远消失,未来还可能会屈从于更大范围的超国家的、没有当然约束力的权威。[73] 当然,注意到这并不意味着遵循它,大陆法传统和普通法传统都开始在这种相互交错的关系中变得更加多元。

世界大约60%的人口生活在亚洲,而通过殖民而来的欧洲人居住在那里只不过是暂时的现象。在非洲和中东,情况大体也是这样。因此世界上大部分人口生活在欧洲思想的直接影响之外,而与非国家法律传统联系紧密。如果说国家适合欧洲法律理论,对于其他法律传统而言这种适应关系就不那么明显了。它们的确承认政治权威,但是否承认制定法至上则仍是有疑问的。伊斯兰法、印度教法、儒教法律和印尼的"阿达特"(adat)的首要渊源,都不是国家法渊源。在世界上人口最多的地区,对国家主义传统却是最微弱的。如果国家法律体系的传统取代了其他法律形式,这一情况会发生变化。但这种取代还没有发生,而且可能永远也不会发生。在印度,印度教法要么被正式的法律废止,要么被编入法典,这是事实;但绝大多数印度人仍对国家法律无动于衷(不存在服从的事实),而只是一如既往地生活,这也是事实。[74] 种姓制度就是一例。在中国,儒家思想正经历复兴,被视为国家法律的主要支撑形式,国

---

[71] 参见 Hector Fix-Fierro and Sergio López Ayllón,"The Impact of Globalization on the Reform of the State and the Law in Latin America",(1997) 19 Houston J. Int. L. 785.

[72] 参见 Pierre-Gabriel Jobin,"Les réactions de la doctrine à la création du droit civil québécois par les juges: les débuts d'une affaire de famille",(1980) 21 C. de D. 257; Pierre-Gabriel Jobin,"Le droit comparé dans la réforme du Code civil du Qu-ébec et sa première interprétation",(1997) 38 C. de D. 477. 参见 H. Patrick Glenn (ed.), Droit québécois et droit français: communauté, autonomie, concordance (Montreal: Blais, 1993).

[73] 参见 Pierre-Gabriel Jobin,"La modernité du droit commun des contrats dans le Code civil du Québec: quelle modernité?", Rev. int. dr. comp., 2000, p.72, 讨论考虑其他大陆法系的法律和美国法的需要。

[74] 参见 Upendra Bard, "People's Law in India: The Hindu Society", in Masaji Chiba (ed.), Asian Indigenous Law in Interaction with Received Law (London: KPI, 1986), p.216; Marc Galanter, Law and Society in Modern India (Delhi: Oxford University Press, 1989), p.15, 文章注意到,所继受的英国法对印度大众而言是"感觉上的外国舶来品"; Bernard S. Cohn, An Anthropologist Among the Historians and Other Essays (Delhi: Oxford University Press, 1987), pp.568—571, 讨论假定平等的当事人之间存在的种姓差异。

家法在中国并不是以国家法在欧洲产生效力的方式而产生约束力。⑮ 在印度尼西亚,法国—荷兰民法典遭到大规模破坏。⑯ 非洲习惯法正在复活,"伊斯兰化"的过程也为人所知。也许在诸如印度⑰和新加坡⑱等一些法域中的法律职业群体中仍保有对欧洲传统的极大忠诚。这些法域中的律师必须要处理的不只是国家法。受益于现代技术,他们也可能更留意欧洲法律,而不是自己国家的与地方传统一致的法律。在萨摩亚群岛,普通法已经被接受,因为它"有时"的确存在。⑲

在世界的许多地方,也存在国家机构、官员以及法官的腐败这一主要问题。国家法是微弱的法律,它的这一特性以及庞大的机构,为"贿赂"(grease)提供了无数的机会。国际透明度组织(International Transparency)目前正做着很有价值的工作,试图在世界范围内解决这一问题。⑳ 监察或者反腐机构是必不可少的,它们可能会也可能不会赢得最终的胜利。腐败的力量无所不在,正如一位作者描述的那样,在亚洲国家,"如果你是清白的,他们会把你拉下水"。在破坏其他法律传统又无力完全取代它们的过程中,西方法律传统创造了很多可以耍伎俩的空间。在这里,国家在很多情况下是一个"空洞的头衔"。㉑ 国际法已经承

---

⑮ 关于儒家思想在中国的新角色请参见 Hano yon Senger, *Einführung in das chinesische Recht* (Munich: C. H. Beck, 1994), p.25; Albert H. Y. Chen, *An Introduction to the Legal System o the People's Republic of China* (Singapore: Butterworths, 1992), p. ,38,注意到,马克思主义和儒家思想都不信任西方的法治理论,Benjamin Gregg, "Law in China: The Tug of Tradition, the Push of Capitalism", (1995)21 R. Central & East Eur. L. 65, p.76。

⑯ 由于缺乏文献记录很难进行阐述但可以参见 Sudargo Gautama and Robert N. Hornick, *An Introduction to Indonesian Law* (Bandung: Alumni Press, 1974), p.7,注意到,自从印度尼西亚1945年独立以来荷兰民法典已经被修订,但是自从新的立法没有直接废止受影响的文本,哪些条文是具有效力的不再是清楚的,法典并没有权威的版本。

⑰ 关于印度法律职业已经成为印度法律的"内部殖民化"的原因,请参见 Weggel, *supra*, note 48, p.123。

⑱ 参见 Andrew J. Harding, *The Common Law in Singapore and Malaysia*(Singapore: Butterworths,1989); Kevin Tan (ed.), *The Singapore Legal System*, 2d ed. (Singapore: Singapore University Press, 1999)。参见 Walter Woon, "Singapore", in Poh-Ling Tan (ed.), *Asian Legal Systems* (Sydney:Butterworths, 1997), p.352(接受中式教育的新加坡华人具有根深蒂固的对法庭和法律的厌恶,而受英式教育的新加坡人(华人、马来人和印度人以及其他种族的新加坡人)更倾向于加强制度建设。……在这两种倾向之间的紧张关系将成为新加坡法律体系的特征)。

⑲ 参见 Jennifer C. Care, Tess Newton and Don Paterson, *Introduction to South Pacific Law* (London: Cavendish, 1999), p.72 ["without a cut-off date"]。

⑳ 参见该组织网站:www.transparency.org。

㉑ 参见 Van Creveld, *supra*, note 11, p.331。也可参见 *The Economist*, 13 May 2000, p.17,认为 Sierra Leone 过于极端,而不具有典型性。

认"国家的溃散、功能紊乱和盲目"。㊷"全权委托"(Carte blanche)正重新出现或者将会重新出现在这个世界上。

国际

在假定国家观念的普世性和国家间关系具有首要地位的过程中,国际法已经变得具有霸权性质,尽管这些情况的存在相当大程度上是殖民主义的主要产物。如今,国际与国家两个观念基于相同或不同的原因同处于乌云笼罩之下。

国家法律体系受到其他法律体系的挑战,在国家之间的关系及其他们的边界方面,国际观念也受到同样程度的挑战。伊斯兰共同体,如乌玛(umma)并非在国家的层面界定,其法律效力跨越边境。犹太法典《塔木德经》(Talmudic)与伊斯兰法的情况相同,在许多西方法域已经复活为一种"可选择的"纠纷解决方式。土著人的法律(正如它们在西方被了解的一样)也对国家结构及其疆界漠不关心。国家能否成功地、统一地将这些其他法律形式归入一个所谓的"私"域?有证据证明,他们办不到。许多国家已经明确承认属人法(personal law)的存在(比如印度、摩洛哥和以色列),其他国家承认使用其他语言和习惯法(比如美国和澳大利亚)。对于少数人口的属人原则(statut personnel)观念目前在欧洲自身范围内也正在得到认真地讨论。㊸ 土耳其人的"millet"体系被西方政治理论家在作品中视为值得认真研究的现象。㊹ 对这些非国家法的承认意味着对国家法排他性的衰落,但也意味着对国际观念的衰落,不论是在公域还是私域。"人际"(inter-personal)的表达已经表示可以在不同的非国家法中作出选择。国家结构的多样性(从最具排他性

㊷ Nii L. Wallace-Bruce, "Of Collapsed, Dysfunctional and Disoriented States: Challenges to International Law", (2000) 47 Neth. Int. L. R. 3, p.54,(其中基本的制度已经完全不再发生作用的国家现象具有晚近的起源。国际法出现时并未预见到这一点,因此并没有任何明确的原则应用于这样的情况。进一步的资料参见 Ruth Gordon, "Saving Failed States: Sometimes a Neo-colonialist Notion", (1997) 12 Am. U. J. Int. L. & Policy 903, p.904。撒哈拉地区南部非洲的大部分国家现在正处于原始的、无可救药的或者完全崩溃的状态,参见 Die Zeit, 18 May 2000, p.3。这一过程伴随着由西方势力提供的小型武器、机枪和迫击炮的各种武装组织之间的混战,制造了无数的受害者,参见 George Musser and Sasha Nemecek, "Waging a New Kind of War", Scientific American, June 2000, p.47. 仅1999年就发生了34场这样的战争,Frankfurter Allgemeine Zeitung, 7 June 2000, pp.4 and 7。

㊸ 参见 Yves Plasseraud, "L'histoire oubliée de l'autonomie culturelle", Le Monde diplomatique, May 2000, pp.16—17。

㊹ 参见 Kymlicka, supra, note 43, pp.56—58 and 183—184。

到最开放和包容非国家法的)意味着国际的确已经存在,只是它的存在涉及一个程度问题。

然而,无论是在非西方还是在西方传统中,国际的观念都在衰落。西方法律对自身已经失去耐心,对其在从今天来看只有有限沟通方式和抱负的时代得以发展的、十八九世纪的结构失去了耐心。如今西方法律在其对自身的感知中已经变得区域化、全球化或者普遍化。在某种程度上,所有的这些都与国际观念、与边界的观念(notion périmée)矛盾。⑧ 欧洲代表了区域一体化。欧洲煤钢共同体可能被视为国际观念的发展。然而,欧盟法律是欧洲法而不是国际法。⑯ 区域吞没了国际观念。世界贸易代表全球化,得益于从国家结构中生长出来的框架和技术。从地理的、物理的和政治的边境的重要性来看,全球化并不代表历史的终结,而是代表地理学的终结。⑰ 在其规治国际贸易的层面,国际公法已经在这一过程中部分重生,在这一特别的过程中也已经被绕过了,因为世界贸易的参与者有自我规范。这一情况在国际私法方面也有相当的表现。通过国际仲裁的广泛采用,国际私法目前正遭到系统性的回避,不论其知识还是处理问题的方式。⑱ 人权可以代表普遍性,西方国际法在这一

---

⑧ Coquery-Vidrovitch, *supra*, note 24, p. 6.

⑯ 参见 C. N. Kakouris, "L'utilisation de la méthode comparative par la Cour de justice des Communautés Européennes", in Drobnig and van Erp, *supra*, note 31, p. 101 ["*la Cour considère le droit comrnunautaire comme droit interne de la Communauté, et non cornrne droit international*"].

⑰ 参见 Zygmunt Bauman, Globalization: The Human Consequences (New York: Columbia University Press, 1998), p. 12 and the references cited. 参见,关于对全球化现象的批评请参见 Paul Q. Hirst and Grahame Thompson, *Globalization in Question: The International Economy and the Possibilities of Governance* (Cambridge: Polity, 1996),注意到,现有的国际化层面并非没有先例,有一些跨国公司,大部分是投资和贸易公司,集中在欧洲、日本和北美,参见 Dani Rodrik, Has Globalization Gone Too Far? (Washington, DC: Institute for International Economics, 1997),讨论了全球市场与社会稳定之间的紧张关系;The World Bank, *World Development Report* 1997: *The State in a Changing World* (Oxford: Oxford University Press, 1997), p. 12,注意到,发展中国家的半数人口并未受到世界贸易的影响。

⑱ 参见 Marielle Koppenol-Laforce et al. (eds.), *International Contracts: Aspects of Jurisdiction, Arbitration and Private International Law* (London: Sweet & Maxwell, 1996), p. 86,注意到,据估算90%的国际合同订有仲裁条款,基于仲裁的大量增加,仲裁目前已经成为"解决国际商事纠纷的可以接受的方法"参见 Yves Dezalay and Bryant G. Garth, *Dealing in Virtue: International Commercial Arbitration and the Construction of a Transnational Legal Order* (Chicago: University of Chicago Press, 1996), p. 6; H. Patrick Glenn, "Globalization and Dispute Resolution", (2000) 19 Civil Just. Q. 136, pp. 140—141 and the references cited.

方面保持了其教化和霸权的特性。[89] 然而,它目前必须需要摆脱自己的阴影——国家所渴望的排他性,并将实体性的、普遍的权利直接赋予人类。这可能最终是全球的普通法,而不是其原来被设想的国际法了。

结　　论

国家和国家法律体系这两个理念具有令人敬畏的智识结构,它们在世界上的一些地方,不仅形成了国家的身份,还产生了(相对)一致的国家法模式。[90] 在其发源地,国家法律体系表现为显著的各种来源的信息的综合,在它们的流传之地也展现了相当强的自我更新的能力。它们会伴随我们相当长时间。然而,全面地和排他地控制法律信息,以消除作为国家身份和法律之源的国内外法律信息,这方面的努力,已经出现了疲惫甚至是精疲力竭的征兆。国家和国家法律体系也许会再次证明迈蒙尼德(Maimonides)*现象——那些所有归并、精炼、阐明和编纂法律信息的努力,都会最终屈从于世界范围内信息的自然流动。[91] 国家和国家法律体系也将会遭到国内外法律信息的不断搅拌、质询和挑战。因此,简化的和被构造的国家身份是不稳定的,简化的和被构造的法律也是不稳定的。然而,国家法可以作为沟通国内外法律信息的有效媒介。国家被构想为一种媒介,一种不同信息渊源进行商谈和对话之地。国家可能不再成为冲突之源,而会是一种调和冲突的手段。

---

[89] 关于国家存在必要性的争论暗示着将权利观念接受为一种对抗国家结构以保护私人利益的手段,参见 Ann E. Mayer, *Islam and Human Rights: Tradition and Politics* (Boulder: Westview, 1991), p. 12.

[90] 关于最近的公司法的国家模式请参见 Véronique Magnier, *Raprochement des droits dans l'Union européenne et viabilité d'un droit commun des sociétés* (Paris: L. G. D. J., 1999), p. 318 ["Modéle européen et modéles nationaux sont en définitive intrinsèquement liés"].

* 迈蒙尼德(1135—1204),西班牙裔的犹太哲学家和医生。中世纪最伟大的犹太学者,他编纂了犹太法典并融合了亚里士多德的哲学和犹太宗教教义学。——译者注

[91] 关于迈蒙尼德的 12 世纪的对《塔木德经》(Talmudic Law)律法定义的结果,参见 Elliot and Arthur Rosett, *A Living Tree: The Roots and Growth of Jewish Law* (Albany: State University of New York Press, 1988), pp. 368, 369 and 372; Robert Goldenberg, "Talmud", in W. Holz (ed.), *Back to the Sources: Reading the Classic Jewish Texts* (New York: Summit Books, 1984), p. 162(没有哪部法典能够终结《塔木德经》律法的历史);Charles Leben, "Maïmonide et la codification du drolt hébraïque", Drolts, 1998, No. 27, pp. 122—127.

第5章 功能主义传统

米凯莱·格拉齐亚代伊
(Michele Graziadei)

功能主义的不同类型

功能主义是一个宽泛的概念。在当代比较法思想中,它至少表示两种不同但又相互关联的思想流派。第一个思想流派是与方法论相关。在这个意义上,一项对功能主义传统的分析包含着对功能主义方法优劣的评价,而这一方法是比较法研究中最著名的研究工具之一。功能主义的第二个思想流派认为法律是适应社会需要的产物的观念,这一观念对于试图解释世界上不同法律体系之间的差异和共性的比较法学家来说比其他观念更具吸引力。今天,功能主义的这两个流派都正在经受来自不同方面的挑战。

比较法的功能研究方法:一个阐释性的说明

在考虑比较法功能方法的宗旨之前,有必要先回顾这样的事实,即它在20世纪的比较法研究中并不是唯一的甚至不是主导的研究方法。它也不是今天流行的研究方法,尽管一些创造性的研究,如许多学者在"欧洲私法共同核心"项目的旗帜下展开的研究,已经为功能主义研究方法注入了新的生命力。对于比较来说,历来存在其他研究途径。其中最著名的方法,特别是在欧洲和美国,是在其历史语境中分析现行制度和规则。像约翰·道森(John Dawson)的《法律的训谕》[①],约翰·梅里曼(John Merryman)的《大陆法系》[②],勒内·达维德(René David)的《当

---

① John P. Dawson, *The Oracles of the Law* (Ann Arbor: University of Michigan Law School, 1968).

② John H. Merryman, *The Civil Law Tradition*, 2d ed. (Stanford: Stanford University Press, 1985). Mitchel Lasser 提到了道森和梅里曼的贡献,"Comparative Law and Comparative Literature: A Project in Progress", [1997] Utah L. R. 471.

代世界主要法律体系》③,吉诺·高拉(Gino Gorla)的关于法院和法律学说的文章④,詹姆斯·戈德雷(James Gordley)的《现代合同理论的哲学起源》⑤,仅仅提及这些 20 世纪的经典著作,就无疑可以看到这样一个事实:功能主义方法只是比较法学家应用的方法之一。实际上,功能主义方法的主要支持者也没有将其当作比较研究的唯一方法在使用。我只需提到海茵·克茨关于在司法实践中通过解释援引学理的文章。⑥因此,声明比较法只有一种方法即功能主义是一种误导。当今,持相当不同方法论信念的人们各自从事着比较法研究,他们关注的问题除了都在关注比较方法以外几乎不具有共性。事实上,当比较法本身被视为一种方法之时,没有人曾料到现今所使用的方法会如此多样。⑦

在比较法研究的框架中,功能主义方法的基本特征,已经被不同的作者在不同的场合加以描述。⑧ 可以说,茨威格特和克茨在其经典著作

---

③ René David, *Les grands systèmes de droit contemporains*, 1 lth ed. by Camille Jauffret-Spinosi(Paris: Dalloz, 2002). 最近的英译本参见 René David and Iohn E. C. Brierley, *Major legal Systems in the World Today*, 3d ed. (London: Stevens, 1985).

④ 相关文集请参见 Gino Gorla, *Diritto comparato e diritto commune europeo*(Milan: Giuffrè, 1981).

⑤ James R. Gordley, *The Philosophical Origins of Modern Contract Doctrine* (Oxford: Oxford University Press, 1991).

⑥ Hein Kötz, "Die Zitierpraxis der Gerichte: Eine Vergleichende Skizze", RabelsZ, 1988, p.644.

⑦ 将比较法作为一种方法,在 Lambert, Pollock, David 和其他 LéontinJean Constantinesco 的作品中运用这种方法并对这种方法本身进行了追溯,*Traité de droit comparé*, vol. I (Paris: L. G. D. L, 1972), pp.176—205. 其观点是,比较法作为一种方法的观点变得更加引人注目,是二战后满足于将比较法作为一个科学学科的这一看法衰落的后果。参见萨科 Rodolfo Sacco, *Introduzione al diritto comparato*, 5th ed. (Turin: UTET, 1992), pp.9—10. 这个作者注意到,将比较法作为一种方法能够提供给比较法学家各种开放的方法论观点,以及比较法学家历来研究的现象的范围,这是一种演绎的逻辑。"比较方法"是施莱辛格著作第一章的题目。参见 Rudolf B. Schlesinger, Comparative Law: Cases-Text-Materials, 6th ed. by Hans W. Peter E. Herzog and Edward M. Wise (New York: Foundation Press, 1998).

⑧ 参见 Mary Ann Glendon, Michael W. Gordon and Christopher Osakwe, *Comparative Legal Traditions*, 2d ed. (St Paul: West, 1994), pp.11—12; Arthur T. von Mehren, "An Academic Tradition for Comparative Law?". (1971) 19 Am. 1. Comp. L. 624. 关于批评意见请参见 Günter Frankenberg, "Critical Comparisons: Re-thinking Comparative Law", (1985) 26 Harvard Int. L. J. 411, pp.434—440; David Kennedy, "New Approaches to Comparative Law: Comparativism and International Governance", [1997] Utah L. R. 545, pp.588—592(我认为这篇论文特别有帮助); Mark Tushnet, "The Possibilities of Comparative Constitutional Law", (1999) 108 Yale L. J. 1225, pp.1265—1269 and 1281—1285.

《比较法总论》中已经对功能主义方法的本质作了当代最好的阐释。⑨这些作者论及:唯一可比较的是那些满足同样功能的事物。因为"人们不能够对不可能比较的事物作出有意义的比较"(incomparables cannot be usefully compared),他们坚持认为任何比较研究致力的问题应该是"以纯粹功能的术语"进行表述(must be posed in purely functional terms),而且问题必须是在没有参考某个法律体系概念的情况下提出的。简言之,比较法必须关注具体的问题(concrete question)。从这一前提出发,比较法实践忠于一个基本事实:"每一个社会的法律体系都面对相同的问题,但通过相当不同的方式解决这些问题,尽管最终的结果是相同的"。初学者和有经验的比较法学者都被提醒应注意这一点。成功的比较取决于比较法学者在进行比较研究时"摒弃来自于其母国法律体系的前见"之能力。⑩

关于用以阐释上述观点的实例的讨论,坚持认为各个法律体系之间解决问题的方法具有相似性,尽管他们的历史发展\概念结构和实施方式都存在巨大差异。⑪ 可以确信的是,这一规则也存在例外。在冲突法领域中突出的公共秩序(ordre public)的观念暗示了这些例外。尽管如此,根据茨威格特和克茨的研究,一些相对而言非政治(unpolitical)的主题能证明他们的基本理论。然而,家庭和继承法方面的主题呈现给他们的事实却是'受到道德观念和各种价值的强烈影响'。⑫ 把这些领域放在一边,设想比较对象既不受到"强烈的道德和伦理情感"⑬的影响,也并非根植于主流宗教和历史传统的特质、文化发展或者人们的性格。比较法学者就可以富有成效的开始"类似推定"(praesumptio similitudinis)。这个假设认为,因为很多发达国家都以相同或类似方式回应法律问题的需求,所以法律实践的结果是相似的。⑭ 通过采用这些假设,比较法学者应该能够发现在世界法律体系之间的相似性和可替代性,与此同时,也检验他们的研究结果。⑮

---

⑨ Konrad Zweigert and Hein Kötz, *An Introduction to Comparative Law*, 3d ed. transl. by Tony Weir (Oxford: Oxford University Press, 1998). 关于批评意见请参见 Jonathan Hill, "Comparative Law, Law Reform and Legal Theory", (1989) 9 Oxford J. Leg. Stud. 101.
⑩ 关于这些引文请参见 Zweigert and Kötz, *supra*, note 9, pp. 34—35.
⑪ *Id.*, p. 39.
⑫ *Id.*, p. 40.
⑬ *Ibid.*
⑭ *Ibid.*
⑮ *Ibid.*

功能方法:目的何在?

茨威格特和克茨对功能方法的介绍,以其所说的和所没有说的内容而著称。"人们不能够对不可能比较的事物作出有意义的比较"这一古老的表达究竟意味着什么?什么是比较法学者必须清除的先入之见?"法律行为"或者"侵权行为"是不是先入之见呢?比较法学者是否真的知晓世界上的各个法律体系都面对本质上同样的问题,并且经常通过不同解决方式的帮助而获得相似的结论来解决这些问题?即便如此,结论在什么时候是相似的,又怎样相似呢?比较法学者发现的具有重大差异的法律领域是那些与强烈的道德和伦理感情相联系的部分吗?或者,相当不同而且强烈的道德和伦理感情与相同的规则共存是可能的吗?

要理解功能方法,讨论功能比较所应解决的理论问题是必要的。可以说,在比较法中诉诸功能方法是对一组特别的、相当集中和困难的理论问题的回应。只有当我们了解这些关键问题的时候,才能有希望使功能主义显得有意义。

茨威格特和克茨在他们的《比较法总论》中的方法论假设已经面世很久了。那么,茨威格特发表文章阐述功能方法已经是四十年前的事了。⑯ 但是,功能方法的根源可以追溯到更久远的时候。事实上,我认为这一特殊方法的诞生,是为了满足解决冲突法领域变得日益尖锐的理论问题的需要。更具体地说,功能方法是作为对识别问题的回应而首次出现的;识别问题出现在19世纪后期的冲突法理论中,并在20世纪的前几十年中成为重要的学术关注点。

功能方法与冲突法中的法律概念冲突

冲突法学者指出这样一个事实:在识别问题还没有发现之前存在这样一个幸运的时代。⑰ 识别问题起源于建立在概念与连接点基础之

---

⑯ 参见 Konrad Zweigert, "Méthodologie du droit comparé", in *Mélanges offerts à Jacques Maury*, vol. I (Paris: Dalloz, 1960), pp. 579—596; Konrad Zweigert, "Des solutions identiques par deidifférentes (quelques observations en matière de droit comparé)", Rev. int. dr. comp., 1966, p.5.

⑰ 关于问题的发现及其今天的相关经验参见 Kurt Lipstein, "Characterization", in *Private International Law*, in *International Encyclopedia of Comparative Law*, vol. III, ch. 5 (Tübingen: J. C. B. Mohr, 1999), pp.5—8.

上的冲突法结构。典型的例子是,任何冲突法都认可诸如"不动产继承适用不动产所在地的法律"。在这一术语下形成的冲突法规范不提供引起法律适用的事实描述。即使是相同的冲突法条文在不同国家具有效力,如果根据法庭所在地的国内法解释这些规则,就很少有机会实现冲突规范的统一适用。对于相同事实的识别在不同法律体系中将会存在差别,因为冲突规范中所使用的法律概念在不同的法域中会得到不同的解释。因此,常常会出现此为侵权问题,彼为契约问题;或者在一个法域中的继承关系到了另一个法域却成为婚姻财产关系。但是深究关于识别问题的争论并不合适,适合当前目的的兴趣点是对识别问题引起的一系列难题的察觉如何影响了比较法研究。当涉及案件判决中的识别问题时,法律概念的冲突开始显现,从而激发了丰富的理论争议。从比较法的视角来看,对于这一问题引起的争论作出最重要贡献的是拉贝尔(Ernst Label)——究竟什么才能为冲突法规则识别?

拉贝尔认为冲突规范必须"直接依据生活事实,而不是法律上预断的、抽象的主题"来适用。[18] 他认为,识别问题能够通过如下途径解决:识破(looking through)冲突规范的措辞,以将生活事实从法律事实中识别出来。尽管冲突规范显然在法律关系的语言中形成,拉贝尔认为它们指示的是社会关系。不同法域之间缺乏统一的语言,迫使立法者和法官使用仅仅为了表达国内法而创制的法律概念,去制定冲突规范。然而,精于此道的冲突法专家不应该将法律概念归于一个抽象的角色,而不考虑它们的目的。对于拉贝尔而言,不仅在法律的其他领域,在冲突法的领域也不存在"概念的天堂"(heaven of concepts)[19],通过比较研究可以发现解决之径:

> 作为冲突规范之前提的事实情境,必须与外国法和国内法均无关。因此,如果要使用法律术语来描述这一事实情境,它们必须要

---

[18] Ernst Rabel, *The Conflict of Laws: A Comparative Study*, 2d ed., vol. I (Ann Arbor: University of Michigan Press, 1945), p.46. 关于拉贝尔(Rabel)的学术简历及其对比较法的贡献,请参见 David I. Gerber, "Sculpting the Agenda of Comparative Law: Ernst Rabel and the Façade of Language", in Annelise Riles (ed.), *Rethinking the Masters of Comparative Law* (Oxford: Hart, 2001), pp.190—208. 关于拉贝尔在德国的遗产,请参见 Michael Martinek, "Wissenschaftsgeschichte der Rechtsvergleichung und des Internationalen Praviatsrecht in der Bundesrepublik Deutschland", in Dieter Simon (ed.), *Rechtswissenschaft in der Bonner Republik* (Frankfurt: Suhrkamp, 1994), pp.539—541. 关于拉贝尔以及他对 Joseph Esser 的解释请参见, *Id.*, p.529.

[19] 参见拉贝尔的著作, *supra*, note 18, pp.55.

允许参考外国制度而作出解释,即便这些外国制度对于法院地法律来说是陌生的。这一法律适用过程包含着比较研究。[20]

最具吸引力的比较法研究将基于以下方法:

搜集关于某一特定问题的国外判例法,仔细审视事实与判决,研究同一案件在本国范围内将会得到如何解决,然后试图依据外国规范解决发生在本国的实际案件。通过此方法,各种与两个法律制度都有关的新观点将会出现。[21]

这一处方现在听起来显露出令人无法相信的天真,然而,拉贝尔却在此赋予其关于功能主义本质的信号:如果它们关注相同的事实,那么就有可能对不可能比较的事物进行比较。在全世界范围内,法学家使用相当不同的法律概念表述事实和指示法律结果:这些范畴是偶然的和工具性的,不能为比较法研究提供指引。在任何法律体系中,比较法都必须致力于将事实从能引发法律后果的法律事实中区分开来,而不应考虑它们被处理或概念化的方式。拉贝尔的研究方法为后世比较法学家对私法领域进行研究奠定了基础。[22] 茨威格特和克茨现在表明"今天的方法教育和实践来源于拉贝尔从事的和不断完善的研究",对于这一传统来说是真实的。[23]

对地方性法律概念的不信任是这一方法的中心问题。国内法的概念是一道屏障,比较法学家在此屏障之后探寻与他们研究相关的事物。事实上,根据功能主义的原则,当比较法研究基于对国内法的考察而展开时,每个国家解决问题的途径"都免于受到其自身制度环境的影响",因此,这些解决途径也许会被认为"若完全地根据它们的功能,是满足特定法律需求的尝试。"因此这些解决办法可能被视为"纯粹以它们功

---

[20] *Id.*, pp.49—50.

[21] *Id.*, "El fomento international del derecho privado" (1931),目前的情况,同上注中 Rabel, *Gesammelte Aufsätze*, vol. Ⅲ (Tübingen: J. C. B. Mohr, 1967), 51.

[22] 持最不同意见的学者也已经转向拉贝尔的普遍主义的方法,认为国际私法本质上是国家法。不同意见建立在利益分析的基础上,而不是概念分析,也破坏了拉贝尔的建议。参见 Rodolfo de Nova, "The Comparative Method and Private International Law", in *Italian National Reports to the Xth International Congress of Comparative Law*, Budapest, 1978 (Milan: Giuffrè, 1978), p.119.

[23] Zweigert and Kötz, *supra*, note 9, p.61.这些论述可以在回溯比较法的历史的段落中找到。也可以参见 Hein Kötz, "Comparative Law in Germany Today", Rev. int. dr. comp., 1999, p.755.

能的视角,作为一种满足特定法律需要的尝试"。㉔

方法论传统的成长

拉贝尔对比较法方法论的洞见可能已经受到他"意大利—德国混合仲裁法院"(Mixed Arbitral Tribunal Panels)的个人经历的影响。这一机构是为解决适用凡尔赛和约规定的纠纷而设。在20世纪20年代后期,他还担任过国际常设法院(permanent Count for International Justice)的特别法官(ad hoc)。这些任命,如他19世纪末在维也纳所受到的教育一样,想必是塑造了他关于事实、语言与法律的关系的思想。但是,在20世纪20和30年代,同样的问题也吸引了来自不同领域的注意。

在德国,菲利普·赫克(Philipp Heck)的利益法学(Interessenjurisprudenz)将利益理念作为一个工具(Arbeitsbegriff),反对19世纪法律学术界大部分人的概念化方法。㉕ 在大西洋彼岸,法律现实主义对概念法学的抵触以及实用主义哲学的兴起都受到很多学者的喜爱。费利克斯·科恩(Felix Cohen)关于功能方法的文章就是这一反形式主义运动的冰山一角。㉖ 二战之后,比较法研究复兴,功能方法也在德国之外的其他国家得以重新使用。在20世纪50年代末,施莱辛格(Schlesinger)及其带领的编委会开展的项目最终出版了两卷关于合同订立的、具有里程碑意义的著作。㉗

为了在合同订立问题方面开展多向度的比较法研究,施莱辛格(Schlesinger)不得不确保每一个参加此项目的人回答相同问题,确定没有任何一个人对所强调的问题点无把握或不同意将其作为问题点。因此,这一项目提议将事实情景作为讨论的出发点:

㉔ Zweigert and Kötz, *supra*, note 9, p.44. 亦参见 *Id.*, p.45.

㉕ 请参见 Manfred Wolf, *Philipp Heck als Zivilrechtsdogmatiker*: *Studien zur dogmatischen Umsetzung seiner Methodenlehre* (Ebelsbach: Aktiv, 1996).

㉖ 请参见 Felix Cohen, "Transcendental Nonsense and the Functional Approach" (1935); Felix Cohen, "The Problems of Functional Jurisprudence" (1937); Felix Cohen, "The Relativity of Philosophical Systems and the Method of Systematic Relativism" (1939), 参见 Lucy Kramer Cohen (ed.), *The Legal Conscience*: *Selected Papers of S. Cohen* (New Haven: Yale University Press, 1960), pp.33—76,77—94 and 95—110.

㉗ 参见 Rudolf B. Schlesinger(ed.), *Formation of Contracts*: *A Study of the Common Core of Legal System*(Dobbs Ferry: Oceana,1968),2 vols.

通过这样的方式阐明这些问题(即国家法律报告的撰写者需要回答的问题)使来自印度的同事能够与来自意大利的同事以同样的方式理解这些问题,这一点十分清楚。如果以抽象的法律术语的方式提问,每一个参与者可能都会以他自己的法律体系的概念来理解这些术语,因此将导致完全缺乏共同的焦点。由此,决定以事实语汇提出问题。㉘

在康奈尔试验的、基于事实的研究方法被设计用于克服一种根本差异,即施莱辛格(Schlesinger)的研究中所考虑过的不同法律体系,在使合同法条理化的过程所使用的方式之间的根本差异。使用基于事实的研究方法,项目参与者发现这一方法"直接打破每一法律体系收藏其合同法的概念小匣,使接下来进行如下研究成为可能,即对此事实在各种法律体系中产生的法律结果进行比较。"㉙又一次表明这一方法不受"现有法律体系分类桎梏"的约束从而可以进行自由的比较法研究。㉚

然而,施莱辛格并非没有发现事实方法的局限与误区。并非所有的比较法研究调查的"事实"都具有同质性。因此,这些事实完整地或部分地构成了制度性要素,这些要素"被历史、习俗和民族精神,实质上是被不同社会的法律以不同的方式所塑造"。㉛ 施莱辛格认为这些事实很难符合基于事实方法的比较法研究的需要。这将会导致自我定义和循环论证的危险。㉜ 进而,即使是研究不受上述制度事实影响的法律领域,程序法和证据法上的差异也将会使如下问题变得不确定,即不同法域中所述的"相同"事实是否真的相同。尽管认为在不同法律体系之间相似的事实情况是真实存在的,施莱辛格仍呼吁这一问题上保有有益的怀疑。㉝ 最后但不是最不重要的,施莱辛格避免了受这样一种诱惑之害

㉘ *Id.*, "Introduction", in *id.*, *supra*, note 27, vol. I, p. 31.

㉙ *Id.*, p. 57.

㉚ *Id.*, p. 58.

㉛ *Ibid.* 关于这些社会事实的调查研究中提出来的哲学讨论请参见 John R. Searle, *The Social Construction of Reality* (New York: Free Press, 1995). 关于功能主义在比较法中的更广泛的评价请参见 Geoffrey Samuel, "Epistemology and Comparative Law: Contributions from the Sciences and Social Sciences" (2002).

㉜ Schlesinger, "Introduction", *supra*, note 28, p. 32; Schlesinger, "The Common Core of Legal Systems: An Emerging Subject of Comparative Study", in Kurt Nadelmann, Arthur T. von Mehren and John Hazard (eds.), *XXth Century Comparative and Conflicts Law* (Leiden: Sijthoff, 1961), pp. 65—79.

㉝ Schlesinger, "Introduction", *supra*, note 28, pp. 32—33. 参见 Pierre Legrand, Fragments on Law-as-Culture (Deventer: W. E. I. Tjeenk Willink, 1999), pp. 87—89.

的危险,即仅因为两个不同国家的法院对相同的事实作出了相同的裁判,就得出此结论:这两个国家采用相同的规则处理此事实。当纽约上诉法院经制定一项法律规则而形成某裁判结果,而法国最高法院(Court de cassation)却只是通过拒绝推翻下级法院的事实认定而形成某裁判结果,当这些情况发生时,上述结论就是错误的。[34]

功能主义及其超越:一个批评性评析

我所总结的上述方法论上的突破,在20世纪,改变了比较法的智识前景。不管怎样,比较法研究的进步付出了相当大的代价。

上文讨论的用以支撑功能方法的智识姿态具有伪装和循环论证的成分,这在对其的回顾中会显得更加明显。除了一些例外,世界范围内法律经验中的相似性已经被作为事实展现出来,这一点也已经被比较法研究视为理所当然。比较法功能方法建立统一法律的理想正得以彰显。[35] 这一态度意味着,当比较法的范围已经超越了罗马法在欧洲普通法(jus commune)区域传播过程中所标记的法律地理疆域时,对比较法的一种内在方法的详细阐述,在进行实证研究之前,就假定世界上所有的法律经验有一个基本的一致性。

被功能方法忽略的大量的纯粹事实问题在不同层面看来都令人印象深刻。人们只能通过阅读关于阻碍或妨碍功能方法运用的因素的清单,才能认识到功能方法的运用范围是如何被限制的。因此,施莱辛格提及历史、习俗、伦理甚至各个不同国家的法律制度。[36] 茨威格特和克茨考虑了一个更为广泛的限制性因素的清单。[37] 提出如下问题是适当的:这些局限是否是功能方法不可避免的? 或者,它们是否并没有反映使用功能方法的特定研究者所受的训练和意识形态? 例如,在社会科学中,功能主义被用于研究包括茨威格特和克茨认为相当不适合应用功能方法的广泛论题。即使在法律领域,像毛罗·卡佩莱蒂(Mauro Cappelletti)这样擅长功能方法的学者也在社会和政治的语境中展开比较民事

---

[34] Schlesinger, "Introduction", supra, note 28, p.56.

[35] 参见 Vivian G. Curran, "Cultural Immersion, Difference and Categories in US Comparative Law",(1998) 46 Am. J. Comp. L. 43, pp.66—78,讨论了激起某些比较法学家特别喜欢这种二战的后果的原因。

[36] 参见 Schlesinger, "Introduction", supra, note 28, p.32.

[37] 参见 Zweigert and Kötz, supra, note 9, pp.39—40.

诉讼程序的研究。㊳ 同样,越来越多近期的研究涉及诸如"诚信"(good faith)这一传统上被认为是受到道德和伦理价值强烈影响的概念。㊴ 在此意义上,功能方法的一些局限性可能反映了,其想在一些传统上被认为属于法律内在逻辑的"保留曲目"检验自身的欲望,而非在这些领域之外检验自身的局限性。今天,诸如"法律"或者"宗教"这样的宏大论题也能以功能方法的术语展开研究。㊵ 然而,如果功能方法的适用范围非常值得重新评价,那么就有充足的理由考虑:功能方法的主要局限是否在于其核心原则。

针对此方面的批评暗含着对功能主义与生俱来的简化方法的评价。功能方法将连接事实和法律后果之间的一切都归类为被重构的操作性术语。这一点经常受到某类学者的关注,他们反对认为功能方法过于规则本位和过于规则中心主义的观点。㊶ 这样的关注意味着赞成以规则中心主义处理法律的偏见,遮掩了"法律文化"理念所使人想到的更大的法律图景。㊷ 法律文化整体上都应该与比较法的目的紧密相关,因为法律规则植根于法律的地方性空间,而且法律的涵义在相当大的程度上取决于特定的语境,即该法律所属的文化类型。

㊳ 参见 Mauro Cappelletti (ed.), *Access to Justice* (Milan: Giuffrè, 1978); Mauro Cappelletti, James Gordley and Earl Johnson, *Toward Equal Justice: A Comparative Study of Legal Aid in Modern Societies* (Milan: Giuffrè, 1975).

㊴ 参见 Reinhard Zimmermann and Simon Whittaker (eds.), *Good Faith in European Contract Law* (Cambridge: Cambridge University Press, 2000); François van der Mensbrugghe, "Migrations Juridiques de la bonne foi", Rev. dr. comp., 1999, p. 246; Hein Kötz, "Towards a European Civil Code: The Duty of Good Faith", in Peter Cane and Jane Stapleton (eds.), *The Law of Obligations: Essays in Celebration of John Fleming* (Oxford: Oxford University Press, 1998), pp. 243—259.

㊵ 涂尔干的开创性的社会学研究就建立在这种洞见的基础上。参见 Roger Cotterrell, *Emile Durkheim: Law in a Moral Domain* (Edinburgh: Edinburgh University Press, 1999), pp. 50—55. 用功能视角定义宗教,请参见 Jan G. Platvoet and Arie L. Molendijk (eds.), *The Pragmatics of Defining Religion: Contexts, Concepts and Contests* (Leiden: E. J. Brill, 1999).

㊶ 梅里曼(John Merryman)的观点在勒格朗的著作中有所表现(Pierre Legrand), "John Henry Merryman and Comparative Legal Studies: A Dialogue", (1999) 47 Am. J. Comp. L. 3, pp. 48—49. 大量当代比较法学家表达了类似的关注,当然,包括梅里曼的自我审视。关于广义比较的文本中涉及的规则中心的方法遇到的问题,可以参见 René David, "Introduction", in *The Different Conceptions of the Law*, in *International Encyclopedia of Comparative Law*, vol. II, ch. 1 (Tübingen: J. C. B. Mohr, 1975), pp. 3—13.

㊷ 在这一篇文章中,我讨论了"法律文化"如何成为最近一些关于比较法方法论讨论的方面而不是观念自身的相关因素。出于他们的立场,Roger Cotterrell and David Nelken 也在这本书中对于理解目前的法律社会学中的"法律文化"的意义作出了贡献,请参见 David Nelken (ed.), *Comparing Legal Cultures* (Aldershot: Dartmouth, 1997).

这些批评性评论集中于功能方法的本质方面。这一方法被用于排除实践性规则的地方性维度。首先,而且其最重要的目标是剥离地方语言的冗壳。如果这一方法的采用是足够基本的,任何地方性因素都将会被解构,而且被简化为一种可操作的规则描述。当然,功能方法的拥护者意识到了其更广阔的图景。特别是他们知道法律规则的社会经济涵义。[43] 然而,功能方法缩减了宏大的框架,假设任何法律结构都能够以(可操作)的术语被重构或者描述。并不令人惊讶,这些前提预设令那些在法律现实主义的训诫中暴露无遗的学者反感,尽管阿瑟·科宾(Arthur Corbin)和卡尔·卢埃林(Karl Llewellyn)可能曾会发现它们几近无可挑剔。事实上,所有实证主义的反对者都消极应对将法律作为一套规则体系去分析的实证主义基调。然而,功能方法的支持者将会理所当然地否定功能主义与实证主义的关系。他们也会赶紧回答说:比较法的历史再次声明,比较法与法律实证主义之间不具有联系。

如此扭曲的互动之所以发生,是因为功能主义经常碰到此类问题,这些问题初看起来在所有的跨文化比较中似乎都会存在。同时,必须提出的是,尽管耗费精力地通过诉诸法律现象的文化面向来挑战功能主义者的著述,功能比较的批评者们在此方面的研讨几乎无进步。这些问题的本质通过如下方式可能会得到最好的探讨,即通过考虑供外语学习者使用的练习册中所呈现的对模拟环境下的日常生活的冷淡态度。比如书中描绘塞满东西的房屋的图画:桌子放置在读者前方,而椅子放置在四周;一个男孩(有时是一个女孩)正在做家庭作业;而妈妈(或者其他人)在准备一块蛋糕或者诸如此类(还有可能是将什么东西放入微波炉中解冻);窗户在房间的后部,门在右侧;每个人和每一件物品都附有绘着名字的标签。这些图片要求你相信什么?它们是一种公开的诱惑,诱惑我们假设:桌子在任何地方都是桌子,蛋糕在任何地方都是蛋糕。但他们的教导并未终止于此。他们教会我们知晓在外语系中教授的语言看上去与我们在日常生活中使用的语言完全不同。将这一观察进一步延伸一些,人们就会注意到,当第一次阅读读者母语的语法书时,经常会激起同样疏远的感觉。进而,关于术语的手册也没有熟悉的感觉,尽管在这里,"外国"因素不是外语,而是在专业视角中的对于事物的观点与

---

[43] 参见 Ulrich Drobnig, "Methods of Sociological Research in Comparative Law", 1971, p. 496; Ulrich Drobnig and Manfred Rehbinder (eds.), *Rechtssoziologie und Rechtsvergleichung* (Berlin: Duncker & Humblot, 1977).

平常人对于这一事物的知识之间存在的距离。

　　脑海中留有这样印象,这一点就清楚了,考虑到这些评价,我们就发现比较法学界运用功能主义而提出的问题,事实上并不属于跨文化比较所特有的问题。功能主义使用理论模型和假设,往往导致冒失的论断,需要广泛的普遍性。这一方法的实践者是在错综复杂的法律中经过充分训练的律师,他们倾向于选择与他们一样经过类似训练的同僚对话。无疑,他们的工作绘制了一幅关于法律的图画,这幅图画比关于民事诉讼的一部好电影的剧本或者一些令人兴奋的法律惊险小说,还更远离生活。但是,简而言之,上述例子向我们提出的问题并不是:我们作为比较法学家,是否受到阻碍我们理解世界上任何文化的认识局限的影响;而这问题是:当我们大胆地研究一个不熟知的法律体系时,从我们所采用的功能比较中寻求关于比较的叙述,这是否有意义。可以确定的是,听老祖母讲传说故事是一回事,而在普洛普(Propp)的"民间故事的语法学"中读到它是另一回事。这两种经验都揭示了关于神话故事的一些方面,也都给我们提供生活世界的信息,也在某种意义上都很有趣,但是它们的确是不可互换的。

　　因此,确切地说,功能主义在将普遍性从地方性中分离出来的过程中给我们上了有益的一课,尽管这一课相当片面。通过使用操作性术语来表述事实而将事实的法律涵义简化为它的法律效果的尝试,可能是错误的,因为它假装去抓住终极的真理。以此为前提而形成的语义理论坚持认为一种表达的涵义与其操作性的内容是相符的,但是关于涵义的操作性理论却远远不能令人满足。[44] 因此,尽管在欧洲大陆有许多类似"信托"功能的制度,但是,依此认为法国法、意大利法或德国法完全照搬了英国法中的信托制度,包括这一制度的语言、分类(如果有的话)和对信托关系的拟制,但并不包括这一制度的操作性规则,这种看法是非常愚蠢的。

　　对功能主义的批评是否会使我们得出如此结论,即功能比较毫无价值?对我来说恰恰相反。在日常生活中,我经常使用功能比较来娱乐、工作、教学和工作,特别是,在与那些持不同世界观的人沟通时使用功能

---

[44] 关于他们的困难请参见 Israel Scheffler, *Four Pragmatists: A Critical Introduction to Peirce, James, Mead and Dewey* (London: Routledge & Kegan Paul, 1974), p.81.

比较。⑤ 在后院踢球,球就是那个滚动的、能被人踢到的东西,孩子们理解这一涵义。尽管他们可能并不懂得在某一特定国家"踢球"的全部文化隐喻。那些选择采用在不同文化背景中得以发展的法律技术以控制某个特定的交易的律师们,通过相同的方式采取行动。当然,他们这样做有自己的风险。立法者们通过起草由功能术语构思的制度工具进行跨国境交流,目前这些制度工具已经成为欧盟立法的框架。⑯ 进而,对这一问题的否定,导致不能公正地评判功能主义对形式主义或者概念主义,也即对到 19 世纪末一直在欧洲和美国居于支配地位的基础的法哲学的侵蚀性影响。

在 20 世纪,在努力重建理论体系的过程中,功能主义越来越频繁地在国内和国际两个层面得以展开。⑰ 此种使功能主义的使用方式不应妨碍其他更重要的使用方式,后者可能会使我们对法律概念和法律规则之间的相互关系有新的认识。考虑到功能主义的这种侵蚀作用,提出比较法内外的功能主义已经形成了现代思想,这种说法并非牵强附会。功能比较的价值得到认可之后,然而,比较法受到挑战仍然是事实,并且这些挑战并不是比较法学家使用所有功能方法所能解决的。

拆解法律与拆解法律文化:
一个比较法的动态方法

当代对于功能方法的批评坚持法律作为一种生活现象的复杂性,同时强调比较法律时公正对待这一复杂性的重要性。这一批评的起点是在世界各种法律之间(至少在那些工业化国家的法律之间)"类似推定"(*praesumptio similitudinis*)的观念。比较法不应受统一化观念的诱使,而

---

⑤ 参见 Jean-Claude Gémar, "Seven Pillars for the Legal Translator: Knowledge, Know-How and Art", in Susan Šarčević(ed.), *Legal Translation: Preparation for Accession to the European Union* (Rijeka: Faculty of Law, University of Rijeka, 2001), pp. 111 and 121—125. 也可参见 A. L. Becker, *Beyond Translation* (Ann Arbor: University of Michigan Press, 1995).

⑯ 回到"信托"的例子,无疑在他的"Things as Thing and Things as Wealth", (1994) 14 Oxford 1. Leg. Stud. 81, Bernard Rudden 介绍了功能主义的法律分析为对这一制度的任何比较研究提供了独特洞见。

⑰ 这些努力激励了拉贝尔在国际私法领域中的工作并在茨威格特和克茨那里听到了清晰的回声, *supra*, note 9, pp. 44—46,他们将比较法介绍为普遍的法律科学的资源。

恰恰应该采取相反的姿态。比较法作为一个学术主题应该调和各种差异。[48] 基于这一视角,"文化"概念通过使比较法研究远离其反复向实证主义作出的承诺,使比较法研究实现自身"现代化"和走向成熟。[49] 文化当然远远超过规则因循(rule-following)的范围。作为文化产物的法律观念也表明,比较法不应追求统一化的原因。只有一种文化的世界将是资源贫乏环境枯竭的世界(也将是一个比较法几无用武之地的世界)。事实是,不论法律只包括规则因循的假设,还是寻找全球范围内被广泛接受的解决方案的共同核心,都不是比较法方法论必不可少的信条。

比较法学家可以为他们的研究主题选择其他的认识论,然而,追求此种替代方案,即诉诸于文化理念的多样性,会遇到许多困难。对于比较理论与实践而言,一个关键性的疑难问题就将"文化"作为一个同质整体加以考虑的经常性诱惑。[50] 立基于同质性的"文化"观念完全不是一个外来的观念,它可能是最受欢迎的浪漫主义遗产,它联合语言、宗教、法律等其他因素形成民族和国家的认同。尽管从人类学的角度看,遗传自浪漫主义的整体文化观念与全世界动态文化过程的前提假设相矛盾。如果比较法研究接受了这种文化观念,它必定会忽视"文化"观念所应代表的复杂性。然而,从人类学的视角,从浪漫主义传统中继承的文化观念只是与世界各地的动态文化发展进程相悖的一个假设。[51] 因此,关于社会边界形成的人类学研究,清晰地表明民族成员通过接触其他民族而改变行为。这些转变并不必然破坏成员先前对所在族群的

---

[48] 参见 Pierre Legrand, *Le droit comparé* (Paris: Presses Universitaires de France, 1999), pp. 32—49. 事实上,克茨自身目前建议小心引用"类似推定"(*praesumptio similitudinis*)。参见 Hein Kötz, "The Trento Project and Its Contribution to the Europeanization of Private Law", in Mauro Bussani and Ugo Mattei (eds.), *Making European Law: Essays on the "Common Core" Project* (Trento: Università degli Studi di Trento, 2000), p. 121.

[49] 参见 Legrand, *supra*, note 41, p. 65. 但梅里曼拒绝将比较法限定在"法律文化"研究的范围内,因为比较在追求更熟悉的非科学模式的学问同时也应该追求科学的解释。参见 Legrand, *supra*, note 41, p. 65.

[50] 相当明显的是,建立在同质基础上的"文化"概念与授权和夺权的策略有很大关系。在这方面的"文化"概念的分析的失败在下面的文献中有所阐述。A. R. Radcliffe-Brown, *Structure and Function in Primitive Society* (London: Cohen & West, 1952), p. 202, 此书是对马林诺夫斯基建议的反应,即非洲社会应该被当成两个或多个文化交融的社会来研究:"例如,在南非所发生的,并不是英国文化与阿非利卡(或 Boer)文化、霍屯督人(Hottentot)文化、诸多种班图(Bantu)文化与印度(Indian)文化的交互作用,而是在一个特定社会结构中个人与群体的互动,并且这一既定的社会结构本身也是一个变化的过程"。

[51] 参见 Rodolfo Sacco, "Langue et droit", in *Italian National Reports to the XVth International Congress of Comparative Law*, Bristol 1998 (Milan: Giuffrè, 1998), p. 20.

忠诚。这些研究显示了文化特性在制度与非制度方面表现的特征。人类学家业已经注意到,在特定问题中划定社会边界之处,文化特性会经常发生变化。这些变化取决于特定问题产生的环境和语境。㊾

比较法研究是如何考虑这些研究的意义？比较法学家了解,法律正如文化一样并非完全统一的整体。可以确定的是,地方法律家接受的大部分训练都指引他们认为:任何特定案件最终取决于某一规则,而且法律体系具有单一的结构。如果一个法律体系中存在不一致性,也只是对上述观念的短暂性背离。功能主义并不与此理念相悖,因为功能主义致力于理解使法律运作的机制。然而,更细致的观察会发现,地方法律家的训练其实是基于另一个幼稚的假设。20世纪比较法研究最大的贡献事实上是对传统观念的打击,这一传统观念赞美法律的统一性、忽略构成世界法律体系的成分的多样性。这也是鲁道夫·萨科(Rodolfo Sacco)为比较法学作出的主要贡献。

根据萨科的理论,存在不同的法律"共振峰"(formants),这些共振峰从未瓦解为无差别语境下的、某特定法域中的"法律"。因此,比较研究的主要目标之一就是阐明一个法律体系中的所有共振峰,包括一些隐含的共振峰,诸如塑造法律但有没有被明确承认的一些实践。萨科将它们称为"隐型",它们经常处于操作性规则层面或其他层面之中,诸如弥漫在特定法律体系中的意识形态。㊿ 一方面他的方法欢迎对操作性规则的比较研究,另一方面,萨科却坚持认为法律并不是由操作性规则排他地构成,并且强调操作性规则绝不比法律的其他构成要素更"真实"。他特别注意到:法律并不必然依赖语言,那些没有通过语言表述的规则

㊾ 关于这些关注,请参见 Sebastian Poulter, *Ethnicity, Law and Human Rights: The English Experience* (Oxford: Oxford University Press, 1998), pp.4—9。

㊿ 参见 Rodolfo Sacco, "Legal Formants: A Dynamic Approach to Comparative Law", (1991) 39 Am. J. Comp. L. 1 & 343. 这些作品加强了从前意大利或者法国的研究,在下面的多品中有所阐述:Pierre Legrand, "Questions à Rodolfo Sacco", Rev. int. dr. comp., 1995, p.943。也可以参见 Rodolfo Sacco, *Che cos'è il diritto comparato*, ed. by Paolo Cendon (Milan: Giuffrè, 1992)。萨科(Sacco)的理论将比较法作为批评的知识,参见 P. G. Monateri and Rodolfo Sacco, "Legal Formants", in *The New Palgrave Dictionary of Economics and the Law*, ed. by Peter Newman, vol. II (London: Macmillan, 1998), p.531; P. G. Monateri, "Critique et différence: le droit comparé en Italie", Rev. int. dr. comp., 1999, p.989; Horatia Muir Watt, "La fonction subversive du droit comparé", Rev. int. dr. comp., 2000, p.503. 有关对萨科和施莱辛格对于比较法学所作出的贡献,请参见 Ugo Mattei, "The Comparative Jurisprudence of Schlesinger and Sacco: A Study in Legal Influence", in Riles, *supra*, note 18, pp.238—256.

在任何法律体系中都占有重要位置。㊱每一个习惯法体系的学生都了解这一点,但是,相同的事实在被成文法、判例法或学术著述所主导的法律体系却几乎得不到显现;对一些默认的假说在法律解释中所起的重要作用的认识,也成为法学家研究中的稀有之物,他们继续在制定法和司法判例的庇护中运用自己的技术。在比较的过程中,萨科强调各种法律"共振峰"在型构法律过程中的贡献应该加以区别对待。

从比较的准确性方面来考虑,在特定法律体系之内承认多元因素的存在具有重要意义。例如,这能够很好地排除错误认识,法域 A 中的某一规则与法域 B 中的某一规则是不同的,尽管在两个国家中某一案件的结果是相同的。我们能因此说两个法域中的法律(the law)是相同的吗?如果一个国家的操作性规则与其法律体系中的主流法律定义不一致,但恰好与一个不同的法律体系中的法律定义相符,这将会怎样?在这些情形下,承认相似性与差异性分布在各个法律共振峰之间,而且它们都与比较的目的有关是不恰当的吗?比较法学家没有理由为了阐述某个法律体系继受的"特定"解决途径而应该消除这些不协调的地方。无疑这一方法造成了最多的事实是:世界上几个法律体系已经陷入法律模式的循环。这些动态过程能够很好地解释某一国家的民法典采取了某一种模式(或表面赞扬这一模式),而法官或学者却选择了另外一种模式(当然他们都一直强调他们只是在解释法典)。

从这一洞见中,我们能够重新认识施莱辛格所使用的方法论,同时拓展多国的比较项。目前一群参与"欧洲统一私法计划"的学者正在探究这种可能性,这一工程是由乌戈·马太(Ugo Mattei)和毛罗·布萨尼(Mauro Bussani)于 20 世纪 90 年代中期发起的。㊲这一努力广泛地依据施莱辛格的方法。乌戈·马太和毛罗·布萨尼已经通过将这一方法放

㊱ 参见 Rodolfo Sacco, "Mute Law", (1995) 43 Am. J. Comp. L. 455. 对于同样的见解,参见 Daniel Jutras, "Enoncer l'indicible: le droit entre langue et traditions", Rev. int. dr. comp., 2001, p.781; Nicholas Kasirer, "Lex-icographie mercatoria", (1999) 47 Am. J. Comp. L. 653; Nicholas Kasirer, "Dire ou définir le droit" (1994) Rev. jur. Thémis 141; Roderick A. Macdonald, "Legal Bilingualism", (1997) McGill L. J.119.

㊲ 请参见 Ugo Mattei and Mauro Bussani, "The Common Core Approach to European Private Law",(1997—1998) 3 Columbia J. Eur. L. 339; Bussani and Mattei, *supra*, note 48. 也可参见 Xavier BlancJouvan, "Reflections on the 'Common Core of European Private Law Project'", Global Jurist, Vol. I, No. 2 [www.bepress.com/gj/frontiers/volll/issl/art2]. 在写作这篇文字的时代,关于"共同核心"项目的两卷文献已经发表: Zimmermann and Whittaker, *supra*, note 39; James R. Gordley (ed.), *The Enforceability of Promises* (Cambridge: Cambridge University Press, 2001).

置在萨科发展出来的理论框架中,从而使其更加丰富了。因此,统一私法计划的基本信念是修正的功能主义,这种功能主义使我们能更加敏锐地感觉到因素的多样性,而这些多元的因素也是必须被考虑,以便能对某特定的法律作出可靠的分析。以我的经验,这意味着以相同的手段医治老毛病,诸如认为不同的法律概念是不同法律规则的路标。这一项目的支持者认为这一实践既不是为法律改革铺平道路也不是为了压制差异,而是提供一幅欧洲私法地图,这一地图将帮助私法学家了解其所处的位置。[56]"地图"的隐喻可能是一种误导,因为可能绘制出一幅与任何观点都无关的图画。[57] 据称,当欧洲国家主义法律传统的局限在欧盟机构发起的统一欧洲私法运动中日益暴露时,这一学术蓝图为欧洲私法学家提供了一个研究这些局限的机会,由此,他们的研究任务就不会被简化为制定法典或者评述国家和欧盟的立法创造。在此之后,这个项目的主持人之一正在考虑:在这一研究没有总结出欧洲法律的共同特征,使用研究过程中收集的材料探讨比较各种法律规范的经济效率的可能性。[58]

以此为背景,人们必须认识功能主义的另外一面,即法律与社会需要之间的关系。在这方面,我认为不可能维持如下理论:法律是民族精神的反映,或者用当代术语表达为法律总是与一个社会的社会结构和社会需求相联系的。

法律移植、法律与社会

法律是人们生活条件的产物,这一观念已经相当古老。伯恩哈德·格罗斯费尔德(Bernhard Großfeld)发现柏拉图已经暗示了这一点,

---

[56] 参见 Mattei and Bussani, *supra*, note 55, pp. 340—342. 对于"共同核心"项目是"被用于压抑差异"的批评请参见 George P. Fletcher, "Comparative Law as a Subversive Subject", (1998) 46 Am. I. Comp. L. 683, p. 694.

[57] 以此为题的文集请参见 Bussani and Mattei(ed.), *Making European Law* (*supra*, note 48), 意指这一计划超出了纯粹描述的方法。参阅 Ugo Mattei, "The Issue of European Civil Codification and Legal Scholarship: Biases, Strategies and Perspectives", (1998) 21 Hastings Int. & Comp. L. R. 883, 这表达了一种印象,即共同核心研究涉及了政策决定,本来只有当研究者的任务结束时才作出政策决定,但是作者也注意到问题本身已经决定了答案。

[58] *Id.*, pp. 898—902. Ugo Mattei, *Comparative Law and Economics* (Ann Arbor: University of Michigan Press, 1997).

甚至还有关于这一主题更古老的线索。(59) 考虑到现代欧洲的智识历史，很容易也将孟德斯鸠的《论法的精神》列入普及同类观念的著作之列，119 但是，孟德斯鸠事实采取了一个相当不同的立场。他认为法律应该适合于那些法律所服务的人们。因此孟德斯鸠主张不同国家的法律“应该以这样一种方式适合于这些法律所服务的人们，如果一个国家的法律也适合在另一个国家适用，这将是一个很大的巧合。”(60)换句话说，他意图建构一个规范的论点而不是简单地描述他的所见所闻。16 世纪人文主义法学已经发展出了一种关于法律与社会关系的相似观点，意图打破罗马法的普遍权威。(61) 后辈学者认为孟德斯鸠及其法国先行者已经意图强调：在一定的人民与他们的法律之间具有联系。以这一智识姿态立场在 19 世纪的最好和最具影响的例证是萨维尼（Savigny）的民族精神理论（Volksgeist），这一理论提高了他的声望，因为它显示了如何使罗马法在德国具有权威与法律是民族力量和偏好之表达这两种观念的协调一致。(62)

20 世纪的许多比较法学说都接受法律是地方环境的产物这一传统观念，并且反对主要通过移植和借鉴来实现法律变革的观点。法律体系被归类为法系可能有助于发展这一观点。然而，即便是这种类型化的努力，也不能忽视中世纪罗马法在整个欧洲传播的事实，也不能忽视殖民化意味着在各处强迫实施殖民法律的事实。一个不可避免的结果是，20 世纪比较法不再对法律体系移植视而不见，尽管，直到近几十年，才针对类似的宏大主题展开研究。总的来说，因为法律是地方环境之产物的观念在社会科学的整个谱系占据主流，诸如法律模式的传播之类的主题就被忽视了。而且在法学界，法律实证主义和正在进行中的法律渊源国家 120

(59) 参见 Bernhard Großfeld, *The Strength and Weakness of Comparative Law*, transl. by Tony Weir (Oxford: Oxford University Press, 1990), p. 75. 也可参见 *De aeribus aquis locis*，公元前 5 世纪出版作为《希波克拉底全集》(*Corpus Hippocraticum*)的一部分.

(60) 我参照了孟德斯鸠(Montesquieu), *The Spirit of Laws*, 4th ed. transl, by Thomas Nugent (London: J. Nourse& P. Vaillant, 1766), bk I, ch. 3, p. 7 [1748]. 关于孟德斯鸠作品的复杂的哲学背景可以参见 Patrick Riley, *The General Will Before Rousseau: The Transformation of the Divine into the Civic* (Princeton: Princeton University Press, 1986), pp. 138—180. 感谢 Silvia Ferreri 教授在文本中对孟德斯鸠的理解。

(61) 参见 Julian H. Franklin, *Jean Bodin and the Sixteenth Century Revolution in the Methodology of History* (New York: Columbia University Press, 1962), pp. 46—47（讨论 François Hotman 的部分）。

(62) 参见 James Q. Whitman, *The Legacy of Roman Law in the German Romantic Era* (Princeton: Princeton University Press, 1990), pp. 109—110.

化似乎正通过立法命令确认了法律秩序的本土特征。⑥

当受对立政治目标激励的法律体系有着相当多的法律这一点被注意到之后,这一主流方法就开始转运了。例如施莱辛格在这方面就注意到,社会主义国家的合同法显示出与西方世界法律的一些共同方面。⑥ 他的结论打破了这一观念:"在这一领域中可比较的事物相对来说并不是重要的事物,重要的事物又不是可比较的事物。"⑥ 与此同时,萨科指出,社会主义法律体系某种程度上受益于源自罗马法中的民法概念和民法规则。⑥ 他也开始研究法律模式传播的总体情况,这很快成为他的比较法方法的主旋律。⑥ 他降低作为法律模式传播动力的强制接受的重要性。这样,他注意到,上述殖民地对欧洲模式的普遍采用恰恰发生在独立之后。在殖民时代,欧洲私法模式只被应用于欧洲侨民,或用于解决那些土著法律没有调整的法律问题(比如公司法)。⑥

在更广泛的视角,萨科提出一个历史教训,即威望(prestige)是法律变革的主要动因。威望是这样一种似乎无法定义的因素:它激发获取有形或无形的优点的渴望,并且它必定具有优越之处。⑥ 通过模仿获得的语言学上的变化以及文化模式的传播(比如时尚)经常在威望的意义上得到解释。可以说,基于模仿的法律变革相当依赖于一些相同的因素,至少变革在哪也不会受到政治和经济原因的阻碍。⑦

随着艾伦·沃森(Alan Watson)的《法律移植》一书以及他在这一主题上的后续著述的出版,使在前述的关于法律继受的研究中被忽视的基

---

⑥ 当然,在欧洲共同法时代形成了自然法的高贵梦想的法律人会反对这种偏差。
⑥ 参见 Schlesinger, "Introduction", *supra*, note 28, p. 25.
⑥ *Ibid*.
⑥ 参见 Rodolfo Sacco, "The Romanist Substratum in the Civil Law of Socialist Countries", [1988] R. Socialist L., p. 56. 这篇论文出现在 1971 年的意大利。
⑥ Rodolfo Sacco, "La circulation des modèles juridiques: rapport général", in Académie internationale de droit comparé, *Rapports généraux au XIIIIe congrès international*, *Montréal* 1990 (Montreal: Blais, 1992), pp. 1—20.
⑥ *supra*, note 7, p. 148.
⑥ *Id*., pp. 148—149.
⑦ 参见 Ugo Mattei, "Efficiency in Legal Transplants: An Essay in Comparative Law and Economics", (1994) 14 Int. R. Law & Econ. 3,他建议考虑用经济效率来解释法律制度的传播。当然,否定公司法和工业化经济之间存在联系这样的做法过于简单。对于比较法学家的困难任务——而且对于法律家和经济学家来说也一样——是解释那些并不明显服务于经济需要的法律变革。

本问题转变成为前沿问题。㉑ 沃森关于法律移植和法律变革的著作正面挑战了这一观点,即法律是功能上与特定社会的生活条件相联系的地方现象。尽管许多法律是功能性和实践性的,而且促进社会和经济生活,但法律与生活的关系不能总是根据功能主义进行理解。㉒ 沃森提出不论规则、制度还是学说的法律借鉴都非常普遍。事实上,这样借鉴也说明了大部分法律体系中的大部分法律变革。然而,如果借鉴发生,那是因为法律并不必然根植于地方性条件,也是因为法律并不总是与当下需要有关。逻辑结论是:"法律规则不是为它们目前适用的特定社会特别设计的,而且这也不是一个值得格外关注的问题。"㉓这一阐述是描述性的而不是规范性的。不论什么移植到继受国,外国法律规则、制度和学说的采用经常发生在继受国对此并不充分熟识的情况下。而且,即使被移植的规则没有被改变,它在新社会机制中的效果也可能完全不同。㉔

沃森承认产生原初规则、制度或学说的那些渊源并没有控制移植或传播过程的结果。是受赠者而非赠与者对于移植法律的用途具有最后的发言权。皮埃尔·勒格朗(Pierre Legrand)首先注意到这一观点有明显的自相矛盾。㉕ 如果继受者控制移植引发的结果,又怎么能说外国模

㉑ 参见 Alan Watson, *Legal Transplants*, 2d ed. (Athens, Georgia: University of Georgia Press, 1993)(在《法律移植》之后)。第一版出现在 1974 年。沃森在这本书中讨论的其他论题,Alan Watson, *Society and Legal Change* (Edinburgh: Scottish Academic Press, 1977); Alan Watson, "Comparative Law and Legal Change", [1978] Cambridge L. J. 313. 对于沃森作品的分析请参见 William Ewald, "Comparative Jurisprudence (II): The Logic of Legal Transplants", (1995) 43 Am. J. Comp. L. 498. 除沃森之外,其他学者过度使用"法律移植"一词——自从"法律移植"已经成为当代比较法研究中的"范式",乌戈·马太(Ugo Mattei)也使用这一词语,参见 Ugo Mattei, "Why the Wind Changed: Intellectual Leadership in Western Law", (1994) 42 Am. J. Comp. L. 195, p. 197. 晚近的对这一问题的讨论作出贡献的包括 David Nelken and Johannes Feest (eds.), *Adapting Legal Cultures* (Oxford: Hart, 2001); Elisabetta Grande, *Imitazione e diritto: ipotesi sulla circolazione dei modelli* (Turin: Giappichelli, 2001); Gianmaria Ajani, "By Chance and Prestige: Legal Transplants in Russia and Eastern Europe", (1995) 43 Am. J. Comp. L. 93.

㉒ 参见 Alan Watson, "Legal Change: Sources of Law and Legal Culture", (1983) 131 U. Pennsylvania L. R. 1121.

㉓ 参见 Watson, *Legal Transplants*, supra, note 71, p. 96.

㉔ *Id.*, p. 116.

㉕ 参见 Pierre Legrand, "The Impossibility of 'Legal Transplants'", (1997) 4 Maastricht J. Eur. & Comp. L. 111, pp. 116—120. 我同意勒格朗的观点,每一种文化都是独特的历史经验和想象的产物。尽管如此,集体的认同通过与他人的相互行为建立,没有一种文化能够被称为完全原初的。参见 Claude Lévi-Strauss, *Race et histoire* (Paris: Albin Michel, 2001), pp. 103—112 [1952]. 对这一问题的当代解释请参见 Ulf Hannerz, *Cultural Complexity: Studies in the Sociological Organization of Meaning* (New York: Columbia University Press, 1993).

式在地方性的环境中真正地起作用了呢？这一矛盾再一次突出了任何法律解释理论都必须面对的核心问题。然而，沃森理论有趣的一面主要在于解构由历史和比较研究产生的法律渊源（legal source）这一概念。这一过程的结果被沃森自己方便地总结出来：

> 法律是权力。法律是政治。法律是政治意味着，掌握政治权力的人们有权决定哪些人和哪些团体创制法律，有权决定法律效力如何评估，法律秩序如何运作。但是人们不能简单地作出如下推论：正如经常所假设的那样是政治权力的拥有者决定什么是法律规则、决定法律渊源应该是什么。⑯

因此，在大多数的法律领域特别是私法领域，政治统治者不需要在决定规则是什么以及规则应该是什么的过程中表达利益主张。如果政府在某一问题上沉默，其他团体会发出声音。古罗马法学家、欧洲大陆的法学教授以及英国法官的活动，表明了法律精英在形成法律的过程中所起的作用。在沃森看来，法律精英们的讨论在相当大程度上是自治的。职业群体的成员，比如律师，将法律作为从属于他们的职业文化来看待。借此，他们将自己与其他社会群体区分开来。在律师之中，名望建立权威。反过来，名望取决于他们根据法律辩论规则而作出的辩护和创造，尽管这些辩护规则也完全是由他们这些游戏参与者自己制定的。这就是律师们为什么主张以其职业特有的逻辑解决问题的原因。当然，律师们也涉及政治决策。不过，他们的智识见解不必然取决于他们的政治倾向。

毋庸赘言，沃森的见解激起了诸如理查德·阿贝尔（Richard Abel）和劳伦斯·弗里德曼（Lawrence Friedman）等坚持对法律进行功能解释的学者们的强烈反应。⑰ 然而这些批评最明显的问题在于，它没能辨识沃森理论的智识基础，而且失却了根据它的恰当背景进行评价的机会。

沃森的观点认为在社会中法律可能是功能紊乱的，这一观点的首要基础在于"遗留物"（survival）这一观念。这一观念是19世纪和20世纪早期进化人类学的核心概念，最早出现在牛津人类学之父——泰勒（E. B. Tylor）在1871年出版的两卷本《原始文化》之中。有趣的是，拉德克

---

⑯ 参见 Alan Watson, *Roman Law and Comparative Law* (Athens, Georgia: University of Georgia Press, 1991), p.97.

⑰ 参见 Richard Abel, "Law as Lag: Inertia as a Social Theory of Law" (1982) 80 Michigan L. R. 785. Lawrence Friedman, "Book Review", (1979) 6 Brit. J. L. & Society 127.

利夫·布朗(Radcliff-Brown)——20 世纪英国社会人类学的杰出人物,他正是在对"遗留物"概念的理解方面,打破了先前的、以他的导师瑞沃尔(River)为代表的进化论传统[78],沃瑞尔曾经指出诸如"习俗"之类的遗留物,对于它们本质的解释不能"通过其目前的效用,而只能……通过其过去的历史"。但是,他的学生回应道:认定一个习俗"无用"取决于"基本社会目的或目标"这样一个主要概念;并且,关于遗留物的任何假说"必须取决于一些关于此习俗能实现的功能的假说(或者取决于该习俗与其他社会制度之间的必要联系)。"[79]泰勒对遗留物富有影响的处理,已经启发了霍姆斯在根源于必要性和习俗的信仰衰落之后对法律规则和制度的稳定性进行分析——霍姆斯著述《普通法》的主题。[80] 尽管从功能视角出发,提及所谓"保守主义"的智识策略以理解遗留物是不充分的。保守主义自身亦需要解释,而且这种解释为了客观起见,不得不是功能性的。[81]

这些论述促使我们考虑沃森论题的第二个方面,即试图去解释为什么法律经常是借鉴的而不是特定社会创造的。如果将强迫接受的情况完全抛开,沃森的答案是,这一法律现象取决于其"内在逻辑",而且这些逻辑恰恰是那些远离社会、声称自己是立法者的精英们的逻辑。在他们创制法律的过程中,法律家们享有充分的自由,而且法律移植恰恰得益于这一自由。

令人惊讶的是,致力于驳斥沃森观点的批评没能抓住他在解释"为什么法律家花费如此多的精力玩这种自我指认的游戏"这一问题中的功能因素。沃森的观点是:法律家们的活动显然没有满足任何建立他们作为精英的认同的实践需要。法律家们讨论的结果可能是武断的或者可能是对某种特殊政治压力、政治需求、政治欲望的反应。但即使过程

---

[78] 参见 George W. Stocking, "Radcliffe-Brown and British Social Anthropology", in George W. Stocking(ed.), *Functionalism Historicized* (Madison: University of Wisconsin Press, 1984), pp. 131—191.

[79] *Id.*, pp. 151—152.

[80] 参见 Oliver Wendell Holmes, *The Common Law*, ed. by Sheldon M. Novick (New York: Dover,. 5 and 35 [1881]. 参见 John W. Burrow, "Holmes in His Intellectual Milieu" in Robert W. Gordon (ed.), *The Legacy of Oliver Wendell Holmes, Jr.* (Stanford: Stanford University Press, 1992), pp. 17—26.

[81] 在这个意义上,后来的人类学思想的历史是非常具有建设性的。请参见 Alan Barnard, *History and Theory in Anthropology* (Cambridge: Cambridge University Press, 2000), pp. 158—177; Adam Kuper, *Culture: The Anthropologists' Account* (Cambridge, Mass.: Harvard University Press, 1999).

的结果是武断的,它仍然能够通过功能方法加以解释。

到此,我已经讨论了主要依据不同方法论视角对沃森理论的批评。然而,公道地承认,沃森遭遇的批评主要来自左翼学者。他们反对如下观点:认为法律在当下社会需求中可能会功能紊乱的论题,"使政治淡化",意图"驳倒激进派、特别是马克思和后来的马克思主义者",这些激进派坚持认为历史趋向确实存在,而且应该用来推动进步。[82] 尽管功能主义在美国和其他地方经常扮演一种进步论者的角色,但这一角色是否必然与沃森的批评者所持的各种功能方法有必然的联系,这一点远未清晰。沃森对法律移植和法律精英在制定法律过程中发挥的功能的分析为大众对法律家的反感提供了正当理由。[83] 事实上,其他认同法律与社会之间关系的学者对沃森的著作并不持批评态度。例如贡塔·托依布纳(Gunther Teubner)表明赞同沃森的许多观点,尽管他仍坚持:是全球进程和民族国家的衰落导致民族国家法律体系的差异性和分裂(fragmentation)。[84]

结　　论

今天,功能主义两种熟悉的类型都还受到攻击。这并不是因为它们失败了,而是因为它们都非常成功。功能主义承诺在跨越地方性法律概念之处,将规则从它们的语言冗壳中和它们的文本理由中分离出来。这一允诺在相当大的程度上实现了。功能主义还允诺阐明法律与社会之间的关系。事实上一些论题已经在这一视角下得到研究。成熟的功能主义研究的结果已经拓展了比较法的知识领域,而且已经成为法律思想主流的一部分。

当然,功能主义因为其取得的成功而受到责难,这种现象与我们时

---

[82] 参见 Abel, *supra*, note 77, p. 803.

[83] 对法律自治的一般批评(正如沃森的分析)是一种误解和一种政治上的幼稚,参见 E G. Monateri, "'Everybody's Talking': The Future of Comparative Law", (1998) 21 Hastings Int. & Comp. L. R. 825, p. 840. 参见 Tushnet, *supra*, note 8, pp. 1285—1301. 但是沃森的方法可能有所偏颇,由于他并没有研究那些其中法学家的作用不如西方法律体系的明显变动情况。对于西方和非西方的比较经验(以及法律和发展运动)请参见 Masaji Chiba, *Legal Pluralism: Toward a General Theory Through Japanese Legal Culture* (Tokyo: Tokai University Press, 1989).

[84] 参见 Gunther Teubner, "Legal Irritants: Good Faith in British Law or How Unifying Law Ends Up in New Divergences", (1998) 61 Modern L. R. 11. 托依布纳反对在对外国法律因素的拒绝或者综合之间采取一种僵化的二选一的态度。

代是相适宜的,正如 19 世纪以利益为基础的政治行为理论受到责难一样,因为它成功取代了建立在"光荣"或"荣誉"之类概念基础上的政治话语。⑧ 功能方法被指责为将所有有趣的部分从法律中剥离出去。这一批评反对功能主义,因为它热衷于因果阐释而不是解释性理解。对他人行动之影响(效力)的因果阐释不需要关注他们的思想。在解释一辆在雨中高速行驶的车滑出道路的原因时却不知道司机把车开如此快的原因(如果有的话),这种情况是有可能的。然而通过调查作为行动者的人的思想和动机,我们的确可以获得一幅更加丰富的世界图画。毕竟追问一起车祸是因为不计后果的飙车激情还是司机回家的急切心情,可以产生能实现某些目的、有意义的答案。

萨科发展的法律共振峰和隐型理论,是许多当代比较法学家所采用的功能方法的一个替代性选择和补充。这一理论框架帮助我们对所比较的事物作出现实的阐述。它阐明法律的定义、分类和操作性规则等各自的作用。它进一步展现所有这些因素是如何通过隐含假设而获得的,并进一步说明这些隐含的方面是如何普遍地影响非职业人士和法律家使法律体系的明确义务得以执行、修正或无效的方式。

"文化"这一口号最近已经被用于表达对功能比较的不满。萨科和沃森的理论都显示:我们应该拒绝将文化作为铁板一块而不是适应性和多渠道多层次的混合物之观念,在后一种理解之中,具有不同利益的游戏参与者都在游戏中发挥着作用。⑧ 然而,从功能主义的视角来看提出这一问题仍有意义:有多少法律能被囊括进功能主义研究的范围却不会因此而遗失太多的"文化"。这一问题显然与法律改革的目的相关,当法律变革在当今欧洲越来越频繁的发生时,它是由比较法学家还是由其他人推动而发生呢?例如,国内诉讼根据时效区分合同与侵权,这一诉讼传统在欧洲每个国家都有悠久的历史,它是我们文化传统的一部分。不过,值得一问的是:基于智识策略的考虑,如果关于这一问题的欧洲统一立场出现,是否欧洲诉讼当事人处境还是不会好起来呢?⑧ 令人尴尬

---

⑧ 参见 Albert O. Hirschman, *The Passion and the Interests*: *Political Arguments for Capitalism Before Its Triumph* (Princeton: Princeton University Press, 1997)。

⑧ 萨科和沃森对待法律变革的态度具有很多共同之处,他们都拒绝了对什么应该是法律这一问题进行实证主义分析。尽管如此,前者更加受益于语言学和人类学的洞见,而后者则更关注法律史和罗马法。

⑧ 欧洲法院的判例法接近于私法的核心领域,诸如司法管辖权,表明了在欧洲这种方法在当代的重要性。关于今天欧洲私法发展所面临的挑战请参见 Antonio Gambaro, "*Iura et leges nel processo di edificazione di un diritto privato europeo*", Europa e diritto privato, 1998, p.993。

的是,法国、英国和德国的法律家不论他们是不是比较法学家,仍将是他们既往文化的囚徒,直到他们在功能比较研究提供的更广阔的视野中讨论类似的问题。当然,当相似的问题被提出,法律变革的途径是开放的。如果变革发生就会有胜利者和失败者。然而,功能主义的承诺无法消弭变革中的冲突,而只是使变革的过程更加透明。可能的是,这将会使支持或者反对变革的争论更加容易理解。

无论如何,法律改革计划以及他们重新分配的影响并不是故事的结局。在20世纪进程中,功能主义作为一种研究方法出现,而且这一方法发起了对其他视角的有力的智识挑战。在何种程度上,功能方法遭到挑战或者被其他方法论洞见所取代?解释(explanation)和阐释(interpretation)是研究法律现象可供选择的补充性方法。尽管阐释方法考虑一些独特的法律现象,认为它们是生活于其中的人们的经验,但功能主义者仍坚持主张挑选"事实"(facts)去发展比较,这一坚持强调了阐释性比较分析中的理论性问题。有许多方式可以让我们理解:我们分享的什么,而什么对于我们来说是独一无二的;而多国比较项目中发生的项目参与者之间的商谈过程是有益的方式之一,这些多国比较项目是为了建立一个能出于比较的目的而型构一个"事实"的机制。这样的商谈过程之所以发生,是因为文化表达已经在很大程度上被外部世界所确定了,从而突出了功能主义的局限。然而这些经验也表明,比较研究是对治疗幼稚的功能主义缺乏分析的最好方法之一。

第三编

比较法研究及其限度

第6章　比较法学家与社会学

罗杰·科特雷尔
（Roger Cotterrell）

I

比较法与社会学之间的关系近一个世纪以来一直充满矛盾。自从承认现代比较法是一个独立的学术研究领域以来，照例是要追溯到1900年巴黎会议，这种关系的紧密性和必要性已经频繁被比较法学家所确认。比较法和法律社会学经常被比较法学家称为是不可分割的。有时，作为法律社会学研究或者旨趣的重要部分，比较法被称为法律社会学的一种类型甚至就是法律社会学。但是，这一关系的本质几乎没有被细致地探讨过。总体上，比较法学家和法律社会学家都回避严肃地探讨这一问题的需要。

在某种程度上，这种回避是可以理解的。几乎没有学者能声称细致了解比较法和社会学整个领域的文献。也几乎没有人对两个领域都有足够的兴趣去激励他作出这样的研究。比较法和法律社会学的目标通常是相当不同的。法律社会学的理论和经验的关注点超越了大多数比较法学家的兴趣。比较法学家也没有必要跟社会学一样追求如下目标：从理论上解释社会变迁或社会稳定；使用"结构"或"系统"之类的抽象概念去描述社会生活的本质特性。他们更倾向于具体的、更具实践性的研究，这种研究与特定法律体系的法律实践和法律理论的细节紧密相连。然而，法律社会学最终不能在法律经验的范围和多样性上设置界限，以便他们从这些法律经验中尽力收集经验性材料去支持其一般化和理论分析的努力。而比较法学家倾向于不信任那些试图为最宽泛的社会和法律比较研究提供理论基础的、广义的社会理论或法律理论。甚至热衷社会学的比较法学家和那些视比较法自身为社会科学的人都倾向于提出警告，强调社会研究中客观性的有限以及将意识形态误作为理论的危险。①

比较法应该为法律社会学家提供一种必不可少的研究材料,即关于法律体系的理论和制度特征的具体细节。但是,比较法学使用的典型概念,诸如"法律类型"或者"法系",对于法律社会学家可能并无助益。一些人甚至将这些概念视为是法律职业传统或者观点的"繁复而华丽"的先入之见的反映,并且认为它们与在法庭和律师楼之外对社会生活中发挥实效的法律之间的联系并不清楚,因而,他们对这些概念不予以考虑。② 法律社会学家提出一系列问题:比较法学家为什么要比较?他们比较什么?对法律理论或制度的比较,如果将其从对社会背景的系统研究中脱离,那么,这种比较又在何种程度上能够产出有益的知识呢?③

如果这些观点的区别比较容易辨识,为何如此众多的比较法学家会坚信比较法与社会学特别是与法律社会学具有联系,而同时又回避对其进行深入的研究呢?我认为,主要原因在于一直以来不确定作为一个研究领域的比较法学的本质。一些比较法学家的注意被吸引到主张比较法学作为一门社会科学的特殊地位,试图远离那些具有较少基本"科学的"关切的法律研究。然而,更重要的是,假定比较法能够以关于社会研究(包括将法律作为社会现象来研究)的本质的特定的社会学理解为前提,或者假定比较法能够使自己与后者相关联,从而避免陷入空泛的认识论和本体论问题。

这里的认识论问题与比较社会现象的目的有关。比较能给予何种知识?什么使这些知识具有有效性?本体论问题与以下问题有关:比较什么;什么是能够作为可比较的事物,或者什么才是适合于研究的经验焦点?在比较法中,比较的焦点可能是法律规则或者制度;法律类型、传统或者文化;或者是法律致力于解决的社会问题(比如犯罪或者工业冲突);法律规制的社会制度(比如家庭、继承或者商业企业)。

在不同的时期,社会学已经发展出了一些概念,这些概念对比较法学家处理比较法的本体论和认识论问题一直很有用。这些概念之所以

---

① 参见 Konrad Zweigert, "Quelques réflexions sur les relations entre la sociologie juridique et le droit compare", in *Aspects nouveaux de la pensée juridique: recueil d'études en hommage à Marc Ancel* (Paris: Pedone, 1975), pp. 83—84.

② 参见 Lawrence M. Friedman, "The Concept of Legal Culture: A Reply", in David Nelken (ed.), *Comparing Legal Cultures* (Aldershot: Dartmouth, 1997), pp. 33—39.

③ 见 Jean Carbonnier, "L'apport du droit comparé à la sociologie juridique", in *Livre du centenaire de la Société de législation comparée* (Paris: L. G. D. J., 1969), pp. 75—87; Richard L. Abel, "Comparative Law and Social Theory", (1978) 26 Am. J. Comp. L. 219.

有用,是因为它们起源于社会科学或者与社会科学相关联,意味着比较法学家没有感觉到自己有需要参与到社会理论研究以使这些概念有效。以此方式被广泛使用的概念可能就是"功能"这一概念。通常认为,规则或制度之间的比较应该依据它们客观上可识别的功能——它们对更广阔的社会过程或它们正在社会中执行的具体的、可区分的"任务"所作的贡献——比如调整家庭关系、商业或财产制度的具体方面。马克斯·莱茵施泰因(Max Rheinstein)1938 年在其著作中将比较法视为聚焦于法律规则的功能比较和法律一般的社会功能的学科。他认为:"在这种意义上,比较法与法律社会学是同义的。"④法律社会学在莱茵施泰因写作这段话之时几乎尚未作为社会学研究中一个独立的研究领域存在(尽管法律的功能分析观念在社会学中已经得以建立,主要通过涂尔干著作的影响)。⑤ 因此,如某些早期学者一样很容易认为,比较法在一定意义上包含法律社会学。比较法的部分正当性就是作为社会科学的一个分支,其独特性是由其特别的法律关注点给予的。

在上个世纪的不同时期,比较法都诉诸"功能"⑥、法律和社会"演化"⑦以及"社会事实"等观念⑧。比较法已经参照使用社会制度、社会利益、社会需要或社会问题等借鉴于社会科学的概念,或者说假定其自

---

④ Max Rheinstein, "Teaching Comparative Law", (1938) 5 U. Chicago L. R. 617, pp. 619 and 622. 马克斯·莱茵施泰因积极推动早期的法律社会学研究。他领导了对马克斯·韦伯法律著作的翻译工作,而且写作了大量的关于韦伯、埃利希(Eugen Ehrlich)、尼古拉斯·S. 蒂马舍夫(Nicholas Timasheff)、乔治·古维奇(Georges Gurvitch)和其他法律社会学家的作品。参见 Max Rheinstein, Collected Works, vol. I(Tübingen: J. C. B. Mohr, 1979), pp. 151—170; Max Rheinstein(ed.), Max Weber on Law in Economy and Society(Cambridge, Mass.: Harvard University Press, 1954).

⑤ 见 Emile Durkheim, The Division of Labour in Society, transl. by W. D. Halls (London: Macmillan,1894) [1893];, Emile Durkheim, The Rules of Sociological Method and Selected Texts on Sociology and its Method, transl. by W. D. Halls (London: Macmillan, 1982) [1895] (hereinafter Rules).

⑥ 见 Konrad Zweigert and Hein Kötz, An Introduction to Comparative Law, 3d ed. Transl. by Tony Weir (Oxford: Oxford University Press, 1998), pp. 34—36 and 62; Vivian G. Curran, "Cultural Immersion, Difference and Categories in US Comparative Law", (1998) 46 Am. L Comp. L. 43, pp. 67—68.

⑦ 见 Jerome Hall, Comparative Law and Social Theory (Baton Rouge: Louisiana State University Press, 1963), pp. 16—17. 也见 H. C. Gutteridge, Comparative Law, 2d ed. (Cambridge: Cambridge University Press, 1949), p.73, 强调"发展阶段"(不仅是年表)作为比较的基础的重要性。

⑧ 见 Pierre Lepaulle, "The Function of Comparative Law", (1921—1922) 35 Harvard L. R. 838. 勒波勒(Lepaulle)的文章部分是对庞德(Pound)社会学法学的批评,表现出了涂尔干社会学的强烈影响。

身的有效性来自社会学叙事的讨论。比较法通常确认什么是可以合理比较的,以及具体化比较的科学目的。⑨ 但是,这一策略还有令人不满意的方面。使比较法的部分基础依赖于参照(即便只是隐含地或者以最笼统的术语的形式)一个不同的学科,意味着在冒险。可能部分基于这一原因,许多比较法学者非常强调比较的目的与社会学研究没有特别的联系。他们经常以不需要参照社会科学的方式来定义比较法的项目。有时,他们已经声称社会学视角(作为与历史学和哲学相反的视角)与比较法的主要研究关注点没有什么必然联系。⑩

我认为,这些思考描绘了比较法学者对于社会学尤其是法律社会学的矛盾心理。在这篇论文接下来的部分,我试图更加细致地探讨这种矛盾心理的细节,并在某种方面说明,关于比较法学与法律社会学关系的难题是由于概念化各自研究领域的困难导致的,也是由于随着时代变化,人们对两个领域理解方式的变化导致的。最后,我的论点是:比较法和法律社会学是两个相互独立的领域,它们各自的研究都拥有许多恰当的目标。但是,他们的核心的、最一般化的和最具抱负的科学项目——在法律的发展和各种形态中将法律作为社会生活的一方面来理解——是相同的。

II

比较法的文献表明这一学科的存在拥有大量可能的正当理由。比较法可能追求:(1) 发现用以促进和厘清其自身法律体系的有用观念⑪;(2) 用以增进不同体系中法律之间的详细交流⑫,例如在民法法系的语境中解释普通法制度中独特的诸如信托之类;(3) 解释某一体系通过法律移植和域外法影响发展自身的轨迹⑬;(4) 协调或统一调整交易

---

⑨ 参见参见 Zweigert and Kötz,同前注,note 6, pp. 10—11.

⑩ 见 Alan Watson, *Legal Transplants*, 2d ed. (Athens, Georgia: University of Georgia Press, 1993); William Ewald, "Comparative Jurisprudence (II): The Logic of Legal Transplants", (1995) 43 Am. J. Comp. L. 489.

⑪ 见 Watson, *supra*, note 10, p. 17; René David and John E. C. Brierley, *Major Legal Systems in the World Today*, 3d ed. (London: Stevens, 1985), pp. 6—7; Zweigert and Kötz, *supra*, note 6, pp. 18—19; Basil Markesinis, "Comparative Law—A Subject in Search of an Audience", (1990) 53 Modern L. R. 1.

⑫ 见 Abel, *supra*, note 3, p. 220.

⑬ 见 Watson, *supra*, note 10.

基础的法律领域,以促进跨境的贸易或经济活动,或者出于其他原因[14];(5)为国际冲突提供法律解决方案并增进国际相互理解[15];(6)为法科学生和法律学者提供一个对他们自身的法律体系更深远的看法[16],挑战认为某特定的法律制度安排具有自然性和必然性[17]的意识,促进对"差异"[18]的鉴别和包容;(7)理解法律文化的力量[19],例如理解那些妨碍法律和谐发展的障碍;(8)发现一种法律观念的"共同主干"以表达"一种国际法律意识的觉醒"[20];或者(9)通过对法律的研究为增进社会知识作出贡献[21]。

其他比较法的职业目标可以在比较法文献中发现,但这种多样性在上文已经充分阐述。这些目标可以这样排列:从对解决特定和紧迫的法律问题的强烈现实关注,例如在目前的判例法中那样[22],到拓宽社会科学理论知识的最抽象的理想。重要的是要注意到社会学也呈现了相似的宽广研究领域。在英语学界,社会学的研究领域至少包括被菲利普·艾布拉姆斯(Philip Abrams)称作"政策-科学概念"(policy-science conception),它将社会学看做合理的社会计划提供特定的知识或者一种"社会—技术观念",将社会学家视为政策制定者或者与政策制定者商谈的谈判者的技术助手,以提供"基本信息、分析数据、收集数据的建议、问题解决技术、从技术上确认行动的最佳过程或者事后给出政策效力的评价。"但是,在艾布拉姆斯看来,社会学也已经被理解为另外三种观念:"澄清"(clarification)(通过阐明前提假设、消除困惑或者解开谜团,重新形成问题);"辩护"(advocacy)(将好的证据与好的原因联系起来作为政治说服的一个工具);"教育"(education)(逐渐启发人们了解

---

[14] 见 M. J. Bonell, "The UNIDROIT Principles of International Commercial Contracts", in Roger Cotterrell (ed.), *Process and Substance: Butterworth Lectures on Comparative Law* 1994 (London Butterworths, 1995), p.46.

[15] 见 Lepaulle, *supra*, note 8, p.855; David and Brierley, *supra*, note 11, p.8.

[16] 见 Konrad Zweigert and Hein Kötz, *supra*, note 6, p.21.

[17] 见 Lepaulle, *supra*, note 8, p.855; Gutteridge, *supra*, note 7, pp.19—20.

[18] 见 Pierre Legrand, *Fragments on Law-as-Culture* (Deventer: W. E.). Tjeenk Willink, 1999), pp.10—11 and 134; Curran, *supra*, note 6, p.44.

[19] 见 Legrand, *supra*, note 18, pp.73—74, 154 and *passim*.

[20] 见 Edouard Lambert, "Comparative Law", in *Encyclopedia of the Social Sciences*, ed. by Edwin R. A. Seligman, vol. IV (New York: Macmillan, 1931), p.127.

[21] 见 Hall, *supra*, note 7, *passim*.

[22] 见 Markesinis, *supra*, note 11.

与即时政策、主张或者短期问题解决没有直接联系的社会本质)。[23]

将这些概念与相应的比较法的目标概念联系起来并不困难。类似的情况强调了这一点,即在某一特定层面,比较法与社会学可以被视为致力于非常相似的多侧面的事业:规范社会和赋予社会以意义、理解其规范性调整、评价和比较不同社会组织此调整的不同方式。

可能,这种关系的紧密性从未像 1900 年比较法巴黎会议时那样明显。据说,"该次会议上首要重点就是将比较法视为一种社会科学,甚至称其为法律社会学",而且"显得最重要的就是在欧洲大陆学者中表现出受到 19 世纪社会学的强烈影响"。[24] 在转向那个世纪的乐观主义态度和对科学进步的信仰方面,比较法像社会学一样,展现了其最具野心的形式。这两个领域在其最深入的范围,展现了共同关心的主要智识主题,只是通过一定程度的专门化强调了不同重点。

伟大的比较法学家爱德华·朗贝尔(Edouard Lambert),处于深受涂尔干社会学观念影响的法国智识氛围中,他将比较法的历史作为广义的比较法律研究事业的三个分支之一。[25] 他以一种与涂尔干的理解完全相符的方式将比较法视为社会学的主要分支。[26] 在朗贝尔看来,比较法律史旨在创造"一种法律的统一的历史",以便揭示指引法律制度演化的社会现象的接续的节奏和自然规律。比较法律史的研究者"直到现在都主要对人类社会法律史中最模糊的阶段进行重构感兴趣"。[27] 而且,朗贝尔批评了他们的工作的投机本质,[28]认为他们经常向关于法律和社会演化的天真假设妥协。他希望将比较法作为法学的事业而不是看似神秘的关于法律起源的社会学研究。

---

[23] Philip Abrams, "The Uses of British Sociology 1831—1981", in Martin Bulmer (ed.), *Essays on the History of British Sociological Research* (Cambridge: Cambridge University Press, 1985), pp. 183—185.

[24] Hall, *supra*, note 7, pp. 17—18.

[25] Edouard Lambert, *La fonction du droit civil comparé* (Paris: Giard & Brière, 1903), pp. 913—916; *supra*, note 20.

[26] 见 Roger Cotterrell, *Emile Durkheim: Law in a Moral Domain* (Edinburgh: Edinburgh University Press, 1999), pp. 7—8. Durkheim, in a review of Lambert's *La fonction du droit civil comparé*, *supra*, note 25, 甚至将比较法律史等同于法律社会学。见 Durkheim, Textes, vol. III (Paris: Editions de Minuit, 1975), p. 266 [1904]. 朗贝尔相应引用了涂尔干的 *L'Année sociologique* 作为这种比较法学说的主要核心。*supra*, note 20.

[27] Lambert, *supra*, note 20, p. 127.

[28] *supra*, note 25, pp. 886—891. 但是他也相当谨慎地注意到社会学对于法律研究的允诺。*Id.*, p. 891. 见 Christophe Jamin, "Le vieux rêve de Saleilles et Lambert revisité: à propos du centenaire du Congrès international de droit comparé de Paris", Rev. int. dr. comp., 2000, p. 733.

然而,涂尔干的许多亲密合作者——包括朗贝尔在里昂大学法学院的出色的年轻同事们,罗马法学家保罗·赫维列(Paul Huvelin)[29]——致力于比较法律史的事业,他们将法律文本的研究与人种学、文学与史学的材料结合在一起。[30] 涂尔干主义社会学家较多地使用了法学家的比较法研究。至少在这一时刻,比较法学家与社会学家之间的联系可能是亲密的,即使是比较法学家通常可能将社会学家的研究理解为不实际的、没有见识的而且过于投机;同时,社会学家可能视比较法的工作为不系统的、非理论的和智识狭隘的。当然,对于涂尔干主义者,如果他们的工作具有社会学取向,研究者们自称法学家还是社会学家是无关紧要的。

比较法与最具抱负的社会学研究之间的早期联系,在丰富的文本中和在后世比较法学家的大量著述中很难发现对此的回应。但是在包含整个文化的语境母体中展现的比较法律分析是一项只适合少数确保能掌握所需的大范围历史学和社会学参考资料的人的任务。[31] 今天,伟大的社会学经典著作——例如马克斯·韦伯、涂尔干及其追随者——仍因其涉猎广博、洞察深刻、辞藻华丽而拥有广泛的读者。但是,以创造社会或知识的全景体系为目的的、涵盖法律比较、社会比较和文化比较的综合性比较,已经不再是社会学和比较法学的研究目标了。越来越谦虚地将比较法称为一种"方法",将其自身从广泛的实质目标中疏离出来,聚焦于多方面的技术实用性,在某种程度上与社会学中艾布拉姆斯的"社会—技术概念"一致。然而,比较法的目标仍常常以艾布拉姆斯的通过教育进行启蒙的社会学概念的术语重申。比较法和社会学已经很大程度上将最大的抱负置于一边,这一抱负作为在复杂的、不对称的社会演化模式中解释历史和社会变迁的项目的一部分,或许曾经使比较法学家和社会学家联合起来。但是,如果这些雄心被完全放弃是可惜的。

在相对晚近的时期,英美文献中仅有一次尝试重新开启将比较法和法律社会学总体整合的连续讨论序幕。杰罗姆·霍尔(Jerome Hall)的

---

[29] 见 Paul Huvelin, "Magie et droit individuel", (1907) 10 Année sociologique 1; Paul Huvelin, *Etudes d'histoire du droit commercial romain*(Paris: Sirey, 1929). 朗贝尔常常援引赫维列(Huvelin)关于早期罗马法作品,即 *La fonction du droit civil comparé*, supra, note 25(例如 pp644 and 646)。里昂法学院的教职中也包括了涂尔干社会学团体中的其他关键成员。对于伊曼纽尔·雷维(Emmanuel Lévy)的研究,朗贝尔非常欣赏并极力推荐。见 Emmanuel Lévy, "Préface", in Emmanuel Lévy, *La vision socialiste du droit* (Paris: Giard, 1926), pp. v—xvi.

[30] 见 Cotterrell, supra, note 26, pp.82—99 and 119—147.

[31] 参见 Curran, supra, note 6, pp.52—54, 注意到美国比较法过时的狭义版本。

《比较法与社会理论》一书出版于1963年,此书试图恢复完整的社会科学的老研究项目,即在整合的社会科学中比较法将作为一个重要的部分。霍尔坚持认为比较法与那些被他视为构成大部分现代社会学根基的科学理论是完全不同的。社会学的观察方法和数据收集模式部分依赖于自然科学。在霍尔看来,比较法与所有解释性的法律研究一样,必须理解和充分阐明法律的价值、理想和思想。一种立基于自然科学的社会科学模式无法做到这一点。而且,作为"一种法律的社会知识的合成物"[32],比较法不能仅研究实证法律规则,而且必须研究官方行为、法律问题的分析方式与法律相关的社会实践并赋予其在市民经验中的意义。作为一名律师,霍尔显然想要坚持:必须以哈特的内在视角、根据价值和通过将法律作为社会现象来观察的方式,对所有这些问题进行阐释性理解。出于这一原因,比较法只能作为人文主义法律社会学的一部分,这种社会学强调法律的解释性和评价性的方面。"它决不能属于简化为只包括描述一般性因果关系的社会学。因为,比较法坚持特殊性、自治和法律观念的价值。"[33]

事后看来,对霍尔著作的回应与霍尔的书一样有趣。一些评论是友好的、温和的,但有些相当地不完善。霍尔被批评为没有认识到比较法学家的目标范围或者说是他们工作的范围和多样化,而仅仅关注"比较法的一个可能目标和它对社会理论的可能贡献"[34]。他的要求是不可能的,即比较法学对社会科学的演化的理解能像他们对自身研究领域的理解一样好。[35] 一个批评家同意,比较法研究应该有助于理解社会,但坚持认为大多数的比较法学家已经致力于这一任务。[36] 一位著名学者站在社会学家一边称:"杰罗姆·霍尔在他的书中所作的都是与拓荒相反的事。"[37]他没能看到法律社会学所做的工作的范围。更加优秀的研究和综合性理论框架的确需要,但这本书却给出"怀疑两者的可能性"的理由而且这些理由难以令人信服。[38] 一些评论发现这本书相当令人费

---

[32] Hall, *supra*, note 7, p.33.
[33] *Id.*, p.67.
[34] 见 Arthur T. von Mehren, "Book Review", (1965—1966) 16 U. Toronto L. J. 187, p.188. 亦见 John N. Hazard, "Book Review" (1963—1964) 39 Indiana L. J. 411; Rudolf B. Schlesinger, "Book Review", (1964—1965)50 Cornell L. Q. 570.
[35] 见 W. J. Wagner, "Book Review", (1964) 64 Columbia L. R. 985.
[36] Hazard, *supra*, note 34.
[37] Richard ID. Schwartz, "Book Review", (1965) 30 Am. Sociological R. 290, p.290.
[38] *Id.*, p.291.

解,许多关键论述很难理解。㊴ 理查德·瓦瑟斯托姆(Richard Wasserstrom)认为他看到的是根本性混淆。对于霍尔而言,自然科学模式不适合关于法律体系的研究,因为这些研究不得不对人的目的、理想和理由进行阐释。但是瓦瑟斯托姆注意到,例如,对于人的观念采取笼统的、非规范性的科学的陈述是完全可能的。㊵ 被作为可记录的态度或偏好,这些问题并未超出科学的法律社会学的范围。

这样的反应显示:社会学和比较法到了20世纪60年代距离已经相当远。它们的目标都相当复杂,因而很容易批评霍尔将它们简单化或曲解。比较法学家和社会学家早期都表明这两个领域具有紧密的联系,但与此相反,现在提出它们之间存在某种一般的联系都会认为是误导。联系必须出于具体的目的或任务。但是霍尔在他写作的那个时代批评社会学主要取向(功能主义、实证主义和科学主义)的有限性是正确的。瓦瑟斯托姆的批评在主张社会科学能够将价值和动机作为数据处理时没有注意到这一点。霍尔在其书中的主张却恰好相反:社会科学必须鉴赏法律的"内在的"、"解释性的"方面,而不只是将其简化为可以量化的数据。

霍尔倡导社会科学中一种非实证的研究,在这种研究中,比较法能够处于获得认可的、可靠的和有价值的地位。但他的写作在法律理论和社会研究发生"解释学转向"之前,因此他缺乏充分澄清他的研究项目的方法。事实上,对于整合比较法和社会学某些研究的项目还有很多可以说。鉴于比较法和社会科学取得的发展,这将会比在霍尔写作的时代更加可行。这意味着:尽管各自的研究目标大大不同,但是比较法学家和法律社会学家的视角最终不需要根本的对立;更广泛的社会学视角能够启发法学家对法律经验的比较分析;对法律的社会分析最终也必须吸收、解释、维持、与其互动和情景化,法律家作为法律实践参与者和法律观察者的各种各样的、不断变化的分析视角。如果是这样,结果将不再是社会学法学(具有社会-科学修辞的法律实践)的复兴,而是对数不清的法律实践参与形式和对法律的观察之间关系的高度认识。

如果与本文使用的"社会学"、"法律社会学"类似术语自身能够得到澄清,那么,它们所暗含的主张就会更加清晰。霍尔的包含比较法学

㊴ 见 Wagner, *supra*, note 35; Richard Wasserstrom, "Book Review", (1964) 17 J. Leg. Educ. 105.

㊵ Wasserstrom, *supra*, note 39, p.109.

的整体化的社会科学研究引起激烈批评的原因在于,他的确暗示比较法学家必须掌握一些法律研究之外的其他社会科学的知识或者将他们自己的工作视为从属于社会科学。在较早的时代,法学家们怀疑涂尔干提出的那种社会学,并怀疑他和他的同事们倡导的法学家和社会学家合作的热情,其原因在于:社会学作为一门学科表现出毫不掩饰的帝国主义。㊶ 涂尔干写道:"我的目标已经可以概括为:将……(社会学的)观念介绍到此前缺乏这些观念的学科(比如法律研究),并将它们作为社会学的分支。"㊷

对于比较法学家和其他具有社会观念的法律学者而言只有在下述情况下这一观点*才是可以接受的,即出于法学研究的目的,只有社会学不被理解为一个学科,而仅仅作为一个对社会生活的系统化的、理论化的和基于经验的理解的过程和实现这一过程的一种渴望,这一过程和渴望并非任何特定学科的独占。法律的社会学视角使用了来自社会科学(和其他学科)的理论、方法、数据和研究传统。法律社会学因此是一种交叉研究,正如比较法自身一样,它集中于对社会生活的法律方面进行经验和理论研究。㊸ 焦点严格集中在"法律"上面——更为普遍地讲,法律是社会经验的一个方面或领域。将这一方面或领域暂时地概念化是社会分析的任务。㊹

法律社会学所寻找的视角与比较法不同,它直接应用社会理论,大体上,是对社会变迁和社会稳定的条件、社会关系的本质进行理论分析并为之作出贡献。在这种意义上,相对比较法学而言,法律社会学更加明确地和系统地关注"社会的"本质,并将其作为法律学说和制度的宏大背景。㊺ 事实上,这种研究将对回答比较法学家的以下问题至关重要:法律统一或协调在何种程度上是可期待的或可行的? 它和何种治理以及何种受治理的共同体相关? 与何种受治理共同体相关? 正如我接

㊶ 见 Cotterrell, *supra*, note 26, p.37.
㊷ Durkheim, *Rules*, *supra*, note 5, p.260.
* 将社会学介绍到法学中的观点。——译者注
㊸ 见 Roger Cotterrell, "Why Must Legal Ideas Be Interpreted Sociologically?", (1998) 25 J. L. & Society 171.
㊹ 在完成这一任务过程中遇到的问题是考虑到具有社会重要性的控制体系,反映了文化传统在根本上与西方法律思想和经验是相悖的。见 Werner F. Menski, *Comparative Law in a Global Context: The Legal Systems of Asia and Africa* (London: Platinium, 2000).
㊺ 见 Roger Cotterrell, "Law and Community: A New Relationship?", (1998) 51 Current Leg. Problems 367.

下来建议的,如何考虑社会,对于当代法律来说是一个复杂的问题。法律社会学在概念化社会的不同方面和不同区域中扮演了重要的角色。法律社会学的任务是展现社会的各个方面或区域作为法律规则的环境的普遍意义,在与此相关的情况下,法律也发现了其意义。法律社会学在这些环境内为法律的本质提供理论和解释,这些理论和解释也是深嵌于环境且与环境不可分离的。通过这种方式,能够帮助澄清那些困扰着比较法研究领域的认识论的和本体论的难题,即关于比较对象和比较有效性的问题。相应而言,比较法对法律实践、制度和观念的记录和解释对于法律社会学而言也是至关重要的。比较法提供各种各样的关于法律的法学视角,这些视角必需被融入法律社会学发展出的理论当中。

我认为,这些一般性观念应该决定比较法与法律社会学目前的关系。法律社会学对比较法学的可能重要贡献是澄清了社会的本质以及法律规则和法律制度的背景环境,因而使比较能够有效地发生。那么,这又是如何影响到比较法目前重要的研究方向的呢?本文余部将讨论三种方向(艾伦·沃森的法律移植理论、自创生理论在比较法中的运用以及最近一些比较法学家使用的"法律文化"概念),以此作为基础来检验当代社会学视角为比较法学家所提供的资源。

III

在当下背景中,艾伦·沃森那具有影响的著作最引人注意的方面是其坚决地尝试避免比较法对社会学的任何依赖。沃森承认"法律问题的公式化(比如租赁限制或者离婚赡养费)作为比较的基础,不能在缺乏对产生这一问题并最终决定其本质的社会背景的研究时进行"。因此,"研究的重要性首先在于问题的可比较性,其次才是法律的可比较性;这样,以此为出发点的任何学科都将是社会学而不是法学"。[46] 沃森的解决方案是完全拒绝比较,转而关注通过类推的推理过程以及从其他体系中借鉴法律观念。他将后者视为解释法律发展的关键。对沃森而言,比较法就是"研究一个法律体系及其规则与其他法律体系及其规则

---

[46] Watson, *supra*, note 10, p. 5. 在下列文章中对这一问题进行了细致的但并非决定性的讨论 Zoltán Péteri, "Some Aspects of the Sociological Approach in Comparative Law", Zoltáin Péteri (ed.), *Hungarian Law—Comparative Law: Essays for the Eighth International Congress of Comparative Law* (Budapest: Akadémiai Kiadó, 1970), pp. 90—93.

之间的关系。”㊼它并非将社会学而是将法律史和法理学视为姐妹学科，因为它关注的是法律的本质及其发展过程。㊽

在其他地方，我曾经分析了沃森关于法律社会学本质的主张、最近威廉·爱德华对这些主张的系统化以及沃森法律移植理论的一般逻辑。㊾ 这里，我只是概括沃森著作中呈现的比较法方法所暗含的社会学分析。

沃森认为法律变革在本质上是一种“内在”的过程，㊿在这一意义上，社会学影响对于法律发展而言一般来说并不重要。在此种程度上，比较法呈现为完全独立的学科，不依赖于任何诸如功能、进化、法律问题或者社会问题或社会利益之类的社会学概念。沃森在他对法律变革的历史研究中提供了证据支持他的主张：(1) 不同体系间的法律移植“在社会层面是容易的”(51)，即使是移出与移入的社会之间存在巨大的物质和文化差异；(2) 不存在任何一个私法领域完全拒绝经由外国法的影响而发生改变(52)（与常见的社会学主张正相反，这一主张认为植根于文化的法律比仅仅是工具性的法律更难改变）(53)；(3) 作为继受者的法律体系不需要了解任何关于植入的法律的来源和生长背景的知识(54)；(4) 社会需要并未引起法律变革，也无法解释法律的存留。(55)

从表面的价值考虑这些主张，它们提出了两个基本问题。尽管沃森作出了最大努力，但这些主张使法律社会学又回到了比较法的视野之
144 中，或应当回到其视野之中。首先，假设法律移植对于法律发展至关重要的，正如沃森所主张的那样，那么，要移植什么呢？如何检验所移植法律的成功与否呢？其次，法律发展的内在过程决定了法律移植或法律适

㊼ Watson, *supra*, note 10, p. 6.

㊽ *Id.*, p. 7.

㊾ 见 Roger Cotterrll, “Is There a Logic of Legal Transplants?”, in David Nelken and Johannes Feest (eds.), *Adapting Legal Cultures* (Oxford: Hart, 2001), pp. 71—92.

㊿ 他提到了统摄法律发展的“国内法的逻辑”或者“法律传统的内部逻辑”，参见 Alan Watson, *The Evolution of Law* (Oxford: Blackwell, 1985), pp. 21—22.

(51) *supra*, note 10, p. 95.

(52) *Id.*, p. 98.

(53) 见 Ernst Levy, “The Reception of Highly Developed Legal Systems by Peoples of Different Cultures”, (1950) 25 Washington L. R. 233.

(54) 见 Alan Watson, “Legal Transplants and Law Reform”, (1976) 92 L. Q. R. 79, pp. 80—81.

(55) *supra*, note 50, p. 119: “Law is largely autonomous and not shaped by societal needs.”（法律主要是自生自发的，而不是由社会需要形成的）。

应是否发生，那么，法律发展的内在过程的本质是什么呢？

首先谈其中的第二点。沃森主张，主要是具有职业需要、利益、特权和判断权威的法律家控制着法律发展的过程。因此，只有在假设法律社会学对于法律职业和法律实践没有什么意义时，社会学视角才被排除。然而事实上，法律职业和法律实践的社会学是法律社会学中经验研究最核心的、最充分发展的领域。(56) 关于法律职业者的实践在推动法律变革时所起作用的重要研究，目前已经展开。(57) 如果“外在的”社会影响（除法律家自身影响之外的影响）在沃森的理论中没有被认真的考虑（这一点争议很大）(58)，那么，“内在的”影响仍然需要社会学的研究。事实上，根据沃森自己的观点，若没有对在法律发展中起非常重要、通常是至关重要的法律精英的实践、利益、决策和政见进行社会学的研究，那么，就不可能理解法律发展为什么发生或什么时候发生？(59)

进而，如果内在的影响等同于法律精英的实践或者兴趣，那么沃森区分法律发展的内在影响和外在影响的尝试就呈现出不连贯性。这些 145
的确与律师所服务的客户群体（例如经济的或者政治的）的利益有关。而且，律师的关注点也至少部分地需要根据其在社会中的地位来得到理解。因此，他们的职业利益不能与为他们的实践提供背景的更广泛的社会条件相脱离。同样，我们不需要想仅仅根据“利益”关系来质疑内外区别。我们可以诉诸比如法律“理解”、“解释”或者“经验”。法律社会学从其早期的发展以来就在这些问题上讨论颇多。这里，坚持这一点是很重要的，即它们中没有哪个是法律精英的“内部的”特权（无论如何定

---

(56) 更多参考文献，见 Richard L. Abel and Philip S. C. Lewis (eds.), *Lawyers in Society* (Berkeley: University of California Press, 1988—1989), 3 vols.

(57) 特别见 Yves Dezalay and Bryant G. Garth, *Dealing in Virtue: International Commercial Arbitration and the Construction of a Transnational Legal Order* (Chicago: University of Chicago Press, 1996).

(58) 早期法律社会学家对沃森方法的批评，见 Robert B. Seidman, “Book Review”, (1975) 55 Boston U. L. R. 682, p. 683：“因为，他已经放弃了将任何对社会因素的研究作为‘社会学’而不是‘法律’，当他不得不考虑这些因素时，他这样做了，但并没有谨慎的分析也缺乏对前提的验证”。也见 Richard L. Abel, “Law as Lag: Inertia as a Social Theory of Law”, (1982) 80 Michigan L. R. 785.

(59) 在决定接受其中的法律学说过程中，沃森经常引用外国法体系作为一种非常重要的独立的因素。见 Watson, *supra*, note 50, pp. 109 and 118. 出于解释的目的，所谓“令人钦佩之处”（Admirableness）与“威望”一样仍然是一个相当不清晰的概念，除非产生它的因素得到确认，而且这些被解释的因素之间的关系也得到确认。关于外国法律渊源的相对权威性的法学家的观念，参考诸如社会学中大量的对经济因素和其他利益的分析、终极的价值判断、情结或者不同的历史经验，这些因素以联合形式影响法律改革模式。

义法律精英阶层），它们对于这些精英而言也不是统一的、一成不变的。理解、解释、实践法律的方式在社会的不同领域是复杂的、不同的、不断变化的。只有将法学分析和社会学研究结合起来，才能对这些方式进行细致的观察和分析。

内部—外部的区分方式将社会学排除在对法律发展进行解释的理论之外，而防止此种区分方式失败的一种方式就是运用系统理论。自创生理论对比较法的启示，已由托依布纳作出研究。[60] 该理论建议在现代社会的一定条件下，法律能够被作为独特的、自我更新的沟通交流系统。托依布纳批评沃森过于重视法律职业者的实践。托依布纳认为这些实践并非法律发展的动力，而是法律现代特征的必然结果。这一特征是指法律作为一种独特的系统，具体关注什么是合法与非法的判断。因为这一合法/非法的二元代码——并非道德性、效率、科学性或历史真实性的判断——是法律作为独立的系统的核心关注点。它不能由此种社会学研究的社会发展所主导。它也许会对这些发展作出回应，但是这种回应也总是以它系统自身的规范性术语的形式表现。被沃森视为法律精英的自主立法，在自创生理论看来，是法律作为高度专门化的、功能独特的沟通交流系统的所拥有独立生产的结果命运。[61]

法律作为社会中一种沟通交流系统与其他系统（比如经济）相联系，但并非通过直接影响的方式。被自创生理论称为"结构耦合"的过程意指这些系统之间更加间接和偶然的关系。在不同的社会中，"耦合"表现为不同的形式。因为比较法对法律移植感兴趣，所以这就显得极其重要。例如，合同法中的诚信规则可能移植于某一法律体系，或者被移植到其他法律体系，再或者通过欧洲法律的一体化总体上产生影响。但是，沃森理论认为这是一个相当"容易"的过程，而托依布纳主张法律观念的意义可能会在移植过程中有着相当大的变化。这是因为，除了在不同法律体系中法律解释和概念化的方式与传统均不相同外，在不同的国家背景下，法律系统与经济系统以及其他系统的耦合均有不同，在不同的法律领域中，这种耦合的"紧密"或"松散"程度也均有不同。自创生理论假设：形成一个全球法律系统的运动正在进行，但是，至少在

---

[60] 见 Gunther Teubner, "Legal Irritants: Good Faith in British Law or How Unifying Law Ends Up in New Divergences", (1998) 61 Modern L. R. 11.

[61] Gunther Teubner, *Law as an Autopoietic System* (Oxford: Blackwell, 1993); Jiri Priban and David Nelken (eds.), *Law's New Boundaries: The Consequences of Legal Autopoiesis* (Aldershot: Dartmouth, 2001).

托依布纳的阐释中,还是认识到了源于各种具体的社会背景的法律系统之间存在的不相容性。[62] 因为这导致系统之间的法律观念转移产生的结果在理论上不确定,所以,托依布纳认为与其说是法律移植,不如说是发生了法律"刺激",此种刺激会导致继受国的法律体系发生不可预测的变化。

托依布纳的理论含蓄地完全反对沃森的如下努力:将社会学排除在法律移植的逻辑之外、也即排除在比较法研究的中心之外。对于托依布纳而言,法律与社会中其他系统的耦合为一些试图统一或融合法律的比较法学家的雄心设置了非常重要的障碍。要理解不同法律体系之间的法律观念移植的可能,关于法律语境的社会-科学知识无疑是不可缺少的。但是,从另一个角度看来,自创生理论对于经验的法律社会学如何帮助比较法学家几乎没有给出什么指引。在沃森的理论看来,法律对"外在"社会影响的拒斥没有被视为能够被作为社会学研究对象的法律家行为的后果。那是法律自我满足、自我产生和自我复制性质的结果,这些商谈性质是法律的自创生理论试图确认的。

自创生理论已经不仅仅被应用于法律而且应用于对社会沟通系统的总体研究(包括诸如经济系统和行政管理系统)。尼古拉斯·卢曼(Niklas Luhmann)是这一理论的先驱,他将这一理论作为所有对社会系统分析的本质及其相互关系的一般基础。[63] 但是,他关于法律自治的结果和本质的理论主张,只是一个非常有效的假设,这一假设在对比较法学家和大部分法律社会学家感兴趣的法律变革所受的社会影响进行详细的经验研究之前就出现(甚至可能是取代了后者)。自创生理论的这一基本假设,与其说是指导经验研究,不如说是对如何阐释这一研究所涉及的领域作出决定性的解释。比较法学家和大多数的法律社会学家可能都会问:为何自创生理论所坚持的法律的这一特定的商谈过程必须被作为分析的起点?例如,为何假设任何不同法律体系之间法律观念的直接影响看上去都是不可能的?为何现代法律有必要被视为仅仅是与经济系统或者社会生活的其他方面的耦合(而不是以相互影响的形式

---

[62] 见 Gunther Teubner, "'Global Bukowina': Legal Pluralism in the World Society", Gunther Teubner(ed.), *Global Law Without a State* (Aldershot: Dartmouth, 1997), pp.3—28; Michael King, "Comparing Legal Cultures in the Quest for Law's Identity", in Nelken, *supra*, note 2, pp. 119—134.

[63] 见 Niklas Luhraann, *Social Systems*, transl. John Bednarz and Dirk Baecker (Stanford:. Llniversity Press, 1995).

产生联系)? 换句话说,比较法学家和法律社会学家可能被强烈建议联合其力量,寻求对观念开放的经验研究更多的注意,减少对法律的社会嵌入性的丰富性和深刻性的最初的怀疑态度。

IV

在法律移植中,要移植什么? 如何检验所移植法律成功与否? 这个问题,早先已在上文提过,是沃森法律移植理论没有解决的问题。如果说法律移植囊括的所有内容不过是某些实在法规则,那么移植需要的不过是在移入的法律体系中制定这些规则。而且如果规则的颁布实施本身就是移植,而不用关注实际应用这些规则的人、了解这些规则的人以及这些规则是否以某种方式影响社会和经济生活,那么仅仅颁布实施就意味着移植成功。就沃森理论在对法律职业者借鉴外国法律规则、制定或者在法律实践中运用这些规则的研究而言,他关于法律移植成功的容易程度的主张已简化成无谓的同义反复。如果法律移植不过是将外国法律规则搬入法典或者在法庭实践中运用这些规则,那么,法律移植的成功就完全在控制法庭或立法机构的法律精英的掌控之中。这与发生在社会中的、在法律职业者的法律或立法实践的世界之外的一切事物无关。[64] 按照此界定,社会学(被沃森认为是研究除法律实践之外的任何社会事物)变得与法律移植无关:因为法律移植"在社会层面是容易的"。

但有时,沃森使用了"法律文化"术语意指导致移植成功的条件。[65] 这些条件就是继受法律体系中的法律精英的世界观、实践、知识、价值观和传统。[66] 在这一意义上,法律文化被沃森视为决定法律发展的内在过程的主要决定因素。但在这一意义上提及文化是诉诸一种长久以来被社会科学(特别是人类学)所关注的重要观念。这种观念指一种明确需要社会科学分析和解释的关于社会经验、理解和实践问题的纲要。内在/外在两分法自身的问题再次显现。如果这些见解、价值之类在沃森的法律精英中是很重要的因素,为什么在可能决定是否援引、适用被移

---

[64] 但沃森在没有运用证据的情况下假定被移植的法律将会常常强有力地控制"较少的官员"和相关的民众。见 Alan Watson, *Legal Origins and Legal Change* (London: Hambledon Press, 1991), p.87.

[65] *Id.*, pp.100—102.

[66] 有时沃森提到了法律人的文化,*supra*, note 50, pp.117—118.

植的法律或是否赋予其效力的其他起到关键作用的社会群体中就显得不重要了呢?

在此能够发现法律社会学发展中的有趣对照。法律社会学中对于法律文化这一概念使用得很泛滥,法律文化意指对于法律的态度、观念、信仰和期望。尤其是在劳伦斯·弗里德曼(Lawrence Friedman)的著作的影响下⑥,经常是非法律职业群体在关注这些观念。沃森使用这一概念与弗里德曼所谓的"内在的"(法律家的)法律文化相对应。但弗里德曼主要关注"外在的"(非法律家的)法律文化。他反对比较法学家的诸如"法律样式"或者"法系"之类的典型概念,主要是因为这些概念没有对外在法律文化的差异性和相似性给予充分关注,而外部法律文化被弗里德曼认为是决定法律的社会意义和社会功能的关键因素。⑥ 但事实上,比较法学家批评法律社会学家在关注文化概念时概念含糊、研究范围可能不受到限制,这是相当有道理的。在弗里德曼的概念中,每一个人都习惯于无数的法律文化类型(例如在对于法律的态度和信仰方面,富人与穷人、男人与女人、不同伦理或职业的群体、不同民族或同一民族的不同群体都是不同的)。在这意义上,法律文化的研究,可能包含各种社会差异,而没有明确其界定、叙述这些差异,也没有判断它们各自的意义。法律文化研究与法律的联系仅仅体现为前者对官方的法律体系或其他在某些方式上与此相关的方面(例如,纠纷、诉争或官方行为)的关注姿态。这一意义上的文化概念关注一切,又无所关注。这一概念如此含混,比较法学家都会尽量避免使用。⑥

目前,一些比较法学家对"法律文化"的使用,尽管明显非常不同于弗里德曼的使用方式或者其他法律社会学家的使用——将其作为姿态问题,但是他们也只是将其作为一些与法律相关的、可测量的行为模式(例如,由诉讼率表征的行为模式)。⑦ 有趣的是,皮埃尔·勒格朗(Pierre Legrand)的方法似乎是将传统比较法对不同法系中相对立的法律形态的研究纳入到更广泛的、对法律文化的关注之中;法律文化被当作

---

⑥ 见 Lawrence M. Friedman, "Is There a Modern Legal Culture?", (1994) 7 Ratio Juris 117.

⑥ 见 Friedman, *supra*, note 2, p.36.

⑥ 见 Roger Cotterrll, "The Concept of Legal Culture", in Nelken, *supra*, note 2, pp.13—31. 对各种文本中的概念的社会学的各种可能评价见 David Nelken Disclosing/Invoking Legal Culture: An Introduction, (1995) 4 Soc. & Leg. Stud. 435.

⑦ 见 Erhard Blankenberg, "Civil Litigation Rates as Indicators for Legal Cultures", in Nelken, *supra*, note 2, pp.41—68.

为一种独特的心理(理解现实的不同模式㋛),它阐明了某种特定文化的各个方面,法律也正是深嵌于此文化的具体的时空中。因为勒格朗作为一个比较法学家在以此方式使用法律文化概念时主要关注于鉴别和突出法学家的不同风格和不同见解㋜之间的差异,而不是像弗里德曼的法律社会学那样作出因果解释。所以,他对"文化"观念的使用更不容易被批评为意义含混和范围不确定。我将其视为一种霍尔或许赞同的、暂时性的解释性观念,解释比较法是人文主义法律社会学,而非科学的、理论建构的社会学或寻求一般化社会和法律发展的社会学的一个解释性概念。这种使用方式下的"法律文化"概念使人们记起那些丰富且复杂的差异,这些差异对于以最一般和初步的方式来鉴别各种法律理解模式和对法律形态的各种分析和解释是非常重要的,即使这些差异的各种要素仍然呈现聚合的、分散的或者难以辨认的形态,最终也仍然只是具有非具体的个体意义。

从社会学视角看来,任何这种法律文化概念的困难似乎只出现在当它被作为有关社会发展(包括法律)预言的充分基础时。在勒格朗的叙述中,法律文化集中关注法律职业所积累的职业传统、思考形式和实践习惯,但是(比沃森使用这一概念更加巧妙)它已经超出了这些在更广泛文化经验中强调它们的根源和反响。作为变化的集合,所包含的因素差异不大,在这一意义上,当法律文化被应用于社会解释时,遇到了与法律社会学概念的同样困难。它可能会涵盖太多而关注太少,因而它无法有说服力地阐释社会现象。

正如自创生理论试图使我们看到的,法律由于其作为一种规范性自足系统而具有的不可渗透性,使之得以免受直接的外在影响一样,将法律文化作为一种无所不包的心理状态也能表明相似的免疫力。㋝ 在这两种情形中,免疫力的存在并不需要经验证明,而是作为展现偶然发生的相关现象的多样性的结果,而且这些现象似乎是一个复杂且相当稳固的整体。在自创生理论中,相当不同的法律知识、推理和实践被作为一种单一的、独特的叙事过程。相似地是,在一些法律文化的概念中,经验中的相当不同的差异的集合可能被同时贴上文化的标签加以对待,好似

㋛ Legrand, *supra*, note 18, p.11.
㋜ *Id*., pp.1—13.
㋝ 参见 Pierre Legrand, "European Legal Systems Are Not Converging", (1996) 45 Int. & Comp. L. Q. 52;, Pierre Legrand "The Impossibility of 'Legal Transplants'", (1997) 4 Maastricht J. Eur. & Comp. L. 111.

它们是一个整合的共同体,能够对抗被设想为对立共同体的其他文化。

无疑"每个人的文化背景在某种程度上都是独特的"[74],而且在跨文化间的完美交流是不可能的(法律翻译就是很好的例证)[75]。从社会科学的视角而言,近来比较法学家对于法律文化关注的最有价值之处在于可能带来比较法学和社会科学在方法问题上的某种协调。认识到"不可削减的不可比较性"[76],认识到深层次的文化差异在任何确定的方式中其构成都不同,这种认识指出了"接受其他不同事实的需要"。[77] 但是这并不意味着沟通和比较是不可能的。反而,这意味着沟通和比较需要人类学家所谓的"深描"(thick description)[78],即对社会经验作出丰富、多层次和详尽的阐释,以表达文化差异的复杂性,来获得同情的认同并进而为理解和欣赏他种文化提供钥匙。薇安·柯伦(Vivian Curran)将这一比较法的方法作为"沉浸式比较"。这一研究不仅涉及法律规则,而且涉及依附于这些规则的价值、信仰、传统和集体记忆、理解、期望和感情。"它专注于缓慢地推进以超越文化障碍,朝向一种相互理解的理想、一种达至理解的努力、一种认同差异的认识而前行。"[79]

如果社会科学对于今天的比较法仍具有有价值的信息,那我认为,它们以以下方式进行总结。在某种语境中或出于某种目的,比较比过去想象得更加困难,而且需要被比较对象以比从前更加复杂和精妙的方式概念化。治理的社会环境需要根据它们的细节和复杂性对其作出系统的、经验的和解释性的理解。

法律社会学是否有助于这一理解?前文已经论述了需要对与法律相关的、社会的不同方面和领域进行概念化和阐明。大多数的法律研究仍非常集中于民族国家的法律,但是法律日益寻求以多种方式脱离民族

---

[74] Curran, *supra*, note 6, p.49.

[75] *Id*., pp.54—59; Legrand, *supra*, note 18, pp.3—4.

[76] Curran, *supra*, note 6, p.91.

[77] *Id*., p.91. 民族中心主义至少对法律社会学家如同对比较法学家一样是一种严重的危险。例如,"法律与发展"运动,在 20 世纪 60 至 70 年代的比较法研究中是一项受到相当支持的主要社会科学项目,但其失败部分是因为美国法律样式的狭隘的表达,见 John H. Merryman, "Comparative Law and Social Change: On the Origins, Style, Decline and Revival of the Law and Development Movement", (1977) 25 Am. J. Comp. L. 457, p.479. 进一步的批评评论,见 William P. Alford, "On the Limits of 'Grand Theory' in Comparative Law", (1986) 61 Washington L. R. 945.

[78] 见 Clifford Geertz, *The Interpretation of Cultures* (New York: Basic Books, 1973), pp.5—10; Clifford Geertz, Local Knowledge (London: Fontana, 1993), pp.55—70.

[79] Curran, *supra*, note 6, p.91.

国家法域的桎梏。民族国家的政治社会与晚近的法律的社会内容在重要性和权威性的环境方面相比不那么显著。⑧ 法律社会学长久以来关注与民族国家法不同的规则形式。它保有大量的有关法律多元主义——法律形式、法域或者可能共存于(或者获得治理的最高权力或合法性而相互争斗的)国家边境之内和之外的法律制度的多样性——的文献。⑧ 它有时试图表明(经常带有争辩的意味)法律如何被制定并在某种形式的社会关系中存在,与国家治理行为具有很少的联系。⑧ 它试图理解作为主观社会经验的法律经验的多样性。⑧

在当下的语境中,这些社会/法律研究更加关注不同的共同体——与他人进行社会联系的方式——法律能够在调整社会关系、社会群体和社会组织的过程中得以表达。⑧ 共同体的一种形式是工具性,特别是经济关系(越来越经常地超越国家边界,比如在贸易和金融体系)得以表现。共同体的另一种形式与共同的信念或终极价值相联系(例如在支持国际人权运动中所体现的那样)。许多社会关系在其核心上仍体现出其地方性,与具体的地区相联系,被具体的地区所界定,它们与民族国家的法域边界可能有或者可能没有紧密的联系。社会也因此作为一种描述之物和确认之物而变得高度复杂和变化多端。⑧

对于比较法致力于观察和比较规则体系的多样性来说非常重要的一切事物,正在以某种方式展现这些社会现象,或者正竞相露头以展现这些现象。对通过社会关系的实际形态展现出的共同体类型的研究,必须包括对人们如何主观地体验共同体和共同体的法律表现形式的研究。这些使得"深描"和"沉浸式比较"显得有价值,而使得"功能"、"进化"

---

⑧ 见 Patrick Glenn 在本书中的文章。

⑧ 见 Sally E. Merry, "Legal Pluralism", (1988) 22 L. & Society R. 869.

⑧ 见 Eugen Ehrlich, *Fundamental Principles of the Sociology of Law*, transl, by Walter L. Moll (New York: Arno Press, repr. 1975) [1913].

⑧ 见 Georges Gurvitch, *L'expérience juridique et la philosophie pluraliste du droit* (Paris: Pedone, 1935).

⑧ 见 Roger Cotterrell, "A Legal Concept of Community", (1997) 12 Can. J. L. & Society 75. 古维奇(Gurvitch)运用"社会性"(sociality)这一概念表达这种交流的抽象类型的观念,在事实上的社会关系中能够以各种方式得以表达。见 Georges Gurvitch, *The Sociology of Law* (London: Routledge & Kegan Paul, 1947), p.49. 但是在他的观念中"社会性形式"(forms of sociality)的具体类型学常常过于细致和模糊,以至于对它的经验的参照对于社会-法律分析总体上难有帮助。

⑧ 见 Boaventura de Sousa Santos, *Toward a New Legal Common Sense: Law, Globalization, and Emancipation*, 2d ed. (London: Butterworths, 2002).

和社会问题之类的老概念显得不能胜任比较研究的一些任务。尽管存在上述复杂性,法律比较(正如社会生活其他方面的比较一样)追求"社会—技术","教育"(借鉴埃布拉姆斯的术语)的目的或其他目的,仍然是可能的和必需的。并不是要从比较法学家研究的中心排除这些目的,因为这些目的经常意味着与社会科学观念的困难联系,或意味着对社会科学观念的依赖。

这些联系并未要求或者建议在解释的层面上任何学科对于另一学科的附属地位。法律社会学和比较法,出于许多(但不是所有)重要的目的,在法律的经验研究中是相互依赖的合作者。其中之一是法律不应该被概念化(如作为一个自创生系统或一个自足的文化圈),概念化使人们更难看到社会生活和法律经验的不同要素之间相互影响、相互作用和相互渗透的错综复杂和紧密的关系。法律社会学家和比较法学家需要考虑这些原则,并根据它们搭建研究框架。如果做到这一点,那么可以说在比较法研究的雄心勃勃的事业中将比较法与法律社会学自然融合这一过去的理想,或者说至少是这理想的一部分就终将成为现实了。

第7章 比较法学家与语言

伯恩哈德·格罗斯费尔德
(Bernhard Großfeld)*

引 言

令人震撼的体验

比较法无疑是现代法学最有希望的部分。[①] 科勒(Josef Kohler, 1849—1919)视比较法为法学的"最佳时期"和"兴旺期"(bloom and blossom)。[②] 这一伟大的法律家和艺术家[③]、非凡的天主教徒,受这一隐喻启发,在1900年的巴黎会议上做了一番陈述。[④] 科勒来自法国法背景(French-law),热衷于法律的文化研究,将其视为重建法学学科的途径。[⑤]

---

* 非常感谢 Helen Brimacombe 为准备这篇文章的出版提供的帮助。翻译工作是我完成的。

[①] 见 Claus Luttermann, "Dialog der Kulturen", in *Festsehrift Bernhard Großfeld* (Heidelberg: Vetlag Recht und Wirtschaft, 1999), p. 771 [hereinafter *Festschrift Großfeld*]; Bernhard Großfeld, "Comparative Law as a Comprehensive Approach", (2000) 1 Richmond J. Global L. & Bus. 1; Basil S. Markesinis, *Foreign Law and Comparative Methodology: A Subject and a Thesis* (Oxford: Hart, 1997); Abbo Junker, "Rechtsvergieichung als Grundlagenfach", JZ, 1994, p. 921; Kai Schadbach, "The Benefits of Comparative Law", (1998) 16 Boston U. Int. L. J. 331; Caroline Bradley, "Transatlantic Misunderstandings: Corporate Law and Society", (1999) 53 Miami L. R. 269.

[②] 关于 Kohler, 见 Michaela Grzesch, "Josef Kohler", Zeitschrift für vergleichende Rechtswissenschaft, 1999, p. 2; Bernhard Großfeld and Ingo Theusinger, "Josef Kohler", RabelsZ, 2000, p. 696.

[③] 见 Ernst Rabel, "Josef Kohler", in *Gesammelte Aufsätze*, ed. by Hans G. Leser, vol. I (Tübingen: J. C. B. Mohr, 1965), pp. 340—350 [1919]; Bernhard Großfeld and Ingo Theusinger, "L'oeuvre de Josef Kohler", Droit et cultures, 2001, p. 167.

[④] 见 Josef Kohler, "Über die Methode der Rechtsvergleichung", Zeitschrift für das Privat-und Öffentliche Recht der Gegenwart, 1901, p. 273.

[⑤] 对于批评观念,见 Paul W. Kahn, *The Cultural Study of Law* (Chicago: University of Chicago Press, 1999).

比较法对某些人来说似乎令人迷惑地简单。⑥ 但是,对于那些实际从事这项研究的人,真实的比较分析对于从事这项工作的人而言是非常不同的。比较法为在国内接受训练并受限制于国内条件的任何一位法律人带来了根本上令人震撼的体验。它通过消除关于理解这个世界的、基于语言的安全感,使他们陷入困惑之中。结果是失去了控制。⑦

比较

我的论题是关于这一令人震惊的体验的一个经典范例,这一讨论始于"比较法学家"和"语言"这两个术语。对于比较法学家来说,语言已经占据了核心位置。⑧ 我的标题似乎假定了这两个术语之间存在一种重要的关联。事实可能是如此,但是这两个术语的含义是什么呢?从第一个术语——"比较法学家"——开始,存在一长串关于比较法学家的地位和活动的问题。我们真的是比较法学家吗?我们真的在进行比较吗?我们能够比较什么?如果法律是文化之中的一个用以交流和沟通的"生活区"(living field)或者"客厅"(living-room),那么,就像比较我的客厅与你的客厅一样,比较"生活区"或者"客厅"有意义吗?我能够如何进行比较?"比较"这一术语是否具有相同的抽象本质,正如我们在学习几何中的三角形时初次体验到的那样?使用这一术语是否意味着对人类关系进行一种几何学(几何原理)的分析,即便人类根本不是三角形,也不是四边形和"角"?

语言是什么?

我们记住这一怀疑性的方法并开始考虑我的标题中另一个术语,"语言",它也与很多常规的概念有关。⑨ 人们提到的"语言"这一术语⑩所指的是什么?几年前,我了解到中国人只把"中文"(Chinese lan-

---

⑥ 见 Hannes Rösler, "Rechtsvergleichung als Erkenntnisinstrument in Wissenschaft, Praxis und Ausbildung", Juristische Schulung, 1999, p.1186.

⑦ 见 Bernhard Großfeld, *Rechtsvergleichung* (Wiesbaden: Westdeutscher Verlag, 2001), p.66.

⑧ 对于冲突法专家来说也是这样的,见 Robert Freitag, "Sprachenzwang, Sprachrisiko und Forderungen im IPR", IPRax, 1999, p.142.

⑨ 见 George A. Miller, *The Science of Words* (New York: Scientific American Library, 1996).

⑩ 见 Jean B. Elshtain, "How Should We Talk?", (1999) 50 Case Western Reserve L. R. 731.

guage)等同于他们的书面"语言",因为这一符号体系——在相当大程度上独立于语音——被认为是使人们成为中国人和导致"中国"式思维方式的体系。只有当你能阅读或书写这些具有标识性的文字符号时,你才被认为是一个真正的中国人。

我们的西方法律是否存在类似之处?什么是我们法律中的语言?它是口语还是书面语?我们是否遵循语词的节拍(魔笛)或者法律中的哑音(silent letter)(圣经)?我们应该用现今的口头语言来工作还是应该用过去冷冰冰的书面语言来工作呢?能否在"语言"这一术语下将其混同起来?肢体语言[11]或者诸如法庭建筑、程序仪式和图案之类的"模式语言"(pattern language)是否应该考虑?[12]

考虑到这一论题所带来的疑问,我计划以相反的顺序处理这些问题,从语言开始,研究语言在我们的法律中的地位。在转向研究语言结构中的技术差异之前,我们首先需要澄清语言的地位。

语 言[13]

"语言"一词在这里是以其平常含义来进行使用,尽管在这一点上仍能提出许多的疑问。因为其服务于特定的目的,法律语言不同于其他语言。正如坎特诺维奇(Hermann Kantorowicz)注意到的那样,"观点背后是目的"。在法律中,使用语言往往"不是为了发现真理而是为了服务于利益"。[14]即使将法律语言的这一特殊方面搁置一边,仅仅是普遍语言已经提出了严肃的问题。[15]

---

[11] 见 Bernard Hibbits, "Making Motions: The Embodiment of Law in Gesture", (1995) 6 J. Contemp. Leg. Issues 51; id., Bernard Hibbits, "Coming to Our Senses: Communication and Legal Expression in Performance Cultures", (1992) 41 Emory L. I. 873.

[12] 见 Christopher Alexander, Shera Ishikawa and Murray Silverstein, *A Pattern Language*: *Towns—Buildings—Constructions* (Oxford: Oxford University Press, 1999).

[13] 见 Miller, *supra*, note 9.

[14] Hermann Kantorowicz, *Der Kampf um die Rechtswissenschaft* (Heidelberg: Winter, 1906), p.38. 见 Vivian G. Curran, "Rethinking Hermann Kantorowicz: Free Law, American Legal Realism and the Legacy of Anti-Formalism", in Annelise Riles (ed.), *Rethinking the Masters of Comparative Law* (Oxford: Hart, 2001), pp. 66—91.

[15] 关于"语言条例",见 the French *loi* no. 94—665 of 4 August 1994, D. 1994. L. 416. 见 Wolfram Gärtner and Mirek Hempel, "Das Gesetz über die polnische Sprache im Lichte des europäischen Rechts", [Austrian] Zeitschrift für Rechtsvergleichung, 2000, p. 9.

语言的地位

法律是一个文化中更广泛的沟通网络、参照网络、经验网络和期待网络中的一部分,这一文化的参与者在任何一个既定的时刻都可以本能地感知自己的地位。⑯ 当我们研究语言的定位并将其作为表现秩序(而不仅是社会音乐)的一种方式之时,我就不得不考虑历史。我们西方的"语言"和"法律"概念受到宗教的调整。我们西方的"语言"和"法律"概念受到宗教的条件影响。《约翰福音》1.1 认为"创世纪始于语言"(而不是文字,即使是在 2000 年这样一个被称为"谷登堡时代"*的书写时代)的。同样地,赋予语言一种有影响力的神话,语言立刻就变成为规则。例如,我们在童年早期接受的教育,即我们必须讲真话而且"只能讲真话",要么就沉默(尽管这不是德国法律体系的一般性规则,也不是它的文化体系的一般性规则)。

并非所有的文化都将口头语言作为足够准确地去建立秩序的工具。例如,在德语中"*bestimmt*"(即准确)起源于"*Stimme*"(即语音),但它在中文中没有等意词。考虑到其他文化视沉默而不是语言为创世纪的开始(《老子》)。也考虑到语言与真话之间的关联并不是普世的。例如在巴布亚新几内亚,讲真话只是在同一群体成员间的要求,而不要求对其他群体成员讲真话。⑰ 我们是否有义务、被鼓励甚至被允许对我们的敌人讲真话?在一些文化中,刑事被告人能否随便撒谎?

由此,我们能够看到语言并非中立的。它们在常常未被意识到的背景之外有力地运作;它们简化了复杂的现实,使其在我们自己的语境中和所偏好的方向上变得可控。这产生了这样一个疑问,即一种语言是否能适应另一种背景——不必然地是因为人类本质上的差异,而是因为人类选择和依赖语言的方式的差异。是什么使我们以不同的方式简化实在(reality)?例如,是什么使我们相信法人这一"实在"?是什么带我到这样一个抽象层面,使我们接受一个既不能成为"真实的"存在也不

---

⑯ 见 Judit Frigyesi, "Sacred and Secular: What Can Music Teach About Jewish Thought", (1999) 20 Cardozo L. R. 1673, p.1680. 对于更概括的讨论,见 Roger Cotterrell, "The Concept of legal culture", in David Nelken (ed.), *Comparing Legal Cultures* (Aldershot: Dartmouth, 1997), pp.13—31.

* 谷登堡(Gutenberg, 1400—1468),德国活版印刷发明人。——译者注

⑰ 见 Michaela Grzesch, "Die Neuendettelsauer Mission in Papua-Neuguinea vor dem Ersten Weltkrieg", in Bernhard Großfeld (ed.), *Rechtsvergleicher—verkannt, vergessen, verdrängt* (Münster: LIT Verlag, 2000), p.12.

能死亡(法人永存)的"人"呢?为何一些文化"科学地"讲话而另一些文化使用平常语言?⑱ 是否在不同的地理环境和符号中能够发现不同的解释?

所有这一切无法根据绝对的对立来理解。文字、语言和图画相互交叠,没有哪种文化能特别地独占一种形式而忽略其他。但是,从一些角度看来,是存在差异的。这些角度包括比较法。比较法学家又不得不使用这些角度。

一个经修剪的花园⑲

转向语言,特别是转向口头语言,也没有必要重复关于语言和有机生长的法律之间的相似之处的参考资料;这是一个极具19世纪萨维尼/格莱姆(Grimm)/梅特兰(Maitland)方法特色的话题了。⑳ 这也是一个不需要任何进一步讨论的话题。㉑ 如同莱布尼茨(Gottfried Wilhelm Leibniz)所言,我们应该将语言视为思想的一面镜子,并映射到思想中,并从那里——至少在西方世界中——映射到有关秩序的概念中。我不考虑沃夫假说(Whorfian hypothesis)(我接受这一假说),因为我不能加入任何新的东西到其中㉒:语言和各方面的符号将这一世界塑造成为一个经修剪的花园。我们利用语言和符号这两者对实现施加影响。

法律家只有一个工具即语言,这一再三重复的格言也应得到稍微的调整。㉓ 每一个法庭、仪式,每一种法官假发,每一个经由陪审团的审判都与此格言相反,更不用说鲁道夫·萨科熟练地分析了的不成文的法律

---

⑱ 见 Lorraine Daston, "Can Scientific Objectivity Have a History?", Alexander von Humboldt Mitteilungen, 2000, p.75.

⑲ 见 Bernhard Großfeld, "Literature, Language, and the Law", (1.987) 20 De Jure 212; Yadira Calvo, "Language and the Law", (1998—1999) 7 J. Gender Soc. Policy & L. 381.

⑳ 见 Richard Posner, "Savigny, Holmes, and the Law and Economics of Possession", (2000) 86 Virginia L.R. 535; Marie-Jeanne Campana, "Vers un langage juridique commun en Europe?", in Rodolfo Sacco and Luca Castellani (eds.), Les multiples langues du droit européen uniforme (Turin: L'Harmattan, 1999), pp.7—34.

㉑ 见 Eric Pederson et al., "Semantic Typology and Spatial Conceptualization", (1998) 74 Language 557; Michael C. Corballis, "The Gestual Origins of Language", (1999) 87 American Scientist 139.

㉒ 见 Pederson et al., supra, note 21, p.557.

㉓ 见 George P. Fletcher, "Fair and Reasonable: A Linguistic Glimpse Into the American Legal Mind" in Sacco and Castellani, supra, note 20, pp.57—70.

共振峰和"沉默权"(*droit muet*)无限广泛地存在着。[24]

符号学的竞争

导言

对我们而言,认识到这些语言、文字和图画为了获得地位而处于相互竞争的状态,是更加重要的。强调语言和文字打击了偶像崇拜,具有冲击力的图画使我们不再相信"僵死"的文字和"空洞"的语言。[25] 当圣约翰第一次对文字与语言进行区分时表达了这一点,然后还使这两者与图画对立("语言成为肉体)……我们也见过他的荣光",《约翰福音》1.14)——或者"耶稣在信徒们眼前制作了他的符号"《约翰福音》1.30)。[26]这是犹太教(非文字的)、伊斯兰教(非语言的)和欧洲基督教(具人形的)观点之间决定性的差异。[27] 同样,这些符号学观点在反映在上帝在两块碑上所铭刻的"法律文字"中,它们集中关注伦理内容[28];反映在赋予不识字的穆罕默德[29]的超人类语言的美感中("法律的音乐")[30];也反映在中世纪的图示法律"萨克森明镜"(the Saxon Mirror of 1230s)*中[31];或者反映在任何英国和欧洲大陆的大教堂中。

不要回溯那么远。即使在今天的家里也能看到和听到这些差异。天主教徒和新教徒能够根据对语言、文字和图画的不同感觉而轻易地区别开来。路德的"他们不应该改动语言"(the word they should let stand)和他的"唯独圣经"(*sola scriptura*)与天主教的"这是我的身体!"(*hoc est*

---

[24] 见 Rodolfo Sacco, "Legal Formants", (1991) 39 Am. J. Comp. L. 1 & 343; Rodolfo Sacco, "Droit muet", Rev. trim. dr. civ., 1995, p.783. 英译本见 Rodolfo Sacco, "Mute Law", (1995) 43 Am. J. Comp. L. 454.

[25] 见 Erik Jorink, *Wetenshap en werelbeld in die Goulden Euw* (Hilversum: Verloren, 1999).

[26] 也见 John 1, 6: "what we have seen with our eyes", "what we have touched with our hands".

[27] 见 Bernard Weiss, "Exotericism and Objectivity in Islamic Jurisprudence", in Nicholas Heer (ed.), *Islamic Law and Jurisprudence* (Seattle: University of Washington Press, 1990), p.56.

[28] 见 Erich Zenger, *Am Fuß des Sinai*, 2d ed. (Tübingen: J. C. B. Mohr, 1998), p.134.

[29] 见 Desmond Manderson and David Caudill, "Modes of Law: Music and Legal Theory" (1999) 20 Cardozo L. R. 1325; Wayne Alpen, "Music Theory as a Mode of Law: The Case of Heinrich Schenker, Esq.", (1999) 20 Cardozo L. R. 1459; Carl Weisbrod, "Fusion Folk: A Comment on Law and Music", (1999) 20 Cardozo L. R. 1439; Frigyesi, *supra*, note 16.

[30] 见 David Kermanin, *Gott ist schön: Das ästhetische Erleben des Koran* (Munich: C. H. Beck, 1999).

* 《萨克森明镜》是中世纪日耳曼习惯法法典。——译者注

[31] 见 Klaus Luig, "Staat und Recht in den Emblemen yon Andrea Alciato (1492—1550)", in *Festschrift Großfeld*, *supra*, note 1, pp.727—744.

enim corpus meum)或者"看见上帝的羔羊"(see the lamb of God)完全不同。㉜ 比较符号学是比较法的核心。如果忽略比较符号学,我们将会错过重点,而且将认识不到我们在其他文化中能够根据它们的社会地位而发现语言的真实对等物。在这些文化中,仪式和象征可能意味更多,而且造成更多深远的影响(如毛泽东在辛亥革命开始之地——中国中部武汉的长江游泳,从而开始了"文化大革命")。符号学体系充分表现了与概念化的词汇表的不同范围,这些概念化的词汇表与新的观念、细微的差别和精湛的技术的缓慢积累相匹配。文化很清楚地表明符号是"为我们的观念所自行铭记的能力"。㉝ 因此,他们倾向于使其成员习惯于从其童年开始作为主导的符号学体系(考虑到威廉·华兹华斯(William Wordsworth)的公式:"孩子是人类之父")。㉞ 符号的这种根深蒂固的潜意识的地位,赋予观念地位或形成观念,从而赋予主流意识形态特定的尊严。

口语与书写

单就语言而言,口语与书面语的不同地位、"语言学转向",都是比较法学家需要首先解答的谜题。在此,我们不需要走太远就能找到例子。㉟ 考虑一下德语和英语中口语和书面语之间距离的不同就可以。德国人言如其书,书如其言,都是逐字逐句的。英国人则以不同的方式进行言说和书写——按照发音地进行。现在考虑一下英国、法国和德国法庭意见书的不同样式。㊱ 在英国,高等法院通常以一种高度个人化的口头表达来发表他们的意见。甚至今天,上议院的意见仍被称为"演说"。㊲ 在法国,法官只给出简短而抽象的书面意见,"几何学般的"(more geometrico)。在德国,他们以特别的具有拉丁文传统的语法形式

㉜ 参见 Händel's (1685—1759) aria "Meine Seele hört im Sehen" (= "my soul hears when seeing")。Händel 是早前的法律学生。文本来自 Brockes, a lawyer-poet (1680—1747)。

㉝ William Wordsworth, "Expostulation and Reply", in *Selected Poetry of William Wordsworth*, ed. By Mark Van Doren (New York: Modern Library, 2001), p. 79 [1798] (hereinafter Selected Poetry)。

㉞ Id., "'My Heart Leaps Up When I Behold'", in *Selected Poetry*, supra, note 33, p. 445 [1807]. Id., "The Solitary Reaper", in *Selected Poetry*, supra, note 33, p. 469: "The music in my heart I bore/Long after it was heard no more" [1807]。

㉟ 见 Tony Weir, *Wise Men's Counters* (Münster: Westfälische Wilhelms-Universität Münster, 1998), p. 14。

㊱ 见 Hein Kötz, "Über den Stil höchstrichterlicher Entscheidunge", RabelsZ, 1973, p. 245; Basil S. Markesinis, "A Matter of Style", (1994) 110 L. Q. R. 607。

㊲ 见 Weir, *supra*, note 35, p. 17。

制作长篇的"论文",通常使用糟糕的德语。㊳ 在英国,我们能够发现大量的不成文宪法,而在德国和美国则是成文宪法。

有陪审团参加的美国庭审显示出口语和书面语的又一个显著差异。㊴ 法官口头指导陪审团,陪审团成员通常并不阅读法条、法律图书或者法律评论文章,并且他们不要求参加法律资格考试。法庭中人声嘈杂,还包括肢体和象征语言——只有长期处于这种文化中的人才能合理理解和预期所有的这些语言。书面语的影响正在减弱,书面语不能传神地描绘图画,抽象符号体系的抽象寓意对陪审员只具有微小的作用。陪审团是否从口头讨论中适用了法律或发现了法律仍是有争议的。陪审团无需给出理由,因此没有书面判决,这导致了另外一种司法审查的方法。陪审团不仅代表了非职业与职业的差异,而且代表了另一种关于口语与书面语的观点。它削弱了书写文本的力量。这就是以文本为导向的并局限于文本的欧洲法律人从未停止过对美国陪审团制度的质疑的原因。

作为"外衣"的语言

符号学体系相当稳定,这些体系是社会组织在空间和时间中的结构。它们是仪式,这些仪式表现出感情上的稳定性、更高的权威形象和"因为它是书面语"而获得的合法性形象。只需要考虑一下在英国适用的"英制度量"和与此相对的欧洲大陆的米制度量(metric system)的持续存在,以及左侧驾驶与右侧驾驶的持续存在。

符号学体系是时间和空间的结构,在时间之沙上留下脚印(通过霍姆斯的"辨识之眼"(discerning eye)发现)。但是,它们从未客观地描绘。这样的体系既是主观也是客观的现象,主观现象不再仅仅是错误的幻觉,客观现象也不再绝对正确。它们都是现实的㊵。它们始终相互互动,就像当一些特定的颜色彼此并列时所产生的不同视觉效果,或者像台球经常在彼此碰撞或碰到垫子之后朝不可预测的方向滚动那样。没有一个词语是孤岛一座。㊶ 一个词语不仅仅是语言符号,

---

㊳ 见 Olivier Beaudand and Erik Volkmar Heyen (eds.), *Eine deutsch-französische Rechtswissenschaft?* (Baden-Baden: Nomos, 1999). 参见 Bernhard Großfeld, "Book Review", JZ, 2000, p. 249.

㊴ 见"The Common Law lury", (1999) 62 L. & Contemporary Problems, No. 2.

㊵ 见 Daston, *supra*, note 39, p. 109.

㊶ 见 Robert Spoo, "'No Word Is An Island': Textualism and Aesthetics in Akhil Reed Amar's The Bill of Rights", (1999) 33 U. Richmond L. R. 537.

还是"动态之流"[42]的一部分。这一"动态之流"需要的远远超过错误的逐字逐句阅读的方法,因为这一方法导致武断的解释学选择。我们不能将语言作为"文本本位"的比较法学家的一个排他性的"选择工具"[43]。语言没有提供安全的基础,而经常是"语言就像狭窄的街道,别管语言,只管行动"(John Lydgate,1370? —1450?)。

因此,我们不得不转向图画。[44] 正如我们思考的方式是隐喻式的,隐喻是所有法律之母。[45] ——隐喻"产生"意义。[46] 图画是语言的外衣。图像是故事背后的事实,它们有权被看到和听到。[47] 如果不考虑到这一点,将法律置于抽象的语言和文字世界,我们就是在创造法律的"拜物教"。[48] 法律语言倾向于美化世界,将它自身视为幸福的基础。几乎没有听到过存在失败者。这就是为什么"文学与法律"研究如此重要的原因[49]:当它将"法官"定义为"社会的裁缝"[50]或者将法律作为"苦难的秩序"时[51],它向我们展示了法律黑暗的一面。

---

[42] 见 William K. Wimsatt, *The Verbal Icon*:*Studies in the Meaning of Poetry* (New York:NoondayPress,1958).

[43] 见 Spoo, *supra*, note 41, p.544. 参见 Jack Hiller and Bernhard Großfeld, "Comparative Legal Semiotics and the Divided Brain:Are We Producing Half-Brained Lawyers?", (2002) 50 Am. J. Comp. L. 175.

[44] 见 Bernard Hihhits, "Making Sense of Metaphors:Visuality, Aurality and the Reconfiguration of American Legal Discourse", (1995) 16 Cardozo L. R. 229.

[45] 见 Vivian G. Curran, "Metaphor Is the Mother of All Law", in Roberta Kevelson (ed.), *Law and the Conflict of Ideologies* (New York:Peter Lang, 1996), p. 65; Bernhard Großfeld, *Bildhaftes Rechtsdenken* (Opladen:Westdeutscher Verlag, 1998).

[46] 见 Hibbits, *supra*, note 44.

[47] 见 Othmar Keel, *Das Recht der Bilder gesehen zu werden* (Freiburg:Universitätsvedag, 1992).

[48] 见 Antony Carty, "The Psychoanalytical and Phenomenological Perspectives of Hans Kelsen and Carl Schmitt", (1995) 16 Cardozo L. R. 1235.

[49] 见 Uwe Diederichsen, "Dans le piège juridique—Juristisches aus den Erzählungen Maupassants", NJW, 1999, p. 1904 [hereinafter "Maupassant"]; Uwe Diederichsen, "Martial:Epigramme", in Wilfried Barner (ed.), *Querlektueren—Weltliteratur zwischen den Disziplinen* (Göttingen:Wallstein, 1999), p. 48; George A. Martinez, "Philosophical Considerations and the Use of Narrative in Law", (1999) 30 Rutgers L. J. 683.

[50] Diederichsen, "Maupassant", *supra*, note 49, p. 1908, n. 64.

[51] Bernhard Großfeld, *Recht als Leidensordnung* (Opladen:Westdeutscher Verlag, 1998), p. 1.

书 写

书写的权威

我们在一般意义上讨论语言,但是,事实上我们几乎只涉及书面语,甚至在某种程度上,有时我们忘记了如何使用声音;书面语或者文本主义是当今的风尚。我们坚持"文字本位"(*homes dela letter*),即使是在学术会议上,我们也是提交论文。口语已经失去了基础地位,文字取代了口语。[52] 尽管华兹华斯告诉我们"所有的口舌之事都是可控制的"[53],但经过文字训练的法律人特别是法学教授(法学讲座教授),已经对"声音的力量"失去了感觉。[54] 在西方世界,所有文字类型就像运算法则一样,已经成为主流("根据圣经","因为它是书面语")[55]。不足为奇,因为书写是更强的符号体系,从而超越了时间和空间。语言、图画和仪式消失了,但文字却永远地留存下来。[56] 这使得文字能够产生文化认同和显得"神圣"。因此,"圣书"不仅反映生命,它们还"创造"生命(想想圣经中的"生命之树")。

然而,符号的权威力量和可信赖性在不同的文化中却各不相同。例如,如果上帝之名(16-5-6-5)只能以神圣的希伯来文字的形式出现,这些文字就取得了主导性的地位,即它们与上帝之名(以及数字)不可分离地联系在一起。作为"经书宗教"(文字确定信仰)的信徒,我们始终被教导在"经文"中发现终极真理。文字引入了一个抽象的视角,从而取代了我们所感知到的现象。我们获得了一种文字视角,而不是现实视角。更高的真理并非发现于现实世界中,而只能在书面文本中被发现。一种陈述是真实的是因为它是书面的:这是一种表述行为的书写。[57] 阅

---

[52] 见 Kathryn M. Stanchi, "Resistance is Futile: How Legal Writing Pedagogy Contributes to the Law's Marginalization of Outsider Voices", (1998) 103 Dickinson L. R. 7.

[53] Wordsworth, "On the Power of Sound", in *Selected Poetry*, *supra*, note 33, p. 36.

[54] *Id.*, p. 35.

[55] 见 David Berlinski, *The Advent of the Algorithm: The Idea That Rules the World* (New York: Harcourt, 2000).

[56] 见 Brian Stock, *The Implications of Literacy* (Princeton: Princeton University Press, 1983); Großfeld, "Rechtsvergleichende Zeichenkunde: Gottes Name/Gotteszahl", Zeitschrift für vergleichende Rechtswissenschaft, 2001, p. 90.

[57] 见 Jan Assmann "Inscriptional Violence and the Art of Cursing: A Study of Performative Writing", (1992) 9 Stanford Literature R. 43.

读、学习、信仰和背诵取代了日常的经验。[58] 结果是图书馆扮演了社会基础的角色。今天的法律学者也是这一过程的自然结果。他们是书写的产品,他们用符号体系进行思考,图书馆经验取代了生活经验。一种典型的认知锁定!

书写的自主力量

当文字发挥了一种隐藏的影响力时,书写的力量就变得更加强大了。文字的这一影响力既不能被作者完全控制也不能被读者完全理解。符号之间、符号与外部世界之间自主地相互作用。它们描绘了一种更加抽象或者以图示形式出现的世界观,以及关于这世界将会如何以及应如何被看待的观点,希伯来语与中文书写就是这一命题最好的例证。[59] 它们对不同读者具有不同的影响。母语使用者解释书面文本更加深入,赋予文本更多的联想,相反非母语使用者连理解论题都很困难。[60]

书写的弱点

书写的优势与弱点并存。[61] 鉴于书面语通常更加抽象,因此是一种较为低劣的表达形式。与口语相比,书面语留下了理解的空白。并非言辞本身赋予口语以意义,而是语音、重音、语调和语速。这是语词背后的音乐,音乐背后的激情,激情背后的人(想想眼神的交流),以及对即时反应的接纳(例如观点的交流)。加上手势,增进了理解和共识的达成。口语使法律亲切,并给人感觉法律是逐字逐句被制造出来的。[62] 所有这些都在书写行为中失去了。书面文本是罐装果酱,它们的味道无法与新鲜水果一样。而且,问题仍然存在:我们是否只能从天空中回忆起我们第一次写入其中的事物? 书写是否是一个关了门的商店或者一个自我指涉的体系? 在任何意义上,书写都使翻译更加困难。越抽象的表达就越会有更多的方式为其添加不同的图画。

---

[58] Jan Assmann, *Fünf Stufen auf dem Weg zum Kanon: Tradition und Schriftkultur im frühen Judentum und in seiner Umwelt*, (Munich: LIT Verlag, 1999), p.1.

[59] 见 Hiller and Großfeld, *supra*, note 43.

[60] 见 Y. Horiba, "Reader Control in Reading: Effects of Language Competence, Text Type, and Task", (2000) 29 Discourse Processes 223.

[61] 见 Bernhard Großfeld, "Language, Writing, and the Law", (1997) 5 Eur. R. 383.

[62] 见 Hibbits, *supra*, note 11.

理性与书写

因此,书写很容易与更高的"理性"等同。[63] 中世纪的修道院支持了这一倾向。这一建筑造就了其居住者(歌德,1794—1832)。[64] 特别是圣本笃修会的僧侣被建筑几何结构包围着,通过数字(数学的和谐)和书写(抄写圣经)可见其理性。口头表达处于附属地位,谈话也被限制(缄默的义务)。[65] 不足为奇,罗马法变为成文的理性(ratio scripta)———一种书写出来的"理性",但也是来自于书写的"理性"。它并不是不识字的大部分人的"理性",而是一小部分人(约1%的人)的理性[66]以非常特别的、文字的方式表达的理性。书写甚至统治了语言。现代德语相当多是由马丁·路德通过翻译圣经创造的(作为一种识字能力的语言)。[67] 路德的"唯独圣经"(sola scriptura)使德语成为一种书面语言(Schriftsprache)。记住:德国人言如其书!

路德的"唯独圣经"的宗教观念对与律师和法学教授来说更重要。两者都是文字本位而不是语言本位。律师们像学生一样,在相当长的时间中所学的关于其工作的知识几乎全部来自图书馆(作为书籍崇拜的法律)[68],因此致使其忽视了利德盖特(Lydgate)*的具有决定性的"dede"。他们成为书写系统的"奴隶",被囚禁在符号的"镜屋"中。他们所受到的训练使其将虚拟的符号世界作为事实的真实世界,正如他们的"实体化"倾向中所表现的那样。例如,法人一词就是自然人的拟制。我想起一个相当著名的法律电视节目主持人(tele-don)曾告诉我们:文件是这个国家的支柱!这对于采取肤浅而简单的比较法方法的人来说

---

[63] 见 Hiller and Großfeld, *supra*, note 43.

[64] Johann Wolfgang von Goethe, *Wilhelm Meisters Wanderjahre*, bk I, ch. 2 [1829]. 德语文本:"*das Gebäude hat eigentlich die Bewohner gemacht*".

[65] 见 Dom Johannes von der Laan, *Der architektonische Raum* (Braunschweig: Vieweg, 1992); Richard Padovan, *Dom Hans van der Laan: Modern Primitive* (Braunschweig: Vieweg, 1994). 也见 Ingeborg Flage, "Stonehenge in Vaals", *Frankfurter Allgemeine Zeitung*, 21 August 1999, p. 44.

[66] 见 Gottfried G. Krodel, "The Opposition to Roman Law and the Reformation", (1993—1994) 10 J. L. & Relig. 221; id., "Luther and the Opposition to Roman Law in Germany", (1991) 58 Lutherjahrbuch 13.

[67] 见 Hans Rothe, "Was ist 'altrussische' Literatur?" (Wiesbaden: Westdeutscher Verlag, 2000), p. 9.

[68] 见 Frederick C. DeCoste, "Retrieving Positivism: Law As Bibliolatry", (1990) 13 Dalhousie L. J. 55.

* 利德盖特(John Lydgate),约1370—1450,英国诗人。

是特别"有益处的"。没有认识到书写的影响,就不会意识到并实现书写对内容所产生的影响。[69] 这使比较法简单而具有科学性但并不可靠。

书写风格与解释学

不同的书写风格需要并创造不同的解释学。[70] 解释学具有特定的符号,依赖于符号环境(或者地理环境)。[71] 当我们的字母与中文的方块字比较时,这是显而易见的。[72] 甚至在比较希伯来文与拉丁文(起源于希腊文)字母时也能发现差异。希伯来文字母只包括辅音而没有元音,因此为解释留有较大余地。因此,解释的目的并不是为了发现书面文本的唯一含义。发现更多可能的含义的和对一个具体情形作出灵活解释的解释者会得到赞赏。阿拉伯字母(也没有元音)具有相似的效果。对于拉丁文字母,情况就不相同了:元音普遍存在,通过交换元音改变含义是不可能的。显而易见,这种更加僵化的书写结构导致寻求文本的唯一含义。过去的书面材料也更难适应今天的需要。因此,鉴于这些符号诱发的不同假定,此处与别处的法律文本并不相同,而且具有另外的效果。法律文字或流畅或刻板,并根据"文字的次序"产生不同的结果。准确地翻译不同文本几乎是不可能的。

加之存在解释学的差异,这已经成为一个共识了。[73] 当涉及书写时,这些差异达到了新的均衡。一个在更加抽象的层面被使用的表达会是在表达其字面意义上吗?抑或其需要被"去修辞"(de-rhetoricized)?我们看到了故事背后的真相了吗?我们可能将其考虑其中吗?我们都知道欧洲大陆与英国解释方法之间的差异。[74] 在欧洲大陆,成文法具有最高地位,而且被作为宽泛解释和广泛类推概念的起点。在英国,却是

---

[69] 见 John Goody, *The Logic of Writing and the Organization of Society* (Cambridge: Cambridge University Press, 1986).

[70] 见 Arndt Teichmann, "Die 'Europäsierung des Zivilrechts' und ihre Auswirkungen auf die Hermeneutik", in *Festgabe Zivilrechtslehrer* 1934—1935, ed. by Walther Hadding (Berlin: Walter de Gruyter, 1999), pp.629—648.

[71] 见 Bernhard Großfeld, "Geography and Law", (1984) 82 Michigan L. R. 1510.

[72] 见 Jack A. Hiller, "Law, Language, Creativity and the Divided Brain: Are We Producing Half-Brained Lawyers?", in *Festschrift Großfeld*, supra, note 1, pp.365—81.

[73] 见 Günter Abel, *Sprache, Zeichen, Interpretation* (Frankfurt: Suhrkamp, 1999).

[74] 见 Harm-Jan De Kluiver, "Harmonisation of Law, Substantive Review and Abuse of Rights in the EC—Some Observations from the Perspective of EC Company Law", in Reiner Schulze (ed.), *Auslegung europäischen Privatrechts und angeglichenen Rechts* (Baden-Baden: Nomos, 1999), pp. 47—61.

另外一种方式,"尽可能贴近文本含义"被作为一项黄金规则。[75] 立法者的目的并非使成文法易于理解,而是"尽量使决定曲解法律的人无法做到这一点"。[76] 成文法的语言不应该在类似的情景中得到相同的适用:"问题不在于议会曾经瞄准的是什么,而在于它已经击中了什么。"[77] 我们发现另外一种使用立法材料的方式在德国相当时髦,而在欧盟法中则被排斥,在英国也很少见。在这里,相同的文本(通过翻译)不可避免地具有不同的含义。

时间之流

在解释书面文本过程中解释学具有核心地位。是否这是因为只有当我们使用另外一种文化的解释学时我们才能够有机会发现一个文本的当代含义?我们能否以解释学的方式跨越时间?这对于在时间中表现出稳定性的书面法律文本来说是最重要的,即使不变性并非法律的一个适当特征。[78] 法律是时间的作品(过去和现在),而且是传统与当下观念之间的一个持续对话。如果想要获得理解的话,我们不得不抓住这些时间之流的动态。[79] 否则,我们就失去了另一个时代的文本,错过了绝对奇妙的过去。我们忽略了"代代相传的治权"。[80] 我们也忽视了任何法律为了生存"必须要被其统治的每一代人所接受"。[81] 或者,用霍姆斯的语言表达同样的涵义,"当代有权利尽其所能进行自治"。[82] 制定法律者的死亡之手(dead hand)以及"法律重构者的死亡之手"插手当今的问题,而且总是以创造一种新的含义结束。[83] 比较法需要聆听法律的当代受托人做的与过去的文字之间的对话。比较法学家将法律作为社会音乐和"魔笛"来聆听。这种模糊不清的时代错乱导致了模糊不清的比较法。

---

[75] 见 Roderick Munday, "The Common Lawyer's Philosophy of Legislation", (1983) 14 Rechts theorie 191.

[76] Weir, *supra*, note 35, p.21.

[77] *Ibid.*

[78] 见 John C. Blue, "The Government of the Living—The Legacy of the Dead", (1999) 33 U. Richmond L. R. 325, p.329.

[79] 参见 Elspeth Attwooll, *The Tapestry of the Law* (Dordrecht: Kluwer, 1997).

[80] Blue, *supra*, note 78, p.335.

[81] *Id.*, p.326.

[82] Oliver Wendell Holmes, "Learning and Science", in *Collected Legal Papers* (New York: Peter Smith,1952),p.139 [1895] (hereinafter *Collected Legal Papers*).

[83] 见 Blue, *supra*, note 78, p.326.

文盲的例子

难以置信而且相当神秘的符号学体系的力量倾向于描绘一个我们想当然的世界。我们的文化观念被赋予了"文字的神话",并且被律师如此高度地赞誉为是(尽管通常是不经意的)"巫师的徒弟"(想想歌德的诗歌《巫师的徒弟》)。律师们所受到的训练使他们将虚拟体系当作了现实。越擅长虚构,就越会成为高级律师。优雅的语言是律师们的标志,尽管现实生活中不幸正缺乏这些优雅。那么,语言如何能传神地描绘现实?是什么使我们如此确信语言呢?书面语是一种自我实现的预言。在你自己从文字诠释出来的世界中,你是最好的。

这与我在德国法院代理没有读写能力的当事人的经历有关。[84] 对于德国法院来说几乎不可能相信,德国有四百万的成年人是文盲,而且法律应该顾及这一状况。[85] 没有读写能力的人通常并不愚蠢。他们只是不适应我们所称为"文字"和作为智力衡量标准使用的特殊符号体系。文盲迷失在书面语的世界之中。他们中了其并不能拼写的拼写符咒。因此,他们是符号学、智力和规范的遗弃者。

一个基层德国法院,在没有任何先例指引的情况下,拒绝承认订立了关于移动电话的长期标准合同的一位当事人是限制行为能力人,其表述如下:

> 在听取被告方陈述后,对于他们的能力的怀疑已不存在了:他已经澄清,他能够跟得上口头讨论……他的读写能力具有相当的困难这一事实,并未使他的完全行为能力受到怀疑。在辩论中,他所想要表达的一切:他具有很差的读写能力——这并不重要。民法典对于不能读写的人同样承认其民事行为能力,如果他们能够辨别"善与恶"——而且被告能够做到这一点。任何人如果能够清楚地具有鉴别力地陈述事实,并能以口头形式向法庭陈述,他就不是一个孩子。[86]

法官并没有抓住要点。他用口头语和通用语参与辩论。然而,问题并不是关于智力和语言的缺乏,而是关于书写。问题是关于这些形同虚设的

---

[84] 见 Bernhard Großfeld, "Analphabetismus im Zivilrecht", JZ, 1999, p.430. 也见 Bernhard Großfeld 和 Oliver Brand, *Das Recht in Goethes Iphigenie auf Tauris*, . JZ, 1999, p.809.

[85] 见 Shirin Sojitrawalla, "Der Mythos vom Alphabet", *Frankfurter Allgemeine Zeitung*, 17 July 1999, p.10.

[86] Amtsgericht Duisburg, file no. 53/45 C. 434/99, 13 January 2000 (Judge Dueck).

规定和处理它们的能力。在一个并不知晓的特殊的符号体系中,他如何辨别"善与恶"? 既然他无法破译"密码"("法典"),被告只能通过文字的"眼镜"看待世界。

超越语言与书写

逻辑的发展与有机的发展

在德国,我们理所当然地认为源自于文本中的答案应该从逻辑推论中导出。[87] "三段论"一词具有最高地位(在通过逻辑操作"科学地"发现"句子"的真正含义的意义上,正如由奥卡姆的威廉提出的原理*,即 *per* William of Ockham,1280—1349)。这就是法律文本的规则,但过程是不同的,例如对国歌而言。为什么事实应该是这样? 语言的结果是否真的足够牢固而可以作为几何学逻辑推理的基础? 语言是不是神谕(Delphic)? 什么是逻辑与正义之间的联系因素? 对于英语听众来说,这些问题似乎并非像对于德国人那样避讳。因为在英国,逻辑似乎并非是使法律文本具有权威性的标准。

英国可能一直保持一种独特的地位。在大多数其他西方国家,律师被训练以坚信源自于神奇符号的神奇推论。[88] "推理"是语言学咒语或者文字的神秘哲学领域中的领导者。这一标语绑架了思想。"推理"被反复强调,仿佛仅仅重复就能使推理出现。正如公正的概念一样,合理性也是不可翻译的概念:它"像在一定的价值排序中的位置霸主一样起作用"。[89] 典型的是,它们按照其使用者的意图产生作用:"按照我的方式做就是合理的。"这样假客观的且具有强烈偏见的语言,在比较对话中不应该占有一席之地。

上帝的数字

对于逻辑和推理的依赖具有深厚的宗教基础,它始于圣经。希伯莱文的阅读和写书一直是算术和代数的基本训练。上帝之名(the Tetra-

---

[87] 参见 Matthew Finkin,"Quatsch",(1999) 83 Minnesota L. R. 1681.

* 这个原理表述为"如无必要,勿增实体",即 Entities should not be multiplied unnecessarily。——译者注

[88] 见 Pierre Schlag,"Anti-intellectualism",(1995) 16 Cardozo L. R. 1111, p.1119.

[89] Fletcher, *supra*, note 23, p.67.

gram)也首先作为数字出现(10 - 5 - 6 - 5 = 26)。不足为奇,这些用数字表示的概念被从这些数字的和数学的符号转换成"单一体",即上帝本身。那个依据尺寸、数字和重量创造万物的上帝,那个数出我们头上每一根头发的上帝是一个不朽的数学家。⑩ 同样不足为奇的是,我们将数学和几何学概念当作为将理解和安排世界的适当工具,从而使世界成为一个和谐的宇宙,因此,这些概念也被持续作为法律概念的核心。⑪

哲学的支柱

这一观点得到来自毕达哥拉斯和柏拉图的强烈支持,如波伊提乌(Boethius,480—524)所说,"你(上帝)用数字规律束缚这些因素。"⑫在"新"阿拉伯数字随着公元 967 年一个西班牙手稿流入欧洲之后,数学获得了其特殊的力量。随着 970 年至 976 年热尔拜尔(Gerbert)在西班牙北部维希的欧里亚克(Aurillac)的研究,这些数字获得了稳固的地位(欧里亚克,即 Aurillac 是教皇西尔维斯特即 Sylvester 二世时期,945/950—1003 年间,一位圣本修笃会的僧侣)。⑬ 随后,伊斯兰思想家,比如阿维森纳(Avicenna)(b. Buchara 980-d. Hamada 1037)和阿威罗伊(Averroes)(b. Cordoba 1126-d. Marrakech 1198)成为这一思想的名义领袖。他们使亚里士多德哲学(对于托马斯·阿奎那而言是"哲学家")进入了欧洲人的头脑(*Latin Averroism*),并鼓励中世纪的泛数学方法(*mos mathematicorum*)和"上帝的几何学"(*deus geometra*)⑭概念,认为上帝从数字、节奏与和声开始创造了世界。⑮ 特别是尼古拉斯·库萨(Nicholas of Cusa, Cusanus, 1401—1464)将上帝的任何本体都等同于几何学。在他的著名的著作《论博学的无知》(*De docta ignorantia*, 1440)中,库萨以无穷三角形(三个相等的且具有无穷边长直角)作为上帝的标志,以此得出关于上帝永恒存在的结论。⑯ 在库萨眼中,数学和几何

---

⑩ 见 Großfeld, *supra*, note 56.

⑪ 见 Großfeld, "Comparative Legal Semiotics: Numbers in Law", [2001] South African L. J. 396.

⑫ Pierre Riche, *Gerbert d'Aurillac: le pape de l'an mil* (Paris: Fayard, 1987), p.47.

⑬ *Id.*, passim. 也见 Iack Goody, *The East in the West* (Cambridge: Cambridge University Press, 1996).

⑭ 见 Bernhard Großfeld, *Zeichen und Zahlen im Recht*, 2d ed. (Tübingen: J. C. B. Mohr, 1995).

⑮ 见 Riche, *supra*, note 92, p.46.

⑯ Nicholas of Cusa, *De docta ignorantia*, XII.

学在任何立基于比较⑰和比较关系⑱的研究中都居于统领地位。而且我们能够断定未来仍将如此。

法律数学

将这些观念引入法律是相当诱人的。数学意指参照一种超自然的秩序,并且因此——以言语联系的方式——对于一个内部世界而言,"就是"(just)正义。抽象观念允许各种通过口头想象方式产生出来的各种相互关系。并且,某一特定符号的权威性(这里指数字和几何图形)被用于增加法律的修辞和提高书记员的地位。因此,通过"启蒙的世纪"(即18世纪)的"几何学原理",它成为用于"解析"法律的德国法律"教义学"的特征。这一方法在萨维尼始自原则的形式逻辑推理的影响下发展到高潮。他的追随者普赫塔(Puchta,1798—1846)和温德沙特(Windscheid,1817—1892),成为这一领域的领袖,尽管耶林反对这种观点。温德沙特(他是1896年颁布的德国民法典的制定中相当有影响力的人物)这样解释他的"法理学"或者"认识论":

> 提取每个观念中的元素以显示它们的智识结构是最重要的。我们能够在更小和更少程度上继续这一做法,这些提取出来的元素自身也包含着更加简单的因素,以此类推。新的法律科学具有尽可能分解各种概念的强烈倾向。而且这是有益的。事实上,对法律的完全理解需要尽量穷尽我们在法律规则中所使用的概念的内容。对于法律规则的严格适用也一样。这一结论来自于计算方法(Rechnung),在这一计算中,法律概念是因数。这些因素所代表的价值越安全,那么,这一计算的结果就越好。⑲

文本主义与数学牵手而行。在大部分德国法学教育中,即使在今天,它们仍占据最高地位。

逻辑的局限

当然,我们理应尊重这些智识努力。我们应该欣赏这些遵循逻辑的

---

⑰ *Id.*, Ⅰ : "*Comparativa igitur est omnis inquisitio medio proportionis utens*" (= 所有的研究都通过运用比例原则的比较完成)。

⑱ *Id.*, Ⅰ : "*Omnis igitur inquisitio in comparativa proportione facile vel difficile existit*" (= 所有的研究通过建立比较关系完成,多少会有些困难)。

⑲ Bernhard Windscheid, *Lehrbuch des Pandektenrechts*, 7th ed., vol. I (Frankfurt: Rütten & Loening, 1891), p. 59.

分析,这些分析的成果之一是德国民法典(*Bürgerliches Gesetzbuch*)。这一分析也是角度之一,尽管我们不再(至少不在相同的程度上)相信"人类"的数学。⑩ 量子物理学⑩、库尔特·戈德尔(Gödel,1906—1978)的"逻辑的局限"⑩以及格奥尔格·康托尔(Georg Cantor)(1845—1918)的"无限集"⑩都是朝向这一再定位的努力。我们对"法律数学"持怀疑态度,我们不相信在法学教育和法律实践中一根筋地关注理性因果、逻辑和分析的简单思维。⑩ 但是,就连上帝也曾彷徨徘徊。我们仍然要学习去理解非分析性思维过程的重要性。这一过程反映了一种日益明显的认知,即有创造力的律师也必须吸收艺术家的思维过程。⑩ 对仅仅具有分析性思维和用半脑(左脑)进行思考的律师的尊重已经日益衰减⑩;律师的控制艺术、直觉和想象的右脑不再是他(她)不发挥作用的部分了。⑩

我们都知道"……法律拒绝科学化是基于其不确定的和不完整的特征"。⑩ 我们甚至可以超越这些:

> 科学家对于理性的主张正是其意识形态的一部分,但是他不可能比女巫猎手或女巫更加理智或者更理性。为坚持其理性,所有其所作所为都是武断地假定其方法是适合于追求知识的每一个人的。这样做的同时,他忽视了那些追求其他方法或具有其他信仰背景的人可获得的智慧。⑩

---

⑩ 见 J. B. Ruhl, "Complexity Theory As a Paradigm for the Dynamical Law-and-Society System: A Wake-up Call for Legal Reductionism and the Modern Administrative State", (1996) 45 Duke L. J. 849; Jan Stewart, *Does God Play Dice*?, 2d ed. (New York: Penguin, 1997).

⑩ 见 Ulrich Hoyer, "Quantentheorie und Kausalität", Horin-Vergleichende Studien zur japanischen Kultur, 1999, p. 211; id., "Klassische Naturphilosophie und moderne Physik", Existentia-Meletai Sofias, 1993—1994, p. 7.

⑩ 见 John W. Dawson, "Kurt Gödel und die Grenzen der Logik", Spektrum der Wissenschaft, September 1999, p. 73.

⑩ 见 Amir D. Aczel, *The Mystery of the Aleph* (New York: Pocket Books, 2000).

⑩ 见 Hiller and Großfeld, *supra*, note 43.

⑩ 见 Graham B. Strong, "The Lawyer's Left Hand: Nonanalytical Thought in the Practice of Law", (1998) 69 U. Colorado L. R. 759.

⑩ 见 Hiller, *supra*, note 72, p. 365.

⑩ 见 Strong, *supra*, note 105, p. 762.

⑩ Vivian G. Curran, "Cultural Immersion, Difference and Categories in US Comparative Law", (1998) 46 Am. J. Comp. L. 43, p. 63.

⑩ Karen Green and John Bigelow, "Does Science Persecute Women? The Case of the 16th—17th Century Witch-Hunts", (1998) 73 Philosophy 195.

不加批判地依赖于数学的危险是通过约翰·劳(John Law,1671—1729)死后在法国发表的具有讽刺意味的墓志铭体现出来的。这段墓志铭写道:"这里长眠着一位著名的苏格兰人,这位无可匹敌的数学家通过遵循代数法则将法国送进了贫民院。"⑩

语言与宗教(*Dieu et mon droit*)

鉴于它们对效率和任何社会的生存具有无可抵挡的重要性,在符号的周围和背后存在一种神话。我们一次又一次地面对宗教:圣言、圣书、圣像。阿尔夫·罗斯(Alf Ross)因此在他著名的文章《图图》(Tu-Tu)中指出语言与宗教的相互作用:

> 通过这一方式,有一点必须承认,我们的术语学和观念在结构上相当类似于原初的神秘思想,这一思想是关于祈求超自然的力量的,而这些力量反过来又可以被转换为实际效果。⑪

宗教无声的影响进一步深入。宗教控制了核心符号学体系的大部分。宗教就是一种符号和仪式的军团。那些不可见之物不得不被成为象征的符号和重复行为(礼拜仪式)所代表(参见 Hebr. 11,1:"信仰是……不可见之物的证据")。这就是为何宗教如此深远地在最真实的意义上如此"至关重要"地与符号学相关(想想前面提到的认知锁定)。宗教经常建立并加强符号的权威性(因此,圣言、圣书和圣像的观念是具有相关性的),以及它们在社会地位中的相互相对位置、它们的可接受性和反证(语言、文字、图画)。宗教也引导解释学。解释学应当严格还是宽松或者对现实环境更加开放?这一文本是否是至上的、自我隔离的?这一文本是否对于传统判断或口头更正(仅仅考虑到口头的律法书)具有开放性?

书写和宗教从印刷术的发明中获得了支持。与此同时它们形成了强有力的三方联合。例如,英文版圣经使经文在思想的各个领域都占据主导位置。圣经同时强化了英语语言的在社会中的至上地位,尽管这一社会在 11 世纪至 14 世纪被讲法语的诺曼人所统治(参见 law-French)⑫。将

---

⑩ Cynthia Grossen, "John Law's Currency System Was Worth Its Weight in Gold", *The Wall Street Journal Europe*, 20 July 2000, p. A6.

⑪ Alf Ross, "Tu-Tu", (1957) 70 Harvard L. R. 812, p. 818. *cf.* Layman E. Allen, "Some Examples of Using Legal Relations Language in the Legal Domain: Applied Deontic Logic", (1998) 73 Notre Dame L. R. 535.

⑫ 见 Karsten Kerber, *Sprachwandel im englischen Recht: Vom Law French zum Englischen* (Münster: LIT Verlag, 1997).

圣经翻译成英语伴随着新的印刷技术的发明。[113]

宗教图像隐藏在许多我们称之为世俗的规则之后(这就是潜在的神学)。德国帝国法院称魏玛宪法中的"基本权利"为"德国人民的圣杯"[114],将美国宪法视为这个"宪法秩序的崇高圣殿"。它被作为"神圣的构造",被当作圣经一样解释(一种宪法的沙特尔大教堂)。[115] 作为契约构成部分的语言的约束力源自于"语言"这一宗教概念。一边是赌博与打赌(没有执行力)与一边是有效力的契约之间的界限是根据宗教而划定的(参看"分配物"、"运气"和"彩票"),尽管通常很难发现这一界限(参见"allotment"、"lot" and "lottery")。正如在歌德的《浮士德》中,赌博成为魔鬼的工作。[116] 我们对于数字和数学的信仰,立基于圣经的阐释:创造本身已经是经过计算的(第一天,第二天,等等)。[117] 正如我们所看到的,启蒙时代的"几何学原理"(*mos geometricus*)受到中世纪泛数学方法(*mos mathematicorum*)和"上帝的几何学"(*deus geometra*)的推动,它们根据尺寸、数字和重量创造了万物。

我们关于金钱的观念也来自宗教祭礼。在这些祭礼中,带有象征动物的代币(pecunia = from pecus)被用于替代真实的祭品(cattle = pecus)。[118] 现代金融市场肇始于教堂税收和教堂经济。使用"教堂的金币"许愿是众所周知的。[119] 利息和复合利息的影响作为全球金融系统的支柱[120]曾是犹太教和基督教及其教义之间产生对抗的中心问题。[121] 现代会计技术(起初是操持这门手艺的人的秘密知识)首先被一名圣芳济会的修道士 Pocioli 于 1494 年在威尼斯公开。[122] 圣芳济会是欧洲第一个公

---

[113] 见 Christopher Hill, *The English Bible and the Seventeenth-Century Revolution* (London:Penguin, 1993), p.7.

[114] *Entscheidungen des Reichsgerichts in Zivilsachen*, vol. CII (Berlin: Walter de Gruyter, 1921), p.165.

[115] Blue, *supra*, note 78, p.329.

[116] 见 Bernhard Großfeld and Oliver Rothe, "Spiel und Wette in Literatur und Recht", Zeitschrift für Vergleichende Rechtswissenschaft, 1999, p.209.

[117] Großfeld, *supra*, note 94.

[118] 见 Bernhard Laum, *Heiliges Geld: Eine historische Untersuchung über den sakralen Ursprung des Geldes* (Tübingen: J. C. B. Mohr, 1924).

[119] Mt 23,16.

[120] 见 John H. Biggs, "The Miracle of Compound Interest: Why Small Differences Make Big Differences", *The Participant*, February 1998, p.2.

[121] 见 Johannes Heil (ed.), *Zinsverbot und Geldverleih in jüdischer und christlicher Tradition* (Muchich:Fink, 1997).

[122] 见 Luca Pacioli, *Summa de arithmetica, geometrica, proportioni et proportionalita* (1494).

共银行(the Monte di Pasci de Siena,1472)的幕后支持者。现代资本主义在相当大程度上得益于加尔文的宗教信条[123]，而且使诸如"圣经和交换"这样的话题进入公共领域。[124] 较为粗略层面的现代版本是安兰德(Ayn Rand)祭礼,这一祭礼将钱币作为其象征。[125] 甚至现代法律的选择理论已近可与神学比较。其中"利益分析"已经成为了某些人的信条,而另一些人将其特征理解为"颤动的沼泽"(quaking quagmire)*。[126]

程序

至此,我们集中关注实体法,而几乎忽视了同样重要的部分:程序法。尽管与玩笑所产生的问题一样,法律也具有这样的问题,但是关键的问题是谁用什么样的方式讲了这个笑话。案件的结果受到律师和法官感情和智识上的法律本能的强烈影响。[127] 尽管少有提及,但非常重要的是律师们的"统一代理费"、"风险代理费"、"计时咨询费"。对于法官来说,公务员结构和他们的职业气质与政治联盟和对重获选举胜利的依赖一样至关重要[128]。这些因素比"任何迷倒那些教科书作者的精致的实体法"分量更重。[129]

程序规则具有类似的有力影响。向法院申诉的权利、诉讼费用的分担(依据法律救济原则,败诉方支付全部诉讼费)、发现事实的方法、法律真实的建立(预审证据交换、交叉询问、米兰达规则)是任何法律秩序都给予关注的核心问题。"如果觉察到程序缺陷而不是实体法缺陷,诉讼各方更有可能认为法律对其处理不公平"。[130] 直到现在,尽管关于比

---

[123] 见 Max Weber, *Die protestantische Ethik und der Geist des Kapitalismus* (Tübingen: J. C. B. Mohr,1934)[1904].

[124] 见 Gerhard Simson, "Bibel und Börse: Die religiösen Wurzeln des Kapitalismus", Archiv für Kulturgeschichte, 1984, p.87.

[125] 见 Jeff Welker, *The Ayn Rand Cult* (Chicago: Open Court, 1999).

* 喻指可能陷入误区的危险。——译者注

[126] 见 Friedrich K. Juenger, "A Third Conflicts Restatement?", (2000) 75 Indiana L. J. 404, p.406.

[127] Hebr.7,12:"祭司变了,法律也有必要改变"。

[128] Mathias Reimann, "Droit positif et cuhure juridique: l'américanisation du droit européen par réception", Arch. phil. dr., 2001, p.71.

[129] Jeremy Lever, "Why Procedure is More Important Than Substantive Law", (1999) 48 Int. & Comp. L. Q. 285, p.285.

[130] *Ibid.*

较程序法的讨论有时显得刺耳,但它也不是总是具有启发性的。[131]

在这一点上,欧洲大陆、英国和美国是不同的。但必须承认的是在任何一个西方国家,律师——如果真的是好律师——都是"事实本位",即"给我事实,我将会给你法律"(Da mihi facta, dabo tibi ius)。事实是神圣。这不仅仅是英国或者美国人的癖好。但是发现和处理事实的方法存在差异。如何发现事实(通过交叉询问)?何时它们会显得重要(米兰达规则)?什么与传闻和当场对质规则有关?[132] 禁止自证其罪或非法获取证据的规则是什么?真正发生的事实重要吗?或者,我们是否只关心在庭审中得以准确陈述的事实?

在欧洲大陆,我们看到了连续的书面法律文本交换,在任何需要获取证据听证之时停顿下来,没有伴随戏剧性的高潮。在英国,庭审的戏剧性特征更加明显。审判是一个重大事件。因此,历史上的普通法陪审团审判继续成为英国的程序特色,尽管陪审团审判在民事案件中是相当罕见的(尽管法庭对允许更大程度上的陪审团审判具有自由裁量权)。陪审团是"幻影之翼,尽管不再展现,却深深地影响了当事人的行为"。[133](一种路径依赖,使我们想起了副歌中所唱的"上帝曾经是……")是否这一连续的传统反映了特定民族对戏剧的偏好?[134] 美国陪审团和美国的审前证据交换、群体侵权、集体诉讼已不需要进一步详细阐述。

这些程序规则是强烈的隐型共振峰,经常没有被注意到。但是对于比较法学家来说结果已经足够清晰了:

> 来自不同传统的律师开始于关于法律应该如何发挥作用的方式的不同的假设,而且,他们带着这些假设进入运用法律的不同方式中。对比较法学家来说最大的问题是清晰地说明什么是来自不同传统的律师们认为理所当然而不想去解释的东西。他必须特别避免在确定事实和它们如何运作之前就对不同法律体系各自的优点进行价值判断。[135]

---

[131] 关于试图缓和这方面研究欠缺的情况见 John C. Reitz, "Why We Probably Cannot Adopt the German Advantage in Civil Procedure", (1990) 75 Iowa L. R. 987.

[132] 见 *Lilly v. Virginia*, (1999) 119 S. Ct. 1887.

[133] Lever, *supra*, note 129, p. 296.

[134] *Id.*, p. 297.

[135] David Edward, "Fact-Finding: A British Perspective", in D. L. Carey-Miller and Paul R. Beaumont(eds.), *The Option of Litigation in Europe* (London: U. K. N. C. C. L., 1993), p. 44.

法律的真理存在于执行中。我们愿意承受多少痛苦、承受多久？比较法应该从这里开始。

路径依赖

上述考察表明：法律远远超越了口头和书面语言的范围，它是刚刚生长的、我们不能解脱的至关重要的环境因素的产物。[136] 依照耶林[137]的理论，霍姆斯使用了"法律的道路"一词来描绘。[138] 但是，我们对我们自己的文化的道路知道得是多么地少，我们对新的技术和商业发展所引发的无声的变化知道得是多么地少？[139] 我们甚至不了解为什么会选择这一道路，我们只是看到有一条道路存在，而我们是路径依赖的。[140] 不可能洞悉非正式约束和激励带来的特征，而且不可能去恰当评价单一路径的力量。

这里没有理由放弃。我们能够辨识大部分的情境因素，我们能够评价它们的存在或者缺失，而且我们能够讨论它们的相互地位——尽管我们不能在我们从来未完全理解的情形下充分地感知它们的相互作用和功能。法律就存在于此，而且它的存在无需解释。过去（the past）不仅仅是事实，它是规范性的。

然而，我们可能发现人们为何遵守法律以及是什么创造了遵守规则的法律义务这些问题的答案。[141] 我们知道，遵从植根于对法律合法性的信仰，而不是基于人们将会被勒令遵守规则之类的判断。符号和图像是给予法律合法性外观必不可少的要素。它们的权威性传达给法律一种神奇的权威性。正确的"拼写"是法律的有魔力的符咒中重要的组成部分。[142]

---

[136] 参见 H. Patrick Glenn, *Legal Traditions of the World* (Oxford: Oxford University Press, 2000), *passim*.

[137] 比较 Rudolf von Jhering, "Theorie der juristischen Technik", in Werner Krawietz (ed.), *Theorie und Technik der Begriffsjurisprudenz* (Darmstadt: Wissenschaftliche Buchgesellschaft, 1976), p.11 [1858].

[138] Oliver Wendell Holmes, "The Path of the Law", in *Collected Legal Papers*, supra, note 82, pp.167—202 [1897].

[139] 见 John A. Makdisi, "The Islamic Origins of the Common Law", (1999) 77 North Carolina L. R. 1635.

[140] 见 Douglass C. North, *Structure and Change in Economic History* (New York: Norton, 1981); Douglass C. North, *Institutions, Institutional Change and Economic Performance* (Cambridge, Mass.: Cambridge University Press, 1990); *id.*, "Institutions and Credible Commitment", (1993) 149 J. Institutional & Theoretical Econ. 11.

[141] 见 Tom R. Tyler, *Why People Obey the Law* (New Haven: Yale University Press, 1990).

[142] 见 Bernhard Großfeld, *Zauber des Rechts* (Tübingen: J. C. B. Mohr, 1999).

比较法学家

之前采取了倒叙方式,现在我们回到话题开始之处,即"比较法学家"。当面对很多问题而语言只是其中之一时,比较法学家能够做什么?在这里,我们需要考虑一些基本问题。

比较

至此,这一讨论已经给了我们对于比较概念的新洞见。如前所述,这一概念起初是在数学和几何学(Cusanus)中形成的。随后作为一种几何学原理(mos geometricus)进入法律。[143] 但我们知道人类既不是数字也不是几何模型。他们不是理想化的抽象形象,不止具有三维。那么如果是这样,比较就具有不同的意义,一种从数学中分离出来的意义。

我们也应该考虑到法律与"秩序"有关。但是什么是"秩序"?那是一种客观状态还是主观感受?它是否具有伦理上的弦外之音或潜在含义?"秩序"是否只是一种环境,在其中我们比较容易依靠个人能力和倾向进行活动?其是否是托马斯·阿奎那感知的"秩序理性"(*ordo rationis*)抑或是帕斯卡(Pascal,1623—1662)设想的"内心感受"(*sentiment du coeur*)?我们能够垂直地抑或水平地安排"秩序",历史地抑或系统地安排或者仅仅是按照数字或是按照字母顺序安排秩序。我们能够在音调和节奏中简单地添加差异。秩序根据功能得出,功能根据秩序得出。但问题仍然存在:如果我们无法客观界定秩序,我们如何比较它呢?我们如何能够比较内在的感觉?什么创造了内在感觉:地理环境、符号体系或技术的发展?这是直觉问题吗?是什么创造了我们的直觉?社会音乐?考虑一下澳大利亚土著人的"梦的道路"和"歌的诗行"[144]——他们还有我们梦想秩序吗?[145] 事实上,这可能是文化的普遍性;秩序作为"美国人的梦","英国人的梦","德国人的梦",一个"全球之梦",一个梦的句号。

---

[143] 关于罗马法背景见 Reinhard Zimmermann "In der Schule von Ludwig Mitteis: Ernst Rabels rechtshistorische Ursprünge", RabelsZ, 2001, p. 1.

[144] 见 Bruce Chatwin, *The Songlines* (London: Jonathan Cape, 1987), *passim*.

[145] Shakespeare, *The Tempest*, IV, 156—158.

功能方法与有机方法

当我们寻求功能时,比较的问题受到更多的批评。在更广泛的语境中,什么是某一特定规则的功能呢?考虑到在实在、符号和思想之间数不清的相互作用,考虑到沿着这一线索可能遇到的各种各样无法预知的牵连,就很难回答这一问题了。表面的努力大量存在,经常提及经济分析、"经济人"和交易成本等概念。⁽¹⁴⁶⁾它们中没有任何一个概念能得到证明。⁽¹⁴⁷⁾无法否认的是,法律不仅是一些诸如自生自发的社会秩序那样的无法解释的发展的产物,而且它还是有目的的计划和功能性的结果。⁽¹⁴⁸⁾但是,我们如何从外部发现这些目的?我们能否从文本中发现目的?当我们转向一种远离我们自己文化的法律文化时,困难会增加。什么是距离的标准?是否不同文化能够共享相同的功能?我们是否可能被误导,将我们自己关于功能的观点误以为是他人的?特别是宗教法,不允许被问及功能,因为这一问题会削弱法律的权威性。法律在上帝之中。⁽¹⁴⁹⁾——上帝不能被功能化。真正应该关注的是将法律挂在嘴边、放在心中,而不是根据人类的理解和一时的需要去界定它的范畴。寻求功能使法律的地位消失。

但是,这是比较法吗?正如我们所看到的,比较是一项困难的任务。我们需要"比较的中间项"(*tertium comparationis*),而我们自称通过功能方法寻找"比较的中间项"。这一功能在此处和他处如何发挥作用?功能不仅仅很难确认,而且如果根据其他文化的成员的理解,目标已经达到,那么,我们又如何能知晓这一点呢?目前在我们这一领域中普遍的文本主义观念并未告诉我们多少关于这一关键问题的解释,因为文化倾向于在外国人面前固守其弱点和忌讳之处。文本方法使人们对精确和安全产生了虚假的印象。

拒绝文本方法并非不理性。替代性方法背后的基本观念是:法律的

⁽¹⁴⁶⁾ 见 William Ewald, "Posner's Economic Approach to Comparative Law", (1998) 33 Texas Int. L. J. 381. 见 Richard A. Posner, "Savigny, Holmes, and the Law of Economics of Possession", (2000) 86 Virginia L. R. 535; Anthony Ogus, "Competition Between National Legal Systems: A Contribution of Economic Analysis to Comparative Law", (1999) 48 Int. & Comp. L. Q. 405.

⁽¹⁴⁷⁾ 见 Catherine A. Rogers, "Gulliver's Troubled Travels, or the Conundrum of Comparative Law", (1998) 67 George Washington L. R. 149.

⁽¹⁴⁸⁾ 见 Piergiuseppe Monateri, "Cunning Passages: Comparison and Ideology in the Law and Language Story", in Sacco and Castellani, *supra*, note 20, pp. 123—141.

⁽¹⁴⁹⁾ 见 Weiss, *supra*, note 27, p. 53.

生长在很大程度上植根于我们不能控制的根基,它们只有部分是普世的。⁽¹⁴⁹⁾ 这一方法将法律发展归因于日常的动态经验,通过渗透性的变动进入符号系统,例如通过引起新的口语元音(在一个没有元音的字母表中),通过鼓励的阅读(如果这是解释学的伦理),通过面对新的挑战(诸如故乡的和离散的族群),通过不断增加的规避法律的、久而久之成为行为标准的实践(参照德国的让与担保),通过新技术的发展(比如因特网)。这是一种作为与功能和理性方法相反的有机方法,或者可能是两者的混合物。

本土观念

情况令人迷惑。法典和条约,只不过是主要来自于过去的不可靠指南。⁽¹⁵⁰⁾ 事实上,世俗文本的历史是衰落的历史。它们如何成为活生生的经验,它们如何影响今天真实的生活?不幸的是国内法律人经常太晚来到我们这个享有荣光的领域。⁽¹⁵¹⁾ 特别是德国法科学生通过历时长而又乏味的职业训练而被迫进入地方性的文本结构中。我们如何才能逃脱文本主义、法律数学和几何学的牢笼?学生们被迫相信这个牢笼就是他们所渴望的"开放国家"。这些学生失去了明智行动和成长为楷模(*hominess ludentes*)的动力。这种情况下的被囚禁者根本看不到囚笼,也看不到外面的青草地。狱中工作就是监狱生涯的基础⁽¹⁵²⁾,而且狱友被训练成为模仿者,因为这是对于建立地方认同来说最快和最舒服的途径。想想,美洲并未以"哥伦布"命名。

存在一种将这些狱友的观念适用于外部世界的强烈倾向,以及按照几何学和囚犯的情感和智识的时间观念去构建这个世界。这些囚犯信徒确实创造和"构建"了这一世界,并且他们自称要发现这个世界。这是一种被称为"法律科学"或者"壳中的世界"的自我指涉的方法。模仿规则事实上创造并构建了世界,那个我们想要去发现的世界,一种所谓"法律科学"或者"壳中的世界"的自我参照的方法。

⁽¹⁴⁹⁾ 见 Bernhard Großfeld, "The Invisible Hand: Patterns of Order in Comparative Law", [1997] South African L. J. 648.

⁽¹⁵⁰⁾ 见 Edwards, *supra*, note 135, p. 44.

⁽¹⁵¹⁾ 见 Pierre Legrand, "How to Compare Now", (1996) 16 Leg. Stud. 223, p. 241.

⁽¹⁵²⁾ 见 Hans-Christof Kraus, *Theodor Anton Heinrich Schmalz* (Frankfurt: Vittorio Klostermann, 1999). 关于评论 Gerd Roellecke, JZ, 2000, p. 198.

移植

当他们最终获得了解放,被监狱似的方式所训练的人们热切地跳到"移植"和"法系"上来。⑬ 最后,某些合理之事看上去可以信赖并上升为标准! 他们发现德国法或者法国法在各地被接受(从南美到中国和日本),发现普通法在异国受到推崇,他们因此而获得了自我满足。⑭ 物以类聚和人以群分,他们也为"在科学性上低等和模糊"的法律输入潮流而感到遗憾。但是移植能有所帮助吗? 没有达到他们想要达到的程度。

诚然,当法律文化从吸收外国观念和通过借鉴外国经验而获得成长时,移植的确存在。⑮ 事实上,在德国法中很少是真正德国的。最近,德国公司法模仿了很多美国法的创新之处。⑯ 法律移植很容易被那些渴望接受新观念的人们接受(这样的新观念总是很少)。⑰ 但是,我们必须谨慎。当移植创造出一种虚假的熟悉感之时,它们很少有用,它们可能会产生"假同源词"(faux-amis)。移植首先是符号的移植(包括最新的内容符号)。因此,它们可能是"脱离语境的法律"。⑱ 脱离了它的文化根基,书面符号还在,但它们变得更加抽象了。这些使它们成为抽象法律理论研究的对象而不是受尊崇的对象和创造性影响力的承载者。这些移植经常主要成为律师和法律教授的法律。这会随着时间改变,正如在从 16 世纪至 19 世纪现代潘德克顿运动(usus modernus pandectarum)影响下罗马法在德国的遭遇。尽管在这一例子中,持久的符号从新环境中默默获得了它们新的内容,但是,这使它们不像"移植"。原始环境和新环境某种程度上的差异使移植的符号获得了另外的意义,这一点不可避免,尽管这通常未被觉察到。文化的魔笛吹奏出了不同的美妙音调:

---

⑬ 见 William Ewald, "Comparative Jurisprudence (II): The Concept of Legal Transplants", (1995) 43 Am. J. Comp. L. 489; Paul E. Geller, "Policy Consideration: Legal Transplants in International Copyright—Some Problems of Method", (1994) 13 U. C. L. A. Pacific Basin L. J. 199.

⑭ 参见 Helmut Janssen, *Die Übertragung von Rechtsvorstellungen auf fremde Kulturen am Beispiel des englischen Kolonialrechts* (Tübingen: J. C. B. Mohr, 2000).

⑮ 见 Alan Watson, *Legal Transplants*, 2d ed. (Athens, Georgia: University of Georgia Press, 1993); Alan Watson, "Legal Transplants and European Private Law", (2000) Electronic J. Comp. L. [http://law.kub.nl/ejcl/44/art44-2.htmlN8] (hereinafter "European Private Law").

⑯ Bernhard Großfeld, *The Strength and Weakness of Comparative Law*, transl. by Tony Weir (Oxford: Oxford University Press, 1990), p. 15.

⑰ Watson, "European Private Law", *supra*, note 156, p. 3.

⑱ Watson, *Law Out of Context* (Athens, Georgia: University of Georgia Press, 2000).

"事情正如其所存在的/是否根据蓝色吉他而改变?"⑩静态符号和动态生活的相互作用导致了不可预知的结果。因此,移植并非可以栖息的壁垒,而是了解符号学内容多样性的邀请。

沉浸(immersion)的需要

根据所接受的本土训练,我们经常从阅读开始比较法研究——想当然认为成文法在文明世界的任何地方都具有相当类似的权威性。这一观点是先验性的错误,但它导致了非常不合意的结果。我们首先将国外的世界视为文字。但是我们应该给予重视的并非美感也并非逻辑或符号系统的持续性。我们关注的是这些符号系统的效力。我们对其了解多少?非常少,我们甚至很少关注它。我们必须进行某种文化挖掘以发现外国文本的意义,即使我们能够确信我们也不能完全确定这些意义是什么。⑯¹这要求深入的文化沉浸,沉浸到目标文化的特性之中⑯²,沉浸于区别一个人类群体与另一个人类群体的"集体性的思想规划"之中。⑯³然而我们不得不承认人类文化是相当难以相互渗透的。文化倾向于自我保留其忌讳之处。为了不至于迷失在"沉浸"之中,"距离"是不可缺少的同伴。⑯⁴

法律中的视差(parallax)

至少一些事实是确定的。法律远非语言和文字,而是更广泛和更错综复杂的经验和希望之网络中的主体和客体。在任何符号系统中,法律文化从不像它们呈现或想要呈现的那样发挥作用。总是存在指代过度和指代不足的符号,一个符号修辞学。法律从未代表完全的生活,总是存在阴影和视差。在这一意义上,"时间是混乱的"。⑯⁵ 因此,任何想准

---

⑩ Wallace Stevens, "The Man With the Blue Guitar", in *The Collected Poems of Wallace Stevens* (New York: Vintage,1990), p. 165 [1937].

⑯¹ 见 Spoo, *supra*, note 41, p. 553.

⑯² 见 Curran, *supra*, note 108. 也见 Bernhard Großfeld, *Kernfiagen der Rechtsvergleichung* (Tübingen: J. C. B. Mohr, 1996). 关于评论,见 Vivian G. Curran, "Book Review", (1999) 47 Am. J. Comp. L 535.

⑯³ Geert Hofstede, *Culture's Consequences* (Newbury Park, California: Sage, 1980), p. 19. 也见 Geert Hofstede, *Cultures and Organizations* (New York: McGraw-Hill, 1991).

⑯⁴ 见 Nora V. Demleitner, "Combating Legal Ethnocentrism: Comparative Law Sets Boundaries", (1999)31 Arizona. L. J. 737.

⑯⁵ Shakespeare, *Hamlet*, I, v, 189.

确使用法律语言或文字的人,都会在这一语言的完全含义上成为一个"偏好秩序"(order-eccentric)的人和一个非中立者。德国诗人克莱斯特(Heinrich von Kleist,1777—1811)在他著名的小说《米歇尔·科哈斯》(*Michael Kohlhaas*)中极好地说明了这一点。

理解的局限

关于法律文化的内部运行及其与"沉默之海"之间的相互作用,几乎不能从外界进入。在何种程度上文化强调公共义务胜过个人权利?[166] 什么是商谈模式?[167] 逃避和规避又如何可能?结婚无效判决已被离婚取代;销售和转售或者一般损害可能会取代受到禁止的利息形式和复式利息形式。[168] 胁迫和敲诈的界限何在?什么样的非法行为被视为合理的?英国的出庭律师如何被遴选成为王室顾问?"丝绸系统"(silk system)的功能又是什么?[169]

我们通常对"校友会"知之甚少。"好的关系"在很大程度上是不可渗透的,在一些文化中"法律和正义之间的冲突"可能超越了我们的期待。"贱民"(Untouchables)让使我们震惊。即使我们面对"民主的体系",也需要进一步考虑——多大比例的人口实际参与了投票?又有多少人将法律视为表达他们世界观的方式?我们对于某种文化为什么以及如何强调等级秩序而非平等或者相反?为什么某种文化鼓励诉讼而另外一种文化则不鼓励诉讼?[170] 对于这些问题我们通常只有有限的知识。有时,我们甚至不问,也不知晓确实令人信服地存在差异。

在美国死刑的"重生"、"南方之树"(Southern Trees)的复活(参见李维斯·阿伦 Lewis Allen 的诗"Strange Fruit")[171],是一个如此令人意想不到的结果。在美国许多州,被判刑的重刑犯丧失了选举权。甚至在彰显

---

[166] 见 Won-Ho Lee, "Kurzer Abriss über koreanische Recht in Vergangenheit und Gegenwart" in *Festschrift Großfeld*, supra, note 1, pp. 687—700.

[167] 见 Jeswald W. Salacuse, "Ten Ways That Culture Affects Negotiating Style: Some Survey Results", (1998) Negotiation J. 221.

[168] 见 Oliver Brand, *Englisches Zinsrecht* (Tübingen: J. C. B. Mohr, 2002).

[169] 见 Frances Gibb, "Watchdog to Check: How QCs Earn Their Fees", *The Times*, 24 July 2000, p.9.

[170] 见 Patti Waldmeier, "Legal Eagles Rule the Roost", *Financial Times*, 11—12 December 1999, p.12.

[171] 在 Reinhard 法官对 *Campbell v. Wood*, (1994) 18 F.3d 662, p.692 (9th Cir.) 一案中所持的疑义中提到的诗进行了讨论。

霍姆斯的"三代弱智足矣"Buck v. Bell 一案中充满令人惊讶之处。[172] 路径依赖很难使那些认为世界是平原的法律人们认识到世界是每天都可重新描述的。提及选举权的缺失,人们是否可能已经接受这样的解释:根据建国前的欧洲法律,剥夺选举权是对重犯惩罚的一部分? 我们是"漠视的百科全书"(encyclopedia of ignorance)的管理者。[173]——或者更加激励人心地说,是"意外的百科全书"的管理者。我们的命运被惊奇操纵着:

> 请记住:人是他的土地的智能,
> 是至高无上的魂灵。同样,也是蜗牛的
> 苏格拉底,梨的音乐家,原理
> 和律法。但问题是:这同一项
> 事物的假发,这昏头呆脑的学究,
> 也是大海的导师吗? 克里斯宾在海上
> 在他的日子里,生出一丝疑惑。[174]

比较的可能性

避免完美主义

在这一方法中也还存在许多其他问题。作为我们的比较客体的"法律"究竟指的是什么? 即使我们回避这一核心问题,我们也许可以问:我们能怎样翻译法律[175]? ——又如何进行比较? 这些问题可以留给皮埃尔·勒格朗(Pierre Legrand)[176]和托尼·韦尔(Tony Weir)[177],尽管还

---

[172] (1927) 274 US 200. 见 Rodney A. Smolla, "The Trial of Oliver Wendell Holmes", (1994) 36 William & Mary L. R. 173.

[173] Ronald Duncan and Miranda Weston-Smith (eds.), *Encyclopedia of Ignorance* (London: Pergamon Press, 1977).

[174] Steven, "The Comedian as the Letter C", *supra*, note 160, p. 27.

[175] 见 Susan Šarčević, *New Approach to Legal Translation* (The Hague: Kluwer, 1997). 关于"传教的"语言学请参见 Brigitte Schlieben-Lange, "Missionslinguistik in Lateinamerika", Zeitschrift für Literaturwissenschaft und Linguistik, 1999, p. 34; Christine Dümmler, "Die übersetzungsproblematik in Missionarssprachwerken aus der kolumbianischen Kolonialzeit", Zeitschrift für Literaturwissenschaft und Linguistik, 1999, p. 100.

[176] 见 Pierre Legrand, *Le droit comparé* (Paris: Presses Universitaires de France, 1999); Pierre Legrand, *Fragment on Law-as-Culture* (Deventer: W. E. J. Tjeenk Willink, 1999); *supra*, note 152.

[177] Weir, note 35, p. 24.

是要引用韦尔的句子:"口语与书面语的区别当然就是对演讲者所言进行口译与对作家所写进行翻译之间的区别。"⁽¹⁷⁸⁾在任何情况下,我们都需要意识到翻译可能通过计算机而获得一个新的维度。突然,语言暴露于一个特殊法则之下,但这一法则并未充分展现人类所思所想。⁽¹⁷⁹⁾一个如此令人印象深刻的工具可能倾向于将无声的变化掩盖在语言学的阴影之中。想想"rule of law(英国的还是美国的?)"一词的翻译,"Rechtsstaat"(德语)和"preeminence du droit"(法语)就是一个例子。⁽¹⁸⁰⁾但是,尽管翻译仍有不完美之处,它仍有可能——至少在面对面的情形之中。⁽¹⁸¹⁾"完美"是一个数理的(比如完美的圆)和逻辑的(完美的证明)概念。不存在与之对应的相对独立的外部实体。我们不应该成为"完美主义者"。因此,返回到那些我们经常忽略的领域寻找机会才是现在适当的行动。

交流的基础

那么,我们怎样才能保持沟通?显然,我们不需要放弃比较的努力。至少,我们应该期待那些意想不到的东西;学习置疑我们的本土方法,这些方法对于其他相关联的领域来说是被想象的。我们应该使自己沉浸于法律体系发挥作用的文化语境当中。⁽¹⁸²⁾同样的,我们学习那些塑造秩序观念和内心感受(sentiment du Coeur)的因素,而且我们可能及时猜测到趋势和倾向。比较法确实是不仅发现他人也是发现自身的初步方法。它打开了整个世界。因此,比较法为跨文化交流创造了基础(尽管不完美)。⁽¹⁸³⁾这表明了一种强大传统,这一传统将法治解释为"加入讨论或辩论的邀请"。⁽¹⁸⁴⁾这就远远超过了"欣赏差异"了⁽¹⁸⁵⁾,而是试图去发现和架设桥梁。⁽¹⁸⁶⁾比较是一种必须加以认真对待的反思,以避免将外国经验、他国的目的和外国的世界观束缚在我们的关于世界应该如何的观念之

⁽¹⁷⁸⁾ *Ibid.*

⁽¹⁷⁹⁾ 参见 William Satire, "Numbers War Between the Continents", *International Herald Tribune*, 6 March 2000, p. 4.

⁽¹⁸⁰⁾ 见 Fletcher, *supra*, note 23, pp. 57—70.

⁽¹⁸¹⁾ 见 Lutterman, *supra*, note 1, p. 77.

⁽¹⁸²⁾ Curran, *supra*, note 108, p. 51.

⁽¹⁸³⁾ *Id.*, p. 50.

⁽¹⁸⁴⁾ Fletcher, *supra*, note 23, p. 57.

⁽¹⁸⁵⁾ Legrand, *supra*, note 152, p. 240.

⁽¹⁸⁶⁾ 见 Markesinis, *supra*, note 1, p. 194.

中。因此,外国法不是我们的奴隶,而是我们的伙伴。但是结果却总是不完美的,因为不可能对人类关系进行精确的比较:

> 如此众多的科学和艺术
> 吹走了这些枯萎的落叶;
> 给你带来了一颗心,
> 它注视着也接纳着。[187]

共享的经验

应该承认,"试图通过比较法的实践作用为比较法正名的努力有时近乎荒唐可笑"。[188] 但是,只要我们并非想要很高的目标,而是立足于现实,比较还是有可能的。[189] 我们应该从我们共享的经验开始。

市场

一个主要的例子是在共同市场环境中同类货物的贸易经验。这一讨论刨除了其他并非市场本位的日常经验。当然,存在一个所谓爱情和婚姻的"市场",但出于我们的目的,人类尊严的概念否认这类所谓的市场。价值判断限制或扩大了每一个观念的含义。

将商品和服务市场作为交换法律观念的共同基础来自于类似的历史事实。欧洲市场开始于 11 世纪,伴随着欧洲商道和朝圣活动的兴起(参见中世纪的"伟大朝圣",去往圣地亚哥康波史泰拉,即 de Compostella 的朝圣)[190],导致了对由教会法和罗马法混合而成的"欧洲普通法"(jus communis)的接受。类似的是,欧洲共同市场推动了欧洲共同法的发展。全球市场提升了商法和国际会计法的重要性。市场传达了经验和世界观,加强了在许多领域、许多语言中的比较,有些比较是交流的绝好方式(超越了声音和书写)。[191] 这就是共同市场创造共同的符号体系(比如重量、量度、货币和法律)的原因。市场也保证符号的标准含义不

---

[187] 这是从天主教的祈祷书中摘录出来的。
[188] Sacco, *supra*, note 24, p. 2.
[189] 比较 Thomas Weigend, "Book Review", JZ, 2000, p. 41.
[190] 只需想想伦敦的圣詹姆斯宫(St James Palace)或者在圣詹姆士街的金斯林宫(King's Lynn)。
[191] 见 Werner Krawietz, "Legal Communication in Modern Law and Legal Systems", in Lucent J. Wintgens(ed.), *The Law in Philosophical Perspective* (Dordrecht: Kluwer, 1999), pp. 69—120.

受干扰,同时,对于保持较低的交易成本和保持顾客和客户之间的可信赖承诺来说,符号是必不可少的。⑩

因此,这一讨论转向根据全球金融市场发展比较法的机会。暂时抛开在国际商法上的激烈争论⑩,我建议将焦点放在会计规则上。⑩

互联网⑩

经由互联网,比较法概念已经获得了新的推动力。互联网缩短了时间和距离。在轻点鼠标之际,带来了所有的文化、各种联系并创造了新的市场,这些又进一步创造了新的规则。但这并不意味着地方差异或个人差异、甚至比较法就不具有任何意义了。全球贸易取决于地方的确定性,并且它是由地方性惯例和执行方式转变而来的。这就是为何源自"全球化"和"地方化"的"市场全球地方化(glocalization)"一词比较可取的原因。

资本市场⑩

全球地方化(glocalization)一词在资本市场中获得了最强有力的表达,在资本市场中根本不存在国境。这里金融业因为因特网的出现而经历一场深刻的转变。我们目睹了在网络空间中虚拟经济的快速增长。互联网远远不只是人们获得信息的消极的社区。如同其他符号体系一样,它一直是一个由"创造其内容"的使用者组成的积极的共同体⑩,这

---

⑩ 见 Claude Ferry, "Market Anthropology and International Legal Order" in *Liber Amicorum Richard M. Buxbaum* (London: Kluwer, 2000), pp. 149—155 [hereinafter *Liber Amicorum Buxbaum*].

⑩ 见 Stefan Grundmann, "General Principles of Private Law and Ius Commune Modernum as Applicable Law?" in *Liber Amicorum Buxbaum*, supra, note 192, pp. 213—234.

⑩ 见 Bernhard Großfeld, "Global Accounting: Where Internet Meets Geography", (2000) 48 Am. J. Comp. L. 261 [hereinafter "Global Accounting"]; Bernhard Großfeld, "Loss of Distance: Global Corporate Governance and Global Corporate Actors", (2000) 34 Int. Lawyer 963.

⑩ 见 William Twining, "Globalization and Comparative Law", (1999) 6 Maastricht J. Eur. & Comp. L. 217; Mireille Delmas-Marty, "La mondialisation du droit: chances et risques", D. 1999. Chr. 43.

⑩ 见 Dagmar Cöster-Waltjen, "Accounting, Auditing and Global Capital Markets", in *Liber Amicorurn Buxbaum*, supra, note 192, pp. 101—112; Gerard Hertig, "Der Einfluss neuer Informationstechniken auf das Gesellschaftsrecht und die corporate governance-Debatte", in *Liber Amicorum Buxbaum*, supra, note 192, pp. 265—82.

⑩ Bernard Hibbits, "Changing Our Minds: Legal History Meets the World Wide Web", (1999) 17 L. & Hist. R. 385, p. 385.

就是其新的内容。投资者的行为变得日益全球化,跨国交易[198]和网络企业越来越多样化。[199] 但是不同的法律文化仍然存在。会计规则是资本全球流动的推动因素之一。这些因素将微观经济的外衣抛于身后,成为在宏观经济行为中占到预想不到的比重的因素。它们是国际金融的基石,是资本市场中宏观正义的保证人。

全球会计[200]

会计的竞争体系

国际结算对于比较法学家来说也成为最具实践挑战的新乐园。这归结于以下事实,即如果能够很容易地跟外国的类似信息进行比较,那么,那些源自结算的信息就更加有用和可靠。如果所有企业使用相同品质的国际结算标准,将会是朝着这一方向迈进的一大步。不幸的是这不是事实。基本上,两个系统相互竞争着存在:欧洲的国际会计标准(IAS)和美国的美国通用会计准则(GAAP)。最初看来,令人放心地是这两个系统都是用英语表达的。这暗示着可能最终存在一个比较法的共同语言基础。[201] 但是,人们必须提出一个重要问题。这是美式英语还是英式英语?这两种语言有什么区别?必须了解它们的不同特质。很难用这两种语言思考任何具有相同内容的法律术语。即使当运用国际标准时,我们也很难将语言问题置于脑后。[202] 另外,会计是一种国际元语言,而"法律"[203]则经常指向一种地方性的环境,这种情况在合同法、财

---

[198] 见 Bernhard Großfeld, "Cross-Border Mergers: Accounting and Valuation", Zeitschrift für Vergleichende Rechtswissenschaft, 2001, p. 1.

[199] 见 Bernhard Großfeld, "Cyber Corporation Law: Comparative Legal Semiotics/Comparative Legal Logistics", (2001) 35 Int. Lawyer 1405; Bernhard Großfeld, and Josef Höltzenbein, "Cyber-Lex als Unternehmensrecht", Neue Zeitschrift für Gesellschaftsrecht, 2000, p.779.

[200] 见 Großfeld, "Global Accounting", *supra*, note 194; Großfeld, "Common Roots of the European Law of Accounting", (1989) 23 Int. Lawyer 865.

[201] 参见 David J. Gerber, "System Dynamics: Toward a Language of Comparative Law?", (1998) 46 Am. J. Comp. L. 719.

[202] 见 Campana, *supra*, note 20, p. 7; Olivier Moréteau, "L'anglais pourrait-il devenir la langue juridique commune en Europe?", in Sacco and Castellani, *supra*, note 20, pp. 143—162; Jacques Vanderlinden, "Le futur des langues du droit ou le dilemme du dernier orateur", in Sacco and Castellani, *supra*, note 20, pp. 193—221; Hans Hattenhauer, "Zur Zukunft des Deutschen als Sprache der Rechtswissenschaft", JZ, 2000, p.545.

[203] 见 Bernhard Großfeld, "Normschaffung und Normvermittlung im Internationalen Unternehmensrecht", in *Festschrift für Marcus Lutter* (Cologne: Otto Schmidt, 2000), pp. 47—60.

产法和公司法中经常出现。

数字的战争[204]

在会计中,目前的现实可以被表述为在欧洲和美国之间的"数字战争"。[205] 我们生活在一个会计语言的巴别塔中,这座巴别塔隐藏了不同的政策目标。这增加了进入各种资本市场的成本,造成了跨国资本流动的低效率。而且,当前国际会计中的不一致,可能成为外国公司不列出他们在美国交易市场中持有的有价证券的理由。然而,致力于使会计标准在全球环境中趋同才是今天的风尚。这项工作的初步阶段已经通过国际证监会(IOSCO)完成。这个协会目前有 135 个成员国。其目标是发展全球范围内可接受的、高品质的金融报告制度。因此那个被大多数比较法学家忽略的主题就一下子进入了人们注目的中心:比较会计规则。[206] 同样地,会计已经进入了宏观经济之中,但仍被大多数的法律人忽略,他们将会计贬损是记账和数点"小钱"(peanuts)。事实上,在全球经济权力、财富和财产的运动中,会计是最有效的符号体系。

互联网和会计的结合已经极大地增加了这一影响。会计激活了与统计相关的权力;它引发了利益并整合利益。这使它成为世界经济中的主要因素,成为评估全世界的资产和公司的需要、跨国并购和金融评级的需要。一个全新的语言世界出现在比较法学家的视线之中。[207]

全球讨论

至此,比较法达到了新的维度。会计规则与公司法相互作用,一个地区的语言与另一个地区的语言相互作用。相同的名字对于信息交换过程中的双方而言具有不相同的意义。恰恰不存在容许这样一个相同含义的"常识"(在其最原初的意义上)。数字的清晰明了常常掩盖了强烈和不规范的潜流。比较法因此成为文化间对话、专业领域和复杂领域形成合意(meeting of minds)的主要工具。

---

[204] Bernhard Großfeld, "Lawyers and Accountants: A Semiotic Competition", (2001) 36 Wake Forest L. R. 167.

[205] 见 Satire *supra*, note 179, p. 4.

[206] 见 Bernhard Großfeld, "Comparative Accounting", (1993) 28 Texas Int. L. J. 235.

[207] 见 Bernhard Großfeld, "Global Valuation: Geography and Semiotics", (2002) 55 Southern Methodist, U. L. R. 197; Bernhard Großfeld, Internationale Unternehmensbewertung Betriebs-Berater, 2001, p. 1836.

191 **互联网的介入**

概念公告(concept release)

美国财务会计准则委员会已经对上述两种标准作了综合性的比较研究,并以此作为深入讨论的基础。[208] 在这一点上,讨论涉及互联网维度。美国证券委员会(SEC)已经开启了一个网上意见交流平台,通过关于在美国认可国际会计标准(IAS)的"概念公告"。[209]

SEC 的举动已经使这一长期持续的争论再度升温。目前,外国公司只在美国会计通用准则(GAAP)的许可下挂牌。直到现在,美国证券委员会都质疑根据 IAS 的数据分析会比较不严谨。一个突出的例子就是研发成本:在 GAAP 之下,公司必须立即核销这些成本,然而在 IAS 之下它们可以随着时间流逝而核销,这就给管理者更大空间拉平未来的收益。一套共同的规则体系将更容易使市场有效率地分配成本,也使在可比较的基础上比较两套规则的不同结果更加容易。如果"收益"在一个国家意味着某种意义而在另一个国家则完全不同,行为能够被如何决定?SEC 的邀请已经将促使统一化的努力发展到了如火如荼的阶段。所有电子邮件意见已经在 SEC 的网站上发表了。这是一个目前为止还不知道有多大规模的国际论坛。发表的言论可能成为"国际法和比较法分析的幸运的工具"。[210] 互联网开启了市场信息,允许我们分享经验。因此,它通过新技术促进了趋同化的过程。

问题

192 公告重申美国对 IAS 的保留。[211] 这使人们认识到,传统比较法中的文本主义并无助益。相反,公告从适当的应用和严格解释中寻求有效性。强调的重点放在投资者和分析家的经验。SEC 将寻求解答的三个概念细分为 26 个问题。

其中三个主要问题是:IAS 是否足够全面? 它们是否具有足够高的

---

[208] 见 The IASC-US Comparison Project: A Report on the Similarities and Differences Between IASC Standard and US GAAP, 2d ed. by Carrie Bloomer (Norwalk, Connecticut: Financial Accounting Standards Board, 1999). 关于相关介绍请见 Donna L. Street and Sidney G. Gray, "How Wide is the Gap Between IASC and US GAAP?", (1999) 8 Int. Account. Audit. & Taxation 133.

[209] 见 www.sec.gov/sitemap.shtml.

[210] Amed Olsora, "Toward an Auspicious Reconciliation of International and Comparative Analysis", 48 Am. J. Comp. L. 669, p.669.

[211] 比较 James D. Cox, "Regulatory Duopoly in US Securities Markets", (1999) 99 Columbia L. R.1200.

品质？它们能否得到严格和统一的解释和适用？那 26 个具体问题关注作为最重要的原则的真实的和公平的观点，以公平的评估确定财产的价值，良好信誉和其他无形资产的有益生命力，规定员工福利的过渡性条款，预期的交易和承诺以及对等合并的概念等等。

当前资产评估工作的结果将会具有更深层的暗示。依据它获得的反馈，SEC 将最终取消目前要求外国公司在美国证券市场挂牌之前需要根据美国 GAAP 重编和重做账簿的做法。结果可能是戏剧性的。如果 IAS 获得承认，那么在德国，目前这两种体系之间的平衡关系将会朝着美国的方向改变。

困难

标准或原则是否应该被视为法律，这一点不会困扰我们，只要它们在任何公平标准之下都具有效力。比较符号学并未被迂回包围。书面语以一系列我们称之为文字的符号进行表达。人们是否就符号所代表的意义达成一致，或者我们仍在巴别塔中使用着原始的手语？[212] 标准如何获得解释——以英式英语的方式还是以美式英语的方式？什么是美国标准——在法官面前还是在陪审团面前？考虑到在公司法方面持续不断的相互作用，这些问题仍然是至关重要的。当面对不同法人概念和不同的对时间的感觉（这是会计的核心问题）时，标准如何发挥作用？[213] 在态度和信仰上的跨文化差异广泛存在，在会计和其他方面都存在。这些差异界定了伦理上的或讲求方法的行为，并且还决定了正式的法典在何种程度上塑造了判决。[214]

我们的方式并没有因为因特网而改变。[215] 法律秩序仍然依赖于共同体对法律和习惯中包含的规则的共识。真实的世界也并未完全与虚拟世界脱节。[216] 意义和解释的参照点将会仍然是实在而不是符号。"当

---

[212] Satire, *supra*, note 179, p.4.

[213] 见 Rosalyn Higgins, "Time and the Law: International Perspectives on an Old Problem", (1997) 46 Int. & Comp. L. Q. 501.

[214] 见 Jeffrey R. Colhen, Laurie W. Pant and David J. Sharp, "A Methodological Note on Cross-culture Accounting Ethic Research", (1996) 31 Int. J. Account. 55.

[215] 见 David R. Johnson and David Post, "Law and Borders—The Rise of Law in Cyberspace", 48 Stanford L. R. 1367; Lawrence Lessig, "The Zones of Cyberspace", (1996) 48 Stanford L. R. 1403; Edward Soja, "Afterword", (1996) 48 Stanford L. R. 1421.

[216] 见 Christopher M. Kelly, "The Cyberspace Separatism Fallacy", (1999) 34 Texas Int. L. J. 413, p.415. 参见 Curtis E. A. Karnow, *Future Codes: Essays in Advanced Computer Technology and Law*(Boston: Artech House, 1997).

用于表示描述或衡量的符号和语言在经验上与现实世界的现象不相关时",甚至程式化的会计体系也将会得到不同的解释。[217] 社会文化因素将会缓慢地改变。[218] 地方性的法律专家知识仍然是关键。[219] 观念上的国际化和全球化还是有限度的。

一 致 意 见

如果我们想保留对比较法学家使命的忠诚,就绝不能忘记我们在研究人类和人类的观念,这些在他们自己的环境中并非是"异国"之物。只要"亚当"指的是"上地",只要文化一词发源于拉丁文"colere, cultus"(耕种土地)的时候,只要"人类是自身灵魂的智者"[220],我们就需要跨越时空的阐释者。我们需要比较法学家作为沟通者和桥梁建造者。[221] 为了适当地完成工作,我们不得不使看不见的沉默的符号的力量变为可听可见。内容由符号表达。

比较的秩序因此远远超出了"国际治理"或者"国际贸易"的概念。[222] 重要的是跨越图示和符号界限形成一致意见(meeting of minds)。[223] 我们所需要的是超越国家界限的新的"万维网"的"路由器"。[224] 这赋予我们未来的机会和任务。我们从来不能够完全转变时空,但是,我们能够比我们目前敢做的走得更远。

---

[217] Mohamed E. Hussein, "A Comparative Study of Cultural Influences on Financial Reporting in the US and the Netherlands" (1996) 31 Int. J. Account. 95, p.95.

[218] 见 Tymothy S. Doupni and Stephen B. Salter, "External Environment, Culture, and Accounting Practice: A Preliminary Test of a General Model of International Accounting Developments", (1995)30 Int. J. Account. 189; Jeanne H. Yamamura et al., "A Comparison of Japanese and US Auditor Decision-Making Behaviour", (1996) 31 J. Int. Account. 347.

[219] 见 Siegfried Böttcher, *Kulturelle Unterschiede: Grenzen der Globalisierung* (Berlin: Duncker & Humblot, 1999).

[220] Stevens, "The Comedian as the Letter C", *supra*, note 160, p.27.

[221] 见 Esin Örücü, "Critical Comparative Law: Considering Paradoxes for Legal Systems in Transition", (1999) 59 Nederlandse Vereniging voor Rechtsvergelijking 1.

[222] 见 Eberhard Dülfer, International Management in Diverse Cultural Areas (Munich: R. Oldenhourg, 1999).

[223] 见 Gardiol van Niekerk, "Indigenous Law and Narrative: Rethinking Methodology", (1999) 32Comp. & Int. L. J. South Africa 208.

[224] Mathias Reimann, "Beyond National Systems: A Comparative Law for the International Age", (2001) 75 Tulane L. R. 1103.

第四编

比较法研究及其理论

第 8 章 理 解 问 题

米切尔·拉瑟

(Mitchel de S.-O.-l'E. Lasser)

比较法学家热衷于哀叹他们研究领域的现状。因此,阅读当代比较法著述就是去见证一系列关于比较法学家被异化的、令人同情的证据。比较法学这一学科已经通过许多方式而被边缘化了。① 因此,"我们比较法学家经常抱怨我们的同事轻视这一工作"②。比较法"在学术圈内部享有太少的威望"。③ 这一学科的"边缘状态"导致了大量有声望的美国法学院的教师中缺少全职比较法学者,而这一现象也反映出了这一学科的"边缘状态"。④ 甚至在美国法学院的课程表中,这一学科也是"边缘学科"。⑤

为了挽救这一明显的边缘化,比较法学家反复强调要采用和展开某些形式的"理论"。⑥ 按照乌戈·马太(Ugo Mattei)和马蒂亚斯·赖曼(Mathias Reimann)的说法,比较法暴露出了"方法论反思和理论基础的缺乏"。⑦ 在皮埃尔·勒格朗和约翰·梅里曼(John Merryman)的对话中,前者谴责"比较领域法律理论的贫乏"⑧,而后者简要地指出:"我还

---

① 见 Günter Frankenberg, "Critical Comparisons: Re-thinking Comparative Law", (1985) 26 Harvard Int. L. J. 411, pp.418—421.

② James Gordley, "Comparative Law in the United States Today: Distinctiveness, Quality, and Tradition", (1998) 46 Am. J. Comp. L. 607, p.615. 梅里曼,在其对勒格朗所进行的、令人愉悦的访谈中说道:"可能存在某种对这种我们同事所从事的工作的重要性的怀疑论": Pierre Legrand, "John Henry Merryman and Comparative Legal Studies: A Dialogue", (1999) 47 Am. J. Comp. L. 3, pp.21—22.

③ George P. Fletcher, "Comparative Law as a Subversive Discipline", (1998) 46 Am. J. Comp. L. 683, p.683.

④ Ugo Mattei, "An Opportunity Not To Be Missed: The Future of Comparative Law in the United States", (1998) 46 Am. J. Comp L. 709, p.709.

⑤ Mathias Reimann, "The End of Comparative Law as an Autonomous Subject", (1996) 11 Tulane. Eur.&Civ. L. Forum 49, p.52.

⑥ 例如,见 Frankenberg, supra, note 1, pp.416—418.

⑦ Ugo Mattei and Mathias Reimann, "Introduction" [to the Symposium "New Directions in Comparative Law"], (1998) 46 Am. J. Comp. L. 597, p.597.

⑧ Legrand, supra, note 2, p.36.

不知道有什么人已经在关于比较法到底是什么这一问题上取得了实质的理论成果。"⑨这一理论需要已经通过许多形式而被提出。如果比较法学家能够发展和展开正确的方法论——不论是功能主义的⑩、经济学的⑪、哲学的⑫、文化的⑬或是其他,比较法似乎就会发现它作为一门学科的正确位置。

这篇论文表达的是我关于如何处理一直困扰人们的比较法方法论问题的思考。它的目的是提供一种坦率的甚至天真的比较法方法论,并使其能够面对我能搜集到的最有力的怀疑性异议。(论文的)核心观点是通过对比较理解的可能性进行最弱的论述而尽可能地挑战并推进方法论。希望这一对质将会提出一些棘手的比较法方法论问题,阐明比较理解所面临的挑战,同时为严肃地且富有成效地应对这些挑战提供一些路径。

分析将按照下面的结构展开。第一部分展现了刻意制造的、关于比较方法论的乐观图景,这些方法论是我最近一些年一直在研究和应用的方法论。据我所知,这一方法论至少包括三个基本因素。第一是一种模糊但强烈的确信:比较法学家能对外国法律体系的概念体系获得某种程度的了解。第二是一种方法论倾向,即了解外国法学家是如何谈论甚至是如何思考的最好方法,就是对这些法学家的法律体系所应用的话语(discourse)展开严谨的文本分析。最后,第三个因素是反实证主义命令,即对这些文本分析的展开——"精读"(close reading)——不应该被局限于由正式的国家机构产生的具有法律约束力的、官方的和公共的工作成果。

第二部分使得这种乐观的方法论图景面临刻意的威胁和怀疑性的异议。这些反对相当引人注意,倾向于否认比较理解的(可能是任何的)可能性。因此,颠覆的不仅仅是第一部分提到的方法论,也可能是任何或所有的比较计划。

---

⑨ *Ibid*.

⑩ 见 Konrad Zweigert and Hein Kötz, *An Introduction to Comparative Law*, 3d ed. transl. by Tony Weir (Oxford: Oxford University Press, 1998).

⑪ 见 Ugo Mattei, *Comparative Law and Economics* (Ann Arbor: University of Michigan Press, 1997).

⑫ 见 William Ewald, "The Jurisprudential Approach to Comparative Law: A Field Guide to 'Rats'", (1998) 46 Am. J. Comp. L. 701.

⑬ 见 Bernhard Großfeld, *The Strength and Weakness of Comparative Law*, transl. by Tony Weir (Oxford: Oxford University Press, 1990); Fletcher, *supra*, note 3.

第三部分提供了一种对我的方法论有益的重构,因为我的方法论受到了第二部分的怀疑性异议的责难、启发和改变。这一重构认可了上述怀疑性批评,并且试图提出一种方法论以回应和研究这些批评。这一重构认为比较法学家应该采取一种"情景特殊性"的方法(situation-specific approach),这种方法促进了比较分析的主体和客体之间具体的、丰富的、具有挑战性的和负责任的融合。

乐观的方法论[14]

同情的理解

我的比较法方法论首先依赖于一种乐观的假设,即比较法学家事实上能够走向并最终进入外国法律体系的概念体系。这一乐观的假设仅仅建立在一些复杂的经验观察基础之上。例如,我曾经遇到过少数、但不是一般的欧洲人甚至一些非欧洲法学教授(顺便提一下,他们并不都是比较法学家),他们差不多完全熟知美国法律体系中的实体法、法理学和话语。因此,对一个外国法律体系的探索和研究能够导致对这一法律体系的概念体系运用自如,就像对一门外国语言持续的探索和研究可能会提高运用此语言和概念的流利程度一样。

详尽的语言分析是在比较中流利地运用概念的关键。事实上,任何一个理性的、有才能的且愿意投入所需的时间和精力的比较法学家,都差不多可以进入一个外国法律体系的语言和概念体系。通过仔细地研究这一法律体系所采用的话语,比较法学家能够发展出一种非常好的、再现语言和概念参照系的感觉,这些参照系构造和组成了这一法律体系的话语体系。其中的一些参照系仅仅是技术性的,因而非常容易掌握。例如,不需要耗费很多精力就可以理解外国法律体系中的刑事诉讼程序的基本结构。因此,这一程序中的某些特定步骤和刑事诉讼机构中某些特定的制度实践者的参照系,就会很快地变得相对没有疑问甚至是清晰的。

然而不需要说,这种关于基本程序的知识只不过是冰山一角。紧随上述相同的例子,在共用的和互相冲突的假设的极端稠密和复杂的背景

---

[14] 我想求得我同事的原谅:接下来的描述,即"乐观的方法论"的提法为我的比较法方法提供了一种目的幼稚而有问题(problematic)的表述,这一方法特别容易受到第二部分中提出的批评的影响。

下,刑事诉讼程序结束了。发展这一背景知识的效用需要一个有效(甚至是无止境)的研究。因此,刑事诉讼程序在一个型构它并被它型构的复杂的社会政治背景中运作。这一背景包括种族、阶层和性别关系,包括过去和现在的政治争论,包括由福利国家提供的服务,包括各种各样的历史发展,还包括"高的"或"低的"文化形式,等等。比较法学家对这样的背景知识越了解,就越能流利地运用比法律体系的语言和概念。简言之,比较法学家必需谙熟外国法律文化。[15]

在文化上变得运用自如(fluent),明显地成为一个主要的任务。此外,事实可能是完全运用自如几乎不可能达到,即便对于与比较法学家自己的法律体系并非"根本不相同"的外国法律体系来说,事实也是如此。[16] 但是,做到如下一点是毫无疑问的:至少在非根本不相同的法律文化背景下,比较法学家能够达到充足的流利程度,从而获得对这些概念参数(parameter)的良好感觉,外国法学家往往会在这些概念参数的范围内和通过这些概念参数,概念化、阐明、争论和解决法律问题。

首先,学习外国法律体系的学生能够认出某些特定形式的论述,并认为它们源自于特定的法律体系或是这一法律体系的特征。识别和认出这些话语和概念特征明显地、或多或少地有些复杂。在一个基本层面,例如,在我为期一个学期的比较法课程中的学生能够学会并且事实上也学会了识别各种各样的法律论述的起源,并且准确性还相当高。例如,他们能够区分被翻译过来的法国、意大利、德国和日本的文本,对于翻译的民法、刑法、行政法和宪法裁决,他们也能区分。简而言之,比较法学家能够学会识别和认出刻画不同的法律体系的话语、论述的和概念特征。

这种在比较中的敏感性和所需要的运用自如也能被推至更加复杂的层面。比较法的学生能够学习去鉴赏进而去模仿或复制特定法律体系中有代表性的论述。他们能够成功地学会以某个法国民事法官或某个意大利"共同核心"的学者或许多法律体系中的许多其他实践者的"风格"来进行论述。这些工作的质量根据比较法的专业知识和才能会明显地不同。比较法学在什么程度上能理解这一点,即在一些语境中必

---

[15] Pierre Legrand, *Fragments on Law-as-Culture* (Deventer: W. E. J. Tjeenk Willink, 1999).

[16] John Barton et al., *Law in Radically Different Cultures* (St Paul: West, 1983); Waiter Otto Weyrauch and Maureen Anne Bell, "Autonomous Lawmaking: The Case of the 'Gypsies'", (1993) 103 Yale L. J. 323.

定会运用某个特定的表达或术语,它与其他的表达或术语相反? 例如,他是否注意到了这一点:在集体负责的(collegial)法国民事司法判决中,从来不会使用第一人称单数"我"(je);但当法国民事法官在他们的"报告"中与同事进行论战时则经常会使用;然而,在法国的学术讨论中,却总是用第一人称复数"我们"(nous)取代? 他能否用法国民法学主流的方式来解释法律是"事实上法官的行为"这一霍姆斯主义的误导之处? 因此,通过比较的模仿的质量取决于经验研究和艺术敏感性的结合。它取决于是否进行了必要的研究,取决于分析者是否对外国法律体系的话语体系的特殊性足够地敏感。

不必多说,很大可能存在这种情形:这样通过比较的模仿会存在瑕疵,在某种程度上,这些瑕疵对于出生和成长在被模仿的法律体系的法学家来说,是可识别的。但是,这并非简单地意味着比较法学家没有获得通向外国法学家在其中起作用的概念体系的有效途径。因此,比如,比较法学家或许能够意识到对这一外国法律体系的其他通过比较的再现所具有的缺陷,也或许能够使用与当地法学家可能使用的术语非常类似的术语来表达这些缺点。⑰ 因此,比较法学能够对法国法律体系的话语体系运用自如,对其中的许多或甚至是大部分的物质性、论述性和概念性的惯例和预期都足够地敏感。

此外,或许结果是,比较法学家能够(尽管只是近似地)将外国体系中的语言和概念翻译成他们的"母"体系。这一翻译,像所有的翻译一样,必定是不自然的和笨拙的。外国法律体系的话语在每一处都拥有一组不同的所指物。每一个词都浸染在它过去曾经被使用的历史之中。每一个概念都是在其他所有的概念所构成的语境中发生作用的。每一制度和制度实践者都嵌入了一系列无止境的关联和参照中。

比较法学家必须设法指出这一语言和概念网络的"密度"和细节;并且,当然也必须指出她的翻译必定是不完善的和不准确的。毕竟,准确地再现原文的唯一方式就是呈现原文。因此,比较法学家必须致力于这一无止境的且最终不可能完成的任务,即几乎在每一处解释每一个术语、概念、制度、程序、特性和类似的方面是如何彼此相关的。她通过脚

---

⑰ 关于对特定概念的最好和最详尽的比较分析,见 Nell MacCormick and Robert S. Summers, *Interpreting Precedents: A Comparative Study* (Dartmouth: Ashgate, 1997)。在这一精彩的文集中,作者做了这样的分析,使读者对——且非常基础的——各种法律体系中关于先例观念之间的微妙差异保持敏感。

注式(或"超文本"的)的解释去充实正在翻译的文本的背景——或甚至是它的前景,又如何能够充分地创作呢? 但是,一个非纽约人能够真的理解伍迪·艾伦(Woody Allen)电影中所指的范围吗? 一个对某一特定时代的法国社会中的上层资产阶级不熟悉的人,如何能够理解普鲁斯特(Proust)的意指呢(signification)? 尽管脚注的广泛使用可以帮助我们解释一些历史的、文化的、文学的、语言的或者其他参考系的意指,但是这些脚注都是卖弄学问的因而将会以其他的方式减损原文。这也就是说,艾伦和普鲁斯特都能够被翻译,但是不完整地;这些翻译很少——尽管显然不是完全——能够清楚表达原文。没有特别的理由让人相信:在法律语境下,比较法学家不会像文学中的翻译者那样做。⑱

文学分析

我一直所提议的上述分析是由对一个外国法律体系的语言和话语的严谨文学分析——或"精读"——所构成的。基本的观点是将一个法律体系中的文本或论述当作严肃的文学作品来处理,因而以一种同样仔细的、详细的和几乎详尽无遗的关注去对待它们。基本的假设是:这些法律文本在超越它们已经具有的相当重要的实体属性之外仍然是有意义的。换句话说,这一文学方法论假设:法律法规、学术论文、司法判决和其他法律文本之所以重要,不仅是因为它们所规定、暗含或命令的实体结果,而且是因为这些文本被创制的方式。这种方法论主张每一个这样的文本都反映了、构建了并展现了它自身的世界观。这一世界观表达了一些特定的观念,这些观念是有关这些文本隐含地或明确地参照——或不参照——的所有问题、论述、制度、特征和类似的方面以及有关它们之间的关系的。简而言之,这一方法论肯定了这一点:法律文本显现了一个隐含的概念体系,通过一丝不苟的文学分析,就会富有成效地,如果是不完全地,使这一体系变得明确。

"精读"则主张通过进行这样一种分析,比较法学家开始能够识别出不同法律文本中各种各样的问题、论述、概念、制度和特征相互关联的方式。她开始能够感知到刻画特定种类的论述或文本的话语和概念类型。这种感知使比较法学家可以分析和识别在一个既定类型的文本中典型地发生作用的所指的范围。她能够正确鉴别学者们是如何描述和

---

⑱ 关于将法律作为翻译过程的有趣描述,见 Lawrence Lessig,"Fidelity in Translation",(1993) 71 Texas L. R. 1165.

概念化立法者、法官或其他制度实践者的角色的、每一个实践者有时如何相互描述和概念化的。甚至最基本的问题也能够给予比较法学家启发性的路径。什么被理解为法律的渊源,以及这样的理解如何随着时间改变?什么是在法律解释与立法之间可被接受的关系?例如,是否适应性的或者现代化的法律解释被归类为立法?是否法律体系中的不同参与者组合在关于此体系中各种各样的实践者的恰当角色方面持不同的观念?在此体系中各种各样的实践者群体之间的分歧是什么?这些分歧是如何呈现的以及它们呈现在什么类型的文本中?这些类型的文本各自又是如何展现自己的?作者的声音是否是试探性的、武断的、个人的、专横的、制度的、同情的、家长作风的、情绪化的、个体化的和(或)公式化的?这些文本关于自己的目的又说了什么?它是如何描述自己的产物呢?它又是如何描绘其与法律体系、政治体系和社会系统中的其他要素之间的关系的呢?

  这些问题以及仔细的结构分析和修辞分析,它们会激发、引起比较法学家对一个外国(或甚至是本国)法律体系的概念参数和话语参数有着更深入的认识。比较法学家开始能够预期论述的类型和概念关系。当一个法国法学家发表关于某种情形如何令人"震惊"的议论时,比较法学家几乎立刻就能意识到,他将会要求法院推翻某项"不公正"的法律规则。[19] 比较法学家也知道当他提及一个"理论上的争议"之时,他正在利用学术上的不同意见来突出一个解释性问题,法庭应该通过适用一种新的和权威性的立场来解决这一问题。[20] 比较法学家也将立刻认识到:当一个法国民事法庭适用笨拙的"但书"时,并非暗示对立的政策利益或者替代解释的可能性,而是正式地反驳一方当事人提出的意见。[21] 比较法学家也能够鉴别:当一个法国法学家提议法庭应该调整或现代化一个特定法典中的条款的解释之时,法学家和法官都不会认为这一提议违反了禁止司法立法的禁令。[22]

  同时,这种"精读"也有助于使比较法学家对法律体系的话语所反映和构建的概念体系中的冲突和紧张保持敏感。例如,法国法学家不断对"发展的"或"公正的"解释与立法作出区分。但是,这些区分并不是

---

[19] Mitchel de S.-O.-l'E. Lasser, "Judicial (Self-) Portraits: Judicial Discourse in the French Legal System", (1995) 104 Yale L. J. 1325, p. 1385.

[20] *Id.*, pp. 1374—1376.

[21] *Id.*, p. 1341.

[22] *Id.*, pp. 1382—1384.

毫无问题的。"精读"揭示了这些脆弱的区分实际上通过一个复杂的概念基础而得以维持。这是这一基础性的概念语境支持和允许这些存有不同问题的区别的维持。

在法国民法语境中,这些概念的基础包括"在其他因素中的"(inter alia)——这一概念基础尤其是由对"法律渊源"的完全基础性的解释所构成的,根据这一解释,只有立法和或许习俗才有资格成为真正的"法律渊源"。这种关于是什么真正构成法律的界定被证明是极其自由地。它允许有意义的、对准则的司法创制和发展,正是因为它拒绝承认这些构成了真正的法律渊源。尽管对其关于"法律"的定义更为实证性的理解,可能包括对准则的司法创制和发展,但是这一定义仍可能因而丧失了法国民法典立基于其上的自由而"灵活"的方法。因此,"精读"能够将比较法学家置于可以识别这一有特色的法国理论谜题的位置,并使他能够鉴别法国理论和实践试图解决或至少拒绝这一谜题的方式。

简言之,"精读"使比较法学家认真对待被分析的法律体系中的语言上和概念主张。这种一丝不苟的分析路径促使比较法学家将所研究的话语推至其最大限度。它还迫使比较法学家使在这一话语中起作用的各种制度、实践者和概念之间的关系形象化,并因此而必须面对这一话语是如何构建这些关系并使它们合理化的。这些通常被证明为具有细微差别并相当复杂的关系因此出现了裂缝。通过这些裂缝,比较法学家能够审视其他概念结构居中调和(或)支持这些和其他关系的方式。"精读"在这一方法上先行了一步,加深并拓宽了比较法学家对法律体系的话语和概念体系或者世界观的熟悉。通过达到对这一话语和概念网络的充分熟悉,比较法学家能及时达到一定程度上熟练掌握这一法律体系的文化。㉓

因此,这种"精读"相当于在法律体系的逻辑方面并根据这一逻辑,试图妥协于这一法律体系的话语和概念体系。因此,它设法阐述对这一法律体系来说在某种程度上是"内在的"一个视角。然而,必须认识到:"精读"也依赖于——并且可能很好地构成了——在某种程度上对这一体系来说是"外在的"方法论。它也是处理和理解此体系的话语和概念参数与关系的各个方面的一种方法。正是这种方法论将语言置于分析

㉓ 概念、参照和形象明显并未终结,它们应该被比较法学家纳入考虑之中。正如勒格朗正确地注意到了:如雅克-路易斯·达维德给正在起草民法典的拿破仑的画像的艺术形象完全可能成为法国法律文化的中心:见 Legrand, *supra*, note 15, p.5.

的中心,然后使用结构主义和修辞的方法来进行这一分析。

因此,至少在我所展开论述的层面上,是与一种特殊的文本阅读方法相联系的,这一方法可以处于"文学批评"的大标题下。它表现为对法律文本的一种"文学理论"立场。[24] 这一立场本身不是科学性的。它只是一种富有启发性的,在我的经验中,还是一种富有成效的方法。它促使比较法学家持续和详细地观察这些法律文本是如何组合在一起的,并因此而在一定程度上了解对于产生它们的法律体系而言这些文本意味着什么。

但这一立场并非没有偏见。它展现了一种被加入分析列表的方法论,这一方法论不是来自于被观察的法律体系的"内部",而是"外部"。换句话说,比较法学家使用这一方法;但是,不管这一方法论多么强调语言是"内在"于法律体系的,它仍然表现为是对"内在"话语体系的一种"外在"视角。这也就是说,这一方法论的确具有一个主要的分析优势:它明显地减少了这样一种程度,即比较分析就是使用对于另一个体系来说显得特殊而负载含义的术语和地方性的概念来分析一个法律体系。[25] 正如我在其他地方所解释的那样:

> 因此,将文学理论作为比较分析的概念框架表现出一些智识中立的外观。然而,这些中立并非没有偏见。更确切地说,文学理论的运用将分析中存在的偏见从一个特定法律传统的偏见转变为另一个学科的偏见。就文学理论倾向于仔细审视语言和文本解释的偏见而言,以及就文本解释是一个首要的司法和法学关注而言,对这些偏见的采用则表现为促进了这一方法和分析对象之间的合理契合。[26]

因此,采用一种文学方法论将分析推向了一个期望的方向:"精读"法律体系的语言和概念关系。

这一比较的文学分析的目标是理解、描绘和刻画被分析的法律体系的、构成性的语言和概念关系。我的方法论因此聚焦于这些问题,即一

---

[24] 见 Mitchel de S.-O.-l'E. Lasser, "'Lit. Theory' Put to the Test: A Comparative Literary Analysis of American Judicial Tests and French Judicial Discourse", (1998) 111 Harvard L. R. 689.

[25] 目光狭隘的概念在比较文本中的发展代表了可能最普遍的、美国对民法法系进行比较分析的失败。见 Mitchel de S.-O.-l'E. Lasser, "Do Judges Deploy Policy?", (2001) 22 Cardozo L. R. 863 [描述了罗斯科·庞德(Roscoe Pound)、约翰·梅里曼(John Merryman)和邓肯·肯尼迪(Duncan Kennedy)正是因陷入了这个圈套而失败了。]

[26] Lasser, supra, note 24, pp.693—694.

种法律文本如何安排和联系特定的术语和概念？以及这些安排和关系如何能够提供这一法律文本和产生它的法律体系的肖像？通过对这一关系进行语法分析和解析，即不同的法律话语模式、不同的解释模式与"支配法律"的、相互关联的解释性决定的不同模式之间的关系，这一文学方法论试图潜入到一个法律体系的语言和概念体系的深处，从而在一定程度上了解法律体系对自身的理解是如何起作用的。结论性的分析和解释应该描绘法律体系中多个实践者与他们的多个角色之间的关系，正如在他们的话语中所描绘的和在他们的概念体系中所构建的那样。

非实证主义的素材

当我提倡的比较文学方法论试图分析法律文本以理解产生它们的法律体系的叙述时，就会出现这样一个特殊的问题：应该分析什么样的法律文本呢？比较法学家的注意力可能应该首先放在由得到正式认可的国家法律机构所制定的官方文本。因此，比较法学家需要认真关注法律研究的焦点：宪法性文件、立法，司法和行政性裁定以及类似的文本等等。这些文本是西方法律体系常常用以展现自己的最明确的方法，从而也为进入比较研究提供了最初的方法。

这些国家官方法律文本所具有的语言和概念结构是非常重要和意涵深刻的。它们构成了对一个法律体系的"官方描述"，也就是说，它们是关于以下方面的国家认可的陈述：法律体系是如何起作用的；法律体系各种各类的特征类型所扮演的角色；各种各样的法律机构之间的关系和组成它们的实践者之间的关系；激发这一体系作为整体形成核运转的目标、原则和价值观；这一体系的每一个组成部分；支配着这一体系运转的程序和智识过程；等等。简而言之，由这些国家官方法律文本所产生的官方描述为比较法学家提供了一系列关于法律体系如何运转的——或者至少是关于它如何将自己描述为一个运转的体系——丰富的素材、观念和形象化的描述。

因此，通过分析这样的国家官方素材，比较法学家能有机会接近型构了和决定这一法律体系的公共身份或特征的规则。这些规则和他们表现自己的公共实践构成了这一体系的官方气质。这些规则、实践和作为结果的气质对于比较法学家来说是非常容易获得的。这是出于一个非常简单的原因：官方描述的重点是它是通过文本而公之于众的——例如，尤其是立法、宪法、司法判决以及行政规则与裁定——因此，对于一般公众来说是容易获得的。这一公共的和官方的身份或自我描述塑造了法律体系是如何被构建的,以及也塑造了在这一体系内外的人们和机构是如何构想这一体系和如何相对于这一体系而起作用的。简而言之,这一官方描述包括了在法律体系内和其周围所发生的一切。

这就是说,构成这一官方描述的这些文本并不是这一法律体系的一切和大团结。在一个实践层面上,这一点已经变得相当清楚:这一国家法律体系中的公开的和官方的文本倾向给予观察者一幅关于法律体系在日常层面实际上是如何运作的图景。这就是"书本上的法律"和"行动中法律"这一惯常区分的关键所在。

这一警示(caveat)功能在语言和概念层面也是如此。然而,这一观察几乎不会出现在——不管被多认真的考虑——比较的语境中。这是因为国家法律体系公开的和官方的文本倾向于采取一种特殊的语言和(或)概念结构,这并不意味着这些结构能充分代表法律体系的实践者是如何在常规基础上进行言说、书写、讨论或者推理的。[27]

至少对于比较法学家而言,问题是:一个法律体系的官方话语中所表现出的语言和概念结构是否充分代表了这一体系的法学家事实上是如何在常规基础上进行言说、书写、讨论和推理的。这一问题的答案在各个法律体系中会有所不同。例如,法国的民事司法体系就提供了这样一个特别清楚的实例,即在一个法律体系中,官方法律话语事实上并没有给予比较法学家了解这一体系推理和论述的常规形式的路径。事实上,在法国法律体系中存在多种话语——一些话语比其他的话语显得更加隐蔽——这表明法国的法学家(包括法官)并不典型地以官方和公开的国家文本使人坚信的方法去进行推理、讨论或甚至概念化法律问题。

最后,根本问题是一个法律体系中的法学家是否认为其自身以及他们的语言和概念过程能被官方话语充分展现。例如,当被问及法国司法判决的叙事是否事实上反映了他们如何思考并处理案件时,法国法官倾向于回答:"并未真正反映"、"不完全反映"或者"只是在简单案件中反映了"。这为正在寻求了解一个外国法律体系的语言和概念体系的比较法学家提出了一个重要的问题。如果这一体系的官方文本并不能完全反映此体系内的实践者事实上是如何讨论、推理和最终解决法律问题

---

[27] John Bell, "Comparing Precedent", (1997) 82 Cornell L. R. 1243, pp.1270—1271. 一个充斥着腐败的法律体系可能提供了这种脱节的原型:表面上看来受制于某种法律概念的法律体系,事实上,主要是由官方法律文件中无法看到的舍钱交换(或者其他交换)的观念和实践所左右。

的,那么,完全根据这些官方文本所进行的比较分析则只能是误导性的。

无须声明,对于比较法学家而言,这一问题的解决途径就是拒绝在法律素材上适用一种实证主义的观念。她必须拓展研究所使用的素材的范围。她至少必须掌握所研究的法律体系内存在的其他重要话语,比如学术著述和实务工作者的论述,并将这些话语融入自己的分析中。这些素材能够使比较法学对所研究的法律体系中的常规话语有更广泛和具体的认识,因此能够从根本上改变比较法学家的分析。例如,通过分析律师的争论,比较法学家能够很快地学会这一法律体系中争论的常规形式。这些争论为比较法学家了解如下问题打开了一扇很好的窗口:在这一体系内,什么种类的争论被认为是可以接受的?什么是法律权威的来源;这一体系内的每一个体和制度实践者可接受的角色是什么,等等?简单地说,这些争论是这一体系中的专业人士引发的。这些法律职业者在这一体系内富有成效地工作,因此,他们的工作成果提供了具有独特价值的模式,即这些模式是关于体系内的实践者是如何理解体系的运作的。

学术著述提供了另一组有用的素材。与官方文本和实务工作者的争论相比,它们可能反映了关于观察所研究的法律体系运作的一种不同稍微不同的视角。这一替代性的视角凭其自身的能力就足以显示其几乎无限的有用性。因为其显示了这一法律系统中的理论家、辩护者、批评家和教育家是如何分析、解释以及如何试图影响这一体系。它为关于这一体系实际上如何运作和应该如何运作提供了隐含的理解,这些理解作为知识或目标,被传播给下一代的律师和这一体系中各种各样的精英。因此,比较法学家能够从这些著述中领悟到这群非常有影响力的思想家是如何设想和试图解决各种各样的法律问题的,这些问题的范围从合同法的实体问题到法律体系中各种各样的制度实践者在面对正在变化着的社会实在时应该如何回应这一更为根本的制度性或结构性问题。

比较法学家应该也能接纳其他可能帮助观察各种各样的制度实践者是如何理解他们的法律体系的运作的文本。当然,不可能提前知道这些文体和实践可能是什么以及它们可能包括什么、揭示什么。然而,重要的是比较法学家留意了这些文本或实践,它们体现了负责运作这一法律体系的制度实践者之间的重要交流方式。这些"内部"法律文献可能不会公开,可能并未被作为法律权威性文件考虑,因而它们可能没有资格被称为"官方的"国家法律文本。但是,它们仍然为了解以下方面提供了非常宝贵的深刻理解:关于各种制度角色事实上如何相互言说,他们如何寻求相互影响和说服,以及他们在关于法律体系和它的机构运作和互动的一些根本观念的语境下是如何设法使这一体系有效运作的。

这样的文本的原型可能是法官的备忘录,在其中某一司法官员展开一系列的论述,试图说服他的同事以这样或那样的方式去概念化或者解决某一法律纠纷。这样的文本给予比较法学家一个国家官方法律文本,如公开的司法判决所不能提出的视角。它提供了关于司法官员之间是如何相互交流的视角,而非关于司法官员如何对尤其让大众接受的正当理由展开公开论述的视角。因此,它为比较法学家提供了一个相对直接的路径,以了解对所分析的法律体系中起作用的实践者具有说服力的世界观、概念和推理形式。出于这一原因,我认为这样的文本为比较法学家提供了关于法律体系是如何运作的重要的"非官方的"和"内部的"理解。在没有直接进入其他人的思想的路径的情况下,这些文本可能是了解外国法官如何概念化具体的法律问题、一般性的法律关注和作为整体的法律体系这一问题的最直接路径。

同时,了解这些常规的和代表性的话语,不止提供了一扇观察法律体系内部的实践者是如何推理和交流的窗口。这一在法律体系内部和关于其自身的推理和交流是法律体系重要的构成性要素。因此,法庭备忘不仅展示法官是如何推理和论述的,它们还构成和反映了法律体系内的一系列实践。简言之,司法语言是一种实践,并且这一实践是法律体系相当重要的一方面。通过拓展所研究的文本的范围,因而比较法学家所了解的不仅是更为常规和有代表性的法律话语,而且是这些话语所表现出的常规的话语实践、解释性实践、创造性实践和其他实践。

最终,通过获取这些文件并了解其中的语言,比较法学家也获得了对这一法律体系许多语言之间关系的认识。每一种语言不仅从法律体系的不同方面表现出来又形成了法律体系的不同方面,而且它们相互之间具有意义的相关性。进一步说,持久的和详细的研究揭示了这样一个概念结构,它平衡和维持着这些既相互类似又相互矛盾的话语。这一结构调和这些语言之间关于该法律体系能够如何运作、事实上如何运作以及应该如何运作的不同设想之间的紧张关系。它尽其所能——通常是以非常有意义和有启发性的方式——解决了法律体系中显而易见的概念的难题。

回到法国的例子,最重要的是要识别这样一种语言和概念框架,这种框架允许法国法学家调和(1)法国的民事法官不能创制法律这一官方禁令与(2)不可否认的事实——所有在这一法律体系中工作的人都会认可——法国民事法官在这一体系中起到了非常重要的和创造性的常规作用。我敢说,只有在比较法学家因对法国法律体系中的多种话语十分熟悉而能识别出这些话语张力和概念张力的存在以及它们的解决途径之时,她才能开始进行严肃的比较研究。

然后,简单地总结,我的比较方法论依赖于三个相互关联的主张。比较法学家事实上能在某种程度上了解外国法律体系的概念体系。为了做到这一点,她应该对这些法律体系所采用的话语展开一个严谨的文本分析。最后,这种"精读"不仅要运用于由正式国家机构所制定的官方的和公开的文本,而且必须运用于产生于这些法律体系内部和周围的其他许多话语。采用这一方法的比较法学家能够对概念运用自如,从而能够与所研究的法律体系中的法学家进行富有成果的对话,并向他人展示和阐释这一体系,而且最终以博学的和有意义的方式鉴赏和批评这一法律体系。

怀疑性的异议

理解的问题

关于理解"他者"(无论如何界定)的问题,已经在许多人文和社会科学领域被详细地讨论过,这些领域包括(列举但仅是一部分)解释学、人类学、文化研究、妇女研究或女性主义和哲学。这些各种各样的著述如此不屈不挠地处理这些问题以至产生了一种让人担忧和烦恼的可能性,即也许理解任何人或任何事物都是不可能的。

不是简单地接受这一决定性的决论,我们是要将这一讨论中的问题和术语范围限制在对于法学学术研究而言更加熟悉的层面。即便在这一层面上,从其外部理解一个既定共同体或传统存在着巨大的困难、或许不可能迄今也是司空见惯的事。例如,社群主义(communitarian)分析和理论的基本要点正包含了这样一个主张。类似地,罗伯特·卡弗(Robert Cover)持久的影响力取决于其对理解"*paideic*"共同体的描述和对"法学学病态"(*jurispathic*)癖好的描述,即喜欢源自这一共同体之外(在一些情形下甚至是共同体内部)的解释干预。㉘ 即使是斯坦利·费希(Stanley Fish)的"嵌入"(embeddedness)观念似乎也暗含着跨

㉘ Robert M. Cover, "*Nomos* and Narrative", (1983—1984) 97 Harvard L. R. 4, p.12.

文化理解的不可能性,即来自于既定解释性共同体外部的理解是不可能的。㉙ 更不用说,主张"根本差异"的理论家们在民族主义和性别主义的语境下所提出的更具有挑战性的分析,即明确强调甚至在一个国家的、地方的或者其他类型的共同体范围内,理解都是不可能的。

最后,人们甚至不需要超越现存的比较法著述就能发现不断重复的告诫,即理解他者是不可能的。梅里曼(Marryman)和勒格朗(Legrand)对话中的一小段充分表明了外部理解存在的问题,并已经成为比较法学家们几乎自觉的假设:

> 勒格朗:……依您的经验,比较法学家能够做到客观吗?他能否做到不将比较行为当作为一种"充满自我"的行为,从而使存在于"那里"的所有事物都只能通过比较法学家认知的过程才能被"了解"?换句话说,"精通和尊重文化理论"可能会有帮助,但从来不足以避免比较法学家自身背景的影响吗?
>
> 梅里曼:当然。还有人能提出其他方式吗?㉚

甚至伯恩哈德·格罗斯费尔德(Bernhard Großfeld)也几乎完全赞同勒格朗(Legrand):"我们的知识是有限的,完全理解一个外国法律体系几乎是不可能做到的。我们的视野在文化上是狭隘的,我们的专家知识经常建立于流沙之上。"㉛

进而,即使我们拒绝将外部理解的不可能性作为一项严肃的比较分析的先验原则,理解也将很难成为唾手可得的事。当代比较法学界越来越强调在寻求理解一个外国法律体系过程中所涉及的令人畏惧的**实践**问题。

这些关于外部理解的实践问题始于分析的客体。一个法律体系或者其中的一部分,不是一个一元的客体,而是一个令人吃惊的复杂和混杂的整体。它显然由大量相互关联的构成性因素组成,这些因素可能被称为"制度"、"参与者"、"法律渊源"或者如鲁道夫·萨科(Rodolfo Sacco)所称的"法律共振峰"。㉜ 进而,正如萨科令人信服地证明了的那样,

---

㉙ Stanley Fish, *Doing What Comes Naturally* (Durham: Duke University Press, 1989), p. 141.
㉚ Legrand, *supra*, note 2, p. 54.
㉛ Großfeld, *supra*, note 13, p. 38.
㉜ Rodolfo Sacco, "Legal Formants: A Dynamic Approach to Comparative Law", (1991) 39 Am. J. Comp. L. 1 & 343.

这些共振峰可能是相当一致的,也可能是相互冲突竞争的。㉝ 因此,例如一个法律体系的学理可能与它的立法或法哲学(jurisprudence)不一致——并可能正积极地寻求取代后者。

为了使问题变得更困难,既定法律体系每一个构成性要素或"法律共振峰"都凭本身的条件将自己表现得非常复杂和含混。举一个明显的例子,法律学者们几乎不能组成一组同质性的思想家或作家。学术界何时何处曾以一个声音说话?㉞ 历史上同样是这样。仍以法国为例,法国理论思想倾向于把"学院解释"(école de l'exégèse)作为其在第二次世界大战之前唯一重要的成员,马里·克莱尔·贝洛(Marie-Claire Belleau)揭露它了过于简单的历史:"事实上在法国法学学术界存在一种有活力的批判传统,'批判法学'(juristes inquiets)学派……在19世纪末的法国学术界的确存在。"㉟ 各种各样的法律共振峰因此必须被历史化,因为,不论它们之中抑或它们之间的关系都发生着历时性的变化。㊱ 最终,正如上述例子中的法国学理(academic doctrine)说明的那样,这些共振峰不能被简单地、理所当然地认为是一个既定的客体。相反,它们应该被分析为复杂的和变动着的实践,诚如伊夫琳·瑟韦瑞(Evelyne Serverin)在法国法律体系㊲的语境中所展示的那样以及菲利普·吉史塔兹(Philippe Jestaz)和克里斯托芬·杰明(Chiristophe Jamin)在法国学理的语境下所描述的那样。㊳

简言之,对于法律共振峰多样性的认知以及对它们之间复杂性的认知导致了一个巨大的,对于"理解"外国法律体系的疑问,也因此将比较法学家置于一种窘境。既然一个外国法律体系中法律参与者具有多样性,那么,举个显而易见的例子,比较法学家为何应该将他的分析集中在法官这一实践者,并将其作为与立法者、律师或当事人相对的实践者?甚至在这些实践者种类中的任何一类实践者中,例如当事人,为什么比较法学家应该关注个人当事人,并将其作为是与如下当事人相对的实践

㉝ Id.

㉞ 见 John H. Merryman, *The Civil Law Tradition*, 2d ed. (Stanford: Stanford University Press,1985), p.28.

㉟ Marie-Claire Belleau, "The '*juristes inquiets*': Legal Classicim and Criticism in Early Twentieth-Century France", [1997] Utah L. R. 379, pp.379—380.

㊱ 见 Roscoe Pound, *Jurisprudence*, vol. II (St Paul: West, 1959), pp.9—12.

㊲ Evelyne Serverin, *De la jurisprudence en droit privé* (Lyon: Presses Universitaires de Lyon, 1985).

㊳ Philippe Jestaz and Christophe Jamin, "L'entité doctrinale française", D.1997.Chron.167.

者:接受福利的母亲、法人当事人、受压迫的少数群体、贫困者以及(或者)身份跨越了和结合了这些和许多其他种类实践者的身份的人?对于这样的问题,存在令人满意的先验答案吗?

这一窘境引出了一个最基本的问题:如果比较法的目的是"理解",即如果这一目的所寻求的不仅仅是"书本中的法律"、"行动中的法律",而是,正如威廉·埃瓦尔德(William Ewald)的精彩表达是"观念中的法律"㊴,我们应该考虑谁的观念?更不用说,比较法学家如何能够获知他是否"理解了"他所分析的外国客体。谁将处于组织和掌控检验的位置,而他又将基于什么样的标准进行检验呢?

前面的分析和主要问题然而仍暗示着另一种曲解。值得停下来考虑一下。外部理解语境下所显现出的复杂性是否真的不适用于"内部"理解的语境。这样,出于论述的考虑,即便我们同意有人实际上有资格称为是"内在于"一个既定法律体系的,但是这样的人是否能被认为是"理解"了此体系,则仍然是不清楚的。另外,这样的人具有的是谁的理解,对于这一体系中哪些方面的理解?例如,能够清楚地说鲁道夫·萨科(Rodolfo Sacco)"理解"意大利的法律体系,因此,只要我们了解"他的观念"中的意大利法律就能理解意大利法律吗?他的观点是否代表了意大利人的一般理解?这是否符合意大利立法者的视角,是否符合了任何政党的视角,而从不留意西西里牧羊人向他们当地行政机构请愿而提出的主张?我冒险猜测他的看法很难代表意大利学术界绝大多数人的意见。㊵

最后,比较法学家们早就已经清楚"内在于"一个既定法律体系的特殊分析劣势。这一问题是萨特(Sartrean)的盲点之一,是对人们所具有的并基于日常生活而认为理所当然的知识的无知。例如,米里扬·达马什卡(Mirjan Damaška)明确指出一种采用局外人视角的比较方法论。㊶尽管从一个完全不同的视角,勒格朗也提到"临界距离"(critical

---

㊴ 见 William Ewald, "Comparative Jurisprudence (I): What Was it Like to Try a Rat?", (1995) 143U. Penn. L. R. 1889, p.2111.

㊵ 梅里曼提到了这样的问题:"意大利人如何处理他们自己的法律体系",他说道:"面对同样的问题,不同的意大利人会有不同的解决办法,不存在没有瑕疵的理解,也不存在没有瑕疵的重述",: Legrand, *supra*, note 2,我选择了萨科作为我的主人公,因为我相信:事实上对于比较理解的复杂性的成问题的内涵在他的比较"法律共振峰"(Legal formant)的概念中有所暗示。法律共振峰,像其他词语一样,并不是指意见一致。

㊶ Mirjan Damaška, *The Faces of Justice and State Authority* (New Haven: Yale University Press, 1986).

distance），并进一步建议"放逐"式（exile）分析的优势。㊷ 毛罗·布萨尼（Mauro Bussani）和乌戈·马太基于当代"共同核心"方法论这一非常不同的视角提出："我们假设出于进行比较研究的目的，国内的法律人并不必然成为其法律体系最好的阐释者……关键是……国民很少能够发现其法律体系中潜藏的信息和带有修辞色彩的态度，因为，他们可能被那些无意识的假设所误导。"㊸因此，即使人们排除了局内人视角的多样性这一问题，但"局内人"对其法律体系的理解是否应该优于"局外人"的理解，则仍然是一个有争议的问题。

因此，在比较法语境中出现的理解问题，并非仅仅是一个复杂性问题，而是一个潜在的不可化约的复杂性问题，即多样性问题。这种非常复杂的模式可能会有效地浓缩和表现了许多关于这一法律体系的各种"内部"视角和理解——无论是"内在的"还是"外在的"观察者提出的——它们无疑会有助益于许多描述性的目的。事实上，这一事件的最大益处就是认识到——对于比较法学家和她的读者——她所分析的客体令人吃惊的复杂性。

但是，这样一种模式，无论它可能有多复杂，也很难说已经解决了"理解"的问题。作为一个实践问题，这一模式将不得不进行浓缩，也即使多种多样的世界观、视角和理解失去锋芒、变得平整和客观化，因而从根本上改变了它们全部。分析采用了局外人还是局内人的视角将不再重要：每种理解对他人而言都是外部的。换句话说，无论这种模式可能有多么复杂，按照这一逻辑，它明显不会产生一种单一的"理解"，更不用说对所分析的法律体系产生一个一般性的理解。

构建分析客体的问题

在比较法学家与其所分析的客体之间的关系方面，上述关于内部和外部理解的问题将比较法学家至于一系列令人不快的窘境之中。首先是视角问题。正如我们已经看到的，比较法学家从来不能被称为真正"内在于"一个外国的——或许甚至一个本国的——法律分析客体中：这一客体因本身太复杂和太多样而不能称为一个"内在"。

同时，比较法学家从未真正"外在"于某一外国或本国的分析客体。

㊷ Legrand, *supra*, note 2, p. 20.
㊸ Mauro Bussani and Ugo Mattei, "The Common Core Approach to European Private Law", (1997—1998) 3 Columbia J. Eur. L. 339, pp. 352—353.

比较法学家所致力于的实践活动涵盖了这一客体,与此客体具有对话式的关系并会对此客体产生影响。因此,为提供一种直截了当的比较法例证,马太写出了令人着迷的文字,他指出鲁道夫·施莱辛格作品的影响不仅在美国(施莱辛格采用了"母"体系这一术语)而尤其是在欧洲。[44] 换句话说,比较描述和分析的对象在作为分析客体的过程中并未保持原来的或自然的状态。[45] 这更不用说存在更明显的问题的"定位"(orientalizing)他者的过程。[46] 因此,观察者和被观察对象的相互关联对"外部"视角的可能性提出了质疑。

这一有关视角的问题变成了方法论和理论问题。比较法学家必须尊重这一事实,即分析的客体并不是简单地"存在"和"为自己辩护"。[47] 比较法学家必须认识到基于她选择所描述的事物和决定所关注的事物,因而编辑了自己的描述和分析。因此,对某种方法论路径和理论框架的采用构建了客体,即便只是在描述这一客体时也是如此。正如冈特·弗兰肯贝格(Günter Frankenberg)指出的,功能主义方法并不是碰巧发现了其客体,而是根据其自身的方法论假设构建了它。[48] 正如安守廉(William Alford)指出的:比较法学家的分析中经常是关于理论构建的内容与关于所研究的法律文化的内容一样多或者更多。[49]

进一步推进这一分析的逻辑,甚至能够说一个既定的理论和方法论路径构建了"内部"/"外部"二分法本身,因而构建了所有被认为理所当然的视角。只需要考虑詹姆斯·戈德雷令人印象深刻的"跨国法律科学"[50]的主张,就能认识到被构建的"内部"和"外部"、"本国"和"外国"等范畴的实质。比较法学科自身也同样如此。以弗兰克·厄珀姆

---

[44] 见 Ugo Mattei, "Why The Wind Changed: Intellectual Leadership in Western Law", (1994) 42 Am. J. Comp. L. 195, p.211.

[45] Levinas 表现出了对演说行为的可变革(transformative)方面的特别兴趣。见 Levinas, Nine Talmudic Readings, transl, by Annette Aronowicz (Bloomington: Indiana University Press, 1990.)

[46] 见 Edward W. Said, Orientalism (New York: Pantheon, 1978).

[47] 见 Frankenberg, supra, note 1, pp.434—440.

[48] Ibid.

[49] 见 William Alford, "On the Limits of 'Grand Theory' in Comparative Law" (1986) 61 Washington L. R. 945.

[50] James Gordley, "Comparative Legal Research: Its Function in the Development of Harmonized Law", (1995) 43 Am. J. Comp. L. 555, p.567.

(Frank Upham)[51]为例,为何日本的法律研究应该处于美国的比较法学科之外? 为何备受责难的、却仍一成不变地将"第三世界"法律体系排除在分析之外的做法会继续存在于这个学科中? 这些问题都远未清楚。

差异/共性二分法也面临着相似的困境。比较法学家必须决定何时运用聚焦共性的方式(巴塞尔·马克西尼斯(Basil Markesinis),戈德雷和马太极力倡导的典型方法)建构他们的分析,而何时又应该运用聚焦差异的方法(勒格朗极力倡导的典型方法)。[52] 面对这样的选择时,明智的头脑将显示其优越性。因此梅里曼回应勒格朗说:"关于你提出的在共性与差异之间的选择问题,为什么人们一定要进行选择?"[53]然而难题事实上不是比较法学家是否必须或者不必要在一个和另一个之间作出选择;相反,难题是差异/共性的区分是否在分析上站得住脚。"差异"和"共性"并非简单地先于描述性的和分析性的凝视而存在。比较法学家必定构建了分析,也就是说,她至少必定选择了分析的客体、决定了所关注的事物和研究重心所在,因此,她必定使——使一些事物的——差异和共性是她观察到的唯一方面。

这并不是说分析的客体不存在不同和(或)相似之处。而是强调比较法学家参与了界定、发现"差异"和"共性"并使其具有意义的过程。存有疑问的是"差异"和"共性"相对立的构建和适用构建了两者自身。就像隐喻*或转喻**,客体之间的关联的某些重要方面是比较法学家所赋予的。

尽管有必要尽力解决诸如内部/外部、共性/差异的区分这些基本的二分法,然而,基本的、难以处理的问题是,如此作法并未解决任何比较

---

[51] 见 Frank Upham, "The Place of Japanese Legal Studies in American Comparative Law", [1997] Utah L. R. 639.

[52] 见 Basil S. Markesinis, "Why a Code is Not the Best Way to Advance the Cause of European Legal Unity", (1997) 5 Eur. R. Priv. L. 519, p.520; Gordley, *supra*, note 50; Mattei, *supra*, note 43; Legrand, *supra*, note 15. 在这些专业的甚至恭顺(filial)的文本中,发现勒格朗引用施莱辛格以支持他的差异项目,会是相当有趣的。见 Pierre Legrand, "Structuring European Community Law: How Tacit Knowledge Matters", (1998) 21 Hastings Int. & Comp. L. R. 871, p.872, 引用 Rudolf Schlesinger, "The Past and Future of Comparative Law", (1995) 43 Am. J. Comp. L. 477, p.480.

[53] Legrand, *supra*, note 2, p.42.

* metaphor,一种语言表达手法,通常用指某物的词或词组来指代他物,从而暗示它们之间的相似之处,如"忧愁之海"或"整个世界一台戏"。——译者注

** metonymy,或换喻,一个词或词组被另一个与之有紧密联系的词或词组替换的修辞方法,如用华盛顿代替美政府,或用剑代替军事力量。——译者注

分析的问题。研究这些二分法和用它们进行研究,意味着和促进了这样一种认识,即比较法学家的地位并非是一个独立的观察者,而是一个构建分析客体的积极实践者。这突出了她在构建自己相对于客体及其分析的地位中的角色,同时也突出了她在构建所适用的方法论和提供的所指中的角色。

但是这种对于比较法学家地位的了解并未解决任何比较实践中的两难困境。主观性并非只是一个独立的变量。自我认知并未使比较法学家"削弱"、"加强"或者"修正"自身的地位。她对于两分法的认知以及她对于为何选择强调一方面而不是另一方面的认知也同样如此。甚至是对通过基本二分法构造出来的特征的认知也是如此。难道"构建"观念自身终究不是一个构建,不是一个被构造的二分法中(这一二分法中的另一方会是"本质"或"自然"的)的一方吗?比较法学家不能避免这些立场或者二分法;她无法走出她自己的场域(situatedness)。⑭

既然,比较法学家无法逃脱主观性或者她的场域,她就必须认识到,她的工作代表了一种"干涉"(intervention),因此必须考虑自己的动机。例如,她必须说明她选择研究客体和方法论的原因。她必须考虑到非常个人化的(而且通常是很随意的)分析理由,例如,意大利法律体系。⑮进而,她必须考虑到她选择研究计划的动机。研究计划可能包括技术的,比如约翰·朗拜因(John Langbein)、劳埃德·魏因雷布(Lloyd Weinreb)的或者保尔·弗拉塞(Paul Frase)的、以改进"本国"法律体系的某些方面为目标的研究计划⑯;也包括变革性质的,诸如乌戈·马太的雄心勃勃的建构共同而有效率的欧洲民法⑰;也包括政治和文化的,如皮埃尔·勒格朗(Pierre Legrangd)的目标是在日益增长的法律和文化的全

---

⑭ 见 Fish, *supra*, note 29.

⑮ 梅里曼对于与勒格朗的见面作出了这样的考虑,见 Legrand, *supra*, note 2,在其他原因中,有这样的例子"意大利似乎是一个有吸引力的地方"。也见 Frankenberg, *supra*, note 1, p. 416〔注意到这种解释的边缘地位〕。

⑯ 见 John Langbein, "The German Advantage in Civil Procedure", (1985) 52 U. Chicago L. R. 823; Lloyd Weinreb, Denial of Justice (New York: Free Press, 1977), pp.119—137.讨论了关于美国地方行政官员的地位的调查的相关评论,一种与法国模式不同的意见。Richard Frase, "Comparative Criminal Justice as a Guide to American Law Reform: How Do the French Do It, How Can We Find Out and Why Should We Care?", (1990) 78 California L. R. 539.

⑰ 见 Ugo Mattei, "The Issue of European Civil Codification and Legal Scholarship: Biases, Strategies and Developments", (1998) 21 Hastings Int. & Comp. L. R. 883.

球化趋势中保留多样性和多元化。㊳ 不论哪一种计划,这些动机和选择都塑造了比较法学家的研究并奠定了其研究的基调。比较法学家的事业、劳动和成果构成了一种对特定实践领域(如同其他领域一样)的干涉。因此,比较法学家有责任以特定的方式进行特定的研究。

不幸的是,存在这样一个问题,即无法保证在不同语境下所构建和应用的比较方法都是富有成效的、具有启发性的、具有文化敏感性或其他可期待的结果。甚至那些看起来特别敏感的比较方法,在一些情形下,也以令人不安的方式被适用。例如,冈特·弗莱肯伯格的比较方法论明确拒绝作出客观主义、唯物主义或者科学的主张。相反,他在试图开放自身并尽可能地变得容易接受差异,在此过程中批评和拒绝这样的主张。㊴ 具有敏感的和有见识的自我认知,冈特·弗兰肯贝格随后来到阿尔巴尼亚,作为该国起草新行政程序法典的顾问。㊵ 在这一位置上,他以这样的方式发挥作用:他自己界定为"比较法律实践和悲惨的霸权性自我"㊶——这一做法被弗朗西斯·奥尔森(Fran Olse)描述为在政治上是健忘的。㊷ 弗兰肯贝格自己也认为,是否他的敏感方法论事实上导致了(至少在这里)一种特别敏感的或者有效的比较实践,这还不清楚。

当然,并不存在简单的方法论答案。比较方法论由不同时代、不同地方的不同人构建和使用,不仅产生了相当不同的结果,而且代表了根本不同种类的干涉。弗兰肯贝克的方法在法兰克福所整体体现的事物与在地拉那所整体体现的事物是不同的。类似地,我记得曾经参加过一个在巴黎召开的研讨会,在会上一个年轻的学者忠实地采用了美国法律现实主义的风格。通过援引美国的例子,他认为法国法官应该采用无溯及力的推翻判决(prospective overruling)。但是,这位年轻的学者马上遭到了一位看上去年高德劭的同仁的斥责,这位同仁仍不停地向他解释法国政府共和制的核心概念和 A-B-C 之类的问题。我立刻觉得这一年长学者的保守反应又有趣又令人恐慌,我转向我的邻座。我问她,她是否愿意为我介绍那位年轻的激进改革派学者,那位美国法律现实主义的

㊳ 见 Legrand, *supra*, note 2; *id*., note 15; *id*., "Codification and the Politics of Exclusion: A Challenge for Comparativists", (1998) 31 U. C. Davis L. R. 799.

㊴ Frankenberg, *supra*, note 1.

㊵ *Id*., "Stranger than Paradise: Identity and Politics in Comparative Law", [1997] Utah L. R. 259.

㊶ *Id*., p. 270.

㊷ 见 Fran Olson, "The Drama of Comparative Law", [1997] Utah L. R. 275, pp. 277—280.

法国代言人。她以不敢相信的眼神看着我。"难道你没有理解吗?"她说道,"他是'勒庞的国民阵线(*Front National*)'的法学代言人。"

简言之,比较法学家应该深入质疑这一观念,即存在一种比较方法论或者理论路径能够安全地应用于历史的各种不同情形。比较的可能性是无止境的,但是能够进行的比较研究的语境也是无止境的。那种认为一个先验的比较理论可能会产生跨文化的有效结论的观念,公然违抗比较法学家基于日常生活所观察到的、所提出的、所谴责的和所耗尽的误解。

再论乐观的方法论

"外部"问题

上面提到的一般性批评对乐观的方法论提出了一系列严肃的问题,认识到这一点是很重要的。因此,这一部分将这些一般性的批评变换到和应用于第一部分提到的比较方法论,然后尽可能地对它们令人不安的涵义作出回应。

首先而且是最重要的,这些怀疑性的质疑表明,比较法学家可能从未能够克服这一事实,即她正在从外部观察一个外国法律体系。她的外部位置,例如,意味着比较法学家只能分析和再现该法律体系的、她以带有文化色彩的视角从外部观察到的那些方面。这些批评所隐含的是对乐观的方法论的威胁,而且也是对它通过研究和再现它们的不同的话语特征来了解外国法律体系的概念结构的尝试的威胁。怀疑性的异议提出了严肃的质疑:这种语言学分析和模仿是否能使比较法学家有所成就。怀疑论的批评提出了严肃的置疑:是否这种语言学分析和模仿能够随处造就比较法学家。是否有理由相信这种模仿真的可能产生理解?比较法学家能够通过研究和模仿它的语言表象了解外国法律体系的"内部"吗?她能够超越自身对于这些语言表象可能含义的外部理解吗?她能够学习和体会这种语言的共鸣和精彩之处吗?在语言的表象之下存在某种东西吗?或者,如果比较法学家能够真正"像使用母语者那样言说"(speak the speak),那么他在某种程度上就已经理解了其所讲语言的法律体系了,真的是这样吗?

我必须承认,我发现这些问题对于比较法学家来说不仅处于相当重要的问题之列,还处于相当难以回答的问题之列。我不能说在法律体系的语言表象之下存在或者可能存在什么。我假定存在差异,真正的差异可能不会而且可能无法被理解沟通。就像不管我俄语讲得多么好;不论我如何了解它的"高雅"和"通俗"文化;也不管我在圣彼得堡街头多么有可能被"当作"为俄罗斯人,当听到普希金的诗歌时,我仍不能像俄罗斯人那样心潮澎湃。进而,我假设我可能从未真正理解,为什么这些俄罗斯人会如此心潮澎湃。

然而,我的确相信比较法学事实上能够掌握——差不多还是精通——刻画着特定群体的语言和概念习惯。我相信,大多数的法科学生能够认识并再现外国律师的语言、语法、逻辑、推理、判断和所指,或者,至少能够理解来自其他西方式的自由民主国家的律师。简言之,我相信,比较法学家能够在相当程度上理解外国法律实践者的个人语型(*ideolects*):⑥比较法学家能够在一定程度上熟悉其他人所采用的话语,熟悉反映和产生特定社会的、意识形态的和物质的实践的话语。

这一掌握语言或话语的过程与美国法学教学法中的"苏格拉底方法"并非完全不同。尽管有人认为,这种方法教美国法科学生"像律师那样思考",而大部分人会说,这种方法教学生"像律师那样言说和讨论"。学生经历了一个文化适应过程,这一过程缓慢地但必然地将学生导向对一套特定的法律话语的再现——从正式的三段论到不同形式的政策辩论或者类似活动——标志着学生进入了职业文化氛围。

当然,这种掌握话语方式的结果——特别是在比较的语境中——似乎仍不完美。比较法学家仅仅通过她自己的眼睛进行观察,这一观察过程过滤了她感知到的也过滤了她如何解释她所观察到的现象。因此,她的视角在她的研究中得以彰显,由此,至少在某种程度上塑造了她的比较分析。也就是说,一个有才能的、勤勉的比较法学家能够获得对这些外国法律方言相当精到的理解。关键是比较法学家能不屈不挠地正视这些在外国法律体系产生和所应用的话语。每一个比较描述或解释必须建立在对特定话语的细致的语言分析基础上,并经由其检验。比较法学家必须经常地将自己的比较分析置于和使其面对所研究的体系中不同话语的更多样本。如果,比较法学家长期以这种方式致力于对外国体

---

⑥ M. M. Bakhtin, *The Dialogic Imagination*, ed. by Michael Holquist and transl. by *id*. And Caryl Emerson (Austin: University of Texas Press, 1981), pp. 333—341; Fredric Jameson, "Post-Modernism and Consumer Society", in Hal Foster (ed.), *The Anti-Aesthetic: Essays on Postmodern Culture* (Port Townsend, Washington: Bay Press, 1983), p.114.

系中的各种话语的研究,那么她得出的解释可能就将是有深刻见解的,甚至是相当可信的。这样详细的话语研究既使比较法学家在一定程度上了解外国的法律个人语型,又包围了比较法学家对其的分析。比较法学家关于外国体系某一方面的结论经常与另一个方面相冲突,比较法学家的结论现在必须对此进行解释等等。逐渐地,一步一步地,比较法学家不断地认识到构成外国法律体系中的复杂语言和概念体系的无数因素和相互关系。

一旦这种详细的研究能够进行,必须通过一个最终的和必要的考验:比较法学家的描述和话语再现,对于那些操作这一被研究的法律体系的人来说,是不是差不多可识别的?换句话说,法官、学者、律师或者其他该体系中的人(或者是他们之间突出的多重身份者)是否愿意承认和签收对他们的法律体系的比较描述?这是一个基本的检验试纸,是进入严肃的比较研究应付出的代价。也就是说,比较法学家对外国话语的再现能否顺利地"通过"?如果不能,或者如果外国法律人不能或者不愿意承认这一描述,那么比较法学家显然没能很好地掌握他们的方言。

但是,这一对"内部"方言的比较描述或者(和)模仿不能代表比较法学家的总体的比较研究,认识到这一点十分重要。一旦比较法学家达到了这一基本要求,她就完全自由地以她发现的最有趣或最有成效的某种方式去分析或者批评外国体系。她能够催生出主流或者根本的分析和批评,这一分析或批评可以或者不可以同化为被研究的法律体系中所产生的分析或批评。这取决于比较法学家。她有忠实于所分析客体的伦理和职业义务,这一义务通过不断尽可能地理解客体的物质、语言和概念特征而得以履行,它通过被所研究体系中的实践者普遍愿意接受她的基本描述而得以肯定。只要履行这一义务,比较法学家可以自由地进行法律经济学的、女权主义的、马克思主义的、共产主义的、后弗洛伊德主义的、新历史主义的、自由主义的、文学的或者任何其他的分析;她不需要所研究的法律体系中的人接受她的分析或结论。

当然,不可能在描述和分析之间划出清晰的界限。任何描述都预示一种分析框架,这一分析框架界定和优先化了什么应该被描述,并决定了它们为什么以及如何被描述。因此,任何描述都意味着在某种程度上将客体翻译或再现成为比较法学家所采用的分析框架中的术语和概念。因此,人们可能会质疑,比较法学家的描述、举例、分析和(或者)批评的哪些部分必须符合所研究的体系中的人们的要求。在某种程度上必须被接受的描述与不必须被接受的分析的界限应划于何处?

这一界限可能经常并不清晰,但是对于一个可接受的描述的基本要求仍然存在。让我用自己对法国民事司法话语的研究成果作为一个例子。我的基本论点是:法国司法话语、推理和实践比法国民事司法判决更能让人们相信。至少,我必须使大多数的法国法官、律师、和/或者学者——或者更多实际发挥重要作用的法官、律师或者学术群体——同意:这些重要的话语存在于法国司法体系之中而不是存在于法国司法判决中简明的和演绎推理的话语之中。他们必定愿意承认某种我发布出来的有关事实的信息,诸如某种制度实践者的存在及其作用。进而,我应该能够使他们同意我对这些实践者的基本话语特征的描述。例如,他们应该愿意证明我对法国司法判决形成过程中公正和法律适应的重要性的描述。简言之,比较法学家研究中基本的(尽管是非常重要的)描述性要素——无论他们描述素材细节、话语特征或概念工具——都必须对于所描述体系中的人们来说是可以识别的。这意味着有必要对比较法学家的材料和他的翻译进行检查。

但是,我发现,没有理由要求法国司法界或者学术界对我随后如何组织、分析和研究这些信息加以赞同。例如,我经常使用简单的启发性工具,以便清楚地说明这一观念:法国司法话语比法国司法判决更能让人们相信。尤其是,我已经指出关于司法的作用,法国司法体系拥有一个"官方"的描述和一个"非官方"的描述,过去美国比较研究的一个重大瑕疵是主要地关注官方的描述。

为了使这一观点更加清晰,我已经将多种不同的话语集中在"非官方"这一标题之下,例如,包括所有的学术文献与法庭顾问(*avocat général*)和法国法官作为报告人(*rapporteurs*)出具的文书。无须说明,这一具有启发性的工具将法国司法话语分为两个部分,但也引起了一些问题。首先,它显然过于简单。其次,仍不清楚这一点:为什么某些话语应该被置于这样或那样的标题之下。例如,是否真的清楚地应该将学术讨论归入"非官方"的范畴?毕竟法国学者都是国家雇员,他们都经过相当严格的国家训练和认证。进而,这些学者在法国法律发展中已经起到了相当重要和公认的作用。简言之,法国学术话语将被归入"官方"范畴或者甚至官方/非官方的区别具有本质的缺陷,这些结论只要稍有思考就能获得。

在这里,我的目的并不是捍卫或者攻击我在自己的一篇文章中应用的方法论的某一部分。㉔ 相反,我的目标仅仅是指出:这些关于我如何选择分析法国司法话语的争论,无论它们可能多么让人着迷、重要和具有潜在的有效性,它们都是以一个最初描述性的共同基础为前提的。㉕ 一致的意见至少包括:(1)法国的学术话语与法国的司法话语存在巨大差异,因为法国学术话语通过循环地和明确地使用公正、法律适应和对制度能力的论述而得以表现;因此(2)与隐含在司法判决中的话语相比,它反映和构建了对司法作用的一种非常不同的理解。在得到法国学者对这些基本描述的赞同意见后,我可以自由地提出任何分析和批评,并且这些分析和批评对于我所研究的任何语境中的任何读者都是可以证明的。此时,关于所描述的体系是由什么构成的这一问题(以及对这一问题的同意和不同意)都必定是有趣的和富有启发性的:每一个分析都揭示和强调了法国民事司法体系的一个不同方面。

复杂性问题

突出所研究的外国法律体系不同方面的可能性甚至必要性对乐观的方法论提出了一个更严肃的问题。这一方法论具有复杂性,但是仅在一点上。它仍然是首要关注外国法律体系的那些现在可能被称为"准官方"的方面。特别是,它将自己局限于对这一外国体系中差不多是官方实践者的话语和概念特征进行研究。这一倾向在法国语境中表现得相当明显,在那里,我对这一方法论的应用限于对法官、立法者、法庭顾问,学者及其他人的话语的分析。

相当不幸,这一批评是正确的。两个作为回应的论述应该被提到。首先,由于其所有的关注都集中在准官方法律参与者的方言,这一方法论仍然确实比被大多数美国比较法学应用的方法论更加不同、多样、复杂、具体和相关。例如,在法国语境中,这样的传统研究已经倾向于更多关注立法和官方司法判决,可能也伴随着参照大量过时的学术文献。看上去很奇怪,最晚近的相对认真地对待法国学术文献的主要的美国比较

㉔ 事实上,我越来越不满于我早期作品中的分类,因此试图展现对法国司法体系的更加细致的阅读。

㉕ 我事实上有兴趣预见具有启发性的概念(可能是更多的东西),不论是描述性还是分析性的。

法学家可能是罗斯科·庞德(Roscoe Pound)！⑥ 在这一意义上,乐观的方法论拒绝对法国学术完全的轻视事实上,表现了其自身之中以及对自身的明显分歧。⑥

进而,这一方法论对可能被称为"高度职业化的语言"的具体研究——这不仅包括学者的话语,而且还包括法庭顾问和书记官的话语——与传统美国比较法学术相比较,形成了相当显著的优越性。它首次为了解这些职业实践者的不同个人语型提供了一扇窗户,他们明显地影响着法国民事法律体系的日常运作。

进而,基于这一方法论认真对待这些话语,它识别并尽力解决微妙的或者不是那么微妙的差异,这些差异将这些话语相互区分开来。因此,这一方法论识别、揭露和试图解释与协调存在于这些准官方话语的相对狭小范围内的、相当明显的多种声音。⑥ 因此,作为结果的描述和分析是相当丰富的:许多话语被提出,并且这些话语之间的关系也作为一种特别重要的分析客体而出现。

第二种回应将复杂性批评置于一种更加直接的方式之下。这一回应始于承认:我发现在我的比较分析中很容易——至少在理论上——囊括持续增多的话语或概念素材。我只能假定话语和概念材料越多,总为结果的分析就越丰富。因此,我将赞成——至少在理论上——在比较法研究中采取某种"文化研究"方法。

尽管,这样一种方法,提出了一个深刻的实践问题。比较法学家事实上应该设法研究什么样的材料？或许她应该处理各种各样"高雅"和"低俗"的文化形式,比如建筑、视觉艺术、民意测验、小说、报纸、报纸报道、口述历史、电影和/或者电视。然而,采取这一方法的问题是我不能想出一种可靠的方式来决定这些各种各样的素材事实上代表着什么,更不用说理清楚这些素材与这一法律体系之间的关系。

例如,我强烈怀疑,对各种类型的法律肖像学详细研究无法提供帮助,而只是迷人的和富有启发的。坦率地讲,我支持将这些再现作为再现来研究。其中的争论是我们试图推断这些再现在某种程度上是这一

---

⑥ 事实上,庞德的关于外国学术论文的知识和兴趣并非不引人注意。他的参考文献注脚的细节近乎威胁。见 Roscoe Pound, Jurisprudence, vol. I (St Paul: West, 1959), p.178, n. 122 and p.523, n.147.

⑥ 贝洛(Belleau)已经在历史的语境中采取了一种相同的路径。她已经挖掘和认真对待了一系列 20 世纪早期的法国学术文献。见 Belleau, *supra*, note 35.

⑥ 见 Bakhtin, *supra*, note 63, p.428.

法律体系的典型代表或构成性要素。尽管我相当自然地主张法国各种各样法律职业者的话语实践就相当于是这些职业者的个人语型的代表,但是,我不是很确定:雅克·路易斯·达维德关于拿破仑起草法国民法典的会还——根据其自身的研究——是否类似于这些职业者的、或达维德的、或拿破仑的、或其他所有人的个人语型的代表。[69] 我不怀疑这幅绘画或许会影响法国法律职业者的个人语型,但不幸的是,我没有可靠的方法去验证或证明这一关联。然而,当对法国法律机构的各种各样的实践者的个人语型进行详细研究的时,将达维德的绘画作为对这些个人语型的一些方面的说明是非常富有成效的。[70]

因此,想到要超越我自己已经相对宽泛的(仍然是有限的)素材范围时,我就会不安,这种不安正是源自于实证主义的方法论关切。与设法构建一些"公共的"、"一般性的"或其他个人语型相反,我宁愿将自己的分析局限于那些由所研究的法律体系的职业文化所产生的和其之中的素材。这当然主要不是意味着,我相信法律体系在某种方式上从总体文化中分割出来。我假定公众的看法和一般性的文化假设明显地影响——甚至帮助——一个法律体系的结构、运作和意识形态的构成。我认识到,一个法律体系不仅包括正式结构,例如政府的三个分支,而且还包括,例如,大多数人认为与司法体系没有直接关联(或者相信没有直接关联)的机构。因此,我承认聚焦于法律职业文化中的各种话语实践就是关注构成法律体系的一个相对狭隘的部分。但是,我宁愿保留相对有限的分析范围(尽管,已经比传统美国比较法学家的研究范围有所扩大),而不愿卷入对各种文化形式的分析,这些文化形式的有意义或者有代表性的一角我都无法呈现或者论证。

最后,提出一个复杂性(或者缺少复杂性)批评的最终说法还是值得的。这一版本的批评可能反对乐观的方法论明显拒绝赞同准官方的各种素材之间存在根本差异的可能性。换句话说,乐观的方法论倾向于假设某种重要的概念、理论实践,调和了那些在准官方的领域中乍一看相互对立的话语或个人语型。然而,这一假定排除了在一个既定的法律体系中存在根本不同的个人语型的可能性。

---

[69] 比较 Legrand, *supra*, note 15, p.5.
[70] 在最近的一篇文章中,我试图运用法国关于烹饪的争论来理解关于法国法理学的争论。见 Mitchel de S. -O. -l'E. Lasser, "La Macdonald-isation du discours judiciaire français", Arch. phil. dr., 2001, p.137.

事实上,这一批评再一次被正当化。乐观的方法论试图界定或者分析的不仅是现在的官方法律话语(比如立法或者司法判决),而且包括大量反映和构成复杂的、日常的、基本的法律职业个人语型的准官方话语。因此,不仅在官方与准官方之间的话语/个人语型的分离,而且在各种准官方的话语和个人语型之间也存在明显的分离,这是唯一合理的期待。问题是:是什么造成了这种分离?

事实上,我的方法论中起作用的基本假设之一:即使一个法律体系之中存在多样化的话语,那些应用它们的人们似乎并未认为它们是不可协调的。对于这一假设的第一个解释是系统化。由于这些话语在一个单一法律体系中全部都发挥作用,并由于每一种在另一种语境中也发挥作用以在这一体系中产生某种效果,对此似乎唯一合理的就是假设这些话语存在某种内部可操作性。换句话说,法律体系中的操作者看上去并不会运用那些他们或者他人认为将会与这一体系中的其他重要话语完全不可协调的,不相关甚至是不能理解的话语。例如,唯一合理的假定:一个政府的代理律师,当其在上诉法院陈述的时候,她采用一种特殊的话语形式并期待这一话语会以这样或那样的形式发生作用。她期待(或至少希望)她的话语——以及其所呈现出的个人语型——在某种程度上与过去司法判决中的话语相关,因而它会对目前的案件的司法话语产生一些影响。换句话说,这个律师具有某种综合化的理论,此理论是关于如何使她自己的话语和个人语型符合甚至能够影响法律中的其他话语。

这一发挥作用的、对于话语的和概念的内部可操作性的假设仍是准确的,因为我的分析关注于准官方话语,即关注法律体系之中法律职业者运用的话语。这些法律职业者中没有人能够表现为相对这一领域的其他职业者而言是根本不同的、根本分离的或者完全不可理解的。这些职业者中的每一个人——他们是,例如立法者、律师或学者——设法,至少在某种程度上,为她的职业受众所倾听、理解和追随。

进而,我并不认为,在一个法律体系中的准官方参与者将在官方的和他们的非官方的话语和理解之间保持一种真正的根本分离。很难证明这一假设的有效性,但是我还是相信,几乎没有法律实践者是两面派的、不忠实的操纵者。相反,大多数这些法律实践者理解了主要的和全局性的理论、世界观和角色定位,这些在一定程度上促进了他们的话语和概念与官方的话语和概念相互调和与共存。例如,在美国,律师或学者们的个人语型与官方司法话语之间的根本分离几乎不存在。甚至明显最为精于策略的实践者,例如刑事辩护律师、税务律师或这些最明确地怂恿策略行为的学者,也只是在整体上合法化其主张的语境下,他们才这样严格与官方的话语分离,例如当律师承担着制衡国家权力或在普通法传统中解释法律的角色时。[71] 根据这些解释,这些被策略家占据或者支持的角色,可能与官方话语有着不一致的目的,但这也只是某种程度上:最终,都会始终如一地认为法律体系的根本目的是会得以实现和推进的。在这一方面,这些个人语型事实上是主流意识形态的一部分,据此,普通法和其对抗制都最终会消失。事实上,法律实践者很少认为:官方和他们的非官方话语或理解之间不存在沟通渠道,因此,他们的方法意味着真正逃离法律体系。甚至那些废止以种族为基础的陪审团的支持者,也在普通法传统的传统的和合理化的结构范围内提出理由,因此,他们明确地将自己与官方的话语类型相联系。[72]

最后,正是这一官方与准官方话语之间的相互联系,在智识层面和实践层面,揭示了一个法律体系和其运作的方式。这一相互联系建立并反映了在官方与准官方话语之间、在各种准官方话语之间一系列概念性的和基本的关系,这些关系构成了法律体系的基本智识结构和概念框架。因此,我的比较方法论旨在了解这些相互关联的和调和性的言说、解释、正当化和概念化模式。

"内部"问题

也许,第二部分中对乐观的方法论最弱的质疑就是,当还不清楚"内在于"一个法律体系的实践者是否真正理解他们的法律体系的运作时,这一方法论就尝试从"外部"去了解一个外国法律体系的"内部"理解。

尽管,对乐观的方法论的上述描述是中肯的——事实上,它的确设法使一个法律体系中的法学家可以了解来自外国法律体系的法学家们是如何概念化他们的法律体系的——但是,这一批评仍根植于这一深有问题的提议,即这些外国法学家或许不理解他们自己的法律体系实际上是如何运作的。接着,这一提议还根植于两个极具争议性的假设:第一,

---

[71] Alan Dershowitz, *The Best Defense* (New York: Random House, 1983); Duncan Kennedy, "Freedom and Constraint in Adjudication: A Critical Phenomenology", (1986) 361. Leg. Ed. 518.

[72] 见 Paul Butler, "Racially Based Jury Nullification: Black Power in the Criminal Justice System", (1995) 105 Yale L. J. 677.

真正存在着一些对这一体系如何运作的客观且正确的理解——因此,这些理解不关注人们如何思考,而是关注制度、国家机构和其他法律实践者事实上如何起作用。第二,这样一个客观的理解源自于被观察的体系的"外部"。这一批评也深受这样一些批评之害,即通常将这一批评控诉为是唯物主义的、"经济基础"(infrastructure)本位的分析。因此,即使我们排除了这一不可能回答的问题,即我们是否能够真正地提出一个对物质世界的客观描述(充其量只是一个不确定的建议),但是,一些非常重要的事物将仍然会被这一"客观"的描述遗失掉,这也就是说,思维模式浸透到所观察的法律体系中。

我的方法论建立在完全不同的假定之上。它假定:那些在一个法律体系中起作用的人们如何确信这一法律体系的运作,他们如何讨论"法律的"和(或)"非法律的"问题,实际上他们构想了这些"法律的"和"非法律的"问题,这些都构成了此法律体系的事实存在的一个显著的方面。这一假设之所以重要,不仅是因为思考和言说模式可能产生——通过复杂和或许是不可预知的机制——有形的影响或有形的现象,而且是因为不仅包含实体机构而且包含以复杂方式在传授和传播的思维和话语形式,包括正式的法律教育、刑事司法体系的肖像学以及官方的司法话语等等。因此,即使这样的思考和叙事也并未清楚地决定法律体系的物质要素和实践,至少,它们与这些要素之间形成了复杂的对话关系。忽略这些思维和话语方式——忽略个人语型——因为它们不是此法律体系的客观方面,这些忽略因而导致远离了要点。

最后,值得注意这一点:在一个既定法律体系中的法学家无视这一体系的某些特征,或无视这一体系各个方面之间的明显分离、紧张或矛盾,这些明显的"无视"或许就构成了这一法律体系的重要特征,构成了其概念化和描述自己的相关实在的方式的重要特征。至少,这一想象的无视表明了组织化和理解法律体系的另一种方式,因而成为一个潜在的、多产的比较分析焦点。

方法论问题:分析客体的构建

上面给出的答案没有强调在第二部分中最终提出的一系列相关的异议。这些重要的异议要求关注由构建和应用一种方法论去描述和分析任何客体(包括一个外国法律体系)所产生的分析效果。这些怀疑性的异议的要点是一个既定方法论的构建和适用对分析客体产生了一个构成性的影响:任何一种方法论都包含着自己的世界观和预设,这些都深嵌于它自己的特征和定义之中并且反映到分析客体之上。因此，方法论根据自己的形象来选择所观察的方面和构建客体。根据这些批评，比较法学家所重复采用的所有区分，例如共性与差异或者内部视角与外部视角，事实上在构建分析客体过程中起到了重要的构成性作用。问题并不局限于这些：在任一个既定语境下，比较法是否应该，例如，描述一些事物"类似于"或"不同于"另一些事物（或两者）；作为一个一般性的问题，比较法学家是否应该采取一个强调共性或差异（或两者）的方法论。首要的问题是共性/差异方法论的构建——以及这两个范畴所产生的投影——构成和塑造了分析的客体。

以我自己的工作为例，不可否认的是，在法国和美国法律语境中，我采用的方法已经显著影响了我所研究的客体和我进行分析和描述的方式。作为结果的结论完全依赖于最初的方法论选择（可能甚至被预设）。因此，例如将阅读模式分为两个宽泛的范畴（文法的和解释的）已经对于我在分析中如何界定和描述所观察的法国和美国司法话语产生了明显的构成性影响，并直接引向了一个可预见的结果。特别是，由于这两个宽泛范畴的构建和应用，所有解释形式的前提建立在这样一种观念之上：不求助于文本外的（extra-textual）思考，文本就能够被阅读和应用。这些解释形式被一并放置于"文法阅读法"这一标题之下。所有其他的解释形式，即那些建立在需要求助于文本外思考的形式，都被放置在另一个标题"解释学的解释"之下。无须说明，这一基本的区分，就其分类的有用性来说，仍然是十分生硬的。在这一方法论之下，例如，经济政策分析和公正话语都会被归类为解释的"解释学"形式。

这一方法论的问题是，它以相当具有预见性的方式构建了法国和美国的司法话语。尽管这两种解释方法的适用幅度很宽泛，而最后的结果却是美国和法国法官都采用文法解释和解释学解释相同的基本结合的变体，这难道不让人惊讶吗？通过将话语的和解释的可能性只分为两种宽泛的种类，并通过将非实证性的渊源（诸如高度职业化的话语）囊括进"司法"的范围，这一方法论得出了可以被合理地——尽管是苛刻地——认为是虚构的结论：法国和美国的司法话语之间存在共性。

当然，任何方法论都会陷入同样的困境。几乎很难提出与此相反的结论。传统的美国比较方式正是再三地这样做的。通过将其研究素材局限于公开的司法判决，这一方法事实上已经构建了它的分析客体，这样就可以明显得出这一结论：法国和美国的司法话语之间存在差异。有谁可能会注意到法国和美国司法判决看上去相当不同，使用不同的话语类型并暗含着不同的司法解释和推理形式呢？但是，这一关于存在明显差异的结论或多或少是通过如下决定而被假定的，即关于如何构建分析客体的决定，也就是说，关于什么应该被纳入分析的决定，关于比较天平的两端分别应该放置什么的决定。

简言之，任何方法论都影响到分析客体的型构、描述和解释。比较法学家必须选择一种方法论，而且她的选择必然明显影响她的比较分析。那么，比较法学家应该如何选择特定的方法论路径呢？

我认为，这一方法论选择只有在一种具体比较语境中才能够被考虑和正当化。例如，我自己选择方法论的决定是在对法国的民事司法体系进行传统的美国式比较分析中形成的。这一传统的美国式分析，正如我已经反复解释过的那样，通过深刻地适用目光狭隘的后现实主义方法论，始终如一地强调法国和美国的司法话语之间存在差异。通过将观察局限于公开的法国司法判决，以及通过采用狭隘的美国现实主义关于恰当的法律渊源和形式主义的弊端的观点，这些分析必定会深深地轻视——并且经常是明显消极地——法国民事司法体系中的特征。

在这一语境中，我的目标是形成并展开一种方法论，这一方法论将富有成果地重新研究法国素材。因此，我的方法论目的是对法国司法话语、思想和实践进行描述，这一描述将会迫使对法国司法体系进行严肃的重新概念化。我的方法与经典的比较分析相反，经典的比较分析提出这些一种描述，即强调法国和美国司法话语和实践之间存在基本的共性。结果是，这种方法论促进了对摘选自宽泛的司法、职业和学术资料的、长长的引文进行"精读"。以这种方式型构的法国民事司法体系也不再会被作为一个形式主义的弊病的实例而概要地不予考虑。它相反成为一个相对美国法律思想而言合理的、连贯的和或许甚至是具有挑战性的替代性选择。换句话说，这一方法论提出了一个更加丰富的——对我而言，是更加可靠的和更有代表性的——关于法国民事法律体系的概念支柱和日常实践的描述。

因此，我关于比较实践的方法承认和接受这样一种批评，即任何方法论的选择都明显地影响了对分析客体的构建、描述和解释。我的回应只是简单地将比较法作为一种表示关系的实践来对待。这一观念是为了通过先验的比较分析、分析客体、其他学科（对我而言是文学理论和批评）以及对所研究素材形成了责任感的读者，去锻造各种关系。

这一方法还强调那些积极反对肤浅的和轻蔑的分析态度的解释，以及那些相反地促进了分析客体之间具体的、包容的、具有挑战性的融合的解释。我假设,在不同的语境中,应该使用不同的方法。例如,我相信,在我最近从事的有关法国与美国的共性的研究语境中,进一步的努力会主要强调重要的话语和概念的差异,是它们不断地将法国的司法实践与美国的司法实践区别开来。因此,下一步努力可能将会打破"文法"和"解释学"这两种宽泛的阅读法,以更加细微地——因此而更加具有区分性地——对法国和美国话语进行描述。通过以这样的方式不断重新调整我的方法论,我希望我能更好地鉴别和产生不但丰富的比较叙述,从而希望使不同分析客体之间、不同学科之间和在起作用的读者之间、不断增加和更具有挑战性的融合。

因此,我不能提供关于如何实现这一重要的整合的规则。我能做的只不过就是提示被英美法学家称之为"情境感"(situationsense)[73]的因素的重要性,或者被大陆学者称为某种亚里士多德式的"技艺"(tekhnè)[74]的重要性。这也就是说,一个深深嵌于语境中的判断,即关于如何最好地去激发,对于不同时代下不同学科的不同读者来说,跨文化的概念洞见。然而,应该强调这一点,即一个严格的初始要求仍然继续适用。比较法学家们的基本描述必须至少得到所研究的外国法律体系中相当部分的实践者的认同。这些实践者包括立法者、学者、律师、当事人或其他,或者在这些实践者之中或之间重要的亚群体。这是进入严肃的比较研究的基本代价,或者至少是进入考虑个人语型的比较研究的基本代价。

结　　论

可能概括对我的比较方法的冗长解释的最好方法就是提供一个轻松的例子。之前,在一个于芝加哥召开的比较法研讨会上,四名意大利同事邀请我和他们共进晚餐。在一间明显是针对旅行者的餐厅吃过普普通通的晚餐之后,我的一个意大利朋友叫了一杯 espresso 咖啡。将他的拇指和食指轻微分开,他要了一杯蒸馏咖啡"corto...eh...short"。过了片刻,侍者的困惑表露无遗。一短杯蒸馏咖啡?(A short cup of es-

---

[73] Karl Llewellyn, "Remarks on the Theory of Appellate Decision and the Rules or Canons about How Statutes Are to Be Construed", (1950) 3 Vanderbilt L. R. 395, p. 401; *Id.*, The Common Law Tradition (Boston: Little, Brown, 1960), pp. 60—61.

[74] 见 Jean-François Lyotard and Jean-Loup Thébaud, *Just Gaming*, transl. by Wlad Godzich (Minneapolis: University of Minnesota Press, 1985), p. 28.

presso?)侍者很快恢复了沉着冷静。"哦,但是我们的机器只磨制大杯的蒸馏咖啡"他轻蔑地解释到,"如果你想要小杯,我可以倒掉半杯给你。"

我的论点是,我们的侍者采纳了一种跨文化的进路,与许多美国比较分析无异,即倾向于将外国的事物解释为是愚钝的。他的阅读是轻蔑的(甚至是故意如此),不顾这一事实,即如此众多的其他解读是可能的。可能因为他的背景和性情,可能是因为他的工作环境,可能是因为他从未认识到比较法的乐趣,那个侍者只是注重使他的生活轻松,而不是设法挑战——在任何程度上可能的——困难的、复杂的和不同的事物。⑦ 他对他的客人没有责任感,更不用说他自己的工作。他准备去理解意大利客人的要求,但只是根据他自己的经验。他的游戏中唯一真正的规则是他自己的观点不能受到挑战。

比较的姿态或者态度必须根本不同于芝加哥餐馆中上演的那一幕。为什么一个来自 espresso 故乡的人(甚至这种咖啡的名称所使用的语言都是意大利文,在美国的几乎每一部 espresso 咖啡机牌子所使用的条文也是意大利文)⑯会提出这种显然毫无意义的问题?对这一要求的包容性理解应该会意识到:意大利人,关于他希望他的咖啡如何烹煮或者如何被提供显然具有相当清晰的观念;也应该认识到,他提出的要求并不是侍者理解的那种白痴含义。至少,在我看来,设法破译这一要求则有责任使自己相当熟知意大利的有关咖啡的话语和其相伴随的基本实践。

在这个特殊的例子中,具有包容性的比较法学家(并因此是尽责的)将会致力于充分的话语和专业研究,并提出在意大利的咖啡话语中,"短"(short)并不意味着"小"、"少"而且指"很浓"。⑰ 那位意大利人是要求一种"short pull",就是说,他只是想要从咖啡研磨机倒出来的一股蒸馏咖啡液中的第一部分。他是不想让咖啡中最浓、最香的部分(就是被人们称为 ristretto 的部分)将被接下来从同一个研磨机中不断流出的、味道逐渐变淡的咖啡所冲淡。他这样说是希望将咖啡流较快的切断。这就是意大利蒸馏咖啡制作中的话语,明显地反映了和产生了某些实践的话语,因此它对于那些忠诚的比较法学家来说是很有启发性的。

---

⑮ 声明(disclaimer):当有人在其他桌子上等候,我实际上对所有的侍者都是保有同情心的,当然,他们得承认这样对待外国顾客是不礼貌的。

⑯ 这种机器是由诸如 Gaggia, La Pavoni, DeLonghi, Rancilio 和 Saeco 等公司制造的。即使是星巴克咖啡连锁店这一美国范也用意大利文"Barista"命名他们的咖啡机。

⑰ 有时"corto"被用于叫一注咖啡而不是两注("doppio" or "lungo") espresso 咖啡。

比较法学家至少必定能够提出上述直接给出的基本语言和实践解释。简言之,她必定能够掌握和解释上述要点。

当然,这一基础层面的解释代表的只是比较研究的冰山一角。比较法学能够无限深入地去尝试提出逐步变得敏锐的分析。进一步的研究应该揭示更多的蒸馏咖啡的基本文化。它应该揭示某些具有代表性的态度和重复的实践。它应该介绍整个蒸馏咖啡的特色和制度,从"咖啡师"(barista)(蒸馏咖啡师),到咖啡馆自身,再到顾客,再到进口商、再到生产商,再到劳动者……简言之,严肃的研究应该给出不断丰富的描述。

如此而言,比较法学家想要理解她所收集的信息则是另外一个故事。当然,在她分析意大利咖啡文化的道路是没有止境的。例如,她可能通过分析在咖啡馆中饮用一杯蒸馏咖啡与用餐时饮用一杯咖啡差异的重要性来揭示意大利与美国的差异。她可能探究与喝一杯"深不见底"(bottomless)相反的喝一杯"小"(short)咖啡的、更深层的意义。她可能提供引人注意的解释,即关于咖啡行为如何影响和产生了殖民主义的、后殖民主义的剥削,比如种族、性别和阶级划分。[78] 她可能通过揭示意大利和美国咖啡生产、分配和消费的数据支持她的结论。[79] 她可能追溯关于咖啡屋文化的智识历史。[80] 她还可能研究在各种"高雅"与"通俗"的文化形式中咖啡的表现形式,从小说到电影再到广告招贴画。再或者她可能,正如我提议的那样,关注咖啡师、侍者、咖啡饮用者、咖啡烘焙者和供应商、批发商、进口商、餐馆工、食品评论家和其他类似的人等各种各样的群体所使用的关于咖啡的语言。

简言之,比较的可能性是无穷尽的,而且坦率地说,它们都能激起我的好奇心和给我启发。但是不论比较法学家选择哪种方法论,她最好先满足这一初始要求,也就是说,她的基本描述必须得到所研究的咖啡体系中相当部分的实践者的认可,他们包括消费者、生产商、侍者、评论家或者其他人,或者在这些实践者之中或之间重要的亚群体。

---

[78] 见 Stewart Lee Allen, *The Devil's Cup*: *Coffee*, *the Driving Force in History* (New York: Soho Press, 1999).

[79] 见 Gregory Dicum and Nina Luttinger, *The Coffee Book*: *Anatomy of an Industry from Crop to the Last Drop* (New York: New Press, 1999).

[80] 见 Ralph Hattox, *Coffee and Coffeehouses*: *The Origins of a Social Beverage in the Medieval Near East* (Seattle: University of Washington Press, 1985); Ulla Heise, *Coffee and Coffee Houses*, transl. by Paul Roper (West Chester, Pennsylvania: Schiffer, 1987).

除此之外,由比较法学家来决定采用"情景感"或"技艺",以便提出这样一个分析,即在这一分析中,她相信向她所强调的特定读者最好地揭示和表达了所研究的咖啡体系的一些方面。富有启发性的比较能够在,例如,"corto"/"lungo"之间的区别以及"black"、"regular"之间的区别进行。[81] 这样的判断显然取决于许多因素,从咖啡的历史研究到读者对被分析的咖啡体系之间关系的比较等。面对意大利顾客对美国掺水咖啡的轻蔑解释,或许对美国当地的蒸馏咖啡馆的介绍是必要的。面对美国需要特许经营的商业化蒸馏咖啡饮品,也许稍微了解一下那不勒斯的咖啡师(或甚至是对他们令人信服的描述)也是值得考虑的。或许,在面对这两者时,一个关于选购和家庭烘焙绿色咖啡豆的短期课程可能会动摇人们对咖啡文化已有的理解,从而导致对这些文化、甚至是对咖啡本身产生新的、富有成效的认识。[82]

我假定,我从未真正地"理解"对于一些意大利人来说,点一杯"corto"意味着什么(也就是"basso")。我将会不充分地分析和(或)过度地分析了意大利蒸馏咖啡的话语和实践;我将会寻求某些参照,并建立某些联系,而不是其他;而且,我会在各种程度上平缓、同化和定型化化它们。简言之,对我而言,下一个这样的订单*从来不会是相同的,或者从未听到过下相同的订单;因为,对于某些人来说,它会以某些方式在文化上被同化,从而形成各种各样的意大利蒸馏咖啡文化。但是,我确定能够研究这些文化,能够在一些有意义的程度上学习和分析它们,能够通过提供一个不完美但能引起共鸣的翻译来表达我所了解到的事物,以及甚至能够展现对我所描述的事物所作出的丰富的、迷人的并最终具有挑战性的分析和批评。最后,我相信这意示着一个比较好的开始。

---

[81] 比较法学家必须对复杂性和变化性保持开放的头脑,即使是在如此平常的环境下也应该如此。我在高中的时候了解到,关于"regular"咖啡是否应该加糖也加奶有着小小的争论。

[82] 见 Kenneth Davids, *Home Coffee Roasting: Romance and Revival* (New York: St Martin, 1996)。

* 指要一杯咖啡。——译者注

第9章 共性与差异

皮埃尔·勒格朗[*]
(Pierre Legrand)

就像提到两种祭剑礼仪式之间的明显联系一样:一种是利剑轻敲一个人的肩膀,一种是利剑砍下他的头颅。这对于那个人来说是完全不同的。

G. K. 切特斯顿(G. K. Chesterton)[①]

人们总是受到他人的支配。例如,一个人对自己的看法是通过别人的凝视形成的。而且,在镜面反射范围之外,人们也总是害怕被同自身有别的东西妨碍。为了调和各种根据并遏制他人可能表现出的威胁,有必要确定他人是敌是友,这就相当于要问清楚他们与自身是相同还是相异。当提及差异是为了通过压制、否定、排除或磨灭它们的方式而将个体或集体的特殊性置于危险境地的时候,那么,差异就已经成为拥有差异的人的劣势了。公然的性别或种族歧视显然就是这种话语策略的应用。但是,通过区分差异而实现背叛和抵制的逻辑则采纳了更为阴险的形式。想想娜塔丽·萨罗特(Nathalie Sarraut)的《词语的使用》(*L'usage de la parole*)中的母亲的角色。在对那些在沙发上挤成一团的家庭成员之间作出区分的过程(她摇醒他们,强迫他们苏醒,将他们相互之间分开。你看:我能帮你做人口普查。在这里,在你面前是父亲,这是女儿,这是儿子),通过残忍的角色命名,母亲破坏了这种未区分的家庭纽带关系。她破坏了家庭关系中的亲密氛围,她的言语使周围的人遭受了残忍的分离,同时他们也发现自己与她之间存在距离,因为她已经唐突地

---

[*] 除了少数情形下我参考了一个准确的英译本(例如,注释⑮)外,我参考了原文,不论其是否有英语译本。没有英语译本的句段是我的翻译。在这里我要感谢 Geoffrey Samuel, Nicholas Kasirer, Horatia Muir Watt, Roderick Munday, Georgina Firth, Mitchel Lasser, Peter Goodrich and Michel Rosenfeld。在我写作这篇论文的时候,他们都提供了有价值的、鼓舞人心的友情和帮助。假定我的讨论中至少一部分将会受到置疑,通常还会被拒斥,这似乎是合理的。

[①] G. K. Chesterton, *Orthodoxy*, in *The Collected Works of G. K. Chesterton*, ed. by David Dooley, vol. I (San Francisco: Ignatius Press, 1986), p.335 [1908].

将自己和家人分开(用叙述者的语言,"为什么那位母亲……她没有在她应该发现自己的地方,没有在人们经常发现她的地方:在她的丈夫、女儿和儿子中间。她离他们就像陌生人一样遥远。她是否已经迷失了? 抛弃了她的尊严及其作为母亲的角色? '你的父亲'、'你的姐姐',词语像她本人一样,像周围冰冷和坚硬的一切事物一样……")。②

如果仅仅因为词语和对象之间、在自我和他人之间的原初的、不可削减的距离,最终,所有的语言的、社会的和文化的活动都会以差异思想为基础。但是差异是多形态的,不需要被作为分裂的、贫乏之物来理解。它也能够被作为一种对存在的肯定和维护来体验。通过使人们有能力抵制主体之间界限的消解,通过允许人们巧妙地避免错误的识别或驱逐,以及通过允许避免极端混乱的情境,区分的行为通常会为人们提供一种至关重要的行为能力。因此,差异不仅与可理解性问题相关(理解——这里通常认为是解释——如何源自未区分的事物?),而且还与社会组织的可能性以及个体的存活有关,因为差异通常被认为是对所有可能的整体化的消解。正是这种补充性的、赋予能力型的差异思想——差异对此快速反应表示的、重要的赞成——这一在否定的辩证法中的实践,是值得赞美的。③

* * *

否定的辩证法,在特奥多尔·阿多尔诺(Theodor Adorno)著名的表述中,是指一种重要的反思模式,这种模式在关键时刻——即在知识产

---

② Nathalie Sarraute, *L'usage de la parole*, in *Oeuvres complètes*, ed. by Jean-Yves Tadié et al. (Paris: Gallimard, 1996), pp. 941 and 943—944 [" *Elle les a secoués, elle les a obligés à se réveiller, à se detacher les uns des autres* (...). (...) *Vous voyez, nous voici, je peux vous aider à faire le recensement. Voici devant vous: le père. Voici la fille. Ici c'est le fils*"; "*Mais alors, comment se fait-il qu'elle, la mère ... elle n'était pas là où elle devait se trouver, où on la trouve d'ordinaire, entre son mari, sa fille et son fils. Elle était aussi loin d'eux qu'une étrangère* (...). (...) *Aurait-elle fui? Abandonné sa tenue, son rôle de mère?* (...) '*Ton père*' '*Ta soeur*' ... *des roots comme elle-même, comme tout autour ... glacés et durs...* "] (1980) [hereinafter *Oeuvres complètes*]. I follow Ann Jefferson, Nathalie Sarraute, *Fiction and Theory* (Cambridge: Cambridge University Press, 2000), pp. 56—59.

③ 在比较的主流哲学思想中,关键的和具有破坏性的是将差异作为生产力,见 Gilles Deleuze, *Différence et répétition* (Paris: Presses Universitaires de France, 1968)。我是指在下文中的主流哲学思想,请见文本注释:49—57. More generally, see Gilles Deleuze and Félix Guattari, *L'anti-Oedipe* (Paris: Editions de Minuit, 1972),作者对比了柏拉图的或者基督教的关于愿望(desire)的概念,将愿望作为缺少、痛苦和危难而不是将愿望理解为积极的具有建设性和创造性的。

生过程中要求人们采取某种立场的时刻,这些立场会决定如何从这一步走向下一步、从一种表述到下一种表述、从一个句子到下一个句子——否定了一个学科所确信的事。我将这篇论文视为否定的辩证法的主题变种,即大量的论述意在清晰地和突出地否定比较法研究的企图实现的实证主义(思想里程碑式的)。远非暗含某种"情绪"的否定性——某人不需要为了致力于否定的辩证法而成为一个消极的人——是一种否定立场或相反的立场,是一种对假定、确定性、实证性和实证主义的时代精神的不信任,实证主义的时代精神必定是作为在比较分析中抑制有意义的经验的语境维度的最重要的因素。在这种意义上,否定性是作为对抗话语的理论的变革性作用的典型。从字面上看,它是一种难以控制的姿态。它实行一种抵抗政治。不完全是在净化层面,它才是错误的,尽管模糊化净化维度所持的推定价值是不明智的,但是,在一个令人欣喜若狂的模式下,换句话说,通过这一方式,它"极大地推动了进步的社会转型"。④

* * *

一些更早的观察是相反的,例如,"传统"这一观念,使我们超越了民族国家的疆界和有问题的"系统"理念,更重要的是,它在亚稳定的层面展现了我们当下的观察和过去经历之间的联系时如何成为持续的生活经历的一部分的。持续的生活经历是与传统一起的(而非在因果关系上受到传统的影响,因此,与传统是相分离的),并且是与当下相反的,如存在于自身的自我确定性中那样与世隔绝。因此,传统也是对当下的一种解脱。换句话说,过去对一个人来说意味着一种使自己脱离作为历史存在的自身和构成性自身的方式——对于法律主体而言,过去使脱离以排除不可控事物为基础的构建世界的策略的机会成为必要。⑤

---

④ Patricia J. Huntington, *Ecstatic Subjects*, *Utopia*, *and Recognition* (Albany: SUNY Press, 1998), pp.10—11 and *passim*. See Johannes Fabian, *Anthropology with an Attitude* (Stanford: Stanford University Press, 2001), pp.7, 100 and 93. See generally Theodor W. Adorno, *Negative Dialectics*, transl. by E. B. Ashton (London: Routledge, 1973). Adde: Susan Buck-Morss, *The Origin of Negative Dialectics* (New York: Free Press, 1977).

⑤ 为了将"传统"压缩在一种大的分类学叙事或者一种大规模结构性综合计划之中,强调永久性而不是分散性,如同常规的做法一样,将会失去解释的指向。在一篇重要的文章中 Bruns 注意到"传统并不总是保持一致",而是"一致性的分裂,基于此,它们无法被简化为或者被包含入一个类似的范畴",他补充说:"与传统的遭遇总是带来对集成性或者包容性的颠覆",Gerald L. Bruns, *Hermeneutics Ancient and Modern* (New Haven: Yale University Press, 1992), pp.201—202.

现在，我并非主张法律传统是社会的等价物，而是认为，它们在认识论意义上是可以比较的，尽管它们具有独特性（指它们在构成"元"话语产生单元的意义上和在作为意义或目的之"元"渊源的层面上的独特性。）⑥当然，法律传统仅仅在事实上是同质的，并且毫无疑问他们存在内部的冲突。实际上，人们能够将在一个诠释共同体内部的分裂、不连贯、越界和冲突作为根本的事实："没有一种文化可以成为一个独裁的、自我建立的和自足的统一体。每一种文化都参照其他文化塑造自身，同时也被其他文化所塑造。没有一种文化不是从其他文化的构造中而来……在其历史的任何时刻，没有一种文化没有被其他文化所共同决定和改善。文化是一个复数名词（plurale tantum）；它只存在复数形式。"⑦因此，我接受这种观点："大陆法系"和"普通法系"这些指称并不是以一种排他的方式指称这种或那种的西方法律传统。我的观点毋宁是，在一个已经继受了罗马法的法域中，人们更容易发现"大陆法系"的法律的、或者修辞学的、或者人类学的、或社会学的或政治经济学的痕迹；然而在没有继受罗马法的法域中，人们更容易发现"普通法系"的法律的、或者修辞学的、或者人类学的、或社会学的或政治经济学的痕迹。我将这一论述建立在如下确信的基础上，法律是一种履行（无论是自愿的还是非自愿的）——而非一种"存在"（being），而是一种"实践"（doing）——因此，使"大陆法系"成为大陆法系的要素和使"普通法系"成为普通法系的要素发生在一个构成性的过程当中，在这一过程中，大陆法系和普通法系互相将彼此作为"他者"因而能够塑造自身和成为彼此不同的法系。我进一步以我的生活经验为基础主张自己的观点，我多次长期地生活在大陆法系法域和普通法系法域中，无论是作为学生、律师、研究者还是老师。这也是我作为没有母法的人、从未将自己禁锢在一个熟悉的法律体系的人、一个可以自由地把自己想象成大陆法系或普通法系的律师的人以及一个不断地横跨于西方法律传统之间的人的法律生涯。这些生活经验使我不止一次明确表示反对本质主义（essentialism）。"大陆法

---

⑥ 关于对法律和传统的相互作用的反思请见 Martin Krygier, "Law as Tradition", (1986) 5 L. & Phil. 237.

⑦ Werner Hamacher, "One 2 Many Multiculturalisms", in Hent deVries and Samuel Weber (eds.), *Violence, Identity, and Self-Determination* (Stanford: Stanford University Press, 1997), pp. 295—296. 也见 Bhikhu Parekh, *Rethinking Multiculturalism* (Cambridge, Mass.: Harvard University Press, 2000), pp. 76—79. 对于文化的相互作用的生动描述请见 Peter N. Stearns, *Cultures in Motion* (New Haven: Yale University Press, 2001).

系"和"普通法系"并不存在某种先验的本质,而只存在具有多种具体表现形式的后验本质。我坚信存在不可避免的混合体(顺便提及,这也是缘何仍然被许多比较法学家推崇"混合法律体系"这一观念让我觉得不是那么深奥精密的原因)。因此,我从未提出一个"大陆法系"或"普通法系"的理论。事实上,我不能提出关于"大陆法系"或"普通法系"的具体特性的观念。(但我的确引用过艾兹拉·庞德的句子:"当人们声称'我是'这样、那样或者其他,而几乎不说明有的方面不再属于那样了。"⑧)我已经提出并且会继续提出的是异议理论、或"臣属性"(sub-alternity)理论或者边际理论,也即是一个定位理论,具体来说,就是将普通法当作为置于一个反修辞(antirrhetic)的位置,并且指出历史上,除此之外,普通法便没有其他的定位———一种与任何一种政治文化的"生活世界"(Lebenswelt)的"完美无缺"的问题无关的历史的论述。⑨ 以此为背景,我认为,作为认识论的领域来理解的大陆法和普通法,它们分享了一种一般的和非中立的不可知论,这种不可知论将未经证明的所谓的"西方法"领域根据普遍主义(nomothetism)和个别主义(idiographism)进行划分(通过一种可能会包括支持主张和努力追求适当性的方式),它们无可挽回地是不可调和的两种法系,即使我们同时赋予它们生命,而且试图在一种模糊和私人的经济中协调它们。⑩(请问:如果他者与自我一致,自我如何能够最终存在?)

* * *

在一个非常重要的意义上,近期的比较法研究必定会被看成是一种坚持不懈的、尽管不总为巧妙的尝试,这种尝试旨在识别法律之间的相

---

⑧ Ezra Pound, *Gaudier-Brzeska*: *A Memoir* (New York: New Directions, 1960), p. 85 [1916].

⑨ 在这一意义上,我从 Goodrich 的博学的作品中获得了灵感,见 Peter Goodrich, "*Ars Bablativa*: Ramism, Rhetoric, and the Genealogy of English Jurisprudence", in Gregory Leyh (ed.), *Legal Hermeneutics* (Berkeley: University of California Press, 1992), pp. 43—82; id., "Poor Illiterate Reason: History, Nationalism and Common Law", (1992) 1 Soc. & Leg. Stud. 7; id., *Oedipus Lex* (Berkeley: University of California Press, 1995), pp. 41—67 and passim [hereinafter Oedipus Lex].

⑩ 我采纳并改动了德里达(Jacques Derrida)的 *L'écriture et la différence* (Paris: Le Seuil, 1967), p. 427.

同点和将差异降为仅是相同点之间的方式不同。⑪ 正如约翰·梅里曼所注意到的:"法律体系之间的差异已经被作为邪恶或应被克服的麻烦"⑫并不令人惊讶的是,"当差异被发现,共性似乎就会要求消解这些差异。"⑬事实上,正如致力于他的(不可能的)研究对象,"比较法学家假定了在不同法域之间存在共性,这一假定伴随着寻找共性的研究过程。"而且假定差异的方面在很大程度上是无关要紧的。⑭对共性的渴望随之孕育了对共性的期待,这种期待引发了对共性的寻找。即使后来出现一种反驳共性的重述,也无法阻止比较法学家"发现……宏大的共性以深化他们坚信存在一元的正义感的信念。"⑮对这种居于支配地位的、通常所预期的正统学说的阐述大量存在着。

在他提交给 1900 年巴黎会议的总报告中,爱德华·朗贝尔声明:"比较法学家为了完成他的任务,必须选择最为类似的法律(作为其研究对象)。"⑯因此,对于一个法国法学家而言,对英国法的研究应该只是

---

⑪　如果假定比较法学家在他们的认识论中总是热衷于共性,那么这种假定是错误的。例如,孟德斯鸠用下面的句子表达了他的指导原则:"不要将那些事实上是不同的例子想象成类似的,也不要忽视那些看似相似的例子中的差异": *De l'esprit des lois*, in *Oeuvres complètes*, ed. by Roger Caillois, vol. II (Paris: Gallimard, 1951), p. 229 (1748). 一种比较法研究的谱系也证明了 16 世纪法国发生的出色的、有影响的将差异主位化的过程。这种叙事已经被压制。但请见 Jean-Louis Thireau, "Le comparatisme et la naissance du droit français", *Revue d'histoire des facultés de droit et de la science juridique*, 1990, Nos. 10/11, p. 153,他为恢复比较法研究的可选择的清晰的位置提供了有用的资料。本杰明的观察中有一点值得注意:"对共性的感知因此必须及时建立",: Walter Benjamin, "Doctrine of the Similar", in *Selected Writings*, ed. by Michael W. Jennings, Howard Eiland and Gary Smith and transl, by Michael W. Jennings, vol. II: 1927—1934 (Cambridge, Mass.: Harvard University Press, 1999), p. 696 [1933]. 关于原文版本请参见上注,"Lehre vom. Ähnlichen", in *Gesamrnelte Schriften*, ed. by RolfTiedemann and Hermann Schweppenh/iuser, vol. II, t. 1 (Frankfurt: Suhrkamp, 1977), pp. 204—205 ["*Die Wahrnehrnung von Ähnlichkeiten also scheint an ein Zeitrnornent gebunden*"].

⑫　John H. Merryman, "On the Convergence (and Divergence) of the Civil Law and the Common Law", in Mauro Cappelletti (ed.), *New Perspectives for a Common Law of Europe* (Leyden: Sijthoff, 1978), p. 195.

⑬　Richard Hyland, "Comparative Law", in Dennis Patterson (ed.), *A Companion to Philosophy of Law and Legal Theory* (Oxford: Blackwell, 1996), p. 196.

⑭　Joseph Vining, *The Authoritative and the Authoritarian* (Chicago: University of Chicago Press, 1986), p. 65 [my emphasis].

⑮　Konrad Zweigert and Hein Kötz, *An Introduction to Comparative Law*, 3d ed. transl, by Tony Weir (Oxford: Oxford University Press, 1998), p. 3.

⑯　Congrès international de droit comparé, *Procès-verbaux des séances et documents*, vol. I (Paris: L. G. D. J., 1905), p. 49 ["*le comparatiste juriste, pour remplir sa tache, doit choisir (comme objet de sa comparaison) les législations les plus semblables*"].

"附带地",它必定仅仅占据"一个不引人注意的位置"。[17] 然而,在拉丁法系和日耳曼法系之间——也即在分享了罗马法律传统的法律"体系"之间——进行比较是非常有意义的。[18] 对于朗贝尔来说,"(比较研究)旨在在世界范围内探知对所有国家共同的事实、共同的生活问题和法律制度的共同功能。"[19]茨威格特和克茨事实上假定了"类似推定"(praesumptio similitudinis),以便"法律体系对于相同的生活问题给出相同或者非常相似的解决,甚至在细节上也是如此。因此,发现了差异就意味着比较法学家要重新开始他们的研究。用茨威格特和克茨的话说,"如果比较法学家通过对所有相关材料的研究得出了他所比较的法律体系达到了相同或者相近似的结果,那么他就可以比较满意了。但是,如果他发现还是存在大的差异或者事实上是完全相反的结果,他就应该有所警觉,并重新回头检验,他所用以最初提出问题的术语是应为纯粹功能性的,并且他是否已经将他的研究网络铺展得足够大"。[20] 对于艾伦·沃森而言,法律规则的传播和继受意味着法律之间存在大量的共性。众多例证之一则是他通过多年关注关于所有权转移和买卖中的风险的法律规则而提出的:"在(法国)民法典之前,在法国一般适用罗马法的规则……这也是被欧洲第一个现代法典——普鲁士 1794 年的《普鲁士邦法》(Allgemeines Landrecht für die Preußischen Staaten)接受的法律。"[21]根据乌戈·马太的论述,的确存在、并且能够发现"在不同法律体系的技术细节背后隐藏着一种有效原则的共同核心"。[22] 因此,"对共同核心的研究是一种用以更深入挖掘被形式上的差异掩盖的类似之处的非常有前途的工具。"[23]鲁道夫·施莱辛格的自身的"共同核心"计划关注合同的缔结,这一计划直接指向"根据精确和严密的规则"将某一领域的

---

[17] Ibid. ["à titre accessoire"; "une place plus effacée"].

[18] Ibid., p.48 ["la comparaison pourra être établie très utilement entre le groupe latin et le groupe germanique"].

[19] Ernst Rabel, "Comparative Conflicts Law", (19,19) 24 Indiana L. J. 353, p.355.

[20] Zweigert and Kötz, supra, note 15, pp.39—40.

[21] Alan Watson, Legal Transplants, 2d ed. (Athens, Georgia: University of Georgia Press, 1993), p.83.

[22] Ugo Mattei, Comparative Law and Economics (Ann Arbor: University of Michigan Press, 1997), p.144.

[23] Mauro Bussani and Ugo Mattei, "The Common Core Approach to European Private Law", (1997—1998) 3 Columbia J. Eur. L. 339, p.340.

合同格式化。㉔ 各种各样的当代应用证明了施莱辛格的"简单化思想"(*esprit de simplification*)具有持续吸引力,并形成了对他的粗糙模式进行全部或部分地模仿的变体。㉕ 巴塞尔·马克西尼斯(Basil Markesinis)认为"我们必须试图跨越术语和分类的障碍,以便表明:外国法并非与我们的法律完全不同,而只是表面上看起来如此"。㉖ 另外,马克西尼斯(Markesinis)注意到"我们关于侵权的法律是多么类似,或者更确切地说,借助于熟练的(并且是善意的)巧妙运用,能够使关于侵权的法律看上去是多么的相似。"㉗凭借着这种掩饰和这种纯理论性的自动语义化,共性就等同于有关共性的思想,它实际上旨在抹灭比较法学家对法律中的他者的陌生感,并很容易促使人们提出如下问题:将意识形态注入共性的比较法学家是否相信他们的迷思,他们是否为执着地妄想或者倔强地虚伪。㉘ 他们在本应该引起此种态度的事实出现之前暴露出了他们的全面态度,比较法学家们是出于自己一厢情愿的想法或者欺诈性地进行研究吗?㉙ 可能更确切地说,他们是否通过两种对立的反应而沉湎于双重信仰之中?这两种对立的反应指的是同时认可和反对"实在"(re-

---

㉔ Rudolf B. Schlesinger, "Introduction", in id. (ed.), *Formation of Contracts: A Study of the Common Core of Legal Systems*, vol. I (Dobbs Ferry: Oceana, 1968), p. 9.

㉕ 见 Hein Kötz and Axel Flessner, *European Contract Law*, vol. I (by Kötz): *Formation, Validity, and Content of Contracts*; *Contract and Third Parties*, transl. by Tony Weir (Oxford: Oxford University Press, 1997); Christian von Bar, *The Common European Law of Torts* (Oxford: Oxford University Press, 1998 and 2000), 2 vols.; Walter van Gerven, Jeremy Lever and Pierre Larouche, *Tort Law* (Oxford: Hart, 2000).

㉖ Basil S. Markesinis, "The Destructive and Constructive Role of the Comparative Lawyer", RabelsZ, 1993, p. 443.

㉗ Id., "Why a Code is Not the Best Way to Advance the Cause of European Legal Unity", (1997) 5 Eur. R. Priv. L. 519, p. 520 [my emphasis].

㉘ 请注意这一点:当衡量善法的标准变成成本—效益最大化标准时,在这种情况下,这种意识形态投资可以表现得相当粗糙。在超越文化的争论的无私的目的的背后隐藏着,以我们的尊崇有效数字的公共对话为轴心的,事实上的对交易成本最小化的追求。它将价值工具化,经济分析同我们将自身定义为道德存在的观念对话。这一过程在相当程度上使我们变得更贫乏。考虑一下 Deborah A. Stone, *Policy Paradox and Political Reason* (New York: HarperCollins, 1988), pp. 136—137:"数字提供了令人安慰的表象:不可通约性能够进行彼此衡量,因为数学总是有用的"。从数字开始,数学提供了答案。数字形成了一个事实上并不存在的公分母。"数字也是精确和客观的象征。它们是一种机械的选择,是事物本质的表达,即使是所有的计算都包含着判断和决定。……数字隐藏了所有涉及的困难选择,而且某些数字、带有小数点的数字、并非十进位的数字——不仅隐藏了潜在的选择而且似乎在为计算者的勇敢做广告。提供这些数字本身就是一种权威的姿态。"沿着这一线索进行的更复杂的讨论请见 Janice G. Stein, *The Cult of Efficiency* (Toronto: Anansi, 2001).

㉙ 我借用了邓肯·肯尼迪的表达,Duncan Kennedy, *A Critique of Adjudication* (Cambridge, Mass.: Harvard University Press, 1997), pp. 191—194.

ality),也即通过持久的感知承认差异的"实在",然而,为了使自己相信其他的东西又否认或抑制它。㉚是否意识形态的主要目标没有成为意识形态自身的一致性?另一个相关的问题出现了:比较法学家是否已经意识到了他们的态度不可避免地需要认识能力的残缺?

总的来说,图利奥·阿斯卡雷利(Tullio Ascarelli)描绘的图画仍然引人注目:比较法研究要么关注实质性或地理性限度内的法律统一,要么更具有哲学性的倾向以追求具有普遍性的统一法律。㉛在这两种研究路径下,比较研究的重点不是解释法律的多样性,而是通过解释将其消解,以某种权威的知识理想的名义去控制它,并且莫名其妙地处于多样性之上的事实竟然在本质上是要免除多样性的。事实上,这些理念已经在国际统一私法协会(UNIDROIT)的国际商事合同通则中得以清楚地阐明,一个表面上的比较性尝试:"国际统一私法协会的通则将建立一系列平衡的规则,这些规则在整个世界范围内适用,而与适用它们的国家的法律传统、经济和政治环境无关。"㉜疯狂地怂恿忽视将差异作为比较法律研究的一个有效分析点——并且不关心这一研究路径将会失去什么——这已经推动詹姆斯·高德利写出这样的句子:"并不存在因脱离了其他国家的法律而成为一个独立的研究对象的法国法或德国法或美国法。"㉝这一支配地位的观点的拓展和封闭的认识论话语无疑已经使共性制度化并且确保差异在此制度中不适格——想把问题带到一

㉚ 见 Sigmund Freud, "Splitting of the Ego in the Process of Defence", in *The Standard Edition of the Complete Psychological Works of Sigmund Freud*, transl. by James Strachey et al., vol. XXIII (London: Hogarth Press, 1964), pp. 275—258 [1938]; id., "Fetishism", vol. XXI (1961), pp. 152—157 [1927]. 德语文本见上注中, "Die Ichspaltung im Abwehrvorgang", in *Gesammelte Werke*, ed. by Anna Freud et al., vol. XVII: *Schriften aus dem Nachlass* (Frankfurt: S. Fischer, 1941), pp. 57—62; id., "Fetischismus", vol. XIV: *Werke aus den Jahren 1925—1931* (1948), pp. 309—317.

㉛ Tullio Ascarelli, "Etude comparative et interprétation du droit", in *Problemi giuridici*, vol. I(Milan: Giuffrè, 1959), p. 321.

㉜ Governing Council of Unidroit, "Introduction", in Unidroit, *Principles of International Commercial Contracts* (Rome: International Institute for the Unification of Private Law, 1994), p. viii [hereinafter *Unidroit Principles*]. 关于一体化进程的相关表达在下面的文本中得到了发展: Mireille Delmas-Marty, *Trois défis pour un droit mondial* (Paris: Le Seuil, 1998).

㉝ James Gordley, "Comparative Legal Research: Its Function in the Development of Harmonized Law", (1995) 43 Am. I. Comp. L. 555, p. 566.

种零比较的程度。㉞ 通过发展一元论框架,比较法学家已经使之成为他们共同的、强制性的意志,即排除他们认为无序的部分,并且使他们认为不一致的部分作废。差异与试图想使事情变得正确并使它们保持纯粹性的比较研究处于紧张关系之中。差异也与声称要使比较法研究以在总体上是保健学的(hygienic)风格为特色的这种自我控制处于紧张关系中。事实上,比较法研究中对差异性的遗忘隐藏如此之深,以至于这种遗忘本身已经被遗忘了(我想,这种说法是说明比较法研究否认了差异并且否认了他们的这一否认的谦恭说法)。事实上,有意义的是一致的方面,唯一正统的叙事也是关于一致性的叙事(因此,在比较法学家的生活就出现了给他们自己鼓气的一致性)。用让·博拉克(Jean Bollack)的话说,"人们相信或者希望文本的含义就是他们相信或者希望的意思。对于无差异的追求就是一种最强烈的审查制度。"㉟ 来自汉堡、特兰托、奥斯纳布鲁克、马斯特里赫特、罗马、乌德勒支和哥本哈根的当局,这些自我任命的、理性的新闻发言人,不会被任何个人倾向所蒙蔽,能够持长远和公平的看法,他们发动了一场不断持续的运动:以抑制差异和控制混乱;以驱逐和根除(固执己见的)地方势力的破坏性的和消解性的影响;以清除那些具有偶然性和暂时性特征的法律。这些法律被认为属于一个已经过去的时代,并且是在错误的借口下一直幸存到今天的;它们也被巧妙地理解为一种有弹性的曲解(对什么?);最后,也理所当然地被设想为某种丑闻,一种向往得到矫正的病态形势。从他们的来世论的难以抗拒的冲动出发去设计"指导市民生活的规则"(regulae ad directionem civitatis)的绝对系统,他们需要控制法律、向法律提出权利要求以及使法律对他们的研究项目负责任。

* * *

㉞ 有关比较法研究学科领域中的"不可能性"的情况"是有关那些讨论、范畴和价值产生并维系了某种权威性"的情况——这一未经说明的教条建立了制度的和结构的约束,并表明了某种方式,通过政治上有条件的可接受性的标准,实践着常规化的权力,例如这一研究计划的基金来源、专业杂志的创办或者学术会议的组织。因此,我不能简单地同意施莱辛格的观点,他认为,"传统上,比较法学家已经倾向于以差异为基础而不是共性。":Schlesinger, supra, note 24, p.3, n.1. 另一个引注来自 Samuel Weber, Institution and Interpretation, 2d ed. (Stanford: Stanford University Press, 2001), p.19.

㉟ Jean Bollack, Sens contre sens (Genouilleux: La passe du vent, 2000), pp.179—180 ["On croit ou l'on veut que le texte signifie ce que l'on veut ou croit. C'est la censure la plus forte que cette recherche de la non-difféence"].

通过声称强力使比较法学家远离具有麻醉作用的神学,以及通过驱赶引发大量危机的已经被接受的假定和启发式的虚构,我旨在使比较法超越坚决的技术信赖、超越通感的或者重要的幻想以及超越普遍科学(*mathesis universalis*)。我支持这样一种行动方案,即强调一种互相称谓和对话的准则,所有其他用以安排自我和他者之间的关系——以及法律中的自我和法律中的他者之间的关系——的结构必须依赖于这些准则。我为之辩护的、关于理解的政治学需要他者的声音,具体地说,需要允许法律中的他者的声音在试图使之沉默的喋喋不休的声音之前得到倾听。这就要求比较法学家以指引他们论证和行为的、并且他们认为是真实的或者正确的本体论象征性的前提为基础,成为他者所提出和接受的有效主张的接受者。一种非整体化的思想,这种思想将他者作为对话者,这种思想在呼格(vocative)中找到它最接近的语法同源词,这种思想允许他者(以及法律中的他者)根据其自身或者自己的显著性来表现其重要性,这种思想同意他者㊱不仅仅是自我的一种形态而且最终通过感情移入而成为他者。这种思想迫切需要的诠释希望会被看做一种宣告、一种总结、一种要求和一种控诉,以及不管怎样,作为比较的原则,据此比较法学家已准备好致力于自行疏远于自己的假定和方向(的确,这些不再被分享),对各种对"实在"的不同反应产生兴趣,并且热衷于领会这些反应对某一既定共同体的独特意义,因而他对世界的理解变得更加强而有力并且他会因此而更加有渊博地活着。主流的比较法思想,通过以逐渐排除背景的方式来展现自身,将可能存在模糊性的情形搁置在一旁以便用有条理的抽象规则和形式理性来取代它们。与主流的比较法思想不同,我提倡的非整体化的思想——"一种陷入焦虑思索的思想,这种思想追求自己的目标,这种思想寻找辨证的情境以现实从自我中走出去和与自己的框架决裂"㊲——接受这一观点:"我们在这个世界上所刻画的不多的秩序和'系统'是非常脆弱的,直到进一步注意才发现它们是任意刻画的,最后发现它们就像它们的替代物一样地偶然";同时也接受这一观点:"'混乱'将会持续,不管我们在做什么和知道什么。"㊳(毕

㊱ 关于"为了他者"的存在的有思想性的反思,请见 Zygmunt Bauman, *Postmodern Ethics* (Oxford: Blackwell, 1993), p.90.

㊲ Gaston Bachelard, *Le nouvel esprit scientifique*, 4th ed. (Paris: Presses Universitaires de France,1991), p.181 ["*la pensée anxieuse, (…) la pensée en quête d'objet, (…) la pensée qui cherche des occasions dialectiques de sortir d'elle-même, de rompre ses propres cadres*"] (1934).

㊳ Bauman, *supra*, note 36, pp.33 and 32, respectively.

竟最后,"只有死亡才是明确的,并且能够(对死亡的)避免矛盾心理是因为死亡之神的诱惑。"㊴)这种非整体化的思想持这样的观点,即它必须承认在其不定型的、开放的领域中的所有零散和复杂的经验,而非对自身自己进行攻击。当它声称再着魅(re-enchant)而将法律世界作为文化形式(提及一个众所周知的韦伯主义主题)时,比较法研究中的非整体化的思想将会立即考虑"再现"(representation)这一主题。自我和他者之间通过作为语言上的汇合点的第三方术语的传达而进行交流,在这样的情形下另一个法律是能够被再现的,比较研究是否此信念作为前提?

* * *

在比较的过程中,有些东西是容易获得的。但是,只是由于比较的每一步过程都在"它的"条件或前提之下,"它"才是容易获得的。尽管那些对于比较所涉及的东西来说并不依赖比较而存在,但一旦被比较所涉猎,它就会被比较所影响,而且它的表象必定会使比较在自己历史上和结构上的决定性时刻成为自我理解的。我认为人们应该接受这样一种观点,即人们与自己所能凝视的尽头所停留的事物(我们可以说是外国法)之间的临界距离(critical distance),说明了使自我感知成为可能的条件。因此,以下观念都应该遭到反对:比较法学家应该"从内部"进入法律方面或者进入法律共同体的"内部视角"——哈特主义或其他——并且比较法学家应该通过"沉浸"策略来做到这一点。因为对他者理念和隐藏在这些理念之后的本体论象征性基础的揭示,会允许观察者揭示与被观察者所自我理解的结构背道而驰的结构。临界距离是关键:"通过相同的粉红色眼镜,一个异议者的想象可以使他看见超过一千只眼睛之所见,这千眼所见混淆了他们所看到的东西和普遍真理,并且本末倒置。"㊵无论如何,临界距离都是不可避免的,因为任何人都不能"是"他者。尽管观察者的努力是痛苦的(并且是必要的),我们正在讨论的事物与关于我们正在讨论的事物的讨论存在的鸿沟不可能轻易地消失。这一倾角差的存在意味着对于

㊴ *Id.*, p. 109.

㊵ Adorno, *supra*, note 4, p. 46. 原本请见上注, *Negative Dialektik* (Frankfurt: Suhrkamp, 1966), p. 56 ["*Exakte Phantasie eines Dissentierenden kann rnehr sehen als tausend Augen, denen die rosarote Einheitsbrille aufgestülpt ward, die dann, was sie erblicken, mit der Allgerneinheit des Wahren verwechseln und regredieren*"].

任何比较研究来说,差异都是核心。

　　关键是强调这一点,即假定"再现"和"相似"之间存在联系是错误的。事实上,符号是再现策略的核心并且它独立于任何有关"相似"的观念。以一副绘画为例,任何一幅绘画都可以,例如,巴尔蒂斯(Balthus)的《吉他课》(La Lecon de guitare)吧。在什么方面可以说画中所描绘的钢琴可以说"是"一架真的钢琴?声称"绘画中的钢琴"与一架真的钢琴相类似也意味着一架真的钢琴类似于"绘画中的钢琴"。但是,在这幅特定的绘画中,情况并非如此简单,因为"琴键是斑马条纹般的——白键和黑键相互交替,并且它们大小相同,彼此直接相邻——与真的钢琴键迥然不同,在真的钢琴中,黑色的升音键和降调键比较小,并且位于较大的白色琴键上面。"[41]然而,再现关系不要求此类对称的联系,它以其他方式产生作用。"绘画中的钢琴"再现了一架真的钢琴这一事实并不意味着一架真的钢琴再现了"绘画中的钢琴"。在下列情境下也可以表明再现与类似无关:当八岁的卡齐米尔和六岁的伊莫吉恩在餐馆中用盐瓶、胡椒瓶和糖罐子"模拟地铁"的时候,当然,盐瓶并不类似于地铁门,但是它再现了地铁门。[42] 让我们再看一个例子,以强调"再现"和"相似"的进一步区分。假设两只猫并肩而坐,会有人说一号猫再现了二号猫吗?但是,人们当然可以评论一号猫与二号猫相类似。[43]

　　在这一意义上,我建议简要浏览一下博尔赫斯(Borges)的魅力世

---

[41]　Nicholas Fox Weber, *Balthus* (New York: Knopf, 1999), pp. 224—225.

[42]　如同让・皮亚热(Jean Piaget, Benjamin)对儿童的认知表现出了极大的兴趣,但与让・皮亚热不同,他对正式理性行为发展的具体、历史的说明感兴趣,而且他在模仿能力、相似性和童年之间建立了联系,见 Walter Benjamin, "One-Way Street", in *Selected Writings*, ed. by Marcus Bullock and Michael W. Jennings and transl. by Edmund Jephcott, vol. I: 1913—1926 (Cambridge, Mass.: Harvard University Press,1996), p.465:"(孩子的)衣橱抽屉必须变成军火库和动物园、犯罪博物馆和地窖。(对大人们看似杂乱物品的)'整理'将会摧毁栗子屋、钉子俱乐部、锡箔聚宝盆、砖砌的马槽和作为图腾柱的仙人掌还有铜便士盾牌。"(这些都是孩子们的珍宝)[1928].关于德语文本请见上注, *Einbahnstraße*, in *Gesammelte Schriften*, ed. by RolfTiedemann, Hermann Schweppenhäuser and Tillman Rexroth, vol. IV, t. 1 (Frankfurt: Suhrkamp, 1972), p. 115 ['*Seine Schubladen müssen Zeughaus und Zoo, Kriminalmuseum und Krypta werden. "Aufräumen" hieße einen Bau vernichten voll stachliger Kastanien, die Morgensterne, Stanniolpapiere, die ein Silberhort, Bauklötze, die Särge, Kakteen, die Totembäume und Kupferpfennige, die Schilde sind*']. 一般见 Susan Buck-Morss, *Walter Benjamin and the Arcades Project* (Cambridge, Mass.: MIT Press, 1989), pp. 262—275.

[43]　见 Jean-Pierre Cometti, *Art, représentation, expression* (Paris: Presses Universitaires de France, 2002), pp. 25—43.

界。在他的《恶棍列传》(Histroia universal de la infamia)中,讲述了一个关于帝国的故事。在那个帝国,绘图法已经发展到了如此完美的地步,仅仅一个省的地图的尺寸占据了整个城镇的面积,而这个帝国的地图的尺寸占据了一个省的面积。此时,这些巨大的地图已经不再给人满足感,因此绘图学院绘制了一张与王国实际面积一样大的帝国地图,每一处都与实地完全符合。后人认为这种夸张的地图毫无用处,并抛弃了它。㊹ 与绘制出最终的帝国地图的绘画家不同,比较实践声称反映所比较的法律并且试图避免没有价值的图式化。比较研究的兴趣正是在于这样一种事实,即它事对法律或法律图式的解释干预具体化(不管比较法学家事实上可能怀有或者可能不怀有的变革野心有多大)。比较法律研究提供了一个策略性的尝试,即将智识的连贯性归咎于其所观察的法律。相应地,比较法研究将其解释塑造成一个处理简单化或归因复杂化的实例。

当然,在一种重要的程度上,任何比较性的再现都受"那里"所涉及事物的影响,也即是受到比较法学家正在描述的事物的影响。但是,这涉及更多的事物,因为再现必需有情感上和智识上的保证,而这一保证将会导致再现看起来是这样而非那样:认知选择的事实显示了这一选择结果的偶然性特征。如果只是因为这些材料总是取代其他被省略的材料而成为再现的一部分,那么描述者选择材料的行为就是一种权力行为。因此,选择行为就不知不觉地将选择者从描述性模式推向规定性模式。这样,比较法学家从来就不是仅仅在用比较性术语描述"那里"所涉及的两种或三种法律。更确切地说,他正通过比较性的框架在规定两种或三种法律,也即是,他们通过将法律现象围在一个精确的制度之内而建构符合一些具体的智识目标的一系列法律现象。因为,再现从来都不是完全地叙述事实(或肖像式的),再现就是一种(失败的)归因(ascription)。并且,任何不完全是"描述性"的描述必然不同于被描述之事。㊺ 因为,"生活世界"(lebenswelt)是描述前的(antepredicative),语词只能表明其与生活世界的分离,这意味着逻各斯(logos)的失败是必然的。一个原件(如"外国法")和它的图解副

㊹ Jorge Luis Borges, "Histoire universelle de l'infamie", in Oeuvres complètes, ed. and transl, by Jean-Pierre Bernès, vol. I (Paris: Gallimard, 1993), p. 1509 [1935]. 参考法语文本是恰当的,原因在于这一事实,即 Borges 自己认为这一版本比西班牙版本更权威, id., p. 1508.

㊺ 比较 Deleuze, supra, note 3, p. 74:"存在重述就存在未被表达的独特之处"。

本(如"比较分析")——无论它据称有多么地整体化——之间的不可避免的变化,不可避免地导致描述的局限性特征。我认为甚至"明确的"副本也必然包含着新的东西,因此任何一个副本都可以说会产生新的东西,即产生差异。⑯ 事实上,词源学已经告诉我们再现(re-presentation)就是被再一次出现(present)的结果。第二次表演事实上是如何在所有方面都复制首演的呢? 它如何能够不存在差异呢? 重新演出又如何能不产生差异呢? 相应地,我发现使用"re-presentation"而不是"presentation"更有益处——掀开平静的语言表象——以便标识(非)复制的再现的冷淡或者超然,从而远离正退至处于同一性原则权威之下的"再现"(请问:人们要具有什么样的智识或感情倾向才能"发现"如下事实? 这些事实包括:"复制"并不能克服独特性;再现以一种必需的和不可隐藏的方式与事后的观察相联系,甚至当再现非常坚信是在解释被再现的事物的时候,也是如此)。最后,所有的一切都依赖于开放那些并非属于某人自己或解释者所意识到的领域,这些领域由未呈现的事物和呈现的事物之间的辩证联系所构成——是使我们可以了解自己不知道或知道得不充分的领域的一种根本制度。

这种讨论可以从一个相关的视角并且使用经修正的术语进行。当然,当比较法学家旨在展现最初可能表现为非理性的另一个法律至少是实用的且可能是必需之时,共性就会影响他所运用的、核心的调解策略。换句话说,差异从头开始都被重塑:在理解的限度内被重塑;在比较法学家理解的限度内被重塑;在最后分析的共性的限度内也被重塑(例如,一个法国比较法学家写道:在英国法中过失侵权成指数增长——在这种背景下,其他侵权类型并未沿着这惊人的曲线发展——这令人想起对《法国民法典》第 1384 条*的扩大的司法解释)。然而,正是在共性被构

---

⑯ 见 Jacques Derrida, *Marges de laphilosophie* (Paris: Editions de Minuit, 1972), pp. 374—381,他将"重复"这一观念和通过他的可重复性(iterability)观念的差异化(differentiation)联系起来——一种新说,从词源的角度上讲,希望立即表达复现(reiteration)和他性(alterity); Jean-François Lyotard, *La phénoménologie*, 1 lth ed. (Paris: Presses Universitaires de France, 1992), p.43. 也见 Maurice Merleau-Ponty, *Phénoménologie de la perception* (Paris: Gallimard, 1945), pp. 388—389.

* 《法国民法典》1384 条与 1382 和 1383 条一起构成了侵权责任的一般条款。第 1384 条第 1 款是关于"准侵权行为",即对由其负责的他人致人损害和物件致人损害责任的一般规定。该条第 2 款(1922 年 11 月 7 日修订增加)以及以下各款是对准侵权行为各种具体情况的列举,包括动产和不动产监管(占有)者的责任,监护人对被监护人致人损害的责任,雇主对雇员致人损害的责任等。法国法院在司法实践中对 1384 条做了扩大解释,确立了交通事故、机器爆炸、产品瑕疵责任人的严格责任。——译者注

造出来的那一刻,我们发现它因观察者与被观察的事物之间存在根本的差异而被证明是虚假的。每当共性出现的时候,它都会被如下事实所击溃:共性是观察者话语权力的产物,观察者重新构想出被观察者的经验,而这些经验是以被观察者并不知道而观察者声称自己知道的东西为基础的。(例如,对英国法中过失侵权的法律的评述,其实是法国比较法学家想象的产物。他们的研究以一些对于英国法律人来说不容易获得或没有启发性的法国数据为基础,这样的研究体现了他者是通过自我的惯常和描述前就存在的思想类型而被简单地呈现。事实上,法国民法典第 1384 条的发展已经偏离了过错责任原则。)因此,作为观察者的比较法学家,以非民族中心主义的方式来阐释共性从来都是不可能的,因为他的任何理解都已融入他已经所理解的世界,他不能在这个世界之外反省自己。换句话说,正是比较法学家的特许的优势地位促成了共性形成(例如,法国的比较法学家将英国的本土经验纳入英国法中的过失侵权与法国民法典第 1384 条的相互关联之下。)㊼因为,比较法学家是有既定立场的,因为他总是涉及由植入了材料和被文化定位的理解所武装的问题——所以,这些可以被看成对他正在研究的法律的前理解㊽——这样,对(他者)意义的解释就是对差异的阐明。事实上,理解另一个法律文化的过程变得越深思熟虑和严于律己,比较法学家的阐释就表现为越与众不同。

* * *

正是描述过程中所体现的并且标识着描述之局限的差异的不可通约性,在历史上使得差异屈从于共性。保罗·法伊尔阿本德(Paul Fey-

---

㊼ 关于并列的英语和法语文本请参见 René David and Xavier Blanc-Jouvan, *Le droit anglais*. 9th ed. (Paris: Presses Universitaires de France. 2001). P. 117.

㊽ 关于前理解的观念请见 Hans-Georg Gadamer, *Truth and Method*, 2d ed. transl. by Joel Weinsheimer and Donald G. Marshall (London: Sheed & Ward, 1993), pp. 265–307] 1960]. 应该感谢海德格尔的前观念。见 Martin Heidegger, *Being and Time*, transl. by John Macquarrie and Edward Robinson (Oxford: Blackwell, 1962), p.191:"解释已经决定运用一种明确的方式得出这样的认识:我们正在解释的存在,不论是终极意义还是有所保留;它总是建立在我们之前掌握之物的基础上——一种前观念的基础上[emphasis original] (1927) [hereinafter *Being and Time*]. (我参考了英文标准本)关于德文文本请参见上注, *Sein und Zeit*, 18th ed. (Tübingen: Max Niemeyer, 2001), p.150 (emphasis original) [hereinafter *Sein und Zeit*]. 注意,仍然有人主张,我们的情境对于理论事业并不重要,因为这是不可避免的": Larry Alexander, "Theory's a What Comes Natcherly", (2000) 37 San Diego L. R. 777, p.778. 我参考了 Joanne Conaghan.

erabend)提供了一种刻薄的综合评论:"几乎所有的(哲学家)都赞颂同一性(或者使用一个更好的词:单一性)而且公开抨击丰富多样。色诺芬尼拒绝了传统的诸神,而引进一个单一的没有脸孔的怪物之神。赫拉克利特嘲笑博学之人(polymathie's)以及由常人、工匠和他自己的哲学前辈所积累的丰富且复杂的信息,并坚持认为'有智慧的事物是同一的'(What is Wise is One)。巴门尼德反对变革和质的差异,并假设了一个属于存在之物(being)的、稳定且不可分的实体,而且将其作为所有存在的基础。恩培多克勒(Empedocles)用一个简短无用但普遍的定义取代了关于疾病本质的传统信息。修昔底德批评希罗多德在风格上的多元主义,并且坚持一元的因果解释。柏拉图反对民主的政治多元主义,反对诸如萨福克里斯之类的悲剧诗人的观点,即通过"理性"方式可能不能解决(伦理)冲突,批评通过经验主义的方式探究天堂的天文学家们,以及建议将所有的学科拴在一个单一的理论基础之上。[49] 然而,对于多元主义屈从于同一论的过程来说至关重要的是柏拉图对模仿的负面评价,即它在本体论是派生的和劣等的。[50] 因为,只有勇气是无畏的——因为只有理念就是其自身不是其他,因为只有理念是最终真实之物——那些无畏的人能证明的只是勇气实质的世俗表现。因此,他们的勇气与柏拉图所说的勇气并不一致,只是对理念的复制或模仿,是一个次级术语,并不同于"勇气"这一术语。鉴于"柏拉图主义表达了对一种稳定的、分等级的世界的偏好,在这个世界中,无论人或其他事物都呈现出恰恰是他们真实的样子"[51],差异天生地就是一种失败、一种负面的东西以及是一种诅咒。最后,对柏拉图来说,差异是不存在的,因为与某物不相同就是指与这一事物不像。[52]

因此一种一元论的模式贯穿伦理传统,从前苏格拉底到柏拉图,从

---

[49] Paul Feyerabend, *Farewell to Reason*(London: Verso, 1987), p. 116. 西方哲学史就是关于同一性的哲学史,这一历史隐藏的目的一直以来就是试图发现消减他性(alterity)带来的动荡的有效方式,对于这种观念所产生的影响的评论请见 Emmanuel Levinas, *En découvrant l'existence avec Husserl et Heidegger*, 3d ed. (Paris: Vrin, 2001), pp. 261—282 [1949].

[50] 关于柏拉图对复制艺术的反对意见 Iris Murdoch' *The Fire and the Sun: Why Plato Banished the Artists* (London: Chatto & Windus, 1977). See also Pierre-Maxime Schuhl, Platon et l'art de son temps (Paris: F(Hix Alcan, 1933). 关于柏拉图广为人之的拒绝差异的表述请见柏拉图《蒂迈欧篇》(*Timaeus*), 35.

[51] Paul Patton, *Deleuze and the Political* (London: Routledge, 2000), p. 33.

[52] 总体见 Deleuze, *supra*, note 3, pp. 82—89, 165—168, 340—341 and 349—350.

康德到罗尔斯。对所有这些哲学家而言,差异被理解为自卑、一种病态的象征、一种疾病,而且这种疾病只有清晰且有条理的思考能够、应该和愿意克服。(53) 福柯注意到,“一个人体验了一次突出的不一致现象后,就会用差异来思考和描述不一致之处和离散现象”(54),然而,阿多尔诺观察到无论是“真实的还是想象的”差异都被认为是“意示着耻辱,即做得还不足够”。(55) 与此相关的观察使利奥塔尔的观察:“如果存在对立面,是因为人类还没有成功地实现自我。”(56)列维·施特劳斯明确地提到了文
258 化多样性,他认为人们传统上把这种现象处理为“一种畸形或者丑闻”。(57) 用塞尔的话来说,“多重性(在多样性或差异的意义上)促进了焦虑而单一性则消除了焦虑。”(58)再从哲学回到诗——另一种解释策略——我们发现里尔克在《杜英诺悲歌·第一悲歌》中阐明了大意:“我们在自己解释的世界里,在家也不是很安全。”(59)事实上,如今,围绕在“差异”观念周围的不满可能被激发,推动差异会被视为在推翻已经被宣称的对人类解放和自由的启蒙信念,或者被理解为在推动退回到前启蒙时代的气质。这种气质否认在法律面前人人平等,赞成基于身份的歧视,以及赞美迷信力量和专制力量的神秘权威。对于茨威格特和克茨而

---

(53) 事实上,他们所有批评的边缘,甚至是海德格尔对存在的本体论分析和伽达默尔的一致的解释学最终都没能逃离这一模式。但是将尼采解释为一个接受差异的哲学家是很有影响的解释,见 Gilles Deleuze, *Nietzsche et la philosophie*, 3d ed. (Paris: Presses Universitaires de France, 1999) [1962].

(54) Michel Foucault, *L'archéologie du savoir* (Paris: Gallimard, 1969), p. 21

(55) Theodor Adorno, *Minima Moralia*, transl, by E. F. N. Jephcott (London: Verso, 1978), p. 103 [my emphasis]. 原文参见, *id.*, *Minima Moralia* (Berlin: Suhrkamp, 1951), p. 184.

(56) Jean-François Lyotard, *Le différend* (Paris: Editions de Minuit, 1983), p. 215 [‘*s'il y a des adversaires, c'est que l'humanité n'est pas parvenue à sa réalisation*’].

(57) Claude Lévi-Strauss, *Race et histoire* (Paris: Albin Michel, 2001), p. 43 [‘*une sorte de monstruosité ou de scandale*’] (1952).

(58) Michel Serres, *Eloge de la philosophie en langue française* (Paris: Fayard, 1995), p. 270. 也见 Dominique Schnapper, *La relation àl'autre* (Paris: Gallimard, 1998), p. 132:“不协调成为一种不安的渊源,它导致了个体产生了旨在减少这种不协调的行动”。

(59) Rainer Maria Rilke, “The First Elegy” in *The Essential Rilke*, transl, by Galway Kinnell and Hannah Liebmann (New York: Ecco Press, 2000), p. 77 [1923]. 德语版本请见, *id.*, p. 76: “wir nicht sehr verläßlich zu Haus sind in der gedeuteten Welt.”我稍微润色了一下翻译。

言,在法律中发现了差异就表示研究还不充分。[60]

* * *

当然,差异对自我来说意味着一种并不知晓的维度,如同一些怪诞的情景(*das Unheimliche*)*。差异属于思想的非思(unthought)领域,它甚至可能成为思想中不能被思考的一部分。差异存在于自身之外。它是令人伤脑筋的,有时令人恼怒。它甚至是自我死亡的征兆。[61] 差异是否阻止了任何关联? 为了达到中立的目的,它必须被抹去。通过压制差异,经常是通过粗暴的形式,以关于人的本体共性的模糊观念(这种观念可能是基督教的世界观所滋生的,这种世界观认为人类最终是一体的和相同的)为基础而向往普世性和追求通用性(commonality),从而使比较法学家可以避免这种创伤。否则,这种创伤就会通过其他可供选择的令人不快的"实在"和对位的世界——普世性摒弃了差异——而自我展现。正是存在差别的"实在"最初催生了比较研究,因此,比较法研究应该将自己的存在理由归功于这些"实在"。但是,在与上述事实完全相反的情形下,"同一性的幻想控诉整个政治学拥有狂暴的、陈旧的以及

---

[60] Zweigert and Kötz, *supra*, at text accompanying note 20. 可能需要注意到,即使是启蒙思想家诸如狄德罗和莱辛(Lessing),他们忽视任何统一的认识论,他们并不热衷于追求普遍真理(正是这种主张使黑格尔将抽象研究等同于死亡的研究),而是推动对多样性和复合性的追求。关于黑格尔的理论请见:G. W. F. Hegel, *Phenomenology of Spirit*, transl. by A. V. Miller (Oxford: Oxford University Press, 1977), nos. 538—595, pp. 328—363 [1807]. 对黑格尔将启蒙和死亡联系起来的评论请见:James Schmidt, "Cabbage Heads and Gulps of Water", (1998) 26 Political Theory 4, pp. 19—24. 关于启蒙和差异之间联系的文章,见 Dena Goodman, "Difference: An Enlightenment Concept", in Keith Michael Baker and Peter Hanns Reill (eds.), *What's Left of Enlightenment?* (Stanford: Stanford University Press, 2001), pp. 129—147.

* 直译为"un-home-ly"即"无根的",是精神分析术语,指对某种外来物既熟悉又陌生的奇怪的不适感。——译者注

[61] 这种语言并不是严格意义上的隐喻,这一点被法国人在战后不久的主流的美国法律杂志上得到了证明:"法律中的差异会导致另外一种无意识的一点一点的差异,这些误解和冲突以国家间战争带来的流血和废墟结束。"Pierre Lepaulle, "The Function of Comparative Law", (1921—2) 35 Harvard L. R. 838, p. 857. 无疑同样的谴责也来自德国比较法学家拉贝尔,他在二战后的 1949 年作品的前言中首次提到了这一点。见拉贝尔 *Zeitschrift für ausländisches und internationales Privatrecht*,"在如此恐怖的混乱时代之后,西方比任何时候都需要加强立法权力。我们必须重新鼓起勇气工作以消减那些不必要的差异,便利国际贸易,推动私法体系的发展"。抹去法律多样性成为调和国际冲突,或者更坦率地讲,成为减少战争的危险的举动。因此同化其他国家法律的追求与国家主义者维护领土安全和减少安全威胁这一事实联系起来。见 Pierre Legendre, *Jouir du pouvoir: traité de la bureaucratie parriote* (Paris: Editions de Minuit. 1976), pp. 57 and 246.

恐怖的力量。”(62)人类主宰世界的理想源自启蒙思想。它作为一种预防精神病态的策略,将差异简化为共性并且合法化以共性为名而忽略差异的行为:自我消解和废止了他异性。然后,它把自己展现为仅仅有助于满足欲望(一个并非与对真理和正义的理解无关的追求)。斯宾诺莎注意到自我在本质上留存或坚持自身的存在,(63)布朗索用当代的——若在某种程度上是比较不明确的——术语提出了一个相关的洞见:“人们很容易注意到自己不了解的事物,并且渴望通过一个至高无上的决定来约束它;当人们对远处的事物享有权利时,就会想待在家中,将远处之物叫
260 到家中,通过这样的方式来继续享受这个安静而又熟悉的家。”(64)

* * *

这种态度是相当明显的,当欧洲大陆的民法专家们试图通过民法法系的由来已久的制度化的理性形式和众所周知的概念网络这让人与普通法世界就概念术语展开沟通之时——想起奥德赛式的旅程,旅途中充满了许多游历和冒险,在回家的路上发生了很多意外。(65) 一个德国民法学者,快活地将他者理解为与自身接近但不完美的近似物,因此竟然直率地问道:为什么普通法不能成为大陆法!例如,为什么(不正常的)英国法不能像德国的法律那样?在德国盛行一种“精细的且不拘泥于字

---

(62) Roger Dadoun, *La psychannalyse politique* (Paris: Presses UniRrsitaires de France, 1995). p. 31 [‘*le fantasme de l’Un charge tout le politique de sa furieuse, archaïque et terrorisante énergie*’].

(63) *Ethica*, III,6[1677].

(64) Maurice Blanchot, *Celui qui ne m’accompagnait pas* (Paris: Gallimard, 1953), p. 152 [‘*Il est tentant d’attirer à soi l’inconnu, de désirer le lier par une décision souveraine; il est tentant, quand on a le pouvoir sur le lointain, de rester à l’intérieur de la maison, de l’y appeler et de continuer, en cette approche, à jouir du calme et de la familiarité de la maison*’].

(65) 大陆法法学家断言,普通法在根本上与大陆法并无不同,见 Reinhard Zimmermann, “Der europäische Charakter des englischen Rechts”, Zeitschrift für Europäisches Privatrecht, 1993, p.4),大陆法法学家并未对“大陆法最终与普通法不同”这一结论产生影响。从事实的角度来说,通过投射的一致性(projective identification),投射坚持将自己赋予自身的特征投射到他者身上。投射的相似性比融合的相似性(introjective identification)更流行,由此个体将自身特征归因于它为他者定义的特征。关键是,个体乐于认为他们与别人不同,而不是别人与他们不同,而且别人更像他们而不是他们更像别人。具体而言,这意味着个人接受了更好的观念,即他者属于自我的范畴,同时他将反对这样的观念,即自我属于他者的范畴。见 Geneviève Vinsonneau, “Appartenances culturelles, inégalités sociales et procédés cognitifs en jeu dans les comparaisons inter-personnelles”, Bulletin de Psychologie, 1994, No. 419, p. 422. 对于认识的自我特权(epistemic self-privileging)或者认识的不对称(epistemic asymmetry)的一般反映是这样一种信念,即自我是富有智慧的而他者是愚昧的),见 Barbara Herrnstein Smith, *Belief and Resistance* (Cambridge, Mass.: Harvard University Press, 1997), p. xvi.

面的法律解释方法，法律解释成为法律文化中的一个重大进步。”英国法已经到了学习德国曾经的教训的时候，“德国吸收了这些教训，因而这些教训可以解释德国民法典的巨大成功”。因为普通法毕竟不是完全不同于德国宪法（Grundgesetz），所以还是有一线希望……(66)这里有一种解释揭露了层级化治理的策略，表现了摒弃差异的决心，以及揭示了一种权力意愿。这种权力意愿在没有明确自己的逻辑轨迹的情况下就开始将他性个别化处理为自身假定的发现。在这个范围内，他者在方法论意义上被“承认”为他者，而且只是在这个范围内，证明他者与比较法学家的本体论前提相容。 261

* * *

即使将 18 世纪思想家，如海曼（Hamann），维科（Vico）和赫尔德（Herder）的批评放在一边（他们谴责启蒙运动不考虑基于民族认同、语言、历史和文化的特殊性），重提黑格尔主义的历史相对论和反先验论仍然就具有重要意义的。在这两种理论中，启蒙运动可以被认为是通过振奋地追求凌驾于自然和世界之上的权力，它已经促进了对追寻意义的遗弃、知识的商品化、生活世界的官僚层级化、人类经验的边缘化和伦理

---

(66) Reinhard Zimmermann, “*Statuta sunt stricte interpretanda*? Statutes and the Common Law: A Continental Perspective”, [1997] Cambridge L. J. 315, pp. 321, 326 and 328, respectively. 德国学术坚持这种反特殊主义（anti-particularism），他也对 19 世纪的这一观念的出现产生了影响，即“只有通过超越那些将斯瓦比亚（Swabia）和普鲁士区别开来，或者将巴伐利亚和石勒苏益格-荷尔斯泰因州（Schleswig-Holstein）区别开来的因素，德国在法律上如同在意识形态上一样，才能成为一体。”这段话引自：W. T. Murphy, *The Oldest Social Science*? (Oxford: Oxford University Press, 1997), p. 44, n. 22. 对于德国的民族中心主义的进一步表述请见：Reinhard Zimmermann, “Savigny’s Legacy: Legal History, Comparative Law, and the Emergence of a European Legal Science”, (1996) 112 L. Q. R. 576, 在那里作者进一步为欧洲学术提出鼓舞人心的模式，一个法学教授的（德国）民族主义的历史主义对比较法研究总是有害的，正如恩斯特·兰茨贝格（Ernst Landsberg）所划出的底线，*Geschichte der Deutschen Rechtswissenschaft*, vol. III, t. 2 (Munich: R. Oldenbourg, 1910), pp. 207—217，而且他们的对于德国长久以来存在的基督教法治国传统的遵循，在下面的著作中有所表述：James Q. Whitman, *The Legacy of Roman Law in the German Romantic Era* (Princeton: Princeton University Press, 1990). 支持这一观念的一般证据，即德国学术倾向于谈论欧洲问题，就好像德国历史重演了自身，见 John Laughland, *The Tainted Source* (London: Little, Brown, 1997), pp. 22—23, 26, 31—33, 110—111, 116—117, 120 and 137. 但是，在政治权力要求压制多元主义以确保其权威地位的情况和另一种情况，即市场一体化的动力机制假定了多元主义，这两种情形之间几乎不存在共同点（事实上，罗马条约背后的基本的信条是，应该在欧共体国家间开放经济边境；成员国应该相互承认对方的法律，以及“市场公民”应该有机会选择最适合他们的法律管制环境）。

学的失格。(67) 事实上,大多数比较研究自发假定的、并随之试图阐明的法域间的共性,必然是以压制背景环境中的相关差异为基础的,在这些
262 背景环境中,被假定的法律的实例也不可避免地被隐藏了。换句话说,对共性的详细说明只有在历史文化维度被人为地从分析框架中排除才能实现。例如,就像"共同核心"的支持者所做的那样,他们将自己的研究局限于他们认为可接受的合法范围内。(68) 我同意乔治·弗莱彻(George Fletcher)的观察:"共同核心"研究声称要发掘法律的宝藏——所有不幸被埋葬的共性,那是"一种有意压制差异的思考方式。它在法律中追求一种普世性,但是仅仅以使法律成为一个有价值的人类智慧的创造物的观念和论述为代价。"(69)这就是说,在被假定的法律范围内创造和保持同质性必须被理解为是一种显而易见的人为产物:"同质性……总是表现为虚构的并且是建立在排他行为基础上的",这种排他行为是每一个统一化过程不可分离的伴随物。(70) 事实上,抑制信息可能运用的

---

(67) 见 Theodor W. Adorno and Max Horkheimer, *Dialectic of Enlightenment*, transl, by John Cumming (London: Verso, 1997), pp. 3—42 [1944]. 关于原文版本见, *id.*, *Dialektik der Aufklärung* (Frankfurt: S. Fischer, 1969), pp. 9—49. 也见 Alasdair MacIntyre, *After Virtue*, 2d ed. (London: Duckworth, 1985), pp. 51—61; Stephen Toulmin, *Cosmopolis* (Chicago: University of Chicago Press, 1990), p. 201 及各处。对于哈曼(Hamann)、维科(Vico)和赫尔德作品的有益分析请见, Isaiah Berlin, *Three Critics of the Enlightenment*, ed. by Henry Hardy(Princeton: Princeton University Press, 2000).

(68) 对施莱辛格的批评请见 William Ewald, "Comparative Jurisprudence (I): What Was it Like to Try a Rad", (1995) 143 U. Pennsylvania L. R. 1889, pp. 1978—1982 and 2081, 他注意到这一计划来自"另外一种粗糙的哲学图景,当法律学者试图成为他们想象中的形象,成为公司法律顾问所需要的角色,这种哲学图景就会出现在法学家的面前"。(p. 2081). "共同核心"主题的另一个变种可以在下书中找到: *the Internarional Encyclopedia of Compararive Law* (Tübingen: J. C. B. Mohr. 1971—). 对这种冒险的非批评性介绍请见: Ewald, *supra*, pp. 1978—1984.

(69) George P. Fletcher, "Comparative Law as a Subversive Discipline: (1998) 46 Am. J. Comp. L. 683, p. 694. 也见 Ian Ward." The Limits of Comparativism: Lessons from UK-EC: (1995) 2 Maastricht J. Eur. & Comp. L. 23. p. 31:"不可否认的是……在欧洲设想中,比较法不论是在微观还是宏观方面都被用于使共性产生影响而压制差异。"

(70) Chantal Mouffe, "Democracy. Power, and the 'Political' : in Seyla Benhabib (ed.), Democracyand Differencg (Princeton: Princeton University Press, 1996). p. 246. 也见 Bachelard, *supra*, note 37. p. 114: "The communion of minds is achieved through negation" ["La communion des esprits se réalise dans la négation"].

蓄意特性已经得到公开的认可。[71] 只有类似于解释性的结论的事物——人们可能称之为"成本效益推理"——才能归纳为共性，而为了比较研究的整体性，这些共性又是并且应该是不同的。（无需附加说明，以"同质化的法律"为纲的一切仍会被卷入这一主题的哲学研究之中，因为正是出于具体情境之中且具有自己的解释体系的比较法学家，决定了话语的意义和规定了规则的"重构"。）

事实上，差异存在于任何一种同一化的尝试，因此，对差异的忽略必须假装刻意的遗忘必须从一个更独特的哲学视角得以维护。一个根本性的论点是同一性实际上需要差异以便展现它的存在。因为同一性是一种关联，它需要在其之外存在一个非同一性以此作为它存在的条件。只有非同一性的存在才有可能使同一性作为同一性存在，这就是说同一性应把其存在归于非同一性的存在，它从非同一性或者差异中取得自身的存在。然后，差异能够理解为不仅在一定程度上与同一性是"同质的"而且比同一性享有更高程度的原初性，因为是差异使同一性的存在成为可能。这样，"猫"（cat）的概念（一种同一性）的存在需要"不同的猫"（cats）：不同的猫必须首先存在以便激发思想而将猫概念化。这一"概念"固有的局限已经被文森特·德贡布（Vincent Descombes）通过运用康德的100泰勒（thaler）的例子而加以阐明。简言之，康德的大意是：实际拥有的泰勒和可能拥有的泰勒是一样的。我正在抱怨没有得到的100泰勒与我希望我口袋中拥有的100泰勒也是一样的。如果这些泰勒到了我的口袋中，那么它们正是我希望存在的泰勒。因此，从可能拥有的泰勒变成实际拥有的泰勒，不需要修正概念。即使如此，在拥有和未拥有100泰勒之间、存在和不存在之间还是有着重大差异的。康德的论述向我们揭示：概念对差异无动于衷，最终最重要的方面——存在或不存在——需要一个场合去阐明这属于概念的范围之外。[72] 另一个例

---

[71] 见 Markesinis, *supra*, at text accompanying note 27. 这种双重策略的应用得到了马克西尼斯（Markesinis）的支持，似乎在 van Gerven et al., *supra*, note 25, p.44, 中有所体现，在那里他断言，"英国法保留了侵权责任的主题，它遵循罗马法的传统早于大陆法。每一种责任最初都由某种不同的'令状'"规定。但是英国法中的有名侵权（nominate torts）在历史事实上看上去并没有任何遵循罗马法的迹象，关于这一问题的例子，请见 D. J. Ibbetson, *A Historical Introduction to the Law of Obligations* (Oxford: Oxford University Press, 1999)。这是一种不负责任的简单化，这种情况是由激进的或者草率的研究造成的，这种研究事实上在寻求他们想要的共同特征。

[72] 见 Vincent Descombes, *Le même et l'autre* (Paris: Editions de Minuit, 1979), pp.32—33. 泰勒（thaler），德国15—19世纪的银币。1600年前，在英语中后来被改成了"dallor"。

子是有关连续进行的戏剧表演。如果第一场之后没有第二场,第一场也就无法成其为第一场。这样,第二场不仅仅是第一场之后的演出,而且是使第一场可能成为第一场的演出。第一场无法自己成为第一场,也就是说,需要来自第二场的初始性帮助。还是通过第二场,第一场才成为了第一场。因此,第二场相对于第一场来说享有某种优先性,在这个意义上,第二场的存在也正是始于第一场演出将其作为自己第一性的前提条件。[73]

列维纳斯观察到:他者经常超越自我中关于他者的观念;他者从来不能在认知上和感情上被控制;他者最终独立于自我的主动权和权力;他者在一个原初层面上干扰了自我;他者压制作为经验主体的自我(其他的经验都超越了自我的范围);在这个意义上,他者是先验的;他者假设其对于自我具有优先性。[74] 源自于结构不对称性的他者的优先性为比较法研究提供了伦理准则和伦理命令,也为比较法学家提供了作出实际决定的标准,它号召比较法学家追求解放、去地域化[75]、承担责任或者作出响应。一个挑战主体的全知全能的理论,成为一个居于支配地位的比较分析原理,它帮助比较分析脱离了以理性为中心的原理,在这原理中,"对实现比较目的有价值的是关于解决途径的事实,而不是理念、概念或者支持此解决途径的法律论述"。[76] 如果"根据一系列既定的事实,一个在朋友的公寓中发生的意外事件的受害者能够从屋主处获得损害赔偿,那么,赔偿的重要性超过判决理由的重要性。与从一方到另一方

---

[73] 见, *Id.*, p. 170. 请比较 Jacques Derrida, *La voix et le phénornéne*, 2d ed. (Paris: Presses Universitaires de France, 1998), p. 95:"共性只能作为他者的对应物才能存在"对于本杰明(Benjamin)来说,对共性的观察是派生性的: Walter Benjamin, "On the Mimetic Faculty", in *Selected Writings*, ed. by Michael W. lennings, Howard Eiland and Gary Smith and transl, by Edmund lephcott, vol. II: 1927—1934 (Cambridge, Mass.: Harvard University Press, 1999), p. 720 [1933]. 原文请见, "Über das mimetische Vermögen", in *Gesamrnelte Schriften*, ed. by RolfTiedemann and Hermarm Schweppenhäuser, vol. II, t. 1 (Frankfurt: Suhrkamp, 1977), p. 210.

[74] 见 Emmanuel Levinas, *Totalité et infini* (Paris: Le Livre de Poche, [n.d.]), pp. 39—45 [1971].

[75] 比较 Jürgen Habermas, Knowledge and Human Interests (Boston: Beacon Press, 1987), pp. 302—317, 他发展了"解放旨趣"(emancipatory interest)的观念。德文的表述是"*emanzipatorische Erkenntnisinteresse*": *id.*, *Technik und Wissenschaft als "Ideologie"* (Frankfurt: Suhrkamp, 1971), p. 155. 关于"去疆界化(deterritorialization)的观念,请见 Gilles Deleuze and Félix Guattari, *Mille plateaux* (Paris: Editions de Minuit, 1980), pp. 381—433 ["*déterritorialisation*"].

[76] George P. Fletcher, "The Universal and the Particular in Legal Discourse", [1987] Brigham Young U. L. R. 335, p. 335.

的财产转移这一复杂事实相比，解释流通的观点和论述几乎不重要。”(77)当比较法学家发现这些粗糙的解决途径并不能详尽阐述“法律”概念的外延时，必须要避免将其简单化。(78) 具体来说，对一个不会过分曲解被研究 265
的法律的阐述进行修正，必须致力于重复出现的、相对稳定的以及制度上得以加强的社会实践和话语情态(discursive modality)(一个特定的词语，特定范围的智识或修辞主体，一系列特定的逻辑或观念措施、一个特定的情感记录)，这些话语情态都是一个共同体的成员通过社会互动所获得的，他们将这些话语情态理解为是与他们关于正义的观念一致的普遍意向和根据经验的期望。(79) 这一任务在如下情况下得到了相当大程度促进，即当这样一种预期——预期共性会适应在被假定的法律表面所进行的审查——失去了重要性而腾出空间介绍根本的认识论多样性时，这种认识论的多样性通过法律共同体和法律传统加强了对被假定的法律的回应。

笛卡尔主义采用了我思(cogito)概念，这一概念对于与之相关的一切其他事物(包括他者)来说都是一个绝对之物。他者的存在成为相当于我思所理解的存在(另一种说法是他者屈从于自我，自我控制他者)。我认为，比较法研究面临的挑战因此是它将自身定位为反启蒙(借用以赛亚·伯林(Isaiah Berlin)的表达)(80)的后继者，同时显现出与理想主义、相对主义、历史主义以及政治真实性、同一性和认同有着紧密的关系。(81)为了克服认识的认识论障碍，当然以理性为中心的比较法研究也促成了这一障碍，比较法研究必须开启一场巴什拉式(Bachelardian)的认识论革命(epistemological break)。(82)

---

(77) *Ibid.*

(78) 对“法律概念范围的扩大”进行的考察请见下面一个有鉴别力的比较法学家的作品，见 Nicholas Kasirer, “Honour Bound”, (2001) 47 McGill L. J. 237. But 请比较. Ugo Mattei, “Three Patterns of Law: Taxonomy and Change in the World's Legal Systems”, (1997) 45 Am. J. Comp. L. 5, p. 13, n. 37:“我并不希望加入大范围的毫无结果的、无聊的关于‘什么应该被当作法律来考虑’这一问题的讨论”。

(79) 我同意史密斯(Smith)的意见，见 Smith, *supra*, note 65, p. 92.

(80) Isaiah Berlin, “The Counter-Enlightenment”, in *Against the Current*, ed. by Henry Hardy (London: Hogarth Press, 1979), pp. 1—24.

(81) 在这一意义上，巴舍拉尔(Bachelard)对笛卡尔(Cartesian)思想中内在的简化论倾向的批评是无价的。*supra*, note 37, pp. 139—183. 一个有益的评论请见：Mary Tiles, Bachelard: Science and Objectivity (Cambridge: Cambridge University Press, 1984), pp. 28—65.

(82) 巴舍拉尔写道“one knows against prior knowledge”: Gaston Bachelard, La formation de l'esprit scientifique, 14th ed. (Paris: Vrin, 1989), p. 14 [“on connaît contre une connaissance antérieure”] (emphasis original) 11938]. 我注意到乌彭德拉·巴克西在本书所收录的文章中，他的推理与我的并不完全无关，也呼吁比较法学家(comparatists-at-law)与过去的方法论决裂。

* * *

这一主张是进一步详细阐述的根据,考虑到论点的关联性,我将为反启蒙的批判辩护,至少是在它与赫尔德的论述的关联范围内。我认为在一开始就必须强调重要的一点:20世纪的种族主义作家(比如各种各样的纳粹理论家)已经诉诸赫尔德的观念,并使它们充满仇视外国人和反犹太人的内容;但是,这一事实无法被用以得出这样的结论,即赫尔德的观点在本质上是种族主义的。事实上,当查阅赫尔德纲领性的著述,特别是查阅《关于人类教育的另一种历史哲学》(Auch eine Philosophie der Geschichte zur Bildung der Menschheit)[83],与其说发现了一个进化式的种族主义,不如说是发现了一种文化本质主义。在赫尔德与康德的整个智识关系史中——在1762年和1764年哥尼斯堡期间,赫尔德是康德的得意门生,两人最后形成了紧密的学术情意并且互相仰慕,直到因赫尔德开始提出他的导师不能接受的观点而分道扬镳——扎米托观察到:"赫尔德关于种族的体质人类学(physical anthropology)思想,以现代人的远光来看,明显远没有康德的那么令人痛苦。"[84]他又补充说,与康德相反,"赫尔德对不同种族族群具有的固定不变的特征持怀疑态度,正是因为害怕这会导致人为它们的能力存在本质的区别。"[85]尽管赫尔德或许会因针对中国人实施"文化轻蔑"而愧疚,但是他从未陷入"康德在生物学上剥夺非西方人的资格的做法"。[86] 在他的关于《人类历史哲学

---

[83] Johann Gottfried Herder, *Auch eine Philosophie der Geschichte zur Bildung der Menschheit*, in Werke in zehn Bänden, vol. I: *Schrifien zu Philosophie*, Literatur, Kunst und Altertum 1774—1787, ed. by Jürgen Brummack and Martin Bollacher(Frankfurt: Deutscher Klassiker Verlag, 1994), pp. 9—107[1774]. 有关简要的英文翻译请见,*Id.*, *Yet Another Philosophy of History*, in *J. G. Herder on Social and Political Culture*, ed. and transl. by F. M. Barnard(Cambridge:Cambridge University Press, 1969), pp. 179—223 [hereinafter Herder on Culture].

[84] John H. Zammito, *Kant, Herder, and the Birth of Anthropology* (Chicago: University of Chicago Press, 2002), p. 345.

[85] Ibid.

[86] Ibid. [emphasis original]. 关于康德和赫尔德之间有关"种族"观念的显著区别的进一步解释见: Robert Bernasconi, "Who Invented the Concept of Race? Kant's Role in the Enlightenment Construction of Race", in *id.* (ed.), *Race* (Oxford: Blackwell, 2001), pp. 11—36. 对于康德有关种族差异绝对化的检视请见:Mark Larrimore, "Sublime Waste: Kant on the Destiny of the 'Races'", Canadian J. Phil., 1999, Suppl. Vol. 25, pp. 99—125.

的观念》(*Ideen zur Philosophie der Geschichte der Menschheit*)一书中⑧⑦,事实上,赫尔德明确否认了"种族"这一概念,并拒绝承认"不同种族"的存在。⑧⑧ 相应地,尼斯比特(H. B. Nisbet),赫尔德思想的重要继承者之一,认为"尽管赫尔德准备在美学意义上对种族进行分类,但他坚信不能在人类学意义上对种族进行划分。因为他意识到(根据今天大多数理论家的观点,这是相当正确的)人类的种族差异只是表面现象。因此,在纳粹时期有些人运用赫尔德美学意义上的分类而指出他认为某些种族在人类学意义上优于其他种族,这是相当错误的。"⑧⑨事实上,赫尔德对于黑人社区受压迫困境的关注——特别是他通过诗歌反映出来的——已经被相关具体文献所详尽证明。⑨⓪ 比较不乐观的批评家甚至认为赫尔德最终无须为后来对他思想的曲解负责人:"事实上,赫尔德的思想对于那些缺乏政治经验的人以及被诗人海涅称为生活在梦想而不是现实中的人来说,是一个令人兴奋的混合物。"⑨①

当然,这不是说赫尔德的新解释学的历史主义的每一个方面都值得称道。具体来说,赫尔德在一定程度上将民族共同体理解为一种构成的有机整体这方面,我并不赞同这一点——尽管赫尔德在这方面的主张是否如经常假定的那样显著并不完全清楚。⑨② 我也不会接受这种观点:共同体受到其内部精神力量的驱使;事实上,我发现关于存在一个单一的

---

⑧⑦　Johann Gottfried Herder, *Ideen zur Philosophie der Geschichte der Menschheit*, in Werke in *Werke in zehn Bitnden*, vol. Ⅵ, ed. by Martin Bollacher (Frankfurt: Deutscher Klassiker Verlag, 1989) [1784—1791].当代的英文翻译请见, *id.*, *Reflections on the Philosophy of the History of Mankind*, ed. by Frank E. Manuel(Chicago: University of Chicago Press, 1968).

⑧⑧　见 Larrimore, *supra*, note 86, p.106. 也见 Bernasconi, *supra*, note 86, pp. 28—29.

⑧⑨　H. B. Nisbet, *Herder and the Philosophy and History of Science* (Cambridge: Modern Humanities Research Association, 1970), p.230. See also Gerald Broce, "Herder and Ethnography", (1986) 22 J. Hist. Behavioral Sciences 150, p.164.

⑨⓪　见 Ingeborg Solbrig, "Herder and the 'Harlem Renaissance' of Black Culture in America: The Case of the 'Neger-Idyllen'", in Kurt Mueller-Vollmer (ed.), *Herder Today* (Berlin: Walter de Gruyter, 1990), pp.402—414. 作者强调了对当代非洲裔美国人研究的积极影响。

⑨①　Gordon A. Craig, "Herder: The Legacy", in Kurt Mueller-Vollmer (ed.), *Herder Today* (Berlin: Walter de Gruyter, 1990), p. 25. 有关更多赫尔德关于德国文化的理解,见 Nigel Reeves, *Heinrich Heine: Poetry and Politics* (Oxford: Oxford University Press, 1974).

⑨②　见 Vicki A. Spencer, "Difference and Unity: Herder's Concept of *Volk* and Its Relevance for Contemporary Multicultural Societies", in Regine Otto (ed.), *Nationen und Kulturen* (Würzburg: Königshausen & Neumann, 1996), pp.296—299, 作者注意到,对于赫尔德来说,共同体的文化"是不同质的而不是同质的整体"(p.296)。而且他注意到,赫尔德并未错误地认为一种共同体的文化是一种由和谐变化的各个部分组成的统一体(p.297)。相反他认为,一种共同体的文化是各种环境力量、个人权力、特定行为和不同的态度复杂变化的结果(*ibid.*)。

精神本质的观点对于万物都有生命论者(hylozoit)来说没有任何价值,例如,民族精神(它让我怀疑一切源自洪堡德的"民族性"观念的观点,
268 他在《比较人类学计划》一书中提纲挈领地阐述了"民族性"。)(93)我也不能赞成这样的观念,即一些外在的或形而上学的力量决定性地作用于个人:文化不过是个体思考他们的世界以及改变世界的行为的表达(鉴于此理解,即将这些个体过去的作用理解为是一种可能性的条件,那么,这就限制了这个世界的构成)。因此,我也不会同意:在文化特性传播、增加和沉淀的历史过程中,个体是微不足道的。(94) 但是,赫尔德和洪堡的研究几乎不能分别简化成为民族精神和民族精神论者、民族性和民族性论者。

至关重要的是这些理论家对康德主义关于理性的超验基础的观点提出了挑战,他们认为:跨越时空的人类理性的普遍性屈服于根据生活经验对时空的经验性理解。赫尔德和洪堡都认为道德性是通过正式和非正式的文化适应(enculturation)而获得的。因此,解释者不需要致力于建构一个复杂的理性化系统,而是为了使每一个真实的结构都可以根据它们特殊的背景而得到理解,从而必须关注具体的历史进程。在一封日期为 1767 年 10 月 31 日的信中,赫尔德写道:"没有什么比德国人……建构体系这一最大的缺点更令我厌恶。"(95)赫尔德希望更强调人类的感情而不是正式的逻辑。他的目标是理解人类知识的特征。赫尔德将人类精神视为经验世界和作为认识的核心的现实世界的构成物(96),这
269 引导他强调人类理解的透视特性,同时总体上突出文化形式的情境性。

---

(93) Wilhelm von Humboldt, *Plan einer vergleichenden Anthropologie*, in *Werke*, ed. by Albert Leitzmann, vol. I: 1785—1795 (Berlin: B. Behr's Verlag, 1903), pp. 377—410[1795].

(94) 比较 Zygmunt Bauman and Keith Tester, Conversations with *Zygmunt Bauman* (Cambridge: Polity, 2001), p. 32:"文化还称得上是一种永恒的革命。文化是通过另一种努力去解释这一事实:人类世界(人类铸造的世界和铸造人类的世界)永远地、无可避免地而且无可救药地是'未尽的'(*noch nicht geworden*)" [emphasis original]. 这是鲍曼(Bauman)使用的词语,参考了恩斯特·布洛赫(Ernst Bloch)。他们联系了更广泛的"去境界化"(detraditionalization)现象。总体见 Paul Heelas, Scott Lash and Paul Morris (eds.), *Detraditionalization* (Oxford: Blackwell, 1996).

(95) Johann Gottfried Herder, *Briefe*: *Gesarntausgabe* 1763—1803, vol. I: April 1763—April 1771, ed. by Wilhelm Dobbek and Gtinter Arnold (Weimar: Hermann Böhlaus Nachfolger, 1977), p. 92 ['*Vor nichts aber graut mir mehr, als vor dem Erbfehler der Deutschen, Systeme zu zimmern*'].

(96) 赫尔德认为构建事实中最首要的是"制作"(*poiesis*),这使他成为海德格尔和维特根斯坦的先驱。关于这些以及其他的认识论联系,请见 Michael Morton, "Changing the Subject: Herder and the Reorientation of Philosophy", in Kurt Mueller Vollmer (ed.), *Herder Today* (Berlin: Walter de Gruyter, 1990), pp. 158—172.

根据欧内斯特·门泽尔(Ernest Menze)的理解,"赫尔德的历史相对主义是他最重要的成就。"(97)

虽然赫尔德经常被描绘成一个激进的民族主义者,但值得坚持的是:他的智识见解事实上是最具世界性的。他明确地承认他对培根的经验主义的学术恩情。在1764年的一首诗,《寻找渴望》(*Erhebung Verlangen*)中,赫尔德这样叙述他的智识之旅:"一边聆听康德/一边与培根漫游。"(98)事实上,"赫尔德主要是将培根以及他的'心灵与物体之间的交流'(*commercium mentis et rei*)作为自己的理论向导。"(99)进而,赫尔德从休谟那里得到启发,特别是从他的《大不列颠史》中。(100) 休谟的实用主义对赫尔德产生了深刻的影响,赫尔德两三赞美他是当时最伟大的历史学家。(101) 特别是,赫尔德赞赏休谟对史实的谨慎态度,并且欣然接受这一事实:休谟没有迷恋于对表面的普遍性作出贫瘠的和不公正的评价,而是坚持认为"每一个阶层、各行各业都有自己的道德观念。"(102)人们能够很容易地列举出赫尔 270
德世界主义的其他例子,比如他的著名的关于莎士比亚的文章。其中,他

---

(97) Ernest A, Menze "Königsberg and Riga: The Genesis and Significance of Herder's Historical Thought", in Kurt Mueller-Vollmer (ed.), *Herder Today* (Berlin: Walter de Gruyter, 1990), p. 98. 也见 Dagmar Barnouw, "Political Correctness in the 1780s: Kant, Herder, Forster and the Knowledge of Diversity", *Herder Jahrbuch 1994*, ed. by Wilfried Malsch (Stuttgart: J. B. Metzler, 1994), p. 57.

(98) Johann Gottfried Herder, "Erhebung und Verlangen", in *Werke in zehn Bänden*, vol. III: *Volkslieder*, *Übertragungen*, *Dichtungen*, ed. by Ulrich Gaier (Frankfurt: Deutscher Klassiker Verlag, 1990), p. 778 ['*und hörte Kant! (...)/Und irrte seitwärts Baco nach!*'] (1774).

(99) H. B. Nisbet, "Herder and Francis Bacon", (1967) 62 Modern Language R. 267, p. 271 [emphasis original].

(100) 出现在休谟写于1754和1762年之间的(David Hume)的《大不列颠史》一书的第六卷中。这一部分就是广为人之的 *The History of England From the Invasion of Julius Caesar to the Revolution in* 1688. 1778年版的流行的修订版,休谟自己修订的最后的版本见 David Hume, *The History of England* (Indianapolis: Liberty Fund, 1985), 6 vols.

(101) 见 Johann Gottfried Herder, "On the Transformation of the Taste of Nations In the Course of the Ages", in *Selected Early Works 1764—1767*, ed. by Ernest A. Menze and Karl Menges and transl, by Ernest A. Menze and Michael Palma (University Park: Pennsylvania State University Press, 1992), p. 66 [1766].

(102) *Id.*, *Journal meiner Reise im Jahr 1769*, in *Werke in zehn Bänden*, vol. IX, t. 2, ed. by Rainer Wis bert (Frankfurt: Deutscher Klassiker Verlag, 1997), p. 27 ['*Jeder Stand, jede Lebensart hat ihre eignen Sitten*'] (1810) [hereinafter *Journal meiner Reise*]. 简要的英文译本, *id.*, *Journal of my Voyage in the Year 1769*, in *Herder on Culture*, *supra*, note 83, p. 76 [hereinafter Journal of my Voyage]. 也见 Amy R. McCready, "Herder's Theory of Cultural Diversity and Its Postmodern Relative", in Regine Otto (ed.), *Nationen und Kulturen* (Würzburg: Königshausen & Neumann, 1996), p. 191: "与对抗相反,历史所刻画的文化关系的特征,赫尔德对其他时空的描写充满了迎合的味道。赫尔德被人类的多样性所深深吸引,而且这种吸引不仅体现在研究方法上而且表现在他的研究主题上"。

(赫尔德)试图去"按照他(莎士比亚)本来的样子解释他、感受他,运用莎翁的思想,并且如果可能的话,使莎翁活在德国"。[103] 事实上,这篇文章揭示了赫尔德总体上的思想开放性。他用这样的语言表达了他一直以来的文化抱负:"献给我们的莱布尼茨们、沙夫茨伯里们和洛克们,献给我们的斯波尔丁们和斯特尼们,福斯特们和理查森们,献给我们的摩西(门德尔松)们,布朗们和孟德斯鸠们。"[104] 因此,赫尔德民族主义最重要的部分包括"将法国和英国思想中的精华同化到新生的德国文化"。[105]

对于赫尔德来说,对于特殊主义的关心很好地与世界主义观念相协调一致——他自己详尽地提到人性(*Humanität*)观念——这一人类的共同联系在多样性中得以展现,而不是在人类的共性中得以展现。[106] 值得反复强调的一点是:"赫尔德关于归属(belonging)的观点中没有任何政治的东西。他几乎对政治及其表现和形式没有任何兴趣。他痛恨集权、暴政、管制、帝国主义以及所有他认为与他最喜欢的抨击对象——国家相关的东西。**他的民族主义不是政治的而是文化的**。"[107] 总的来说,赫尔

---

[103] Johann Gottfried Herder, "Shakespeare", in *Eighteenth Century German Criticism*, ed. by Timothy J. Chamberlain (New York: Continuum, 1992), p.143 [my emphasis] (1773). 英文本翻译由 Joyce P. Crick and H. B. Nisbet 完成。德语文本最初作为 *Sturm und Drang manifesto* 的一部分出现。句子如下:'*zu erklären, zu fühlen wieer ist, zu nüßen, und—wo möglich! — uns Deutschen herzustellen.*'关于声明(manifesto)的版本,请见 *Von Deutscher Art und Kunst* (Stuttgart: G. J. Göschen'sche Verlagshandlung, 1892). 相关的论述请见 p.53. 总体上请见 Zammito, *supra*, note 84, pp.342—344. 也见 Robert S. Mayo, *Herder and the Beginnings of Comparative Literature* (Chapel Hill: University of North Carolina Press, 1969).

[104] Herder, *Journal meiner Reise*, *supra*, note 102, p.33. 这一部分在 *Journal of my Voyage* 中本删掉了, *supra*, note 102. 我使用了 Zammito 的翻译, *supra*, note 84, pp.314—315.

[105] Zammito, *supra*, note 84, p.315.

[106] 根据赫尔德的理解,即使是"人性"(*Humanität*)这一观念也仍然保有具体的特征。本杰明抓住了这一点: Benjamin Bennett, *Beyond Theory: Eighteenth-Century German Literature and the Poetics of Irony* (Ithaca: Cornell University Press, 1993), p.259, 在那里, 作者注意到, 对于赫尔德而言,"我们的存在与我们的人类存在不可分离。而且, 我们的人类存在、我们的人性、我们的经历和历史与语言的发明、运用和发展的过程恰恰是共同存在的"。见 Johann Gottfried Herder, *Briefe zu Beförderung der Humanität*, in *Werke in zehn Biänden*, vol. VII, ed. by Hans-Dietrich Irmscher (Frankfurt: Deutscher Klassiker Verlag, 1991), pp.147—153 [being letters 27 and 28] (1794) [hereinafter *Humanität*]. 相关书信的英文翻译见: *On World History: Johann Gottfried Herder-An Anthology*, ed. by Hans Adler and Ernest A. Menze and transl. by Ernest A. Menze and Michael Palma (Armonk, New York: M. E. Sharpe, 1997), pp.105—109. 也见 Samson B. Knoll, "Herder's Concept of Humanität", in Wulf Koepke (ed.), *Johann Gottfried Herder: Innovator Through the Ages* (Bonn: Bouvier, 1992), pp.9—19; A. Gillies, *Herder* (Oxford: Blackwell, 1945), pp.97—113. 德文的完整的研究见"Herders Verständnis yon 'Humanität'", being part of the commentary ("Kommentar") in *Humaniäit*, *supra*, pp.817—837.

[107] Craig, *supra*, note 91, p.24 [my emphasis].

德是"一个彻底的人类学家"[108],他属于对挑战——欧洲的扩张和作为其结果的与陌生文化的膨胀所提出的挑战——作出回应的最敏感的、在文化上觉醒的以及最具创造力的回应者之一。"赫尔德强调有必要充分理解人类历史上的各种文化,以便理解任何一个特定民族共同体的文化意识中所隐含的不同假定和偏见。"[109]沿着相同的逻辑,洪堡在《关于历史学家的任务》(Über die Aufgabe des Geschichtsschreiber)中指出:解释者的最终目标必须是理解[110],这要求对历史创造者的个体的"能力、情感、倾向和欲求"有一个基本的认识。[111] 在我看来,当下历史主义者对启蒙理性主义的中肯批评,及其对超历史和超文化的合理性的中肯主张,相当大程度上是存在于其对某种文化研究所使用的多元主义的和非层级化的方法的辩护中,这种文化研究承认个体的偶然性和有限性并因此而成为认知性研究(从最宽泛的意义上理解,其包括例如经验心理学等)的基础。[112]

* * *

因此,比较法学家必须逆转那场使差异屈从于同一性的运动并且仿效维特根斯坦,他说过:"我的兴趣在于说明那些看上去相同的东西事实上却相当不同。"[113]弗兰肯贝克也说过:"类比和假定的共性因对距离和差异的精确经验而不得不被抛弃。"[114]我主张:比较必须包括一种**个体**

---

[108] Zammito, *supra*, note 84, p. 344. 见, *id*., p. 475, n. 33.

[109] Brian J. Whitton, "Herder's Critique of the Enlightenment: Cultural Community Versus Cosmopolitan Rationalism", (1988) 27 Hist. & Theory 146, p. 154.

[110] Wilhelm von Humboldt, *Über die Aufgabe des Geschichtsschreibers*, in *Werke*, ed. by Albert Leitzmann, vol. IV: *1820—1822*, (Berlin: B. Behr's Verlag, 1905), pp. 38 and 41 [1821].

[111] *Id*., p. 49. 赫尔德也坚持感情的重要性。见 McCready, *supra*, note 102, pp. 191—192.

[112] 关于赫尔德对于哲学思想贡献的简要论述请见:the "nine theses" submitted, by Robert S. Leventhal, *The Disciplines of Interpretation* (Berlin: Walter de Gruyter, 1994), pp. 230—234. 在 Leventhal 的附注中,我注意到 James Whitman 在这本书中的文章中的某种程度上强调"是"(oui)的作用。对比泰勒(Charles Taylor), "The Importance of Herder", in *Philosophical Arguments* (Cambridge, Mass.: Harvard University Press, 1995), pp. 79—99.

[113] M. O'C, Drury, Conversations with Wittgenstein', in Rush Rees (ed.), *Ludwig Wittgenstein: Personal Recollections* (Oxford: Blackwell, 1981), p. 171 [1948].

[114] Günter Frankenberg, "Critical Comparisons: Re-thinking Comparative Law", (1985) 26 Harvard Int. L. J. 411, p. 453. 也见 Vivian G. Curran, "Cultural Immersion, Difference and Categories in US Comparative Law", (1998) 46 Am. I. Comp. L. 301; *Id*., "Romantic Common Law Enlightened Civil Law: Legal Uniformity and the Homogenization of the European Union", (2001) 7 Columbia J. Eur. L. 63. 例如, Bernhard Großfeld, *Kernfragen der Rechtsvergleichung* (Tübingen: J. C. B. Mohr, 1996), p. 283.

化原理，“对差异进行首要的和基本的研究。”(115)爱尔莎·厄延（Else Øyen）谈及：比较研究已经走到了这样一个时刻，即“要将其重点从在多样化中寻找统一性转移到研究如何在不断增长的同质化和统一化中维持独特性。”(116)比较法研究必须“认识到和为法律中的他者腾出空间。这是一个关于确定差异存在的条件、地方、情景、能量和制度关注等的问题，在这些范围内，差异能够作为差异出现，并且他者也能够发出声音。”(117)将意义归因于法律文化或者传统意味着：“在与他者的差异之中发现最有意义的东西。”(118)相应地，这一策略对他性具有敏感性，对于比较法学家来说，这一策略甚至在比较研究开始之前就存在。在这一意义上，对他性的重视与其说是追求差异的结果，还不如说是它的前提。

* * *

与此相反，只要坚持一个单一的概念体系就能够提出一个引人注目的主张。高德利告诉我们：“并不存在因脱离了其他国家的法律而成为一个独立的研究对象的法国法或德国法或美国法”，他沿着这一逻辑又提出了两个主张。(119) 首先，他写道：“只有在一个有资格的层面上，我们才能说，德国人、美国人和法国人是在书写他们自己国家的法律。他们
273 都在处理各自国家中出现的问题，但是，这些问题以及它的解决途径都仅仅只是德国的或美国的或法国的罢了。”(120)第二，他注意到：“当我们将司法判决描述为德国法、法国法或者美国法的应用时，我们也仅仅是指作出判决的法院具有管辖权，因为这一案件发生在这些国家。并没有涉及判决本身特殊地属于德国的、法国的或美国的部分。”(121)在这些叙述背后隐藏着什么假定呢？我建议经由根据先前的研究而所熟悉的“问题”去考虑一元论的论述的一个深远的方面，这一问题就是，卖者是否必须

---

(115) Michel Foucault, *Les mots et les choses* (Paris: Gallimard, 1966), p. 68 ["la recherche première et fondamentale de la différence"]. 在这一意义上（如同在其他意义中一样），比较法研究与人类学并无不同。见 Carol J. Greenhouse, "Just in Time: Temporality and the Cultural Legitimation of Law", (1989) 98 Yale L. J. 1631, p. 1631:“人类学是对文化差异的出色研究”。

(116) Else Øyen, "The Imperfection of Comparisons", in *id.* (ed.), *Comparative Methodology* (London: Sage, 1990), p. 1.

(117) Goodrich, *Oedipus Lex*, *supra*, note 9, p. 241.

(118) Charles Taylor, *The Malaise of Modernity* (Concord, Ontario: Anansi, 1991), pp. 35—36.

(119) Gordley, *supra*, at text accompanying note 33.

(120) *Id.*, p. 561.

(121) *Id.*, p. 563. 对这种观点的应用，见 James Gordley, "Is Comparative Law a Distinct Displine?" (1998) 46Am. J. Comp. L. 607.

在合同缔结之前就主动地信息告知他可能的买者——如果是这样,又应该达到什么程度。假定这一"问题"证明自己存在于两个法律体系中,至少在某种程度上,每一个法律体系中都将这一问题当作是"成问题的"(problematic),那么,我希望特别地关注两个法律体系,即英国和法国的法律体系。

在英国,普通法一直倾向于严格适用"买方自慎"(caveat emptor)原则。[122] 事实上,上议院认为"诚信"原则是"在实践中没有可行性的",因为它"本质上与当事人双方持对抗立场这一事实相矛盾。"[123]但在法国,一项1992年1月18日的法案规定:"卖方必须在合同缔结之前使消费者了解其所出售的物品的全部特性。"[124]从1945年祖格拉特(Michel de Juglart)开始,许多法国理论家就开始要求承认这一法律义务[125],祖格拉特与他的后继者的这一要求的实现是不是一个巧合?这一要求的实现之时也就是当维希政权主张激烈的反个人主义运动并且通过促进团队精神、对社区的服务和社会连带而推进民族精神复兴的计划的时候。[126]因此,祖格拉特的主张——明确地要求他的读者把缔结合同前的信息告

---

[122] 例如,*Bell v. Lever Bros, Ltd*,[1932] A.C. 161(H.L.), p.224(Lord Atkin);*Smith v. Hughes*(1871) L.R. 6 Q.B. 597, p.607(Cockburn C.J.);*Banque Financière de la Cité SA v. Westgate Insurance Co.*,[1989] 2 All E.R. 952(C.A.), pp.988—1004(Slade L.J.)。

[123] *Walford v. Miles*,[1992] 2 A.C. 128, p.138(Lord Ackner)。英语文献中对"诚实信用"观念的清晰表达出现在对 *Director General of Fair Trading V. First National Bank plc* 的判决中[2001] 3 W.L.R. 1297(H.L.)。

[124] Loi No.92—60 of 18 January 1992 Reinforcing the Protection of Consumers("*renforçant la protection des consommateurs*"), art. 2, D.1992. L.129. 这一文本得到后来的立法的遵循 Loi No. 96—588 of 1 July 1996 on Loyalty and Parity Within Commercial Relationships, D.1996.L.295. 有关评论,包括对这一部分立法条文的评论请见 Christophe Jamin, Rev. trim. dr. civ., 1996, p. 1009。

[125] Michel de Juglart, "L'obligation de renseignements dans les contrats", Rev. trim. dr. civ.,1945,p.1. 对这一问题最好的评论请见 Jacques Ghestin, *Traité de droit civil: la formation du contrat*, 3d ed.(Paris: L.G.D.J., 1993), nos 593—673, pp.576—653. 总体参见 Muriel Fabre-Magan, *De l'obligation d'information dans les contrats*(Paris L.G.D.J., 1992)。

[126] 这篇文章发表于对二战的及时反省的时代,祖格拉特文章中的事实问题可能也受益于法国共产党和后来的苏联在法国受到的史无前例的尊崇和支持,因为共产党不论在国内还是在国外都对反法西斯战争的胜利作出了贡献。这一国内和国际范围内的对正统共产主义的同情对法国知识分子产生了特别的影响。作为战争的后果,这些知识分子被迫对他们在战前,特别是战争期间的行为进行反省和评价。许多人被认定站在历史进步性这一边,帮助解放受压迫者。对于有些人来说,这些价值表现为法律社会化的积极进程。总体见 Jacques Donzelot, *L'invention du social*(Paris: Le Seuil, 1994), François Ewald, *L'Etat providence*(Paris: Grasset, 1986). 特别参照法国合同法,对这一观点的现代应用,见 Christophe Jamin, "Plaidoyer pour le solidarisme contractuel", in *Etudes offertes à Jacques Ghestin*(Paris: L.G.D.L, 2001), pp.441—472。

知问题设想为"作为我们时代特征的连带精神的表现之一"[127]——而能够与1954年8月4日的一个为新的社会安全体系奠定基础的法令的适用以及与1946年5月22日的一个使社会安全普遍化的法令的适用相联系。[128]

戈德雷的一元论主张坚持认为事实是这样的,在英国和法国,卖方与买方的社会和法律角色以及责任都被共同体以同样的方式建构;卖方与买方之间动态的社会关系与法律关系是由共同体以同样的方式建构的;作为商品的信息的意义和价值,作为法律义务和责任客体的对信息的获取是由共同体以同样的方式建构的;自恃和社会连带都以相同的方式干预这两个法域;两个法域中的卖者都以相同的方式承受着这样一种担心(并且担心的事的发生是具有现实可能性),即买者会在交易完成之后对卖者进行投诉;两个法域中的卖者都以相同的方式承受着这样一种担心,即自己会因为买者在交易之后的一个投诉而背上社会骂名或成为法律程序的审查对象(因此,这一方面在两个法域具有相同的威慑效果);两个法域中的卖者都以相同的方式承受着因买者的投诉而背负的骂名,如果有的话(因此,这一方面在两个法域具有相同的威慑效果);两个法域中的买者都以相同的方式内在化买者的投诉所产生的最终损失(因此,这一方面在两个法域具有相同的威慑效果);两个法域中的买者都同样知悉自己所拥有的法律权利和法律救济的信息(因此,这一方面在两个法域具有相同的激励效果);两个国家中的买者都具有相同的追寻正义的道路(因此,这一方面在两个法域具有相同的激励效果);两个法域中的卖者面临被法庭判处罚金的可能性是相同的,并且在两个法域中信息都是以同样的方式对卖者和买者有效(因此,这一方面在两个法域具有相同的激励效果);罚金对两个法域中的卖者具有相同的影响(因此也对卖者具有相同的威慑效果)。这些只是比较法学家必须认为理所当然的无数因素中的一部分。比较法学家必须认为这些因素是理所当然的,是为了得出这样的结论,即我所提出的关于在缔结合同前的信息告知"问题"在两个法域中是相同的。在进行经验研究之前,我认为假定的共性是根本不真实的。

---

[127] Juglart, *supra*, note 125, no. 1, p. 1.

[128] *Ordonnance* No. 45-2250 of 4 October 1945 Concerning the Organization of Social Security ['*portant organisation de la sécurité sociale*'], D. 1945. L. 253; *Loi* No. 46-1146 of 22 May 1946 Concerning the Generalization of Social Security ['*portant généralisation de la sécurité sociale*'], D. 1946. L. 237.

现在,如果我们设想这样一种情形,即一个英国法院和一个法国法院分别作出一个关于“合同缔结前的信息告知”问题的判决,问题就会变得更加复杂。我们假定在两个法域中相关的事实和法律都是完全相同的。当然,我们必须记住英国法官是英国人而法国法官则是法国人。由于我已经列举出的因素,英国法官和法国法官对一个涉及合同缔结前的信息告知问题的案件的法律依据的处理方式是不同的。**不可避免的是**,法官提到“这一问题”——以及相关的文本阅读——作为一个社会化的人,也即作为一个在具体的文化和法律环境(这里将其理解为一个结构性的社会空间)中接受教育的个体,他们不得不说,无论是在伦敦还是巴黎,按照拉金的说法:“这里而不是别处保证了我的存在。”(129)(实际上,“一个文化中的具体法律实践就像是一个作为母语的社会语言中 276
方言”,而且,我们不应该期待一个法律文化——不管它还是其他什么,是一种文化实践或文化产物之类的——要“彻底地脱离于理解周围文化的共同谱系。”(130))但进而,不同的证据规则和原理(其自身反映了经由长期发展而来的不同社会和政治价值观)将会导致在每个不同的法律中有不同的事实建构。换句话说,即使事实是相同的,或者更准确地说,即使这两个法域中的律师被认为以相当类似的方式建构事实(我准备为现在的目的而作出的假设),这些事实在不同的法律中仍然是不“相同”的。同样,起草司法判决的不同技术将使问题的特定维度成为主题,同时忽略其他维度。例如,当法国判决诉诸解释的稳定性这一语法叙事所暗指的令人感觉舒服的观念,以便表明:尽管它们显然不是“法律”,但是它们是导向稳定产生“立法文本”所需的法律解决途径的一种工具。它们所做的远不仅仅是对形式主义摆出姿态。它们因此主张裁决的另一个特殊方面,即裁决所实现的价值方面。感觉到需要模糊化,或者至少需要降低对法律的解释学解读的作用,以防止这些具有目的性的解释所带来的不确定遮蔽了判决的生成性结构、判决对理解司法治理的重大意义以及更广泛的法律观念(*mentalité*)。(131)

---

(129) Philip Lakin, “The Importance of Elsewhere”, in *Collected Poems* (London: Faber & Faber,1990),104 [1955]. 关于一个非常有影响的评论,这一观点认为有关“社会化”对阅读的影响,见 Stanley Fish, *Is There a Text in This Class*? (Cambridge, Mass.: Harvard University Press, 1980), pp. 331—332.

(130) Robert W. Gordon, “Critical Legal Histories”, (1984) 36 Stanford L. R. 57, p. 90. 当然,这并不是说一种文化中的法律的每一种表现都只是整个文化存在的表现的例子。

(131) 见 Mitchel Lasser, “‘Lit. Theory’ Put to the Test: A Comparative Literary Analysis of American Judicial Tests and French Judicial Discourse”, (1998) 111 Harvard L. R. 689.

因此,只有它的支持者准备法律所处理的问题和为这些问题提供的解决途径在某种程度上与产生这些问题和解决途径的文化环境没有关联,上述一元论的论证才站得住脚。换句话说,这一主张要求比较法学家将社会问题和他们的法律处理方式都当作为发生在文化真空中的现象,也即将所有历史、社会、政治和心理等因素都排除。只有当人们愿意忽视法律的文化维度的情况下,他才能说"合同缔结前的信息告知"问题和它的法律解决途径都与地理和**地域**无关。提出一元论路径的比较法学家是接受法律必须参与到作为其发源地的文化之中,还是更愿意无视这一事实,将这一问题留给社会学家或者被主流法学家边缘化的人物? 或者,比较法学家是否认为不同于艺术或文学的法律在一定程度上完全脱离于自己所形成于其中的社会(因此法律将会长久地处于功能紊乱)? 这些问题仍然还不清楚。在每一种情形下,所推荐的研究路径都使一种枯燥的实证主义永存,这种实证主义将比较法研究降级为一个技术性的操作,其研究结果完全错误并且由于这个原因,它与理解法律中的他性完全无关。[132] 考虑一下阿兰·沃森关于买卖关系中所有权、风险转移以及主张建立法律之间实质共性的例子。[133] 事实是,沃森参考的罗马法规则是用拉丁文书写的,并声称调整了16世纪君士坦丁堡公民的交易。沃森提及的法国规则是用法文书写的,适用于大革命前的法国市民。而沃森援引的普鲁士规则是用德语写成的,并与在仍处于封建时代普鲁士发生的法律关系有关。我认为,在这三种背景下,"实在"、法律以及规则的文化结构都不可避免地拥有某种不同的特征,因此,这也不可避免地影响到对一个规则的解释,也即这根据本土法律的不同文化逻辑也不可避免地决定了规则的规则性(ruleness)。因此这些规则并不是同样的规则,任何共性都止于纯语词的形式。即使是这样,这一结论也无法说明这一事实:在三种不同的语言中都出现了重点语词,并且每一种语言都认为在语词和它们的内容之间有着某种特定的关系(例如,"没有任何一种语言对时空进行划分方面与另外一门语言一样;没有任何一种语言与另外一门语言具有相同的禁忌;没有任何一种语言希望与

---

[132] 见 Bernhard Großfeld, *The Strength and Weakness of Comparative Law*, transl. by Tony Weir(Oxford University Press, 1990), pp.79—80, 在此处,从他的丰富的思想储备库中借鉴了一种表述,作者表明:土地用水所造成的损害问题在得克萨斯和英国是不同的。

[133] Wason, *supra*, at text accompanying note 21.

另一种语言完全对应”)(134)。因此,沃森也只能通过将规则从世界范围内的法律经验中脱离开来赞同共性的存在,他将这些经验作为不值得评价的事物。他唯一关注的就是将经过审查的规则整合进一个新的、共享的当下理念世界之中——这种意识形态的尝试,本应打算是以一种开放的方式进行,然而事实上是以一种最为保守的方式在进行。我们可以发现塔尔德是多么地具有洞察力,当他错误地倾向于“夸大当对法律制度进行比较时第一次映入眼帘的共性的数量和程度。”(135) 278

* * *

我认为,鉴于他们技术性的专业知识的局限和他们将自己的生活局限于规则的实施,法律人很不便于认识到:法律是一种文化组织,因而比较法学家所研究的法律都不可避免时本土的,因此,一些独特的方面呈现出的差异是必要的差异。因为“世界只有一种事物不能被比较,那就是‘某种事物’”,(136)比较需要至少两个要素。现在,比较中的两个要素之

---

(134) George Steiner, *What is Comparative Literature*? (Oxford: Oxford University Press, 1995), p. 10. 本杰明(Benjamin)有一个著名的段落,他提醒我们:“德国人使用的‘Brot’一词意味着与法国人使用的‘pain’一词不同的意义”, Walter Benjamin, “The Task of the Translator”, in *Selected Writings*, ed. by Marcus Bullock and Michael W. Jennings and transl, by Harry Zohn, vol. I *1913—1926* (Cambridge, Mass.: Harvard University Press, 1996), p. 257 [1923] (hereinafter “The Task of the Translator”). 原文版参见 *id.*, “Die Aufgabe des übersetzers”, in *Gesammelte Schriften*, ed. by Rolf Tiedemarm, Hermann Schweppenhäuser and Tillman Rexroth, vol. IV, t. 1 (Frankfurt: Suhrkamp, 1972), p. 14 [‘*In* “*Brot*” *und* “*pain*” *ist das Gemeinte zwar dasselbe, die Art, es zu meinen, dagegen nicht. In der Art des Meinens nämlich liegt es, daß beide Worte dem Deutschen und Franzosen je etwas Verschiedenes bedeuten, daß sie für beide nicht vertauschbar sind, ja sich letzten Endes auszuschließen streben; am Gemeinten aber, daß sie, absolut genommen, das Selbe und Identische bedeuten*’] (hereinafter “Die Aufgabe des Übersetzers”). 有很多这种例子,有些被收录在:Willis Barnstone, *The Poetics of Translation* (New Haven: Yale University Press, 1993).

(135) Gabriel Tarde, *Les transformations du droit* (Paris: Berg, 1994), p. 34(1893). 进一步的阐述表明在不同的法律传统中导出共性的驱动力是如何提出这种特别的主张,见 Tony Weir, “Die Sprachen des europäischen Rechts”, Zeitschrift für Europäisches Privatrecht, 1995, pp. 372—373, 他反驳了这一论点,即英国欺诈法(Statute of Frauds)受益于1566年的“*Ordonnance de Moulins*”。关于这一主张,请见 Ernst Rabel, “The Statute of Frauds and Comparative Legal History” (1947) 63 L. Q. R. 174.

(136) Ferdinand J. M. Feldbrugge, “Sociological Research Methods and Comparative Law”, in Mario Rotondi (ed.), *Inchieste di diritto comparato*, vol. II: *Buts et méthodes du droit comparé* (Padova: Cedam, 1973), p. 213. 比较 Mauro Cappelletti, Monica Seccombe and loseph H. H. Weiler, “Integration Through Law: Europe and the American Federal Experience-A General Introduction”, *id.* (eds.), *Integration Through Law*, vol. I: *Methods, Tools and Institutions*, t. 1: *A Political, Legal and Economic Overview* (Berlin: Walter de Gruyter, 1986), p. 9: “在同一性的情况下,比较变得毫无意义。”

间必须具有差异。莱布尼兹认为:"由于存在极其细微的差异,两个个体之间不能完全相同。"[137]**赋予差异以优先地位,是比较法研究认识问题的唯一方式**。承认这一事实,即对法律的比较分析是一个需要认真对待的政治行为——这是否为我确定了他者或给他者铭刻上了这一点:即我所写的东西构成了,至少是部分地构成了他者的法律身份(这经常能被看成是好的,也能被看成是坏的),并且重构了,至少是部分地重构了我的身份?——比较法学家必须抵挡住这样一种强烈的诱惑,即建构抽象而又浅薄的共性;而赞成差异具有不可消除性,刻画差异的特征、阐明差异和证成(justify)差异成为他们的责任。[138] 因此,他们必须信奉这一厚重或深邃的思想:"粉碎一致性的力量就是思维的力量。"[139]事实上,标识法律研究成果的标准只有根据一个特定的研究项目和它所慎重设定的界限才能是共同的。在这一意义上,任何最终的联合严格地说都是精神上的。实际上,每一个因素都具有极大的复杂性,对它们的探究从来都不会停止贬低对同质性的新研究领域的关注,从而有利于对异质性的研究。再次提及塔尔德(Tarde)的说法,"学者在明显无区别的表面之下的任何地方进行挖掘,他都会发现一大堆意想不到的区别":在望远镜前,星星被认为是同质的,而在显微镜前,分子被认为是同质的[140]。类似的是,比较法学家所确认的任何一个共性都绝对预示着知识的转型,即相关的和根本的差异几乎被刻意地限定在不引人注目之处。

　　差异的优先化满足了自我超越的需要。如果比较的目标首先是显示所有法律共同体分享的东西,那么,任何人都不要为了考虑自己之外的视角和经验而修正自己的观点。只有通过假定交际性的互动意味着

---

[137]　Leibniz, *Nouveaux essais sur l'entendement*, in *Die philosophischen Schrifien von Gottfried Wilhelm Leibniz*, ed. by C. J. Gerhardt, vol. V (Hildesheim: Georg Olms, 1960), p.49 (1982). 也见 Martin Heidegger, *Identity and Difference*, transl. by Joan Stambaugh (Chicago: University of Chicago Press, 2002), pp.23—24:"对于同一事物,一个就足够代表了"。(For something to be the same, one is always enough) [hereinafter Identity]. 原文见 *id.*, *Identität und Differenz* (Stuttgart: Günther Neske, 1957), p.10 ['*Damit etwas das Selbe sein kann, genügt jeweils eines*'] (hereinafter *Identität*). 比较 Adorno, *supra*, note 4, p.184:"没有他者,认识将会分解为同义反复,我们所能知道的只能是知识本身",原文本请见,*supra*, note 40, p.185.

[138]　任何事物都可能在重述中得到赞美或者受到责难,见 Richard Rorty, *Contingency, Irony, and Solidarity* (Cambridge: Cambridge University Press, 1989), p.73.

[139]　Adorno, *supra*, note 4, p.149. 原文本 *supra*, note 40, p.152.

[140]　Gabriel Tarde, *Monadologie et sociologie*, in *Oeuvres*, ed. by Eric Alliez, vol.I (Paris: Institut Synthélabo, 1999), p.72 ['*Partout où, sous l'indistinct apparent, un savant creuse, il découvre des trésors de distinctions inattendues*'] (1893). 这两个例子是 Tarde 的。

遭受意涵的差异,作为观察者的我才能意识到我的立场是透视性的这一事实,并且然后我才能按照这一事实行动。实际上,应该清楚这一点:只有通过抛弃追求同一性的帝国主义欲望和通过公正地评价不同法域的法律经验的深刻多样性,我们才能追求一个引起不同选区的选民对国家的忠诚的法律统一化计划。[141] 难道生态系统可持续性的关键不是生物多样性吗?[142] 我认为,常规比较工作的偏好——包括"共同核心"研究——仍然需要一种使比较法研究将其自身从一元论叙事中解放出来之前需要很好地平衡距离,或者更长远而言,需要一种智识的可信性,这种可信性已经因其再三没有成功提出厚重或深邃的理解而被完全否定了。[143] 露西亚·塞德纳(Lucia Zedner)的评论是适当的:"如果比较法的事业想要产生任何有价值的东西,我们就需要发展一种对于地方特色的极度敏感。"[144]

* * *

当然,这些观察除了意味着自我不能成为他者之外,不应该被理解为还意味着我将他异性当作一个绝对的绝对物(只是因为绝对的他异性也

---

[141] 见 James Tully, *Strange Multiplicity: Constitutionalism in an Age of Diversity* (Cambridge: Cambridge University Press, 1995) p.197. 比较 René Girard, *La violence et le sacré* (Paris: Grasset, 1972), p.89:"哪里缺少差异,哪里就存在暴力威胁。"['*Là où la différence fait défaut, c'est la violence qui menace*'].

[142] 对生物多样性的有益的介绍请见 David Takacs, *The Idea of Biodiversity* (Baltimore: Johns Hopkins University Press, 1996). 关于生物多样性和文化多样性之间令人兴奋的联系请见 Luisa Maffi (ed.), *On Biocultural Diversity*, (Washington, DC: Smithsonian Institution, 2001).

[143] 当然关于如何使比较法研究在智识上令人尊敬,值得注意的文献见 Bernard Rudden, "Torticles", (1991—1992)6/7 Tulane Civ. L. Forum 105; Geoffrey Samuel, *The Foundations of Legal Reasoning* (Antwerp: Maklu, 1994); Ewald, *supra*, note 68; Janet E. Ainsworth, "Categories and Culture: On the 'Rectification of Names' in Comparative Law", (1996) 82 Cornell L. R. 19; Gunther Teubner, "Legal Irritants: Good Faith in British Law or How Unifying Law Ends Up in New Divergences", (1998) 61 Modern L. R. 11; Lasser, *supra*, note 131; Nicholas Kasirer, "*Lex*-icographie *mercatoria*", (1999) 47 Am. 1. Comp. L. 653 [hereinafter "*Lex*-icographie"]; John C. Reitz, "Political Economy and Abstract Review in Germany, France and the United States", in Sally J. Kenney, William M. Reisinger and *id*. (eds.), *Constitutional Dialogues in Comparative Perspective* (London: Macmillan, 1999), pp.62—88; James Q. Whitman, "Enforcing Civility and Respect: Three Societies", (2000) 109 Yale L. J. 1279; Teemu Ruskola, "Conceptualizing Corporations and Kinship: Comparative Law and Development Theory in a Chinese Perspective", (2000) 52 Stanford L. R. 1599; Nicholas Kasirer, "*Agapè*", Rev. int. dr. comp., 2001, p.575 [hereinafter "*Agapè*"]; Geoffrey Samuel, *Epistemology and Method in Law* (Dartmouth: Ashgate, 2003) [hereinafter *Epistemology*]. 这一作为范例的名单中的12部作品是经过慎重挑选的,跨越了20世纪90年代早期到21世纪早期的历史阶段。他们粗略地按照年代顺序排列。

[144] Lucia Zedner, "In Pursuit of the Vernacular: Comparing Law and Order Discourse in Britain and Germany", (1995) 4 Soc. & Leg. Stud. 517, p.519.

会暗含着绝对的一致性)。认为他异性是完全不可预知的将会使比较的观念变得不可理解和不连贯。可以这样表述这一基本的观念:"通过成为自我,他者成为绝对的他者,在某种程度上,自我也是如此。"⑮法律传统之间的不可通约性也不会贬损它们的可比较性。例如,与华氏温度和摄氏温度之间的转换不同,德语和西班牙语是不可通约的——因为它们无法借助共同的评价标准而得以评价,由于他们的语言网络具有非同源性;这种非同源性反过来反映了两种文化之间以及两种文化所拥有的环境之间的差异——但是,在关于动词在一个典型句子中的位置方面,它们是可以比较的。⑯ 换句话说,除了理解某人或者某事仅仅意味着理解这个人的或者这件事的不可理解性(incomprehensibility)之外⑰,即使存在根本分歧的评价标准也并不妨碍理解他者意义的可能性——事实上,至少在取得一致外观的"微弱"意义上,获得一致性的可能性才会受到限制,因为"当人们完全理解之时,人们就会理解得各不相同"。⑱ 道森(Donald David-

---

⑮ Derrida, *supra*, note 10, p. 187. 在这种意义上,在自我和他者之间存在某种关系。pace Levinas, *supra*, note 74 and infra, note 219, *passim*. 也见 Paul Ricoeur, *Soi-même comme un autre* (Paris: Le Seuil, 1990), p.387, 他注意到,"他想"、"她想"意味着他/她在心里说:"我想"。比较 Samuel, *Epistemology*, *supra*, note 143, p.15, 他注意到,不论是在普通法系还是在大陆法系,法律都是一方面与人与人之间的关系有关,一方面与人与事之间的关系有关。

⑯ 对于不可比性的另外一个例子也是这样,如 Nelson Goodman, *Ways of Worldmaking* (Indianapolis: Hackett, 1978), p.13. 附带提及,相反的,Goodman 描述了 12 音和 8 音之间的关系与区别,人们可以增加爵士音乐与古典音乐之间的关系作为例子。

⑰ 比较 Theodor W. Adorno, "Trying to Understand *Endgame*", in *Notes to Literature*, ed. by Rolf Tiedemann and transl, by Shierry Weber Nicholsen, vol. I (New York: Columbia University Press, 1991), p.243:"理解意味着,只有理解了恰恰是它的不可理解性正确地重塑了已经没有意义的事实的意义。"[1961]. 德文原著请见, *id.*, "Versuch, das Endspiel zu verstehen", in *Gesammelte Schrifien*, vol. XI: *Noten zur Literatur*, ed. by RolfTiedemann (Frankfurt: Suhrkamp, 1974), p.283 Adorno 的研究关注 Samuel Beckett 的 *Fin de partie*.

⑱ Gadamer, *supra*, note 48, p.297. 相关德语文本, *Wahrheit und Methode*, 6th ed. (Tübingen: J. C. B. Mohr, 1990), p.302 ['*daß man* anders versteht, wenn man überhaupt versteht'] (emphasis original). Humboldt 也提出了这一解释:"没有人使用一个词语的意义和他的邻居完全一样,尽管可能差别非常微小,比如一个震动音,对于整个语言如同水中涟漪。因此所有的理解同时也不是理解,所有的对思想和感情的一致同时也是一种背离": Wilhelm von Humboldt, *On Language: On the Diversity of Human Language Construction and Its Influence on the Mental Development of the Human Species*, ed. by Michael Losonsky and transl, by Peter Heath (Cambridge: Cambridge University Press, 1988), p.63 [1836]. 原文文本, *id.*, *Über die Verschiedenheit des menschlichen Sprachbaues*, ed. by Donatella Di Cesare (Paderborn: Ferdinand Schöningh, 1998), pp.190—191 ['*Keiner denkt bei dem Wort gerade und genau das, was der andre, und die noch so kleine Verschiedenheit zittert, wie ein Kreis im Wasser, durch die ganze Sprache fort. Alles Verstehen ist daher immer zugleich ein Nicht-Verstehen, alle Übereinstimmung in Gedanken und Gefühlen zugleich ein Auseinandergehen*'].

son)提到:理解他人意义的可能性并不妨碍发现不通约性。在比较法研究中应用道森的推理,如果一个比较法学家能够使任何东西在另一法律文化中获得充分的意义,以便使其成为可理解的因素,他都将不得不总结出:另一法律与他自己的法律是可通约的。总的来说,道森告诉我们,认知桥梁,不管多么脆弱,都排除了对不可通约性的发现。但是,从认知桥梁(想象的或者其他)的存在是否可以得出这样的结论:两种法律文化不能依存于相互对立的本体论前提? 事实上,尽管道森认为甚至最纯粹的认知关联会妨碍对不可通约性的发现,但是认知关联似乎也成为发现认识论上的不可通约性的前提条件,一种基本的对话起点。设想存在两种法律,在一个法律中司法审查是以合理程度为基础,而在另一个法律中司法审查则以比例原则为基础。这两种法律之间就存在一个语义共性或对话界面,围绕这些两个法律共同体中的成员都会同意:对于这两种法律而言,在这一问题上都关注司法审查的合法性。并且,这一语义共性或对话界面会继续存在,即使每一种法律对"司法审查"(以及合法性)的意义都有自己的理解。现在,正是这种关于"司法审查"的共性或界面,使比较法学家可以理解这两种路径的不可通约性,可以认识到这两种认识论倾向和观念如何只能够意味着他性是互相对立的,尽管存在一个共同的语义指示对象。比较法学家又能够使用什么标准来衡量一个立基于作为共同体的参与者的法官的视角("合理程度"路径)和其他基于作为政府代理人的法官的视角("比例原则"路径?)不可通约性不是不可翻译性;因此,从来都不能将其简化成一个纯粹的或主要是语义问题。⑭ 最终,不可通约性最好被理解为一个重要的解释学装置,它使得比较法学家能够保护任何特殊认知框架的特性,而保留认识视角的多样性。因此不可通约性可以被当作多样性的本质特征。

仍然是这样认为,即他性不是一个绝对的绝对物。我接受这样的观

---

⑭ 道森(Davidson)的立场,见他的作品: *Inquiries into Truth and Interpretation* (Oxford: Oxford University Press, 1984), pp. 183—198. 在某种程度上,道森的观点表明了这一事实:概念安排之间的差异是难以了解的,人们可能会怀疑,当人们发现自身也面临着他性问题的时候有海德格尔的"幽灵"(*Unheimlichkeit*)的感觉被以'概念计划'(conceptual schemes)之间的对峙适当地清晰说明了。看上去,修辞时间、宗教敏感和文化感受性,这三种随意的表达形式很难被简化为"概念计划"。我对道森的回答在很大程度上受益于 Han-Herbert Kögler, *The Power of Dialogue*, transl. by Paul Hendrickson (Cambridge, Mass.: MIT Press, 1996), pp. 163—166. 有关根据司法审查的论述,我得到了 Roger Cotterrell 的帮助,见他的,"Judicial Review and Legal Theory", in Genevra Richardson and Hazel Genn (eels.), *Administrative Law and Government Action* (Oxford: Oxford University Press, 1994), pp. 13—34.

点:若比较法学家不认为比较对象之间具有一个明显的共性,也即它们至少在一个方面是相似的,那么就不能开启任何比较。不可避免的是,比较法学家运用其背景所赋予的前理解的同时,他必须建构一个感知或认知的桥梁,这一桥梁可以将某一事物理解为可以跟其他事物进行比较的事物——这一主张可以在海德格尔所称的理解过程中的"构此"(as-structure)中找到共鸣。[58] 让我们将这一判断作为比较"可能性条件"和划分着认识论空间的不可消解的敏感性,在这一空间内,研究其他法律成为可能。但是,这一点必定不能理解为它意味着:比较法学家能够合理地使他性之间的近似变成为共性;他们能够致力于忘却或抹灭他异性;他们能够通过将他异性作为不重要的方面而不予考虑,从而压制他性,或者通过自恋式地将差异转化成共性而简化他异性。我认为比较法研究必须承担起承认、观察和尊重他异性的义务。若没有这样的认识,任何伦理都是不可能的。换句话说,比较研究存在的理由在于拒绝民族骄傲、抵制文化禁忌、认识和巩固差异以及使他异性发出具有移情作用的清晰声音直至自我真正准备接受被他性他者化。[59] 我认为这一议程并没有假定存在整体的和固定的意义体系。它为人类作用的发挥和创造性实践留有余地;它也允许社会生活相互存在竞争的维度。特别是,它对在特定的共同体内由不同社会地位的人所刻画的不同意义的共存非常敏感。例如,让我重申,民法法系和普通法系传统的特性在"永远不变"(*semper idem*)或者"永远的一致"(*semper unum*)的意义上并不存在。事实上,正如西班牙语告诉我们的,特性不需要被理解为一种特定情况或者状态(*ser*)但能够被理解为流动的,即表明运动和发展的动态过程(*estar*)。

* * *

---

[58] 见 Gerald L. Bruns, *Tragic Thoughts at the End of Philosophy* (Evanston: Northwestern University Press, 1999), p.28. 关于这一点的有关评论见,Andrew Benjamin, *Philosophy's Literature* (Manchester: Clinamen Press, 2001), p.2:"重复可以解释这一点,本身就是客观性的一种表现。"

[59] 我借鉴了 Rodolphe Gasché 的新说,见他的 *Of Minimal Things* (Stanford: Stanford University Press, 1999), p.324. 对于这一影响的广为人之的评论:与其他文化的遭遇应该提升人们对自身文化情境的批评性反思,见 Peter Winch, "Understanding a Primitive Society", (1964) 1 Am. Philosophical Q. 307. 当然有一种决定性的感觉,其中,自我总是在总结不可消减的他者的特征,在另外一个意义上,*ein anderer Schauplatz*——借鉴 Freud 的对潜意识的认识。与精神分析类似,比较是一个转移的过程,其中一种事物在重新判断与他者的关系中界定了自我,特别是与法律中的他者的关系。

如果只是因为比较法学家不能将他在自身法律中的内在特征从他在比较研究中的内在特征分离开来,当然,这也是我在仅仅声称要解释差异的同时构造和坚持差异学说的道理(空洞的观察者是否能够发现"真实"?并且除了通过理想化和幻想是否能够发现"真实"?——这并不是说知识是主观阐明和设计的这一事实否认了知识的地位)。[152] 一种法律,就像一件东西,是其自身而不是使其不成为另一种法律的本体论特征之一:差异没有自己的自我。差异根本就是偶然和无关紧要的这一事实意味着:一部法律并不是如此不同,只是被比较法学家的解释学思想变得不同,因为,是比较法学家决定差异的运动何时出现何时终止——因此这意味着比较法学家已经在行动层面介入,因为他不仅仅是简单地报告现存的因素(差异并不存在于可以看见的因素的属性之中)而且归纳原始信息(这就是为什么比较法学家的研究对象从来就不是一个客观对象(object)的原因)。然后,差异不是一个迟钝的存在,迟钝的存在脱离于协调理解与中和指涉性行为的理想化特征的不同叙述和描写。这就是说比较法学家将其所经历的差异内在化了。同时这也是说因为差异依存于一个可以展示自己的无限空间,差异是无穷无尽的,原因在于它在众多新的方面一直显得非常明显,当比较法学家与他的研究"对象"之间的权力关系改变着比较法学家对研究"对象"的研究而创造的知识的时候:所比较的事物不是一个假定而是分派的任务;差异不是一个假定而是一个成就。然而,如果说大陆法传统和普通法传统,例如,除了源自历史意识的个体认识外就不能独立存在,则有些言过其实了。[153] 西方世界这两个主流法律传统的历史事实(一个继受了罗马法,

---

[152] 伽达默尔是对的:"我们总是发现自身处于一种情境之中,关注这样一项根本不可能完成的任务":supra,note 48,p.301. 德语版本见 id.,supra,note 148,p.307 ['*Man steht in ihr, findet sich immer schon in einer Situation vor, deren Erhellung die nie ganz zu vollendende Aufgabe ist*']。至少,我可以说,我出生于讲法语的少数族群之中并在其中生活了二十多年,这一族群仍然存在这一事实已经是如此无情地,至少,自从 20 世纪 60 年代早期以来,都将其与周围的讲盎格鲁语言的族群差异区别出来。这一自传式的注脚,当然是暗指我可能愿意将我的主观性具体化、制度化为前提假定,这些假定被带到了我的比较法学家生涯中,并在很大程度上,预设了我可能的知识动向,即使是缺少任何具体的对本族文化的忠诚的因素。

[153] 关于文学批评理论中的相关论述,请见 Edward W. Said,"Orientalism Reconsidered",(1985) 1 Cultural Critique 89,p.92:"例如,每一个时代都对莎士比亚进行重新解释,这并不是因为莎士比亚变了,而是因为,尽管存在着各种可靠的莎士比亚的作品,但并没有如此完全的确定性和完美的客观性,尽管莎士比亚独立于他的编者、扮演剧中角色的演员、将它的作品翻译成其他语言的译者以及自 16 世纪以来无数他的读者或者观众。另外,也很难说莎士比亚完全不是一种独立的存在。"

另一个没有),描绘了一种不能被简化为幻影似的投影的重要经济学(这与主流比较法研究中的普世主义偏见让我们相信的东西是相对立的。)因此,差异不能被简化为我的心理状态,或者简化为我的思想变幻莫测的方面。[154] 用伯纳德·威廉斯(Bernard Williams)的话说:"知识就是不论以何种方式存在的东西。"[155]

进一步说,为差异的优先性辩护并不是表明,那些或许会被哲学家称为差异的"问题"的方面可能会被解决。我从未承担对他者的责任,但我对他者严厉的问责却是持续不断的,所以差异最终成为一个棘手的问题。考虑一下不同的研究"对象"是如何不可还原地独立于考虑或表述这些差异的比较法学家以及独立于比较法学家的叙述中关于它的经验现象。在一个总是表现为已经被构成的法律和一个正在型构的意识之间存在的鸿沟,不断地推延研究"对象"和思想之间达成一致。[156]（差异(décalage)被这一事实放大:任何比较都是通过一种需要讲述一个实际故事的感觉而调解促成的,这个故事同时还得是连贯的和有说服力的。因此,所写的东西既要排除会破坏叙事的可信性的方面,又要包括将故事标记上学术权威印记的叙事形式。[157]）这一差异的实践,或者,可能是对这一差异的检验(épreuve)——提醒我们,负责任的立场(作为对

---

[154] Levinas:"产生他性的并不是差异;但他性产生差异": Emmanuel Levinas, *Is It Righteous To Be*?, ed. by Jill Robbins (Stanford: Stanford University Press, 2001), p. 106 [1988].

[155] Bernard Williams, *Descartes: The Project of Pure Enquiry* (London: Harvester, 1968), p. 64 [emphasis original].

[156] 德里达(Derrida)的著名的有关"差异"(*différence*)和"延异"(*différance*)双关语的要旨,见: *supra*, note 10 及各处。见 *id.*, note 46, pp. 1—29。比较 Werner Hamacher, *Premises*, transl. by Peter Fenves (Stanford: Stanford University Press, 1996), pp. 15—16:"只有在'尚未'和'从未'理解之中理解才有可能。"

[157] 所叙述之内容是在对一种曾经,而且已经过去,不能再重来的经验的反映。既然书写必然要同时干预后来的经验,书写就一直作为一种对无法恢复的过去的记忆。因此 Flauhert 在他的埃及日记中写道:"在今夜的我和其他夜晚中的我之间存在的差异,如同尸体和外科医生解剖的尸体之间的差异。": Gustave Flaubert, *Voyage en Egypte*, ed. by Pierre-Marc de Biasi (Paris: Grasset, 1991), p. 125 ['*Entre le moi de ce soir et le moi de ce soir-là, li y a la différence du cadavre au chirurgien qui l'autopsie*'] (1851). 幻觉的重要性取决于时间的增长。在1836年3月,司汤达(Stendhal)提到了他6年前在圣伯纳德山隘口遭遇意大利军队:"我对那次突袭记忆深刻。但是在6年后当我看到关于此事的雕塑时我并不想讲这次记忆埋藏于自己的心里,但是我发现我的记忆非常类似于这个雕塑,甚至仅仅是这个雕塑。": Stendhal, *Vie de Henry Brulard*, in Oeuvres intimes, ed. by Victor Del Litto, vol. II (Paris: Gallimard, 1982), p. 941.

"我"的主宰)与其说是一种幸福不如说是一种尊严。(158)

* * *

现在可以处理起因于差异的优先化的一些最为显著的涵义。最初，对差异的关注确定了一种思考的实践、方式和风格，这种思考声称要保证行为、反复灌输具有某种风格的行为偏好以及以比较法学家看待世界、自身和自己与他人关系的方式对观察进行修正。它是对一个在世之在(being-in-the-world)的表达。因此，这种思考必定会影响到比较法学家所寻找的东西和因此而了解的东西——他们的知识主张——以及他们(和其他人)是如何在所知东西的基础上行动的。处于危险状态的是比较精神的形式和内容，最终会是知识观念和知识理想——让我们记住我们所称的"他者"事实上是我们所**了解**的"他者"。记住就特殊性方面而言，每一个法律都是可以被考虑的，这样做的目的必定是使比较法学家公开弃绝寻求设想的共性——通常是表面的，不可避免的也是简单化的——以及使他们审慎地将自己的精力投入到对特殊性的解释之中，也即尽可能深入地研究特殊的法律文化中能够启发想象力的领域——再次引用埃兹拉·庞德的说法，坚持使用"'明澈的细节'(Luminous Detail)的方法"(159)——目的在于产生一种知识，这种知识既不是蓄意地以理性为中心也不是心甘情愿地具有排他性，也不是致力于故意地没收和抛弃"人们必须通过类比来掌握不同的特性。"(160)事实上，在法语中存在 288

---

(158) 在他的关于荷尔德林(Hölderlin)的一篇文章中，海德格尔(Heidegger)参照了"外国经验"：Martin Heidegger, *Erläuterungen zu Hölderlins Dicung*, 2d ed. Vittorio Klostermann, 1951), p. 109. "心得体验"(*Erfahrung*)这一观念在海德格尔的理解中对比较法学家具有特殊的兴趣，见 *id.*, *On the Way to Language*, transl. by Peter D. Hertz (New York: Harper & Row, 1971), p. 57:"对某种东西经历某种经验——可能是有关某种东西、某个人或者神——意味着这种东西加之于我们、震动了我们、抓住我们、控制并改变了我们"。德文本见 *id.*, *Unterwegs zur Sprache* (Pfullingen: Günther Neske, 1959), p. 159 ['*Mit etwas, sei es ein Ding, ein Mensch, ein Gott, eine Erfahrung machen heißt, daß es uns widerfährt, daß es uns trifft, über uns kommt, uns umwirft und verwandelt*']。有趣的是，法语将海德格尔的"心得体验"(*Erfahrung*)概念译为"检验"(épreuve)，见 Antoine Berman, *L'épreuve de l'étranger* (Paris: Gallimard, 1984), p. 147. 英语译文已经认为这一译法要比"experience"含义更丰富。*id.*, *The Experience of the Foreign*, transl, by S. Heyvaert (Albany: State University of New York Press, 1992), p. vii. 英语语言似乎是将其界定为温和的"经验"(experience)、过分严酷的考验或者不确定的挑战。

(159) Ezra Pound, "I gather the Limbs of Osiris", in *Selected Prose 1909—1965*, ed. by William Cookson (New York: New Directions, 1973), p. 21 [1911]. 庞德另外说，这些事实、"闪光的细节""将知识作为控制电路的开关"，*id.*, p. 24.

(160) Francis Ponge, "My Creative Method", in *Oeuvres complètes*, ed. by Bernard Beugnot, vol. I (Paris: Gallimard, 1999), p. 536。(1961). 这一主题以英语出现。

一对相关的陈述——一种“先入之见”(*parti pris*)和“采取一种偏见”(*prendre son parti*)——这隐含着三层涵义，整体上吸引我从三个方面进行论述。第一，人们可以持有一种“先入之见”以展现其目的性。例如，一个法语句子这样写道：“*Chez lui, le parti pris de faire du bien se remarquait vite*”(他行善的决心显而易见)。一个这个句子的变种这样写道：“*Il avait pris le parti de faire du bien*”(他已经决定行善)。第二，“先入之见”涉及偏见，不论是正面的还是负面的，正如在这个句子中：“*il y a trop de parti pris dans ses jugements*”(在他的观念中有太多偏见)。第三，“采取一种偏见”可以表示“使自己服(屈)从(to resign oneself)”。当一个人输掉了一场非常重要的选举以后，可以说，“il en apris son parti”即“他使自己屈从于这一结果。”目的性(purposefulness)、偏见(prejudice)和服从(resignation)是我主张的比较法研究的三个根本方面。我主张，比较法学家必须服从这一事实，法律是一种文化现象，因此，法律文化间的差异只能被不完全地克服。不主张任何客观性(因此，持有自己的偏见使他们成为一个具有既定立场的观察者)，他们必须突出被比较的法律之间的差异的优先地位，以免无法提出具有严谨真实性的独特性。他们必须使自己成为发现**差异的工程师**。(161)

还有更多。在欧洲语境下，法国或者德国的法学家应该确保英国法成为了比较术语的一部分，因为如果人们只是严格地在自己的法律传统中进行比较的话，就会持有这样一种(无根据的)观念，即特定的认识论假定是必需的或自然的，当它们只是处于特定历史—社会—文化结构中的法律的时候。若源自于比较研究的利益将会被理想化，那么观察者就需要面对可能性的幅度，即最好是在“最不相同的组件组成的设计”层
289 面所获得的可能性，也即正如对大陆法和普通法传统的比较。(162) 实际上，与那些希望使突出大陆法系和普通法系特点的比较研究平凡化的人所持有的观点相反(163)，事实仍然是这样，即那些非常重要的方面已经作

---

(161) 我借鉴了下书的副标题：Keith A. Pearson (ed.), *Deleuze and Philosophy* (London: Routledge, 1997).

(162) 比较 Richard H. S. Tur, “The Dialectic of General Jurisprudence and Comparative Law”, [1977] Juridical R. 238, p. 246.

(163) 见 Mattei, *supra*, note 78, p. 23, 他将普通法与大陆法之间的传统区别作为在更高层次的共同法系——西方法系之中的分支。

为一种与众不同的叙事或叙事方式在大陆法和普通法中显现出来。[164]（我还想到了关于没有显现的或没有想到的多个方面的叙事，诸如对制度的主观依附条件；与强制和解放问题相关的符号和象征的背景；遗忘[165]；封锁和它们的问题化。）可以得出这样一个清楚的判断，即我认为必须支配着比较行为的在伦理层面上的交流在大陆法和普通法的互动中尚未实现———一个不需要否认的、这样一种明白的主张，即比较法学家需要使他们的研究领域跨出欧洲和北美。

注意到作为差异的比较提供的规定性的指引，会进一步帮助比较法学决定，例如，以案例汇编的方式处理德国法是否正可以使注定会这样做的英国法律人有机会将**德国法**厚重地或深邃地理解为德国法。[166] 它使比较法学家认同这一点："人们必须将德国法英国化，以使其更适合英国读者的口味"这种主张事实上意味着，英国读者（有点要人领情似地）否认了德国法中的**德国性**（Germanness）。[167] 事实上，英国读者只是被动了解了诸如"德国侵权法"这种明显不是"德国法"的某些东西。[168]

---

[164] 这种认识论研究可能为理解差异如何产生提供各种各样的说明，其中，下面的主题值得特别留意，对此我在别处以图表形式介绍过。大陆法系的语言是确定的、固定的；而普通法法系的语汇在各种叙事、话语和记忆之中循环。而且，大陆法是对什么是案件的断定；而普通法对于所闻是有所回应的。大陆法系是无可置疑的或者建设性的形式和概念体系；而普通法系是自我反映的、材料性的和自发的、随意的话语形式。大陆法系是规则主导的、自我控制的；而普通法系则是自发的、开放的、不受不矛盾原则限制的。大陆法系只是渴望必要性和普遍性；而普通法系则是单独的、附带的和难以驾驭的。大陆法系是相对独立单细胞体，总是谨慎决定自身；然而普通法系则是多孔隙的、开放的、总是乐衷于其他。注意，这些意味着接近廓清两个传统而不是相互排斥。我非常同意 Bruns 的意见，见 Bruns, *supra*, note 150, p.2.

[165] 关于沉默的文化价值受到福柯的启发 Michel Foucault, *Dits et écrits*, ed. by Daniel Defert and François Ewald, vol. IV: *1980—1988* (Paris: Gallimard, 1994), pp.525—526 [1983]. 也见 José Ortega Gasset, *Man and People*, transl. by Willard R. Trask (New York: Norton, 1957), P.244. 原文本见 *id.*, *El hombre y la genre*, in *Obras completas* (Madrid: Alianza Editorial, 1994), p.250 [1957].

[166] 将德国法重述为一种判例的汇集请见 Basil S. Markesinis, *The German Law of Torts: A Comparative Treatise*, 4th ed. by *id.* and Hannes Unberath (Oxford: Hart, 2002). Contrast H. C. Gutteridge, Comparative Law, 2d ed. (Cambridge: Cambridge University Press, p.91: "一个英国比较法学人必须拒绝大陆法司法判决中研究问题的方法的诱惑。"关于将判例集为研究大陆法传统的教学工具的批评请见 Ewald, *supra*, note 68, pp.1968—1975. 塞缪尔抓住了关键，他注意到，在普通法中"法律推理并不是一个如同在大陆法系国家一样适用既定的法律规则的问题，而是一个从事实中展开的推理过程。": Epistemology, *supra*, note 143, p.104.

[167] Gerhard Dannemann and Basil Markesinis, "The Legacy of History on German Contract Law", in Ross Cranston (ed.), *Making Commercial Law: Essays in Honour of Roy Goode* (Oxford: Oxford University Press, 1997), p.29. 对 Dannemann and Markesinis 的批评请见, Roderick Munday, "Book Review", [1998] Cambridge L. J. 222, pp.222—223.

[168] Markesinis, *supra*, note 166.

这种方式通过将另一个法律共同体的经验的特殊性限定在观察者自己的认知范畴内从而将其平常化。这还将谦虚和尊重价值从观察者与被观察者的关系框架中排除出去了,这表明观察者与其说对追求伦理层面的交流感兴趣还不如说是对证明自己的权威更感兴趣。[169]似乎这一分析框架的支持者曾经读过美国数学家沃伦·韦弗(Warren Weaver)的文字:"当我看到俄罗斯人的文章,我会说:'这的确是用英文写的,但是它确是由一些奇怪的符号编码而成。我现在就要开始解码。'"[170](请注意,比较法学家使他者认识自己对自己的世界的看法的方式是不同于翻译者将他性刻画为特性的中心的方式的,即通过认为客体语言的原始形态是不能被隐没的。如果一个翻译旨在使自己在主体语言中看起来非常"自然"而不再像是一个翻译时,那么它最终将会拒绝接受他异性。翻译者倒不如调整主体语言以便与他异性相协调,这样就可以避免否认他异性作为他异性存在的权利——翻译的这一个要点可以使读者分享多样性,因此,它不能被抹去以免翻译的理念本身遭到背叛。[171]事实上,德里达明确注意到:"我们将不得不以'转换'(transformation)的概念来替代'翻译'观念:受另一种语言控制的语言转换、受另一种文本控制的文本转换。"他还说:"我永远不会并且从来也没有涉及这样的事实,即从一种语言到另一种语言的纯粹所指的'运输'中,指示工具——或手

---

[169] 对于这种轻信态度的反应请见 Basil Markesinis, "Studying Judicial Decisions in the Common Law and the Civil Law: A Good Way of Discovering Some of the Most Interesting Similarities and Differences That Exist Between These Legal Families", in Mark Van Hoecke and Franqois Ost (eds.), *The Harmonisation of European Private Law* (Oxford: Hart, 2000), p. 133. 但是,对处理在对话的和随后的重述过程中的他性的特点的必要的更复杂的反应见: Laurence Thomas, "Moral Deference", (1992) 24 Philosophical Forum 233; Iris Marion Young, "Asymmetrical Reciprocity: On Moral Respect, Wonder, and Enlarged Thought", (1997) 3 Constellations 340, p. 362, n. 11. 值得注意的是坚决反对试图降低沟通对话的地位,反对不尊重本土丰富法律经验的比较语言,这将会避免任何由比较法学家造成的"占有"式的武断,见 Ainsworth, *supra*, note 143.

[170] Warren Weaver, "Translation", in William N. Locke and A. Donald Booth (eds.), *Machine Translation of Languages* (Cambridge, Mass.: MIT Press, 1955), p. 18.

[171] 这三条线索中的引人注目的观点,见 Antoine Berman, *La traduction et la lettre ou l'auberge du lointain* (Paris: Le Seuil, 1999). 进一步的反应见: Alasdair MacIntyre, *Whose Justice? Which Rationality?* (Notre Dame: University of Notre Dame Press, 1988), pp. 370—388. 关于"语言学的特征"的出色的应用可以在下面的书中发现:A. L. Becker, *Beyond Translation* (Ann Arbor: University of Michigan Press, 1995), p. 71 and *passim*.

段——会保持完整无损和原样。"⑫翻译不期望成为原语言的完全表达。如沃尔特·本杰明(Walter Benjamin)所说:"这一点已经被证明,不论多好的翻译也不可能包含原文的所有意义。"⑬换句话说,翻译不能被理解为旨在实现语言上的统一性和真实性的实践——也即,既不要将其理解为仅仅是对原始文本的解释,也不要理解为是对原始文本的偏离或放纵——而应该被理解为否认描述的反身性(reflexivity)的东西——描述的反身性分裂、消解和取代了描述——通过不断增加的、持续更新的以及最终变得无穷的意义和事实。并没有陷入共性的逻辑,翻译成为一个差异操作者;它具有创造差异的权力。⑭)

认识到差异的不可辩驳性可以进一步使比较法学家突破功能研究的"魅力光环"⑮,即拒绝茨威格特和克茨宣布的这一论断:"比较法的最基本的方法论原则是功能主义。"⑯除了如下事实之外:存在其他"可理解性计划",以及将比较法研究限制在将成为基本叙事的一种方法论路径上会显得非常奇怪⑰,尚有人认为可以将不同法律文化的结构简单化为它们分享着共性,仅仅因为它们具有"相同的"、被主观刻画的功能。

---

⑫ Jacques Derrida, *Positions* (Paris: Editions de Minuit, 1972), p. 31 ['*à la notion de traduction, il faudra substituer une notion de* transformation: *transformation réglée d'une langue par une autre, d'un texte par un autre, Nous n'aurons et n'avons en fait jamais eu affaire à quelque* "*transport*" *de signifiés purs que l'instrument—ou le* "*véhicule*"—*signifiant laisserait vierge et inentamé, d'une langue à l'autre*'] (emphasis original). 这一阐述是在与 Julia Kristeva 的会面的语境中作出的,对德里达自己的作品分析中应用的方法的启发性的分析,见 Peter Goodrich, "Europe in America: Grammatology, Legal Studies, and the Politics of Transmission" (2001) 101 Columbia L. R. 2033.

⑬ Benjaming, "The Task of the Translator", *supra*, note 134, p. 254. 德文文本, *Id.*, "Die Aufgabe des Übersetzers", *supra*, note 134, p. 10.

⑭ 见 Stephen D. Ross, "Translation as Transgression", in Dennis J. Schmidt (ed.), *Hermeneutics Poetic and Poetic Motion* (Binghamton: SUNY, 1990), pp. 25—42. 这一注释转引自 Simone Glanert. 特别参考了有关法律,这一观点在下面的作品中得以发展,Kasirer, "*Lex*-icographie", *supra*, note 143; *id.*, "François Gény's *libre recherche scientifique* as a Guide for Legal Translation", (2001) 61 Louisiana L. R. 331.

⑮ Walter Goldschmidt, *Comparative Functionalism* (Berkeley: University of California Press, 1966), p. 14.

⑯ Zweigert and Kötz, *supra*, note 15, p. 34.

⑰ 任何相信没有复杂的方法能够替代功能分析的人可能受益于 Nicholas Kasirer 2002 年 3 月在巴黎大学文理学院的系列讲座,Kasirer 教授比较了法国法与英国法在利他主义方面的问题,他并未应用所有的功能主义术语,只是考察了在一部 Norman McLaren 的电影中是如何重述法律的,以及相反地,法律如何在早期文本中重述了圣经的经文。关于这些出色的论述请见 Kasirer, "*Agapè*", *supra*, note 143. 下面是一份功能主义五种替代物不完全的名单,见 Samuel, *supra*, note 143, pp. 301—320 [讨论 Jean-Michel Berthelot, *Les vertus de l'incertitude* (Paris: Presses Universitaires de France, 1996), pp. 78—82].

我认为功能主义——作为映射由来已久的民族中心主义主题的一个变体——因作为减少不同的方法而已经变得具有不恰当的吸引力。例如，这种方法"对于既定法域中那些非形式化、非规定性的因素那些方面视而不见和缺乏敏感"。[179] 至关重要的是功能分析缺乏一种批判的倾向，因为它违背一种基本的严格按照法律规则的视角，而将比较法研究的目的解释为在本质上是功利主义的。[179] 功能主义应用了形式化的观念，只有人们准备放弃经验和价值的具体内容并最终忽略具体的法律（例如使人离婚的、使小孩远离父母的以及使人失去房屋等等方面的法律），形式主义的理念才会盛行。换句话说，功能主义是一种机械的理论，它对理论只字不提。它相当于是"对某种现象的一个方面进行科学的推论和抽象的强调，仅是因为它一直按这种方式被理解。"[180] 相应地，"功能主义者关注法律的实践结果，而忽略了诸多可以有益地囊括进比较法研究对象范围之内的方面"。[181] 艾伦·亨特（Alan Hunt）的结论是这样的："功能主义所主张的普世主义是一个没有支撑的主张，它所带有的危险含义可能会导致把统一性错误地强加于社会实在的多样性之上。"[182]

对他性和真实性价值的坚持必定导致比较法学家接受这样一种事实：欧洲共同体内的两种主要法律传统种中的每一种传统都仍然存在一个不可通约的原生性因素，这一因素限制了对全球化在认识论上的可接

---

[179] Frankenberg, *supra*, note 114, p.438.

[179] 见 Jonathan Hill, "Comparative Law, Law Reform and Legal Theory", (1989) 9 Oxford J. Leg. Stud. 101, pp.106—107.

[180] Karl Mannheim, *Ideology and Utopia*, transl. by Louis Wirth and Edward Shils (New York: Brace Jovanovich, 1936), p.19 [my emphasis]. 也见 M. B. Hooker, *Legal Pluralism* (Oxford: Oxford University Press, 1975), p.42: "对功能的共性的证实……并不必然意味着共同的认识论。"

[181] Hyland, *supra*, note 13, p.188. 对于功能主义的批评请见, 见 *id.*, pp.188—189. 见 Großfeld, *supra*, note 114, p.10; David J. Gerber, "System Dynamics: Toward a Language of Comparative Law?" (1998) 46 Am. J. Comp. L. 719, p.722, 他对"丧失种族特性"(deracination)的分析主要运用了功能主义方法。

[182] Alan Hunt, *The Sociological Movement in Law* (London: Macmillan, 1978), p.53. 也见 Fletcher, *supra*, note 76, p.350: "在工业世界的法律体系中存在差异，这种差异远远比功能主义者想象的要大。……如果每个人都倾向于保护侵权诉讼中的原告，或者控制环境污染，我们会倾向于相信我们都在做正确的事。但是这种功能主义的共性仍然是表面的，除非我们从光源的汇合点的例子中了解深入的理论。"

受性，反而促进了各种各样形式的“全球地方化”。(183) 这必将进一步导致使比较法学家欣然接受这样一种程度，在这种程度上，正在进行的欧洲融合已经激发了国家法律传统的复兴以及法律自我意识和文化自我意识的增加。地方叙事碎片化现在已经在别处找到了它们的渊源，这一事实并不意味着“跨国文化”已经取代了与自己相混合的并且自己被置于 294
其之上的“传统文化”。诚如一个著名的自然主义者提醒我们，“文化遵从生物进化论的一个重要原则：大多数变化的发生时为了使有机体维持自己的稳定状态。”(184)“传统文化”仍然是非常不容易瓦解的，因此欧洲的大陆法和普通法传统甚至在今天也几乎不能被简化为它们的世界主义方面。使大陆法系和普通法系相联系的《罗马条约》事实上已经戏剧化了它们在历史上根深蒂固的认识上的绝缘。(185) 两者在地理上的毗邻关系使重新认识两者认识论上的差异成为可能——这有助于证实海德格尔关于“存在”和“时间性”（temporality）之间的关系的一个基本论述。(186)

---

(183) Roland Robertson, “Glocalization: Time-Space and Homogeneity-Heterogeneity”, in Mike Featherstone, Scott Lash and *id*. (eds.), *Global Modernities* (London: Sage, 1995), pp. 2544. 关于这一点的论争请见 Teubner, *supra*, note 143, 此处，基于我的理解，作者表明，即使是像“诚实信用”这样的观念也正在被全球化，文化植入仍然很强势，以至德国模式无法被传入大不列颠，因为它与特殊的生产区域有联系——这正是所谓的“莱茵资本主义”（Rhineland Capitalism）。比较 Yves Dezalay and Bryant G. Garth, *Dealing in Virtue: International Commercial Arbitration and the Construction of a Transnational Legal Order* (Chicago: University of Chicago Press, 1996), p. 317, 他特别提到了商事贸易纠纷解决及其对国内法的影响，注意到：“国际化影响并非自动自发或者可以事先决定。”关于全球化的有限性请见 James Clifford, *The Predicament of Culturl*, (Cambridge, Mass.: Harvard University Press, 1988), pp. 1—17. 比较 Seyla Benhabib, *The Claims of Culture*(Princeton. Princeton University Press, 2002).

(184) Edward O. Wilson, *In Search of Nature* (London: Allen Lane, 1997), p. 107. 社会经济学家提及这样一种方式，其中文化仍然根据传统判断标准——“路径依赖”进行道德考察，例如，Douglass C. North, *Institutions, Institutional Change and Economic Performance* (Cambridge: Cambridge University Press, 1990), pp. 92—100. 也见 Mark Granovetter, “Economic Action and Social Structure: The Problem of Embeddedness”, (1985) 91 Am. J. Socio. 481. See generally Cass R. Sunstein (ed.), *Behavioral Law and Economics* (Cambridge: Cambridge University Press, 2000).

(185) 可以论证的是，这种情况提供了一个更广泛的文化现象的例子。文化共同体之间联系的程度常常带来自相矛盾的结果，它通过强化共同体成员的自我认同来刺激文化多样性的产生。见，Geert Hofstede, *Cultures and Organizations* (London: McGraw-Hill, 1991), p. 238. 比较 Feyerabend, *supra*, note 49, p. 274:“一个社会中的民族和群体常常建立某种联系，这一点是事实；但是在建立联系的过程中他们创造了或者假定了‘共同的元叙事’（common metadiscourse）或者‘共同的文化纽带’（common cultural bond），这并不是事实。”关于全球化语境中地方性的产生请见 Arjun Appadurai, *Modernity at Large* (Minneapolis: University of Minnesota Press, 1996), pp. 188—199.

(186) 海德格尔的表述是这样的：“人类存在（*Dasein*）的意义就是暂存性（temporality）。*Being and Time*, *supra*, note 48, p. 380. 德语文本请见，Sein und Zeit, *supra*, note 48, p331 . 也见 Merleau-Ponty, *supra*, note 46, p. 475.

当一个共享的法律框架,远非根除两个法律传统之间的总体差异(summa differentia),而是通过使它的轮廓变得清晰而加强这一差异的同时,对他异性的关注也证明了:在资本和技术的精神(以及对难以控制的模糊性的病态恐惧)所要求的欧洲主义的工具性再创新的名义下,主张抛弃欧洲文化的异质性,这样做是不合理的。我认为趋同理论实际上会使如下污名永存,即"右翼的海德格尔主义掩盖其对历史偶然性和人类自由的贬低。"[187]它表现为一种对多元主义的攻击;一种压制二律悖反的渴望,一个减少特殊性的企图,一种在欧洲共同体的两个主要法律传统被认为在认识能力上是相同的以及通过迎合各自共同体的具体历史性需要而同样运转良好的背景下抹去它们的文化记忆的愿望。事实上,"对欧洲记忆的呼唤作出回应的义务要求尊重差异、习俗、少数民族和独特的方面,并且命令要容许和尊重不把自己置身于理性权威之下的一切事物。"[188]同时,"对记忆的责任是一种对责任自身理念的责任,这种理念影响着我们的行为、理论的决定、实践的决定以及伦理—政治决定的正当性和公正性。"[189]这样,趋同理论就成为一种完全是非历史的、甚至是反历史的论述。

总而言之,优先考虑他异性使这一点变得可接受,即完整的秩序应该是超越了人们的理解范围的。[190] 这表明"不管比较法研究得出什么样的结论,都必须与对差异的处理有关而不是与对差异的消灭有关。"[191]进而,这说明比较法学家必须放弃这样一种处理差异的具体方式,这被巧

---

[187] Roberto Mangabeira Unger, *What Should Legal Analysis Become*? (London: Verso, 1996), p.9. 也见, *id.*, pp.72—73 and 76—77.

[188] Jaques Derrida, *L'autre cap* (Paris: Editions de Minuit, 1991), pp.75—77 [' *le devoir de répondre à l'appel de la mémoire européenne* (...) *dicte de respecter la différence*, *l'idiome*, *la minorité*, *la singularité* (... *et*) *commande de tolérer et de respecter tout ce qui ne se place pas sous l'autorité de la raison*'] (emphasis original).

[189] *Id.*, *Force de loi* (Paris: Galilée, 1994), p.45 [' *Cette responsabilité devant la mémoire est une responsabilité devant le concept même de responsabilité qui règle la justice et la justesse de nos comportements*, *de nos décisions théoriques*, *pratiques*, *éthico-politiques*'].

[190] 就我的立论应该注意到这一点才是公允的:人们将"差异"这一观念理解到多大范围的问题,我这里并没有涉及。我的观点是,在不同的文化传统之中存在一种基本的、不可消减的认识论的差异,这些差异对于比较法研究比在任何法律体系之中的特定的层面的共性都更加重要。就他的立场而言,萨科的"法律共振峰"理论涉及了发生在法律体系自身中的特定的法律形式中的差异问题,见 Rodolfo Sacco, "*Legal Formants: A Dynamic Approach to Comparative Law*", (1991) 39 Am. J. Comp. L. 1 & 343. 如果进一步研究这一问题,下面这些问题会不可避免的出现,比如问自己,在音乐中是否存在一种法国"格调"(accent),或者是否美国人的驾驶总是带有一种美国感觉,见 Douglas R. Hofstadter, *Le Ton beau de Marot* (London: Bloomsbury, 1997), pp.40—41 and 284.

[191] Clifford Geertz, *Local Knowleder* (New York: Basic Books, 1983), pp.215—216.

妙地描述为对"较好的法律"进行比较。有人认为正如这一领域的主要法律文本的目的一样[102]，比较法研究必须旨在发现反映出混乱和自满的"较好解决途径"。考虑到那本书中的后续章节："（英国、法国和德国的）体系对于要约的发出给出了不同的法律效果……批评家不得不认为，在这一点上，德国体系是最好的。"[103]再一次引用国际统一私法协会的商事通则，是否存在这样一种建议，即有关"要约"的德国法律是首选而"不管将适用它的国家的法律传统和政治经济条件"？[104]但是，一部法律如何能就自身而言或者对自身而言就是"好"的或者"更好的"呢？一种法律只能差不多成功地对特殊的情形作出回应或者在一个特定的环境中差不多具有影响力，这难道不是事实吗？比较法学家如何能够对不同的法律或法律经验"进行排序"，提升某些法律或法律经验的地位同时贬低其他的地位？比较法研究应该赞成对世界上不同的法律提出的相同的、可作为证据的主张进行普世性的评价。进而，对"更好的法律"的比较法研究的拥护至少在它的主要支持者的理论框架中表现出了两个基本矛盾。第一，如何能够同时主张"法律体系对相同的生活问题给出了相同的或者非常类似的解决途径，甚至在细节上都是如此"和比较法学家需要确定"更好的"法律，这一过程必定反复呈现法律之间存在差异？[105]第二，如何能断言：在比较不同法律时和选择"更好的"法律时，比较法学家必须"强调纯粹主观的需要"？[106]

* * *

强调差异的正面作用，也即强调差异的非负面和补充性的价值（在这意义上，不同的语言在追寻理解我们所称的"实在"过程中同时出现了），就是为了鼓励一种对抗的叙事，从而不顾一种战略上的和极权主义的合理性实际上给了允许突出普遍性的一种（观察者自己的）既定观点的特权，当它要求通过将生活世界中的差异简化为经精细计算的和工具主义的统一性而追求公平理想的时候。比较法学家必须接受，而不是回避这一事实，即法律传统之间相互偏离的认识上的观点具有必定是偶

---

[102] Zweigert and Kötz, *supra*, note 15, p. 15.
[103] Id., p. 362.
[104] *Unidroit Principles*, *supra*, at text accompanying note 32 [my emphasis].
[105] Zweigert and Kötz, *supra*, note 15, p. 39.
[106] Id., p. 44. 我认为，比较法学家需要放弃"客观性"的观念。进而承认这一事实，比较法学家不可能摆脱他自己的环境，比较法研究应优先采用一种"反思"(reflexive)的认识论，并将"反思"(reflection)作为一种发现的有效范畴。

然性的和最终是决定性的特征。要不然,也即将大陆法和普通法之间认识上的不对称贬低成为可忽略的差异和副现象,这是肤浅的,同时也展现出了克服法律传统之间的沟通障碍的合理愿望与对脱离法律传统构成性背景的、"倒霉的"共性进行胆大妄为的虚构之间的混淆。对文化异质性问题的不敏感性,不能公正评价知识的既定的和地方性的特性,这些特性一样具有影响力,因为它们可能始终保持着未完成的和未制度化的状态。因为拒绝在深入的文化层面处理法律多元问题,比较法学家们所鼓吹的法律趋同基调丧失了跨文化的和认识论的有效性。因此,当前的目标必定会转向女性主义所指的"立场认识论"(standpoint epistemology)——这一立场暗含着对知识形成的物质和社会环境的敏锐认识,并因此而被理解成为"增强的自我意识感与社会政治背景之间交战中来之不易的产物"。关于知识主张的建造,不仅要强调背景,而且要强调背景的语境化和复杂化,也即强调形成或产生知识的社会和制度实践的特殊化。⑩ 与女性不同,比较法学家必须试图冲破他们自身特有社会地位和条件的藩篱——特别是在他们事业中的规则本位。

* * *

注意到这一点,即比较法学家在追寻厚重或深邃的理解的过程中,他必须维持他异性的特殊性,同时随时避免将其简单化的意图。重申一点,我并非明显地在寻找独特的原初本质,也非要修复它们或者将它们置于一个无懈可击的高尚地位。例如,一个罗马法专家并非根本无法理

---

⑩ 这一引用来自 Lorraine Code, "Epistemology" in Alison M. Jaggar and Iris Marion (eds.), *A Companion to Feminist Philosophy* (Oxford: Blackwell, 1998), p.180. 一本有帮助的入门读物:Alessandra Tanesini, *An Introduction to Feminist Epistemologies* (Oxford: Blackwell, 1999), pp.138—159. 为这一方法论立场进行辩护的论述见:Sandra Harding, *Whose Science? Whose Knowledge?*. (Ithaca: Cornell University Press, 1991), pp.119—137 and165—181. 在法律方面的出色应用请见:Joanne Conaghan, "Reassessing the Feminist Theoretical Project in Law", (2000) 27 J. L & Society 351. 有关批评意见,见, Diemut Bubeck, "Feminism in Political Philosophy: Women's Difference", in Miranda Fricker and Jennifer Hornsby (eds.), *The Cambridge Companion to Feminism in Philosophy* (Cambridge: Cambridge University Press, 2000), pp.186—191. 这些不同的文本表明:这种认识论观点的前提无法被比较法学家批量引进。但是,人们可以认为法律中的他者必须被赋予某种认识论特权,以便他对现实的理论化能够获得最突出的地位(尽管是不排他的)。为什么认识论特权不是排他的,原因是任何群体都可能对自己失望,即使没有经历痛苦或者拒绝确保关于自身的明确的知识。我要感谢 Joanne Conaghan 唤起了我对认识论观点的注意。

解英国法律实践,或者男人并非根本无法理解女人。[198] 倒不如重点是,一个罗马法专家永远无法像一个英国法律人那样理解英国的法律实践,因为他无法从这一文化自身去解释它。在这里理解可能是,也将只能不得不是一种**不同的**理解。因为,罗马法专家不能身处于英国法律文化之中:英国法是罗马法专家观察的对象,却是英国法律人经历过的事物。如果他者的他性被保留,如果同时他者的自我理解(and *Selbstvorverständnis*)是可以批判的,理解和事实(对于英国法律人来说)之间的差异(*décalage*)的确是非常关键的。[199]

不仅作为差异的比较法研究未能贯彻本质主义,而且它甚至未能提供一系列稳定的范畴,个别零散的本体论传统试图系统地将本土特殊化,并考虑最好将其与他国分开。作为差异的比较法研究不仅不需要本质主义,而且甚至没有假定许多稳定的范畴和抽象且庞大的传统,这些传统在组织结构上与特定的故土相关联,并且被认为最好保持彼此分开。在这一方面,吉尔茨对"差异"和"分歧"作出了有益的区分:"差异是一种比较,对象之间的差异具有相关性;分歧是一种分隔,使对象相互隔离。"[200]因此,菲利普·拉金认为:"如此强调差异使我们欣然接受:一旦其被识别,我们之间就建立了联系。"[201]我试图强调,将差异优先化并未否定它们对于被研究的法律共同体的普世性。换句话说,关注差异并非意味着民族主义、帝国主义、殖民主义或者(一国政治上或经济上的)孤立主义,它是指某种类似于"文化原教旨主义"的东西;相反,它尤其考虑到跨国的公共领域。对法律文化进行差异分析的比较法研究——或者法律文化的差异比较——并不会质疑本体复杂的、冲突的和易于变动的本质。更不用说,它意味着种族或民族特性。"差异"这一概念可能会被那些夸大人类行为类型和迷恋老套或过于武断的知识的人所滥用;"差异"可能会被鼓动去支持性别歧视和种族歧视;甚至像种族清洗那样极端的事件——无疑是近代历史上歧视实践的显著实例——也可能被作为"差异化"的一种形式;这些事实都不能为将放弃"差异"作

---

[198] 关于与性别有关的认识论的有影响的理解,请见 Carol Gilligan, *In a Different Voice*, 2d ed. (Cambridge, Mass.: Harvard University Press, 1993). 见,Mary Field Belenky et al. , *Women's Ways of Knowing*, 2d ed. (New York: Basic Book,1997).

[199] 列维纳斯认为:严格地说,与他者的关系必须是一种没有关系的关系。这是应为,尽管存在相互行为,但并未建立理解。见,Levinas, *supra*, note 74, pp.79 and 329.

[200] Clifford Geertz, *After the Fact* (Cambridge, Mass.: Harvard University Press, 1995), p.28. 关于作为关系的差异请见 Luce Irigaray, *J'aime à toi* (Paris: Grasset, 1992), p.133.

[201] Larkin, *supra*, note 129, p.104.

为研究的格言提供正当理由。谁又将考虑不再应用"民主"一词,而只是因为苏联在 20 世纪的大部分时间中对它滥用呢?

* * *

今天,各个法学院中的比较法学家,可能尤其是在欧洲,被期望去赞成一种为统一性和超验的普世主义奠定基础的理论,在此理论中,特殊主义被假定为是次要的并且注定会在未来的人类事务中扮演外围的角色。很容易对期待一个更加有序和界限分明的世界的渴望产生同情。着迷于寻找和加强秩序可能是为了满足一个最基本的人类需求。但是,同意寻找一种一元的统一类型又是另一件事,因为这就像柏拉图主义或黑格尔主义对最终的理性统一的坚信,也即认为理性行为是消解习惯和对国家的忠诚的腐蚀性溶剂。这就我所支持的比较法研究的计划性方案需要后笛卡尔哲学的、后理想主义的和后基础主义的转向的原因。这些转向将会反对保守的教授们试图通过会让人回想起被概念侵袭的 19 世纪学术界的、无结果的简化论而将他异性简化为共性。

比较不必有一种统一化的效果,但必须有一种多样化的效果。[202] 这必须抵抗自欺欺人地投入到排除不可通约的方面的做法。这也必须避免忽视不同的做事方式、因而产生的对他异性的排除以及拒绝将他者的世界作为他者的世界三者串通发生。这必须旨在安排对不同(文化)形式的多种叙事方式,并且反对同化的智识倾向,这一倾向已经得到维克的确定,他观察到:"人类思想会自然地倾向于以统一化事物为乐。"[203] (法律统一化的支持者是针对摧毁牢不可破的同一性这一灰色熔炉,当然,它已经在国际统一私法协会的《国际商事合同通则》中得到确定且

---

[202] 见 Jerome Hall, *Comparative Law and Social Theory* (Baton Rouge: Louisiana State University Press, 1963), pp. 48—49, 他声称,法律的比较分析关注"在共性的背景中廓清差异", Rodolfo Sacco, *Introduzione al diritto comparato*, 5th ed. (Turin: UTET, 1992), p. 11, 他注意到"比较包含衡量在不同法律模式中存在的差异"; Richard L. Abel, "Comparative Law and Social Theory", (1978) 26 Am. J. Comp. L 219, p. 220, 他认为:"不论是空间还是时间的比较都允许我们衡量变化中的价值的差异,这是建立和检验前提假设的关键步骤",见 Carol Harlow, "Voices of Difference in a Plural Community", (2002) 50 Am. J. Comp. L. 339. 比较 Gilles Deleuze and Claire Parnet, *Dialogues*, 2d ed. (Paris: Flammarion, 1996), p. 179: "哲学是一种关于多样性的理论。"这是 Deleuze 的话。

[203] Giambattista Vico, *New Science*, transl. and ed. by David Marsh (London: Penguin, 2001), bk I, sec. 2, no. 47, p. 92 [1744]. 我对翻译进行了一些润色。原文版本请见, *id.*, *Principi di scienza nuova*, in *Opere*, ed. by Fausto Nicolini (Milan: Riccardo Ricciardi, 1953), p. 452.

明确的表达。[204])比较法学家必须坚决制止任何试图将同一性过分公理化的做法。我认为,需要回想法律传统的多样性和这些法律传统中所包含的法律生活形式的多样性如何保留了人类选择和自我创新能力的表达,也即讨论中的差异如何才能显得不仅是表面或技术性的差异,而且它在文化认同的形成过程中起到了持久的作用。对熟悉的法律传统的迷恋(也许是尚未得到解释的)必须被正确地评价为是社会存在的一个合理的并且通常是关键的方面,由于它帮助界定了自我,因而是值得尊重的。[205] 不是准备接纳这一事实,也不是赋予不同的法律共同体以及这些共同体内的个体历史责任,而是需要使一种法律传统的人变成为采用一种不同的说话方式和持有另一种有意义的观念;期待男男女女们经历一次宗教信仰的转变——这也许不太可能。因为它参与了一种抵消他者的整体化行动。因此,比较必须区别地理解法律文化(再一次强调,这不需要对本体进行本质主义或原教旨主义的理解)。查尔斯·泰勒(Charles Taylor)提供了有用的指引:"我们能够理解另一种社会的适当的语言不是我们或者他们关于理解的语言,而是我们可以称之为鲜明对照的语言。"[206]最终,因为差异是本体的条件,比较法学家实际上必须认为只有遵从非同一的方面才能履行要求正义的承诺——这一承诺在西班牙诗人安东尼奥·马查多(Antonio Machado)的作品中可以发现一种精炼的表达:"所有人类理性的努力都试图消除他者。他者并不存在:这就是理性的信念,对人类理性无可救药的信仰。本体 = 实在,好像,最后,一切事物都必须绝对地且必然地是同一的和相同的。但是他者拒绝消失:它存在,它坚持,它是使理性咬断牙齿的硬骨头。存在一种也会被称为无可救药的他异性,同一性必然会因其而遭受痛苦的折磨。"[207]

---

[204] *supra*, at text accompanying note 32.

[205] 正如伽达默尔注意到的,传统就是非他人的,非外国的东西,始终是我们的一部分的东西: *supra*, note 48, p. 282. 第二个引用,德文表达请见 'es ist immer schon ein Eigenes': id., *supra*, note 148, p. 286.

[206] Charles Taylor, *Philosophy and the Human Sciences: Philosophical Papers* 2 (Cambridge: Cambridge University Press, 1985), p. 125.

[207] Antonio Machado, "Juan de Mairena-Sentencias, donaires, apuntes y recuerdos de un professor apócrifo", *In Poesía y prosa*, ed. by Oreste Macrì, t. IV: *Prosas completas* (1936—1939) (Madrid: Espasa-Cadpe, 1989), II, p. 1917 ['De lo uno a lo otro (...). *Todo el trabajo de la razón humana tiende a la eliminación del segundo término. Lo otro no existe: tal es la fe racional, la incurable creencia de la razón humana. Identidad = realidad, como si, a fin de cuentas, todo hubiera de ser, absoluta y necesariamente, uno y lo mismo. Pero lo otro no se deja eliminar: subsiste, persiste; es el hueso duro de roer en que la razón se deja los dientes. (...) como si dijéramos en la incurable otredad que padece lo uno*'] (emphasis original).

* * *

我不同意有些比较法学家的看法,他们不考虑对差异比较的论述,将其看做是即将过时的牵制性的论述。[208] 我也不同意将其谴责为一种耻辱的方法论"极端主义"的标志——一个由来已久、"低成本"的、进行排除和忽略的策略。[209] 我已经表明,我的转变比较法研究方式的主张既不是欺骗性的也并非过分,我准备让我的论文为这两个罪状自行辩护。毕竟,比较法学家的研究状态最原初的还是指向另一种法律。因此,"关系"的观念必须处于任何比较工作的核心位置。现在,我认识到,"(关系)保护事物的差异和它们的独特性。"[210]因此,在我看来对于一种新的比较伦理的诉求来说最重要的障碍只能存在于别处。难道在主张优先化差异的同时,我就不会重新产生一种自己正在试图避免的极权主义思维方式吗?我没有重新陷入先验论的思维方式吗?我的答案是:通向法律的特殊性的方法,是一种对多样性或世界主义的思考,是一种对正义的思考,它不能被等同于一种极权主义策略,除了是在这一术语的最正式的(因此也是无意义的)意义上。差异性思维远没有参与到一种极权主义策略,事实上它是以实现了的、真实的并且因而是间断的经验的整体内在性为特征,因此,若差异被否定了,那么,生命和存在自身也会被否定。因此,差异性思维证实了"一种痛苦的无成就感、一种对自身的特殊的不满足感"。它经常被这样一种怀疑所萦绕,即它从来就不够差异化——这是一种几乎不能与任何一个总体化框架必定会伴随的具体化相容的焦虑。[211]

* * *

目前,也许这一论述的不同方面可以被有益地(扩大地)总结。我认为存在这样一个重要的判断,即共性与差异的二元区分,像所有的二元区分一样,其自身就必须被否定:将他者描述为不同于自我,意味着自我对他者的认识最终必定会否定他者作为他者的地位。在这一难题的背景下,有些哲学家已经试图通过发展出一个从来没有并且永远不会被包含在惯常层级中的概念来详细阐述一种非辩证的(non-dialectical)理

---

[208] 例如,见 Lawrence Rosen 在本书中的文章。
[209] 例如,见 David Kennedy 在本书中的文章。
[210] Gasché, *supra*, note 151, p.10.
[211] Bauman, *supra*, note 36, p.80.

论，因此，这一做法将会使我们超越上述难题——这让我记起，例如，德里达的“延异”（*différance*）理念。(212) 我无须遵循这一做法，即使仅仅因为我关注的不是要抛弃“共性”观念，而是反对比较法学家构建共性的排他性方式。我对如下事实作出反应：大约从1900年开始，比较法研究领域的强大的、训练有素的、占主导地位的人，通过反复主张增强排他性地根据“自己”来处理法律的话语权力，而不管存在的更广泛的关系的迹象，通过对过去的巨大重要性的急切否认，已经将比较法研究这种易于变动的定位构建成为一种固定的定位，从而证明他们渴望将它的解释束缚于共性的普洛克路斯（Procrustean）之床*。这一方法已经遵循了现代主义的传统，在这一传统中，差异被设想为是基于康德主义和新康德主义基础上的无序状态、被理解成为一个有瑕疵的或错误的方法、最好也只是一种导致焦虑的不确定性形式。但是，“我们使之具有差异的事物会呈现为是偏离主流的、不协调的和负面的东西，只要我们的意识结构迫使其去争取统一性：只要它对整体性的要求成为其衡量什么是与自己不一致的事物的标准。”(213)我认为：不断重申共性包含一切的原则，好似是对法律中的欲望进行重述一般，这种做法并不是无害的；这种原则所掩盖的事实和其所揭示的事实一样多；这种原则在分析意义上可以与精神创伤相提并论。我认为这看起来不可改变的共性逻辑——最终会从“本身”（*ipse*）转向“相同”（*idem*）（即从“相似性”，终究还是差异的一种形式，转向“共性”）——隐藏着一个有效的主观性——隐藏着一个积极的主观性，至少这种主观性是以热爱秩序、喜欢规范性的形式展现（人们是否必须为自己对政治真实性的倾向负责？）然而，像所有的欲望一样，对法律同一性的欲望最终必定会失败，因为它关注一个不可能的对象，这一对象只能作为自身浓缩或抽象的变体而存在，也即是不真实的东西。因此，关键是避免文化的联合主义，这一联合主义“允许……‘自己’文化的他者或简单地成为‘文化’的他者，不再被理解为文化的他性而只是被理解为自身文化的一个变体，从而进一步允许把自身的文化当 303

(212) *supra*, note 156.

* 希腊神话中的妖怪普洛克路斯，抓到人后放在他的床上量一量，太长就用斧子砍去脚，短了就拉长。——译者注

(213) Adorno, *supra*, note 4, pp. 5—6. 原文版本请见，*supra*, note 40, p. 17. [‘*Das Differenzierte erscheint so lange divergent, dissonant, negativ, wie das Bewußtsein der eigenen Formation nach auf Einheit drängen muß: solange es, was nicht mit ihm identisch ist, an seinem Totalitätsanspruch mißt*’].

作一个同质的和既定的事实,忽略文化内部的紧张状况、矛盾和对抗,使自身沉湎于这样一种幻想——即文化是一个没有历史的逻辑连续并且它通常还不包括改变这样一种历史的要求"。[214] 关键是要取代(被声称为)法律中的共性的优先性,从而表明在普世性的面纱后面还存在一种差异,这种差异被抑制,并且尽管主流的教条式叙事没有处理这一方面,但是差异在其表现的和极度的维度上还是能够得到挽回的。关键是要反对一种地质学并且提出一种地形学。关键是要将特殊性当作特殊性来分析。关键是要形成一种超意识。关键是要从某事物中导出一种框架,而不是将一种框架强加于某事物之上。关键是要推动比较法学在伦理上面对法律中的他者。

即使仅仅因为超越由环境造成的障碍而突出它们的可理解性(或有效性)并不是法律的标准特征,法律(或法律的连续性)标识着分离。当他们碰到这一鸿沟,比较法学家们立即试图使它弥合,和通过借助于一些修辞策略而将它复原为某些形式的连贯含义。最终比较法学家不能容忍太多的"实在",他们也不能接受他们清晰的视野应该使他们发现"实在"自身因不稳定性和流动性而受到威胁:"他们的理想发出命令,隐含地或明确地,通过微妙的或残忍的方式,对不符合它的所有事物进行排除。"[215] 想想在莱因哈德·齐默曼(Reinhard Zimmermann)和西蒙·惠特克(Simon Whittaker)的长达 750 页的关于"诚实信用"的书中对托依布纳的研究只字不提——一种过于大胆的姿态。[216] 差异作为一种偶然之物,不过是经验存在物的一个特性,是一种干扰、一种对普世法的突出干扰。因此,比较法学家借助于同化,从而维持一种看起来受到威胁的想象,也就是说,他们运用了一种叙事化的策略,这种策略诱惑读者认同一致和统一视野所持有的立场并使读者沉浸于伴随着这一过程的自我陶醉的愉悦之中。叙述被迫包含着被叙述的事物,能指被迫包含着所指的事物。当比较法学家为一个具体的"整体化"结果提供了一个叙述空间之时(这一空间给予比较法学家欢乐)[217],在它成为比较研究的

---

[214] Hamacher, *supra*, note 7, p. 324 [emphasis original].

[215] *Id.*, p. 293 [emphasis original].

[216] 我参考了 Teubner, *supra*, note 143, 在下面的作品中被忽略了:Reinhard Zimmermann and Simon Whittaker(eds.), *Good Faith in European Contract Law* (Cambridge:Cambridge University Press, 2000).

[217] 对于列维纳斯,将他性转换为单一性事实上是快乐的本质。见 Levinas, *supra*, note 74, p. 113.

可能性的条件之一的意义上,这一叙述空间也制造了比较法学家。莱因哈德·齐默曼(Reinhard Zimmermann)、乌戈·马太(Ugo Mattei)、克里斯蒂安·冯·巴尔(Christian von Bar)、巴塞尔·马克西尼斯(Basil Markesinis)和其他征服者(conqéerants)——顽固的(unreconstructed)凯尔森主义者寻求凯尔森之外的凯尔森?——担心他们对世界天衣无缝的理解中存在缺陷(并且担心怀疑权威的传统,这一传统通过控制、也是压制的方式授予他们法学家这一神圣职位,并且它还组织他们重述世界),这种担心将会以这样的方式继续存在,即他们为"实在"虚构的方案也是为了将虚构和非虚构之间的差异减到最小。差异自身在差异的一个同质的统一体中变得无效,从而差异被转变成一种基本的共性。目标是驯服他者的凝视——以否认他者的声音具有的认识论权威——从而缓和自己不由自主地成为自己而产生的焦虑(可能成为认识到"自我"不能发现而他者可以发现的事物的结果,以及成为认识到"自我"不能逃脱他者所发现的独特见解这一事实的结果。)这一秘密的(看起来自相矛盾的)策略如何实施? 在欧洲,基本的观念是普通法通过与它相对立的和不同的他者来实现自我消解。这样,问题不是一种法律传统还是他者是最原初的而是多个法律传统在各自的差异方面是如何成为这样的,齐默曼忽略这一点的情况下提及了英国法的"欧洲"特征——一种同类相残的暴力,它是非位置性(apositionality)的对立面。[218]

根据这一被限定的概念,差异被一种平等化的叙事所决定,这种叙事声称要取消相互对立的术语。这里,兴趣在于通过在差异之外实现一种相互的均衡来消灭差异本身:包含实际上是伪装的排斥。与将自己从同一性中解脱出来不同,差异遮蔽自己病再次屈服于共性、一体性和整体性。换句话说,差异被用于促进同一性,对他异性的认识导致自我认识的肯定(而不是对自身的质询)。所见事物呈现出这样一个场景:存在着一个共时性的空间,所有的法律共存;比较法学家可以从这一种转向另一种,从另一种转向这一种,使事物相互关联,评价所有事物,了解事物。[219] 不需要认为每一个差异在道德上都是突出的,也不需要声称使

---

[218] Zimmermann, *supra*, note 65. 当然,这一点假定了普通法的任意性。但是塞缪尔认为与倾向于认为普通法相对于大陆法是混乱的观点相反,人们可以认为普通法的发展比大陆法更"规范",大陆法的中世纪法学家作出了靠不住的判断,接受了陈旧的外国法文本作为权威。见 Samuel, *Epistemology*, *supra*, note 143, pp. 36 and 310—311 [referring to R. C. Van Caenegem].

[219] 见 Emmanuel Levinas, *Autrement qu'être ou au-delà de l'essence* (Paris: Le Livre de Poche, [n. d.]), p. 247[1978].

差异绝对地异国化成为"他者",我反对这种融合、反对否认对立面、反对伪造的综合、反对消除矛盾、反对被正式的平等规则所同化以及黑格尔主义"扬弃"(Aufhebung)。我赞同需要致力于一个内部教导的过程,一种"教育过程"(bildungsprozeß),从而导向这一认识:标识着接近性的、法律中的存在之间的间隔不需要被理解为一个空白的真空或一个不透明的空间,它能够被"填充"着惊奇、吸引力、赞美、愿望——或者,我们可以说还有认可之类的事物,也就是说,"填充"着这样一个制度,它"与自我对他者进行的神秘揭示具有关联,且这种关联是非对象化的和非所属关系的"。㉙ 为了解释本杰明(Benjamin),比较法研究需要一种对现在的认可(a now of recognition)㉚,包括一种至关重要的从压制到认可的平衡转换。

　　独特之物的特殊性最好能得到正确的评价——事实上,它只能够得到正确的评价——当特殊性消解(desingularization)遭受失败时。(考虑一下翻译,它被特别地调适以与所指的二重性相调和。翻译体现了,可能比其他的语言过程更突出,没有一个语词能够详尽地描述正在被描述的事物,并且任何正在被描述的事物都不能成为一个语词而没有留下一个余项。)任何对得起这一名称的偶合都必须呈现为与他者的所有特殊性偶合并且认可这些特殊性(当然,这首先需要将其从一个最低限度的范围内非奇特的、可理解的事物中解脱出来,即使仅仅因为同一性的表现是内在于思想本身的。)因此,这一理念是支持认知屈从于具体化,目标是从对已被接受的确定性的评价转换到对令人不安的经验的评价,也即从一个认知的立场到一个再认知的立场。因为这一立场暗含着一种承认(在给人们提供一种其恳求的和应得的认可的意义上,以及在给一个发言者提供话语权的相关意义上),所以它也是一种伦理的、政治的

　　㉙ Huntington, *supra*, note 4, p. 17. 出于对笛卡儿的、充满崇敬的评论,见 Luce Irigaray, *Ethique de la différence sexuelle* (Paris: Editions de Minuit, 1984), pp. 75—84. 在任何情况下,这一点是清楚的,对他性的积极鼓励不仅仅需要容忍,因为容忍他者的观点意味着将其作为形成真正的一部分来理解。

　　㉚ 见 Walter Benjamin, *The Arcades Project* ed. by Rolf Tiedemann and transl, by Howard Eiland and Kevin McLaughlin (Cambridge, Mass.: Harvard University Press, 1999), pp. 463 and 473 [Covolutes N 3,1 and N 9,7] (1927—1940) [hereinafter Arcades Project]. 德文版本请见, *id.*, *Gemmelte Schriften*, ed. by RolfTiedemann, vol. V: *Das Passagen-Werk*, t. 1 (Frankfurt: Suhrkamp, 1982), pp. 578 and 591—592 ["*im Jetzt der Erkennbarkeit*"] (hereinafter Passagen-Werk). 这一表达也出现在对上述作品的相关评论中,见本杰明给 Adorno 的信,*id.*, t. 2, p. 1148 ["*Jetzt's der Erkennbarkeit*"] (9 October 1935).

和解释学的立场,但是"为了使对他者的认可成为可能,首先必须尊重他者。"㉒用塞拉·本哈比(Seyla Benhabib)的话说:"在缺乏他者声音的情况下,具体化(concreteness)和'具体的他者'的他性(the otherness of the 'concrete other')都无法被认识"——他者保留着拒绝源自于自我的权利。㉓ 这就是为何比较法学家必须有意诉诸引证的原因,因为它们构造了"模仿的或者再现过程的最终成就"㉔,并且证实和信任有关他者的叙事,也就是说,通过使他者成为其本身而产生和不断提高其可靠性,并因此而在他们和他者的经验之间形成一个相等的基准。(请问:难道出类拔萃的比较不是由一个接一个的引证的综合表现所构成的吗?)㉕当然,在这一策略中没有什么否认对引文的雕琢仍然是观察者选择的作用,事实上对被观察者的思想的忠实问题是作为一个整体的过程的完整性问题。例如,被观察者是否通过引证而承担起对再现的伦理责任,更确切地说是共同责任?

　　为了使异质性不再蒙受包容逻辑,为了服从正在被描述的事物以及它的价值观、尊严和特殊性——允许某物能够以其存在的本来样态被看待("*etwas als etwas sehen lassen*"借用海德格尔的本体论)㉖,允许法律在其差异之中肯定自身,容许法律展现自身或者从阻碍其自我启示的主流解释中挣脱出来而得以有意义地形成——这是对其公正的对待,因为这致力于遵循恢复原状逻辑的一个过程(当然,它还接受:自我从来不能完整地克服认识偏好,这一偏好源于这样一种事实,即人类关系在本质

㉒　Hamacher, *supra*, note 7, p.323.

㉓　Seyla Benhabib, *Situating the Self* (Cambridge: Polity Press, 1992), p.168 [emphasis original].

㉔　Louis Marin, "Mimésis et description, ou de la curiosité à la méthode de l'âge de Montaigne à celui de Descartes", in *De la representation*, ed. by Daniel Arasse et al. (Paris: Gallimard, 1994), p.84. ['*l'accomplissement ultime du processus mimétique ou représentationnel*']. 见 Antoine Compagnon, *La seconde main ou le travail de la citation* (Paris: Le Seuil, 1979), p.12, 他正确地评论到:"引用在任何语言的实践中表达了一种首要的支柱、一种战略的甚至政治上的立场"['*la citation représente un enjeu capital, un lieu stratégique et même politique dans toute pratique du langage*'].

㉕　本杰明的所谓的"片论"(Passagen-Werk)提供了一种对这种结构的著名的表达,见 Arcades Project, *supra*, note 221.

㉖　Heidegger, *Sein und Zeit*, *supra*, note 48, p.33 [emphasis original]. 英语译文,见 *Being and Time*, *supra*, note 48, p.56: "letting [something] be seen as something".

上是非对称的和不可逆转的）。㉗

不用说，必须寻找到的"认可"明显地不能被理解为如下意义上的一种知识占有关系，即在"自我认可和自我理想化自我的感情……对于被认为从属于自我的他者，则只属于自我并被简化为自我"的意义上。㉘换句话说，鉴于"人们渴望了解世界的愿望远没有在世界中承认自身的愿望强烈，从而取代了短暂世界不明确的界限，而这一世界是受极权主义保障的封闭世界"，"了解世界的愿望必须使自己免受认可一切的需要的破坏"。㉙尽管自我赋予他者的意义之外，认可还允许他者赋予自我存在意义；尽管只能通过他者的调解使自我变得对其自身来说是明确的；尽管自我意识需要与他者有一种构成性的关系，以确认和转变自我的自我理解和驱使它超越"我就是我"之类的抽象唯我论㉚；但是，他者仍然不能被简化成一种恢复自我的工具、仅仅是自我意识的一个需要、"自我性"（I-ness）主题的一个变体、一个自我本位式地促进自我反思或一元的同一性的机会、一个产科学：埃及人并不将自己的存在归功于埃及古物学家。

在这方面，还有一点需要重申。我所主张的认可，是为了使比较法研究能够超越自我学（egology），而不是认为它意味着对他者的自我叙事的确认或证明：批判性的评价一直内在于比较之中。

* * *

在《美好与善》(*The Nice and the Good*) 一书中，艾瑞斯·梅铎刻画了一位年长的绅士——希尔大叔。当它的双胞胎侄子和侄女在海滩玩耍的时候，他照看着他们。这一海滩是希尔大叔强烈的不舒服感的源头。尽管孩子们的吵闹和活泼令他烦恼，然而事实上使希尔大叔最焦躁

㉗ 见 Fabian, *supra*, note 4, pp. 162, 158 [referring to W. l-T. Mitchell] and 171—176; Young, *supra*, note 169. 见 Charles Taylor, *Multiculturalisrn and the "Politics of Recognition"* (Princeton: Princeton University Press, 1992); Robert R. Williams, *Hegel's Ethics of Recognition* University of California Press, 1998).

㉘ Hamacher, *supra*, note 7, p. 290.

㉙ Marc Augé, *Le sens des autres* (Paris: Fayard, 1994), pp. 131 and 143 ['*les hommes souhaitent moins connaître le monde qus s'y reconnaître, substituant aux frontières indéfinies d'un univers en fuite la sécurité totalitaire des mondes clos*'; '*le désir de connaître doit se prévenir contre le besoin de tout reconnaître qui le subvertit*'].

㉚ 一个有代表性的萨特式的论述表明，为什么自我能够被"他者化"将会是可耻的。在共性中的他者提示了一种再认同，而且也形成了认同的一个部分。比较 Levinas, *supra*, note 176, 他认为客观性的特征就是共性中的他者（the other in the same, "*l'autre dans le même*"）。

的却是事物的多样性。仿佛双胞胎们不足以构成本体论上的干扰,但是海滩上的所有卵石则足以。因为每一个卵石的特殊性都在大声喧哗,它们一起正在威胁着这个世界的可理解性和可控性。如果许多事物可以被简化成一些事物,或者最好是一个事物,希尔大叔就只会选择成功地越过存在多重性的可能。尽管双胞胎们展现出各种各样的童真乐趣,希尔大叔却对多样性和随机性表现出一种过度的恐惧症式的厌恶。他要求感知和观念整齐划一的先入之见,表明希尔大叔就像一个最初的比较法学家,也即像那些因差异而感到惊恐和心神不宁的人一样。[221] 希尔大叔是一个比较法学家,但是比较法学家必须学会通过勾勒一个海德格尔式的协调轮廓以与法律的自我揭示相协调,从而避免变成希尔大叔。法律的自我揭示与其说关注被揭示的法律(它会使我陷入更加实证主义的贫穷),还不如说是关注其自身的发现过程。[222]

很显然,差异的优先性所涉及的方面不仅与比较法学家所克服的障碍相关联,这些障碍可以被认为一种"外在"于比较法学家的事物(例如制度架构和其他将统一性合理化为表现性的结构),而且需要战胜作为审查机构的自我(毕竟,不愿意了解法律中的他性不只是简单地忽视;更确切地说,它会给不想了解的事假定一个先见——这表明比较法学家不了解的事物远非只是他所了解的事物的对立面那么简单)。用弗洛伊德的术语来说,再现(*Darstellung*)必定会产生失真(*Entstellung*):一个变形通过创立一个重述的表面来掩饰其变形的特征,有偏见的意识沉溺于实现自己的意愿——记住马可尼西斯命令比较法学家去操控材料,以及齐默曼和默特克忽略了托依布纳[223]——这种变形和意识必定产生于矛盾和冲突的复杂性的问题化,也即产生于自律。[224]

因此比较法学家必须明白:存在意义上的差异和延迟。他们必须支持一种关于障碍的伦理学。但是,正如我所认为的,他们还必须明白这

---

[221] 见 Iris Murdoch, *The Nice and the Good* (London: Vintage, 2000), pp. 152—153 [1968]. 我非常认同 Elizabeth V. Spelman, *Inessential Woman* (London: The Women's Press, 1988), pp. 1—2.

[222] 比较 Thomas Sheehan, "On Movement and the Destruction of Ontology", (1981) 64 The Monist 534, p. 536.

[223] *Supra*, at text accompanying notes 27 and 216, respectively.

[224] 见 Sigmund Freud, *The Interpretation of Dreams*, in *The Standard Edition of the Complete Psychological Works of Sigmund Freud*, transl. by James Strachey et al. vol. V (London: Hogarth Press, 1953), pp. 524—525 [1900]. 德语版本,见 *id.*, *Die Traumdeutung*, in *Gesarnrnelte Werke*, ed. by Anna Freud et al., vol. II, t. 3 (Frankfurt: S. Fischer, 1942), p. 529.

还存在着一种接近性——这一过程需要的要比逐字逐句的陈列多得多,并要求真实且持续的社会互动(人们只能通过实践比较来了解比较)。[229] 这也是为什么我所提倡的差异分析或比较法律文化研究所存在的缺陷得不到公正的评价的原因。它们被抨击为对共同体的否定;或者被抨击为抹灭了支持社会的愿望,因为法律中的存在一贯都是根据他们共享的含义来表达自己的观点;或者更加残酷的是将其抨击为允许陷入到反社会的个人主义或有关存在的唯名论或原子论之中。我认识到,娜塔丽·萨罗特(Nathalie Sarraute)事实上错误引用了凯瑟琳·曼斯菲尔德(Katherine Mansfield)的所谓"这一建立合同的糟糕愿望"。[230] 我的论述——也即我向比较法学家所作的陈述——也存在于其他地方,它的目标是:通过一种非压制性的和非支配性的社会性形式来加强人们对社区的融入;使人们超越教条主义和自我陶醉,以便审视人的个性是如何被假定和价值所决定的以及事实上是如何"嵌入到一种社会性,作为这种社会性的根源的、重要的历史文化力量,是个体概念化或控制的力量所不能比拟的"。[231] 换句话说,我是在主张一种理智的比较法研究,这一研究旨在揭示、赞颂、留意和质问地方性(genius loci)。比较法研究前方的道路——它的思路(Denkweg)——一定不能是秩序化(Ordnung),而应该是"场域化"(Ortung)。"秩序"(Ord)意味着"排列"(Reilhe)和"次序"(Rang),"场域"(Ort)意味着"定位"(Spitze),也即广义上的"区域"(Gegend)和"位置"(Platz)。事实上,所需要的就是将法律当作已被定位的事物来关注。所想要的也是要强调法律的"场域"(Ort)。因为特殊的经验为建立微弱但值得尊敬的真实性提供了最后的依靠。同时也因为只有通过他者才有可能看穿自我,在某种程度不是简单地通过自我反思而实现这一点。最后,我直接要求提高认识论的警惕性,要求从非

---

[229] 这种接近(nearness)也在写作本身中体现出来。因此除了它所描述的这种缺失(supra, note 157),写作也表达了一种强烈的存在感:"人们从未描述其写作之前所发生的事,而只能描述在其写作期间所发生(在所有含义上的"发生")的事,在其正在完成这一写作过程中所发生的事。": Claude Simon, *Discours de Stockholm* (Paris: Editions de Minuit, 1986), p.25 ['*l'on n'écrit (ou ne décrit) jamais quelque chose qui s'est passé avant le travail d'écrire, mais bien ce qui se produit (et cela dans tous les sens du terme) au cours de ce travail, au présent de celui-ci*'] (emphasis original).

[230] Nathalie Sarraute, *L'ère du soupçon*, in *Oeuvres complètes*, supra, note 2, p.1568 [1964]. 这一引文以英文出现。

[231] Cynthia Willett, *Maternal Ethics and Other Slave Moralities* (London: Routledge, 1995), p.103. 当然,这并不是说,个人的总是特别的生活故事不能在某种程度上调和了符号背景和实践的前结构。毕竟即使是共享的行为也会对不同的个人具有不同的特殊含义。

差异分析到差异分析,从而表现出一定程度的认识论乐观主义。我正在呼吁一种蒙恩(indebtedness)的经济学,这种经济学能够独立帮助比较法学家开脱自己的罪责,他们必定会因令人震惊地坚持认为他者从属于自我而以不同的方式感受到了自己的罪责。他们一直在作恶;一直迷恋于相似性和它的构成上的排他性的危险的诱惑;并在实际上将法律关系脱离于特殊的人在互动参与的过程中所获得的直接经验;强迫个体放弃他们的自主性,并且他们在法律理念中被指定为是市场上的非个体力量;用一种完全人为的和意识形态的模式来取代融入模式,前一种模式用于构建公理式的法律类型,这种法律类型通过严格遵照法律中形式化和抽象化的要素而得以建立。是的,对于今天的比较法学家而言唯一值得称赞的策略——它的紧迫并且一直以来的任务——是致力于限制偶然性和真实性的解释学。这一解释学突出了济慈所称的"消极能力"(negative capability),也即被他认为是"使人有所成就"的一种品质,这种"消极能力"出现的时候则是"一个人有能力停留在不确定的、神秘与疑惑的境地的时候"。㉘ 用海德格尔的话说:"被称为差异的事物,我们随处都与它邂逅,通常在思想、存在等方面与之邂逅"——我们不加质疑地与它邂逅以致我们甚至没有注意到邂逅本身。也没有任何东西迫使我们去注意它。我们的思想是自由的,可以不假思索地忽略差异,也可以详细地考虑它,等等。但是这种自由不是在任何情形中都能起作用。㉙ 我的观点是:它在比较法研究的情形中不会起作用。

* * *

我所为之辩护的比较法研究的观点,关注比较者与被比较者的决定性的历史影响。但是,我认为那种简要的性爱(erotic)隐喻可能会比所有在此之前的隐喻产生更持久的印象。借助齐格蒙特·鲍曼(Zygmunt Bauman)的术语,他受到列维纳斯(Emmanuel Levinas)的启发,㉚我主张将比较比作为爱抚(caress),也即比作为像正在爱抚的手所呈现的手势——保持张开,从未收紧成紧握状。这一手势是试验性和探索性的;

㉘ *The Letters of John Keats*, ed. by Hyder E. Rollins, vol. I (Cambridge, Mass.: Harvard University Press, 1958), p.193 [being a letter to his brothers, George and Tom Keats, dated 21 or 27 December 1817].

㉙ Heidegger, *Identity*, supra, note 137, p.63. 关于原文版本,见 *id.*, *Identität*, supra, note 137, p.55.

㉚ 见 Bauman, supra, note 36, pp.92—98.

这一手势触到他者却没有占有他者的意图,因此,它是对他异性的肯定,或许它反对其他明显具有侵犯意味的性爱手势;这一手势仍然促进了自我对他者的责任感的提高,因为当自我善待他者的时候,也即当自我打开一个口子或可能仅仅是一条缝的时候,就可以超越一切据称是独立的"自我"(或法律)而通向人类(或法律)多样性这一"实在"。当自我超越了自我的界限(或法律中的自我),当自我过分投入的时候,自我就必须对它的手势对他者产生的影响负责。

* * *

显然,仍然有人想知道为什么比较法研究应该成为**具有理论的学科**。同时,即使我已经有目的地试图处理"基础层面"的问题[241],无疑,仍有某些人将整个作为区别过程的关于(比较的)可理解性的论述当作一个纯粹智识的幻觉。既然这篇论文可能还需要一个实践性的正当理由,那么,我将它留给博学的比较法学家并请求他们就如下问题为我提供一个简明扼要的论述:在欧洲,"普通法正在被排挤出有意义的存在的范围。"[242]那么,这是否还足够具有实践性?

---

[241] Bruns, *supra*, note 150, p.13.
[242] Tony Weir, *A Casebook on Tort*, 9th ed. (London: Sweet & Maxwell, 2000), p. viii.

第10章　新浪漫主义转向

詹姆斯·Q.惠特曼*

（James Q. Whiteman）

如果我以这样的话语作为开篇：许多比较法学家最近已经开始一种"新浪漫主义转向"，可能听起来好像我正在发起一种针对个人可靠性的攻击。毕竟"浪漫主义"一词可能具有某种滑稽的联系和某种令人厌恶的联想。这篇论文无论如何决不是作为一种不合适的攻击。我或多或少赞成新浪漫主义。不过，我在这篇文章中的目的是对这一新表达发出某种温和的怀疑。

请允许我以观察最近几年事实上在比较法哲学中已经看到的某种新浪漫主义转向的征象作为起点。这包含了早期浪漫主义哲学家自身的重振。特别是，威廉·埃瓦尔德（William Ewald）重新发现[①]的18世纪后期民族精神（*Volksgeist*）哲学家约翰·戈特弗里德·赫尔德（Johann Gottfried Herder）的理论。其中的某些部分已经包含了晚期和更加难懂的长期以来的浪漫主义传统的典型。因此，有些学者，其中最突出的是皮埃尔·勒格朗，已经从20世纪解释学的新浪漫主义传统中复兴了大量的观念——这一哲学传统将解释构想为理解"他者"、对根本不同的文化和其他人们形成同情之理解的一项事业。[②] 与勒格朗比肩的学者，这里应该提到的名字包括，特别是维维安·柯伦（Vivian Curran）和诺

---

* 我非常感谢会议参加者对这篇论文草稿提出的评论意见，以及 Jack Balkin, Mirjan Damaška, Christian Joerges, Brian Leiter and Annelise Riles 诸位的评论意见。

① 见 William Ewald, "Comparative Jurisprudence (I): What Was it Like to Try a Rat?" (1995) 143 U. Pennsylvania L. R. 1889. 我必须说赫尔德自己并没有使用民族精神（Volksgeist）这一术语。参见后文注释14的内容。

② 见 Pierre Legrand, *Le droit comparé* (Paris: Presses Universitaires de France, 1999) id., *Fragments Law-as-Culture* (Deventer: W. E. J. Tjeenk Willink, 1999) [见后文 Fragments]; id., "The Impossibility of 'Legal Transplants'", (1997) 4 Maastricht J. Eur. & Comp. L. 111 [见后文 "Impossibility"]; id., "European Legal Systems Are Not Converging", (1996) 45 Int. & Comp. L. Q. 52 [见后文"European Legal Systems"].

拉·德默莱特勒(Nora Demleitner)③,人类学家安奈丽丝·拉奥斯(Annelise Riles)④,以及更老一辈的约瑟夫·埃塞尔(Josef Esser)。⑤ 所有这些学者一直致力于为伟大的浪漫主义传统注入新的生命。他们坚持在人类世界中的不同法律体系之间存在文化差异的重要性,反对任何带有信仰某种单一的"自然法"意味的观念。

这当然已经将比较法推进到一个新的、受人欢迎的路径上来。这些学者已经使比较法有点像文化人类学,赋予它更多对人类价值位阶的深层差异的敏感性。这种敏感性能够帮助补救很多缺陷。我们的比较法著述全是对不同的人类社会是相异的这一事实表现出不可思议的无知的论文和著作。这些论文和著作中的大部分事实上应该被称为比较学说而非比较法——随意地将差异极大的国家和地区的法律汇聚到一起,这几乎是无价值的研究。埃瓦尔德以及其他人强烈反对这些著述是相当正确的。⑥ 我们的某些比较法著述使用了茨威格特和克茨的功能主义方法,这一功能主义认为比较法的目标是表明不同的社会是如何使用不同的学理和程序方法解决相同的社会问题。⑦ 功能主义是一种具有许多优点的方法,但是它至少开始于一个令人怀疑的假定,即所有的社会都将生活视作会引发几乎相同的社会问题。埃塞尔(Esser)对这一假定的攻击是相当正确的。⑧ 由于在欧洲出现的一体化情形,我们的比较法著述中不辨别差异的情况进而变得更严重了。许多欧洲学者一直热切希望发展出统一的欧洲私法,并且这已经严重减少了他们对理解文化

---

③ 见 Vivian Curran, "Cultural Immersion, Difference and Categories in US Comparative Law", (1998) 46 Am. J. Comp. L. 43; Nora Demleitner, "Combating Legal Ethnocentrism: Comparative Law Sets Boundaries", (1999) 31 Arizona State L. J. 737.

④ 见 Annelise Riles, *The Network Inside Out* (Ann Arbor: University of Michigan Press, 2001).

⑤ 见 Josef Esser, *Vorverständnis und Methodenwahl in der Rechtsfindung: Rationalitätsgarantien der richterlichen Entscheidungspraxis* (Frankfurt: Athenäum, 1970) [见后文 Vorverstiindnis]; id., *Grundsatz und Norm in der richterlichen Fortbildung des Privatrechts: Rechtsvergleichende Beiträge zur Rechtsquellen-und Interpretationslehre*, 2d ed. (Tübingen: J. C. B. Mohr, 1990) [hereinafter *Grundsatz*].

⑥ 见 Ewald's discussion, supra, note 1, pp. 1961—1989; Curran, supra, note 3, pp. 60—61.

⑦ Konrad Zweigert and Hein Kötz, *An Introduction to Comparative Law*, 3d ed. transl. by Tony Weir (Oxford: Oxford University Press, 1998), pp. 32—47.

⑧ Esser, *Vorverständnis*, supra, note 5, pp. 19 and 60. 在我看来,对功能主义方法隐含的另一种主张也是成问题的。这种主张是,管理和程序方法被用于解决某种特别问题,这一点相对来说并不重要。这一主张低估了对这一工具而不是那种工具的选择的社会结果。

差异问题的兴趣。⑨ 试图认同某种欧洲共同基础的学者们并不怎么关注社会如何不同的讨论。但这些学者可能成功地制定出了统一的欧洲法典,甚至某种欧洲共同法。然而,在这一过程中,他们冒险使比较法的智识生活变得更贫乏。勒格朗对此发出反对的声音,就是可以理解的了。⑩

事实上,这些批评的声音已经得到倾听,总的来说这是一件很好的事情。我仍然希望我们都能够达成共识,我们不应该让自己因为对差异的热爱而忘乎所以。毕竟,如果浪漫主义传统以它可靠的敏感性和偶然的深奥性而著名,那么,它也因为巨大的愚蠢和令人厌恶的道德相对主义提供契机而著名。我们真的想陷入像赫尔德一样的命运吗?真知灼见的学者们一连好几代都被"民族精神"的观念和更广泛的赫德尔的相对主义所困扰——这并不是毫无理由的。⑪ 我们是否真的想陷入"他者性"(otherness)哲学的泥潭?当然,我们全都感觉到了汉斯·格奥尔格·伽达默尔这位最敏锐的解释学哲学家所称的"浪漫主义解释学的疑问"⑫——感觉到了我们对纯粹"他性"的迷恋将会退化成一种"旋转拇指"的幻想的危险。谈论"差异"有时是伟大的,但在其他时候,它可能是令人不安的并有可能成为智识上不可靠之事。

正是内心存有这些担忧和不可靠感,我试图展现一种相对比较平和的比较法的浪漫的/解释学方法的版本。我不认为任何具有这种新风格的学者必定会不同意我所说的观点。相反,我希望他们会赞同我的看法:那些只认识世界上的"差异"的学者对他们的学术步伐会感到一点混乱和一点不稳定。我也希望他们会同意:混乱的浪漫主义并非我们所想要。更确切地说,我们期许的毋宁是以一种充满智慧和敏锐的方式讨论人类法律世界的多样性,同时又不失去我们的方向。我们希望能够讨论差异而反不会变得迟钝或者令人费解或者完全令人困惑。

为了发展一种步伐稳健的比较法,我在这篇论文中以批判的态度讨论两个观点。这两个观点集中代表了在新近著述中产生于"差异"本位

---

⑨ 参见 *Zeitschrift für Europäisches Privatrecht*.

⑩ See Legrand, "European Legal Systems", *supra*, note 2.

⑪ 关于 *Völkerpsychologen* 的19世纪的怀疑更完整的信息见后文附注23;在大陆法罗马法传统中的现代怀疑见 Martin Heidegger, "Die Zeit des Weltbildes", in *Holzwege*, 6th ed. (Frankfurt: Vittorio Klostermann, 1980), pp. 90—91 [1938].

⑫ Hans-Georg Gadamer, *Wahrheit und Methode*, 2d ed. (Tübingen: J. C. B. Mohr, 1990), pp. 177—222 ["*die Fragwürdigkeit der romantischen Hermeneutik*"].

的所有观点。第一是埃瓦尔德的主张,比较法应该针对内部视角的理解,对既定法律体系的观察是由这一体系内部自身的参与者有意识地进行的。[13] 第二是勒格朗、埃塞尔(Esser)和我自己曾经提出的主张,即比较法应该关注伽达默尔的"前理解"(Vorverständnis),即那些未表达的、理所当然的前提和信念的集合,正是这些东西表现并激发了不同社会中的法律。[14] 我认为,这两种主张都是正确的。但是,我也考虑到这两者有可能在对比较法能够和应该做什么这一问题上产生不充分和误导性的论述。通过揭示它们的不充分性和误导性,我希望能使我们更好地确认"差异"方法论在比较法中的局限性。

在文章的第一部分中,我考察了浪漫主义传统漫长历史的部分内容,以便对我们的问题提供一个更深入的观察视角。在第二部分中,我讨论了在追寻内部视角和前理解的过程中出现的方法论问题,并使用了一些我现在正在从事的比较人格尊严法(dignitary law)的一些例子。

I

当今天的比较法学家讨论对"他者"的理解或者将法律作为"文化"来理解这些问题时,他们继承了一种能够追溯到 18 世纪晚期和 19 世纪早期德国的一种传统。以重复这些陈词滥调为代价,我首先回顾这一传统中的某些部分,以期为我们的讨论带来某些历史的智慧。如果我们记住几个世纪以来的洞见和失败——如果我们记住了明智的浪漫主义和过去愚蠢的浪漫主义,那么,我们将会获得对今天比较法的方法论问题更清晰的认识。

浪漫主义传统中最令人难忘的部分无疑是"民族精神"(Volksgeist)的观念。在 18 世纪晚期,一些德国学者迷恋德国地方文化,对法国的影响采取敌视的态度,他们开始坚持不可通约的社会文化多样性的价值观念。他们的观点首次成为哲学成果是在赫尔德的著作中,他开始了一种

---

[13] 最近的陈述见 William Ewald, "Legal History and Comparative Law", Zeitschrift für Europäisches Privatrecht, 1999, p.553.

[14] 见 Legrand, "Impossibility", *supra*, note 2, p.114; Esser, Vorverständnis, *supra*, note 5; James Q. Whitman, "Enforcing Civility and Respect: Three Societies", (2000) 109 Yale L. J. 1387. 也见 Curran, *supra*, note 3, p.51.

讨论每个民族的"精神"(正如黑格尔所称的"民族精神")的特殊性的传统。⑮ 这一观点明显归功于孟德斯鸠和伏尔泰,它强有力地促成了一种在早期的浪漫主义者普遍存在的渴望,即超越对关于"自然法"的启蒙哲学的迟钝的自信。当然,民族精神不是一个能够自我解释的观念。而且,从一开始,存在特殊的民族"精神"这一观念似乎对困扰着赫尔德的某些法学家读者,他们发现很难放弃这样一种观点,即法律在某种程度上应该像过去那样被认为是一种共有物(sub specie universalitatis)。因此,甚至那些对赫尔德的观点带有明显同情的法学家,诸如胡果(Gustav Hugo),都在继续写关于"自然法"的文章。⑯ 同时赫尔德在德国法律界最著名、最有影响的追随者,伟大的法学家萨维尼在建立德国法的"日耳曼性格"理论中也经历了一段艰难时期,这一"德国性"似乎最终是令人满意的。⑰ 不过,特别是在萨维尼的影响下,许多法律学者强烈地,并有时是激动地努力将法律作为具有特殊民族性格之物来理解。尤其是他们在"历史法学"方面做了出色的工作,即研究历史形成的民族特殊性。

事实上,赫尔德主义(Herderian)历史法学对法律史学家和社会学家产生了影响,这种影响一致持续到今天。特别是,多种多样引人注目的现代观念能够追溯到日耳曼法学派(Germanisten),19世纪早期日耳曼法的专家。这些法学家试图确定那些通常被他们称为日耳曼法的"精神",借此意指法律推理的基本原则,这些原则使日耳曼法与罗马法区别开来。⑱ 他们尤其提出,诸如"信任"、"荣誉"和"口头形式"这样的价值观构成了古老日耳曼法律推理的特征。⑲ 而他们认为罗马法的法律推理是以所有反映出了武断的个人主义的各种各样的价值观为特征

---

⑮ 关于一般历史见 Siegfried Brie, *Der Volksgeist bei Hegel und in der historischen Rechtsschule* (Berlin: Walther Rothschild, 1909). 关于另外的有助益的评论,见 Nathan Roten-streich, "Volksgeist", in *Dictionary of the History of Ideas*, ed. by Philip P. Wiener, vol. IV (New York: Scribner's, 1973), pp.490—496.

⑯ 见 Gustav Hugo, *Lehrbuch des Naturrechts*, 4th ed. (Berlin: August Mylius, 1819).

⑰ 关于我自己的评论可见 James Q. Whitman, *The Legacy of Roman Law in the German Romantic Era* (Princeton: Princeton University Press, 1990), pp.102—150.

⑱ Rudolf von Jhering 著名的讽刺评论, *Scherz und Ernst in der Jurisprudenz*, 3d ed. (Leipzig: Breitkopf & Härtel, 1885), pp.3—6.

⑲ 经典的德语文本见 Wilhelm Eduard Wilda, *Das Strafrecht der Germanen* (Halle: Schwetschke, 1842). 进一步的讨论见 Whitman, *supra*, note 17, pp.122—123 and 205—208.

的,冯·耶林在他的《罗马法精神》一书中阐述了这种个人主义。[20] 这一在德国和罗马法传统之间的巨大价值差异的图画,引发了许多1848年大革命预备阶段的有识之士的想象,尤其是他们之中的卡尔·马克思。[21] 它也对19世纪晚期社会学的形成产生了深远影响。"礼俗社会"(Gemeinschaft)和"法理社会"(Gesellschaft)之间的许多基本差异,当它在19世纪晚期得以发展之时,它一开始在学术上就被作为德国法"精神"和罗马法"精神"之间的差异。[22] 19世纪寻求不同法律体系之"精神"的努力已经更多的在艾伦·沃森的有趣的系列著作中保留下来[23],诚如它以某些形式在威廉·埃瓦尔德思想的某些形式中保留下来。不论是在沃森还是在埃瓦尔德的著作中,我们都能够看到19世纪日耳曼法学派(Germanisten)的核心观点——不同的法律体系都显示出不同的根本的规范性共识——具有持久的影响力。

赫尔德主义思想的其他路径在19世纪也得到了发展。特别值得注意的是(尽管今天普遍被遗忘了)所谓"民族心理学"(Völkerpsychologie)或者"民族心理学"(national psychology)"。19世纪60年代莫里茨·拉扎勒斯(Moritz Lazarus)和斯泰恩达尔(Heymann Steinthal)将其作为一种有抱负的新的社会科学提出来,并在这个世纪随后的时间中被威廉·冯特(Wilhelm Wundt)继承。民族心理学派(Völkerpsychologen)意图成为科学的赫尔德主义者,避免依附于民族精神观念中的模糊和偶然的神秘主义。因此,他们放弃了存在某种共同的民族精神这一观念,转而关注经

---

[20] Rudolf von Jhering, *Der Geist des römischen Rechts auf den verschiedenen Stufen seiner Entwicklung*, 10th ed. (Aalen: Scientia, repr. 1958), vol. I, pp. 102—118; vol. II, part 1, pp. 133—155 [1852]. 在所有这些19世纪学者的讨论的方式中存在一个严重的混淆。他们没有区分我们现在所谓的"法律"和"社会"。他们简单地假设他们在法律文本中发现的"精神"也是产生这些文本中的社会关系中的"精神"。这模糊了赫尔德主义的热爱者可能相当想维系的区分。可能是,"法律"展现的价值与"社会"展现的价值之间只建立了有问题地联系。

[21] 见Karl Marx, *Debatten über das Hozdiebstahls-Gesetz*, in *Marx-Engels Gesamtausgabe* (MEGA), vol. I (Berlin: Dietz, 1975), pp.199—236 [1842].

[22] 见Ferdinand Tönnies, *Gemeinschaft und Gesellschaft: Abhandlung des Communismus und des Sozialismus als empirischer Kulturformen* (Leipzig: Fues, 1887).

[23] 见Calum Carmichael, *The Spirit of Biblical Law* (Athens, Georgia: University of Georgia Press, 1996); John O. Haley, *The Spirit of Japanese Law* (Athens, Georgia: University of Georgia Press, 1998); Richard H. Helmholz, *The Spirit of Classical Canon Law* (Athens, Georgia: University of Georgia Press, 1996); Geoffrey MacCormack, *The Spirit of Traditional Chinese Law* (Athens, Georgia: University of Georgia Press, 1996); Alan Watson, *The Spirit of Roman Law* (Athens, Georgia: University of Georgia Press, 1995); Bernard Weiss, *The Spirit of Islamic Law* (Athens, Georgia: University of Georgia Press, 1998).

由民族传统和制度的经验塑造个体心理学的路径。㉔ 他们并未将自己局限于法律,而是也讨论社会行为、艺术、语言以及其他任何可能帮助理解那些使法国人成为一个法国人、德国人成为一个德国人的东西。他们的确说了一些引人注目的观点,这些都是关于法律的民族性的观点。㉕ 仍然在诸如莫里斯·阿尔布瓦克斯(Maurice Halbwachs),阿尔弗雷德·舒茨(Alfred Schütz)和埃里克·埃里克松(Erik Erikson)等20世纪的学者们仍是这一有趣的研究方法的拥护者,所有这些人都在以这样或那样的形式问及一个相同的有吸引力的社会学问题:个体如何学会以可辨别的"民族"方式来行为?㉖ 在我们目前的比较法学界,赫尔德主义传统的这一方面可能不具有足够的活力而使人们喜欢它。人们事实上可能非常容易想到一项有趣的研究,即关注个体的法律参与者如何习得具体的民族行为方式。但是这样的研究几乎没有。

无论如何,赫尔德主义展现的仅仅是浪漫主义/解释学传统历史中早期的一脉。该传统早期的另一脉少有人知,但它已经影响了许多比较法学家,它产生于一种由路德教派神学家和古典哲学家发展的"解释学"理论。19世纪早期的神学家和古典主义者分担着共同的同时也是非常困难的任务:理解远古时空下写就的神秘文本。路德教派神学家在着手处理这一解释任务时定下了一个基调。遵循马丁·路德的指引,他们认为经文的读者通过使自身沉浸在文本之中,通过直觉的跳跃,能够成功地掌握圣灵的寓意。古典文献学家并未讨论圣灵。但他们也想到,长期沉浸在原始文本中能够最终使个体文献学家产生理解的直觉跳跃,掌握形成他面前这一文本的"精神"以及事实上更宏大的古希腊"精神"。这就是19世纪早期解释学的传统。深深烙上了路德教派的印记,是它总体上提及了通过直觉跳跃来深刻理解不

㉔ 有关纲领性的陈述见 Moritz Lazarus and Heymann Steinthal, "Einleitende Gedanken über Völkerpsychologie" Zeitschrift füt Völkerpsychologie und Sprachwissenschaft, 1860, p. 1; Wilhelm Wundt, Völkerpsychologie: *Eine Untersuchung der Entwicklungsgesetze van Sprache, Mythus und Sitte*, 3d ed., vol. I (Leipzig: Wilhelm Engelmann, 1911), pp. 7—11.

㉕ 一些有趣的例子,请见 Paul Laband, "Die rechtliche Stellung der Frauen im altrömischen und germanischen Recht", Zeitschrifi für Völkerpsychologie und Sprachwissenschaft, 1865, p. 179(讨论了在罗马和日耳曼对待妇女的差异的经济基础); Wundt, *supra*, note 24, vol. IX(关注精神结构和法律的象征符号)。

㉖ Maurice Halbwachs, *La mémoire collective*, 2d ed. (Paris: Albin Michel, 1997), pp. 51—142; Alfred Schütz and Thomas Luckmann, *The Structures of the Life-World*, 2d ed. transl. by Richard Zaner and H. Tristram Engelhardt, vol. I (Evanston: Northwestern University Press, 1973), p. 293; Erik Erikson, *Identity and the Life Cycle* (New York: Norton, 1980), pp. 17—50.

同的"精神"。㉗

这种讨论理解文本和文化"精神"的路德教派传统在 19 世纪中期的几十年间基本上消失了。但是,它在 19 世纪末得到了伟大的复兴,并在很大程度上一直持续到现在。一方面,这一复兴在马尔堡和西南德国的新康德主义哲学家的旗帜下展开;另一方面,在第一个现代的解释学哲学家狄尔泰(Wilhelm Dilthey)的旗帜下展开。要获得一种对解释学传统的充分理解,我们必须了解某些关于这些哲学家的事情以及他们许多形形色色的追随者。因为,正是新康德主义的观念,特别是狄尔泰的观点,不仅在人类学家和社会学家中而且在一些新浪漫主义比较法学家中,建立了考虑文化问题时所采用的主要模式,一直到现在。

新康德主义哲学家主要关注一个论题,这一论题似乎对于任何比较法哲学都非常有前途,即不同学科的正确的方法论。在 19 世纪最后几十年中,尤其是他们开始论证"人文科学"(*Geisteswissenschaften*)的特殊性质和特别问题——这一术语通常被翻译成"人文科学"(the human science),这一翻译并不完全令人满意。㉘ 值得注意的是,新康德主义开始区分人文科学与自然科学(*Naturwissenschaften*)。这是一个他们以最容易掌握的方法展开的研究,如果我们认识到他们本质上受到基督教的启发,特别是他们明确地关注基督教关于自由意志本质的观念。新康德主义视"自然"世界为一个机械因果论主宰的世界,相比之下,它把人类世界视为非因果的自由意志的世界。既然非因果的自由意志决定了人类世界的特性,人类事务就将无法得到充分的"解释";适当的数理精确的解释只有在机械世界才是可能的。人类世界的学者所能做的就是去理解(*verstehen*),他所能做的就是通过想象的理解掌握人类世界,这使他能够理解产生它的自由意志过程。进而,既然自由意志是非因果的,

---

㉗ 关于这些传统见 Joachim Wach, *Das Verstehen: Grundzüge einer Geschichte der hermeneutischen Theorie im 19. Jahrhundert* (Tübingen: J. C. B. Mohr, 1926—1933), 3 vols.; Gadamer, *supra*, note 12; Benedetto Bravo, *Philologie, histoire, philosophie de l'histoire: étude sur J. G. Droysen, historien de l'Antiquité* (Cracow: Polskiej Ak ademii Nauk, 1968); Helmut Flashar, Karlffied Gründer and Axel Horstmann (eds.), *Philologie und Hermeneutik im 19. Jahrhundert* (Göttingen: Vandenhoeck & Ruprecht, 1979).

㉘ 正如 Gadamer 已经指出的,这一术语最初是作为密尔(Mill)的"道德科学"的翻译而出现的。见,*supra*, note 12, p. 9. 见 Klaus Köhnke, *The Rise of Neo-Kantianism*, transl. by R. J. Hollingdale(Cambridge: Cambridge University Press,1991), pp. 87—88. 翻译人文科学的进一步困难当然已经不得不与复杂的内涵与精神(*Geist*)的联系有关系。

因此,也是不可预测的,它所产生的结果也总是会发生不可预测和具有无限可能的变化。人类世界的每一个特征都不同于其另一个特征,并且它们之间的不相同是不可通约的。在莱布尼茨的术语中,人类世界的特点是"单细胞的"(monadic),这意味着,在著名的新康德主义范式中,人文科学不是研究"普遍性的"(nomothetic)而是研究"特殊性的"(idiographic):它们并未设置因果律,而只是描述个体特征。[29]

新康德主义显然使自身符合于19世纪早期解释学思想的复兴;我们能在狄尔泰有关"理解"(Verstehen)的哲学中找到的正是这种复兴。狄尔泰特别运用了施莱尔马赫的著述,有说服力地回到了这一问题,即我们如何能够凭借想象重新理解已经消失的且不同的社会和文本。在狄尔泰的哲学中,解释再次假定了它典型的新教伪装,再次成为在经过长时间沉浸在原始材料之后,凭直觉抓住一个文本或者文化"精神"总体(Geist)的实践。对于狄尔泰来说,重点是"总体"。他认为理解需要非常艰难地、实际上几乎不可能地掌握那些型构不同文化或者不同文本的每一个要素,并把它们作为一种有机的整体。[30]

19世纪晚期的解释学思想复兴,使我们踏上了通向许多今天的新比较法思想的道路。但是,令人好奇的是,它几乎没有对同时代的比较法研究产生什么影响(在我看来)。确切地说,那个时代最伟大的比较法学家马克斯·韦伯处于新康德主义哲学家的影响之下。[31] 但是,正如在其他事情上一样,令人震惊的是韦伯几乎已经被比较法学家遗忘了。其他那个时代的比较法大家,如阿尔伯特·赫尔曼·波斯特(Albert Hermann Post)和约瑟夫·科勒(Josef Kohler),看起来并不关心那些外

---

[29] 关于相关介绍见,Thomas Willey, *Back to Kant: The Revival of Kantianism in German Social and Historical Thought, 1860—1914* (Detroit: Wayne State University Press, 1978). See also the literature cited infra, note 31.

[30] Gadamer, *supra*, note 12, pp.222—246.

[31] 关于相关评论见 Wolfgang Schluchter, *The Rise of Western Rationalism: Max Weber's Developmental History*, transl. by Guenther Roth (Berkeley: University of California Press, 1981), pp. 19—24; Friedrich Tenbruck, "Die Genesis der Methodologie Max Webers", Kölner Zeitschrift für Soziologie, 1959, p.11; Gerhard Wagner and Heinz Zipprian, "Max Weber und die neukantianische Epistemologie", in Hans-Ludwig Ollig (ed.), *Materialien zur Neukantianismus-diskussion* (Darmstadt: Wissenschaftliche Buchgesellschaft, 1987), pp. 184—216.

国学者所考虑的问题。㉜ 事实上很难确认在我们的时代之前，伟大的解释学传统已经开始在比较法学家中间产生强烈影响了。

在回到我们的时代之前，让我继续对这一伟大的解释学传统的发展进行简要的介绍，并列出几个可能帮助我们评价比较法中新解释学著述的观点。出于有用性的考虑，可以把在 20 世纪早期发展而来的这一传统分为三个流派㉝：历史的、社会科学的和哲学的。这三个重要的流派在如下重要一点上相当不同：历史学家保留了强烈的对激进浪漫主义的忠诚，一般将不同的文化视为相互之间不可征服的他者；相比之下，社会学家和哲学家，倾向于采取一种更加冷静的态度，将"他性"视为能够而且通常已经被征服的事物。

从历史学家说起，20 世纪早期的历史学家通常相当忠于浪漫主义对不可逾越的"他性"的强烈的浪漫主义信仰，忠于狄尔泰学派提出的不同文化的有机"总体"。许多 20 世纪早期的历史学家，他们或是老练的或是平庸的，都信奉一种混合了赫尔德和狄尔泰观念的、激进的浪漫主义传统。在他们中间有一些可恶的德国民族主义作者，如张伯伦（Houston Stewart Chamberlain），他关于德意志"精神"独特性的观念成为纳粹一项重要的智识工具。张伯伦及其追随者的作品使浪漫主义传统在史册中声名狼藉。㉞ 但是在 20 世纪早期的浪漫主义中也有像斯宾格勒（Oswald Spengler）和阿尔弗雷德·韦伯（Alfred Weber）——马克斯·韦伯那个被不公平地遗忘了的兄弟——这样出色的文化历史学家。特别是斯宾格勒，他对人类历史进行了系统说明，这一说明假定不同的文明都遵循各自的起落循环，相互之间是不可理解的他者——如此难以理解的他者，因此，在斯宾格勒著名的主张中，甚至数学在一种文化中具有的意义也不同于另一种文化。对于斯宾格勒而言，文明间在本质层面上的交流联系是不可能的；不同文明倾向于经历的不是交流而是冲突。

㉜ 科勒的有代表性的早期作品 *Das Recht als Kulturerscheinung*: *Einleitung in die vergleichende Rechtswissenschaft*（Würzburg：Stahel，1885），能够公平地被描述为直接的赫尔德主义的方式。我认为他的后期著名作品的评价是公允的，*Shakespeare vor dem Forum der Jurisprudenz*，2d ed.（Leipzig：Walther Rothschild，1919）——倾向于人类的普遍性。人类的普遍性也是波斯特（Albert Hermann Post）的兴趣所在，*Grundriss der ethnologischen Jurisprudenz*（Oldenburg：Schulze，1894），2 vols.

㉝ 我在这里过于简单地忽略了两种心理学解释学，特别是弗洛伊德和文学解释学。

㉞ 见 Houston Stewart Chamberlain，*Die Grundlagen des neunzehnten Jahrhunderts*，13th ed.（Munich：Bruckmann，1919）。相关评论见 Geoffrey Field，*Evangelist of Race*：*The Germanic Vision of Houston Stewart Chamberlain*（New York：Columbia University Press，1981）。

事实上,人类历史就是文明冲突的历史:波斯人与希腊人的冲突、基督教世界与伊斯兰世界的冲突、西方与东方的冲突。㉟ 其他历史学家,像阿尔弗雷德·韦伯,发现了文明之间存在更大的交流空间,但是,他也认为"另一种"文化的根本差异性意味着人类历史的史实是不可避免的冲突史——尽管他认为真正的借鉴是这一充满冲突的人类历史始终如一的特征。㊱

但是,如果说 20 世纪早期的历史学家倾向于认为不同文化间不可通约的"他性"是既定的话,那么,社会学家和哲学家则并不这样认为。实际上,贯穿整个 20 世纪的、富有思想的揭示社会学和解释哲学都是以反对强大的新浪漫主义、狄尔泰主义对"他性"的立场为特征的。对大多数研究这一问题的最好的思想家而言,解释学传统的目标不是屈服于"他性",而是说明为何尽管存在他性,理解仍是可能的。

在社会学家中最重要的一位当然是韦伯兄弟中的哥哥,马克斯·韦伯。他深深地沉迷于新康德主义观念,坚持认为社会学应该成为他所谓的"理解社会学"(verstehende Soziologie),即关于理解的社会学(sociology of Verstehen),也即在古典解释意义上进行理解的社会学。但是他采取了一种冷静的态度对待"理解"(Verstehen)。他对新教解释学传统更神秘的信条没有什么兴趣。他没有谈及掌握难以言喻的社会总体的"精神"(Geist),他也未被其他文化是无法获知的他者的观念所困扰(事实上,他非常自信自己有能力理解几乎任何一个人类社会)。取代对这些浪漫主义难题的详述,韦伯寻求使用通过想象的理解这一技术去理解人类行为。正因为韦伯理解社会行为,他认为社会学的研究对象是有意义的社会行为。人类行为的意义产生于这一事实,即它们是在与其他人类行为的关系中得以执行的。理解社会学的任务是通过想象来理解相互关联的人类行为的意义。因此,理解一个投资者在预期了其他投资者会以特定的形式对自己的行为作出回应的情况下将如何在市场上进行投资,就成了社会学的任务。同样地,理解一个魅力型的倡议者在预期了

㉟ 见 Oswald Spengler, *Der Untergang des Abendlande*: *Umrisse einer Morphologie der Weltgeschichte* (Munich: C. H. Beck, 1980) [1923]. 也见 Alexander Demandt and John Farrenkopf (eds.), *Der Fall Spengler: Eine kritische Bilanz* (Cologne: Böhlau, 1994).

㊱ 见 Alfred Weber, *Ideen zur Staats-und Kultursoziologie* (Karlsruhe: Braun, 1927). 阿尔弗雷德·韦伯认为即使是基本上是外国人的公民在公民中的比例已经减少,他们的发现仍可能被他人借鉴,例如,数学是不断增加的穆斯林从不断减少的印度人中借鉴而来的,又在后来被不断增加的欧洲人从不断减少的穆斯林那里借鉴而来。

听众会以特定形式作出反应的情况下将如何行为,也成了社会学的任务。人类社会由大量复杂的相互关联的行为构成。每一种行为都能够通过对它的预期反应行为进行更深入的理解而得以"理解"。㊲

进而,在韦伯看来,人类行为总是可理解的,还因为存在如下理由:因为它总是展现同样的一般结构。人类行为总是有目的的(目的理性),总是与大部分的规范性共识相符合(价值理性),总是关注维系传统或者感情的以及原始的关系。人类追求和遵循的目标价值和传统以及他们经历的情感可能是无穷多样的。尽管如此,因为他们的行为总是符合相同的一般范畴,他们行为的一般结构总是能够被理解。我们能够理解其他人应该理性地追求一些目标,即使我们无法总是理解这是为什么。我们知道什么是有目的的行为,同时我们知道什么是遵循传统的行为,即使所讨论的目的和传统似乎对我们来说是奇怪的。因此,即使是在通常完全陌生的人类世界中,我们总是能够理解人类行为的结构。㊳

相类似的哲学家将解释学问题视为一个能够解决的问题,即他们并不是将"他性"和差异作为不可征服之物,而是作为哲学上的挑战。特别重要的是现象学传统,尤其是它以两个极具吸引力的德国哲学家——马克斯·舍勒(Max Scheler)和马丁·海德格尔为代表。考察他们对解释学问题的解决将使我们超越任何在此处是合理之物的界限。尽管如此,了解他们的言论相当重要。舍勒对理解他者问题的处理主要是围绕休谟的同情概念的关键变化。舍勒认为,我们能够通过认同获得对他人的理解,事实上是对一种准兽类的认同。㊴海德格尔对这一"解释学循环"问题进行的大量讨论中所应用的方法远非在此我所能说明的;但是值得注意的是,海德格尔的解决途径在许多方面都与韦伯相似:海德格尔过于关注理解行为的方式而不是担心如何理解人、文本和文化。对海德格尔而言,这似乎是相当清楚的,我们被赋予了一种前意识能力去理解有用的行为。㊵无论如何,不论舍勒还是海德格尔都拒绝相信"他性"意味着不可克服的相互之间的不可理解性。

㊲ 见 Max Weber, *Wirtschaft und Gesellschaft: Grundüge der verstehenden Soziologie*, 5th ed., vol. I (Tübingen: J. C. B. Mohr, 1976), pp. 1—16 [1922]。

㊳ *Id.*, pp. 12—13。

㊴ 见 Max Scheler, *Wesen und Formen der Sympathie*, 6th ed. (Bern: Francke, 1973) [1913]。

㊵ 至少,我也说明了难懂得出名的海德格尔在如下著作中的论述,Martin Heidegger, *Sein und Zeit*, 18th ed. (Tübingen: Max Niemeyer, 2001), pp. 142—60 [1927]。

即使那些谈论相互之间的不可理解性最多的哲学家——海德格尔的存在主义追随者——也并不试图将"他性"作为一个挫败所有哲学努力的问题。相反,特别是在萨特和其他人手中,存在主义哲学成功地作出了一个精确的论断:与不可知的"他者"的邂逅本身就是一种富有成效的活动。㊶ 正是努力对付他者的尝试——也即德国现象学者常常喜欢说的"他我"(Das andere Ich)——我们在很大程度上才能够定义和理解我们自身。

还有许多其他的哲学家值得一提。毕竟,"理解他者"这一基本的解释学问题支配了 20 世纪欧洲大陆的哲学。㊷ 不可避免的是,我几乎完全将它们忽略了。但是,至少提一下一个主要人物仍是非常重要的:汉斯-格奥尔格·伽达默尔(Hans-Georg Gadamer),广受赞誉的《真理与方法》(Wahrheit und Methode)一书的作者。伽达默尔也一直在这一前提下工作:"他性"问题是一个应该得到解决的问题。与海德格尔一样,伽达默尔将解释学对世界的解释理解为一种意图促进自由意志行动的解释。有趣的是,这一观点在他的长篇并富有启迪作用的对法解释学的讨论中得到了特别的澄清。对于伽达默尔来说,理解的目标并不只是了解某种东西、某种主张或者某种行为形式,而是应用某种东西、某种主张或者某种行为的形式。这一应用的过程包括了前理解(Vorverständnis),这一意义含混而且很难传播的概念。但伽达默尔从未认为前理解是不能传播的。相反,通过有意拒绝狄尔泰的主张即所有的理解必须是"总体"(total)的理解,他已经使解释学问题变得容易处理了。㊸

比较法如何了呢? 奇怪的是,我所提到的高度复杂精细的解释学传统长期以来几乎对比较法学家没有产生影响,即使比较法学家的确也是主要将眼光放在"他者"之上的学者。在这方面和其他方面一样,20 世纪比较法学家常常能够对方法论的自我反思保持一种不可思议的无知。事实上,总体来说在法律方面,我们必须等到 20 世纪 50 年代埃米利奥·贝蒂(Emilio Betti)的研究出现才能看到真正的解释学的强烈影响。㊹

㊶ 特别见 Jean-Paul Sartre, *Being and Nothingness*, transl, by Hazel Barnes (New York: Citadel, [1965]), pp. 361—430 I1943].

㊷ 在这些人中,如果不一一列举的话,最重要的要提到列维纳斯(Emmanuel Levinas)。

㊸ 见 Gadamer, *supra*, note 12, pp. 222—246.

㊹ 见 Emilio Betti, "*Zur Grundlegung einer allgemeinen Auslegungslehre*", in *Festschrift für Ernst Rabel*, vol. II (Tübingen: J. C. B. Mohr, 1954), pp. 79—168.

贝蒂的确将现代解释学引入大陆法律哲学。同时,他自己的研究反过来在德国引发了由赫尔穆特·科因(Helmut Coing)和卡尔·拉伦茨(Karl Larenz)领导的重要的解释学运动。[45] 伽达默尔的解释学也随后渗透到了美国的解释理论。虽然无法对每一个运动中的细节进行讨论,但有一个人是值得一提的,他就是德国的埃塞尔(Esser),是他作出了一项重要的努力在比较法中应用某些伽达默尔的教训。在他的著作《前理解与方法论》(Vorverständnis und Methodenwahl)[46]中,埃塞尔试图应用伽达默尔的"前理解"观念去分析法律,特别是分析司法判决的产生过程,认为存在大量的含混的和未经深思熟虑的前提假设左右着法官。同样的观点体现在他对法律程序的比较研究中——《原则与规范》(Grundsatz und Norm)。[47] 埃塞尔的主张受到社会学家罗特洛伊特纳(Hubert Rottleuthner)的猛烈攻击。他发现埃塞尔的前理解概念没有得到很好的界定。对于罗特洛伊特纳而言,埃塞尔的前理解概念总的来说就是一种古怪而又杂乱的大杂烩,这一大杂烩中所有的东西都以令人不快的不同方式成为"前"。[48] 罗特洛伊特纳的攻击可能已经对于限制埃塞尔在欧洲大陆的影响产生了作用。对于美国读者来说,埃塞尔著作中的大部分东西看起来可能类似于相当粗糙的法律现实主义。但是,正如下面我将会提到的,埃塞尔指出了通向一种相当具有现实价值的分析方式的路径。

最近,一些年轻学者,特别是在美国,已经重拾解释学一脉或者其他分支。以这样或那样的形式,这些努力大部分都是建立在如下观点基础上的,即理解一种法律体系与理解一种"文化"非常类似。主要处于狄尔泰传统中,新锐学者已经为自己设定了与文化人类学家和历史学家类似的任务。因此,他们总体上将重点主要放在其他法律体系的"他性"问题上,坚持认为比较法的特殊任务是分享不同法律传统间差异的深

---

[45] 见 Helmut Coing, *Die juristischen Auslegungsmethoden und die Lehren der allgemeinen Hermeneutik* (Cologne: Westdeutscher Verlag, 1959); Karl Larenz, *Methodenlehre der Rechtswissenschaft*, 6th ed. (Berlin: Springer, 1991). 也见 Monika Frommel, *Die Rezeption der Hermeneutik bei Karl Larenz und Josef Esser* (Ebelsbach: Rolf Gremer, 1981).

[46] Esser, *Vorverstäindnis*, *supra*, note 5.

[47] *Id.*, Grundsatz, *supra*, note 5.

[48] Hubert Rottleuthner, "Hermeneutik und Iurisprudenz", in Hans-Joachim Koch (ed.), *Juristische Methodenlehre und analytische Philosophie* (Kronberg: Athenäum, 1976), pp. 7—30, especially pp. 19—23. 另一种批评见 Hans-Joachim Koch, "Zur Rationalität richterlichen Handelns. J. Essers ' Vorverständnis und Methodenwahl in der Rechtsfindung'", Rechtstheorie, 1973, p. 183.

度——就像在文化科学中学者的任务就是鉴别不同文化间差异的深度一样。

可以确定地说,新近具有代表性的著述在处理法律体系间的"他性"问题的方式上的确存在不同。有些著述认为,"他性"意指一些接近于根本不可知的事物。因此,例如,诺拉·德默莱特勒(Nora Demleitner)在其令我们想起某种存在主义脉络的著作中,将外国法视为完全不可征服的他者,尽管她并不是将其作为一种失望的处方。正如许多存在主义一脉的著作中一直坚持的那样,她认为,在与"他者"的邂逅中我们形成了自己的认同,同时得出这样的结论,即比较法能够促进某种成功自我塑造。㊾

其他研究者并不发觉"他者"文化的不可知性会带来如此大的困难。相反,他们已经认为,比较法会牵涉到这些困难,但并不是不可能做到文化人类学者在采访地方知情者时所做到的差不多的事——学会像它的参与者理解它那样理解一个既定的外国法律传统。因此,对于维维安·柯伦(Vivian Curran)来说,比较法的任务仍然基本上是在狄尔泰的哲学中发展出来并被他的许多在文化科学领域中的弟子所追捧的古典解释学:将自身"沉浸"入作为外国体系第一性的直接经验中,以发展出对其精神的掌握(至少是部分直觉的掌握)。㊿ 与此相似的是,皮埃尔·勒格朗(他的论文通常是异常的复杂细致且非常具有影响力)的比较法成果中包含了某种伽达默尔主义和海德格尔主义的东西。对勒格朗而言,正如对埃塞尔那样,这涉及对前理解的了解,即那些存在于外国法律实践背后的理所当然的知识。如伽达默尔或者海德格尔一样,勒格朗根本未将这一任务当成不可能,而仅仅是作为一种艰巨的任务。不过,看起来这样说是公平的,即勒格朗将重点放在差异上,正如他对"他性特权"的必要性的关注一样。㊽ 根据勒格朗的纯粹狄尔泰主义口号:"法律"是"文化",而文化是各不相同的。㊾

威廉·埃瓦尔德采取了不同的立场。可以推测的是,他所持的立场与其说是对伽达默尔思想的反思,不如说是对哈特思想的反思。对于埃瓦尔德而言,正确地从事比较法工作,包括获得外国体系的"内部"视

㊾ 见 Demleitner, *supra*, note 3.

㊿ Curran, *supra*, note 3.

㊽ Legrand, "Impossibility", *supra*, note 2, p.124.

㊾ 见 *id.*, *Fragments*, *supra*, note 2, *passim*.

角,像体系中的参与者那样理解它的前提假设。正如埃瓦尔德指出的:"如果一个人的目标是去理解存在于外国法体系背后的观念(我认为最后这将成为比较法的目标),那么社会学数据和律法文本之类的东西将无法完成我们想要的,即从内部理解外国法律人所应用的、自觉的理性、原则和观念。"[53]正如埃瓦尔德所揭示的:寻找"内部"视角当然需要对外国法律人的心理状态可能会如何不同有足够的鉴别。埃瓦尔德的著名论述事实正是始于对"他者"的阐述:16世纪早期对欧坦地区的老鼠们的控诉以及出色的文艺复兴法学家巴塞洛·沙斯尼为它们的辩护。埃瓦尔德向读者发出了挑战,即要努力地去理解这一过程如何可能发生,并且他认为比较法的独有的作用应该是使学者们理解能够引发老鼠审判之类活动的、潜在的世界观——采用沙斯尼和他的同时代人所适用的内部视角。回到现代法,他认为,努力去掌握内部视角仍然是必须的,即使当我们面对更现代、更少差异的法律传统。特别是,他试图表明,现代德国法完全渗透着源自赫尔德哲学特别是康德哲学的价值观。德国法无法被那些不了解这些哲学背景的人所理解。[54]

尽管如此,如果埃瓦尔德正如许多他的同时代人一样关注"差异",那么认识到他的方法是与众不同是非常重要的。事实上,埃瓦尔德对狄尔泰的方向过于谦卑服从了。[55]尽管,后来他更多的站在赫尔德的传统立场上而不是解释学这一宏大的传统中。他指出,他的兴趣在于"自觉的理性和原则",相对而言,他对寻求外国法律人认为理所当然的、未阐明的前理解并不那么感兴趣。就这点而言,埃瓦尔德的方法类似于日耳曼法学派或耶林的方法。正像这些19世纪的前辈一样,埃瓦尔德想对型构外国法律体系且在本质上已经被此体系的参与者所认可的基本价值观进行合理的阐释。而且,正像这些19世纪的前辈一样,埃瓦尔德相信,做到这一点最好的办法就是理解这些价值的历史发展。人们所需要培养的"内部"视角,不可避免的是历史形成的。内部视角随着时间的推移而得以发展,这意味着比较法在很大程度上必定是一种法律史,与掌握外国法律体系的"内在"历史相关。

---

[53] Ewald, *supra*, note 13, pp. 555—556.

[54] *Id.*, note 1, pp. 1990—2045.

[55] *Id.*, note 13, p. 556.

II

新浪漫主义方法扩散到比较法,不论是在赫尔德传统中还是在狄尔泰传统中,都是令人激动的但却都姗姗来迟。当然,我同意,好的比较法应该始于掌握"内部"视角。当然,我也同意,我们必须掌握那些形成和促进外国法律人活动的前理解。而且,我也相信,这两种方法都能够大大推进这一曾经相当低水平的研究。但我并不认为,"内部"视角或是对前理解的追求就足够了。我的推理在很大程度上与我目前的研究相关,我很愿意对我的研究作简要的说明,以便澄清我提出反对的理由。

我最近的研究涉及人格尊严法。在这方面,美国和欧洲大陆差异相当巨大。欧洲大陆法视"人格尊严"和"个人荣誉"为基本价值。在美国法中则相反,同样的价值是微不足道的角色。这种差异在相当广泛的主题下再三呈现,从刑法到民法再到宪法,不论是在众所周知的问题上还是在鲜为人知的问题上,都是如此。在许多众所周知的例子中,许多都涉及"人格尊严"、"人类尊严"等变体。这些也包括一些敏感问题:例如,欧洲人谴责死刑是侵犯人类尊严的,但美国人对此却不大理解,至少大多数美国人对此不理解。生物伦理学是另外一个熟悉的例子。举一个最具说服力的例子,新的法国生物伦理法严格限制任何可能导向人体组成部分和分泌物商品化的行为。这一规定建立在这样的认识基础上,即对任何否认人之身体完整的最高价值的诱惑的让步将会破坏对人类尊严的社会承诺。㊱ 尽管人格尊严的理解差异已经超出我们所熟知的争议的范围。在刑罚领域,美国和欧洲已经发展出完全不同的路径。在美国,最近三十年来,监禁刑期已经变得越来越长,对毒品犯罪和其他道德犯罪的惩罚已经变得更加严酷,监狱环境已经继续下降成为纯粹的地狱,刑事责任已经被扩大到未成年人甚至六七岁的孩子,传统的耻辱刑已经被再次引入。在欧洲,在这同样的三十年左右,监禁刑期已经变得越来越短,道德犯罪已经被大规模地除刑化,监狱环境已经成为正在进行的改革立法的对象——所有的举措都是以"人类尊严"的名义进行

㊱ See *loi* no. 94—653 of 29 July 1994, D. 1994. L. 406 and *loi* no. 94—654 of 29 July 1994, D. 1994. L.409. 关于 Noëlle 法官提供的关于这方面的法律和论证理由请见"France Weighs Restrictive Biomedical Science Law", *The Boston Globe*, 23 October 1993, p. 6.

的。(57) 在隐私权法方面也是如此,欧洲大陆和美国的差异明显,并呈逐步扩大的趋势。以尊严的名义,欧洲大陆已经雄心勃勃地尝试去保证:个人能够控制对其姓名及其肖像的所有使用和形式。(58) 在美国,上面的情况并没有发生。在性骚扰方面的法律中,这一法律现在已逐渐传播至欧洲,相同的差异也能够再次被发现:人格尊严作为一种应受保护的价值在美国性骚扰的法律中几乎没有什么进展,相比之下,欧洲性骚扰法律所包含的内容恰恰是围绕人格尊严运转的。这种差异还有更多,尤其是在超国家层面,存在欧洲人权法院和一系列围绕欧洲人权公约的条约文件。这些已经在当今世界人格权法形成的过程中成为主导力量。欧洲在这方面有大量的规则和规范与美国主流的规则和规范相当不同。

欧洲大陆与美国是有所差异的,这种差异的表现方式使得我们熟知的主张:所有现代法律体系正日益趋同,已经毫无意义。为什么是这样?为什么一方面欧洲人有如此多的"尊严",至少以欧洲标准来说,美国人的却如此之少?

欧洲法律人通常会对这一问题给出这样的答案——一种"内部"视角这个答案乍一看似乎有理而且很吸引人。但这一答案必须考虑人类尊严概念,特别是,这一答案以这样的形式出现,即声称"人格尊严"在欧洲是作为反法西斯的一部分而建立的。尤其是纳粹被称为对人类尊严的全盘侵犯。一旦通过同盟国至上的力量、在某些方面只是通过运气而战胜了它们和其他法西斯运动,法律人就认识到了需要在稳固的法律
331 基础上建立人权和人格尊严价值。接下来50年后法西斯时代的努力,以我们今天所看到的人格尊严法文化而告终,这种文化认可了康德主义和更广泛的基督教的价值观。(59) 这一论断表现出有趣的方面,但某种程度上是令人痛苦的涵义:美国人正在承受因他们没有经历过法西斯主义而产生痛苦。因为从来不了解法西斯主义,美国人也就从未认识到认同人格尊严的价值。

但是,这种欧洲人经常重复的"内部"观点是真实的吗?任何与法律人共事过的人都知道,他们关于自身体系的历史的阐述很少是正确的。而且,任何到过德国或法国的人都知道,"人格尊严"的欧洲文化渊

(57) 这是我下面作品中研究的主题, *Harsh Justice: Criminal Punishment and the Widening Divide Between America and Europe* (New York: Oxford University Press, 2003).

(58) 关于最近的比较,见 Basil S. Markesinis (ed.), Protecting Privacy (Oxford: Oxford University Press, 1999).

(59) 见 Whitman, *supra*, note 14, pp. 1283—1284.

源早于1945年,而且"人格尊严"常常以和康德似乎无关的方式被人想起。欧洲人对于他们自己的体系的认识存在某种错误,这不可能吗?

事实上,正如我试图在我最近的研究中表明的,他们是错的。[60] 从"内部"视角对欧洲人格尊严法的阐述不仅严重不完整而且还极具误导性。进而,理解"内部"阐述的不足能够帮助我们理解为什么比较法不应该像是对文化人类学的一些模仿——为什么简单地对当地的知情者进行访谈不是我们的任务。[61]

就事实而言,欧洲尊重人格尊严的传统远远早于1945年,它在法西斯时期所获得的发展的作用是复杂的和不明确的。"人格尊严"正如今天在欧洲所受到的保护一样,主要发源于对"个人荣誉"进行保护的传统,特别是保护贵族和身份显赫的个人的荣誉的传统。举一个重要的例子,这就是我们能够在人格尊严问题的历史学和社会学中看到的,法律,特别是关于敌视性言论方面的法律中强调了人际之间的尊重,这一问题在今天的美国引发了激烈的讨论。许多美国人已经提议对一些类型的敌视性言论进行规制,提议立法保护少数族裔免受侮辱性和无礼言论的侵害。而且许多提议规制敌视性言论的倡议者已经将眼光投向国外,向欧洲,特别是德国模式投去羡慕的眼光。在德国的确存在禁止敌视言论的法律——法律不仅禁止煽动公众敌对情绪(*Volksverhetung*),而且禁止侮辱行为(*Beleidigung*)。真的想要理解这一法律,我们就必须了解大量与敌视言论无关的问题。德国的禁止敌视言论方面的法律,正如我试图揭示的,是围绕刑法中的"侮辱"的法律文化产物的。关于侮辱的刑法条文意图保护所有德国人的"个人荣誉",不仅仅是少数人,这属于生动的有时又是滑稽的日常文化,在这种文化中被侮辱的德国人肯定是刑事犯罪的受害人。正是"尊重"和"个人荣誉"的概念型构了今天的法律和反侮辱文化,转而这两种观念深深植根于德国社会和德国社会历史。特别是关于侮辱的法律,正如今天存在的那样,具有贵族的渊源。参与有关侮辱诉讼的德国人都展现出对自己的"荣誉"的敏感,这很容易使人联想到18世纪和19世纪中贵族决斗者的世界。事实上,反侮辱的法律,正如它存在于现代德国那样,是一种活化石,它可以追溯到前现代时期,在这一时期德国法关注于维系社会等级和服从的复杂准则。目前适用于所有德国人的有关侮辱的法律,在曾经的时代只适用于某些社会上

---

[60] 在随后的内容中,我大致概括了现有的研究,*id.*, note 14.
[61] 这是某种谨慎的文化人类学者当然能够充分理解的,见 Riles, *supra*, note 4, p.73.

层人士。进而,足够显著地表明,当代有关侮辱的法律的实质相当程度上产生于古老的决斗实践。我们今天总体上看到的、法律上可辨别的"侮辱"源于对决斗贵族的侮辱。这些有关侮辱的法律在前现代社会等级中的根源在今天德国的"内部"视角的法学著述中几乎没有被提及。但是,这对于理解如下问题是相当重要的:除了我们能在美国类似法律中找到的任何要素之外,是什么奠定了德国这种突出的关于侮辱的法律文化。在最后的分析中,在这方面,德国与美国不同的不是美国没有经历法西斯主义,而是美国法律没有保护"个人荣誉"的强烈传统。

更进一步讲,在人格尊严法这方面的故事中,法西斯的角色是非常令人吃惊的复杂。对为底层德国人主张"个人荣誉"的批评的增加,一定程度上是发生在纳粹时期。尽管关于"荣誉"的广泛社会扩展的观念在20世纪早期得以流传,尽管在希特勒之前,德国法理学的确已经开始了缓慢的变革过程,但是,是纳粹掌握权力才引发了根本性的变革。是纳粹运动强烈坚持"荣誉"应该被作为德国法律的基础,这延伸出了如下在法律上可执行的主张:尊重德国各个阶层的人——至少是纳粹所定义的"德国人"。事实上,非常具有讽刺意味的是,正是纳粹为今天用于保护犹太人的关于群体侮辱的法律奠定了大部分的基础。

这一历史并非我们的德国本土信息提供者所叙述的那样。但是,它已经在德国关于敌视言论方面的法律中留下了真实的印记,而且在许多方面仍然正受到关于个人荣誉的传统观念的影响,事实上是被这一观念所包围,正如德国社会仍然被关于个人荣誉的传统观念所包围那样。我已经在其他地方进行了详尽的阐述,这里简单阐述一下在美国人眼中的德国敌视言论法在许多方面都是完全不充分的,而且它的不充分已经与这一事实有许多关联,即从其实质及其世界观来看,仍是对前现代决斗法律的老调重弹。

相似的故事在其他欧洲人格尊严制度中也能够被发现。例如,关于监狱环境的法律,其中适用于原来的社会上层的监禁形式已经被扩展至适用于所有的欧洲囚犯;在隐私权法方面,原来适用于少数社会上层的保护制度现在逐渐扩大到北欧国家的所有公民;在社会福利方面,比如德国工人享有"地中海假期"的有效权利也是如此。事实上,并非每一种欧洲人格尊严法都显示出相同的模式,但仍有许多都是相同的。正是这种形成人格尊严的深厚的社会历史背景在欧洲与在美国是不同的。在现代欧洲人格尊严法律文化的背后是长期的等级传统历史。现在以"人类尊严"受到保护的,曾经是以"个人荣誉"而受到保护的贵族特权;

更特别的是现在被保护的所有人拥有的"尊严"曾经作为贵族以及其他社会精英阶层成员的"个人荣誉"而受到保护。总而言之,我们可以说,欧洲大陆的法律文化已经经历了我所谓的"上升"时期。在这些社会中,虽然对等级社会的文化记忆是强烈持久的,因而对现代平等主义的信奉就是对这一观点的信奉,即所有人都应该站在社会等级的最高层。平等主义在诸如德国和法国这样的国家是一种宣称:"我们现在都是贵族"的平等主义;而且事实上,已经成为一种被人格尊严规范广泛概括的平等主义。而美国的平等主义则相反,是一种"下降"的平等主义,是一种宣称"不再有贵族"的平等主义,我们都一起站在社会阶梯的最低层。由此产生的是一种属于社会最底层的平等主义,它经常被证明是一种缺乏法律保护人格尊严的承诺的平等主义。

III

现在为了更好地理解这些,我认为排他地采取"内部"观点的观念产生的危险是很清楚的。如果我们认为比较法似乎应该使用文化人类学家的采访当地知情人这一技术的话,我们能理解多少欧洲人格尊严法呢?只能是部分决不是全部。对于充分理解欧洲人格尊严法中正在发生的内容,采访当地知情者是一种非常不充分的方法。参与者自身并不理解他们的体系从何而来,也不理解它为何采取这样的形式。

事实上,"地方知情者"告诉我们的关于某一法律体系的任何事情都具有一种固有的偏见。这一法律体系中的参与者通常是糟糕的信息提供者。事实的确是这样,我们能过从上文所举的例子中清楚地发现其原因。法律体系是规范的体系,身处其中的任何人总是倾向于给出一种能够将其实践正当化的阐释(有时是为了谴责实践)。事实上,正如罗纳德·德沃金所阐释的,法学家的典型做法是力图去构建他们所能提供的、有关他们体系的最具规范性吸引力的阐释。[62] 我们看到的欧洲法学家在将他们的人格尊严传统重构为"反法西斯"传统的过程中所作出的努力,正是一种规范性努力的变体。事实上,如下情形几乎是不可能的:我们的信息提供者能够采用尼采哲学的立场,从而使他们能在非规范性描述所需要的冷漠视角下观察他们的实践。欧洲法律人真的感到需要

---

[62] 见 Ronald Dworkin, *Law's Empire* (Cambridge, Mass: Harvard University Press 1986), pp. 400—413.

讨论反法西斯主义斗争以正当化他们的活动,以捕捉他们自己理想中的正义感,以将他们的法律排列在类似道德世界的摩尼教图画的善的一边。

从一种规范的观点来看,这绝对没什么错。欧洲法律人在反法西斯主义的旗帜下所做的是相当出色和值得称赞的;在任何一种情况下,法律体系不能在不具备这种正当性的情况下运转。进而,从描述性的观点来看,对反法西斯运动的核心的欧洲信仰———一种内部视角——是不可或缺的,如果带有偏爱色彩的话,这则是重要的。这种"内部"视角在研究欧洲人格尊严法中发挥了基础性功能。法律体系是建立在规范性信念基础上的,这些信念是行动的指南。对任何体系(不仅仅是一个具有"内部"正当化信仰的体系)的描述因此从来不可能是充分的。在这一意义上,埃瓦尔德完全是正确的。

然而,仍然有更多的东西需要理解,除了理解他们自己对激发他们的法律推理并将其正当化的事物所作的阐述外,欧洲法律人还从事什么。冷酷的尼采哲学可以为我们提供很多,特别是,如果我们想要发展一种对外国体系的充分理解,这种理解将会为有思想的比较法分析提供更多机会。不论他们自身是否承认,欧洲法律人的思想及当然的假设的刺激——通过前理解伽达默尔这一著名的德国术语——这个他们还没有将其作为规范的正当性进行清晰说明的术语。当然,诸如"前理解"这样的术语是我们应该怀疑性地和谨慎地使用的术语。正如罗特洛伊特纳(Rottleuthner)的敏锐批评,以前缀"pre-"开始的词语的使用通常是一种含混思想的开始。然而,比较人格尊严法的例子显示,事实上在我们关于哪种法律规则具有正当性的含混前提假设中存在深深的文化差异。典型的德国和法国法律文化参与者都认为这理所当然,即人们应被赋予某种程度的对其"个人荣誉"的尊重。经过许多世代的发展,这种当然的前提假设已经在欧洲大陆与美国法律之间激发了某种显著的比较差异。德国工人受到法律保护,工作中不受侮辱;美国工人则没有这种保护。性骚扰的法律不论是在德国还是法国都力图保证人际之间的尊重,而在美国则不是这样。而且这种差异一直存在。只有我们理解了欧洲法律人自身没有自觉"理解"的问题,这些差异才能够被理解。

相应地,我们作为比较法学家的工作不得不包括比掌握埃瓦尔德的"内部"视角更多的东西。事实上,"内部"视角相当于一种美国被称为"律师事务所历史"的阐述:这些阐述不能令人信服且大多数是辉格党主义的,它们远远低于任何一个谨慎的历史学家应该接受的阐述标准。

即使"内部"视角被证明是有效的,它仍然会产生误导。德沃金是对的,"内部"视角总是表现为一种规范性美化的努力,一种提升和重构法律原则的努力。并且,如果德沃金是对的,那么埃瓦尔德在最后的分析中就是错的。我们必须以"内部"视角开始,但是如果我们只是停留于此,我们将会以描述性比较法学家的身份作出糟糕的工作。充分描述一个外国法体系意味着不仅仅要考察其明确的规范性信仰,也包括未阐明的前提假设。事实上,揭示在未阐明的前提假设中的差异通常会成为一个比较法学家能够做的最有启迪性、最令人愉悦的工作。

IV

因此,我同意埃塞尔和勒格朗的意见,即我们应该调查研究那些法律背后未阐明的、被认为理所当然的假设——"前理解"。同时,请允许我作出这个武断的判断,我也同意罗特洛伊特纳的观点,即我们需要非常小心地使用"前理解"这类概念。此类概念是危险的,正如伽达默尔自己所尽力强调的,除非特别小心,否则,我们常常会发现自己已经陷入了无路可走的学术迷途。当我们开始讨论前理解之时,事实上,我们冒险蹒跚进入了浪漫主义丛林更加混乱的黑暗之中。特别是,我们必须避免许多过分的浪漫主义倾向:(1)当我们肯定想要掌握各种前理解时,然而,一定不要假定理解外国法律实践的唯一途径是通过理解其背后的"前理解"。(2)我们不必屈从于通俗的海德格尔式的错误,认为法律参与者在某种程度上不可改变地根植于由他们的前理解所构成的"文化"。(3)特别是,我们一定不要假设,这种实践是如此根深蒂固从而是无法被移植的。在此程度上,勒格朗和其他学者认为如果不避免上述倾向,它们则会有误导我们的威胁。我想通过特别关注我最近研究中的一个例子来说明上述三点:关于性骚扰法律传入欧洲大陆的例子。

首先,即便我们尚未充分研究所有构成和激发法律实践的前理解和所有潜在的敏感性,讨论对法律实践的"理解"也不是毫无意义的。这首先是因为(对韦伯和伽达默尔的重复)我们试图去"理解"的不是总体的文化——这是不可能理解的,而是人类的行为——一个不那么令人却步的工作。其次是因为法律实践就相当于一种特殊的人类行为:它们相当于决定人们命运的行为,正如我所指出的那样,这种行为可以通过特殊的方式而获得同情之理解。

"法律"是人类行为的一种形式。进而,在韦伯的术语中通常是"理性”行为。韦伯的用以描述理性行为的方案存在某种众所周知的缺点，在这里我不想重复。出于我的目的，应用韦伯的有用的术语就足够了。法律实践有时被理解为目的理性（*Zweckrational*）的行为——计划获得一种适当的结果。当美国法律家提到他们的商业票据法意图保证“交易安全”时，他们是在目的理性的（*Zweckrational*）意义上使用的。有时，法律实践被理解为价值理性的（*wertrational*）是有帮助的，作为意图忠诚地维系某种规范性的理想。当美国法律人认为肯定性行动计划（affirmative-action programmes）*不可接受地破坏了法律面前人人平等的理想，他们是在价值理性的（*wertrational*）的意义上讨论问题。与其他理性行为类似，法律实践具有一种结构，使它们在原则上总是可以被理解的。我们能够掌握意图产生特定结果或者意图维系某种规范性理想的完整性的行为形式的结构，这是人类环境的一个特征——海德格尔的认识与韦伯相同。

即使是对属于“根本”不同的社会的法律而言也是真实的。因此，我们可能发现沙斯尼对欧坦地区（Autun）的老鼠的辩护非常的怪诞**，但是，我们认识到我们曾经致力于某种有目的的活动，在此意义上，我们理解了他行为的结构。事实上，事实上，埃瓦尔德的讨论出自这样的假定，即沙斯尼的行为必定具有某种目标。对于其他奇异的例子也是一样，如在古印度哲学的弥曼差（*mimansa*）***推理中发展并在罗伯特·兰加（Robert Lingat）的古代印度法一书中所描述的，解释性的“黑豆规则”。这一规则和相似的解释性规则显然意图维系对吠陀祭祀仪式的规范性权威的服从。(63) 我们可以发现，意图维系祭祀仪式的权威的法律
338 实践的观点非常奇怪。然而一旦我们接受了这种奇怪的观点——某些法律规则可能意在维系吠陀经的权威——我们就能够领会印度弥曼差

---

* 是指美国政府20世纪60年代中期以来实施的针对黑人及其他少数民族的补偿性计划。——译者注

** 16世纪法国勃艮第地区欧坦地方当局曾任命律师沙斯尼为偷吃当地庄稼的老鼠进行辩护。沙斯尼运用了一系列程序手段为他的老鼠客户辩护，如声明他的客户由于法院周围猫太多无法到庭而必须休庭。——译者注

*** 梵语“弥曼差”有思维考察和研究的意思。弥曼差哲学，是印度正统哲学六派之一，研究婆罗门教仪的教义，阐扬吠陀思想的宗教哲学。创新“声常住论”，认为《吠陀经》的文字语言，除了“语意”以外，它的文字“语性”也是永恒的，包括字音也有神秘的力量，有至高的权威。——译者注

(63) Robert Lingat, *The Classical Law of India*, ed. and transl, by J. Duncan M. Derrett (Berkeley: University of California Press, 1973), p. 151.

法学家的推理。我们能够领会他们推理的进路,即便我们仍苦苦思索他们为什么想要以那样的方式进行推理这一问题。

欧洲对美国性骚扰法律的理解也是如此。美国性骚扰的法律意图保护一种实质利益,而不是一种人格尊严利益。特别是,它维护女性事业发展的权利和经济收入的权利,这与欧洲理解相当不同。在我的经验中,欧洲人发现甚至很难理解美国性骚扰法原来有这样一个目的——如果他们不是觉得它像审判老鼠那样怪诞,他们仍然会发现它是相当的奇怪。欧洲人仅仅当然地认为任何性骚扰法律都必须围绕女性人格尊严的权利来考虑问题。然而,他们的确理解我们可以将美国性骚扰法律的"结构"作为一种行为的范例。他们理解,这是有目的的保护,它界定了一个阶层,并意图保护其免受某种侵害。

他们理解其他的东西,与非常重要的事实有关,即法律决定了人们的命运。当我们见证外国法律行为时,总有许多我们无法掌握。但是,典型的是我们能够了解到有些人的命运正处于危险之中,这一事实使甚至最"外国"的法律也能够被外部观察者所了解。以女性结扎为例,这一在外国法和比较法的著述中被激烈讨论的话题,特别是诺拉·德默莱特勒已经借此为她的比较法方法论的观点打下了基础。[64] 一方面,女性结扎是相当"外国"的做法。大多数西方人发现很难对激发这一做法的规范性信念形成任何同情之理解;事实上,对我们来说很少有能比女性结扎看上去在规范性上更奇怪的了。另一方面,尽管很奇怪,我们绝对不怀疑我们能够理解女性结扎行为。我们看到,一个年轻女性的命运被(错误地)决定了。事实上,我们对自己的理解如此自信,即使这个年轻女性本人并不反对,我们仍毫不怀疑地准备说,她并不"真正"理解这事实上究竟意味着什么。

为何我们如此自信于对这种行为的理解能力?我认为,这是因为它们代表了关于人们命运的决定,我们总是对那些命运被决定了的人表现出一种同情之认同。这里,我运用了瓦尔特·布尔克特(Walter Burkert)和伯纳德·威廉斯(Bernard Williams)的哲学,他们强调我们对弱者命运的同情。[65] 在舍勒的哲学中也是如此,他认为理解依赖于对其他人的认

---

[64] 见 Demleitner, *supra*, note 3.

[65] 见 Walter Burkert, "Greek Tragedy and Sacrificial Ritual", (1966) 7 Greek, Roman & Byzantine Stud. 87; Bernard Williams, *Shame and Necessity* (Berkeley: University of California Press, 1993).

同。(66) 我们将自己置于那些我们眼见其命运被决定的人的角色之中，这象征着了一种非常重要的理解形式。正在被讨论的命运可能是萨福克勒斯（Sophocles）的俄狄普斯（Oedipus）的命运。对于每一个人类观察者而言，任一关于人的命运的决定都具有规范性的本质。我们总是问：他的命运被正确地决定了吗？由于我们的规范性思考总是被任何法律决定所引发，我们总是有这样的认识，我们能够理解任何法律行为，无论是奇怪的行为。法律行为触发了那些我们可能称之为“规范的同情的理解”。在一个特定的法律行为中，不管其他可能无法被理解的是什么，我们总是觉得自己有能力认同它的“受害者”。

这种同情之理解也在美国性骚扰法律中展现给欧洲观察者：他们可能无法完全了解美国法律“为什么”如此，但是他们能够理解性骚扰行为“受害者”的命运被决定的过程——尽管事实上，他们（像美国人那样）通常将被告而不是原告视为“受害者”。

这种规范性的同情之理解当然不是我们可能拥有或者寻找的唯一理解形式。事实上，这是一种相当不充分的理解：那些花费所有时间去同情由外国法律决定的受害者的命运的人只能是相当拙劣的比较法学家。然而，我们总是同情外国法中的受害者，这一事实告诉我们关于人类世界中的法律多样性的本质的一些重要方面。人类法律秩序中的差异是巨大而复杂的。当然，试图将所有这些法律秩序简化为任何一套单
340 一的自然法规则都将是严重的错误。然而，如果世界上不存在一套单一的自然法规则，则将会处于这样一种情形：规范性的法律秩序普遍地致力于处理一系列相同的但相对狭隘的困境。法律大体上总是与关于命运的决定相联系：谁应该死，谁应该获益，谁应该服从于谁的权威。我们可以发现一个特定外国法律体系的规范正当性和默示的前理解是多么的奇怪，然而，我们通常能够认同利益受到威胁的当事人所处的困境，尽管我们也经常在这些困境如何解决方面有我们自己的规范性观点。这也是有意义的理解形式。

现在，法律参与者是如何不可转变地根植于他们的前理解所创造的世界中？我们必须警惕，否则很容易滑向可疑的信念，即人们从来不可能摆脱他们的前理解。致力于浪漫主义传统的学者长期以来就有一种倾向，认为他们的工作任务就是“理解”仍然依附于本土文化观念的人们的文化。人们依附于本土文化观念的方式就是为19世纪早期的浪漫主义所

(66) 见 Scheler, *supra*, note 39.

钟爱的农民应该依附于他们的传统的方式。然而,假定外国法律人无法确定会以不同的方式来看待他们的体系是错误的。农民甚至都能够被劝说以不同于他们先辈的方式看待他们的世界,那么律师也能做到这一点。

事实上,法律在某种方式上特别容易受到"理解"的影响。这是因为它再次强调了比较法与文化人类学是多么的不同。在法律中,当我们描述前理解时,我们改变了它们——同时,事实上,我们经常意图改变它们。处于自然的和未经审视的形式中的前理解是未阐明的。事实上,它的本质是未阐明的和默示的。然而,当我们在描述前理解时,我们的目的就是阐明它。但是,阐明法律的前理解就是改变它的本质,因为不可避免地会使其屈服于阐明规范性评论的过程。在法律中得以**表达**的观念就必定不可避免地会成为讨论和辩护的对象。

这可能听起来像胡说的后现代主张,但是它却一直会发生。女性法律地位的改变是最好的例子,当然,性骚扰法律的出现也是最好的例子。在最近三四十年,曾被西方社会关于妇女的地位和权利的默示假定已经发生了大规模的联合。这些假定的联合使关于妇女地位的问题提上了规范性的议程,可以说:它已经将过去关于未阐明的前理解的问题转变成一种主张,这一主张在阐述西方法律体系的正当化推理时被公开和积极地讨论了。这并不意味着所有的西方法律体系都正趋向于相同的规范性答案,他们当然也不会这样。它真正意味的是所有这些法律体系的本质和动态已经变得开始粗略地考虑相同的规范性问题。

比较法学家忙于阐明前理解,他们因此而扬言要改变它并且要改变规范性争论中术语。事实上,只有法律人希望、期待或害怕有人会改变它们的时候,他们才会详细解释他们所持的默示的前理解,因为法律人与阅读关于他们的文字,并且(至少有时)他们会因此而改变自己的想法。在欧洲的性骚扰法(还是使用我的例子)中再次证明的确是如此。鉴于我们已经阐明欧洲性骚扰法的观念依赖于那些关于妇女人格尊严的、未经充分考虑的假定,我们不可避免地将这些假定至于规范性的批评之下。这就是苏珊娜·贝尔(Susanne Baer)那本重要的书《尊严或是平等》(*Würde oder Gleichheit?*)的目的,这本书是关于美国和德国假定的比较研究,它意图成为对任何尊严本位的性骚扰法律的一个批判性研究。⑥⑦

---

⑥⑦ Susanne Baer. *Würde oder Gleichhei? Zur anggmessengn grundrrechtichen Konzetion von Rechr gegen Diskriminierung am Beispiel sexueller Belastigung am Arbeitsplatz in der Bundesrepublik Deutschland und den USA* (Baden-Baden: Nomos. 1995).

这也将比较法研究从文化人类学研究中充分区别出来。文化人类学家从不意图改变他们的研究对象的前理解。他们的目的在于记载他们所研究的文化,同时他们假定如果改变这些文化,他们就是在以某种根本的方式腐蚀或破坏它们。文化人类学家研究的"文化"必须在一些根本的方面保持不受描述行为的影响,否则它们将会消灭。这就是人类学家致力于"挽救人种学"的原因。然而,比较法学家事实则不做这项工作,相应地,如果说他们正在"挽救比较法"则会显得奇怪。这是一个很重要的征兆,它意示着在我们新近的一些著述中所提及的方面法律并不是文化——可能尤其是在勒格朗的著述中所提及的方面。

最后,我们必须小心避免滑向错误,即相信法律实践植根于它们的"文化"因此它们从来不可能被移植。这个观念对埃瓦尔德和勒格朗具有特别的吸引力,他们都对沃森发起了颇有见地的抨击,而后者是"法律移植推动法律发展"这一观念的首要辩护者。[68] 这些批评进行了适当地评论,在这里我不想怀疑。这些抨击应该得到公正的评论,但是我不想在此进行争论。尽管沃森的许多理论性陈述会经常存在细微的差别,但是他的研究的具体内容经常意指法律规则,尤其是源自于罗马法传统的法律规则,能够比成功地移植,而且比人们已经认为的成功程度还要成功。但是,在不断加深对法律制度的"移植"的怀疑的同时,我们在冒险忽略一个毫无疑问是根本性的重要问题:法律体系的确容许跨文化的讨论和变革。事实上,它们一直在经历跨文化的变革。

这正是我们通过性骚扰法传播到北欧的例子能够再次阐明的观点。性骚扰法律已经通过西欧从声望很高的美国法律秩序中被借鉴到欧洲。这的确是当代比较法最有趣的发展之一。尽管正如我们所看到的,"借鉴"产生了一部与美国模式相当不同的性骚扰法。可以预想到的是,新的欧洲性骚扰法关注人格尊严利益而美国的性骚扰法对此则不关注。经这一借鉴过程当作"移植"充其量是迷惑人的,因为"移植"这一隐喻意味着我们看到的是生长在不同的土地上的同一株"植物"。然而,这一株植物自身被转变的程度已经超过了这一隐喻所能表达的程度。

然而,某种借鉴必定会发生,我们需要对正在发生的事作出一些阐述。这样的阐述在一定程度上必定会成为对文化声望的阐述、对使欧洲人想要采用美国法律的具体方面的起因的阐述。但是,我想强调的是它

---

[68] See William Ewald, "*The American Revolution and the Evolution of Law*", (1994) 42 Am. J. Comp. L. 1701; Legrand, "Impossibility", *supra*, note 2.

很大程度上必定会成为对美国性骚扰法的规范性特征的说明。美国性骚扰法具有一个明确的规范性主张：女性在某些日常情形下遭受了错误的对待。正如所有明确的规范性主张那样，它往往会引发争论和反思。事实上，它属于关于我们对这个世界的经验的现象学：我们不能在面对一个明确的规范性立场时而不对其作出反应；我们可能会接受它，或者我们可能会挑战它，但是，我们总是觉得我们必须作出反应。欧洲人在面对美国性骚扰法所呈现的明确的规范性立场时，他们被驱使深思这一问题，即他们自己的法律在规范性上是否充分。他们被迫要问我们能不能继续像原来那样对待女性。事实上，正如威廉斯最后所指出的，道德相对主义的立场是不可能存在的：无论我们喜欢还是不喜欢，当我们见证了一个具有"道德"意义的行为后，我们对其会持有一种立场。⑥ 欧洲人已经对性骚扰持有某种立场。他们对美国范例的反应则是变革自身的法律，当然，尽管这些变革无疑都会遵从欧洲的规范性信仰和默示的假定。正在发生的事并不是美国制度被完全采纳了，而是美国的规范性主张已经促使了在一些新的欧洲规范性争论。

在这背后存在着一个重要的关于我们对外国法律的"理解"的事实。如果法律是我们在原则上总能够理解的行为，它也是我们在原则上总能够模仿的行为——事实上，我们经常感到模仿受到挑战。这一理由是完全充分的，法律主张被规范性地合理化。法律不仅是有目的的行为，而且是宣称会做正确的事情的行为。当法律传播开来，尤其是当它作为典型形式被传播开来，是因为它提出了某种规范性主张。

V

总的来说，我在这篇文章中的论述与这一简单而明显的事实有关，即法律体系是一种规范性体系。将法律作为一系列根深蒂固的文化事实，这一事实只能够在文化背景中被理解，并不是最好的看待"法律"的做法。法律最好被视为一种旨在为特定的人类行为和为一些人行使对其他人的权力提供规范性论证的活动。不同的社会无疑会为不同的行为提供不同的规范性论证；进一步来说，不同的社会具有不同种类的、会

---

⑥ See Bernard Williams, *Morality: An Introduction to Ethics* (New York: Harper & Row, 1972), pp. 20—25; *id.*, *Ethics and the Limits of Philosophy* (Cambridge, Mass.: Harvard University Press, 1985), pp. 156—173.

影响它们的"法律"运行的、默示的前理解。这些差异是根深蒂固的也是相当重要的——比较法学家应该致力于研究和阐释它们。

然而,一套规范性论证和默示的假定与总体的"文化"并不是一回事。首先,规范的法律体系是一种构造,如德沃金指出的:它们致力于某种规范性的美化。这意味着"内部"视角从来就是不充分的。进一步说,规范性论证的本质很容易受到争论的影响。事实上所有的规范体系总是处于变迁之中。至于前理解,它能够不再是默示的,同时它自身成为明确的规范性论争的主题。这并不意味着,规范性的体系没有一种动力、一种坚持和一种难以动摇的传统特征。它们当然有。然而,事实上的根本改变是可能的,因为在我们时代中两性关系的革命比任何例子都更有说服力。

正如我所看到的,所有这些意味着比较法学家的事业和任何其他法学学者一样基本上没有什么不同。所有优秀的法学家都有兴趣谨慎地为人类行为、为权力的行使提供规范性论证。我们应该对同样的事情感兴趣。将我们与其他法学家区分开的是我们关于其他可能的规范性观念的知识、关于何种行为需要正当化论证的知识以及关于何种对行为的正当化论证为有意义的知识。将我们与其他法学家区分开的还包括我们对获得最终的确定答案的可能性持某种天生的怀疑态度。我们致力于或应该致力于相同的一般性争论,就像其他人那样。

这并未允许我们得出这样的结论,即存在某种唯一正确的答案——某种"自然法"。规范性的争论也只是争论,并不能摆脱关于人类道德性的嘈杂争论。然而,信息充分的争论和一知半解的争论还是有差别的,我们能做的最好的事就是使我们在其他法学部门的一些同事更能意识到他们的信息是多么的贫乏。

第11章 方法与政治

戴维·肯尼迪*

(David Kennedy)

作为治理的比较法

当今比较法主流都小心翼翼地使自己与治理工作和政治生活的选择保持距离。那些出于自身的考虑而寻求关于外国法律的知识的比较法学家和那些认为自己在一个政治方向已经被决定的项目中充当技工的人,普遍对政治感到不舒服。这对比较法而言并非总是如此,这使它与今天的其他法律学科相区别。本文探讨导致比较法对政治冷漠的富有争议的机制,并且探寻这一研究本身是否具有自己的政治学。我发展出一些关于它的历史渊源、学科特点的假定,并以一些关于其对全球治理所作出的贡献的思考作为结尾。①

一种专业领域可能在各种意义上被认为"应该是与政治有关的"或者"参与了治理"。有时,学科在更广泛的社会中积极地参与意识形态讨论,采取某种我们能够轻易判断出的或左、或右、或中立的姿态。有时,他们将自己的研究镶套上这个或那个社会团体的利益,导致我们认为他们代表着工人或企业者、男人或女人的利益。学科可能根据广泛的政府选择促进中央集权化而不是分权,同化而不是文化多元。各种行业可能敦促它们的成员们参加公共生活,通过应用专业知识或观点作为政府权威的杠杆。某些学科鼓励致力于这一领域的专家将其学术研究作为正在进行的权力实践,使他们将自己看成是对由他们的专业背景和知识所型构的、但不是由它们强加的选择进行选择。

今天的比较法在如下层面上使自己远离了政治和统治:避开对意识

---

* 非常感谢那些在2000年7月13—15日于意大利多伦多举行的欧洲私法共同核心计划第六次会议;在2000年3月18日芝加哥西北大学法学院举行的关于"反思比较法的任务"的学术会议上;以及本次剑桥会议上提出很多帮助意见的同仁们。感谢 Dan Danielsen, Jorge Esquirol, Janet Halley, Duncan Kennedy 和 Alejandro Lorite 对于这篇文章的帮助。

① 这些文章建立在我先前发表的文章的观念基础上,见 David Kennedy, "New Approaches to Comparative Law and International Governance",[1997] Utah L. R. 545.

形态立场和社会利益的识别;从公共生活和比较知识的运用中退回到纯粹的学术之中。这一学科鼓励它的研究者不要对面向政府的问题采取立场,并将他们的专业工作作为学术上良好判断的实践,而不是政治选择。当今的比较法关乎认知而非实践。

可能正在进行的最大量的比较法工作——在欧盟散漫地赞助和财政资助下,揭示和描述欧洲私法的"共同核心"——很好地表达了许多主流比较法学家对参与涉及治理选择工作的态度。尽管欧盟有统一化和一体化的清晰计划,但是这些参与"共同核心"项目的研究者认为自己是在努力展现所探寻的"共同核心"的存在或形态等不为人知的方面。他们的研究将是客观的、描述性的和科学的。用这一计划的设计者之一毛罗·布萨尼(Mauro Bussani)的话说:

> 我们希望纠正这一造成误导的信息:我们不希望强行将法律的多元实在变成单一的法律地图以实现统一化……这一计划唯一寻求的是以可靠形式分析目前复杂的情况。但我们相信法律中的文化多样性是一种有用之物,我们并不希望采取一种保护主义者的态度,也不希望推动一种统一化的方向。②

或者:

> 通过使用比较方法,在传统法律分析中显得模糊的、不同法律体系的共同方面将会被挖掘出来,这一点是真实的。这是因为,方法和技术提供了更确切的分析,而不是因为在它并不存在之处强制趋同……对于法律一体化来说,共同核心研究可能是一种有用的工具,在这种意义上,它为制定可能在实践中证明有效的共同解决方案提供了可靠数据。但是,这与共同核心研究本身无关,这一研究致力于提供可靠的信息,无论将会如何对其进行政策性的使用。③

---

② Mauro Bussani, "Current Trends in European Comparative Law: The Common Core Approach", (1998) 21 Hastings Int. & Comp. L. R. 785. 对于"共同核心计划"的最初两项研究见 Reinhard Zimmermann 和 Simon Whittaker(eds.), *Good Faith in European Contract Law* (Cambridge: Cambridge University Press, 2000) 以及 James R. Gordley (ed.), *The Enforceability of Promises* (Cambridge: Cambridge University Press, 2001). 也见 Mauro Bussani 和 Ugo Mattei(eds.), *Making European Law: Essays on the Common Core Project* (Trento: Università degli Studi di Trento, 2000).

③ Bussani, *supra*, note 2, p.796. Bussani 将共同核心计划从任何重述(restatement-like)的事业中区别出来。后者包含了对理性、和谐、改革理想的追求,但共同核心计划暗示着对最适合这项任务的法律规则和材料的选择。重述计划放弃了那些并不适合这一任务的框架。这一路径是一种对任何分析的视角的诅咒,事实是,把法律体系中的规则和材料考虑在分析之内,成为最后的"地图"的一部分:*ibid*.

当然，现在与过去一样，许多专业和学术领域，努力捍卫它们的客观性、科学中立性、技术的精致以及远离意识形态的歪曲所带来的声誉。当今的比较法学家仍然远离美国法律传统的视角。其他当代法学学科对于统治和那种他们可能被称之为某种政治工作的事业可能会感到更加舒服。他们更喜欢在意识形态的术语中看待他们的工作，或将他们的工作与特定的社会利益联系起来。他们更容易转向应用他们的专家意见，并毫不犹豫地认为自己正在行使权力。

在许多方面，这种舒服是一个世纪以来的方法论努力的产物，这种方法论努力试图突破在法律工作和政治工作之间的障碍——心理上的、制度上的和学理上的。在法律思想上的方法论革命开始于社会学法学、美国的现实主义和利益法学，这些努力在各个方面都试图将法律与那些社会现实和政治生活联系起来。由于对这种方法论进行抨击在二战后的年代中逐渐成为共识，大部分的法律学科用"像律师一样思考意味着在直觉中努力利用各种不同学科和方法去解决问题并作出好的判断"这一更实际的观念取代了"特定的法律方法"的观念。当反形式主义成为主流的专业术语，它既带来了方法论折中主义，也造成对政治和政策管理的好感。大部分的法律工作者——律师、法官、学者、官员和当事人——现在已经理所当然地认为：法律研究是一种平衡、协调和管理相互竞争的政治观点、政治理想和政治成果的研究。

那就是说，法律和法律学者在他们对统治者的好感方面差异也是相当大的。有些人对于"他们的专业研究表达了一种意识形态的立场"这一观点具有好感，而另一些人则不然。如果被指倾向于一种社会利益而不是另一种社会利益，某些人将会有被冒犯之感，而另一些人则不然。大多数人仍以将其工作视为对治理的一种贡献为荣，尽管几乎没有人会将他们的专业判断视为政治选择。尽管某些法律学科包含了有关治理的内容（想想侵权法、地方政府法或者任何公共监管的领域），但在其他领域（诸如财产和合同），治理则是后天获得的特性，即使法律对政治的好感在很久以前就已经成为"法定货币"（coin of the realm）了。法律思想中大量的"政策"踪迹，标志着在"纯粹政治"和"纯粹法律"之间存在广泛的专业立场。在法律思想中许多"政策"一词的影子在纯粹政治和纯粹法律的专业立场之间的广泛区域中留下印记。对于那些有时必须考虑立法意图或者社会语境来完成他们的解释性任务的法官来说，"政策讨论"是有限的、令人遗憾的必需。对于另一些人来说,行政官员、立法者或者法官的法律"政策制定"是一种根据成本效益分析、福利经济学、社会学、心理学和其他更多学科而作出的复杂而特别的专业实践。对于大多数人来说,理想的法律包含了政治的理性、进步、福利最大化和制度实效主义,同时摒弃政治的偏见、激情和意识形态。

在我所研究国际公法领域中,主流立场是处于某种中立地位的。国际律师通常以他们为社会"纠纷"解决作出的贡献为荣,如果是这样,如果他们通过此意味着纯化的国家社会。他们意图作出的贡献更经常是程序性的而不是实体性的,他们使自己的研究与有关社会财富或权力分配的争论保持距离,这方面争论中最清楚和最惊人的争论都似乎是发生在国家主权的标题之下,而这又超出了他们常规的研究范围。他们将其自身理解为在广泛的关于左、中、右的政治争论中拥有学科性的立场,但这是一个相当模糊的人文主义立场,一个世界主义、宽容的、开放的立场。他们经常试图以与治理机构联合的口吻发表观点,并且自信地认为:允许他们参与的全球治理越多,世界就会变得越好。但是,他们也似乎更加满意于建议、批评或者要求权力而不是行使权力。

今天的比较法连这种对统治者矛盾的好感都没有。相反,比较法学家敏感地"指控":他们的研究中可能有某种被理解为政治的东西。对我来说,他们在这一点上表现得如此极端的敏感,以致我们很难将其看做是完全率真的坦白。特别是当人们反思比较法历史时,更是如此。在对法律的狭隘主义和对政治、社会生活的远离进行广泛的方法论抨击中,早期的比较法学家是重要的参与者。在经常被认为开创了比较法研究的1900年巴黎会议上,比较法学家分享一种他们试图对国际社会治理所作出的贡献的专业理想,并建立比较的专业方法去实现这一目标。回顾以往,他们分享的观念似乎在相当多的方面是政治性的,而在今天看来,这些观念在这一领域是相当不寻常的。许多人以比较法学家的身份积极参与公共生活,事实上是渴望参与政府的和学术的管理。将法律与社会、经济和政治生活的现实联系起来,这一过程很容易转化为一种将法律与意识形态立场(通常是,处于"左派"的立场,但不排除其他)、特定集团(工人、商人)或者国家的利益联系起来的工作。他们以相当特殊的世界主义者、国际主义者、人文主义者和社会进步的政治理想为名来推动比较法。他们的意思是比较法应该运用和利用它的专业知识去推广法律统一化和一体化的计划。

如果我们跳回到1945年后的时期,建立一种"专业"的愿望已经实现了。战后的比较法学家已经是某个稳定的学术专业的一部分。他们的研究在两个非常关键的方面不同于他们的前辈:对反形式主义的坚持已经被敏锐的方法论多元主义所取代,他们已经在任何意义上都不再对政治化地看待他们的研究抱有好感。事实上,方法论多元主义已经成为成为超脱政治的标志,而且,它与反形式主义对于保持一种专业的努力来说是必需的。

这是如何发生的?这一专业研究的政治性和自我形象可能是什么?理解这两个问题是个难题。在其他大多数战后的法学领域,方法论多元主义伴随着对政策制定的实际参与——只有保持方法论的灵活性才能够在科学和政治之间轻易的转换。如果我们将战后法律知识分子视为对制定政策越来越少好感的一个群体,比较法就提供了一个机会去理解专业实践所具有的对政治完全没有好感的目标。为什么比较法学家应该将专业化与方法论多元主义和对政治的远离联系起来?而我们能否对这种专业研究的政治性作出某种评论呢?

这篇文章的第一部分考察战后比较法学家们发展出来的标准专业研究活动——著书立说以认同和解释不同法域之间的共性和差异性。共同核心计划就是这种研究的典型例证。追求这一方法论折中主义和政治无涉并非易事,并且产生方法论折中主义和政治无涉等效果的修辞学机制为我们提供了关于这一研究的政治性。

作为开始,将这一研究活动置于比较法领域的中心,那么这一领域使比较法家的范围变得相当狭窄,从而将那些不进行"比较"的外国法专家排除在外。外国法专家,特别是那些研究亚洲和非洲不同法律体系的专家以及20世纪50年代后不断增加的社会主义法专家,也发现自己在这一范围之外。那些应用外国法知识构建国际商业和治理制度的法学家也不包括在内。那些对在第一或者第三世界中进行法律改革、输入或者输出法律规则以解决经济和社会问题感兴趣的外国法专家也不包括在内。法律与发展运动的兴衰与比较法无关。所有战前更明显的政治性已经从比较法的中心领域中消失了,我们至多只能从中发现一个通向更全球化和更具人文性的世界的模糊规劝。在他们最近几十年出版的《比较法总论》的不同版本中,茨威格特和克茨对这一领域进行了严格的界定:

比较法必须与那些同样处理外国法律的、跟法律科学相邻近的领域区分开来,这些领域包括国际私法、国际公法、法律史、最后是法律社会学。④

值得注意的是,那些鼓动外国法专家参与到战后学术界的哲学方法论争论中的学者,也在核心的比较研究活动范围之外。茨威格特和克茨对这种对方法论反思的敌视给出了一种判断:

> 根据拉德布鲁赫所言"那些忙于探讨自己方法论的学科是带病的学科"(省略了注释)。尽管这通常是事实,但是这并不是符合现代比较法的诊断。一方面,全世界的比较法学家完全不为他们所使用的方法论而感到尴尬,同时认为他们尚处在实验阶段。另一方面,很少有系统性的比较法方法的论著。因此,不存在疾病的征兆。⑤

同时,要成为一个成功的专业比较法学家所应具备的专业训练和经验——获得比较所需要的直觉和判断而不陷入方法捷径带来的痛苦——似乎变得更加繁重:需要学习语言、沉浸到众多法律文化中、经年累月的训练、非常需要的跨学科的知识。威廉·特文宁(William Twining)阐释了这一令人伤感的事实:"严肃的比较法研究更像一种生活方式,而不是一种方法。"⑥

即使将所有这些累加在一起,确切地说,比较法学科在 20 世纪 50 年代以后仍然成为一个不断缩小的领域。到 1998 年,特文宁可能建议"大胆假设",即"几乎没有有经验的比较法学家进行比较——并且几乎

---

④ Konrad Zweigert and Hein Kötz, *An Introduction to Comparative Law*, 3d ed. transl, by Tony Weir (Oxford: Oxford University Press, 1998), p. 6. 特文宁(Twining)回答道"如果将教学用比较法参考书和关于特定外国法体系学生用书,以及大多数 20 世纪学术界倍受尊敬的研究外国法律现象或者多法域法律现象的作品中的某些部分排除,比较法文献也剩不下什么了。在外国法和比较法研究之间的一种清晰的区分无论在理论还是在实践中都无法维系",William Twining, "Camparative Law and Legal Theory: The Country and Western Tradition", in Ian Edge (ed.), *Comparative Law in Global Perspective*(Ardsley: Transnational, 2000), p. 47.

⑤ Konrad Zweigert and Hein Kötz, *supra*, note 4, p. 33.

⑥ Twining, *supra*, note 4, p. 57, 他对 Max Rheinstein 的著名的,对准备开始比较法事业的初学者的建议的评论(见 Max Rheinstein, "Comparative Law-Its Function, Methods and Usages", [1968]22 Arkansas L. R. 415):"这是相当简单的,很容易概括:首先,了解你自己的法律体系;第二,总体上熟悉另一个法系的原则体系。这将要求在相关国家至少进行两年的系统学习,掌握至少一门外语,也可能是几门。不要仅仅关注外国体系的规则;你必须也研究观念上的和基本的概念和技术,以及司法机制和程序语境。如果可能,获得一些这一体系中的实践经验。在这之后,才可能准备开始研究。"

没有是出于好的理由而进行比较的"。⑦ 如果不是通过共同核心计划和相关研究的努力将这些资源注入这一领域,可能很难发现很多出色的比较法研究——尽管并不缺乏对此类研究的呼吁、对其特性的描述和对其遗憾的缺失的评论。战后的比较法学家似乎决心践行一种更加严肃的、比他们实际上一直追求的研究更加枯燥的研究。

这篇文章的第二个部分将今天折中和超然的态度置于更加明显地具有政治性的和在方法论上过于自信的早期比较研究的背景之中。⑧ 当比较法将其自身固定在北美和欧洲法律学术传统之中,比较法这种无方法的方法和无政治性的政治性在1945年之后同时出现,并成为将来主导这一学科的主流。很难发现战后专业化的愿望是如何与脱离方法和政治相联系的、是如何选定这如此困难和毫无结果的专业活动。这在许多方面都是一种奇怪的发展。事实上,恰恰是反形式主义——这种战前比较法学家反对的观念——成为主流共识,战后比较法学家从政治决断中撤退出来,将方法重新解释为一种含混的折中主义。

理解这一点需要更多的历史研究,尽管这与学术中心转向美国有关,与冷战有关。方法论折中主义和政治不可知论是反叛的一代的选择,这种选择在美国而不是欧洲建立了一种新的学术立足点;同时,它们也是这一领域中关于法律中的政治和哲学争论的意义的新共识。⑨ 我自己的直觉——但也不仅是直觉——是,比较法在战后的超脱在某种程度上是某种经历学术上的创伤后发生紊乱的症状。那些不用政治和方法而展开共性和差异分析的比较法学家似乎已经想起战前的比较研究就已经纠缠于关于"什么是法律"以及"法律可能是什么"此类非决定性的哲学争论——事实上,他们会想起争论涉及的远非事实上构成自己学

---

⑦ Twining, *supra*, note 4, p.47.

⑧ 学科倾向的历史在战后学者的学术作品中已经被模糊了。对于这一被遗忘的历史的出色概览,见 Twining, *supra*, note 4, p.39,他谈及关于任何参照哲学的或者方法论评论的内部的作品在历史中的缺乏:"对于外部者而言,似乎存在某种冗长的保守的历史:首先存在对古典先驱的暂时同意,特别是孟德斯鸠、耶林和梅因,但是在20世纪的法律理论之中很少存在任何对于发展的参照,特别是在二战后。法律理论和法律哲学被作为分散的主题、关于实证主义的辩论被忽略了,最近的发展没有被引注,历史法学的事实上的消失并未得到解释。主要的例外是'功能主义'方法,包括了更加微弱的对早期的庞德和自由法学派的回应。"

⑨ 在1998年的版本中,在其被广泛认同为功能主义的峰巅之作之前 Konrad Zweigert and Hein Kötz, *supra*, note 4,仍然将他们的功能主义展现为一种对变得陈腐的学科的青涩的攻击。见 Twining, *supra*, note 4, p.56, n.103、特文宁看到了与在这一领域中的年轻学者的努力类似之处,如皮埃尔·勒格朗和威廉·埃瓦尔德,他们努力推动方法论事业,他们批评他们的前辈缺乏一种有效的"方法"。见 Twining, *supra*, note 4, p.54, n.99。

术领域的特点的不同意见而是关于方法论的不同意见。同时,他们也会想起在这些争论中充满政治意义更具体地说,充满意识形态意味。

他们采用描绘和解释共性与差异的专业研究,并将此作为是对哲学和政治意识形态的一种逃离。他们的日常研究,识别、描绘和比较法律现象,不断在方法和政治面前折回,提醒他们新的专业的中立性和客观性。比较法学家的常规研究使他们一直确信这种情况这只是以前的情况——现在我们是实践之人,我们既没有陷入没完没了的推测,也没有卷入意识形态的论战。简言之,我的直觉是,战后比较法学家对政治和方法论的抛弃是难以抑制的。

进而,作为一个有争议的或带有修辞色彩的结果,方法论的折中主义是不稳定的,那些支持它的有争议的主张经常充斥着省略、模糊之处、隐含的矛盾、不充分的陈述和言过其实的陈述,这些经常成为其他比较法学家批评的对象。这些批评通常是成功的,在这个意义上,看似——对于它的作者、对于他人来说——已经预知了方法论信念的比较研究,已经被表明没有充分地向批评意见开放,并已经陷入了错误,过早地终止了对描述性知识的追求。面对这一成功的批评,即指责作者过早地得出违背意识形态倾向的结论,那些超脱政治的姿态也显得同样的脆弱。在这一意义上,比较法学家的折中姿态是持续进行的,它只有并只要对特定的作者、受众或读者保持似是而非的状态,才能发生作用。因为没有人发现一种牢靠的方式去避免这种批评,这一姿态始终受到威胁。为完成对法域间的共性与差异的专业分析,方法论上的开放和对政治的脱离等效果必须一直得以持续。

但是,脱离政治和方法依然是比较法学家的愿望。当他们被强迫"洗手"时,他们的确使创伤和对某些不洁之物变得不明显。但是,强迫的"洗手"也是创伤性的,它使比较法学家的思想充满着,如果不是不洁之物,那就是洁净之物。某些类似的情况正发生在比较法中。在比较法律时所进行的常规选择的确具有政治性,或者已经击败了某种方法论偏好路径,在这一程度上,不可知论的迷雾维持着、合理化并且模糊化了这一做法。通过固守多元主义和中立性,通过继续将共性与差异并列,这一专业模糊化了其对全球治理的持续贡献,但是并没有消除它。对曾经的方法论争论和政治影响的坚定拒绝,却仍然使比较法被这些争论中所使用的术语所充斥着。而且,这些共识性的假设和默示的研究自身就表现出某种政治性。

这篇文章以更具体地观察当代比较法的政治性作为结尾,战后比较法常常被在政治意义上评价,这种评价运用的术语是与被用于理解战前比较法学家的政治学的术语相同。有时,他们也会放弃"戒律",人们能够将他们的研究与在更广泛的社会中的意识形态立场和社会利益建立联系。有时,他们的确促进了更广泛的社会变革——法律一体化、多样化、多元化——这些都紧随着政府的选择。有时,他们的确做应用性的工作或者发现他们自身在学术、治理或者商务世界中掌控着制度。但是,更经常的是,他们小心谨慎地避免这样做。他们的方法论选择和专业热情在任何意义上都难以与政治立场联系起来。

因此,识别二战后比较法的政治性需要一种非常不同的研究——研究这一学科的默示判断和背景假设的影响。它们或许会存在可识别的影响,并且我们能够将这些影响与在争论中所持有的、很容易被我们当作政治来考虑的立场相联系。这些政治的影响被这一领域反政治的姿态模糊化了,质疑它们将意味着质疑这种立场和不固定的学科共识。我认为,并不是要回到方法论增殖的时代,而是关于中立的专业判断有太多要说。这种判断是在权衡和平衡各种因素中形成的,而这些因素的重要性随时都会受到挑战。尽管折中主义能够模糊化——甚至对比较法学家来说——他们的研究与意识形态的讨论、社会利益之间的联系,但是这并未保证政治中立或超脱政治。对比较法学术研究的政治性的常规识别,将会允许争论和鼓励一种更多参与公共生活的职业生活。

方法论折中主义的夸张研究

以其纯粹和最简单的形式,基本的比较法研究是解释说明法域之间的共性与差异。例如,欧洲的共同核心计划包含了许多这样的说明。这一基本的比较研究将以外国法自身术语考虑外国法的法律著述放在一边。没有哪个美国或者欧洲的法律教授会像北京大学最好的教授那样用中国自己的术语来理解中国法——比较法学家的附加价值存在于对共性和差异的说明之中。⑩ 我们必须将寻求应用外国法律体系知识的

---

⑩ 根据布萨尼(Bussani)的主张,supra, note 2,p.794,n.22,在欧洲共同核心计划中,他们将此作为出发点,即"本国法律人并不必然是关于其祖国的法律体系的最佳报告人,尽管他可能比外国法律人掌握更多的关于本国法的信息。这将是一种保守的说法,即所有成员国的获得承认的国民都是这个项目的财富。尽管国民可能并没有足够的能力发现隐藏的数据和具有修辞意义的对于这一体系的态度,因为他们被固有的假定误导了……我们这个计划的参与者都是比较法学家,他们需要解决问题,如同他们不得不描述他们自己的法律体系一样"。

著述搁置在一边——无论是在形成跨国诉讼的策略和制度时,还是在进行国际商事仲裁时,还是在确认国际经济或社会生活的管制策略时。对于比较法学家而言,这些比较知识的应用总是以匆忙为代价。在匆忙的应用中,我们喜欢放弃对完成一种复杂的比较法的研究而言所必需的训练的客观性和一般性。最好将步调放缓慢,准备、训练、学习——直到克制的品格取代了顽固的方法渠道。

比较法学家在四个不同的步骤中展开对不同法域之间共性与差异的说明,在此,我用粗糙而又扼要的术语对这四个步骤进行描述。在每一个步骤中,研究都可能偏离轨道而进入应用或者方法论争论。只有通过打消做结论的愿望,通过放弃哲学的结论或者进入方法论争论,这一研究才能够完成。正是这种克制,产生了方法论折中主义和政治中立的结果。

认识不同法域的法律现象之间有趣的差异和共性

我们以发现一个法域中的某种法律现象能够与其他法域中的某种法律现象进行比较作为开始。"法律现象"可能是规则、制度、实践、解决经济问题的方法、习惯、职业伦理或者任何有关之事。[11] 通常,比较法学家从一种直觉或者随意的第一印象开始。可能他们访问了墨西哥并发现整个家庭法似乎处于他们所习惯的美国制度的范围之外。可能他们在军队中学习过日语,开始对日本产生兴趣——既然我是一个法学教授,那就让我们看看日本如何解决那个我感兴趣的问题吧。有时,这可能是一个更宽泛的学术风尚问题——20 世纪 70 年代末,几乎每个人都在试图说明为何日本热门而欧洲冷落,或者在 20 世纪 90 年代,每个人都在讨论美国在高科技/因特网领域的主导地位:我是一名法律教授,或许存在一种法律解释。

当然,像这样的直觉可能并非仅仅是发生了——通常也有一种愿望希望其发生。可能美国或多或少与日本类似,或者差异与共性可能在精英们提出的一种新方式中得到理解。但是,这些目的、计划、动机一般在这些研究的表面是看不到的。正相反——比较研究将表现出自己对正

---

[11] 事实上,有关是否存在本质上无法被比较之物这一问题上,存在很少的次级文献。尽管观点各有不同,不可比较的清单还是很短的。见 H. Patrick Glenn, *Legal Traditions of the World* (Oxford:Oxford University Press, 2000), pp.30—55; *id.*, "Are Legal Traditions Incommensurable?", (2001) 49 Am. J. Comp. L. 133.

在比较的素材是没有偏见的和偶然选择的。对于许多比较法学家而言，起点是给定的——例如在欧洲的共同核心计划中，研究团队被指派去详细研究各个法域中的情况，以描绘"诚实信用"原则的合同法规则、"时效占有"的财产法规则等之间存在的差异和共性，以期最终覆盖整个欧洲的全部私法。同时这样做预先不带有任何或多或少统一法律的愿望。

一旦开始，比较法学家就已经带有关于如何界定被比较的现象的某种偏好。一些人从使他们产生兴趣的规则开始；另一些人从显得比较突出的法律文本或者社会效果的某些方面开始。这些可能是相对抽象的社会功能（这些方面如何加强了亲族关系或者鼓励企业家？）或者，如同在共同核心计划中，这些可能是具有可供比较的法律解决途径的具体事实类型。那些可供比较的法律现象所处的"法域"也能够通过不同方法被识别出来。一些人以正式的司法管辖或者国家的方式界定法域，另一些人以更松散的文化或者经济的方式界定法域。对于某些人来说，法域大体上是以等级形式组织起来——地方的、全国的、国际的；但对于其他人来说，法域是比较不固定的，是相互渗透和重叠的。检省这项研究，我们可以说，比较研究就是在如下一个过程中作出选择，正如图11.1中显示的。

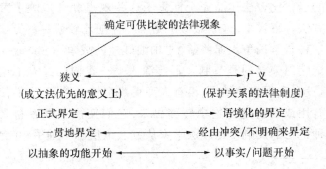

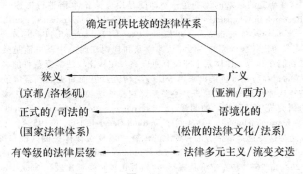

图　11.1

尽管这些偏好有时在方法论方面是有争议的,法域和法律现象更经常是以一种非常不固定和特别的(ad hoc)方式[12]被确认。法律现象可以是狭义的也可以是广义的,多样的或者特别的,正式的或者带有情境内含的;法域可能是多个,同时它们各自的环境可能在任何程度都存在差异。[13] 在这一"研究"阶段的结尾,我们已经获得了某种松散的描述。离婚作为一种法律制度,在我们称之为"日本"的法域中是这样,在我们称之为美国的法域中则是那样。

当这些偏好成为方法论争论的焦点,文章的比较研究也就结束了。用一种方法论策略来终止分析。文章的重点要么是证明确定的正确方法,要么就是证明通过在方法论上可防御的方式来确定法律现象是极端困难的。在确定不同地区的"离婚制度"之中什么是应该和什么是不应该的过程中存在的困难,可能表明了一种关于法律的嵌入性和情境性本质的一般性争论。可能使关于裁定的中心性的讨论实体化为抽象的、跨历史的或跨文化的、被我们称之为"法律"的事物。讨论在这时转向法律哲学问题——我们看到的是一篇关于什么是法律的文章而不是关于法域之间共性与差异的说明。

最好的当代比较法作品完全汇集了这些观点和许多关于考虑被比较现象的方法。事实上,这么做似乎是唯一伴随比较研究的方法——以避免卷入一种哲学论争。那些赋予"柏油娃娃的战争"(war-as-tar-baby)的方法论记忆以荣誉的是节制。不要深入——我们已经有了这许多哲学争论,但没有获得好的结果,没有人赢得决定性的胜利,它们使我们从学习任何有用或者有趣之物中转移出来,它们使法学学者卷入意识形态。是这种记忆的反响使比较法学家从方法论反思中抽手,并允许这种

---

[12] 关于这一研究的极端的流变性——即使是用方法论术语进行描述——见 Wenceslas J. Wagner, "Research in Comparative Law: Some Theoretical Consideratian's", in Ralph A. Neuman (ed.), *Essays in Jurisprudence in Honor of Roscoe Pound* (Indianapolis: Bobbs-Merrill, 1962), p. 519:"什么应该成为比较法研究的主题?法律原则和规则在时空中既可能是类似的也可能不同,而且偶尔,它们在其他法律体系中并没有对应物。在从比较法学家获得的大量纵横复杂的材料中,什么样的材料应该被挑选出来用于比较法研究?显而易见的答案应该取决于研究的目的。茨威格特认为:'比较法学家将会主要参照这样的法律体系,即这一法律体系将可能会对正在进行的研究提供某种特别的刺激'。" The reference to Zweigert is Konrad Zweigert, "Zur Methode der Rechtsvergleichung", (1960) 13 Studium Generale 193, p. 195.

[13] 勒格朗将这些选择概括为两种宽泛的传统:"展现法律体系的共性和统一化规则(特别是私法)": Pierre Legrand, "Comparative Legal Studies and Commitment to Theory", (1995) 58 Modern L. R. 262, p. 263. 特文宁将其概括为"宏观比较和微观比较": *supra*, note 4, pp. 31—32.

分析状态一直继续下去。

在这种模糊含混之中,对方法论的逃避存在一种默认的立场。到目前为止,最普遍的默认仍然是国家法律体系——人们在对日本和美国的"离婚制度",或者韩国和奥地利的"行政裁决"等法律现象进行比较时,往往缺乏对"日本法律体系"整体观念的足够注意。这种比较的配对随即被并入更加复杂的安排——许多欧洲的、美国的或者亚洲的国家法律体系可能进行交叉比较。可能日本法域是更广泛的亚洲法律秩序或者法系的一部分,也可能不是。

我们已经在当代比较法中找到了保持方法论克制或折中的研究。这就存在一个问题:应该写些什么;存在一系列选择,这些选择可能会甚至已经用在方法论上所争议的术语而得以安排。存在一种方法论上的不可知论。而且存在一种默认,包裹在高深莫测的克制之中。如果默认的前提中具有某种政治性,它将会在这里受到保护。同样,激发这种努力的愿望也会得到保护。

在存在共性之处,处理"移植"假说

下一步是决定是否两种法律现象之间的任何共性都因为一个法律观念或制度从一个地区"移植"到另一地,或者该两地均"移植"了另外一个第三地的法律观念或制度。很难理解,为何"相互影响"的关系在比较中得到如此初步并显著的对待。当然,法域之间会相互影响,这没有疑问。如果两个地方中看起来相似的事物之所以相似,是因为一方曾经影响了另一方,那么,人们就不需要进一步寻找另一种"解释"了。可能日本法典和美国法典中关于离婚的规定存在共性是因为 1945 年后美国对日本的占领。可能朝鲜的行政法典仍然是根基于 19 世纪从德国移植而来的法律,德国法典后来又影响了奥地利的法律。在这种意义上,一方影响另一方,可能地域并非不同,而没有哪种"比较"是可能的。

这就是说,比较法学家们在寻找关于移植或影响的证据时表现出来的严肃程度是相当不同的。因此,在这一阶段也能够作出某些选择。越正式地界定所比较的现象,因移植而产生的共性就越能打动人。人们越是将法律作为一种自治的职业实践,或者作为一种普遍的问题解决方法,就越不会将法律作为一种文化表达,他就越会对共性感兴趣,移植就会更加显得是一个很好的分析起点。同时,比较研究可能沿着这样一种过程展开,如图 11.2 所示。

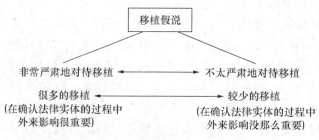

图 11.2

还有进一步观点。在寻找影响的过程中,人们可能与关注共性一样关注差异。尽管移植观念已经被不相称地用于解释共性而不是差异,但是我们可以想象各种类型的文化影响将会很容易地像产生共性那样产生差异。失败的移植努力、本土对移植的排斥反应、对移植法律有意或偶然的误读、作为移植根源的关于"在边缘"需要什么的观念,这些全都可能会导致差异。人们越是将法律视为正式的制度,他就越可能将影响视为一种产生共性的事实。人们越关注历史的和生活的背景,他就越会将"影响"如何产生了抵制、误导和差异的作用放在显著的位置上。我们为处于这一研究阶段的比较法学家提供一种选择轴,如图 11.3 所示。

强调共性的移植 ←——————————→ 强调影响对差异产生的作用

图 11.3

在比较研究的第二阶段所面对的大多数选择,一直是比较法中相当两极分化的方法论争论中的主题,在这一争论中每一方都认为另一方的分析是短路的分析。⑭ 在"知识的可辩解性"或者"逻辑的一致"的意义上,在一个地域中确定法律现象具有能够被移植的"身份",他们对移植的可能性持怀疑态度。对于提出移植假说以研究反应来说,法律自治程度是必需的,从这种观点出发,继续寻求对所发生事实进行文化的、情景的、历史的理解将会失败。另一方面,移植的支持者质疑"文化"这一概

---

⑭ 对于法律移植和影响的重要性的主要支持者是沃森 Alan Watson, *Legal Transplants*, 2d ed. (Athens, Georgia: University of Georgia Press, 1993) [hereinafter Legal Transplants]; *id.*, *Law Out of Context* (Athens, Georgia: University of Georgia Press, 2000); *id.*, "Legal Transplants and European Private Law", (2000) Electronic J. Comp. L. [http://law.kub.nl/ejcl/44/art44-2.html#N8] (hereinafter "European Private Law"). 可能最清晰地对法律移植假说的谴责来自勒格朗, *supra*, note 13; *id.*, "Against a European Civil Code", (1996) 60 Modern L. R. 44; *Id.*, "The Impossibility of 'Legal Transplants'", (1997) 4 Maastricht J. Eur. & Comp. L. 111 [hereinafter "Impossibility"].

念的连贯性,认为这一概念只是尚未得到解释的社会或经济需要和功能的默示称谓。他们认为比较法学家应该继续分析,直到某一法律秩序的所有方面都可以被理解为是在解决问题或发生作用时的一门学问或创造,这些问题和作用时普遍性的,至少在一个既定类型的经济或发展阶段是这样的。

在此,我们并不拥有记忆,而只有这一因方法而死亡的学科的存活潜力。通过任何一种形式过于严肃地考虑移植假说,转变了基本的比较研究计划,使我们陷入法律理论问题——在何种程度上,法律是一种普世性的问题解决方式或一种专门性的专业知识?在何种程度上,法律根植于并且表达地方性的文化生活?⑮ 事实上,这一争论的双方参与者都声称,他们这样做是出于对比较法常规研究的不满。对于从事诸如描绘欧洲私法的共同核心这类野心勃勃的计划的老练的比较分析家而言,卷入这样的争论并不值得。相反,我们发现了关于强调共性还是差异这一问题的不可知论、克制和合理性。在这一研究中,关于移植的争论转换为主流的比较活动,完全模糊了在第一个阶段工作中确认的法律现象和法域的边界——可能这些现象并不如此类似,可能这些法域并不如此不同。我们可以在随后的研究中进一步思考影响的重要性,移植将会是各种法域中法律现象之间的共性和差异程度的诸多解释之一。

尽管这种折中主义保护了这项事业,但还存在一种默认的立场——移植假说的优先性将比较法学家的注意力首先集中在共性和继受上,同时将法律现象的自治从其语境中突出出来。如果这种默示具有某种政治性,那么维护这种政治性则是方法论上的克制。

---

⑮ 完全站在这些争论的任何一边都将会彻底破坏比较法的努力。我们在沃森的担忧中能够看到这一点,即反对影响或者综合解释的人将会导致一种文化的相对主义,这将会导致法律体系的不一致。而他的反对者则担忧,过于认真地对待相互影响将会抹杀文化特殊性的位置。这些担忧激起了关于"不可比较性"的争论(见,*supra*,note 11)。在许多学术会议上听到这种辩论之后,我可以指出这已经成为一种惯常状态,一方面人们指责自己的反对者过于夸张,一方面又主张自己敏感的折中主义的根据。如果你喜欢对移植假说的严肃的研究,你就不会说你想要抹杀文化特殊性——你会说,你的反对者是文化相对主义者。反之亦然。对于主流比较法学家而言,辩论的两方听起来都过于尖锐,你会注意到年长的和更明智的学者往往在这个问题上保持沉默,如同静待暴风雨的来临。他们已经明白,不要在一开始就卷入这样的对立之中。

根据文化和技术要素定位各种各样的共性与差异

这才是真正研究的开始。我们描绘了不同法域的法律现象的差异和共性。我们开始对这种变化进行解释。在这个阶段,比较法学家确定要素而不是移植,这可能导向解释。总的说来,存在两种广泛的要素,我们称其为"文化"和"技术",文化和技术要素的最初分离在相当程度上是一个直觉或共识问题。

在文化方面,显然我们已经具有不同的法律文化:日本是日本法律文化,美国是美国法律文化。法律文化可以根据国家法律体系来进行界定,但是它们也可能是不精确的描述——日本的"纠纷解决方式"或者"美国的商业之道"——这些都因没有停泊在国家法律体系中而漂浮着。法律文化可能是由主要的法系来型构的(比如亚洲法、非洲法、欧洲法和社会主义法等),或者由更具地方性的规则体系(纽约州的规则体系加州法、因纽特人在特定社群中的深受加拿大影响的实践等)构成的。当人们开始归因这些共性与差异时,他已经揭示了"文化",即所有这些关于什么是法律文化的观点可能已被考虑其中。事实上,文化一词本身可能被或者可能没有被使用——有时这些要素更多被称为"社会的"或者"社会经济的"或者仅仅是"语境的"考虑。

在技术这一方面,某些共性正在产生作用。这种观点是确认一种社会的技术维度,这一维度可能以与法律"文化"几乎相同的方式对法律现象进行解释。我们从常识观念开始,显然在世界上存在不同的经济/社会体系,不同的经济发达水平,从原始采集/渔猎经济到工业民主后期和发达的工业资本主义。一种法律现象可能是"发达工业资本主义"系统的一部分,与此同时也是"日本法律文化"系统的一部分。技术层次可能根据更广泛的历史条件而得以划定——原始社会、不发达经济、工业资本主义晚期(或者封建主义和官僚资本主义)。但是用以解释法律现象的技术要素可能也与广泛的经济功能相联系——解决纠纷,保护债权、便利价格信号的提示等——这些可能与经济发展的历史阶段不对应。而且,如同法律文化,技术要素也可能更狭义的层面上被型构——对城市全球银行业务中心或复杂商品市场的特殊需要。当我们开始将已经确定的法律现象与我们所发现的这些现象存在的法域中的不同方面联系起来的时候,所有这些形成技术解释的方式都将产生作用。

因此,我们已经决定,那些被称为"离婚制度"的事物在日本和美国都能够找到。我们断定日本和美国的法律体系是如此不同而值得比较——可能他们是亚洲人,而我们是西方人;也或许他们正好是日本人,而我们正好是美国人;也或许这是京都,那是洛杉矶。可以说,在评定日本和美国的离婚制度之间的共性(甚至可能是差异)时,我们没有考虑移植假说。我们可以假定,日本和美国在文化上既不同(可能是亚洲/西方),又相似(例如都是现代民主消费社会)。而且,我们能够假定,它们在技术上既相似(可能都处于工业资本主义晚期)又不同(例如,工业体系可能是基于"工作—家庭"之间的不同功能性关系而建立)。现在,我们需要大致精确地指出,每一个离婚制度的哪些方面应该归因于文化要素(如亚洲/西方),而哪些方面应该归因于技术要素(如晚期的工业资本主义)。

根据法域中文化和技术层面的共性与差异来定位法律现象的共性与差异,比较法学家将面临一系列选择。多少应该归因于文化,多少应该归因于技术?文化和技术的要素应该如何被界定?个人将有自己的偏好。一些比较法学家喜欢宽泛的诸如"法系"这类的文化范畴,另一些则更喜欢地方文化语境。有一些更喜欢运用经济发展阶段,另一些则更倾向于社会经济功能。某些人使用宽泛的概念思考,有些人则喜欢狭义界定的制度和部门法术语。

这些偏好类推适用于我们看到的其他方面。很容易想象,一个比较法学家赞同对某种法律现象的正式确认,赞同移植假说,赞同法律和法律职业自治,或者赞同将法律理解为一种普遍的现象,这些都可能导向一种广义的法律文化。那些倾向于将法律文化理解为范围很大的法系的比较法学家则很可能倾向于根据广泛的经济发展的历史阶段来思考技术要素。我们可以将这些选择进行排列,大致如图 11.4 所示。

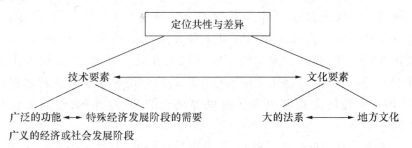

图 11.4

这些选择当然可以在方法论方面进行争论,而且这些争论很可能——类似于有关移植的争论——具有强烈的两极分化的色彩。但是,在最好的当代比较法研究中这种趋向并不会发生。取而代之的是,他们以相当不精确的方式理解文化和技术因素——这种不精确的方式对一种大胆的方法论主张直言不讳。这是受到不精确的重叠的术语的鼓动吗?"现代民主消费社会"是一种文化类型,还是技术发展阶段?"伴随着自治的工作—家庭结构的工业经济"又指的是什么呢?这种定位的过程很少受到方法的引导,而是由专家的良好判断、直觉和经验之手进行操控。根据学者们给出的判断,人们将共性与差异定位于这里和定位于那里都是有意义的。

许多背景假设仍然发挥作用,技术解释可被从其他地方获得的数据所验证,然而文化解释则可以被同一地区的其他法律维度或社会维度所验证。在这种意义上,技术的要素是全球性的,而文化要素是地方性的。技术要素是一种相对较理性的要素,而文化要素则是一种相对非理性的要素。文化需要一种在历史和意义的语言之中进行解释,需要为神秘的社会连带留出空间,事实上,这就是神秘的社会连带的空间。文化既可以与私人生活相联系,也可以与国家公共的爱国心相联系。但是技术要素则与商业和经济的中间地带相联系,并以功能和行为而不是以意义的语言进行自我表达。在这些背景性的假设表现出政治性之处,它们就已经扩展参与至更广泛的政治计划中。比较法学家强调这一方面或那一方面的专业判断导向了这种政治性。同时,这种支持将会被遮蔽在回避方法论和对折中主义的好感的迷雾中。

默认的判断也出现在这一阶段的研究中。不同区域中的法律现象之间的共性(移植假说曾经处理过这一问题)趋向于被归属于经济阶段或者功能需要;而差异则趋向于被归属于文化要素。最传统的那部分比较法学家很可能提出在日本和美国离婚问题中的差异反映了文化上的差异,而共性则反映了在现代工业民主社会中,女性或者家庭的、一般经济或功能性地位。这种默认的假说源于这样一种常识观念,即现代经济无论其出现在哪里都是相似的、理性的;然而文化却不同。

尽管这是一种默认的判断,但也仅仅是默认,如果不经过直接地论辩,它可能是而且经常是令人困惑的。它只是表现为将事物归因为技术和文化要素方面,它有时又以另一种方式呈现。我们经常发现法律共性被归因为文化(日本和美国在这一点上表现为文化上的类似),同时差异被归因为技术(但是不同工业模式对工人的不同功能性需要将对离婚体系不同的需求放置在不同的地位上)。在这一意义上,两种不同的经济模式可能是类似的,荒谬的是,两种非常类似的文化却是不同的。同理,法律现象之间的共性能够被定位为技术或文化立场的差异,正如法律差异能够被定位为技术或文化的共性。

这些选择有点类似于我们在前几个阶段工作中作出的选择。当人们将法律共性定位为文化或者技术的差异,或者将法律差异定位为文化或者技术的共性时,他们将法律排除在一般情形之外。同理,当他们把法律共性定位为文化或技术共性、将法律差异定位为文化或技术差异之时,他们使法律成为文化或技术特性的表达。同时,再自然不过的是,我们可以想象比较法学家如下倾向是不相同的,即将法律排除在经济性、功能性或文化特性之外的倾向。我们可能以下面的方式组织这些选择,如图 11.5 所示。

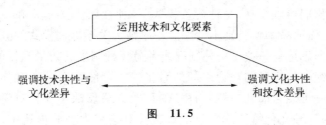

图 11.5

老练的比较法学家赞赏阐释文化特性的不同方式和在特定的体系内实现经济目标,并且他还关注这样一种可能性,即法律现象在社会生活的不同层面扮演着各种各样的角色,甚至是相互冲突的角色。如果人们能够在对这些法律现象和这些法域之间的差异和共性进行理解过程中考虑到所有这些,就完全可以做到最好。但是,如果存在一种默认的假定,这种假定中包含了某种政治性,它就会被这种开放和务实的方法论折中主义所维护和遮掩。

对所描述之物给出貌似有理的因果分析

在这一意义上,最能干的学者已经慢慢沿着自己的道路蜿蜒前行,拒绝方法论论证。⑯ 而且,某些比较研究完全停留在这里,比如说,"在这些法律现象、法域之间存在着某些共性和差异,意味着各种类似的文化和技术的共性与差异——我原以为你可能想要了解的。用特文宁的话说,"关注描述和分析而不是关注评价和指示。"⑰ 然而,可以大胆地说,在一个解释的某些部分存在更多的是"分析"部分,这些部分能够将这一解释连接起来。

在这里,我们想要的是一个叙事,这一叙事使我们最初以重要方式确认的"不同法域中的相同法律现象"合理化,但它又不会把我们引向哲学争论或政治选择。保持描述性是有益的。经过研究,我们可能发现事实上有些移植正在进行,因此法域之间并非真的不相同;一些文化特性,使法律现象之间的差异超出了我们的想象;但是一些经济性的或技术性的差异却促进了统一化。但很难在这种巨大差异的因素和解释模式中得出一种稳定的、貌似合理的理由。

这样做的一种普遍方法是发明一些独特的中介模式,这种模式能够结合文化和技术的共性差异。举欧洲法律现象中的"诚实信用"为例,我们可能发现,存在两种或三种不同的体制形式和两个不考虑这一原则的国家。我们可以发现,一种荷兰模式、一种社团主义模式和一种完全责任模式,而冰岛和希腊则不考虑这一原则。关于这些模式的叙事可能包括一系列思想——关于一种制度或者另一种制度的效果和目的,关于立法者拒绝的与接受的观念之间的紧张等。可能存在一种对分配结果的参考——可能考虑到"诚实信用"的荷兰方式反映了一种对消费者的承诺,作为一种文化特征或者政治成就。对这种类型的描述中,方法论或者法律哲学争论仍然缺席。你可能获得的最好的描述将会是对这些法律现象和制度类型的复杂性的习惯剪裁。事实上,这一描述本身可能是非常复杂的。

这种原因可能被及时扩大。模式之间的关系可能表明文化统一的过程,或者一种技术理性趋同的过程,一种文化变迁的过程或者是一种技术试验的过程。很难避免要对各种背景叙事的说明,这些叙事可能通过分析被混淆或者被确认。如图 11.6 所示。

---

⑯ 在描述揭示移植和影响的样式的努力过程中,Collins 绝望地描述到:"没有人能够在追求这种满意的方法中取得成功,对于正在成长阶段的比较法学家经常不考虑文化、社会、经济、历史、政治和法律逻辑的维度": Hugh Collins, "Methods and Aims of Comparative Contract Law", (1991) 11 Oxford J. Leg. Stud. 396, p.398.

⑰ Twining, *supra*, note 4, p.34.

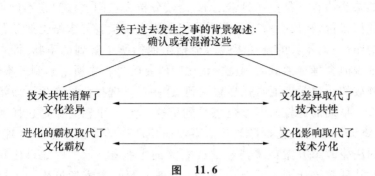

图 11.6

但是,一种折中的描述呼唤一种折中的现时(temporal)解释——历史影响和功能性或渐进性的发展的结合。没有哪种文化已经成为主流,但也没有哪种文化已经消失,也没有哪种经济功能已经被认定是唯一最好的实践。某些文化仍然愈加强大,另一些则更加弱势,技术可能性领域无疑在有用性层面已经变得狭窄。叙事越复杂,历史就越难以理解,考虑这样一种对方法的说明就越困难。就越少涉及政治。描述越折中,我们就越不得不得出这样的结论:尽管已走过长路,但前途仍然漫长。

如果我们回顾比较研究中进行的各个步骤,比较法学家在每一个关键环节都面对多种选择。如何确定法律现象和法域,如何确定和衡量移植的作用,如何评定技术和文化要素在理解共性和差异过程中的相对重要性。如何汇集这些要素形成令人满意的描述和分析?所有这些选择对于方法论争论而言是成熟的——它们就法律本质提出了永恒性问题,这些问题在大多数其他法律领域被方法论争论所填满。(图 11.7)

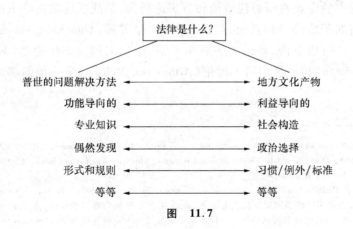

图 11.7

如果法律哲学是法律科学之王,比较分析去追问这些问题不仅不会付出任何代价,相反会有所收获。我们期望青年学者寻求烙上属于他们自己的印记;而年长的阐述者寻求概括出他们所了解到的事物,即在最初出现貌似合理理由的时刻就中止比较研究的过程中所了解到的事物。其他领域的法律学者通常强烈感受到,这些哲学选择已经产生了政治上的结果。早期的比较法学家也感受到了这一点。知悉法律是这样而非那样,将会导致合理化这样的政治事业而使那样的政治事业非合理化。不同的法律改革方案似乎与左翼或右翼的主张相一致。[18] 如果比较法学家对某种政治计划有所追求,那么,发现他们的专家意见代表了这种或那种方法论选择,这也就不奇怪了。

当然,这经常发生。[19] 但是,共同核心计划的姿态表达了某种专业标准——对于这些问题的不可知,甚至反对对这些问题进行公然探寻。也就是说,并未放弃用这些替代选择支持其他研究和争论。这些选择仍然界定了在对共性与差异进行值得尊重的专业阐释中被考虑的因素。它们构成了这一领域的背景常识,构成了比较法学家的专业术语。没有哪个比较法学家能够在完全矛盾的锋刃边缘完成他们的研究。除了谨慎的怀疑和含混姿态,默认的路径出现了。这就是这一术语和这些默示的实践所具有的政治性,而一个成熟的、好的判断是会对这一术语和这些默示实践保持克制的。

比较法专业的兴起及其方法与政治的衰落

用折中的专业判断替代政治和方法论努力,是战后比较法学家的研究——诸如茨威格特和克茨、奥托·卡恩-弗雷德(Otto Kahn-Freund)、马克斯·莱茵施泰因、鲁道夫·施莱辛格、沃尔夫冈·弗里德曼(Wolfgang Friedman)和亚瑟·冯·梅伦(Arthur von Mehren)——他们都渴望

---

[18] 见 Duncan Kennedy, "Form and Substance in Private Law Adjudication", (1976) 89 Harvard L. R. 1685; David Kennedy "When Renewal Repeats: Thinking Against the Box", (2000) 32 New York J. Int. L. & Politics 335.

[19] 参见 Rodolfo Sacco, "Diversity and Uniformity in the Law", (2001) 49 Am. J. Comp. L. 171. 萨科对法律多样性和同质性在本质层面上的简明扼要和相当概括的反映,建立在一套教学案例的基础上,与欧洲共同核心计划一样反映了明显的无止境的不可知论, supra, at text accompanying notes 2 and 3.

建立一个受人尊敬的学科领域。⑳ 这些人有更多关于方法而非政治的著述。他们强调需要区分比较研究与政治参与。在方法论上,他们在很多方面都是不同的——最显著的不同是,在解释不同法律现象中是相对偏重文化和历史发展,还是偏重与之相对立的社会或经济功能。但他们的论述,似乎认为将方法论分歧控制在可掌握之内是必要的。每一个人都认为,似乎方法论论争在别处——在他人的研究中,在早期研究中,在年轻同事的研究中。每一个人都将他的努力定位为方法论分歧的解决方案。总体上,他们的努力是逃避政治和智识争论而转向方法论折中主义。如果对他们的前辈来说,比较法已经是一种有明显结果的反形式主义"圣战",对他们来说比较法就是谨慎的常识。这种一如既往的政治热情是克制和模糊的,是一般的人道主义者所具有的不明确的政治性。他们的热情被引向了知识的专业化和法律教育的发展。系统的比较知识和专业能力的益处和必要性在他们的期望中被夸大了。

在比较法的智识历史方面有更多的研究需要做,以澄清这个专业化的声音是如何以及为什么会出现。这有些宿命论的或厌世的基调。他们深入地研究,但并没有轻率地运用他们的知识。在他们的著述中,他们仿佛明白了方法论争论的徒劳,对自己富有成效地解决方法论争论的能力丧失了自信。不难想象,这与在这一代人中有大量的德国政治难民有关——沃尔夫冈·弗里德曼、奥托·卡恩-弗雷德、施米托夫(Clive Schmithoff)、曼恩(F. A. Mann)、马克斯·莱茵施泰因、弗里德里希·凯斯勒(Friedrich Kessler)、艾伯特·A. 埃伦茨威格(Albert Ehrenzweig)、鲁

---

⑳ 在反映战后的一般计划过程中,特文宁强调了捍卫他们的不可知论在研究的专业性上的"有用性":supra, note 4, pp. 51—53(集中关注了他自己的老师,F. H. Lawson)。当然,并不是所有的战后比较法学家都坚持方法论和政治上的不可知论。麦克道格尔(McDougal)在战后的年代就建议比较法中应该具有公开的政治和方法论研究计划——以澄清在建立新世界秩序过程中运用的价值观——但并未成为比较法专业的常规和专业部分。请见 Myres S. McDougal, "The Comparative Study of Law for Policy Purposes: Value Clarification as an Instrument of World Democratic Order", (1952) 1 Am. J. Comp. L. 24. 当战后这一代逐渐淡出,年轻的学者批评他们的前辈在方法论和政治上的不可知论就不奇怪了。这里最著名的例子可能是艾伦·沃森,但可能也包括皮埃尔·勒格朗、乌彭德拉·巴克西、马蒂亚斯·赖曼(Mathias Reimann)、弗兰肯贝格(Günter Frankenberg)、乌戈·马太(Ugo Mattei)和其他学者。对于战后第二代学者中的大多数人来说,在1945年之后建立的不可知论和折中的敏感性仍然被用来定义这一学科中什么是好的成果——我想起了毛罗·卡佩莱蒂(Mauro Cappelletti)、达玛斯卡(Mirjan Damaška)、玛丽·格兰特(Mary Ann Glendon)或者约翰·梅里曼(John Merryman)。

道夫·施莱辛格——这将是一份长长的名单。[21] 有趣的是,这些人成功地常规化了他们的知识和政治创伤,将这种创伤转化为一种专业训练,将其留在了个体的比较法学家的记忆之中,他们抛开政治或者方法论选择而转向接受超然的专业化的成熟声音。

战后不可知论主义的最初本质通过比较而引人注目,不仅对于在1900年巴黎会议和第二次世界大战之间建立这一学科的人们而言,对于那些对外国法有兴趣的先驱们也是如此,后者并不是这一学科的奠基人。许多19世纪最著名的和20世纪早期的法律和社会的理论家、历史学家、经济学家和社会学家都对各个法律体系之间的关系进行了阐述——比如韦伯、梅因、涂尔干和马克思:这个名单几乎和这一时期西方社会和政治思想的经典一样长。[22] 他们中包括许多律师、实践家和学者,他们对外国事务感兴趣,对法律体系之间的关系作了大量的阐述。其中,可能最著名的就是西北大学的约翰·威格摩尔(Dean John Wigmore)。[23] 但是,尽管非常出色和具有洞见,这些早期作者并未成为比较法权威的一部分。在一次比较法会议上,一位一流的美国比较法学家坚持认为这些人完全不能在任何一流的北美法学院以比较法学家的身份获得一席之地;并且我们应该提防过于认真地对待他们。我对此感到非常震惊。

出现这种情况有许多原因,我们不应该对此感觉太糟——许多比较法学家已经在其他领域的权威中赢得了一席之地。即使是威格摩尔也已经在证据法方面找到了归宿。但是当"比较法"在1900年巴黎会议作为一个学科出现之时,这些人都不是它的一部分。他们并未分享这一

---

[21] 见 Twining, *supra*, note 4, pp. 37—39。也见 Berhard Großfeld 和 Peter Winship, "The Law Professor Refugee", (1992) 18 Syracuse J. Int. & Comp. L. 3; Kurt Lipstein "The History of the Contribution to Law German-Speaking Jewish Refugees in the United Kingdom", in Werner E. Mosse et al. (eds.) *Second Chance: Two Centuries of German-Speaking Jews in the United Kingdom* (Tübingen: J. C. B. Mohr, 1991), pp. 221—228。

[22] 今天在这一领域中最值得提及的可能是 Max Rheinstein (ed.), *Max Weber on Law in Economy and Society* (New York: Simon & Schuster, 1967); Henry Sumner Maine, *Ancient Law: Its Connection with the Early History of Society, and Its Relation to Modern ndon: John Murray*, 1861)。On Maine, 见 Annelise Riles, "Representing: In-Between Law, Anthropology, and the Rhetoric of Interdisciplinarity", [1994] U. Illinois L. R. 597。关于 Max Weber, 见 Ahmed White, "Weber and the Uncertainties of Categorical Comparative Law", in Annelise Riles (ed.) *Rethinking the Masters of Comparative Law* (Oxford:2001), pp. 40—57。

[23] 见 Annelise Riles, "Wigmore's Treasure Box: Comparative Law in the Era of Information", (1999)40 Hard Int. L. J. 221; *id.*, "Encountering Amateurism: John Henry Wigmore and the Uses of American Formalism" in *id.*, *supra*, note 22, pp. 94—126。

领域的创始人的政治方案抑或方法论立场。回顾过去,很难不对他们不成熟的、非学科化的发展方式而感到吃惊。作为比较法学家,他们似乎的确缺乏方法论上的严谨或者学科性。在任何当代意义上,他们既不是折中主义,也不是多元主义——他们完全置身于我们自从成为不可知论者就有的一套方法选择之外。他们考虑的因素以及提出的有关法律现象的问题范围似乎遍布整个地图。他们根本不关心对技术解释与文化解释进行区分,甚至没有特别关注共性和差异。他们经常拥有完全不同的智识结构,并且对于不同法域的知识浅尝辄止,就轻率作出结论。简言之,他们完全没有应用专业术语进行研究。

同时,他们对于不同法律体系的比较是各种不同的、政治计划的组成部分——试图通过参照某一地方的法律来介绍另一地方某种特别的立法变化;试图在广泛分布的地点中通过对地方性法律的压制来促进商业机会;试图影响和理解殖民压迫;试图加强普遍放任的自由主义诉求或者通过对脱离封建主义的发展进行比较的历史性阐述从而合理化"资产阶级法"或者"契约自由"的特殊性。从当代的视角看来,他们的工作太政治化以至于不值得尊敬。但是,这并未使他们置身于这一领域之外——这些比较法经典著述的作者们分享和表达了他们所建立的学科所具有的政治议程。诸如梅因、马克思这些人的问题是他们并未分享这个学科的特定政治计划。没有方法的政治是错误的。

战后伟大的比较法学家——诸如雷蒙德·萨莱耶(Raymond Saleilles)、朗贝尔(Edouaud Lambert)、波洛克(Frederick Pollock),罗斯科·庞德(Roscoe Pound)、拉贝尔(Ernst Rable),卡尔·卢埃林(Karl Llewellyn)——提升了比较法学科的自我认识,并分享了一种不太明确的方法论和政治学的共识。㉔ 在方法论问题上,他们都以这样或那样的方式积极参与了反形式主义或者推动社会学法律思想上升的过程。他们关注那些一直以来型构比较分析的问题——人们如何能够确认可供比较的法律现象和法域;在关于共性的论述中,"外来影响"的作用有多大;解释变化的文化要素和技术要素的混合是什么;如何在广义和狭义上界定文化或经济/社会的发展阶段?他们的答案全都开始指向上一部分中我们所讨论的各种选择的结果。他们通常的计划是按照其视为已

㉔ Pollock 批评梅因在研究中的观察以及应用历史证据的非系统性,表明了对这一学科的期待。见 Frederick Pollock, "The History of Comparative Jurisprudence",(1903)5 J. Society Comp. Legis. 74.

转化的经济和社会的世界来排列法律——使其一度更加国际化,更加表达了世界主义和人道主义的价值观;更加能够回应社会和经济需要。没有人认同毛罗·布萨尼(Bussani)的关于统一国际规则愿望的不可知论——所有人都是公认的国际主义者,而且所有人都热衷于使法律更加趋同。方法似乎具有社会和政治结果——唤醒法律科学通过比较实现反形式主义,这将会打击人道主义观和自由主义观的普世性(cosmopolitanism)。某些人更进一步——比较法的反形式主义提供了一种进步的或者"左倾"的模式,这一模式代表了社会的弱势群体或者文化上的差异。所有人都对根据他们的比较知识参与公共生活、作出选择以及针对政府所面临的问题提出主张感觉良好。

当然,这些早期的比较法专家在他们的方法论和政治重点上也存在差异。是否应该通过普遍的法典化,或通过对那些试图对不断增加的、普遍的社会和经济问题作出嵌入式回应的法律秩序进行规划,从而使法律国际化?文化特殊性在为适应新近的国际经济体系而发展出来的法律中应该处于何种位置?比较法学家在学术上或者公共服务方面,哪个方面作出了更好的贡献?法律如何才能成为对社会发展需要的最好回应,如何才能更好地改善工业化的尖锐矛盾?用以回应社会和经济发展需要的计划是如何"左倾"?哪些社会利益是法律体系近期应该留意的——工商企业的利益还是工人的利益?还有,他们分享了广义的反形式主义方法论模式和广义的改革者的政治动机。没有人提主张保留法律超然的自治,或者使公司和政府机构免受社会变革要求的影响。

在这些早期的比较法学家中对于方法和政治都不存在很多争论。他们似乎彼此之间只有松散的联系,而且已经受到其他领域哲学传统的过多的影响——社会学法学、利益法学、自由法学和法律现实主义——而不是受到比较研究的特别方式的影响。每个人都以自己的方式应用这些共同术语以促进他自己的特别计划,而没有感受到独立于他人的必要。回顾过去,每个人都从反形式形式的术语中选取了不同的部分,看上去与他人存在争执。每个人对他的政治和制度计划的兴趣似乎都已经超过了提炼其比较方法的兴趣。这里至少需要提到三个人——朗贝尔、庞德和拉贝尔——以提醒人们他们与其战后的继受者存在多么巨大的差异。他们分别代表了世界大战期间法国、美国和德国的比较法研究的主流。

朗贝尔并不羞于他的计划的社会意义。㉕ 比较法就是一个法律改革计划,用以发展更加统一的、国际化的规则,并带着一种观念这样做,即确信新规则将更好地适应新工业经济的社会需要。朗贝尔在他的一篇关于比较法渊源的文章中概括到:

> 这项国际性学科在私法领域的构建发挥了功效,这要归功于法学家们作出的共同努力,使得互不支持的民族主义者之间本来陷入恶化的争端转变成有节制的竞争与国际性的合作。不过这种法律学科的新形式仍处于起步阶段。……波兰、罗马尼亚、捷克斯洛伐克、南斯拉夫的法学家们于此之外认识到,比较法参与到一个整体发生变化的过程中,是为他们国内法的统一编纂提供有力的技术支撑的最佳途径之一。㉖

在朗贝尔的指导下,比较法专业在里昂法学院被制度化㉗,被定向为训练一批能够理解跨国语境中的法律、平息国际紧张关系并能发现解决现代社会问题的统一途径的骨干法律精英。为了达到这个目的,他们需要带来新的声音——不仅仅是法学家的法律,还包括如联合体、行业协会或者商业组织等社会行动者创制的法律,在反思1900年巴黎会议重要性时,朗贝尔说:

> 自1900年以来,影响比较法的观点迅猛发展。这些观点经过了扩充,并且受到在各类工业化政治实体中所显现的三个方面的影响,并且影响仍在不断扩大。首先是伴随战争导致的经济后果而产生的国际意识的觉醒。……其次是各国的公众舆论越来越强力地要求推动法律的社会化,也就是对包括法律条文(常常追溯到另一个时期的司法判例),以及它们在当前经济条件下的适应性在内,作出灵活而

㉕ 我对朗贝尔的比较计划及其影响的理解严重依赖最近的两个精彩研究:Amr A. Shalakany, *The Analytics of the Social in Private Law Theory: A Comparative Study*, Harvard Law School SJD dissertation (April 2000), on file with the author; Marie-Claire Belleau, "Cross-Atlantic Fertilization: Edouard Lambert and Roscoe Pound on Comparative Law", paper presented at the Northwestern University conference "Rethinking the Masters of Comparative Law", 18 March 2000, on file with the author.

㉖ Edouard Lambert, "Sources du droit comparé ou supranational. législation uniforme et jurisprudence comparative", in *Recueil d'études sur les sources du droit en l'honneur de François Gény*, vol. Ill (Paris: Sirey, 1934), p. 502.

㉗ Id., *L'institut de droit comparé: son programme, ses méthodes d'enseignement* Lyon: A. Rey, 1921).

明确的诠释。……法律向社会化方向的发展以及向国际化方向的发展是相辅相成的,并且共同受到由第三种方向的发展带来的竞争推动,从而不断加快其步伐。这里的第三种方向的发展,便是由受法院管辖的集团诸如职业工会、雇主联合会以及工商业各个产业的同业行会,为了他们内部的秩序或成员之间的经济关系秩序所制定的法律的引入,这些法律与法学专家的法律相竞争。……自这些集团的法律诞生起,便带有国际性的特征,因为它一直在规范和合理化各项活动,而这些活动已经,并且每一天都越来越向国际性的活动转变。㉘

376 为追求这一"社会化和国际化"计划,朗贝尔清楚地认识到,编纂法典,不论是国内的还是国际的都将是有用的。事实上,朗贝尔的比较法研究决不是关于更加国际化和统一化的法律的可期待性的不可知论——无法在狭隘的国家传统中发现解决途径:

> 在普遍规范指引下,法律这门学科难道不是到了反对那些由于之前分散在各国的研究从而造成司法不协调的时候吗?难道它现在没有权利努力让各个地方重新融合,并赋予他们国际性特征吗?㉙

与此同时,国际法律体系将会发现它植根于社会的、经济的和文化的现实:

> 在这些形式的、次要的来源——也就是我通常称之为框架的部分之下,比较法所研究的国际性或超国家的法律体系,还有其具体的、主要的来源,以提供由框架构筑加工而成的、如同惹尼(Gény)所说的已知条件那样的原料。这是来自经济的、社会的、伦理的力量的总和,每一天都在使各类政治实体组成部分之间的联合和相互依赖不断加强。而经济范畴是为数最多也始终保持最有活力的。……与经济领域相平行的,还存在道德的力量或精神的力量——如

㉘ Id., "Rapport fait ā la séance d'inauguration de la session de 1929 ā La Haye sur le rôle d'un congrès international de droit comparé en l'an 1931", in *Travaux de l'Académie internationale de droit comparé*, vol. II (1929), fascicule 1, pp. 4—5. Lambert describes the objectives of the congress in these terms: "*La tâche essentielle d'un pareil Congrès sera de préparer et de mettre en mouvement le travail collectif et réfléchi de l'élite des juristes des divers pays par lequel la profession légale internationale-c'est-à-dire le vaste groupement naturel formé par les hommes qui se consacrent à l'étude l'application du droit-adaptera son activité scientifique d'ensemble aux devoirs et aux sources d'influence sociale que lui crée la naissance de cette communauté économique et politique supra-nationale*' (*id.*, p. 8)."

㉙ Id., "L'enseignement du droit comparé: sa coopération au rapprochement entre la jurisprudence française et la jurisprudence anglo-américaine", in *Annales de l'Université de Lyon*, vol. II (1919), fascicule 32, p. 94.

公众舆论的主流或世界性公众舆论的活跃部分,它们为超国家的法向这种原料的转化提供强有力的保障。㉚

朗贝尔在标准而不是规则的基础上推进法典化,他强调通过地方性的执行、解释和实施来满足对统一私法的需求。在朗贝尔的观念中,成功编纂法典的关键是成功地吸收了习惯法并允许国际规则在每一个法域的土壤中生根。只有这样,一体化才能成为旨在实现共同理解的文化发展地一部分。为了成功,国际化的立法需要调和国家、社会环境特殊性与实现统一化的需要之间的关系:

> 所有为立法国际化统一而做的努力,在进行国家或地区的立法时都必须面对一项主要任务:找到一个平衡点协调法律范畴两个截然对立的愿景;其一,找到一项可以保证法律关系安全的保障,而这种安全只有在法律统一与完全确定的情况下才能得到满足;其二找到一项能够使法律适应不断变化的经济社会生活要求的保障,这会使法律打开安全阀和缺口。进而,在这一过程中,如果这两种利益中的任何一个在程度上或多或少地盖过了另一个,这些努力就将被导向如日内瓦货币兑换统一法所寻求的、国际劳工组织所乐见的那种统一化,或者被导向统一化的中间类型。㉛

㉚ *Id.*, *supra*, note 26, p. 491.

㉛ *Id.*, p. 490. 朗贝尔这样评论实现一体化的困难和方法:'*L'impérieuse leçon des faits a vite appiris à ceux qui ont eu à la diriger* [i. e., the enterpise of unifiying labour law after the Versailles Treaty and the establishment of the international Labour Organization] [...] *qu'il serait chimérique de poursuivre, même sur les terrains les mieux choisis, les plus préparés de ce domaine, une uniformisation matérielle des dispositions des divers lois d'Etats. Que tout ce qu'il était possible d'obtenir à la longue et par étapes, c'était l'établissement d'un équivalence générale ou moyenne entre ces dispositions, l'acceptation de directives communes, susceptibles d'être adaptées aux conditions particulières de chaque pays, de région et d'être conciliées avec les nécessités propres à chaque branche de l'activité industrielle et commerciable. Un droit international du travail, plus encore que cette branche de législations nationales, ne peut manifestement se développer que sous la forme qui est en contraste le plus net avec un régime de règles uniformes et par conséquent rigides* [...]. *L'établissement entre nations d'un droit véritablement uniforme* [...] *aboutirait à immobiliser les parties du droit pour lesquelles* [*il*] *s'etablirait, à empêcher l'adaptation progressive de leurs principes aux transformations d'un milieu social et économique, qui est en perpétuelle évolution, qui, même à certaines heures—comme l'heure présente—remue avec une intensité inquiétante de puissance de renouvellement. Ou bien, malgré l'existence d'une législation uniforme, les Etats reliés par elle apporteront chacun dans leur version nationale de la législation uniforme les perfectionnements nécessaires à son maintien en harmonie avec le mouvement général de leurs institutions et leurs moeurs économiques, et alors l'uniformité sera vite rompue. Ou pour maintenir cette uniformité, on s'abstiendra, de part et d'autre, de légiférer sur la partie du droit uniformisée. Mais alors ce sera l'obstacle à tout progrès législatif en cette matière*': *id.*, pp. 487—488.

作为随后形成的社会学法学传统的参与者,朗贝尔的方法论法系与他的政治计划一样重要。对于朗贝尔而言,国家法和国际法都充斥漏洞,已有的正式法律材料无法提供指引。法学家的工作就是协助法官发展回应新的社会需要和经济状况的解决途径。这就是比较法研究能够作出的贡献:

> 在司法的功能当中,法律探索这项微妙的任务之所以存在,本身就是一种社会学现象的结果,惹尼(Gény)在他之前的论著中特别指出这一点:对于任何一种法律体系,无论它主要是立法性的,比如民法法系的某些部分,或主要是司法性的,比如普通法法系的某些部分,都不可避免地存在漏洞,而且每当我们填补了一部分的空缺,其他部分又必然会暴露出新的漏洞。同样要归功于惹尼的是,他明确指出了:……自由科学研究在遇到不可预知情况时的角色,以及在何种条件下它必须被牢牢把持住而不致陷入"法律自由"主义的专制或无政府状态。在这个目标下,它需要寻求一切可能的手段使其更容易地找到一个途径,来适合惹尼所谓的"积极事物的本质",也就是我所说的法律的经济社会基础。Sugiyama 则毫无疑义地指出,比较法就是这里最主要也自然是最合适的手段。㉜

从现代眼光看来,朗贝尔的比较法著作似乎与众不同地坦白——存在一个清晰的社会目标和一种方法论自信。现在看起来更充满困难的方法论选择的宽泛提纲包括这些内容——法律作为一种在特殊语境中的社会现实;同时也作为一种对普遍的社会、经济需要或环境的反映;而且法律还是那些将要在私人企业、团体和其他经济参与者的习惯法中寻找灵感的学术精英自我意识的产物;一种对贫瘠的、与现实脱节的、现存的正式法律广泛的攻击通过法典编纂而得以实现,而统一的法典编纂则通过对广义标准的地方性解释而得以实现。㉝

事后看来,朗贝尔的许多主张是自相矛盾和别具一格的。对后来的学者而言,在 20 世纪 20 年代的反形式主义热潮中出现的法典似乎与朗贝尔试图通过法典编纂克服的那种国家主义传统一样,都与社会现实缺

㉜ *Id.*, p.492.
㉝ 朗贝尔对于这一点的方法论和政治的自信和他的许多同仁一样。对于与反形式主义平行的有趣的国际法、法律与生活和政治现实的交叉,都是通过立法实现的。见 Alejandro Alvarez, "The New International Law", *Transactions of the Grotius Society*, pp. 35—51 (16 April 1929).

乏联系。如果我们沿着上一段所描述的选择来考察朗贝尔的研究,他似乎在两个谱系之间举棋不定。他的个人主张今天看来似乎是大胆的,某种意义上是天真的,没有认识到这些主张已被从中排除的可能性范围,因而不能很好地在批评面前为自己辩护。一个比较法学家不应该再像朗贝尔那样写作,因为他或她可能已经在心目中形成了对这些潜在批评的印象。我们可能认为,从战前到战后比较主义的转向是基于对这些警告的潜意识。反形式主义不再是一种自信的主张,而是一系列相互冲突的要素,在这些要素中只有一种克制的判断才是可能的。但是,所有这些还是发生了。

如果我们考虑到罗斯科·庞德——在两次大战间美国的比较法的领军人物,我们会发现一种同样自信的、关于比较法的政治和方法论计划。庞德视比较法为广义的社会学法学的一部分。[34] 一个特定法律的正式规则对于成功理解或研究一种法律秩序来说并不足够。超越正式的法律规则似乎会与超越自身的法律体系相混淆——比较研究将会迫使研究者依正式的法律原则进行研究:

> 马修·阿诺德(Matthew Arnold)经常说,一个人如果只知道他自己的圣经就根本不了解他自己的圣经。难道我们就不能说,一个人如果只知道他自己的法律体系,那么,他根本不了解自己的法律体系?[35]

正式的法律规则停留在某种社会进程中或者那些赋予它们以微妙之处和意义的技术上。理解一个法律体系,比较法学家将需要掌握有关它的技术:

> 司法和法学技术的比较是比较法智慧的开始。这也是任何在国内应用关于别国的法律图书的前提条件。只需看看来自大陆法国家大学中受到良好训练的学生试图使用英国或者美国的法律图书、或者出色的美国律师试图使用大陆或者拉丁美洲的法典,我们

---

[34] 社会法学和比较法之间的关系见 Roscoe pound, "Scope and Purpose of Sociological Jurisprudence (Part I)", (1911) 24 Harvard L. R. 591, pp.616—618; id., "Philosophy of Law and Comparative Law", (1951) 100 U. Pennsylvania L. R. 1; id., "Introduction", (1952) 1 Am. J. Comp. L. 1; id., "The Place of Comparative Law in the American Law School Curriculum", (1934) 8 Tulane L. R. 163. 我对庞德的理解受益于 Mitchel de S.-O.-l'E. Lasser, "Comparative Reading of Roscoe Pound's *Jurisprudence*" (2002) 50 Am. J. Comp. L. 719.

[35] Roscoe Pound, "What May We Expect from Comparative Law?" (1936) 22 Am. Bar Assoc. J. 56, p.60.

才能够认识到,在没有掌握那种法律技术的情况下,从它的法律图书中寻找另一片土地上的法律是多么地无望。㊱

运用一种植根于社会结构中的法律秩序能够很容易导致错误——法官或者其他人可能过于依赖正式规则或者可能很容易用他们自己的偏好去替代法律。对于庞德来说,所有这些都使他特别烦恼,以他所处的20世纪30年代的环境而言,法律体系需要的不仅是得到运用,而是需要加以维护:

> 一个转型的时代,一个创造性的立法的时代,一个立法、司法和法学的试验的时代,一个充满关于法律是什么或根本就不存在法律此类新奇法律理论的时代——只存在一个过程,没有人被它的实践领域的技术发展伪装完全蒙蔽以至无法发现权威材料——这样的时代比那些稳定而又平静的时代而言,需要更深入、更广泛的技术知识和关于司法和行政决策材料的知识。在后者中,关于不同时空下的法庭所承认和适用的法律规则的、详细且精确的信息,可能会造就一个知识丰富的、优秀的律师。在前者中,这些规则处于试验之中,它们并未被认为是已经最终确定的,而只是服从于对它们的效力和有效性的考察。因此,那些只知道自己的比较法学家,好像是他们自己与自己进行比较,他们可能会被认为是不够格的。㊲

因此,庞德头脑中对比较法学科有一个非常具体的计划,并提倡一种特别的研究方法来实现这一计划。比较法参与到了法律知识分子反对"新现实主义者"或"激进的新现实主义者"的斗争之中,这些现实主义者仅仅从法律实效的角度看待法律或者将法律根植于特定法官的主观和个人化的态度之中。同时,法律的确是需要,反对那些试图将法律与社会生活脱离开来,抑或撤退到"自然法的古老体系"或者像上个世纪的"分析的法学家"那样忽略按照社会需要和理想来校正法律的急迫需要。法律秩序必须以现实为基础,对于庞德来说,这意味着,应该实现的现实:

> 再次重申,对于法院、立法者和法学家工作进行忠实描述并非法律科学的全部任务。法律秩序明显的现状是,不可能将他们(法

㊱ *Ibid.*
㊲ *Ibid.*

律家)所做的与他们应该做的,或者他们感觉他们应该做的分离开来……对法律中理想要素的批判性描写,对尊重社会和法律秩序现状的传统观念的珍视,以及它们导致的今天的社会和法律秩序结果,这些均与现实存在联系……正如关于特定案件中特定法官的行为的心理学理论与现实存在联系那样。㊳

这样做的方法就是揭示一个法律体系中的"理想性"要素,并将它们不仅作为理性化和系统化法律规则的基础,而且为正式法律规则的解释提供细微差别和灵活性。这些"理想"要素是法律的一部分,但是可能轻易被忽略或者无法被理解。㊴ 在这里,比较法学家能够提供帮助——通过比较法律体系中的现行法律与先前的法律和其他法律秩序中的法律,法律中的理想要素可能被发现:

> 但是我最希望,出于不远的将来的目的,研究法律中的理想成分,研究美国法律已经接受的理想要素(如果能够像它原本的样子),这些理想要素必须在比较的过程中得以践行。至于过去已经接受的理想要素,它必须是在不同的法律发展阶段进行比较,对今天和昨天的理想要素进行比较。至于不同法律体系中的理想要素,它必须是相互之间进行比较……我期待一种比较的、哲学化的法理学,它将能够根据理想要素更好地完成需要的工作。㊵

通过在比较研究中确认法律中的理想成分,仿效或者维系某种法律秩序而无须依赖特定法官的态度是可能的,而且不会出现"错误……地将法律的理想成分看做某种处于法律之上且具有独立有效性的事物,从而将其与法律分离开来——如同在自然法的古老体系中一样,而且如同上个世界的分析法学家那样㊶……将其分离出来以忽略它们的作用"。

比较研究将不仅仅强化已经建立的法律秩序的权威,也会鼓励法律体系变得更加国际化,因为法律精英们越来越认识到"法律的普世特征"。㊷ 通过比较研究,法学家们会明白:

㊳ Id., "A Call for a Realist Jurisprudence", (1931) 44 Harvard L. R. 697, p. 700.

㊴ 庞德社会学法学中的理想成分的重要性,请见上注 Comparison of Ideals of Law, (1933) 47 Harvard L. R. 1, pp. 3—4.

㊵ Id., supra, note 35, p. 60.

㊶ Id., supra, note 39, p. 4.

㊷ Id., supra, note 35, p. 60; id., "Comparative Law in Space and Time", (1955) 4 Am. J. Comp. L. 70, pp. 83—84.

382 　　　　　法律总的来说趋向于越来越统一,但是法律仍然是地方性的
……在逐渐增长的世界性的经济和文化趋同的作用下,法律秩序总
的来说趋向于统一。比较法作为研究、著述和教学的一个主题出现
只是世界统一进程中的一个部分,这种统一的过程在文明史的每一
个方面都呈不断增长的趋势。曾几何时是小城镇对小城镇的战争、
氏族对氏族的战争、部落对部落的战争、国家对国家的战争、帝国对
帝国的战争,而今天是大洲对大洲的战争,这呈现了一个消解次要
差异的过程,尽管这些次要的差异是为地方性的政治和法律体系而
存在,并且需要地方性的法律秩序和多元化的地方法律……特别重
要的是,今天人们之间紧密的法律上的关系并没有使他们走向建立
全球统一的超级国家的运动。相反,一如既往地坚持地方政治的独
立性。……今天比较法变成了一本描绘世界法律地图的书,而不是
不知通向何处的主要街道的混乱图表。[43]

庞德对比较法的反思与朗贝尔一样带有方法论自信和政治的轻率。他们分享了朗贝尔的相当广泛的反形式主义和社会本位,以及他的国际主义和统一化目标。与朗贝尔一样,庞德设法将不那么容易结合的事情放在一起——作为特定地域法律组成部分的普遍理想,或者已经成为法律文化现实的那些理想。他提出了一种精心设计的法律发展阶段的模式,这一模式既反映了特定法律传统的历史特殊性,也反映了更多跨历史的普遍现象。[44] 在关于外国法律秩序的阐述中,他并未给习惯或者立法材料以优先地位:

　　　　　一个发达的法律规则体系是由两个要素构成的,一个是制定的
或者强制的要素,另一个是传统或者习惯的要素。[45]

庞德的计划并不是朗贝尔的——定位隐含的法律理想成分并不是了解联合体和商业组织的习惯法。请考虑,美国现实主义者的挑战不是在法国法律影响范围中构建一个更加具有社会进步意味的法律体系。从促进那些会被解释为与地方性的社会和经济需求一致的标准的法典

---

[43] *Id.*, "The Passing of Mainstreetism", in Kurt Nadelmann, Arthur von Mehren and John Hazard (eds.), *Twentieth-Century Comparative and Conflicts Law: Legal Essays in Honor of Hessel E. Yntema* (Leiden: Sijthoff, '1961), pp. 12—14.

[44] 关于庞德比较法著作中体现的矛盾情绪,请见 Lasser, *supra*, note 34.

[45] Roscoe Pound, *Jurisprudence*, vol. II (St Paul: West, 1959), p. 9, as quoted in Lasser, *supra*, note 34.

化,到鼓励法学家通过普遍的理想成分而导览法律,这是一个漫长的过程。尽管庞德和朗贝尔之间并不存在方法论争论——他们都发展出了各自关于比较法观念,仿佛他们代表了这一领域的共识——他们的确都对方法论争论进行了回溯和梳理。我们一旦了解了这两个比较法学家,就会发现反形式主义只提供选择,而不是解决途径,我们因而就会为折中主义的出现而做好准备。

在德国,拉贝尔(Ernst Rabel)是两次世界大战之间最重要的比较法学家。[46] 拉贝尔最初是一个罗马法史学家,只是在一战后转向比较法的。在移民到美国之前,也即在二战爆发之前许多年中拉贝尔坐镇很多仲裁庭,在国际常设法院担任过几次专案法官,积极为德国广大的商业利益群体提供意见和咨询,曾经是柏林威廉大帝(Kaiser-Wilhelm)外国私法和国际私法研究所的创始人和领导人,他也是那里的教授。像朗贝尔一样,拉贝尔将比较法研究制度化,并将其视为一项重要的计划。回顾他战后的生涯,他不再从事其他工作,专心致力于比较法研究,他的工作是为比较法研究的持续发展提供制度化和专业化的资源——他认为这是自己最持久的贡献,同时,他不断地鼓励他的美国同事发展这一项事业。[47]

像朗贝尔一样,拉贝尔终身都对在私法领域建立统一私法的国际规则持有乐观态度,并热情鼓励法典编纂。他辛勤工作以准备关于国际货物买卖的海牙研讨会,对可能的统一冲突法的立法也作出了贡献。他是美国法律重述计划的坚定支持者:

> 我们很高兴地设想:这可能意味着,如果将地域进行充分延伸,一个关于法律义务的核心章节将会首次由统一的立法所主导。对

---

[46] 最近涌现出的出色的关于拉贝尔比较法传统的研究,请见 David J. Gerber, "Sculpting the Agenda of Comparative Law: Ernst Rabel and the Façade of Language", in Riles, *supra*, note 22, pp. 190—208; Bianca Gardella Tedeschi, "Anti-formalist Strands in Comparative Legal Thought" (2001), on file with the author 拉贝尔有代表性的英语著作包括:Ernst Rabel "Draft of an International Law of Sales", (1938) 5 U. Chicago L. R. 543 [hereinafter "Daft"]; *id.*, "On Institutes for Comparative Law", (1947) 47 Columbia L. R. 227 [hereinafter "On Institues"]; *id.*, "The Hague Conference on the Unification of Sales Law", (1952) 1 Am. J. Comp., "*Unpublished Lectures: Schriften aus dem Nachlass*", RabelsZ, 1986, p. 282 [拉贝尔用英语做的比较法各问题的演讲] (hereinafter "Schriften"); *id.*, "Private Laws of Western Civilization", (1950) 10 Louisiana L. R. 1,107, 265 & 431 [hereinafter "Private Laws"]. *id.*, *The Conflict of Laws: A Comparative Study* (Chicago: Callaghan, 1945), 4 vols. [hereinafter *Conflict*].

[47] 见 Rabel, "On Institutes", *supra*, note 46, p. 227. 拉贝尔引用了庞德的关于比较法之重要性的论述:比较法"是美国法学家武器库中的主要武器", *id.*, p. 225.

于诸如霍姆斯这样的法官和威利斯顿(Williston)这样的作者来说这是一个多么好的、可用于互换解决途径、方法、体系的领域啊!没有一个共同的上诉法院,统一立法是没用的,这并不真实。好的裁判具有一种说服效力。共同的法律科学益处超出我们通常的想象。在每一个国家,国际货物买卖法都将与通过国内强制力保障的国内法竞争,就像在罗马的市民法与万民法一样。这样看来,促进国际货物买卖法的形成是值得做的。[48]

拉贝尔绝不是对法律统一性和多样性的相对可取性持不可知论的人,在他最公平的考虑中,他承认多样性将需要被考虑,但共性才是目标:

> 当然在国际计划中,我们不敢轻视差异。我们必须同样探索差异与共性。两者同样重要,我们需要考虑两者的根源,但是,在目前的阶段,考虑共同特征和基本性的观念仍然是最重要的。[49]

拉贝尔一直支持实践层面的比较法研究——将其作为反对地方化主义的保证,作为一种更好的规定和规则的渊源。在二次世界大战期间,他也倡导将比较法作为通过促进国际精神来解决欧洲冲突的紧急救助办法。但是,他也是德国民族抱负的坚定支持者,更多地将专业比较法用来论证德国、德国事业和德国律师的比较优势[50]:

> 祖国的重建及加强与外部世界的接触需要一种敏锐的对世界性实践的理解。这一新任务要求法学家必须是有所准备的。[51]

只有通过对外国法的比较研究,德国的商业利益才能得到国际性保护,同时,只有致力于国际"精神",德国民族和商业利益才能在世界舞台上得以实现。

在方法论意义上,拉贝尔受到德国"利益法学"和社会学法学的影响。他对这些观念的理解反映了德国19世纪独特法律传统的影响,在这种传统中,他接受了学术训练,但是这一传统迫切需要改革,以允许德国商业利益在世界范围内实现其目标。具体的法律规则在它们所处的

---

[48] Id., "Draft", supra, note 46, p. 565.
[49] Id., "Schriften", supra, note 46, pp. 319—320.
[50] 也见,Gerber, supra, note 46, p. 14.
[51] Ernst Rabel, "Das Institut für Rechtsvergleichung an der Universität München", Zeitschrift für Rechtspflege in Bayern, 1999, p. 3, as quoted in Gerber, supra, note 46, p. 198.

体系的语境中得到了最好的理解。反言之,理解一种法律体系首先需要对这一体系发展进行历史分析;其次,是了解现存的法律体系的实践;再次,是一种对于更广泛的"要素,这一要素渗透着哲学,并且在此处,历史、系统的法律科学和法律哲学一起审视这些关于法律演进和影响的、最深奥的问题"。㊳ 尽管拉贝尔以法律史学家开始,在二次大战间,他的比较研究主要集中于努力理解外国法律体系在实践中的运作方式。他从未将更多的精力用于"最深奥的哲学问题",同时他的方法论评论从未被清晰地表达出来。他表达了将比较法作为"纯粹科学"的强烈愿望,即通过透视法律语言和学理表面背后的东西,以理解实践中的法律规则的运作方式。同时,他对法律规则的分析一直关注商业阶层的需要和利益。

在战后美国,拉贝尔完成了许多经过深思熟虑的短文和演讲,以及两个主要的项目。其中最大的是由美国法律协会主持的多卷本的比较冲突法研究,并打算将此作为统一冲突法的国际努力的基础。㊴ 没有方法论或者历史的光彩,这些冗长的描写关注通过不同体系中的各种冲突规则所得出的结果。他的另一个战后比较法研究是对"西方文明的私法"的权威综述,以系列文章的形式发表在《路易斯安那法律评论》上。㊵ 这些演讲考虑了罗马法、法国民法典、德国和瑞士法典以及历史意义上的普通法传统和民法传统,列举了各种突出的差异和共性。如果说有一个共同的主题,那就是承认在每一种传统中都遭遇了不同程度的困难,以及承认为了避免法律形式主义对实践的约束而允许一种更具实践意义的、对"法律的社会目标而非技术品质的关注"。㊶

与朗贝尔和庞德相比,拉贝尔远不止关注当事人和商人遇到的法律规则的实践效果。他较少关注理想性的和规范性的承诺,尽管他的历史研究经常认为,一种体系往往实践一种特殊的理念,比如法条主义、先例等。在通过法律语言观察实践的过程中,他并没有寻找习惯法,也不像朗贝尔那样,也并未寻找商人或者社团领导人关于法律是什么以及应该

㊳ *Id*., p.2, quoted in Gerber, *supra*, note 46, p.197, n.18.
㊴ Rabel, *Conflict*, *supra*, note 46.
㊵ Rabel, "Private Laws", *supra*, note 46.
㊶ *Id*., p.9. 拉贝尔将罗马法归功于发明了这一观念,"法官应该根据他自己的良心评价他面前的证据,而不是受法律条文的羁绊去决定哪个文本是可信的,需要多少此类的证人等等":*Id*., p.10. See Gerber, *supra*, note 46, p.10. 拉贝尔对这一观念在其他体系中的特殊命运进行了历史考察,发现不同体系中存在对成文法的相当不同的态度——瑞士相当宽松、德国法典相当细致、法国有合法性概念、英国反对正式规则并主张平等观念、美国有遵循先例原则等。

是什么的观点。他是试图寻找对实践后果的详细讨论,这些实践后果是因适用不同的法律体系而产生的——并且他确信这些实践后果能够被法典化的立法过程所统一:

马克斯·莱茵施泰因这样描述拉贝尔的方法论偏见:

> 作为一名比较法学家,拉贝尔有必要应用在德国被称为利益法学和社会学法学的方法。这一方法经常被理解为是反对概念法学的。在拉贝尔的思想中没有这种反对的声音。在他的观念中,法律是一种被协调且有系统地安排的规则和概念体系。他的目标是改进这一体系,以精炼其概念,同时,防止它们模糊化。对他来说,一个好律师就是要掌握概念并熟练、清晰地运用它们以实现良好的社会政策目标。然而,如果一项政策忽略了已经沉淀为民法概念的、两千年来的经验,那么,这项政策则不会是一项好政策。拉贝尔几乎没有阐明他的方法论理念。事实上,他避免参与方法论争论,这些争论使德国法学思想动荡不安。他只是以自己的方式在他的文章和教学中处理这些法律概念。㊊

我们能够在马克斯·莱茵施泰因1956年的溢美之词中听到战后方法论折中主义的声音——他提到了关于方法论选择成为一种"必要"的想象,提到了在早期研究中对方法论的矛盾心理的逃避,对实践法学的关注,明确旨在为"良好政策"而适用法律。将朗贝尔、庞德和拉贝尔放在一起,我们可以说,在两次大战之间的后期,广义的反形式主义的比较法研究项目已经在一系列相当不同的方向上得到详细阐述——强调理想、社会事实、实践效果——并在相当不同的制度性和意识形态项目中得以详细阐述。

勒内·达维德描述了接下来所发生的情况。㊋ 达维德也处于这种

㊊ Max Rheinstein, "In Memory of Ernst Rabel", (1956) 5 Am. J. Comp. L. 185, p. 187.
㊋ 关于勒内·达维德的基本资料请见, *Traité de droit civil comparé* (Paris: L. G. D. J., 1950). 有关这本书,后来达维德自己在30年后写的一本文集中说(这本文集以主题编辑,有一些对于达维德作品中的特别题目的一般评价),这本书已经过时了,但是这本书的方法论和理论尺度关注于并积极建议"*mérite encore détre lue*": id., *Le droit comparé: droits d'hier, droits de demain* (Paris: Economica, 1982), p. 39 [hereinafter Le droit compare]. 也见 id., *Les grands systèmes de droit contemporains*, 11 th ed. by Camille Jauffret-Spinosi (Paris: Dalloz, 2002), 英文本翻译根据早期版本译成, Id., 以及 John E. C. Brierley, *Major Legal Systems in the World Today*, 3d ed. (London: Stevens, 1985); id., *Les avatars d'un comparatiste* (Paris: Economica, 1982) [hereinafter Avatars]. 对于此,达维德在自传中主要讨论了他的比较著作中的方法论/理论本位。id., pp. 258—268, being c. 18 entitled "*Mon oeuvre*". 关于达维德的著作,见 Jorge L. Esquirol, "René David: At the Head of the Legal Family", in Riles, supra, note 22, pp. 212—235.

反形式主义的传统之中,同时也倡导改革法律以使其与社会经济需要相协调。㊽ 他以站在巨人肩上的姿态发言,称颂伟大的前辈比较法学家。㊾ 他怀着他的世界主义责任感。㊿ 但是他转换了语调——达维德也曾撰文反对这一传统。目标已经变得温和、普遍化和模糊。达维德列举了比

㊽ 见 David, *Le droit comparé*, *supra*, note 57, p. 66. '*En vérité, tout le monde le sait, [les juges] jouent dans nos pays comme dans les pays de common law un rôle important de création du droit. On peut, à l'occasion, leur demander et obtenir d'eux une "interprétation" de la loi plus orientée vers une solution de justice que commandée par la volonté du législateur ou par des textes que celui-ci a prescrits*'. And later on, in the same pièce: '*Le droit n'a jamais été statique. Toujours il a dû s'adapter à des changements qui se produisaient dans les circonstances, dans les techniques, dans les idées, et qui conduisaient à concevoir d'une manière nouvelle la justice. L'on doit néanmoins reconnaître que cette évolution a pris, dans nos sociétés actuelles, un caractère révolutionnaire parce que le droit, au lieu de se fixer pour taches essentielle le maintien de l'order et la garantie de droit individuels, vise aujourd'hui, à un degré égal et parfois supérieur, à transformer l'order social existant et à donner effet à un type nouveau de droits: droit économiques et sociaux, droit collectifs ou diffus*': *id.*, p. 71. 或者在他最著名的经典的一部作品中说:"当考虑外国法的时候,我们必须在头脑中保有这样的观念:这一法律中的样式在其正式渊源中表现得并不足以成为考虑这一国家中的社会关系的唯一因素。"*id.*, 以及 Brierley, *supra*, note 57, p. 13. 同时,并未考虑这一观念"比较法不过是法律社会学的一个方面":*ibid*.

㊾ 参见 David, Le droit comparé,同上的前三章。*Le droit comparé*, *supra*, note 57, are eulogies for Lambert ['*Edouard Lambert a été un grand comparatiste* (...). *Il a été de ceux qui, parce qu'ils croyaient à la communauté internationale et parce qu'ils savaient se donner tout entier à un idéal, ont le mieux servi l'intérêt de leur pays; il a été un grand Français*': *id.*, p. 20], Harold Gutteridge ['*un des maîtres inconstestés du droit comparé*': *id.*, p. 21] and Felipe de solà Cañizares ['*l'oeuvre scientifique de solà est considérable, et elle aurait suffi à elle seule à le classer comme un grand comparatiste*': *id.*, p. 33]. Elsewhere, he cites Pound as a reference for the sociological dimension of comparative studies in law, referring to '*l'oeuvre de Roscoe Pound, le grand comparatiste américain*': *id.*, *Avatars*, *supra*, note 57, p. 259. He also presents Lambert as an examlpe: "*Mon modèle était plutôt Edouard Lambert, quoique je me méfiasse des tendances un peu chimériques auxquelles l'avait porté sa générosité naturelle*" (*id.*, p. 294).

㊿ 例如,见 *id.*, *Le droit comparé*, *supra*, note 57, p. 63: '*Je ne conçois pas en effet que l'on puisse "se spécialiser" dans son droit national, et tout ignorer des conceptions différents du droit, de son rôle, de ses techniques, que l'on peut avoir dans telle ou telle région du monde: aux Etats-Unis qui pour notre bonheur ou notre matheur sont aujourd'hui la puissance dominante dans la politique et l'économie du monde, —dans l'Union soviétique qui met en cause, dans leur fondement même, nos institutions, — dans les pays d'Europe occidentale, avec lesquels nous voudrions nous unir étroitement, —dans les pays du tiers-monde, dont la misère pose un problème angoissant pour la morale universelle et la paix du monde. Se replier sur la seule étude de notre droit national me paraît être aujourd'hui une position— peut-être malheureusement une tendance—anachronique, sans que je fasse à cet égard une différence entre les "grandes puissances"—celles qui se qualifient de telles, disent les Brésiliens, —et les plus petits pays, —ceux qui ont plus de modestie ou une conscience plus nette de leur poids dans le monde contemporain. Tous ceux qui veulent regarder le droit comme une science, tous ceux qui sont conscients de la nécessité d'élaborer un order international nouveau fondé sur la justice [...] adhéreront à la conviction qu'un juriste digne de ce nom doit avoir quelque connaissance de ce que sont les principaux systèmes de droit dans le monde contemporain*'.

较法得以精到应用的例子——发展法律理论、理解法律历史、推动国内法发展、通过结束目前相互冲突的法律体系的"混乱状态"从而为"统一的国际私法"的发展作出贡献、促成"对外国人的理解,以帮助建立一个健康的国际环境"。㉑ 但是当他进入所有这些比较法学家的角色时,他退后了几步——"比较法学家的主要的工作是奠定基础,以便他人能够在此基础上获益,将比较方法应用于他们的特定任务"。㉒

在方法论方面,达维德认为他的前辈犯了严重的方法论错误。与庞德不同,达维德认为,法律理想不是普世的——中国和伊斯兰法律传统就因太不相同,而不能被同化为西方法律传统。㉓ 与朗贝尔不同,达维德认为立法的比较和制定法典的渴望都过于形式主义、过于实证主义——这可能导致一种为违背深嵌于文化中的自由的集权主义辩护的政治学。㉔ 与此同时,人们可能朝这一谱系的文化特殊主义终点走得太远,在这一点上,达维德采取了朗贝尔的前辈——惹尼的立场。这种立场可能也导致为集权主义提供文化的或民族的正当理由,这种极权主义低估了人类的普遍权利的积极力量。㉕ 反形式主义已经引发了一种选择。

㉑ Id., 以及 Brierley, *supra*, note 57, p. 8.

㉒ Ibid.

㉓ 例如, id., *Le droit comparé*, *supra*, note 57, pp. 93—94. 'Concernant la définition du droit, on trouve aux Etats-Unis d'Amerique une formule célèbre, selon laquelle le droit n'est pas autre chose que la prédiction raisonnable de ce que les cours de justice pourront décider dans telle ou tellement affaire si celle-ci vient à leur être soumise [...] Transportons-nous [...] en pays d'Islam. Le droit musulman (shar'ia) consiste dans les préceptes, rattachés à la religion, qui doivent gouverner la conduite des Musulmans dans leur rapports les uns avec les autres, s'ils ont la préoccupation de leur salut éternel [...] Le droit tel que le définit Holmes et le droit musulman sont deux choses toutes différentes. And, further:' En France, en Angleterre, en Allemagne, aux Etats-Unis d'Amerique on souhaite que la société vienne à être aussi complètement soumise que possible au droit; [...] le droit est symbole de justice, les citoyens sont invités à lutter pour assurer son règne. Dans l'Extrême-Orient au contraire, la philosophie traditionnelle voit dans le droit un pis-aller, une technique bonne tout au plus à discipliner les barbares; l'honnête citoyen ne se soucie pas du droit, il se tient à l'écart des tribunaux et ignore les lois pour vivre selon les règles de la morale, de convenance et d'étiquette, héritée des ancêtres, que lui dicte son sentiment d'appartenance à une certaine communauté. Ici encore il est difficile, on en conviendra, de comparer les deux types de droit:celui qui représente un idéal de justice et celui dont on espère qu'il aura le moins possible lieu d'intervenir': id., p. 94.

㉔ 见 Esquirol, *supra*, note 57, pp. 218—223.

㉕ Id., pp. 223—229. 正如埃斯基罗尔(Esquirol)所指出的,在这一方法论计划中并未有唯一的明显的自由主义政治学,但达维德有一种民族主义的计划,因为,在法国法律文化中,两个极端已经被避免,而且一般权利被赋予文化形式。有趣的是注意到,在他们的职业生涯中都有着世界主义的倾向。关于拉贝尔,见,Gerber, *supra*, note 46. 对朗贝尔战后所表现出来的些许民族主义含义(以及些许反德意志含义)见,Lambert, *supra*, note 29, pp. 6—10.

在构建能够避免这些极端的中间道路的过程中,达维德注意留给法律的文化和功能或技术方面以适当的分量。尽管有所不同,但文化和功能对于理解法域之间的共性和差异来说都至关重要。[66]

达维德提出了一系列"法系"。这些法系在他的研究中反复出现——在《当代世界主要法律体系》一书中,他区别了"罗马-日耳曼法、普通法、社会主义法、穆斯林-印度-犹太以及远东法系。"[67]这些宽泛的法系,横跨了文化上和技术上的共性与差异,它们是简单的暗示:

> 但是这些讨论,如果推得太远,最终并没有什么意义。"法系"的观念并未符合生物学的事实:它不过是一个说教的工具。我们不过试图强调各种法律体系之间的共性和差异——同时,在这一意义上,几乎任何系统的分类都将会服务于这一目的。问题回到人们所处的语境和头脑中的目标。任何分类的适当性都将取决于分类的视角是世界性的还是区域性的;或者是关注公法、私法还是刑法。每一种方式都无疑被提出这种方式的人的观点证成,而且最终没有哪种方式被作为唯一正确的方式。[68]

---

[66] 例如,见 David, *Le droit comparé*, supra, note 57, p. 7: '*le driot comparé, c'est essentiellement la lutte contre les idées fausses et les préjuges, engendrés par l'attitude isolationniste qu'ont prise les juristes dans la plupart des pays. Une première idée fausse consiste à penser que le droit est considéré en tous pays de même manière que chez nous : que partout il jouit du même prestige et qu'on y voit partout l'assise fondamentale de la société. Une seconde idée fausse est de croire que le droit est partout conçu comme étant un ensemble de normes, ayant pour les intéressés et pour les juges un caractère impératif. Le droit comparé va dissiper les illusions qui mousse font attribuer à nos manière de voir une valeur universelle. Il appelle notre attention sur le fait qu'il existe d'autres recette que le droit pour aménager les rapports sociaux et que, même chez nous, la société ne saurait être gouvernée exclusivement par le droit. Il nous révèle la souplesse qu'il est possible de donner au droit, lequel ne consiste pas nécessairement en un ensemble de normes impératives, mais peut à l'occasion proposer seulement des modèles ou se borner, sans régler le fond des litiges, à instituer des procédures permettant de rétablir l'ordre et la paix. le droit comparé enfin fait ressortir le caractère accidentel, lié à des circonstances diverses, de maintes classification et de maints concepts dont nous pouvons être tentés de croire qu'ils correspondent à des exigences de la logique et qu'ils représentent des vérités absolues lorsque nous considérons notre seul droit national.*' For a careful balancing of the functional and cultural (in this case, ideological) dimension of law and comparative law, see *id.*, pp. 141—158 [reproducing his 1963 article entitled 'Le dépassement du droit et les sécurités de droit contemporains', where he addresses the problem of 'overcoming law' from the perspective of the distinction/opposition between bourgeois/socialist legal systems]. See aslo David and Brierley, *supra*, note 57, pp. 20—21 [discussing the 'criterion for the classification of laws into families' and arguing that cultural and technical criteria must both be given their due].

[67] David and Brierley, *supra*, note 57, pp. 23—31.

[68] David and Brierley, *supra*, note 57, p. 21.

战后比较法出现了折中的声音。从这一点来看,比较法学家群体已经愈来愈谨慎地对待他们的目标,他们在方法上折中、并远离早期比较法学家的智识。但是达维德的法系提供的折中基础使其自身变得不稳定并受到攻击。

达维德法系观念的最好替代是茨威格特和克茨的功能主义。像达维德一样,他们坚定地将其自身置于反形式主义的传统之中:

> 利益法学、自由法学(Freirechtsschule)、法律社会学、法律现实主义——所有这些已经在批评纯粹国家的概念主义、反对有地域限制的学术、强调法律科学应该研究生活中的现实问题而不是解决它们的概念结构的过程中扮演了重要角色。法律是"社会工程",法律科学是社会科学。比较法学家认识到,这些事实上是这一学科的智识和方法论起点。因此,比较法与上述法律科学的主流都密切相关,尤其是当它所探寻的是不同国家的法律制度的功能而非它们的理论结构的时候;当它基于现实而整理不同法律体系的解决途径,从而检验它们对它们所试图满足的社会需求的反应的时候。[69]

但是对法律形式主义的批评不再是先锋派——它已经更多的成为一种针对落后者而正在进行的后卫行为:

> 尽管传统态度的空洞——未加反省的、自我肯定的和教条的——已经越来越清楚地表现出来,它们是令人惊讶地致命。新的和更加实用的方法,特别是经验社会学,已经得到了发展。但是这只是期望假设它们构成了法律思想的特点。这些新方法之一就是比较法。而且它非常适合于将法律科学置于真正的现实的基础之上。[70]

目标是内在地指向法律科学:"比较法最初的目的,如同所有科学一样,是知识。"[71]为了达到这一目的,"学者应该'审慎地自我控制'"。[72]理想的学者本身就是不可知论者——茨威格特和克茨引用拉贝尔所说:"如果一个学者描绘的图景带有他的背景或教育的色彩,那么国际合作

---

[69] Zweigert and Kötz, *supra*, note 4, p. 45.
[70] *Id.*, p. 33.
[71] *Id.*, p. 15.
[72] *Id.*, p. 41.

会纠正这一点。"⑬如果有一种政治目标与这种反教条主义相适应,这并不是特别具有进步意义。相反,现实的比较法研究能够帮助法律更加有效地运作,能够导向更好的法律、更现实的法律、与其所试图满足的"社会需要"更加协调的法律。⑭他们的任务是一种技术性工作——提供在其他地方的同样问题是如何解决的知识。他们小心地将"理论的—描述的"比较法从"应用的"比较法中区分出来,并提醒,那种应用的比较法"表明一种特殊的问题在既定的社会和经济环境中如何得到最适当的解决",并提供法律政策的建议,这种比较法会将比较法学家置于"相当大的压力之中"。⑮

对于茨威格特和克茨而言,认为结果会是更加统一和国际化的法律并无任何特别的原因。人们最想获得的将是"减少那些不是基于各民族的政治、道德或者特性而是由于历史上的偶然性、暂时存在的或者不必要的原因所产生的法律差异。"⑯他们的关注远远不止法律科学本身,法律科学现在是在国际的基础上实现的:

> 已经是非常清楚的了,一种国际化的法律科学是可能的。各国各自建立了高度精确的学说和教条结构,且各有各的特性,表面上显得特殊且不能比较,而就在这一个法律发展时期之后,私法再次成为国际上广泛研究的对象,同时它也并没有因此而丧失科学的准确性和客观性。认识到这一事实,即法律,特别是私法可能更应该在国家界限之外来研究,比较法已经为此作出了巨大贡献,尽管其他法律学科也早已经开始在这一方向上发展。……我们必须追求的是一种真正的国际的比较法,这种比较法能够为普遍的法律科学奠定基础。这种新的法律科学能够提供给学者一种新的思考方法、新的体系化的概念、提出问题的新方法、发现新的资料、提供新的批评标准;比较法的科学的范围将会增长,以包括世界上所有法律科学的经验,而且,它将提供解决这些问题的方法。它将增进不同国

---

⑬ *Id*., p.47.

⑭ *Id*., pp.33—34:"比较法揭示了法律教条主义体系的空洞,因为它使我们放弃民族国家的学说,使我们直接关注规则所需要适应的社会本身;而且它发展出了一种新的特别的体系,这一体系与生活中的需要有关,因此这一体系是功能性的、是适当的。比较法不仅批评它所发现的,而且能够表明掌握法律材料的更好方式,这一方式能够深入洞悉法律材料,因此最终能获得更好的法律。"

⑮ *Id*., p.11.

⑯ *Id*., p.2.

家的法学家们的相互理解,减少由偏见、拘束和不同体系的不同话语带来的误解。⑰

他们对于比较法的渴望主要在于增进对法律的"科学的"理解,以及"没有任何研究称得上科学,如果它将自身研究局限在其国家范围内的现象"⑱。社会学法学(sociological jurisprudence)的回应在如下期望中保留下来:对于那些已经变得越来越实际的思维习惯,比较法提供了一种好的启发。比较法的训练表明:

> 目前有效的规则仅仅是几种可能的解决途径之一,它提供了一种在法律学说中的非批评确信的有效矫正方法;它教会我们:一旦人们越过了边界,那些纯粹自然法不过是空洞的;而且,它不断提醒我们:尽管学说和范畴在任何体系中都是必要的,但它们有时与行动中的法律的功能和有效性无关,退化成为无用的专业游戏。⑲

茨威格特和克茨骄傲地将他们自身至于比较法历史之中,但并未对他们的前辈的研究持完全乐观的态度。⑳ 他们强调自己引入这一学科的各种方法和进路,强调各种渊源以及对比较法专业的影响。对他们来说,这一学科已经作为一种制度化的专业盛行起来,通过建立"专门制度:配置用以持续发展的专职人员和设施;编辑国际比较法协会(Association internationale des sciences juridiques)㉑"的各国比较法学家的重述,而且,最重要的是强调方法论。

对于茨威格特和克茨,战前比较法世界提供了各种替代方法,其中拉贝尔的方法是主流:

> 拉贝尔和他的本国和外国的同时代人的方法已经完全取胜。他们确认的问题和他们建立的研究项目构成了今天比较法的任务。㉒

此处唯一的困惑是拉贝尔并不在方法上与朗贝尔和任何其他比较法学

---

⑰ *Id*., pp.45—46.

⑱ *Id*., p.15.

⑲ *Id*., p.22.

⑳ *Id*., p.3[讨论朗贝尔和萨莱耶(Saleilles)召开1900年巴黎会议的初衷]. Zweigert and Kötz 著作中简要介绍了这一学科的历史,"The History of Comparative Law":*id*., pp.48—62.

㉑ *Id*., p.63.

㉒ *Ibid*.,除了他们自己他们还提到了拉贝尔的功能主义者前辈莱茵施泰因、凯斯勒(Kessler),恩·费罗因德(Kahn-Freund).

家存在争论。区别拉贝尔和朗贝尔的特殊之处——或多或少关注习惯法的法典化,即那些并非茨威格特和克茨关注的问题。他们对这种类型的选择持不可知论。不过,在某些方面,拉贝尔已经开始代表一种实践本位的传统,而且对一体化的实践需要更感兴趣,对文化差异则兴味索然。然而,朗贝尔已经开始代表一种与历史、文化、语境和差异更加协调的比较法。拉贝尔和朗贝尔已经开始代表与上一部分中描绘的各种谱系的相对立的目标。

对于茨威格特和克茨而言,通过强调"功能"推动实践和统一化,能够使比较法律科学拒绝文化特殊主义、规则怀疑主义和形式主义传统:

> 所有比较法的基本方法论原则是功能主义,从这一基本原则出发衍生出所有其他规则,这些规则决定了用以比较的法律的选择、理解的范围、比较法体系的创造等。人们能够对不可能比较的事物作出有意义的比较,而且,在法律中唯一的可比较的就是具有同样功能之物。这一命题可能是不证自明的,但是很多对它的应用于初学者而言并不明显,尽管对有经验的比较法学家而言是非常熟悉的。这一命题植根于每一个比较法学家都了解的,即每一个社会的法律体系通常面对本质上相同的问题,但通过相当不同的解决方法去解决它们,而往往殊途同归。任何比较法研究问题必须致力于功能方法,应探讨的问题在表述时必须不受本国法律制度体系上的各种概念所拘束。[83]

在某种意义上,没有哪种叙事能够比达维德的同时代的"法系"观念更进一步。"法系"和"功能"的确是20世纪50年代比较法的文化-技术谱系的标志性支柱。但同时,正如达维德的"法系"被理解为一种介于文化特殊主义与普遍主义中间道路的概念,功能观念也被设计为游离于普遍性与特定语境的特殊性之间,以保证比较法学家已经完全掌握了每

---

[83] Id., p.34. 尽管拉贝尔作为功能主义方法的奠基人以及茨威格特和克茨的先行者,在拉贝尔的后期大量的比较法研究中,我无法找到"功能"一词。Rabel, "Private Laws", *supra*, note 46. 比较 Rodolfo Sacco, "One Hundred Years of Comparative Law", (2001) 75 Tulane L. R. 1159, p.1167:"在拉贝尔之后,比较法学家开始提出了与功能主义术语有直接联系的问题。"

一个法域的特殊性的具体情况。⑭

395 　　战后达维德、茨威格特和克茨的比较法学科已经成为一种战后反形式主义思想主流中具有代表性的参与者。致力于社会和实践的计划以及庞德、朗贝尔或者拉贝尔的精神已经消失,取而代之的是一个对于这一学科自身专业化来说更加有节制的目标。很容易将朗贝尔、拉贝尔或庞德与意识形态立场和社会利益联系起来——相比,则不容易将达维德或茨威格特和克茨联系起来。在这一意义上,当比较法专业学术地位得以建立并不断巩固,它的社会愿景消失了。这一新的专业将更多地致力于知识而非政策。

　　在方法论方面,情况是复杂的。达维德、茨威格特和克茨对方法都越来越明确。达维德、茨威格特和克茨的确在方法上存在区别,他们也的确论述了自己的方法;但是,他们都将自己的方法作为是对他们过去所处的方法论争论的一种调和。茨威格特和克茨调和了朗贝尔和拉贝尔之间先前的方法论分歧;达维德则调和了庞德、朗贝尔和惹尼之间的方法论分歧。他们各自都提出了一种合成的方法论。但同时回望过去,他们自身的主张已经成为文化差异和技术统一主义这两种方法论选择的标志。事实上,回顾过往,很容易忽略他们在方法论综合方面的努力——"功能主义"已经被理解为一种对法律嵌入(the embeddedness of Law)的技术抨击,而不是一种保证关注差异的启发。⑮ "法系"粗鲁地取代了对共性、差异和影响的谨慎关注。⑯

　　方法论折中主义和政治中立的比较法的敏感性最初在鲁道夫·施

---

⑭　见 Zweigert and Kötz, *supra*, note 4, pp. 35—36:"初学者常常急于得出这样的结论,一个外国体系在某个特殊问题上是空白。功能主义的原则在这里可以得到应用。即使有经验的比较法学家有时也试图在外国法体系中寻找某一领域的规则,这样做是受到本国法实践的影响。他们无意识地用自己体系的视角来看待问题。如果人们的比较研究可能会得出这样的结论:外国体系中关于某一问题是空白,那么他就必须反思原初的问题并反思是否用自己体系教条的有色眼镜看待问题。……因此,这是功能主义原则的消极方面,比较法学家必须排除他自己本土法律体系的前见;这一原则积极的方面告诉我们,哪些领域是我们在发现外国法律体系解决类似问题的过程中应该关注的。研究外国法体系的基本的原则就是避免所有的限制和约束。这一原则尤其应该适用于关于外国法的'法律渊源'问题的研究,比较法学家必须认真对待所有在特定体系中起到形成作用和有影响的渊源。他必须同等地看待这些渊源的价值。他必须关注成文法和习惯法、关注判例法、法学著作、标准合同、商业的一般惯例和贸易习惯。这是一种必要的比较法方法,但并不充分。关于他自己的比较法方法,拉贝尔说道:'我们的任务与科学理想所要求的一样艰难……'"

⑮　对于功能主义所带有的普遍主义前提假定有很多的批评。特文宁的作品中有很好的概括, *supra*, note 4, p. 37.

⑯　见 Watson, *Legal Transplants*, *supra*, note 14, p. 4.

莱辛格在20世纪50年代很有影响的有关康奈尔计划的著作中获得了最好的表达,康奈尔计划为正在努力确定欧洲私法的共同核心的计划提供了方法论渊源。⑧⑦ 在许多方面,是施莱辛格常规化了战后比较法学家的专业活动。他的计划是野心勃勃的,多年来吸引了很多学生参与。他的目标是尽可能精确和完整地描绘主要私法体系之间的共性和差异。施莱辛格并未提出庞德或朗贝尔所提出的任一广义的社会或者世界主义的政治正当性。他直接关注发展知识和丰富法律教育。

这一研究是在反形式主义的传统中得以开展的,但是施莱辛格的目标既未论证反形式主义洞见的真相,也并未在他的法律改革计划中调动这些洞见。他的目标是对不同法域之间的共性与差异进行准确地描绘和分析。反形式主义提供了一种关于法律是什么当然观念,以便引导比较法学家去确定用以比较的法律现象。

在从事比较研究过程中,施莱辛格对他的学生强调研究"活法"的重要性。为了达到这一目的,人们应该使用"事实的"而不是概念本位的方法。⑧⑧ 施莱辛格对文化差异感兴趣,并同意这一观念:这些差异可

---

⑧⑦ 见 Rudolf B. Schlesinger (ed.), *Formation of Contracts: A Study of the Common Core of Legal Systems* (Dobbs-Ferry: Oceana, 1968), 2 vols. [hereinafter Formation of Contracts]. 康奈尔计划出版的成果在绪言部分特别涉及该计划的方法论以及功能主义方法:*Id.*, "Introduction", *id.*, vol. I, pp. 2—58. *id.*, "The Common Core of Legal Systems: An Emerging Subject of Comparative Study", in Nadelmann, yon Mehren and Hazard, *supra*, note 43, pp. 65—79 [hereinafter "The Common Core"]; *id.*, *Comparative Law: Cases and Materials* (New York: Foundation Press, 1950). 绪言部分特别提到"客观性与方法", *id.*, pp. ix—xvi. 参考了该书的第1版,现在已出版第6版, *Id.*, "The Past and Future of Comparative Law", (1995) 43 Am. J. Comp. L. 477 [hereinafter "The Past and Future"]. 见 Ugo Mattei, "The Comparative Jurisprudence of Schlesinger and Sacco: A Study in Legal Influence", in Riles, *supra*, note 22, pp. 238—256.

⑧⑧ Schlesinger, "The Common Core", *supra*, note 87, p.73: "在比较法中这是一个常理,即不同的法律体系,即使是在得出同样结论的数不尽的例子中,常常遵循了不同的概念路线。……如果选择**一个生活段落**作为焦点和**一般的讨论单元**,在不同法律体系中提出的法律家之中的误解可以被有效地最小化。在这种方式中,而且只有通过这种方式,人们才能够确定,所有这一组织中的成员常常走到同样一点,突破层层叠叠的分类和概念,来到每一个法律体系事实上解决他们的生活问题的方案。……如果很多比较法学家应用案例本位的实践方法,这一方法将迫使每一个参与者面对并回答这样一个问题:你们的法律体系如何面对这种事实情形?如果有救济方案的话,你们的体系能为这一案件的原告提供什么?如果这一问题以这种方式被提出,法律体系之间的功能性类似将会被发现,而概念本位的方法无法做到。你将会在无数例子中发现:许多或者所有法律体系都殊途同归,尽管他们达到目的的理论和标识是相当不同的。"(强调原文即有)施莱辛格进一步指出:"在一个比较法研究计划中,如同在其他语境中一样,适用公开的判例作为讨论的材料无疑是非常方便的;但是这并不是说,人们应该将自己限制在公开的判例中,或者在缺乏对它们作为'活法'的真实重要性的评价的情况下运用这些判例":ibid. 关于比较法成果的历史和历史语境请见 *id.*: "The Past and Future", *supra*, note 87.

以在共性中很好地运行。但是他并不追求一种法律体系的全球分类。相反,他寻求一种对共性和差异的微观描述。他同情功能主义观念并经常建议:在另一种法律文化中的对"相同"法律现象的准确确认需要关注该文化中具有同样"功能"的事物。但是他的功能主义对于他的描述性研究来说是工具性的。施莱辛格理论的关键是运用了假定的事实类型和"问题",因而可以比较不同法律体系对此的反应。[89] 来自不同法律体系的研究者面对这样的问题:如何在其自身的法域中评价特定的事实类型以理解共性和差异,而不受之前存在的关于法律规则、范畴的观念的干扰,也不受植根于特定文化需要或者技术功能的偏好的干扰。

鲁道夫·萨科明确地提倡要远离与政府的合作,这位意大利比较法学家建立了一种在康奈尔计划和目前主要由萨科的学生主导的推动研究者致力于描述欧洲私法的共同核心的计划之间的联系。[90] 萨科不再嘲笑基于比较法的有用性而正当化比较法研究的努力:

> 像其他科学一样,比较法仍然是一门科学,只要它追求知识,不论这一知识是否被进一步进行应用……比较法在目标上与其他科学一样,必定是获得知识。如同法律科学的其他分支一样,它追求法律的知识。[91]

即使是增进国际理解与统一的目标似乎也已经渐行渐远:

> 因此,总的来说,科学观念的应用未对科学的定义也未对它的结论有效性施加影响。法学家总体上了解这一真相。他们并不认为自己的研究因能够用于实现这样或者那样的实践目的就是有效的。但对于比较法而言,一个与此不同的标准被适用,或者至少在三十年以前就是这样。那些对法律体系进行比较的人们总是提出关于这种比较的目的的疑问。这一观念似乎是这样的:只有当它能够为国内法改革提供建议时,对外国法的研究才是一项正统事业。……试图通过自身实践正当化比较法学科的努力有时到了荒谬的边缘。在某些感性的人看来,比较用以促进人们之间的理解,增进国家间的和平共

---

[89] 关于"事实方法"的特别细节见关于合同法领域中的康奈尔计划的成果: id., Formation of Contracts, supra, note 87, pp. 30—41. 关于"事实"方法和"功能"方法的关系请见 id., "The Common Core", supra, note 87, p. 74.

[90] 对萨科和施莱辛格的比较请见 Mattei, supra, note 87.

[91] Rodolfo Sacco, "Legal Formants: A Dynamic Approach to Comparative Law", (1991) 39 Am. J. Comp. L. 1 & 393, p. 4.

处。根据这一观念,如果他们参加过比较法的课程,引发两次世界大战的政客就会悬崖勒马。如果他少花点时间在带给他声誉的法典上,多花点时间在一般法(gemeines Recht)和普遍真理(kormchaia pravda)上的话,拿破仑也会放弃他的帝国之梦。[92]

萨科的比较法方法也植根于他的反形式主义法律观念中。有时,对施莱辛格来说,反形式主义似乎是一个背景假设,这一背景假设会导向良好的比较法实践。对来自最不相同的社会-经济和政治传统的法律体系和规则进行比较,只有在人们推开法律的表面形式、避免虚假的共性和差异的情况下才是可能的。[93] 在其他时候,反形式主义似乎是一种观念,一种经常需要提醒法学家记起的观念,出于这目的,比较法提供了一种很好的启发:

> 一种比较方法能够因此提供一种在法律体系中对法学家主张的检验,以判断他们的方法是否单纯建立在逻辑和推理之上。……这种比较方法可能因此对于任何不进行比较的法律推理产生威胁。这一威胁直指法律推理的这些"科学"方法,这些方法并没有在实践中检验自身,而只是公式化由其他相一致的定义所支撑的定义。通过摧毁运用这些方法而得出的结论,比较可能提供一种更加有效的替代方法。[94]

法律就是"社会"对秩序需要的反应,而且这些反应可能是各式各样的。这里当然存在功能主义者的回应,但是目标却是更广泛的——一项包括跨越人类社会所有经济和社会发展阶段的社会需要的最大范畴的事业。

对于大多数战后的比较法学家而言,反形式主义的观念似乎至少意味着对更大范围的国际一体化的微弱偏爱。民族国家差异是形式——

---

[92] *Id.*, pp.1—2.

[93] 例如,萨科奉劝我们:"两个体系的操作规则……可能比表达它们的词汇更类似",*id.*, p.13. 或者:"相信朝向比较的第一步是确认'所比较的国家的法律规则'是错误的。这往往是缺乏经验的法学家中有代表性的想法。比较法学生有批评的责任,这一简单化的结论是一种误导。取代一国的'法律规则'这一提法的是宪法规则、立法、法院和事实上形成法律学说的法学家。法学家常常无法做到这一点的原因是他们的想法被这一基本观念所占据:在特定国家的特定时刻,宪法、立法、学者建立的规则和法院事实上应用的规则之中包含着相同的内容,因此它们是一样的。"*id.*, p.21. 或者:"我们不应该这样想:只有当我们了解了法院事实上如何解决案件时,才真正理解了一个法律体系。关于法律体系的知识需要有关今天所展现的因素的知识,即决定将来如何解决案件的当下的知识。我们必须不仅说明法院事实上如何运作而且要考虑到法官必须考虑的那些影响":*id.*, p.23.

[94] *Id.*, p.24.

越过他们才能理解共同问题是如何被解决的,或者更广泛的文化谱系是如何处理这些问题的,这样做不仅导致更广泛的理解,而且是更大程度上的统一化的可能性。萨科的不可知论是更加彻底的一个,因此他并不这样认为。实现一体化可能是一种很好的观念,是"值得鼓励的",但是差异也是有益处的,这种益处可能对进步也是有用的。不存在可靠的证据证明比较法已经导致法律统一,尽管比较研究可能很好地解释了迄今为止的共性。毛罗·布萨尼(Bussani)坚持对共同核心计划"化合价"(valence,正负面影响)持不可知论的根基就在于此。

萨科是因将"法律共振峰"这一术语引进到比较法方法论词典中而闻名。在许多方面,法律共振峰在萨科的计划中所扮演的角色就如同"事实问题"在施莱辛格的康奈尔计划中所扮演的角色那样。⑮ 他们为比较法学家判断和分析各种技术和文化均不同的法域中的法律现象之间的共性和差异提供了一个参考点,提供了一种处于关注正式规则和关注社会背景之间的中间道路。但是,施莱辛格的问题似乎会引导比较法学家去判断一个将会在不同法律体系中可能出现的解决方法;萨科的"法律共振峰"观念使在比较中考虑相互矛盾的、多种多样的法律规则成为可能。一个真正谨慎的比较法学家将会在阐释不同法律现象之间的共性与差异的同时,谨记法律现象经常甚至总是多元的、相互对立的和相互矛盾的,甚至在一种法律文化之内也是如此:

> 因此,即使是寻求一个单独的法律规则的法学家,事实上他也是从这一公理开始的,即可能存在一个有效力的规则,他也隐含地承认了:活法中包含了许多不同的部分,诸如成文法规则、学者的陈述、法官的判决等,在他的头脑中这些部分是相互独立的。……借鉴语音学的说法,我们可以称它们为"法律共振峰"。关注单一国家的法律的法学家,检视所有这些部分,随后排除由它们的多样性所引发的复杂性,从而找到一个规则。他通过一个解释的过程来完成这些。但是这个过程无法保证在他的体系中仅仅存在一个单一的规则。多个解释可能会出现,逻辑自身将不会表明哪一个是正确的。在既定的法律体系中存在各种各样的法律共振峰,无法保证它们必定是一致的而不相互冲突。⑯

---

⑮ 关于萨科和施莱辛格的关系请见 id., pp.27—30 [在那里,萨科将康奈尔计划理解为迈向与法律共振峰理论一致的指向的重要一步]。见 Mattei, supra, note 87.

⑯ Id., pp.22—23.

法律共振峰观念允许对一个法律体系中存在紧张关系的不同部分进行研究：

> 比较过程承认一个系统中的"法律共振峰"并不总是一致的，因此冲突是可能的。地方法律人迷信的非冲突原则在历史上已失却了全部价值，而比较的视角是历史上最卓越超群的。⑨

"法律共振峰"观念并非有意介入关于法律或者政府应该是什么、应该做什么的争论，这一观念在功能主义和法系传统的方法论争论中也并未偏袒哪一方。⑱ 对于萨科而言，目的仅仅是反教条主义：

> 因此比较方法是教条主义的对立物。比较的方法建立在对既定法律体系中发生作用的因素的事实考察基础上。教条主义方法建立在分析推理基础上。在各种法律体系中，法学家运用特殊的规则和一般性范畴进行研究，比较方法检讨了这一方法。教条主义方法提供了抽象的主义。⑲

不论是在欧洲还是在美国，施莱辛格或者萨科的比较法学科是方法论折中主义的，并小心地保持客观、中立，不介入意识形态争论和政府对其理论的应用。与战前的比较法先驱相比，战后比较法学家更少谈及那些容易在更广泛的社会中对意识形态立场产生共鸣的东西，更难将他们与特定利益群体（工会、德国商业阶层……）相联系。他们更少准备参与公共生活或政府工作；他们在应用自己的知识方面更加犹豫不决，与他们的前辈相比，他们更加专注地坚持纯粹知识（disengaged knowledge）的品质。

他们的确谈了很多关于方法的问题。但是，但是，他们所提出的方法只是对与过去的比较研究或其他人的研究一样、相对比较极端的方法论选择进行相当微弱的调和。尽管如此，他们的方法论折中立场仍然是不同的，或者对照起来似乎是不同的，并且这种不同比战前以更加有组

---

⑨ *Id*., p.24.

⑱ 很可能将萨科的法律共振峰理论解读为不仅在比较的方法上也是在法律观和社会观方面对功能主义的挑战，如同格拉齐亚代伊（Michele Graziadei）在这本书中所做的那样。在法律应用中的不同层次和范围，每一种准自主的相互比较，都表明了区别法律形式的重要性，甚至是在从一种或另一种作为前提假定的"功能"的结果已经被确认的情况下也是如此。事实是，法律秩序在功能主义之中常常是矛盾的，不同的社会在统一的功能世界中也以不同的方式表达他们的"文化"。

⑲ Sacco, *supra*, note 91, pp.25—26.

织的方式表现出来。我们可能会说,战后的比较法学家仍然坚持折中主义,他们的论证涵盖了不断缩小的反形式主义的中心范围,但他们的战前前辈则在反形式主义过程中更加多元、在方法论选择上涉猎更广。

我们如何能使这个叙事有意义?最清晰的叙事将是在法律科学中通过反形式主义对明显的政治选择保持克制。比较法职业群体,从一开始就已经坚持对法律材料的反形式主义。对于奠基者而言,反形式主义和社会现实主义似乎是对当时主流的法律科学致命的方法论抨击。它们与强大的国际化和法律变革计划相联系、与捍卫某些社会利益而反对某些社会利益相联系、与治理和现代化计划相联系。战后,当反形式主义成为主流——时值比较法学科从欧洲发展到美国——基调发生了变化。反形式主义现在将成为比较法学科在主流法学学术中保留一席之地的保证,将服务于如下教学目的,即帮助"初学者"克服短视以及过高估量法律形式重要性的普遍倾向。反形式主义仍然是比较研究的术语。每一代比较法学家都坚持唤醒反形式主义的法律事业的必要。但是,早期研究反专业化和反地方化的界定已经被重新转向针对那些幼稚的学生和初学者——他们需要比较法教育,以成为这一事业中更加老练的参与者。社会中的计划已经成为一个知识计划。

在这一叙事中,反形式主义传统所在产生政治克制方面的作用是第二位的。对每一位奠基的学者来说,反形式主义都有着相对清晰的意义——对于朗贝尔而言,是关注社会经济需要;对庞德而言,是关注法律理想;对于拉贝尔而言,是关注实际效果。这些都是从文本实证主义中分离出来的,而且是对现有法律形式过度关注的校正。我们将所有这些置于上文提到的谱系的右边;每一种都是对右边方框中的术语的抨击。但,回顾以往,它们是相当不同的观念,它们被理解为具有相当不同的意识形态关联和社会效果。根据事后的认识,我们可以说在某种意义上,反形式主义和传统法学之间的谱系都是在法律理想和社会需要之间、或者在社会需要和实践结果之间、制定法的法典化和习惯的法典化等等之间,重复着自己的选择。比较事业的裂痕变成了反形式主义中的裂痕。社会和政治选择通过方法论选择被升华了。

如果我们将比较法学家按照上一段发展出来的谱系,从相对比较形式化和普遍化到相对较为文化的或者差异化的倾向进行排列,结果就会如图11.8所示。

庞德	················之于················	朗贝尔
	如同	
拉贝尔	················之于················	庞德
	如同	
茨威格特/克茨	················之于················	达维德
	如同	
施莱辛格	················之于················	萨科

图 11.8

我们可以说，嵌入式的社会的、文化的需要和理想与普遍功能之间的"伟大的争论"仍在继续。但也发生了一些变化：争论变得既缓和又不明确。说缓和的意思是说，立场在逐渐接近——争论常常是只有细微差别的自我陶醉问题。施莱辛格的"事实问题"与萨科的"法律共振峰"，比茨威格特、克茨的"功能"与达维德的"法系"更类似。尽管"事实问题"比"法律共振峰"更进一步导向了普遍的技术目的，而它们都以中间立场的姿态出现，并试图在文化嵌入与普遍化和技术化的强调之间搭建起桥梁。而"法系"和"功能"也是如此。既然这些争论的范围缩小了，极端也消失在过去，消逝于年青一代的幼稚之中，消逝在无名的极端主义者的立场之中。

争论已经变得不明确，这意味着常常难以确定争论会走向何处。如，将庞德置于何处就是一个难题。与朗贝尔相比，庞德似乎很少对特殊的事实差异感兴趣，而是对发现普遍理想兴致盎然。但是，他的理想对于一种文化而言也是特殊的——更广泛地看，理解法律中的"理想成分"，人们可能会看到在其自身法律文化中的"应当"的实际展现。与拉贝尔关注商业结果不同，庞德的立场似乎更倾向于谱系中文化嵌入的一端。

各种立场联合的易变性——这些立场存在于上一段列出的各种选择之中——就是在时间流变中缓和争论的原因。在反形式主义的传统中，比较法学家从左至右的选择仅仅是一种不准确的类推。我们可能说存在一条铁律在发挥作用：比较法学家越希望在方法论的选择中发现一条中间道路，措辞就会越缓和。但在一个大的传统中，存在越多样的偏好，就似乎越会在两个令人厌恶的极端之间作出类似的选择。

考虑措辞上可以观察到差别程度，图 11.8 可以重新划定。在 1935 年，可能会如同图 11.9 所示的那样；在 1955 年，可能会如同图 11.10 所示的那样；而且从 2000 年开始，情况已如同图 11.11 显示的那样。

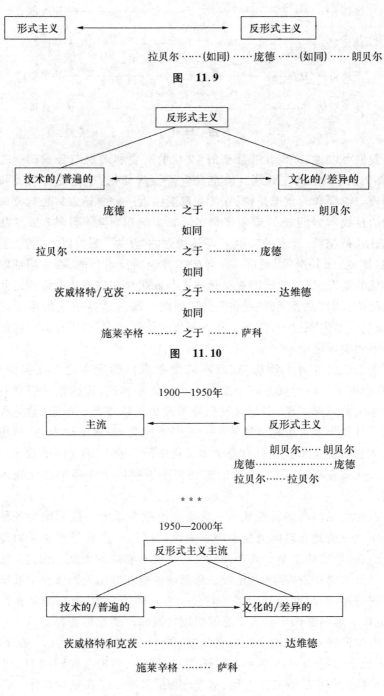

图 11.9

图 11.10

图 11.11

这一倾向关注第三个叙事——缓慢地认识到前两种叙事的影响。战前、战后比较法学家的关键区别是基调的转换。他们用这些基调讨论方法论问题。战前的比较法学家将自己置于习俗之外,而作为致力于社会和政治的行动者,作为方法论的特立独行者,战后比较法学家则相反,将自己更多置身于内部人、中立的科学家和方法论调和者的位置。当然,这一姿态在很大程度上反映了已经变化了环境。战后,主要是在美国,比较法领域与法律科学的主流——后现实主义共识排列在一起。但是,似乎认识到早期的方法论争论,因而对方法论表达保持克制。当然,在20世纪30年代存在智识和政治的争论——但是在比较法领域,此类争论并不多。1950年后,站在巨人的肩膀上,意味着见证他们的脚印——他们在方法论上相对比较幼稚——并将他们解读为极端主义。在20世纪50年代后进入这一领域,就意味着反对极端主义——反对你的前辈。对于我们的前辈而言,他们可以作出方法论选择——对于我们来说,这些方法需要平衡、处理、调和和避免。⑩

随着这一领域的发展,脱离方法论选择的过程似乎经常重复发生。"伟大"的比较法学家之所以伟大,是因为一种强烈的、独特的方法论倾向。但是在当代发现一个与这些早期名家的方法论立场相一致(甚至能够清晰说明)的比较法学家越来越困难了。当一个伟大的比较法学家进入了正统,他就在提出一种看似像常识和良好专业判断的方法。至少有些人是愿意,哪怕暂时投身于这项研究。每一个加入这些名家立场的人在作出他自己明智的专业判断之前都试图扭转、补充方法并使其复杂化,并将源自别处的因素加入其中。事实上,一个名家的著述必须将他的前辈加入其中,并采取合理的方法论折中立场。早期的名家被铭记,不仅因为好感,而是因为他们更多倾向于讨论和关注方法论问题。总的来说,过去的名家采取了清晰的方法论立场,而当下的名家则是慎重的折中主义者。在这个意义上,方法论产生分野的时刻,上面列表中的清晰的角色划分一直都在发生,从未停止。

并不奇怪,后代学者,我们的同时代人都不假思索地通过坚持方法论清晰化的重要性来撼动战后比较法学家折中立场。同时,也存在方法论极端主义的周期性爆发——皮埃尔·勒格朗与艾伦·沃森之间的争

---

⑩ 邓肯·肯尼迪写了关于平衡各种因素的战后反形式主义认识的最好的研究,见 Duncan Kennedy, "From the Will Theory to the Principle of Private Autonomy: Lon Fuller's 'Consideration and Form'," (2000) 100 Columbia L. R. 94.

论可能就是一个例子。⑩ 但是，我的确不认为这些努力已经对战后一代的认识产生了很大的影响。同时，事实上，共同核心计划的实践工作伴随着战后实用主义的折中判断。从这一领域的早期主流的观点出发，这些新的争论具有一定（在那，去做吧）的作用。

我对他们的反应抱有相当的同情——将方法论怀疑主义的基因深深植入已经太晚了。在这些所有选择中作出自己的方法的努力是折中的、不稳定的，而且这种努力似乎不可避免地要考虑法域之间的共性和差异。但这些方法论结论使我们对那些已经参与到社会和政治中的比较法失去了判断能力。我的直觉是，战后一代回避而不是加入方法论论争，他们倾向于将"没有方法的方法"作为对政治的纯净化，同时作为一种从治理事业中的撤退。从我的观点出发，战后一代的问题不是方法论折中主义，而是这种折中主义推动的"没有政治的政治学"。

很容易将战后比较法学家作为政治行动者来理解。他们对大规模的法律变革计划展开公开论证——统一化和法典化国际规则，使国内法在发展方向上更加国际化或社会化，增进商业利益等等。他们很容易将方法论选择与意识形态立场和社会利益联系起来。成为一个反对应用某些人的政治承诺的法律反形式主义者，建构一种更加反形式的法律秩序，这两点似乎都很难从建构适应社会利益和国际一体化等目的的法律体系行为中区分出来。当一种更折中的方法论精神忽略了这一领域，比较法学家似乎更加远离政治。对于法律改革的争论被有关法律一体化的愿望的、谨慎的不可知论所替代。我们发现了另一个关于比较研究的自治性和中立性的争论。与此同时，方法论选择变得更难清晰地与意识形态和社会立场相联系。

方法论的成熟和超脱政治可能同时发展。但折中主义也对超脱政治作出了很大的贡献。但在某种意义上，方法论立场仍然可能很容易与意识形态立场或者某种社会利益相联系。战后的折中主义模糊了这一图景。进而，战后反形式主义似乎不再是"左派"独有的天然方法论话语。伴随着折中主义，方法论立场与意识形态立场或者社会利益的联系开始减弱。这种减弱增加了战后折中主义对于政治事业的距离感并且似乎已经强化了他们不发起关于法律变革计划的争论的决心。或者确切地说，折中主义的衰落侵蚀了他们参与法律变革争论的信心。对于战

---

⑩ Legrand,"Impossibility", *supra*, note 14; Watson, "European Private Law", *supra*, note 14.

前的比较法学家而言,方法论选择——对反形式主义的各种流派的选择——为政治参与,不仅提供了语言,还提供了权威。一旦反形式主义已经不再提供稳定的政治指引,并且,比较法学家在反形式主义方面不再感到踏实,他们就没有能力公开地参与政治活动。

在政治的意义上重构当代比较法学家的研究,这并不意味着在方法和政治学之间复兴一种可靠的转向,尽管这样做可能会受到欢迎。所面临的挑战是要使方法论折中主义的计划和信念变得可视和可争论,争论那些感觉上令人喜欢的观念,即回避方法论教条主义就能够避免或者中立化政治影响。我的建议是:这样做可能会鼓励比较法学家去追求政治行为,甚至在缺少明确方法论指引的情况下这样做——将他们的成熟的、折中的实用主义服务于可能被接受或者被质疑的政治目标。但是这样做需要更敏锐的认识,即作为一种专业学科"参与治理"或者"具有一种政治性"。

当代比较法的政治性

今日全球制度的明显的非政治化导致了相当一部分事实上从事治理事业的人并不是通常想象的全球统治者——他们很少是政治家,而且很少为外国政府部门或者国际政府组织工作。他们也不是紧闭的大门之后密谋的、神秘的"资本家"。国际社会在很大程度上是由运用专业技术的专家来治理的:律师和经济学家、政治学家和政策专家、工程师和商业管理者。

鉴别专家在运用全球社会的背景规范和制度时的作用的最重要障碍是这种广泛传播的认识:他们的研究完全是非政治性的或是无可厚非的,因为他们是专家、管理者、务实的问题解决者和技术人士。他们应用的规范和制度存在于一定的背景中,他们的专业工作包括建议、执行或者解释而不是决定,他们的决定受到专业知识的限制,他们的专业知识很少采取我们通常认为的政治论争的形式。他们的话语不像权力话语——而更接近建议、执行、技术和技能的话语。

质疑专家治理的政治学我们不仅需要认识到这些专家们作出的决定,而且要将其与我们通常所想象的意识形态立场和社会利益联系起来,也即"政治性地"对某些事物提出质疑。质疑专家的选择需要某种转化——从知识核心转向权力核心,从专家话语转向意识形态和利益话语。诸如比较法这样的学科参与全球治理,当人们运用这一学科处理实践问题时——决定某事、运用这样而不是那样的知识、以这样而不是那样的方式讨论问题——其结果不仅能够与引发政治争论的更广泛的社会中的意识形态立场相联系,而且能够与我们在政治争论中理解的社会利益相联系。这一转化可能相对容易,也可能相对困难。

当比较研究被非比较法学家应用于更多的政治计划时,将它与这一计划中隐含的意识形态立场或者社会利益相联系相对容易。一旦比较法学家确定了两种类型的法律体系——一种是"法条式"的,一种是"契约式"的——我们可能很好地预言,其他人将会使他们的计划从一个转向另一个。如果这种转向可能被貌似有理地认为有助于"左翼"或者"右翼",我们就能够质疑比较法学家在这一方面的贡献。比较分析是否应该揭示如下内容:全球霸权针对一个问题有着一种相当不同的规则,而不管本土主流的规则是什么;其他人——一个霸权主义的投资者、一个地方政治家、一个商业或者劳工组织——将很可能将采用霸权主义方式作为他们的政治目标? 很容易看到,这一新规则在使一种社会利益群体而不是另一种社会利益群体受益时,同时也因此受到置疑。

将比较法的应用与意识形态和利益联系起来通常能够做到,甚至在比较研究自身坚持中立或不可知的情况下也是如此。事实上,主张中立可能仅仅是增加了研究的有效性和自身与政治上可质疑的立场之间的联系。如果欧盟寻求欧洲私法的一体化,并资助对私法中存在的共同核心的研究,这一计划是否发现了私法中的共同核心可能就并不重要了——如果没有共同核心,这一研究也会推动立法。无论如何,这一计划对统一规则的愿望之自觉的不可知论增强了它的权威,以及它对欧盟政治计划的贡献。

一旦我们离开比较法的应用,将其转化为政治上可质疑和可争论的方面就更加困难。在大多数有说服力的例子中,我们会认识到比较研究的效果,并将些效果与意识形态和利益联系起来。诸如比较法知识计划的核心就是去影响人们所知的内容。如果知道这些而不是那些将会强化某种意识形态立场、合理化或引导精英们强化某种社会利益的行为,那么,我们就能质疑比较研究是一种治理行为。很容易想象,比较研究在那些消费这一知识的人之中产生了效果,在某种程度上改变了他们对于法律和世界的观念,并在某种意义上会影响他们的行为。

有时,这些效果的出现是因为,专家们不仅在他们的专业话语提供的任意之处也在推翻它的术语过程中追求一种政治议程。在这些情形中,我们可以说,这一学科已经被意识形态或利益俘虏了。专家们可能声明他们的意识形态立场和利益,或者他们可能将这些秘而不宣。在最简单的情形中,专家们说道:"我为了劳动者而做这些",而且他的行为的确帮助了劳动者。在一些更复杂的情形下,当专家们声称"我为劳动者做这些"的时候,结果却失败了,或者产生了意想不到的伤害劳动者的后果,再或者专家弄错了或掩饰了他的意图。这些情形将会从社会学对结果的关注中受益,而不是从专业判断的意图或者其表达出来的正当性中受益。这些情形促使我们有保留地采用对利益的专业表达。但是,通过专家的治理使这些简单的情形事实上几乎不存在。专家们用以作出决定并使其正当化的话语很少是利益或者意识形态的话语。

专家们通常喜欢这样说:"我以一个专家的专业判断这样做。"在这种情况下,我们只需要抛开那些专家所说的话,而关注于他们的决定所产生的效果。如果我们关注偏好某种意识形态或者利益的结果或者方式,而且我们不认为这个学科已经被"俘虏"了,我们就会倾向于认为:结果是由这一学科自身的方法和材料所导致的——可能是由它的默认的实践和背景假设所导致的,可能是专业判断话语中的偏好所导致的。专家们仍未了解他的决定的效果,对它们与意识形态和利益的联系更是少有认识。我们可以说,这个学科有一种偏见或者盲点,从而影响——甚至覆灭了这一专业工作中的判断力。

我们也能够努力去转换专家用以作出判断的专业话语,将其直接转换为意识形态和利益的政治话语。有时,专家话语给我们提供了线索去认识他们的研究的意识形态影响,甚至在他们极力避免直接声称"我为劳动者做这些"的情况下也是这样。专家们用以讨论他们的背景假设和默认实践的话语——方法话语——可能为我们提供认识日常专业实践中的政治偏好的线索。有时,这些方法论选择为专家决定的政治效果和影响提供了可靠地预测——想想在关于美国宪法解释的争论中的"严格解释"。然而,更经常的情形是,如果没有对专家决定在具体情形下的影响进行研究,是很难将方法论选择与意识形态或利益相联系的。当然,并非专家根据默示的实践和假设所做的任何事都会引发公开的方法论讨论。有时,专家们可能只是部分地认识到方法论之间共同分享的背景假设。然而,当背景假设和默认的实践作为方法论问题引起了专家们的注意,它们有时能够与意识形态或利益相联系,这使它们看似来具有政治性。

这种情况也可能发生在不考虑结果和影响的前提下。设想一个专家说,"我应用了蓝色方法",一种与劳动者利益具有广泛联系的方法,但是在任何论证的意义上都不可能证明,这一方法将会偏向劳动者。设想这一特殊的"蓝色方法"的决定已经产生了效果,这些效果自身很难与劳动者联系起来,或者这一方法没有产生可识别的效果。甚至可能会存在应用了"蓝色方法"的情况下,却深深地伤害了劳动者。可能仍然会产生这样的后果:声称"我应用了蓝色方法"强化在精英中的亲劳工立场之类的花言巧语,或者使得亲劳工的专家相互认同并站到一起以强调他们在其他计划中的立场。当这种情况发生时,我们可以将方法论的表达与意识形态或者利益联系起来,即使应用这一方法的比较研究对促进那种意识形态立场或者利益没有显著的效果。

在专家的研究中确认政治识别是最困难的,当专家们声称,事实上,"我没做任何事,也没有应用任何方法,但是我想你愿意了解这一点。"这种姿态使识别专家的选择显得更加困难——选择使这一点而不是那一点为人所知——而且消除了存在于专家话语中的、对决定的意识形态或利益效果的任何提示。在精英中,视方法论表达为对一种或者另一种夸张的权力作出独立的贡献更加困难。以中立的超然为傲的专家们将经常会出于意识形态或者其他偏好而相互批评。他们努力工作以将他人拉出应用和实践的领域——以清除彼此存在任何提示表明其与利益或意识形态相互关联的计划。他们对意识形态和利益的超脱是自我强制的。这就是战后比较法学家们典型的姿态,从而很难找出一种可争论的政治性或对治理的参与。

在这种意义上,识别二战后比较法的政治性则难上加难。战前,比较法学家将他们的研究与意识形态立场、社会利益和治理选择联系起来,这种联系看似合理,并且为他们参与大规模的法律和政治变革奠定了基础。其他追求相关改革计划的人可能会承认这些比较法学家是同盟者,因为他们使用的方法论话语很容易被转换为政治话语。战前的比较法学家追求一种在广泛的反形式主义方法论话语中的宽泛的计划,这些计划很容易与意识形态和利益建立联系。他们使用反形式主义的话语表达对这一专业的主流话语的反叛,同时表达他们坚持更广泛的改革努力以使法律更能反应政治现实,更能适应社会利益和需要、更加现代、国际化和统一。有时,他们表达更特殊的政治计划和从属联系——支持德国的商业利益捍卫美国法律传统并使其免受现实主义怀疑论的影响或者改变在法国殖民期间的法律影响。

战前的反形式主义传统仍有很多片断没有得到整理和系统化为一系列可供选择或者规避的选择体系。而且这一话语似乎与很多相当不同的政治动机相联系,甚至表达了这些政治动机。我们可能需要更多的社会学研究,以判断是否他们关于比较法的政治性的观念是现实的。关注商业需要的比较法学实际上对德国的商业利益有惠益吗？关注法律思想的比较是否真的会在美国的危机时期加强民主秩序？用习惯法取代法律形式,会为更加统一的国际生活提供基础或会增进社会力量、劳动者或其他人的利益吗？但是比较法学家对于他们的反形式主义将会为这些政治计划作出贡献充满信心,而且也愿意充满信心地这样声称。战后,情况变得更加复杂。反形式主义传统已经变成主流,它的内部矛盾和模糊之处已经被系统化为松散一致的选择。从战后的后见之明来看,战前的反形式主义比那些习惯于它的人所看到的似乎在政治上更加统一,尽管方法论不同。战后比较法学家已经变得更加折中和持有不可知论态度,也习惯于支持易变的各种政治联合的话语——但是这些联合已经变得更难以识别或质疑。

尽管战后许多其他法律学科中的法律职业者比比较法学家更乐于制定"政策"或者参与治理活动,他们仍分享了比较主义关于方法和与反形式主义传统有历史关系的折中主义。型构了对不同法域之间的共性与差异的分析的、富有争议的选择,与许多其他有关的学科的常规论述有共同之处。[102] 尽管比较法学家的政治不超脱是相当极端的,但是这种将方法论多元主义与对于治理的谨慎态度或者远离意识形态争论相联系的敏感感受在别处也是相当普遍的。理解如何将战后比较法学家的研究转化为政治性的、可论争的话语,对于思考其他法律领域中的政治学是有启发的,这些法律领域也有这样的方法论历史和宽泛的敏感性。

我的同事邓肯·肯尼迪正在详尽阐述一种关于过去一个半世纪以来的法律方法和学说的假设,它可能为专业研究转化为在意识形态或利益方面可争论的公开计划提供了基础。他在比较法整个研究中确认了三个相当不同的法律"全球化"计划——从1850到1900年的"传统法律思想"、从1900到1950年的"社会法律思想"和从1950到2000年的"政策/权利意识"。每一个时期都有庞大的共同努力去发展和传播一种处理法律和政策的特殊方法,这些方法联合了关于法律的观念、法律

---

[102] 我自己在国际公法和国际经济法方面的研究中发现了一套突出的具有类似的历史和敏感的类似的论证选择体系,见 David Kennedy, *supra*, note 18; *id.*, "The International Style in Postwar Law and Policy", [1994] Utah L. R. 7.

和政策研究的前提、律师和法律学者的方法论选择。[103] 进而,每一个时期都见证了某一国家法律体系的主要影响,从德国到法国再到美国,而且关注一系列政治前提和关切,从自由放任的个人主义到各种社会福利计划、再到全球贸易、发展和人权。

比较法已经在这种广泛的全球努力中扮演了大量支持性的角色——挑选机会目标、从中心向外围传播有关计划的知识,合理化其对法律、政治和世界的观念。现在已经很清楚的是,两次大战之间的比较法学家在传播反形式主义和社会本位的法律观念的过程中扮演了重要的角色。大量出色的著作已经在追溯比较法学家对这些全球性的法律知识计划的参与。[104] 可以合理地想象,他们的战后的继承者参与了更加折中的、不可知的、务实的法律和政治观念的发展和传播。但是这些战后的知识计划更难转化为政治争论的话语。

要这样做,我们必须更加关注默示的实践或者获得深入认同的背景假设,而不是关注明确的方法论选择。对于意识形态立场或者利益的直接表述几乎没有。我们需要关注关于经济如何发展、关于公法与私法之间的关系、关于全球文化或经济的中心与边陲的空间安排等问题的宽泛观念的效果,并且我们应该学会将这些效果转化为在政治上可争论的术语。我们应该关注这一学科为它的相邻学科承担的说服任务。事实上,比较法经常支持国际律师的计划,这些计划很容易被转化为意识形态或者利益的话语。[105] 而且,我们应该转而关注比较法在凯恩斯主义、社会主义、新自由主义、计划、放任等很多更广泛的观念的起起落落中可能扮演的角色。在分裂的政治文化中,这些观念的潮起潮落能够在相当分散的地方,以容易用意识形态和利益话语来理解的方式影响决策。而且有时,比较法学家的方法论话语能够为表达政治同情和确认政治同盟提供

---

[103] 见 Duncan Kennedy, "Receiving the Three Globalizations: Classical Legal Thought, Social Legal Thought and Contemporary Rights/Policies Legal Consciousness" (2001), on file with the author. 也见, *id.*, "The Rise and Fall of Classical Legal Thought" (1975), on file with the author, *id.*, "Toward a Historical Understanding of Legal Consciousness: The Case of Classical Thought in America 1850—1940" (1980) 3 Research L. & Society 3.

[104] 见 Shalakany, *supra*, note 25; Diego López-Medina, *Comparative Jurisprudence: Reception and Misreading of Transnational Legal Theory in Latin America*, Harvard Law School SJD dissertation (2000), on file with the author; Jorge Esquirol, "The Fictions of Latin American Law: An Analysis of Comparative Law Scholarship", [1997] Utah L. R. 425; Marie-Claire Belleau, *Les "juristes inquiets": Critical Currents of Legal Thought in France at the End of the Nineteenth Century*, Harvard Law School SJD dissertation (1995), on file with the author.

[105] 见 Kennedy, *supra*, note 1.

基础,甚至在这些表达没有转化为决定之处也是如此,这些决定的影响能够与意识形态立场或者利益相联系。

一个敏捷的一般性例子,将会阐明在战后的比较法研究中识别背景假设和默示在政治上可争论的效果的可能性和困难。在跨法域的大公司的实践中,人们通常带着一种动机去进行法律比较。律师可能比较欧洲25国的保险法,以指出到哪里投资建立提供跨境直邮保险服务的基地(我曾经做过这一研究)。与这一领域的学术性的比较法研究不同,一个由法律实践所引发的研究将会关注不同法域中可能出现的利益分配结果——哪些对于保险公司、再保险人、消费者或商业客户等更加有利。相反,学术性的比较法学家在谈论分配结果时,诸如遭遇事故的旅行者,仿佛是建议"我自己并不关心这条路会通向何方"或者在分配的问题上"我完全没有利益在其中"。结果是,估量一个法律现象是或者不是一国法律文化的一部分;是或者不是针对后工业资本主义阶段出现的普遍问题的解决办法;从别处移植的制度是或者不是法律结构中的一部分等坚定的语气已经不存在了。这是一个比较法学家的决定——在评析不同法域之间的共性与差异的过程中不重视分配结果,而是研究和强调技术要素的共性或文化要素的差异。事实上商业律师通常采用了完全不同的做法。

将专家决定转化为政治上可争论的术语,我们首先需要确认它的效果——可能是它对运用比较法研究成果的人们的法律观念所产生的影响。这里有一些假定。这种比较研究可能导致了对不同法域的利益分配结构的忽视。同时,它可能证明:一个其分配结果仍然未被发现的法域与分配结果是可见的、可争论的法域是不相同的,在对利益和意识形态的影响方面也是不相同的。可能很容易引进或者输出一种缺乏对其分配效果进行参照的法律制度。这一制度的经营者的权威可能会因他们的工作不涉及利益分配选择这一认识而得以加强。比较法学家们所研究的某些特殊类型的法律,通常是私法制度,或许会表现为与分配没有关系。这种观念可能又会加强另一种关于诸如经济与国家之间的恰当关系的观念。

而且,我们需要将这些效果尽量与意识形态立场或者社会利益相联系,这些立场和利益在我们的政体中是相互竞争的关系。很多问题取决于时间和空间。比较法学家对于不同法域的利益分配结果的更加公开的关注可能会使左翼的治理者更容易提出再分配建议——但是这种影响可能会被现在也在他们的反对者手中的知识所颠覆,或者被由于关注整个领域的分配现状而产生的去合法化(delegitimation)所颠覆。将知识计划转化为可争议的政治话语的工作将需要在一种非常特殊的情景化话语中得以完成。[109] 很容易放弃研究这一学科的默示实践或背景假设的具体的情景化效果,转而依赖于这一领域中的人们自己在其广泛的方法论选择与意识形态立场或者社会利益之间建立的联系。尽管折中的不可知论将会使这一过程变得很困难,但这有时仍然是可能的。不过这可能也会造成很大程度上的误导。

不关注利益分配不仅是一种明确的方法论选择,也是以某种方式仍然在发生的事物;这一盲点模糊地延伸到了专业意识、专业特征、专业敏感和专业训练等方面。不论是哪种情况,一旦遭到反对,利益分配的决定都将会导向一种方法论自觉。现在,设想"分配主义者"(distributionist)的学派出现了。这一学派的支持者可能用一种政治的话语来捍卫分配主义——可能作为一种进步的策略,以使左翼立法试验变得更为可能,或以通过清除反进步的偏见而重置这一领域中的中间派的调和。但他们可能也会运用非政治的语言——作为一种科学的愿望去"讲述整个叙事"。同时,尽管认识到了对分配的忽视,主流的比较法研究仍然会辩称自己坚持科学的中立性。但是,他们也可能辩称自己是中间派的政治学——或者甚至是反对左翼的壁垒,从而使寻租(rent-seeking)在跨国治理计划中变得相当盛行。在阅读这一转换时,我们可能会为双方的反政治立场而震惊。或者,我们可能会发现在激烈的意识形态话语中表达出来的差异。无论哪种方式,我们都会产生怀疑。一门学科或者其反对者与某种意识形态立场的联系能够体现其专业立场,并且(或者)这一学科自身就是一种政治策略。

战后折中主义的常规实践和社会利益或者意识形态立场之间的联系特别像一种误导,因为战后比较法学家运用一种在任何意义上都与分配结果无关的方式的方法论争论去标识彼此的政治偏好。诸如在他们政治无涉的誓言中,他们也保留了一种潜话语,以讨论他们的相互之间

---

[109] 见埃斯基罗尔(Esquirol)的关于比较法学家在20世纪后半叶拉丁美洲的各种法律精英中所扮演的角色,*supra*, note 104. 埃斯基罗尔认为,拉丁美洲的比较法学家通过战后时期提出拉丁美洲法律本质上是"欧洲的",同时将这一文化认同等同于相对形式化的、并经常引用特殊的法律概念。在他的分析中,这种对本土法律体系的"本质"的态度得到法律精英们的认同,也产生了一系列相应的政治结果。正如他所看到的,这一概念强化了那些在不同时代寻求削弱美国影响下的法律改革的精英们的策略。另外,这也有助于加强19世纪"自由"政治精英们的控制,以拒绝地方化的平民立法和国内改革,避免这些精英感觉被牵扯到独裁时期的公法变革之中去,等等。

的个人政治偏好。这种潜话语在相当大意义上建立在早期方法论争论的基础上,建立在战前反形式主义传统已经与"左派"相联系的记忆的基础上。正如我们看到的,这一记忆是模糊的——反形式主义与各种政治动机相联系。然而,战前左翼反形式主义观念作为一种基因式的政治标签保留了下来,它表达了在战后反形式主义主流话语中关于所有选择的反形式目的的方法论选择。当战后比较法学家识别和分析不同法域之间的共性和差异时,他们作出的选择似乎或多或少地表现为图 11.12 所示的状况。

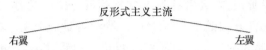

右翼	左翼
相对形式的	相对反形式的
作为技术/功能的法律	作为文化或社会实践的法律
很多的移植	很少的移植
自治的法律职业	法律共振峰
异国化东方(exoticize the orient)	异国化邻邦(exoticize the neighbor)
共化邻邦(familiarize the neighbor)	共化东方(familiarize the orient)
一致化"最好的实践"	促进对差异的理解
促进"我们"的体系	热衷于世界主义的理解和宽容
强调统一的比较法	强调差异
作为辩解或者解释	作为批评的比较法
功能主义的效率	规范的自由主义/保护社会弱势群体
趋向于一致或平等的法律秩序	冲突和矛盾中的法律秩序
惯用外部视角	惯用内部视角
社会的观点和视角	弱者的观点和视角
自治的法律	嵌入式的法律

图 11.12

这种区分可能是有用的——如果只是因为说是如此有时就能使其真的如此。如果带着左翼同情心的比较法学家运用特殊的方法论主张去相互认可,并在这一领域中坚定他们的立场;而且,如果这一领域真的开始致力于某种政治计划,这种语言就会成为他们的进步论姿态的话语,甚至在用这种话语思考法律和重新分配收入之间缺乏有说服力的联系的情况下也是如此。

然而,对于战后比较法学家而言,这些方法论片断只带有非常少的、试探性的政治诉求。新折中主义鼓励人们运用各种计划、以特别的方式在方法论的狭小空间中作出选择,因而,比较法研究的每一个部分都将包含着一系列方法片段,而每一个片段都将会帮助中立化其他片段的政治诉求。以普世的/技术的功能主义语言表述"左倾"意见,或者以文化认知语言表达右倾意见已经变得容易了。进而,政治立场上的不可知论和超脱政治的热情仍然是推动人们考察比较法研究的效果的动力,这种比较法研究可以证明任一方法论选择与社会利益或意识形态立场之间的联系。

因此,学科内部在这一潜话语中的讨论太模糊不清,无法为更普遍的政治参与提供基础——或者为我们在比较研究与意识形态立场或者社会利益之间的联系中角色可靠地评定提供基础。在一次比较法研讨会开幕式上,我听到,与会者通过非常概括的方式谈论他们的学科并开始相互认识,这种方式似乎在诉求一种政治力量。但是,这些人如何交流他们的政治倾向呢?下面的总结变得很不明确,以致我越来越怀疑他们喜欢以这样的话语谈论他们的政治立场:明确宣告同时又将其模糊化。为了使我的意思显得更加清楚,我用几个小时总结出来如下列表,可能你会将这些引用更成功地排列起来:

左翼:
 "关注弱者"
 "每个人都有自己的立场"
 "我们当然能够了解下层——我们了解到的是批评和参与"
 "我们必须从我们身处的立场出发去判断和参与,比较法是一个政治过程"
 "殖民主义是一种一般现象,但是我们必须从它的特性出发去行动"
 "人类学"
 "功能主义"

中间立场:
 "立场分析总是低估了抵制的力量——弱者是有自己的见识的"
 "我们可以向其他法律秩序学习——加拿大从因纽特人借鉴了量刑圈制度(sentencing circle)"
 "判断是不可避免的,但是我们应该关注感受而不是行为"
 "当你分析一种殖民状态的时候,当然,关键是概括,但是了解这些内容是否以及在何种程度上是特殊的也是有意义的"
 "功能主义"

右翼：

"我乐于将致力于描述、分析的研究与致力于判断的研究进行比照"

"目标应该是没有一个固定议程的描述"

"你只能以自身为参照判断自己的位置——而不是在比较研究中判断自己的位置"

"现代化过程的叙事仍然是比较法的中心叙事"

"对我来说，殖民主义作为历史是有趣的，但只是在我们能够以某种方式概括它的时候"

"如果我们理解效率，最好的实践才能被一致化"

"存在一种差异的内部世界和共性的外部世界——交流和理解是关于共性和一致的"

"功能主义"

我确信，我把这个列表弄错了——但是我打赌他们也错了。这似乎并不可能：接受这些方法论立场可能会与意识形态立场相联系，这一立场具有足够的理由提供更多的指引，指引这一学科参与治理工作。看看"关注弱者"这种说法。在当今的学术中它的确是"左派"的标志（可能是"左倾的糊涂"），但是，如下事实却是根本不清楚的：不断重复这一话语的比较法研究或者带有对弱势观点的极端敏感来描述的法律现象的比较法研究作为"左派"参与了政治治理——如同从前一样作为一种左翼的力量。这将完全取决于谁阅读了这句话，以及他们想运用这句话满足何种目的。尽管我们知道，它可能以确认强者的目标而结束。[100]

当然，战后的折中主义者有时也的确讨论他们希望他们的研究所具有的效果，在某些方面，我们应该能够将这些效果与政治利益或意识形态立场联系起来。这些讨论更像是私人空间中的对话，这些策略的评论从窃窃私语到大声言谈，从愤世嫉俗到理想化。在参与共同核心计划的比较学家们近期的一次会议中，许多人在会间愿意用与毛罗·布萨尼（Bussani）描述的不可知论相当不同的方式，与他们正在从事的实践工

---

[100] 另一方面，我们在讨论"国家"以及它是否是界定可比较的法律现象的"主权"的重要方式。有些人问道："国家"指什么，国家概念的关键是什么，或者建立国家的时刻人们追求的是什么。对于此人们有不同的看法：通过刑法在一个领土范围内巩固权力，或者是边境控制、再或者是行政控制、巩固福利国家、强化凯恩斯的货币政策。每一种观点似乎都表征一种政治的倾向，尽管我必须说明这一列表甚至是更模糊不清。是一份可以试着去做的家庭作业：哪些表征左翼，哪些表征右翼，哪些表征中立。

作中抑制的、折中主义相当不同的方式来与我进行讨论。限定在背景讨论,这些政治战略仍然是模糊和未经检验的,他们空想的、几乎不可思议的现实主义腔调与比较法研究本身的谦逊的态度大相径庭。

对于某些人而言,这一计划将会把法律反形式主义和"法律共振峰"的观念传播到法律思想的其他领域——根据这样一种认识:它是比任何从一体化或者差异化的上升中得到的都更重要(可能是更左翼)的政治干预。一旦被反形式主义思想浸染,人们就会认为,在其他领域中的人们将会经历布莱希特时刻,从他们自己运用的假设的同化中转移出来,清醒了,并加入前锋的行列。或者,这一计划可能会将学术与法律改革过程联系起来,这一过程可能被布鲁塞尔主张技术专家统治的人所掌控,他们怀着使这个过程更加进步和更具人文精神的希望。可能这种不可知的自我展现将会从一体化优先的议程中重新找到平衡,并且在这种意义上,能够被理解为一种反联邦的干涉。或者,可能这一观念是用奖学金的形式训练学生为共同核心计划工作(关注所有可能相互冲突的法律共振峰)。当学生们在律师事务所中获得奖学金进行工作时,这些奖学金会带来某些好的政治影响,通过学习避开批评的模式来砥砺他们的批评愿望。所有人都表达了这样一种确信,即所有出色的法律都应该是更加理性的和民主的,而不是一种模糊的和地方化的法律——蒙昧主义是极权主义恶魔的玩具。

有趣的是,这些论断和动机表面之下包含了潜伏的个人愿望——尽管事实上它们会经常为比较法研究制造相当好的前提。这是说明:蒙昧主义是和极权主义、极端主义并列的吗,规则的清晰与平静的、集中的民主是并列的吗?听起来是可能的,但我们能很快想到相反的例子,对民主和神秘关系、理性和法西斯主义的关系的不同解释。令人困惑的是,这些可能的政治计划已经足够具体,从而可以评定它们的合理性,但是人们对此仍然犹豫不决。

确认和评价像共同核心计划这种不可知论的计划的政治性,我们需要更好的、关于确定这种研究的可能效果的前提假设。在这些效果看上去是具有合理性之处,能够与意识形态选择或者与社会利益相联系之处,我们可能会提出质疑。我们可能发展出特定语境中的关于不同比较法计划的前提;关于这一领域通常的默示实践或背景假设的效果的前提,这些背景假设是关于运用比较法研究成果的精英们的所思所想的;关于在更广泛的智识劳动分工中比较法的角色以及比较法律服务的分布的前提。

比较法学科中的个体计划和群体计划

当然,有时,比较法学家的研究是为了产生很容易被解释成政治话语的影响。人们比较死刑制度是试图发现如何使刑罚更加有效,正如有时候人们比较死刑制度是为了评价他们对不同少数民族社群的影响。战前比较法学家的计划更容易辨认,并且给予他们的研究的影响更多的关注,我们会更好地认识到他们的研究的政治性。Amr Shalakany 对朗贝尔作品的研究以及他的埃及学生 Sanhouri 的研究同样试图将埃及法伊斯兰化、社会化而且现代化,他们提供了一种理解这种努力的政治性的模式。[108] 但战后的比较法学家有时也直接参与一些计划,我们能够评定和可以质疑这些计划的政治性。

很多比较法学家已经帮助建立了国际私法制度——起草一些制度以重述和改革私法规则,精心阐述对国际商事最合理的或最行得通的规则的学术共识,建立通过仲裁解决纠纷的制度,建议处于外围的立法者关注在最发达的经济之中是如何解决此类问题的,或者建议集中关注在外围体系中共同商业规则的可执行性。有时,很容易将这些制度提出的问题与意识形态立场和利益联系起来,即使是并不完全偏向某个方向的情况下也能做到。[109] 持不可知论和折中主义立场的比较法学家参与阐述私法制度,强化了这一主张:比较法学家的参与,通过完全消除调控国际商事贸易的法律中的政治性,从而降低了其与国家政治和治理曲解相联系的"风险"。在以一体化为目的的比较过程中出现的特定规则的例外可能会被忽略,或者以倾向某种利益的方式被形式化。

但总的来说,战后比较法学家的改革计划都不是这样显而易见。以确认下面计划的政治性的努力为例,罗伯特·韦(Robert Wai)分析了加

---

[108] Shalakany, *supra*, note 25. 阿布-乌达展开了一个类似的、对各个阿拉伯社会中开展家庭关系现代化的法律司法精英们的战略的政治分析。见 Lama Abu-Odeh, "Modernizing Muslim Family Law: The Case of Egypt" (2001), on file with the author. 也见 Kerry Rittich, *Recharacterizing Restructuring: Gender and Distribution in the Legal Structure of Market Reform*, Harvard Law School SJD dissertation (1998), on file with the author [hereinafter Recharacterizing]; *id.*, "Gender and the Concept of Distributive Justice in the World Bank", in Veijo Heiskanen (ed.), *The Legitimacy of International Organizations* (New York: United Nations University Press, 2001), pp. 438—481; *id.*, "Feminism after the State: The Rise of the Market and the Future of Women's Rights", in Isfahan Merali and Valerie Oosterveld (eds.), *Giving Meaning to Economic, Social and Cultural Rights* (Philadelphia: University of Pennsylvania Press, 2001), pp. 95—108.

[109] 一种具有细微差别的评价请见 Amr Shalakany, "Arbitration and the Third World: A Plea for Reassessing Bias Under the Specter of Neoliberalism", (2000) 41 Harvard Int. L. J. 419.

拿大法官改革加拿大私法和冲突法规则的广泛努力,以使加拿大法律适应他们所看到的国际化和全球化。⑩ 很容易理解,这样一个计划如何出现,以及对它的公开承认如何能够侵蚀它的权力和破坏它的魔力。假如加拿大法官已经建议通过考虑可能会被他们接受的利益和意识形态来改变私法规则,而不是以捍卫"国际主义"的随意话语和比较法研究的发现进行,规则和实效是否可能会相当不同。

在我的经验中,中庸的战后比较法学家已经有一种直觉或者准自觉,经常发现自己从事的研究将会成为可能以意识形态或利益的方式理解的计划的一部分。设想,你为一个联合国机构工作,发展一个培训计划,为发展中国家的政府提供技术支持,培训将很快会参加 GATT 某一回合的谈判的官员。你传授谈判技巧和魄力训练和程序规则。你可能已经有一个不错的训练日程表——一些课程组合是为了训练他们在即将到来的谈判中的强硬态度,并将他们的国家纳入世界自由贸易体系。在新的"透明度"原则下,GATT 谈判促进了在每一个国家中国内立法都会影响贸易的认识。你的学生的政府需要使他们的立法促进贸易发展。但是什么立法影响贸易?什么立法是强势一方的愿望?你提出并展开了一个对其他加入 GATT 的发展中国家比较立法的研究计划。你知道,你的讲述将会发出两个信息——如何通过移除贸易壁垒和障碍实现与 GATT 的一致,以及如何在一个透明的世界中隐藏某个工业计划。你的学生如何衡量并接受这两个信息,可能会影响他们认为的应该推进的一系列常规目标。预期不同的常规法律对不同社会利益分配影响可能相当容易。你作出的、将这些比较研究的叙事放在一起的选择将会影响你的学生接收到的信息,而且将会使他们感到能够保持治理的主动性,而不是其他。

共享的知识实践的影响:什么是法域

如果我们回顾一下战后比较法学家的选择,当他们对不同法域间共性和差异进行分析之时,我们常常能够识别默示的选择和背景假设,这些选择和假设我们完全可以用政治语汇来解释。第一步是确认两个或者更多法域,它们的差异足够有助于比较其中不同的法律现象。但是,这是如何完成的,以及它已经完成的事实,可能已经产生了有争议的影

---

⑩ 见 Robert Wai, *Commerce, Cooperation, Cosmopolitanism: Private International Law in an Era of Globalization*, Harvard Law School SJD dissertation (2000), on file with the author.

响。设想比较法学家的默示选择强化了这样一个观点,即非洲和欧洲法律之间的差异比非洲国家之间或者欧洲国家之间的差异更突出。可能会存在一种潜在的观念,即非洲法更原始或者更氏族化。了解这些可能会改变这些精英——在非洲、在欧洲,或者任何地方——对法律变革的评价。欧洲人可能被证明输出了简单化了的或者剥离实际的法律规则,与他们所理解得更复杂的制度相比,这些法律规则会产生相当不同的利益分配结果。非洲的精英们,在反抗或同化中变得强大。当讨论共产主义法律计划时,非洲内外的人们都可能援引非洲作为例子,并发现他们的主张被这一联合体接受或不接受。

在文化和技术两方面确定法域的折中实践强化了这样的观念,即法域不受它们的语境的限制,而且能够相互交流,但也在某种程度上保留了与特定政治和社会历史的联系。确定法域以进行比较,为准法律自治提供了证据。了解这一点,可能会强化他们推进更加具体的治理计划——可能国家主义计划将法律更牢固地植根于文化之中,并且世界主义计划可能以增进国际理解和谅解的名义缩小文化的鸿沟。为了比较而区分法域强化了这样一种观念:差异标志着地方性的文化根基;而共性则标志着外国、国际或世界的文化根基的联合。了解这一点引导了精英们促进民族国家自决或国际合作观念的表达。这一比较的证据能够影响相邻学科中的专家选择。在建立一个国际公法制度的过程中,国际律师在比较的指导下更加忠实地践行一些原则,这些原则标识着沿着国境线而划定的司法区域,或者对一个法域内发生的事情、跨越两个法域发生的事情或者发生在"高于"或者"外在于"国家层面的事情进行不同的处理。

在宽泛的国家术语中确认和区分不同法域的默示倾向可能使某些政府计划看上去几乎是合理的。[⑪] 通过重新确定法域的连贯性和一致性,治理精英——国家的或者国际的——可能多少愿意从一个法域介入另一个法域。差异和共性的地图可能标志了合法和非法干预的天然领域。为了评价这些政治影响,我们需要更好的理解:精英们是否使"差异"变形为一个用于固守或征服的借口;他们是否认为跟他们同样或者不同的人站在一起是自然的。安妮莉斯·瑞丽斯(Annelise Riles)在她对19世纪英国国际律师对文化所持的相当不同的观念的研究中,为这

[⑪] Patrick Glenn 在本书中的文章强调了:比较主义加强了"法律传统是民族的"这一认识。

种考察提供了一种富有启发性的模式,即欧洲文化有利于交流,但是在非洲文化中则强调控制的合法性。[112]

设想一下,如果比较法学没有默认国家政权,却根据国境线区分调控不同行业的法律——对"制药法律制度"中的雇佣关系或订立合同中的诚实信用与"汽车制造法律制度"中的相同法律现象进行随意的比较。正如精英们从新近的比较法学家们那里了解到的那样,我们可以想象他们对可能的政治动机的认识是变化不定的,在很多方面,是很难预测到这些变化的,但不是不可能预测到。通用汽车公司决定,需要在所有与之进行贸易的合同中要求ISO9000质量认证标准,这将改变全球质量控制管理体系,首先是在汽车行业中,随后可能影响到其他领域。[113] 美国法律扩展到了泰国、汽车行业的法律扩展到了纺织行业,我们是应该庆祝还是应该担心呢? 以工业行业分类来重新勾画法律世界地图,可能会使非政府参与者的主动性——不论是股东还是抗议者——看起来比较合理。精英们可能更加倾向于考虑汽车制造行业的收入差异,当他们考虑巴西或美国的国内收入差异和这些国家之间"汽车制造业"和"纺织业"之间的收入分配差异时。

当他们强调东方和西方、南方和北方、原始和现代、相似和外来的等这些陈腔滥调时,"专业人士参与了各种帝国主义的或者新殖民主义的计划"这一观念已经变得越来越熟悉。大多数中立的比较法学家,通过避免对不同法域之间的差异进行"规范性"解释和通过用可以避免东方与西方或者北方与南方之间的简单对立的复杂方式来描述共性与差异,从而避免"东方学"的责难。但是这种后东方主义的默示实践——根据不明确的文化"族系"和经济发展阶段区别法域——可能也会强化关于本质的共性与差异的精英观念,这些精英观念在很多方面都会影响到政策制定。例如,很容易想象,精英们会对将以色列和埃及的法律联系起来的努力持不同看法,如果他们将这两种体系看成为是"欧洲的/后工业资本主义的"和"伊斯兰传统的/欠发达的"模式,而不是它们视为"后

---

[112] 见 Annelise Riles,"Aspiration and Control:International Legal Rhetoric and the Essentialization of Culture",(1993) 106 Harvard L. R. 723.

[113] Stepan Wood 正在进行一项有趣的研究,关于环境法中的"自愿"标准,见 Stepan Wood,"The New Global Environmental Standards",(2000) 93 Proceedings American Society of International Law 220; id., Governing the Green Globe:Environmental Management System Standards and Environmental Regulation, Harvard Law School SJD mertation (in progress), on file with the author.

殖民主义的/发展中的法域"。⑭ 在比较法研究的助力下,欧洲的精英们在"凝聚力"和"附属"的意义上理解欧盟成员国之间的关系,在尚未充分"准备"去"追赶"发达国家的意义上去理解中欧国家之间的关系。对这些的理解,不仅会影响他们形成内部治理体系的方式,还会影响他们与国际贸易体系产生关联的方式。这种解释框架使希腊和丹麦看起来显得更加类似,而使澳大利亚和斯洛文尼亚显得更加不同。⑮

以这种方式将用于比较的法域区分开来,会使"其他"社会的这一问题变得更加明显:是否要现代化和西方化以及如何现代化和西方化。了解这些可能强化或者弱化了某些精英——可能是现代主义者——的影响。当后东方主义的比较法学家带着在欧洲/现代资本主义传统中解释丰富的多样性的意图而出现的时候,应该考虑一下正处于"转型"中的、相对较小的中欧法律体系。他们并未享有支配权,只是通过指出可能选择的范围而被授权。他们可能是对的——但他们也带来了这样的信息:存在法律现代性这一件事。尽管存在着各种形式的现代性,通过其中一种形式的法律文化现代化意味着渡过这一转型时期。当这种情况发生时,意见不明朗的比较法学家已经参与了治理,发出了可能会与意识形态立场或者社会利益联系起来的信息。比较法学家提供了一种视角,透过它,权力中心能够了解自身,并解释其边缘;全球性可以通过与地方性的比较而了解自身;通过这一视角,外围和地方能够表达对中心的理解和认同。这一研究的效果可能在自我认知过程中感受到,也能在国际政策阶层和文化上距离较大的精英层面的策略中感受到。

共享的知识实践的影响:什么是法律现象?

在判断法域的时候,如何确定用于比较的法律现象以及它们以比较法术语被全然确认的事实,这两者可能都会产生影响。比较法学家选择的、用以比较的法律现象,影响了精英们的认知范围。如果比较法学家花费了很多时间在金融管制上面,而花费很少时间在家庭法研究上面,这可能会鼓励精英们在比较法层面思考金融管制,而在地方性知识层面思考家庭法问题。这可能会影响到这些精英在每一个领域的可选择的

---

⑭ 见 Yishai Blank, "Legal Education and the Archeology of Israeli Law", on file with the author.

⑮ 对于这种影响的解释,请见 David Kennedy "Turning to Market Democracy: A Tale of Two Architectures", (1991) 32 Harv. Int. L. J. 373.

学说中作出的选择。了解外国法如何规范健康医疗问题,而不了解他们如何规范体育行业;了解他们如何处理知识产权,但很少了解他们是如何处理不动产的;对比较私法非常了解,但对公法却知之甚少,这些可能会影响到精英们所考虑的一系列的选择或者增强他们对这些而不是那些地方性法律的依附。对这种类型的偏好总是很容易与意识形态立场或不同的社会群体相联系。

在选择适合比较的现象过程中,比较法学家也见证了法律是"准自治"的事实。法律体系是由规则、制度和实践构成的,它们有时作为某些相对普遍的范例也在其他法域中被发现。对于折中的比较法学家来说,这既不是移植也并非不可比较的差异。不同法域中的法律现象,足够"相似"——或者足够不同——才值得比较。在某些地方,了解这些可能会使精英们增强主张技术改革或者文化现代化。或者,它可能通过将它们的起源置于政治和文化之外,从而使法律规则引发的效果正当化。或者,它使法官在不自己造法的情况下填补立法空白看似有道理。认识到法律是准自治的,将统一化的法律规则是技术需要、文化影响或偶然的专家借鉴的产物,会使对这些统一化的法律规则的引进显得更加令人愉快。

正如其他法律知识的创造者一样,比较法学家发展并强化了一种法律现象的类型学。当他们为了比较而区分法律现象时,把这些定位为是离婚,那些定位为是合同,把这些定位为是纠纷解决等等。当精英们了解了所出现的这一种类型学,他们会对治理的主动性和由特殊方式引发的改革产生自己的想法。那些寻求提高女性地位的努力发现他们的想象局限于关于女性的法律范畴——特别是,如果某范畴具有某种跨文化的力量。这种影响可能发生,即使在比较法学家准确地进行比较以便揭示关于离婚问题可能如何被构成的时候也是如此。

比较研究中的这一默示的类型学通常会强化公法与私法是不相同的这一观念——在本质上、技术上、跨文化意义上不同——而不是在地方文化、政治或法律历史的功能上。公法是纵向的、宪法化的、程序的、规则性的、政治的、分配的,而且与政权特征有相当紧密的联系。而私法是横向的、建立在自愿的基础上、由个人形成的、有关问题解决和经济绩效的、相对无关政治的而且仅仅与政权特征有很松散的联系。这些差异化强化了这样一种观念,即政府与市场的运作是完全不同的。市场自我形成,但政府需要构建。政府起源于神秘的宪政历史时刻,市场出现在无数不同个体的市场行为的自主决定中。

比较法学家运用默示的类型学来确定用以比较的法律现象,也塑造了精英们认为能够恰当地置于这一范畴或那一范畴的法律现象。比较法学家研究公法时要比研究私法时与文化和历史发展更加紧密地联系起来。而且,他们在公法中以高度关注宪法秩序的程序和技术方面的方式来选择用以比较的因素。这使在不同国家的西方法律体系中比较诸如"宪法裁判"或者"司法审查"法律现象具有了意义,比如奥地利、意大利和美国。这一比较可能敏感地关注于每一个体系中的宪法法院的存在及其权力。出现的差异可能会归因于民族文化和历史,或者我们可能在一种哲学的意义上比较它们:这个是康德主义的,那个是罗尔斯主义的,那个更接近孟德斯鸠。

这些默认能够影响精英们如何看待宪法选择的方式。想想这样一种情景:一个对宪法法院进行比较研究的研究者,在正处于转型和宪法改革中的东欧国家的首都,阐述他的研究。我们的研究者是一个折中主义者、不可知论者,他们到那不是为了产生影响,而是为了提供信息。在他们的报告中,他们一直很谨慎地不表露出对制度的偏好,也不偏向于文化的或技术的评价模式。就像他们的同事比较知识产权问题一样,他们还是会带来某种讯息,关于什么是现代的,以及变革的方向。但是,更加具体的是,他们将会厘清东欧国家的精英们所具有的选择。可能东欧的比较法计划的应用者已经早就准备好了接受约翰·罗尔斯而不是康德,或者感觉在文化上奥地利比意大利更协调。可能,他们感觉到应该给予立法以优先权或者区域应该支配中心。在所有这些观点的基础上,这样研究将会是有帮助的。但是,我们说,某人代表了农民的利益或者想要知道哪一种体系更有助于保留前统治阶级(ex-nomenklatura)的权力,更加有利于妇女或者更加可能使国家尽快融入欧盟。研究者将不得不推断,在研究中明显证据背后的原因,并且可能开始理解这并不真是一种思考宪法改革的适当方式。⑩比较法学家对法律现象的默示的类型学已经强化了某些政治思考的隐秘性,同时突出了其他引发争论的因素。

共享知识实践的影响:在法域之间比较现象

战后比较法学家在确认用以比较的法律现象的共性和差异时作出

---

⑩ 例如,对男性与女性社会地位的定位,在伴随东欧转型过程的法律改革中是不可见的。对该问题的出色研究请见 Rittich, *Recharacterizing*, *supra*, note 108.

的默示选择,也可能会产生某种影响,我们可以将这些影响与意识形态立场或社会利益相联系。通过突出共性的移植以及不重视影响在形成差异过程的作用。比较法学家强化了这一观念,即差异应该被作为传统、文化和历史的一个方面。这能使地方性的抵制和误读策略看起来比同化的努力更根植于传统、文化和历史。[117] 比较法学家能够强化这一观点,即差异化天然是一个斗争的问题,与文化和历史相关;然而,同化则更像是一个较好的程序,与最好的实践和经济发展之间存在的技术一致性相联系。所有这些差异能够改变权威的平衡关系,或者改变不同层面的国家精英所感受到的合法性。

区分战后比较研究核心关注的法律体系的文化和技术维度,也能产生影响。了解到法域能够在这种方式下被打破从而强化了国际法域,国际法域的合法性建立在这样一种主张的基础上:存在一种相对技术化的领域,在这一领域中他们可以在不破坏地方性文化的情况下实现权威。对于什么算是技术的、什么算是文化的默认的观念——将经济作为技术的、将家庭作为文化的来对待——可能也会影响政府管制注意力的分配。将一个群体或者一种活动(妇女、宗教、儿童、教育)与文化联系起来,改变了影响这些领域的政治策略的合法性。国际治理者建议以更加引人注目的干涉来解决收支平衡问题、环境破坏或者农业发展问题,这种干涉比他们认为的自己在调整妇女地位或宗教过程中的干涉更引人注目——既使能够清楚地预见到,事实上,越多的技术干涉就会对妇女的生活或者社会中的宗教信仰产生越强烈的影响。

进而,总的来说,文化的和技术的因素与非理性或者理性、神秘化和工具化、地方化和全球化、社会联系化或者意义的因素以及经济功能之间的默认的联系,所有这些都影响了精英们计划的相对合法性。精英们可能会对治理的主动性持相当不同的态度,如果他们将全球性的治理作为"文化",而将地方性的治理作为"技术"。将文化与其所处的地域联系起来会使其跨越如此遥远的距离、在没有好的理由的情况下就进行干预显得几乎没有合理性。了解这一点,即离婚制度是诸如"日本法律文化"之类的一部分,就会使"法国的离婚法律体系更好"这样的说法几乎没有合理性,同时,使"女性权利"这样的讨论几乎自动成为一种外国文

---

[117] 对误读产生的影响的研究请见 Rittich, Recharacterizing, 见 López-Medina, *supra*, note 104. 也见 Doris Sommer, "Attitude, Its Rhetoric", in Marjorie Gather, Beatrice Hanssen and Rebecca L. Walkowitz (eds.), *The Turn to Ethics* (New York: Routledge, 2000), pp. 201—220.

化干涉。尽管渴求差异还是共性这一问题是不可知的,我们仍然可以在比较研究中发现一种反帝国主义的倾向。

在智识层面作为一个学科

比较法学家们各自的专业抱负是相当不同的。一些人认为这一专业应该承认自身在方法论上,正如我们讨论的那样,可能运用意识形态或者利益的形式进行解释。在本书中,乌彭德拉·巴克西(Upendra Baxi)认为,我们应该同情这些人,他们贫穷、或者处于社会边缘或者在某种意义上是失败者。但是简单地说——就像已经看到的那样——一个专业可能也有政治影响,只要这一专业的规模和声望使比较研究的影响成倍增加。进而,比较研究的影响将会基于比较能力的分布而有所不同。

设想,你为一个国际组织工作,帮助一些国家完成从社会主义向资本主义的转型。这个机构援助法律改革,至少介绍立法的框架以建立"市场社会"的法律制度。设想,你对你的部门或者议会保证说,你将会在某一个国家构建一个抵押证券市场,他们给了你很多钱去完成这个任务。你将这笔钱花在通过当地的政治过程而变革抵押证券市场所需要的立法。但后来出现了一个障碍。在接受国结果是任何在抵押中拥有证券利益的人的名字,哪怕是第二位的,都必须登记,这使有抵押证券多次转手流通成为不可能。于是你提出了一个技术解决方案,并把它卖给自身利益与通过所需要的证券立法息息相关的当地人,并任命一个人代表所有的证券持有人且用这个代表的名字进行登记。你最喜欢的政府部门支持这一观点,但是司法部门还没有认证这一做法与当地法律相符,并还不愿意登记债券持有人的代表名单。你不确定为什么,可能司法部门中的某些人坚持登记原则,可能没有人真正认为很快就会有一个抵押债券市场,可能这些技术问题已经成为部门之间、政府中喜欢或者讨厌"开放"经济的力量之间,政治阴谋的标志性部分。

你可能会运用政治和经济压力,试图去影响国内不同政府部门之间力量的平衡,你迟迟不支付下一个阶段的项目费用。而且,你可能任命一个研究小组,研究这一问题在其他与接受国具有同样的"民法法系传统"的国家是如何解决的,但是,这些国家事实上还有一个次级抵押证券市场。一个专业,能够将这种政治问题转化为对不同文化中的共同问题的技术性解决途径的描述——或者对相同的法系中不同的技术性解决途径的描述——这一专业的存在可能会影响争论的参与者的相对实力,即使这一报告从未得以完成。这一影响可能更加明确,如果进行比较研究的机会是不均匀分布的,"富国"(haves)比"穷国"(have-nots)享有更多的经验。

进而,就像其他学科一样,比较法自身是一个非常小的生命系统,其中资源、荣誉和机会以各种不同的方式进行分布。方法论的强化、资金的可利用性、在这一领域中不同的个人计划——不论是他们在这一专业中的权力欲望还是他们的计划在更广泛范围内的权力欲望——都将会影响专业成员之间的资源分配。如果在一个比较小的世界中,这一过程也可以表现为一个治理计划,一个政治形式。我们经常能够将小世界中的得失与更广泛的意识形态立场或者社会利益联系起来。而且,这一小世界中的政治学能够影响其他精英。小的胜利也能改变在更大范围内的精英群体力量之间的权力平衡。

将所有这些前提假设放在一起,令人惊讶的是,我们对比较法的政治性所知如此之少,以至于将战后折中的比较法学家的研究用可批评的政治学术语转述出来非常困难。不难想象,知道这些而不是那些可能会影响统治者的行为,但我们仍然没有习惯将知识工作转化为政治工作。战后的比较法已经成功地将自身与政治生活选择相联系的感染隔离开来。我们有的只是前提假设、方向、线索,而且这些只是用意识形态立场和社会利益等在政治上可争论的方面表现出来。通过遵循这些指引,我们更加可能形成将专业判断解读为政治行为的习惯。想象每一个比较法计划伴随着某种意识形态或者利益的"影响评价",并清晰说明知道这些而不是那些观念所带来的、对于观念和事物在世界上的分配所造成的影响。这一做法成为一种习惯,这一启发可能会强化比较法学家自身作为一个统治者的经验。他们不论是受到专业知识的强迫驱动还是对折中立场保持开放,专家们通常的选择都会被理解为引发了政治上可争论的结果,并且成为全球治理结构中的一部分。

而且,可能你会问,为什么我们需要这么做?当然也存在一种揭示某一学科的政治性的政治学——将文明的知识话语转化为政治争论话语。战后比较法在强烈的求知愿望的推动下是生机勃勃的。毛罗·布萨尼(Bussani)在提到欧洲的共同核心计划时提到:

> 通过运用比较方法,许多在传统法律分析中普遍存在的模糊的方面将会得到挖掘,这是事实。这是因为工具和方法提供了更确切

的分析,但不是因为在不存在趋同之处却强迫趋同。当然,从更好的知识中,可能会带来更多的一体化,因此共同核心研究可能也被认为作为对更多统一性、更少多样性的间接推动。然而这一目标不应该影响我们。伴随知识变化的是一种只有通过模糊处理才能避免的现象。[118]

但是这一强烈的愿望的减弱仍然在政治生活的开端中存在。而且,这一学科模糊化了自身的政治影响。当这一专业的政治性已经为人所知,我不知道什么样的改变会随之而来。我有一种直觉,这一专业更想保持而不是改变这个世界的现存的不正义。这一表达将会带来争论并改变争论。但是,这仅仅是一种直觉。我警惕一种学科权力,我们很难透过其专业的不可知论和折中方法的屏障而发现它的政治性。而且,正当它进入争论的范围之时,我担心求知的热望会转移它的注意力。但是,我确定有时,我也分享了战后比较法学家相当人性的愿望,享受这样一种酒神式(Dionysian)的乐趣,即,在不知道自己所为之事的时候,却仍然可以准确地采取行动。

---

[118] Bussani, *supra*, note 1, 2, p.796.

第五编

比较法研究及其未来

第12章 比较法学家和法律的可迁移性

达维德·内尔肯
(David Nelken)

导 言

  法律一直处于变动之中。在某种程度上,通过法律来控制社会在许多发达工业国家的"本土"已经不流行了,但在国外却越来越多地得到实践。目前正在追赶仍被称为"法律移植"(但我将其称为"法律迁移")的潮流的社会不限于那些发展中国家,即便这包括了如中国、东南亚或拉丁美洲等不同的地方。它还包括几乎所有的前共产主义国家,从许多方面来看,还包括在欧盟范围内寻求法律统一的国家。事实上,与市场和通讯全球化相联系的发展意味着,几乎没有哪个地方不受影响。如果法律与发展运动的确开始了它的第二波(有人认为是第三波),问题就提出来了,如何避免重复第一轮法律与发展运动中出现的"错误"。[①] 对法律改革的可能性和适当性某些争论的有选择性的概览可能会有助于这项任务的完成。

  这里需要考虑三个相互关联的问题。在多大程度上理解其他民族的法律是可能的?怎样做才能保证这个被迁移的法律能够适应新的环境?最后,在哪些方面,目前更广泛的政治、经济和社会发展影响了法律迁移的过程?我将试图特别根据法律社会学和比较法学家之间的密切协作的可能性来研究这些问题。[②] 有一些好的理由试图在鼓励这样的合作。即使相互引用的范围仍然是令人遗憾的贫瘠,但通常在这两个学科之间划一条有用的界限是很困难的。这两种学术研究的取向都表现为对理解利益、心态和制度影响法律迁移的方式感兴趣。两者都竞相努力使诸如欧洲化和全球化这样的发展具有意义。欧洲化和全球化正在产生新的法律、经济和政治结构。社会学家经常从比较法学家对法律迁

  [①] 见 Armin Hoeland,"Evolution du droit en Europe centrale et orientale: assiste-t-on à une renaissance du '*Law and Development*'?" Droit et société, 1993, No. 25, p. 467.
  [②] 也见 Roger Cotterrell's 在本书中的文章。

移的成果的第一手描写和对所遭遇障碍的反省中,能够获得很多。③ 对比较法学家来说,能够在社会科学(带有夸大的期待)中寻找到某种理论,以解释和预测法律迁移的可能结果。面对法律迁移中战略的或者战术的问题,比较法学家需要参考现有的社会科学文献以便了解过去通过法律的社会变革而得到的教训。反之,比较法学家也有一些东西传授给社会学家,即当法律从一种文化中迁移到另一种文化中时,民族中心主义会带来的危险。

尽管存在这些潜在的收益,比较法学家和社会学家还是宁愿忽视或批评对方的研究,而不愿参与到对方的研究中。④ 典型的是,社会学家批评比较法学家过于狭隘地关注法律理论和书本上的法律,而忽视了实践中法律运作的方式是与更广泛的社会结构有关系的。而比较法学家批评社会学家忽视法律理论和法律的知识史。与大部分比较研究的规范性目标相反,大多数法律社会学家则更明确地奉行构建科学理论、试验和实验。但是,现代主义范式已经被围困,对实现社会工程的可能性的自信,可能非常需要用源自更根植于人文学科的比较研究的智慧来缓和。此外,在现实中,一些热衷于提倡法律迁移的比较法学家也表现出一种同样的盲从,即对法律技术和"自助"式(do-it-yourself)的社会科学的盲目信仰。甚至社会科学家也经常将解释性和规范性的表述混淆,而这一点正是我将通过提及他们为构建法律迁移可能的或过去的"成功"所作出的努力而试图表明的。

即使是在这些进路之间存在重要的差异,但可以认为,正是这些差异提供了一个合作的起点。⑤ 但是任何劳动分工都必须考虑每一个阵营内部存在的差异。因此,有些比较法学家寻找不同社会中法律的共同核心⑥,而另一些比较法学家则强调法律文化的差异。⑦ 许多社会学家

---

③ 见 Thomas W. Waelde and James L. Gunderson, "Legislative Reform in Transitional Economies: Western Transplants-A Short-Cut to Social Market Economy Status?", (1994) 43 Int. & Comp. L. Q. 347; Gianmaria Ajani, "By Chance and Prestige: Legal Transplants in Russia and Eastern Europe", (1995) 43 Am. J. Comp. L. 93.

④ 见 David Nelken and Johannes Feest (eds.), *Adapting Legal Cultures* (Oxford: Hart, 2001).

⑤ 见 David Nelken, "Puzzling Out Legal Culture: A Comment on Blankenburg", 见 id. (ed.), *Comparing Legal Cultures* (Aldershot: Dartmouth, 1997), pp.58—88.

⑥ 见 B. S. Markesinis (ed.), *The Gradual Convergence* (Oxford: Oxford University Press) 1994).

⑦ 见 Pierre Legrand, "European Legal Systems Are Not Converging", (1996) 45 Int. & Comp. L. Q. 52.

寻求法律生活样式的实证主义或者功能主义解释⑧,但一些社会学家则坚持需要解释它们的内在意义。⑨ 一些比较法学家,即使可能不是大多数,继续对社会科学家能够对理解法律迁移作出贡献保持根本的怀疑。法律社会学的前提假设和模式可能甚至被视为只是问题的一部分而不是一种解决方法。一方面,社会科学家很容易低估法律是多么深入地镶嵌于环绕在其周围的文化。他们需要认识到:他们永远不可能像其他人理解自己的法律那样掌握其他人的法律——而这是有效法律移植的必要条件。在另外一个视角看来,问题是相反的。这里,社会学家被描述为过度夸大了法律需要适应它目前所植根的社会的程度。他们没有认识到,正是法律移植的存在逐渐侵蚀构建法律社会学的任何努力。

　　社会学家极易忽视看上去极端的东西,因此,他们也极易忽视对他们研究没有说服力的反对观点。⑩ 但是这将是个错误。当然,这些争论不能以它们所表现出来的形式而被接受。但是,他们的确包含了对于寻求理解法律借鉴中的可能性和限制性所包含问题部分的和补充性的洞见。在接下来反思法律迁移的努力之中,我将试图提取出这些批评中包含的实情的重要因素。⑪ 我将会试图阐明:即使这些批评指出一些社会学研究方法的错误,它们还同时证明了此种研究的必要。这是因为,继续争论法律是否应该被作为更广泛的社会和文化的不可或缺的一部分来对待,已几乎不可能取得进展。反而,我们需要去寻找更好的途径去获得法律适应或不适应社会和文化的方式,并且发现在目前条件下法律的适应情况发生变化的方式。正如托依布纳(Gunther Teubner)认为,法律迁移研究因此提供了一个理想的机会"去超越将文化依赖和法律绝

---

　　⑧　见 Erhard Blankenburg, "Civil Litigation Rates as Indicators for Legal Culture", in Nelken, *supra*, note 5, pp. 41—68.

　　⑨　见 David Nelken, "Studying Criminal Justice Comparatively", in Mike Maguire, Rod Morgan and Robert Reiner (eds.), *The Oxford Handbook of Criminology*, 2d ed. (Oxford: Oxford University Press, 1997), pp. 559—576.

　　⑩　见 Lawrence Friedman, "Some Comments on Cotterrell and Legal Transplants", in Nelken and Feest, *supra*, note 4, pp. 93—98.

　　⑪　将皮埃尔·勒格朗和艾伦·沃森的作品中对功能主义社会学的可堪媲美的批评相对照,我并非倾向于建议任何一种对他们观点的调和。沃森意图使用历史事实(与其他比较工作一样)以显示关于法律的现存的社会学的理论概括是不可能的。对于他来说,勒格朗对任何人倡导的移植的不可能性都更感兴趣。因此勒格朗极反对法律移植。仍然不清楚沃森在多大程度上想要鼓励移植而不仅仅坚持认为它们是不可避免的。勒格朗对沃森的批评甚至强过对社会学的批评,尽管两者都同意:不仅仅是在技术—法律上相区别的法律文化具有基础性的作用。

缘或者社会背景和法律自主并列起来的二分法"。⑫

尊重差异将社会科学从法律迁移中排除出去了吗？

在处于发起法律迁移的处境之前,我们必须对另一个社会理解到什么程度？皮埃尔·勒格朗在一系列学术论文中,已经提醒希望理解另一种法律文化的学者所面临的困难,尤其是如果他(她)想以当地人理解自己文化的方式来掌握此种文化的时候。⑬一旦我们从最丰富的意义上理解法律⑭,能够获得最好的效果就是让人们体验"他者"——比如,成为法国或德国法律文化的一部分,那将会是什么感觉呢？

但是,如果学者不能完全理解另一种文化,对于法官或者律师来说这样的可能性更小。勒格朗严厉地批评有些比较法同仁的工作,他们试图解释或者建构法律趋同,试图揭示所有原则的一个基本的"共同核心"等等。任何试图解释和适用一种"借鉴"而来的法律或者制度的努力一定是不同于那些持有不同的"法律认识论"的人对这种法律的解释。因此,他的根本的结论是:严格地说,法律移植是不可能的。意义在这一过程中将会失去,"只有当此类命题陈述及其被赋予的涵义——此二者共同构成规则——均由一种文化移植到另一种文化中,才有可能发生有意义的'法律移植'。然而,如果规则中的涵义具有其自身的文化特性,那就很难想象这一迁移是如何发生的。"⑮因此,致力于一体化一定会失败,甚至会带来危害。因此,勒格朗将理解另一种文化的正确策略与这样一种假设相联系,即我们应该珍视和保护差异。不论是出于理论还是实践的原因,我们都应该赋予差异以"优先地位"。⑯

很多勒格朗的阐述都是有价值的、及时的。他警示任何功能主义方法存在的理论错误和政治危险无疑是正确的,因为功能主义方法假定所

---

⑫ Gunther Teubner, "Legal Irritants: Good Faith in British Law or How Unifying Law Ends up in New Divergences", (1998) 61 Modern L. R. 11, p.17.

⑬ 见 Legrand, *supra*, note 7; *id*., "Against a European Civil Code", (1997) 60 Modern L. R. 44; *id*., "What 'Legal Transplants'?", in Nelken and Feest, *supra*, note 4, pp.55—69 [hereinafter "What 'Legal Transplants'?"].

⑭ 参见 Legrand, "What 'Legal Transplants'?", *supra*, note 13,比较法不仅仅是对规则和制度进行研究:"比较法必须接受法律是一种多义的指示符号,尤其隐含着文化的、政治的、社会学的、历史的、人类学的、语言学的、心理学的和经济学的指示物。"

⑮ *Ibid*.

⑯ 参见皮埃尔·勒格朗在本书中的论文。

有的社会都面临相同的"社会问题"——法律能够并且必须为其提供一个解决途径。"问题"是如何形成的存在着差异,甚至某特定的情况是否被视为"问题",这些正是文化分析的材料。他提醒我们注意在何种程度上法律是与意义、认同、集体意识和传统息息相关的,这也是正确的。有些社会科学方法的确倾向于低估这些因素。此外,社会科学在解释"另外一种"文化的时候不能主张任何确定的事实。事实上,存在一种主导的人类学,如吉尔茨(Clifford Geertz)⑰,他对"地方性知识"的宣扬,构成了对社会科学中的各个学科——例如法律人类学——的传统方法的部分攻击。⑱ 但是这些考虑没有阻止吉尔茨试图提供较勒格朗自身更多的对其他社会的阐释。而且,如果比较事实上是不可能的话赋予差异以优先地位将会毫无意义。然而,勒格朗希望他的论述在多大程度上能被接受,这一点是非常不明显的。一方面,一些人会认为他们走得还不够远。坚信特殊的文化是自成一格,正如关于日本文化是否具有"独特性"的争论或者坚持认为某种宗教传统只能从内部视角得到理解。这一信念该如何评价呢?根据"透视主义"的各种描述,某种真理只能从特定的立场才能被掌握,例如,从女性群体、工人阶层或者知识分子阶层的立场。这种认识应该如何评价?另一方面,勒格朗阻止相对主义的不足了吗?他想这样做吗?⑲ 现代文化是如此独特因而彼此是不同通约,这种观点看上去是可信的吗?为什么不说亚文化之间的差异也一样是不可通约的呢?我们如何才能理解过去?

勒格朗似乎过于强调差异而不是共性的研究。反映我们自己的(截然不同的)文化"起点",在任何比较中都是至关重要的,当在策划法律迁移时,这也应该被认真考虑。⑳ 但是,关注于揭示差异而不是共性是否更好,这取决于比较的语境和比较的目的。许多社会都只是太明白如何展示自己的不同!展现这些社会与其他社会之间存在惊奇的和出

---

⑰ 见 Clifford Geertz, *Local Knowledge* (New York: Basic Books, 1983).

⑱ 后现代人类学家,比如詹姆斯·克里福德(James Clifford)和乔治·马库斯(George Marcus),当然甚至也质疑了对其他文化进行客观说明的可能性,见 James Clifford Marcus (eds.), *Writing Culture: The Poetics and Politics of Ethnography* (Berkeley: University of California Press, 1986); James Clifford, *The Predicament of Culture* (Cambridge, Harvard University Press, 1988).

⑲ 见 Luke Nottage, *Convergence, Divergence, and the Middle Way in Unifying or Harmonising Private Law*, European University Institute Law Department Working Paper 2000/1 (2001).

⑳ David Nelken, "Telling Difference: Of Crime and Criminal Justice in Italy", *Id.* (ed.), *Contrasting Criminal Justice* (Aldershot: Dartmouth, 2000), pp.233—264.

人意料的共性的学术研究,可能与那些展示差异的研究一样有价值,也可能包含着法律迁移的可能性这一重要隐喻。更一般地说,很难想象确认差异的过程无需将差异从共性中区分出来的能力。在确定哪些差异是重要的时候也是如此。如果差异是"无穷无尽"的,我们如何才能确定哪些差异是重要的呢？什么时候差异才成其为差异？

勒格朗从法律移植的实践中总结的结论也存在上述同样的问题。从最有力的意义上讲,勒格朗的理论是无可争议的,但也是毫无助益的。如果通过"法律移植",我们意味着试图运用法律和法律制度在不同的文化中去产生相同的意义和效果,那么,这事实上是不可能的。有人认为这事实上是可能的吗？当然,艾伦·沃森也不这样认为,尽管他使"法律移植"这一术语变得流行,尽管他是勒格朗的直接批判目标。是谁说所需要的是一个精确的法律移植？因此,所有的一切取决于通过"移植"我们要达到的意图或者预期的意图是什么,以及我们是否严肃地对待这一比喻？[21] 很难否认法律迁移是可能的、正在发生、已经发生而且将会发生。而在这样的法律迁移中究竟发生了什么以及将会发生什么则是另一回事。

在其最近的研究中,勒格朗开始澄清——而且也可能在修正——他先前的主张。[22] 他承认,我们断言文化之间完全不可通约和它们的沟通是不可翻译的,他承认,用足够长的时间去理解"他者"是可能的——事实上,我们与他者对话的可能性是以存在相似性为前提的。他甚至建议,断言差异并非主张二分法而是为了建立一种关系。他承认,当真正进行比较研究时,在我们谈及差异之前,我们需要在一个法律制度或实践中发现共性。进而,他承认,某些关于差异的断言在文化上是值得质疑的,而且观察者在试图确认差异的过程中已经形构了差异(鉴于再现差异既是规定性的(prescriptive),也是描述性的(descriptive))。但是,这些让步并没有对修正其整体的立场起很大的作用。勒格朗仍然坚持他所谓的"根本的认识论的多样性"[23],而且,我们不可能像他者理解他们自己一样理解他们。我们可能假定或者发现那些共性,"我们的任务

---

[21] 见 *id*., "Beyond the Metaphor of Legal Transplants? Consequences of Autopoietic Theory for the Study of Cross-Cultural Legal Adaptation", in Jiri Priban and *Id*. (eds.), *Law's New Boundaries: The Consequences of Autopoiesis* (Aldershot: Dartmouth, 2001), pp. 265—302.

[22] 参见 Pierre Legrand 在本书中的文章。

[23] *Ibid*.

是识别,阐明和证成'不可消除的差异'"。㉔

勒格朗论述中一个令人迷惑的方面是他的假定,即比较法学家的目标必须总是尝试像"本地人"理解他自己的法律那样理解外国法律。然而,决定哪个本地人的理解才是衡量我们成功理解另一种文化的标准,这可不是一个小问题。但是,不止这些,出于我们的目的,我们可能会寻求与本地人拥有差不多的理解。不仅外地人有时比本地人看到更多的东西㉕,而且本地人对他们从外国法律人或社会科学家的相对外在的视角中学到的东西,看起来似乎比勒格朗承认的还更感兴趣(而且似乎在政策主导的法律变革中更是这样)。勒格朗的观点因此可能不应该简单地被当作为一种关于比较方法论的建议。在法律移转的语境中,问题主要不是我们的法律解释的"科学"有效性,而是需要理解和预测一个本土律师、法官或者学者将会对继受外国法作出什么样的反应。勒格朗对我们无法将自己置于当地人位置的论证,随后被理解为这样一种警示,即局外人应该尊重传统的完整性和独立性,展示传统的完整性和独立性是局内人的任务。㉖

但是如果强调差异的理由不仅是知识上的也有政治上的,这就提出了一系列新问题:总是赋予差异以优先地位是否具有政治寓意? 这也正是本地人一直想做的吗? 勒格朗否认他的立场和民族主义或者文化原教旨主义有联系。他的理论更像是一种对那些视特殊性为附带现象,将差异作为一种可以不惜成本去克服的坏事的那些比较法学家的一种抵制运动。但是,许多当代法律迁移时与种族隔离、法西斯主义或者共产主义的转型息息相关。如果我们主要集中于如何最好的保存差异,我们无疑会不得要领。

尽管倾向于一般性的术语,还是可以说,勒格朗意图将他的论证限制在类似于目前在欧盟范围内寻求更高程度的法律一体化的努力的背景下(他将此打上如此烙印:"一种资本和技术的精神特质所要求的、工具性创新")。㉗ 但是一个比较法学家对于保留文化差异的重要性的反

㉔ Ibid.
㉕ 勒格朗提到了本地人具有某种"(可能是没有受过教育的)对于熟悉的法律传统的依附"; ibid. 但是这一点变得清晰,我们不能假定所有本地人都知道他们自己的传统或者运用这一知识作为某种传统界定的标准。
㉖ 勒格朗提到了作为"认识论的贵族",提供了同样好满足了他们各自共同体的特别的历史需要, ibid.
㉗ Ibid.

思并不能为他们自身提供一种足够的指引,以解决制定社会法律政策之类如此复杂的问题。当然,所有的都取决于既定法律迁移的目的、范围和可能的后果吗? 在勒格朗理论中描述性和规定性的部分之间的关联,在任何意义上都是勉强的。他原则上反对那些明确目标是试图使社会之间更加相像而不是鼓励他们去发展具有自己传统特色的那种法律迁移。令人担忧是,如果这样的法律迁移"成功"真的会导致差异的消除,我们将会失去什么。但是,与此同时,勒格朗也相信,在法律认识论的根本差异意味着,这种努力在任何意义上都将失败。甚至如他所说以强调差异而告终㉘。但如果是这样,为什么会有失去独特性的担心? 如果我们能够对迁移的法律将会事实上导致更多的多样性有信心,那么,为什么反对欧盟一体化的努力仍然要以保护多样性为名呢?

如果我们只是用勒格朗的论述去说明既存的差异有时需要保护,那么他的论述在此刻是最有说服力的。但是我们需要确定我们确实知道我们尝试保护的是什么。勒格朗的著述主要涉及保存普通法和民法法系的某些独特的法律传统。然而,他所应用的"法律认识论"这一学术概念与由一个法律文化或法律传统所代表的社会政治实体之间有什么关系——以及这些民族中心主义的概念究竟在多大程度上本身就属于某种特定的法律文化语境? 这些概念与民族国家相一致还是相背离呢,指引我们抵制还是尊重差异呢? 民族国家中存在什么样的区域和地方差异? 热衷差异很难始终如一,因为这将导致甚至在同样的传统强调更加细微的差异。差异究竟应该坚持到什么程度?

我们也还需要提出疑问,一种传统如何才能维系它的独特性。传统的内涵和外延并非是不可改变的。是什么界定了传统的外延,它包括哪些而不包括哪些? 谁有权力去作出这样的界定? 那些参与讨论和构建传统的人们的基本作用似乎都是非常重要的,勒格朗接受这样一种观点。事实上,如果传统的成就就是"使过去活在现在",在新建立的和重新修正的传统之间就不存在坚固和稳固的界限。㉙ 某些很显然是长久以来就存在的"传统"却是相对的晚近的"发明"㉚,其他的则属于"想象

㉘ Legrand, *supra*, note 7, p.69:"欧洲共同法,远远并非要根除两个法律传统的差异,将会通过廓清它们的轮廓使这些差异更加明显。"

㉙ 见 Martin Krygier, "Law as Tradition",(1986) 5 L. & Phil. 237.

㉚ 见 Eric Hobsbawm and Terence Ranger (eds.), *The Invention of Tradition* (Cambridge: Cambridge University Press, 1983).

的团体"。㉛ 进而,所有的传统都在某种意义上是混杂的,即使许多传统的传达者极力否认这一点。传统不仅根据一些根本的或进化的逻辑而发生演化,而且它还因自愿或被迫接受其他文化而经常发生变化,并借此展现出一些新的东西。因此,计划的法律迁移的适当性和可同化性本身就是传统之界限的内部不一致的关键因素。㉜

    一种解释学的方法,正如勒格朗推荐使用的那样,能够帮助我们确定一些因素(即使不是所有的因素),这些因素受相关社会行动者的青睐,用来使他们的传统保持一致。但是,外部的观察者不需要赞同所有的既定观点,尤其是这个观念:差异——和对外国模式的抵制——本身就是具有价值的。通过采取赞成某些差异而不是另一些差异的立场,就会存在这样一种风险:观察者会停止强制推行一些传统的解释者强调共性和一致性的霸权主张,但是这会以牺牲其他方面为代价。反对大范围的改变,观察者可能不愿意为那些攻击低层次或者其他在他们的传统中的内部差异的人提供方便和帮助——有些团体或者少数民族就持有这样的看法,也是这样做的。通过这样的方式,勒格朗心中理想的法学家将会变成参与者,主张寻求从别处借鉴观念的可能性和必要的参与者,与那些声称推动迁移或者法律一体化的参与者一样。但是,根据他自己的主张——他们将会成为对他们试图去捍卫的传统缺乏完全理解能力的参与者。

法律迁移能否适应其植入的社会,这一问题有意义吗?

    尽管还是有勒格朗的非难,目前,上述讨论的结果是:有时还是将会出现这样的情形,即本地人和局外人将会想要考虑什么时候以及如何进行法律迁移。但是,勒格朗提出的问题具有持续的重要性,这一点可以通过如下事实得到证明:那些参与法律迁移运动的人经常问自己,他们如何能够最好地保证使迁入的法律很好地"适应"新的环境。但是,恰恰是这种其他作者坚持的研究,在许多方面不仅没有必要而且没用。特别是,艾伦·沃森再三提出的观点:法律移植正在发生并且一直在发生,

---

    ㉛ 见 Benedict Anderson, *Imagined Communities* (London: Verso, 1983).
    ㉜ 见 Antoine Garapon 关于当代法国法律文化中的紧张关系的描述:"French Legal Culture and the Shock of 'Globalization'", (1995) 4 Soc. & Leg. Stud. 493.

这与它们是否在广泛的社会经济层面适应它们被植入或被采用的社会毫不相关。㉝ 社会科学家受到的指责,并不是像勒格朗指责的那样,即主张不可能的法律移植,而是被指责没有认识到法律迁移发生的容易性和不可避免性对于他们理解法律的重要性。

沃森的论断(正如反对法律社会学般,也直接反对某些比较法研究)是这样的,任何社会中的大部分法律都是"法律移植"的直接结果,因此,部分法律的形式和内容都归功于其在其他时空中的渊源。尤其是私法规则,通常与社会或者其中的某特定群体或阶层的需要和愿望长期不协调。这包括了很多对实践生活有很重要影响的法律部门,诸如合同法或者土地法。其他主要的法律部门,如冲突法,也不是完全从社会中获得发展的内容和动力。沃森否认这样的法律是因政治目的形成的,他认为:"大部分的法律领域特别是私法,在大多数的政治和经济环境中,政治统治者对决定什么是法律规则或者什么应该是法律规则不需要感兴趣(当然,这经常是以税收滚滚而来和公共秩序得以维持为条件的)。"㉞ 随后,艾伦·沃森说:"因此这些通常的法律规则并不是特别为法律规则现存于其中的那个社会设计出来的,而且这并不重要。"㉟

其他比较法学家,如威廉·埃瓦尔德㊱,追随沃森的论述,认为法律移植的经常发生表明了构建一个法律社会学的努力是个谬误。这些比较法学家他们所拒绝的社会学观点描述为"法律的镜像理论",并且将这一观点淡然地归咎于所有的法律社会学家。㊲ 然而,对于法律如何与社会相关这一问题的兴趣当然是这一工作的应有特征,所有的社会学家都依赖于这样一种粗糙的理论(或者隐喻)的证据当然是被夸大了。考虑一下马克斯·韦伯的历史社会学就足够了。在他的时代的开端,涂尔干的确讨论了法律应该被作为社会的一种镜子或者"索引"来看待。㊳

㉝ 见 Alan Watson, *Legal Transplants*, 2d ed. (Athens, Georgia: University of Georgia Press, 1993) [见下文中 *Legal Transplants*]; id., *Social and Legal Change* (Edinburgh: Scottish Press, 1977); id., *Law Out of Context* (Athens, Georgia: University of Georgia Press, 2000) [见下文 *Law Out of Context*].

㉞ Id., *Roman Law and Comparative Law* (Athens, Georgia: University of Georgia Press, 1991), p.97.

㉟ Id., *Legal Transplants*, supra, note 33, p.96.

㊱ 见 William Ewald, "Comparative Jurisprudence (II): The Logic of Legal Transplants", (1995) 43 Am. J. Comp. L. 489.

㊲ Id., p.492.

㊳ 见 Emile Durkheim, *The Division of Labour in Society*, transl. by W. D. Halls (London: Macmillan, 1984) [1892].

但是他的关注不在于是什么形成了法律,而在于法律如何被用于表征不同类型的社会连带中的长期变化。㊴ 此外,涂尔干认为法律在重构社会的过程中,而不仅仅在反映社会的过程中,起到了关键性的作用。但是,这里的关键问题是涂尔干的主张已经在实质上受到了后来的社会学家的批评。㊵ 事实上,他后来很快就修正了他的论述,例如,通过发现政治的独立作用与反思观念和社会实践的关系。㊶

对法律社会学更严重的责难是指责它将法律简化为社会的一个附带现象,这也是具有误导性。因此,埃瓦尔德援引劳伦斯·弗里德曼的著述以说明当代社会学家将法律过度依赖于社会的方式。㊷ 但是弗里德曼的理论,是"法律在变化中重构,没有什么是历史的偶然,没有什么是自生自发的,一切均由经济和社会所塑造"。㊸ 从长远的观点来看,这一论断只是或者恰恰是这样一种主张:法律随着时间的推移而发生变化以对社会发展作出反应。这一论断是可质疑的吗?㊹ 正如弗里德曼所建议的,对所有现代工业社会的法律在形式上和内容的共性与它们各自先前的前工业的法律制度作比较,就已经足够说明这一点了。㊺ 另外,通过他的著作,弗里德曼已经试图强调:法律是一种工具,法律是群体冲突的结果;这些均是法律与"镜子"之隐喻不相容的方面。比较法学家经常无法区分功能主义者的主张和多元主义者或冲突理论的主张。前者主张法律适应所谓"社会"的"需要",而后者主张法律作为社会中某些群体的策略的一部分,而"书本中的法"尤其是"行动中的法"也反映了社会力量平衡的变化。弗里德曼是这些理论中第二个理论的追随者。而且,这样一种进路无法使他或者其他任何人相信这样的观念:法律必

㊴ 见 Roger Cotterrell, *Emile Durkheim: Law in a Moral Domain*(Edinburgh: Edinburgh University Press, 1999), pp.70—74.

㊵ 用 Cotterrell 的话说是索引理论,正如涂尔干解释的那样,似乎向我们解释了他的社会学的实证主义本位的最坏的方面, id., p.33.

㊶ Emile Durkheim, "Two Laws of Penal Evolution", in Mike Gane (ed.), *The Radical Sociology of Durkheim and Mauss* (London: Routledge, 1992), pp.21—49 [1901]. The translation is by T. Anthony Jones and Andrew T. Scull.

㊷ Ewald, *supra*, note 36, p.492, referring to Lawrence M. Friedman, *History of American Law*, 2d ed. (New York: Simon & Schuster, 1985).

㊸ Friedman, *supra*, note 42, p.595.

㊹ 严格地说,弗里德曼的主张被过度讨论了。为什么法律应该免除"历史的偶然"的作用呢?

㊺ 见 Lawrence M. Friedman, "Comments on Applebaum and Nottage", in Johannes Feest and Volkmar Gessner (eds.), *Proceedings of the Second Oñati Workshop on Changing Legal Cultures* (Oñati: International Institute for the Sociology of Law, 1998), pp.139—149.

须总是在社会关注之中发生的,而不是从国外借鉴的或者是由外部力量强加的。

沃森对下列事实小题大做,即认为法律规则的迁移依赖于国外大学中的法学家的所拥有的机遇、学者所遭遇的机会或者对古代文本的一系列错误的解释。但是他自己的理论(或者对理论的拒绝),即法律不会服务于任何人的利益,因为它通常具有外来的根基而且是法律人的领地,是相当不具有说服力的。为了准确的表明沃森的主张,需要做的不止是说明与社会无关的法律特殊性和理论的存留,也不止是为不一定存在的、不可预见的和未必真实的法律"惯性"提供例子。需要的恰恰是对法律的不同分支和沃森试图拒绝赋予其优先性的它们的社会特征之间关系的谨慎的社会学调查。

矛盾的是,无论他的主张认为法律移植有多容易,沃森选择的隐喻强烈地表明,移植法律是,而且应该是一件艰巨的事情。[46] 当然,医学上的移植是需要高度计划的,并非轻轻松松就能做到的。而且,植物学上的移植也经常经过审慎安排。在实践中,即使是沃森有时也承认,法律移植之后的情形恰恰取决于社会背景中的情况,这些情况就是法律与社会的学者们关注的中心。他承认法律移植存在野蛮化和失败的可能性,也承认这样的事实,即法律能够具有影响力,甚至在遭到完全误解时也还具有影响力。他指出,法律移植在一个新的环境中所产生的影响会与它在其起源社会中的影响典型的不同:"将一种外国制度植入另一个复杂的体系可能会导致它以新的方式产生作用"。[47] 他进一步注意到,"必须要研究规则或概念的整个语境,以理解改变的程度。"[48]这些论述使他的方法非常接近于社会学家所信奉的方法。

沃森主张的重要性并不在于它对法律的镜像理论的批评(镜像理论几乎没有什么追随者),反而,他提供的关于法律规则与社会生活不调和的证据,能够用于挑战和丰富我们对法律与社会关系的各种各样不断变化的形式的理解。真正的问题是——大家对法律如何与社会相联系或如何"适应"社会这一问题的共同关注——代表了法律社会学的一个主流范式。[49] 这种范式允许——事实上假定——人们对"法律"意味

---

[46] 见 Nelken, *supra*, note 21.
[47] Watson, *Legal Transplants*, *supra*, note 33, p.116.
[48] *Ibid*.
[49] 见 Robert Kidder, *Connecting Law and Society* (Englewood Cliffs, New Jersey: Prentice-Hall, 1983).

着什么,"社会"意味着什么以及"适应"意味着什么存在相当大的分歧。⁵⁰ 例如,对于这些问题可能会得出非常不同的结论,如果法律被视为统治或社会控制的一个方面或群体规范的制度化,或视为一种文化认识论(就像勒格朗的提法),或者视为作为职业群体或神圣派系的法律人的意识形态(就像沃森的提法)。这些出发点中几乎没有多少与法律的镜像理论有关。如果法律是"统治的社会控制",开始于社群终结之处,它很显然不能反映社会规范。

法律与社会的关系的经验研究涉及很广泛的范围,包括什么和什么相适应,如何适应,什么时候能够适应,以及运用什么样的方法才能有效地研究这种适应。理论和研究可能关注宏观的社会变迁,比如"从身份到契约"(或者是相反?)的转变,或者涂尔干关于从机械连带向有机连带的转变的论述,或者卢曼的对法律与其他系统之间关系的考察,这一考察保留了从现代到后现代社会的转变过程中获得的高度的复杂性。现代法律与现代社会在宏观层面的适应,可以在资本主义生产模式引发的"等价"理念(正如帕斯卡尼苏所确认的那样)中找到⁵¹,或者在先进技术带来的需求和问题中,以及伴随富有表现力的个人主义而产生的文化中找到。⁵² 另外,在试图发现合同法规范事实上是如何影响商业关系,或者在发现法律规范和命令的其他渊源之间的相互依赖程度的过程中,可能要给予法律、社会规范和社会行为之间的微观联系更多的关注。⁵³

所有这些研究和其他的研究一起能够提供对将法律从一种社会—经济和文化环境中移植到另一个环境过程中可能出现的问题提出有价值的洞见。但与此同时,法律社会学家已经早就知道,法律并不总是与社会相适应。正如勒格朗和沃森所提到的那样,一方面,法律与社会关系可能相当紧密,以致适应的问题根本就不会出现。另一方面,法律可能跟社会变化不协调,或者滞后于或者超前于社会发展,或者更确切地

---

⁵⁰ 作为政策研究,适应性问题也与著名的法律社会研究中的"缝隙"(gap)问题相联系,这一问题关注法律是否实现了它们试图满足的目的。见 David Nelken, "The 'Gap Problem' in the Sociology of Law: A Theoretical Review", (1981) 1 Windsor Yearbook of Access to Justice 35. 这些关于法律迁移之争问题的适当性几乎不需要被清晰地被表达出来。

⁵¹ 见 Evgeny B. Pashukanis, *Law and Marxism: A General Theory*, transl. by Barbara Einhorn (London: Ink Links, 1978) [1924].

⁵² 见 Lawrence M. Friedman, *The Republic of Choice* (Cambridge, Mass.: Harvard University Press, 1990).

⁵³ 见 Robert C. Ellickson, *Order Without Law: How Neighbours Settle Disputes* (Cambridge, Mass.: Harvard University Press, 1991).

说,法律不是通过自身变化而使社会发生变化的。[54] 法律不仅能够"属于"其他地方,而且能够属于过去和先前的社会和经济秩序、属于传统和历史,就像属于现在一样。或者,它还能够着眼于未来,作为一种这个社会希望达成的或应该达成的期待的社会、政治和经济变革的索引。

特别是在最近的几年间,将法律的这些方面予以理论化得到了高度的关注。[55] 这样的努力试图去反思"法律与社会"的关系在某些方面已经朝我们一直讨论的、与对立的比较法之批评相同的方向发展。通过"法律作为一种意识形态"、"日常生活中的法律"等研究,或者一些学者愿意提到的法律作为社会之"根本",关于法律和社会生活有关联的论述已经得到加强。[56] 源自"法律文学"运动的研究,或者"作为沟通的法律"的研究大体上更加[57],支持了勒格朗的告诫:即将法律当作社会传承和重新解释它的神话的一种方式,而不是将法律仅仅作为用来实现治理目的一种工具,这是非常重要的。

但是,社会理论家也几经强调需要战胜这种观念:即某种特定的社会背景和某种特定形式的法律之间存在必然联系。有些人强调法律超越和改变社会环境的能力。[58] 另一些人认为法律独立于其他社会系统的自主性的本体和隐喻以及方式都是与艺术、宗教或科学的自主性相关的。[59] 自创生(autopoietic)理论,从他们的视角出发,作出了一种复杂的阐述:一种法律的效力是与其他法律的效力相联系的,而不是直接与现代社会中的其他子系统相联系的。[60] 简而言之,法律不仅具有一种社会

---

[54] 见 Karl Renner, *The Private Institutions of Private Law and their Social Functions*, ed. by Otto Kahn-Freund and transl, by Agnes Schwarzschild (London: Routledge & Kegan Paul,1949).

[55] 例如,见 David Nelken, "Beyond the Study of 'Law and Society'?", [1986] Am. Bar Found. Research J. 323; id., "Changing Paradigms in the Sociology of Law", in Gunther Teubner (ed.), *Autopoietic Law: A New Approach to Law and Society* (Berlin: Walter de Gruyter, 1987),pp. 191—217.

[56] 例如,见 Alan Hunt, *Explorations in Law and Society: Towards a Constitutive Theory of Law* (London: Routledge, 1993).

[57] 一般见 David Nelken (ed.), *Law as Communication* (Aldershot: Dartmouth, 1996).

[58] 例如,见 Roberto Mangabeira Unger, *False Necessity: Anti-Necessitarian Social Theory in the Service of Radical Democracy* (Cambridge: Cambridge University Press, 1987).

[59] 例如,见 Roger Cotterrell, "Why Must Legal Ideas Be Interpreted Sociologically?", (1998) 25 J. L. & Society 171; David Nelken, "Blinding Insights? The Limits of a Reflexive Sociology of Law", (1998) 25 J. L. & Society 407.

[60] Gunther Teubner, *Autopoietic Law* (Oxford: Blackwell, 1993).

背景,而且也在创造社会背景本身。[61] 法律社会学进一步的任务(而且不仅是法律社会学的任务)是协调这些关于法律的相互冲突的理解。在这些之中,最要紧的是这一前景:更好地把握在法律迁移中什么才算是深思熟虑的努力。

我们能够成功地完成法律迁移吗?

沃森可能是对的,法律迁移经常发生,但是他倾向于轻视有些例子的重要性,在这些例子中法律迁移要么通过直接地引进要么作为更大的社会法律变革的一部分发生。如果我们被邀请参与推动或者评价这些迁移,他从历史的例子中得出的结论也几乎没有什么帮助。只有律师和学者对法律迁移的细节感兴趣,而商人只是想获得最大可能的一体化以便继续他们的交易;若以这些看法作为政策制定的根据,似乎总体太微弱和倾向性过于明显。我们需要更加系统地思考,如果我们希望解释,为什么这些法律保持了呆板的字面意义,而其他的法律则改变得让人认不出来。这需要我们关注法律与社会之间的关系或者说"适应"在不同的文化语境中是相当不同的,这将克服民族中心主义的关于法律必须适应社会的观念。

进一步考虑这些问题的方式是仔细审视在记述跨国法律迁移时有关"成功"和"失败"的争论。因为,正是在这种包含了技术治国论的和规范性的评价的"混合叙事"中,法律社会学和比较法学很有可能互相交叉。谈论一个成功的法律移转总是借助于评价,甚至在社会科学家使用这一词语的时候也是这样。从极端的意义上说,它可能有时将对法律迁移的"抵制"描述成为成功,反而是更加恰当。但是,即使是这些最反对法律的社会工程方法的人也发现,当他们在讨论支持或反对某特定的法律迁移计划时,很难避免诉诸一种关于什么可能发生和什么可能不发生的描述性的主张。但是,对法律迁移成功可能性的所有研究面临的理论和经验上的困难也没有因此而终止。[62] 我们将需要区分三个问题:

---

[61] 关于反思如何获得"文本外的法律"见 David Nelken, "Getting the Law 'Out of Context'", (1996) 19 Socio-Legal Newsletter 12. 沃森有关同样问题的著述令人失望,因为它没有标识出实现这些目标的任何真正进步(Law Out of Context, *supra*, note 33)。

[62] 见 David Nelken, "The Meaning of Success in Transnational Legal Transfers", (2001) 20 Windsor book of Access to Justice 349 [见下文"The Meaning of Success"]; *id*., "Towards a Soci'y of Legal Adaptation", in *id*. and Feest, *supra*, note 4, pp.7—54.

"成功"指的是什么？什么情况下能使法律迁移大体成功？最后，也是对现在的目标最重要的是，评价成功过程中的问题，在多大程度上，与人们考虑或者应该考虑的法律与社会之间适应性的方式所体现的文化差异是息息相关的？我随后将讨论这些问题。

对于如何界定移植的成功以及如何衡量成功没有一致意见。东南亚地区展开了一系列的法律迁移，从而呈现法律多元的特征[63]，我们应该将这种法律多元看成是成功还是失败的例子呢？在一个层面的明显的成功能够遮蔽潜在的其他层面的失败。现代法律制度被引进到日本是一个技术上的成功。但是，根据局内人的观察，这种引起也带来一种不真实感，这种感受与这一理念具有关联，即，如果现代性不得不被引进，日本就并不是现代的。[64] 我们甚至可以问，是否成功永远都是好的？引进新的法律规则既能够带来稳定也可能扰乱了既存的规范实践，正如它既能够巩固又能够摧毁相互竞争的专业技术一样。[65] 法律创新——不论是国内还是国外——有时可能被看做"过于成功"，如果他们推行"殖民化"，或者取代调整社会关系的其他已存规范或技术类型（不包括对法律的使用）从而导向"法律化"（juridification）。

另外一个理论问题是谁有权（或者谁应有权）界定成功？换一种说法，谁的目标有重要性？输出国的人们还是输入国的人们？在相互冲突的经济利益集团之间，政府和非政府组织之间，议员们、法官们、律师们和其他职业群体之间以及最可能受到法律影响的群体之间，存在不同的目标，这又应该如何看待呢？成功与否的判断应该根据外部观察者对结果和影响的评价，还是根据推动迁移并会受到迁移影响的内部观察者的评价？外部的评价标准和内部的评价的标准之间具有什么样的关系？我们是否对政治家、政策制定者、法官、学者、律师和商人、一般的劳动者阶层、移民或者那些社会边缘人的经验更感兴趣？[66] 如果输入国的社会成员想要不同的或者甚至是矛盾的东西会怎么样？成功事实上是与达

---

[63] 见 Andrew Harding, "Comparative Law and Legal Transplantation in South East Asia: Making Sense of the 'Nomic Din'", in Nelken and Feest, *supra*, note 4, pp. 199—222.

[64] 见 Takao Tanase, "The Empty Space of the Modern in Japanese Law Discourse", in Nelken and Feest, *supra*, note 4, pp. 187—198. 尽管是有争议的，这些对日本经验的解释倾向于支持勒格朗的关于法律移植的不可能性（"What Legal Transplants?", *supra*, note 13）。

[65] John Flood, "The Vultures Fly East: The Creation and Globalisation of the Distressed Debt Market", in Nelken and Feest, *supra*, note 4, pp. 257—278.

[66] 见 Eve Darian-Smith, "Structural Inequalities in the Global System", (2000) 34 L. & Society R. 809.

到法律恰好适应于社会相关的一件事,还是与使自己的主张被接受的能力相关的一件事呢?

第二个问题是达成成功的条件。法律社会学的教科书告诉我们,在国家语境中,通过法律实现成功的社会变革的可能性取决于被迁移的是什么法律,通过什么样的渊源,法律被引入的方式,参与的社会集团的数量,当然还包括可能是无数的更广泛的社会背景中的因素和先前的历史经验。[67] 很多这些考虑,正如对法律渊源的权威性或者制度的调节作用的考虑,也适用于跨国的法律迁移中。[68] 但是,这些假定的条件只是在回避问题。例如,"法律必须与文化预设相融合"的涵义是什么?[69] 上述教材中的其他主张近似于民族中心主义:认为调整家庭生活面临的所谓特殊困难和使目前的法律变革计划不再显得不切实际的需要,在不同的法律文化中会表现为不同的问题。[70] 重要的是,建议从一个社会向另一个社会的法律移转都会产生不同的问题。在一个国家法律改革的情境下,法律经常会伴随或者显示社会变革的长期过程。但在跨国的法律迁移中,法律经常被要求推动更广泛的社会变迁过程和跳越存在已久的社会和文化障碍。

成功的条件在多大程度上是超出我们的控制范围的?区分这一问题中那些我们称为"客观"和"主观"的方面是有帮助的。我们可将关于如下问题的讨论作为一个有关客观条件的例子:即新发展中国家或者前共产主义国家的法律变革是否不得不重复西方国家走过的阶段。特定类型的法律职业的存在是否为发生特定类型的社会变迁的前提条件?那些正在经历后共产主义转型的社会也面临如下问题:即竞争和自由市场的存在应该先于、伴随还是应该跟随有效的多党民主的建设。有些对法西斯主义向民主的转向的研究强调:在建设自由市场的资本主义之前需要解决建立民主政治的问题。[71] 但是,日本的经验似乎表明:成功的现代化同样能够通过在相对独裁的政府组织和私人工业之间的有效协

---

[67] 例如,见 Roger Cotterrell, *The Sociology of Law*, 2d ed. (London: Butterworths, 1992), pp.44—65.

[68] 见 id., "Is There a Logic of Legal Transplants?" in Nelken and Feest, supra, note 4, pp. 70—92.

[69] Id., supra, note 67, p.59 [discussing the views of William M. Evan].

[70] Id., p.60.

[71] 例如,见 Juan J. Linz and Alfred Stepan, *Problems of Democratic Transition and Consolidation* (Baltimore: Johns Hopkins University Press, 1996).

作而很好地实现。(72)

但是，法律移转的成功不仅取决于过去或者现在的客观环境，而且取决于社会行动者决定在多大程度上将这些环境看成是不可改变的和超出他们的控制范围的。马丁·克里利翁(Martin Krygier)认为，我们应该在“悲观”和“乐观”的法律移植道路之间作出区分。(73) 当提到这一问题：在试图对被提议通过移植加以补救的当今问题进行解释时，需要回
456 溯到多远的历史？上述关于变革已存制度的可行性和克服变革的文化障碍的可能性的态度，就会变得显而易见。

最后，关于成功的讨论和“适应”的理念之间具有什么联系？许多有关法律迁移的问题都被当作仅仅是关于前提条件的恰当性的问题或仅仅是关于获得恰当的时机的问题。但是，它们也涉及关于法律和社会之间的“适应”的理论问题的核心。在实施竞争法之前解除对价格的管制是错误的吗？（我们能够通过其他的方式实现目的吗？）在什么样的阶段一个社会应该选择更多的市场，什么时候该选择更多的管制？是市场产生规则还是规则产生市场？必须是稳定的制度先于规则吗？我们是否应该将资本主义社会中法律与市场之间的关系界定为一种不稳定的可预见性还是可预见的不稳定的体系呢？所有这些问题都取决于法律事实上以及应该与社会和文化的其他方面之间具有什么样关系的固有观念。有时，这些问题是非常清楚的。在考虑是否“发展中国家”必须要遵循第一资本主义社会的法律和资本主义模式时，汤姆·金斯博格(Tom Ginsburg)提出这样的疑问：“一个基于个体社会关系以及在商业和政府之间紧密关系的体系如何才能朝一个总体上通过适当的规则进行治理的更加开放和透明的体系转变？启动和维持这样的转变需要什么样的政治利益结构呢？”(74)

许多富有见地和洞察力的学者多从国外回来，在那里他们受邀请为可能的法律迁移提供意见，但也是在那里他们越发确信法律变革依赖于关于法律和社会如何恰当适应的、文化上的预设前提。因此，爱德华·鲁宾(Edward Rubin)告诉我们，他的中国经验使他更加确信这种看法，即行政法在美国的适用依赖于一种诉讼文化的存在，并且取决于这样一

(72) 见 Tanase, *supra*, note 64.

(73) Martin Krygier, “Is There Constitutionalism After Communism? Institutional Optimism, cultural Pessimism, and the Rule of Law”, (1996—1997) 26 Int. J. Sociology L. 17.

(74) Tom Ginsburg, “Does Law Matter for Economic Development? Evidence from East Asia”, (2000) 34 L. & Society R. 829, p. 851.

个前提:众多的利益群体可以依靠政党来评价和推进政府的治理。因此可能目前在中国并不适合。鲁宾的结论值得全面重述:“这是一种双反射,在中国法远距离对照下呈现的美国法的特征成了观察中国法的基本特征的方式。在中国,法律依凭等级、中央集权和政府权威。这可能也 457
会设立政府监督机构,独立于其他机构,但是获得和按照法律实施政府的所有权力和威信是需要程序的。最终的教训就是我们几乎不能借鉴外国法,但是可以从外国法中学习到很多东西。”(75)人们通常可能会对此结论给出或好或坏的评论,借鉴也是学习的方式。

但是,将关于法律迁移的讨论限定为这样一个问题,即新的规则、理念或制度如何“适应”既存的制度环境,这将会是一个根本性的错误。法律迁移通常是——可能主要是——与可想象的未来相“适应”的问题。大部分法律迁移被强加,或被引入,或被接受,是因为这个社会,或者至少是社会中一些群体或精英,在试图使用法律来实现变革的目的。他们的目标并不是使法律适应现存的制度环境而是通过引进一些不同的东西去重塑现存的制度环境。因此,前社会主义国家试图变得与在较成功的市场经济社会中精选的典范更加类似;或者,南非按照西方制度不得不提供的模式打造他们最好的新宪法,而不是依照离他们更近的非洲邻居的宪政安排。因此,法律不是试图重构过去或者现在的环境或者观念,而是试图去克服这些。人们希望通过把社会变得更像借鉴的法律所源自的社会,法律便可能成为解决目前问题的方式。在这一意义上,法律迁移是成为更加民主、在经济发展上更加成功、更加世俗化(或者宗教化)的努力的一部分。几乎成为一种感应魔术,所借鉴的法律必定能够带来经济繁荣和一个健康的市民社会所需要的环境,而此相同的环境存在于这些法律所源自的社会背景中。(76) 某些情况下,诸如在日本的现代化或者意大利的现代化中,在最近的统治政党垮台以后(77),更适当地说,可能是要寻求使社会更加“正常”的制度。但即使这种对实现常态化的追求,也能很容易弄巧成拙。

---

(75) Edward Rubin, “Administrative Law and the Complexity of Culture”, in Anne Seidman, Robert Seidman and Janice Payne (eds.), *Legislative Drafting for Market Reform: Some Lessons from China* (London: Macmillan, 2000), p. 108.

(76) 见 Julie Mertus, “The Liberal State vs. the National Soul: Mapping Civil Society Transplants”, (1999) 8 Soc. & Leg. Stud. 121.

(77) 见 David Nelken, “A Legal Revolution? The Judges and Tangentopoly”, in Stephen Gundle and Simon Parker (eds.) *The New Italian Republic: From the Fall of the Berlin Wall to Berlusconi* (London: Routledge, 1995), pp. 191—206.

458　　　寻找不同的法律模式可能更像是被第三方作为殖民计划的一部分（同时）或者作为贸易、援助、结盟和外交承认的条件而强加的法律迁移。当国际组织试图按照假定的政治和金融一体化的统一模式来重塑社会时，这些也刻画了国际组织（例如世界货币基金组织）所付出的努力的性质。并且，这可能被要求成为或一致同意作为标识愿意接受更广泛的全球经济的"游戏规则"的方式。这也解释了如下事实：一些国家同意世界贸易组织关于知识产权或反垄断的条款，却没有执行这些条款的具体方式或者没有执行的需要。

　　所有这些使任何努力运用"适应"标准作为一种衡量引进新法律的过程是否成功变得更加复杂。恰当的适应是否相当于在其来源社会之中理解和运用这一法律或制度？在它不得不发生作用的社会中，它因此而被成功"改造"之后，会产生什么后果？即使没有之前的研究，我们也不应该假定我们真的知道法律是如何产生作用的，即使是在其来源社会之中。对于法律迁移的研究向我们提出了一种挑战：法律实际上在多大程度上成为社会行动的条件，在这一问题上存在大量的社会文化差异，要证明这些差异将会是一个挑战。但是，我们需要考虑差异，无论需要考虑还是不需要考虑。这对评价如下典型的主张具有重要的意义，即如果法律要产生效力，则移植的法律就必须"适应"其被植入的社会——而且它也帮助我们预测何时何地可能会出现这种主张。

　　未来的经验主义研究好像要证明这样的观点，即在现有的法律迁移的情形中，伴随着特定法律制度或程序的引进，事实上被引进的还包括上体的文化意识形态。支撑法律与发展运动法律哲学可以在广义上被描述为，"实用主义的法律工具主义"。它推动这样的观念，即法律是某种有效或者应该有效的制度；同时，也推动这样的主张，即能够或者应该通过与更广泛的政治争论无关的方式对某些事物进行评价。例如，时间会告诉我们，北美自由贸易协定（NAFTA）将会在多大程度上成功地改变墨西哥的法律文化，我们被告知此种法律文化称为"没有规范化的法律惯例"。[78] 但是，一方面，通常很难在经济和政治变革之间划出清晰的

459　界限，另一方面，也很难在经济和文化变革之间划出清晰的界限。任何情况下，用皮埃尔·勒格朗的话说，法律迁移都可能更是一种改变地方叙事的方式而不是延续这些方式。

---

[78] Sergio López-Ayylon, "Notes on Mexican Legal Culture", (1995) 4 Soc. & Leg. Stud. 477, p.479.

变化语境中的法律迁移:一个研究日程

任何一例法律移转都有其历史,而且都需要对其自身的正确性加以审视。"理论"能够提供给我们一种方式以预测法律移转中会发生什么、必然会发生什么,这个观点常常被证明是被错误地寄予了希望,或者至少是难以理解的;"深描"可能是我们能够获得的最好的结果。[79] 但是,社会科学家应该也要试图去解释发生法律迁移的更大背景。特别是,为了在反思法律迁移的过程中取得进步,我们将不仅需要澄清目前的发展存在什么特殊性,而且需要追问是否现存的法律移转模式为理解法律迁移本身提供了适当的和全面的框架。

为了对目前正在进行的法律迁移进行分类,我们可能需要区分法律迁移同时发生的不同过程。以如下几种法律迁移的类型为例(这并未穷尽所有的区分不同法律变革过程和机制的可能方式):

(1)一国借鉴或者屈从于从其他国家引进的新法律的情形(尽管殖民情况下强加的迁移和其他形式影响下发生的迁移之间存在很多不同);

(2)标准、规章或者"软法"传播的过程,例如通过在欧盟内部统一私法的努力;生物多样性公约;基因工程或者互联网公约;通过国际劳工组织的劳工规章或者国际税收协定;

(3)"第三种文化",比如在巴黎或者苏黎世的仲裁论坛,反映并进一步深化了法律全球化的过程。

但是,我也许会有兴趣仔细考察到底是什么将目前的各种驱动力联合起来。例如,我们可能选择探究跨国法律迁移活动。与国家的、国际的和跨国的行动者相关联的方式,以及非政府组织,诸如国际货币基金组织,或者其他大型慈善基金会如何使这些界限相互交叉或将它们重构。我们不仅需要记住诸如与立法、标准设立、裁判、管制、调解和纠纷解决有关的中心法律活动,还需要记住在法官的、律师的、学者的、警察和海关官员的国际会议上的相互交流和形成的人际网络,也还要记住为创立新的法律、经济、政治、社会和教育机构而付出的努力。

很容易将目前的发展概括为所有,以这样或那样的方式来说明法律的全球化。但是重要的并不是对"全球化"的含义以及它将会怎样影响

---

[79] Clifford Geertz, *The Interpretation of Cultures* (London: Fontana, 1973), p. 7.

法律发展作出片面的假设。⑧⓪ 全球化是一种具有多个方面甚至经常是相互冲突的方面的过程(社会的、文化的、经济的、政治的、技术的等)。在世界贸易和交流中发生了一些重要的变化。但是他们的结果既不是一致的也不容易预测。这一标签经常被用于概括可用另一种术语来理解的发展;而且简单地将一些相同且非本土化的过程归结为全球化将是错误的。更重要的是,全球化并不意味着世界必然会变得更加同质化或统一化。作为生产市场和消费市场全球化的特征的经济和金融一体化,大多数也是以分歧和差异或者是以包含和排斥为前提,并且其本身也会产生分歧和差异或者是包含和排斥。⑧① 有时,全球化事实上加强了地方化。⑧② 如果全球化经常将地方边缘化,它就是部分地通过界定他者"仅仅"具有地方性来完成的。对于一些观察者来说,全球化应该甚至被视为仅是基于用经济必然性话语伪装起来的新自由主义政策选择的一种暂时的流行。⑧③

法律能够作为全球化的工具,但是它也能成为反对全球化的一部分。法律革新通常是长期社会变革的一部分,这样讲并不意味着法律能够被简化为这一更大的统一化或者全球化大潮的不可避免的伴生物或者表达。⑧④ 这一"统一理论"的一个弱点就在于它无法解释法律、或法律的某些成分、或特定的法律形式,在多大程度上、何时、基于何种原因成为保持市场稳定、政治合法性的必要方式(与其他方式相比)。

如果我们对法律全球化采取支持或者抵制的态度(例如,以保护多样性的名义),那么,我们需要关注这些发展的任何一个方面。例如,在皮埃尔·勒格朗对欧盟统一法律的努力的严厉批评中,他指出欧盟中央机构的立法和执法活动,正在冒险以牺牲普通法的法律文化为代价而强

---

⑧⓪ Wolf Heydebrand, "From Globalization of Law to Law under Globalization", in Nelken and Feest, *supra*, note 4, pp. 117—137; *id*., "Globalization and the Rule of Law at the End of the Twentieth Century", in Alberto Febbrajo, David Nelken and Vittorio Olgiati (eds.), *Social Processes and Patterns of Legal Control: European Yearbook of Sociology of Law* 2000 (Milan: Giuffrè, 2001), pp. 25—127 [见下文"Globalization and the Rule of Law"]。

⑧① 例如,见 David Nelken, "The Globalization of Crime and Criminal Justice: Prospects and Problems", in Michael Freeman (ed.), *Law and Opinion at the End of the Twentieth Century* (Oxford: Oxford University Press, 1997), pp. 251—279.

⑧② Francis Snyder, "Governing Economic Globalization: Global Legal Pluralism and European Law", (1999) Eur. L. J. 334, p. 336.

⑧③ Allan Scott, "Globalization: Social Process or Political Rhetoric?", in *id*. (ed.), *The Limits of Globalization: Cases and Arguments* (London: Routledge, 1997), pp. 1—24.

⑧④ 见 Lawrence M. Friedman, "Is There a Modern Legal Culture?" (1994) 7 Ratio Juris 117.

行推行大陆法的形式和内容。⑧ 相反,费拉雷塞(Maria Rosaria Ferrarese)视法律全球化为一种必然的过程,在这一过程中,英美法律文化通过促进和推动"市场化",正在有条不紊地制服其竞争对手——大陆法系。费拉雷塞指出,当法律与商业需求而非国家管辖权相联系时,公司成为一种新的、至关重要的法律主体。她运用许多有效变革的例子来论证了她的观点,这些例子从重新界定"公"和"私"的概念到口头程序的增加应用。⑧ 毋庸置疑,证明这两种趋势的证据都存在,但重要的是承认:问题不是单方面的。

私法和公法的全球化包括了立法、司法或者其他试图扩展国家间贸易和交流的努力,这些努力包括电子商务、国际贸易诉讼中公法与私法的融合,以及"第三空间"的创造或者规制。尽管声称这将会带来自由贸易的普遍利益,但是,假定所有参与贸易的国家或者所有的商业形式都会获得相同的利益,将会是错误的。我们可以将国际战争法庭的建立或允许跨国追捕犯罪的措施作为刑法全球化的例子。许多最初的目的是遏制所谓的共同社会问题,诸如有组织犯罪、洗钱、腐败、恋童癖、非法移民、环境污染,非法科学实验、著作权侵权、伪造或者计算机黑客。有时,这些手段也包括随着制药研究中的跨国伦理标准和难民庇护的共同规则的扩展而被提议的解决途径。但是,是否以及在多大程度上这些问题在所有的社会中真的是相同的、谁在反对这些问题的过程中获益最大仍然是不确定的。另一个关于法律全球化的重要例子可以在普及人权的努力中找到,例如,我们在反对家庭暴力或者女性割礼的国际运动中所看到的。这里,全球化的成功能够以这样一种能力来衡量,即杜绝这些受害群体所获得的收益是以丧失文化多样性为代价的能力。

我们的法律移转理论也像是受到了这些社会变化的影响。有些作者可能提出了过于强烈的主张,即认为全球化所导致的相互依赖关系要求我们重新审视整个比较研究。例如伍尔夫·海德布兰德(Wolf Heydebrand)提及"几近静态的和解释性的比较研究与由全球化的恢复而加于的、动态的和纵向的研究之间存在紧张关系"。⑧ 就她而言,莫林·凯恩(Maureen Cain)指出在存在共同目标和关注的地方,旧式的比较就显得不再有道理,并且冒险终止,结果要么沦为"西方式"的,要么就沦为

---

⑧ 见 Pierre Legrand, "Against a European Civil Code", (1997) 60 Modern L. R. 44.
⑧ Maria Rosaria, *Le istituzioni della globalizzazione* (Bologna: Il Mulino, 2000).
⑧ Heydebrand, "Globalization and the Rule of Law", *supra*, note 80, p.110.

"东方式"的。⑱ 在官方主持的法律迁移的背后隐藏的假设在不同的时间和不同的地点也是不一样的。汤姆·金斯博格(Tom Ginsburg)告诉我们,新法律与发展运动是以关注法律和政治制度迁移的适当技术为特征的。好像这些能够从文化和更广泛的社会变化中提取出来:"今天的发展政策假定,一个国家必须改造其固有的制度以促进增长,而这种制度是能够跨越国家的界限而被迁移的。"⑲

我们使用的理论模式必须允许法律迁移能够以各种各样的方式发生。劳伦斯·弗里德曼(Lawrence Friedman)建议,我们应该区别借鉴、传播和被迫接受之间的差异。⑳ 那些运用自创生理论的作者也会建议区分特别联系(ad hoc contacts)、系统的联结(systemic linkage)和共同演化(co-evolution)。㉑ 这也表明需要更加审慎地思考这些不同过程与通常使用的"法律移植"的隐喻之间的关系。不考虑它的持续流行,这一隐喻似乎很难表现出这些差异。甚至在提到引进新的法律制度的最简单尝试,这一隐喻也很容易被证明是错误的。在生物学或者植物学的适应性中,成功事实上意味着"存活或者枯萎"。但是在法律移植中适应性,其结果可能更广泛——而且,事实上似乎是这样——存活指的是法律体系(或其中的一个特定制度)还是更广泛的社会本身,这常常是不清楚的。

如果认为这里存在的问题仅仅是要求避免诉诸隐喻,那将是一个错误。使用"存活"或者"死亡"的隐喻是我们全部类推和解释固有的和不可避免的要素。而且,我们需要变得更了解不同的隐喻的义涵。例如,宫廷战争这一隐喻说明了什么,模糊了什么,伊夫·德扎莱(Yves Dezalay)和布莱恩特·加特(Bryant Garth)认为这一隐喻是理解国内外的社

---

⑱ Maureen Cain, "Orientalism, Occidentalism and the Sociology of Crime", (2000) 40 Brit. J, Criminology 239.

⑲ Ginsburg, supra, note 74, p. 833. 也见 Wojciech Sadurski, "On the Relevance of Institutions and the Centrality of Constitutions in Post-communist Transitions", in Jan Zielonka (ed.), Democratic Consolidation in Eastern Europe, vol. I: Institutional Engineering (Oxford: Oxford University Press, 2001), pp. 455—474.

⑳ Lawrence M. Friedman, "Borders: On the Emerging Sociology of Transnational Law" (1996) 32 Stanford J. Int. L. 65.

㉑ 见 John Paterson and Gunther Teubner, "Changing Maps: Empirical Legal Autopoiesis", (1998)7 Soc. & Leg. Stud. 451. 也见 Gunther Teubner, "Global Bukowina: Legal Pluralism in the World Society", in id. (ed.), Global Law Withouta State (Aldershot: Dartmouth, 1997), pp. 3—38.

会精英所争论的法律观念的关键。㉒ 即使是"法律移植"这一暂缓性术语,我选择这个词是因为它并没有恶意,它使我们在脑海中浮现法律在地理上的可移动性,这也会使人误解为是关于外国模仿法律的一些过程。

与我的总体论述一致,我认为,重要的是了解不同的隐喻如何调动和支持了关于法律如何适应社会的不同观念。例如,使用借鉴、输出、传播、流通或者强加等词语来指法律迁移的"机械的"隐喻。它们倾向于运用"影响"和"渗透"之类的语言谈论法律,而且反映了将法律作为一种发生作用的制度、作为一种工具和社会控制的技术。但"有机"(Organic)的隐喻则会使用"嫁接"(grafts)、"病菌"(virtues)和"污染"(contamination)当然也会使用"移植"(transplant)(不论是医学上的还是植物学上的)。当法律迁移获得成功的时候,就会"生根"、"开花"而且被描述为"具有繁殖能力的"。这些隐喻的运用,作为在更大整体中相互依赖的部分,可能是属于法律的一种功能主义模式。因此,讨论"法律的适应性",也就是运用隐喻,这一隐喻源自于功能主义所遗留的词语。最后,语言(discursive)的隐喻,则将法律理解为沟通、叙述和神话。在这一视角下,迁移法律,大体上会被理解为翻译和重新表述其明确的和隐含的涵义。

法律可以作为一种工具、发生作用的功能整体的一部分或作为一种沟通。根据我们对法律迁移的研究目的,我们可能会希望对法律这些方面的一个或更多方面进行优先研究。在取代"法律移植"这一隐喻的过程中,我们应该小心谨慎的保证我们能够涉及所有这些方面。托依布纳的建议是用"法律刺激"这一隐喻来取代,这一建议的确涉及法律所有的这三个方面。他的工作也同样是重要的,因为它表明法律迁移的可能性的理论化如何必须和能够与对新的法律与社会发展的理解相联系。在他对欧洲促成法律一体化的司法努力进行的批评中,托依布纳运用卢曼的社会系统理论,特别是他关于法律自创生的观念,表明法律和社会之间捆绑式的安排在晚近现代性的情况下已经被改变。㉓

尽管如此,托依布纳的议论并非没有含糊不清之处。㉔ 他提出的新

㉒ Yves Dezalay and Bryant Garth, "The Import and Export of Law and Legal Institutions: International Strategies in National Palace Wars", in Nelken and Feest, *supra*, note 4, pp.241—256.

㉓ 见 Teubner, *supra*, note 12.

㉔ 见 Nelken, "The Meaning of Success", *supra*, note 62.

隐喻也并不像是解决了所有我们在理解法律迁移过程中遇到的问题。托依布纳认为,法律迁移倾向于导致"在运作上封闭的社会叙事之间的相互依赖中制造了新的裂痕"。⑮ 由于这一不可预测性表明在进行法律迁移的过程中需要谨慎,托依布纳的观点已经很快基于政治规范的原因而不是由于理论解释的原因而受到了欢迎。但是,引用他的著述的一些学者对他的论述的理论框架并不感兴趣或者没有理解。他们没能注意到:坚持对法律文化和法律含义进行解释学和说明性解释的必要将会与托依布纳的试图应用卢曼基于观察的系统理论的初衷相当不一致。著名的法律认识论(epistémès)的观点也与卢曼假定存在一个普世的法律定义的"科学的"尝试也并不一致。最后,托依布纳自己对法律移转的可能性也绝不是像看上去的那么悲观。⑯

从法律社会学的视角来看,许多比较研究在理论上和实践上都存在一个缺陷,即没有对正在推动或者接受法律迁移的社会正在发生的其他变化进行经验研究。假如为了不诉诸法律而达到一体化,社会或文化的其他相关方面则会因此而正在发生变化,在这种情况下试图保护法律的多样性将会显得没多大的意义。再次思考一下欧盟关于法律一体化的争论。目前有大量关于引入统一的欧洲刑事司法程序的恰当性或其他方面的讨论,统一的欧洲刑事司法程序用以解决大量的反对欧盟预算的欺诈问题。⑰ 但参加这场讨论的人没有谁看上去对建立共同的通过诸如欧洲审计法院之类的机构进行审查的方法有丝毫的担心!另外一个例子是,许多促进发展中国家法律变革的政府和国际组织关注与非正式制度相对的正式制度。这些正式制度更容易确认、分析和控制,它们能够产生可量化的结果,依凭这些结果,官僚组织机构就能正当化它们的存在。然而,非正式的制度更不容易因外部的干扰而发生变化,它们目前已经完成了许多本属于正式制度的任务,官僚机构也因此正试图改进正式制度的运行情况。⑱

与输出法律制度或理想的社会相比,许多需要适用相同法律的情

---

⑮ Teubner, supra, note 12, pp.31—32.
⑯ 他实际上的讨论是"法律刺激物"迫使国内法特别的"知识形态"(epistémè)在其自身的特性之网中加以重构,同时也激发了一种特殊的叙事,即法律与其自身重构有紧密的联系。见 Teubner, supra, note 12.
⑰ House of Lords Select Committee on the European Community, "Prosecuting Fraud on the Communities Finances-The Corpus Juris", 62d session, 9th Report (1998—1999).
⑱ 见 Ginsburg, supra, note 74, p.850.

景,在继受法律的社会中可能还没有发生。在考虑现在尝试向前共产主义国家或新兴经济体输出"法治"时,应当对于技术革命和其他社会发展的不同步伐都给予谨慎的关注。威廉·舒尔曼对在资本主义的后期现代形式下的技术变化对商业生活的影响进行了概要而充斥着挑衅的分析,他认为全球化的基本法律和政治构造与法治的自由主义模式完全不同。⑨ 法治对商人阶层是特别有用的,它能够满足商人的如下愿望:使得时间和空间变得可以掌控,以减少商业交易中因距离和期限而产生的不确定性。然而,现在,作为全球化特征的时间和空间的压缩,意味着资本主义和法治之间没有可选择的吸引力。舒尔曼指出,法治试图减少的风险,现在通过现代技术带来的时空压缩得到了更好的处理:通过计算机沟通比签订和执行法律协议要快得多。与这种社会变迁背景相反,法律迅速地失去了它的自治性,变得可以渗透而且结果具有开放性。灵活性现在是最重要的,商人们现在已经不再那么需要标准和一致的规范。他们反而利用法律制度之间的差异而带来的机会获得了繁荣。仲裁被视为纠纷解决的最好方式。

并非不重要的是,法治习惯于被珍视,因为它保护商业交易免受国家的任意干涉。但是现在,舒尔曼认为,至少在跨国商业的范围内,公司常常与国家具有同样的权利(比如 NAFTA)。相对贫穷的国家需要商人带给它们投资,这意味着权力的平衡不再对它们有利。随之而来的是一场减少法律保障的竞争。迄今为止,有大量证据可以证明如下事实:即经济全球化往往在由一些强势公司在保护劳动者、健康和环境方面采用低标准的地区获得繁荣发展。⑩ 当对引进的、与经典的(现在显得有些过时的)"法治"理念相一致的国家与市场相分离的机制的可能结果进行评价时,忽略上述的因素或其他相似的因素,将会是一种误导。

---

⑨ William E. Scheuerman,"Globalization and the Fate of Law", in David Dyzenhaus (ed.), *Recrafting Rule of Law: The Limits of Legal Order* (Oxford: Hart, 1999), pp. 243—266.

⑩ 见 Fiona Haines,"Toward Understanding Globalization and Corporate Harm: A Preliminary Criminological Analysis", paper presented at the Law and Society Association annual conference, Chicago, 2 June 1999, on file with the author.

第13章 比较法学家与特区

埃辛·厄吕居
(Esin Örücü)

导 言

在一个完全不同于迄今为止一直被比较法所覆盖的世界,当代比较法还能说些什么呢?今天的比较法学家能否带着他们现存的策略去研究这个新的、不同的世界?他们能否以这些策略为基础或者通过修正这些策略去适应差异?他们能否因此而扩展比较分析的范围,从而超越通常所分析的法域?在我看来,未来必定需要变化,不仅在对比较法研究的理解与实践方面需要变化,而且在比较法与研究法律和社会文化现象的其他学科的互动方面也需要变化。

传统上,大多数比较法学家因袭西方法学传统。他们主要对普通法系和大陆法系之间的比较、扩大这两种法律传统的影响和仅仅在这种语境中考虑"完全的他者"(totally other)感兴趣。他们一直强调类似法律体系或者甚至是不同法律体系之间的共性,以及不同法律体系之间的差异,但是几乎不强调类似法律体系之间的差异。这其中的每一种策略都有自己的研究议程。有时,其目的是表明世界已经被分为两种传统,有时以表明存在全球的友好环境,或者至少是一种普通法系和大陆法系的友好关系,最近是用以表明社会主义法系和民法法系之间的友好相处。有时,其目标是指出"这两个法系永远不会相遇",而且有时是表明"我们一直处在变化之中,而且一直朝着相同的方向变化,所以差异又有什么关系呢?"但是,不可避免的事实是,在大多数"完全的他者"的法律体系中——他们被西方比较法学家忽略了——大规模的法律改革正在发生,这些法律正在朝西方看齐,尽管西方有时给它们刺激。目前,有一些这样的法律体系正在经历根本的剧变。有些法律体系正通过在相互竞争的体系中挑选的外来模式的帮助下重塑自身。社会、经济和法律术语的重塑也是如此。这些法律体系正处于变革之中。还有一些在特定区域或群体中发生作用的法律体系,则受到相互作用的根本性影响。有些法律体系则被全球化所动摇，"全球化"是我们今天广泛使用的一个术语。西方比较法学家应该通过何种路径进入这一新的世界？

存在诸如下面的一些主张："比较法，如我们所知，不能及时更新以跟上时代"，"法律是一种文化现象，而且法律人不能理解除他们自身之外的其他文化"，"法律史是比较法学家能遵循的唯一路径"，"对法律变革唯一真正的解释是通过法律的经济分析实现的"，"比较法必须成为一种法律理论，因此，我们必须是'比较法理学家'以便理解其他的法律制度"，或者"移植是不可能的"。这些主张将不能解决比较法学家们所面临的实际问题。我们不能忽视法律移植的事实，也不能忽略"差异"存在的事实。不论他们的立场如何，西方的比较法学家必须准备好进入"特区"。事实上，"关于特区的比较"在我们这个"特殊的时代"显得极其重要。

什么是特区？

一个"特区"可能指的是如下三者之一：

第一，它可能是指传统的比较法通常不会涉及的一个地区。在这一意义上，"一般的"通常限制在大陆法与普遍法法域，前者以法国、德国、意大利（最近的西班牙）为代表，后者以英国、美国或者其他为代表。任何这些之外的法律体系将会被认为是"特区"之中的体系。当然，在这样一个地区，法律体系或者法律可能是以宗教或信仰为基础，或者主要地取决于宗教或信仰。

第二，"特区"可能是不寻常之事发生的地方。比如香港，在其与中国内地的关系之中存在"一国两制"的说法。匈牙利曾经具有大陆法传统但却没有一部民法典，随后又经历了拥有某种允许大陆法存活的自由空间的社会主义时期，现在又进入一个法律移植的新时期并正准备成为欧盟的成员国。在土耳其，统治精英们认为不仅需要改变法律文化，而且需要通过应用外国法律模式改变社会文化，从而消除本土的文化、并以与欧盟形成"跛足婚姻"（limping marriage）的形式告终。

第三，一个"特区"可能是指在不同的法律体系之间发生法律移植的地区，它以法律文化和社会文化的多样性为特征，在统治精英们的压力下，它会产生法律多元、一个混合的法域、一个混杂的体系或者意想不到的结果。

有时，这三种现象会相互重叠，因而，某一地区可能会成为上述三种意义上的"特区"。事实上,本文的研究是以这样的地区为例的。这些例证向"法系"理论提出了挑战,它作为传统范式已经不足以阐明"特区"现象。然而,在研究之初,必须指出一个重要的方面,即"特区"的法律体系并非必然是所谓的"奇异的"法律体系。若将"一般的"和"特殊的"地区的法律文化和社会文化进行并列比较,"特区"的法律、社会文化可能与"一般"地区的法律、社会文化非常相似。这种类似可能是社会文化和法律文化意义上的,或者仅仅是法律文化意义上的。如果所研究的两个体系之间存在社会文化的共性而存在法律文化上的差异,比较法学家就会倾向于在历史的解释中寻求庇护,或者隐藏在"历史的偶然"这样的词语之后。然而,在这些关于共性的实例中,比较法学家的任务是在对形成共性的原因进行分析的同时记住如下事实:法律没有完全相同的,因为即便在非常成功的移植①之后,一股演变的力量就会出现,两个法律体系从而走上各自的发展路径。引入的概念或制度,现在存活在一个不同的环境中,开始发生变化,由此一种内部的"污染"便发生了。但是,当"特殊的"地区与"一般的"地区完全不同时,比较法学家除了试图解释差异或分歧的原因之外,还能做些什么?这种差异可能既是社会文化的也是法律文化的,或者仅仅是社会文化的抑或仅仅是法律文化的。当社会文化存在差异而法律文化则存在共性时,就会再一次诉诸"历史的偶然"这一词语,以解释这一异常的现象。当然,从一个"一般地区"移植到一个"特区"可能会产生不相容或不匹配,因为这两种体系中更深层次的价值和目的看上去是不相容的。② 事实上,如果能够在法律和文化体系之间保有互惠性和相互性,那么它们将会全都变成相互的"污染物"和"刺激物"。在这种情况下,比较法学家将会发现自身成为在传统文化的西方式规范和标准的表达之间的搭桥人。

比较法律研究的未来,无论在理论上还是在实践上,都依赖于对多样性的正确评价。事实上,我认为,一个地区越"特殊",比较法研究在此就显得越重要。比较法研究必须致力于寻找和解释差异,尤其是看上去相似法律体系之间的差异。③ 为了实现增加对法律、法律文化和社会

---

① 这一术语随后会有分析。
② 见 David S. Berry, "Interpreting Rights and Culture: Extending Law's Empire", (1998) 4 Res Publica 3, p.14.
③ 见 Vivian G. Curran, "Dealing in Difference: Comparative Law's Potential for Broadening Legal Perspective", (1998) 46 Am. J. Comp. L. 657; Nora V. Demleitner, "Challenge, Opportunity and Risk: An Era of Change in Comparative Law", (1998) 46 Am. J. Comp. L. 647.

文化理解的目标,应该有建设性地完成这一任务。由于互惠影响和法律"变调"将会成为 21 世纪的主流,比较法学家必须考虑"特区",以及如何解决"不匹配"的问题。"趋同理论"(convergence thesis)并没有减弱皮埃尔·勒格朗所遵循的法律移植是不可能的理路,反而可能受到挑战。④ 既然在法律上原始的创造是非常少的,那么借鉴和模仿对于理解法律变革过程是至关重要的。⑤ 但目前的"移植"理论需要某种概念上的提炼。例如,尽管托依布纳并不支持艾伦·沃森⑥,他主张所需的概念精炼"允许我们从不同于与自治相对的、简单的替代性语境的方面,对制度迁移作出分析"⑦,在作出"移植是危险的"的结论的同时,约翰·艾利森表明需要考虑"当前的和所推荐的移植背景"。⑧⑨

尽管考虑不周的移植是危险的,移植的应用已经是,而且现在也是不可避免的,尤其是在"特区"之中。一些色彩丰富的语汇,强调了法律制度和观念的移植的不同个例的细微差别,诸如"嫁接"、"培植"、"重新栽植"和"交叉培育"等,已经补充了用以表达法律的可移动性的经典术语,诸如"强加"、"移植"和"继受"。⑩ 新的分析基础得到了发展,诸如"集体殖民化"、"多元文化主义"、"法律多元主义"、"污染"、"法律刺激"、"分层的法律"、"归化的法律"、"竞争的法律体系"。应该承认,影响不仅存在于法律体系之间,而且存在社会文化与法律体系之间,而法律文化和法律体系必须作为当代分析的基础。"污染"、"刺激"、"接木"、"渗透"都是用以描述今天发生的现实的适当术语,而"接受"、"强

---

④ Pierre Legrand,"The Impossibility of 'Legal Transplants'",(1997) 4 Maastricht J. Eur. & Comp. L. 111.

⑤ Rodolfo Sacco,"Legal Formants: A Dynamic Approach to Comparative Law",(1991) 39 Am. J. Comp. L. 1 & 343, p.395.

⑥ Alan Watson, *Legal Transplants*, 2d ed. (Athens, Georgia: University of Georgia Press, 1993).

⑦ Gunther Teubner,"Legal Irritants: Good Faith in British Law or How Unifying Law Ends Up in New Divergencies",(1998) 61 Modern L. R. 17.

⑧ John W. F. Allison, *A Continental Distinction in the Common Law* (Oxford: Oxford University Press, 1996), p.16. 也见 *id*., p.236.

⑨ Esin Örücü,"Law as Transposition",(2002) 51 Int. & Comp. L. Q. 205.

⑩ 对于后一体系见 Watson, *supra*, note 6, p.30, n.53,他也提到了"强迫接受"(imposed reception)、"请求下的强迫"(solicited imposition)、"密谋接受"(crypto-reception)和"接种"(inoculation),对于后者完整的清单,包括交叉传粉(cross-pollination)、裹吞作用(engulfment)、效法(emulation)、"渗透"(infiltration)、"注入"(infusion)、"领悟"(digestion)、"沙拉碗"(salad-bowl)、"熔炉"(melting-pot),见 Esin Örücü,"A Theoretical Framework for Transfrontier Mobility of Law", in R. Jagtenberg, *id*., and A. de Roo(eds.), *Transfrontier Mobility of Law* (The Hague: Kluwer, 1995), pp.5—8.

制接受"、"集中的平行发展"能够被用于解释相关的过程。可以与上述术语互换而适用于描绘所有的这些现象[11],但我认为"变调"(transposition)这个词更合适。

"特区"中法律变调的重要性

在基于相互冲突的模式而发生的大规模变革的情形下,"变调"这一术语正如被应用于音乐中一样,事实上更合适。这里,音调(pitch)正在变化。在音乐的变调过程中,新调中的每一个音调都会占据与在老调中相同的相关位置,变调的发生时为了与某一特定的乐器或某一歌手的音域相配。在法律"变调"的语境中,每一个法律制度或者规则被介绍或者被应用于继受者的体系,就像它在原来的模型体系中一样,它发生"变调"是为了适应继受者的特定的社会法律、文化需要。既然没有哪个既定模型会被一个继受者系统地采用,就必然会发生很多"变调"过程。当代的发展能够被视为这种"变调"的例子,不仅在"一般区域"而且在"特区","调音"就是成功的关键。

当从不同的内部逻辑中来的各种因素混合到一起[12],一般的结果就是一种混合的或者正在混合的体系。一种极端的情形是当变调还没发生作用,官方的法律体系就已经"凝固"了,正如布基纳法索的情形一样,一个最为"特殊的地区"。[13] 另一个极端的情形是法律移植进行得非常顺利,要么是因为法律体系结构、内容和文化上存在共性和"调音"调得非常好,要么是因为法律精英或者法律职业者,也即法律参与者的强有力推动。在这两个极端之间存在着一系列"特区"谱系。[14] 法律移植的最终产品取决于如下条件:诸如移植的规模,法律变革的特征,变调和"调音"的成功与否,法律变迁过程中固有的推动或者选择因素以及新

---

[11] 莫纳泰里主张"法律移植"的术语被沃森用于"学术目的",今天在"出口他们自己的法律体系"的计划中已经被"有目的的职业律师"所取代,Piergiuseppe Monateri, "The 'Weak' Law: Contaminations and Legal: Cultures" in *Italian National Reports to the XVth International Congress of Comparative Law*, Bristol, 1998 (Milan: Giuffrè, 1998), p. 83.

[12] Esin Örücü, "An Exercise on the Internal Logic of Legal Systems", (1987) 7 Leg. Stud. 310.

[13] 一般 Sally Falk Moore, *Law as Process: An Anthropological Approach* (London: Routledge & Kegan Paul: 1978); id., *Social Facts and Fabrications: "Customary" Law on Kilimanjaro*, 1880—1980 (Cambridge: Cambridge University Press, 1986).

[14] Örücü, *supra*, note 10, pp. 10—12. 也见 *id.*, *supra*, note 9.

环境中的社会文化。⑮ 第一种特区类型指的是这样一种地区,即在那里,所有证明社会文化存在共性而法律文化存在差异的因素汇聚到一起,形成一种"简单的"混合体系,也即所谓的"搅拌碗";在此过程中,所有原料被混合到一起,但是,如果想要得到"蔬菜泥",则需要进一步的过程。苏格兰就是这样的例子。接下来是作为"复杂"混合体系的"特区",在特区之中的因素既表现出社会文化的差异也表现出法律文化的差异。这种类型可以称为"意大利沙拉碗",其中,尽管沙拉酱覆盖着沙拉,但仍然很容易从玻璃碗的侧面判断出不同的原料。阿尔及利亚就是这样的例子。还有一种"英国沙拉盘",沙拉的原料分开放在一个旁边盛有蛋黄酱的大平盘子里,不同的沙拉原料可以分别蘸着蛋黄酱吃。苏丹和津巴布韦就是这样的例子。这似乎是光谱的另一端,沿着此光谱,例子开始变得越来越"特殊",最后以"凝固"结束,也即正如上文所提及的,成了一个功能紊乱的官方法律体系。⑯ 但是,我们下文应该如何讨论的土耳其这一"特区"呢?哪一个"特区"本应是与阿尔及利亚一样的例子,但事实上却成了大陆法系的"蔬菜泥"?

我已经在其他地方以如下四个标题的形式说明了法律移植的产品⑰:"移植的途径",即殖民化、再度殖民化、占领、扩张和相互联系;"移植的方法和具体技术",诸如强加、继受、强迫继受、同等的平行发展、渗透、模仿以及这些方法和技术的变体和联合;移植的"结果",即处于变革中的法律体系、正在混合或已经混合的法律体系、互相关联的法律体系、演化中的法律体系、连续态、分层的法律、归化的法律体系、一体化、统一化和标准化;最后是"移植的概念上和未来的涵义",诸如法律、法律概念、法律规则和法律体系的重新定义,文化和法律之间的冲突(多样的法律文化,同类的法律文化),对立法、法律改革和处于变革中的法律体系进行自上而下和自下而上的解释以及研究法律传统和法系的一种新方法。

---

⑮ 见 *id.*, *supra*, note 10, p.9.
⑯ 这启发了我,诸如相当于"日本寿司"之类的范畴可能被发展出来,或者带有 Kneidlach 丸的犹太清鸡汤,这些丸子是沉是漂取决于制作它们的过程,但这些丸子从不裂升。
⑰ Örücü, *supra*, note 10, pp.10—12.

然而,过去主要的重点是分析历史上的法律移植[18],今天应该用其他的方式仔细考察交互影响(reciprocal influence),因为法律移植、它的结果和实现移植的方法等方面的重点都已经发生了变化。在今天的欧洲,最突出的"交互影响"发生在欧盟内部,但是,西方法律传统的变调对于东欧和中欧的法律体系同等重要,如果不是更重要的话。[19] 其他形式的"异花授粉"发生在其他地方,诸如在中国大陆和香港之间。因此,我们见证了一个"新的混合基因"的诞生[20],更多的"特区",通常所接受的法系分类的模糊界线,法律文化相互之间或者法律文化和社会文化之间新的冲突的出现。法律移植的方式似乎是自愿地继受,而非过去的殖民化和强加方式,尽管在一些实例中,强制继受的方面更加突出。[21]

学者们提出了许多与上述背景相反的问题。詹马里亚·阿雅尼(Gianmaria Ajani)强调这一问题,即"新的法律模式"能否满足后社会主义经济体目前的需要。他强调法律的输入要取得成功,则必须适应继受国的环境。通过三个波罗的海国家法律借鉴的例子,他观察到:在这些法域中民法典被作为一种"象征性的文件"。[22] 拉脱维亚已经将其前社会主义法典重新制定了一部。然而,立陶宛却遵循了匈牙利和波兰的做法,即在保留她的旧法典的基本纲目的同时逐渐更新早期的原始文本。爱沙尼亚,已经通过新的民法典,但仍大量借鉴了德国模式。[23] 阿雅尼

---

[18] 相互竞争的现代性版本都向特区推销自己。这些形式都源自对西方建设现代的、市场本位的社会的不同方式的仿效。但是,并非所有的现代化主张都视依赖外国模式为适当。例如,库尔恰尔(Kulcsar)就怀疑社会之间比较的价值,埃塞俄比亚和匈牙利差异如此之大,而且请注意,他明白了"最重要的现代性特征在于一个社会是否有能力通过运用自己的内部资源进行持续的社会变迁",见 Kalman Kulcsar, *Modernisation and Law* (Budapest: Akadémiai Kiadó, 1992), p. 18.

[19] 在今天的欧洲,比较法研究的主要任务是"新欧洲共同法"研究,意图促进法律一体化,并为担当法律趋同之基础的法律移转提供成功的例子。在其与欧洲之外观念的关系中,欧洲寻求比较法研究的支持,以考察"一般的"和"特别的"地区的法律观念和制度,并通过在西欧法律体系的语境中展现相互竞争的模式来助力法律改革。还有一点就是欧洲和美国在推销他们的法律过程中存在的竞争,特别是在更喜欢欧洲模式的中东欧国家中。

[20] Esin Örücü, "Mixed and Mixing Systems: A Conceptual Search", *id.*, Elspeth Attwooll and Sean Coyle (eds.), *Studies in Legal Systems: Mixed and Mixing* (London: Kluwer, 1996), p. 351.

[21] 在中东欧法律体系的例子中,可以用"欧盟的整体殖民"一词形容。

[22] Gianmaria Ajani, "The Role of Comparative Law in the Adoption of New Codifications", in *Italian National Reports to the XVth International Congress of Comparative Law*, Bristol, 1998 (Milan: Giuffré, 1998), p. 70.

[23] 关于路易斯安那民法典的影响,见 Paul Varul and Heiki Pisuke, "Louisiana's Contribution to the Estonian Civil Code", (1999) 73 Tulane L. R. 1027.

通过从事对"相互竞争的法律模式的比较分析",展示了比较法研究在波罗的海国家的强大作用。㉔ 他随后分析了1995年的俄罗斯民法典,"这部法典深深植根于已经存在了大约二百年的俄罗斯的民法编纂传统"。最初的草案是通过如下方式被合法化的:

> 草案的第一部分……已经就像海绵一样吸收了许多新的外国立法和进步的民法思想。荷兰、意大利、美国和德国法学家在认识这些新的立法和观念方面提供了极大的帮助,并且他们与参与民法典制定的俄罗斯法学家之间的合作产生了很大的作用。……很多外国专家的意见已经被接受,并被俄罗斯的法律工作者写进了相关条款,同时也观察到了俄罗斯民法编纂的所有传统。㉕

当找到新的法律模式时,即便这些法律模式可能是过渡的文本和体现其现存的环境,旧的法律模式也会伴随着"乐观的规范主义"而被遗弃。㉖ 然而,"一个移植的法律体系若与继受国的(法律)文化不相容,则只会产生一个虚拟的现实",同时引进西方的法律模式并不必然的导致经济上的成功。㉗ 为了使变调发生作用,则法律移植必须伴随着"对新一代法官和律师的训练,对程序和法庭实践进行重新安排,建立一个公平、文明和强大的警察机构以及将行政决定置于独立的法官的审查之下的一致努力"。㉘ 这些需要必须被视为关键的"调音"过程的组成部分。

几个"特区"的样本分析

在"欧洲"的新边界

西方的比较法学家没有能带来一种对东欧、亚洲和非洲法律文化的真正理解,比较也倾向于形式主义。他们在比较中采用了一种非反思式的、实证主义立场的、简化论(reductionist)的方式,涉及一种非批判的描

㉔ Ajani, *supra*, note 22, p.70.

㉕ *Id.*, p.72.

㉖ *Id.*, p.68. 也见 *id.*, "La circulation des modèles juridiques dans le droit post-socialiste", Rev. int. dr. comp., 1994, p.1087.

㉗ Jan M. Smits, "Systems Mixing and in Transition: Import and Export of Legal Models-The Dutch Experience", in Ewoud H. Hondius (ed.), *Netherlands Reports to the Fifteenth International Congress of Comparative Law* (Antwerpen Intersentia, 1998), p.55. 土耳其的例子下文论述。

㉘ Roger Scruton, "The Reform of Law in Eastern Europe" (1991) 1 Tilburg Foreign L. R. 7, p.8.

述的过程。社会学的现实已经被一种先验的功能主义分析所工具化。㉙尽管一种鲜活的法律文化反映了受社会互动影响的社会演化,但是简化论者还是忽略了文化的多样性、独特性和复杂性。在中欧和东欧正在发生的法律改革运动中,必须采用一种新的、反思式的和非传统的方式。这种方法在比较所有的"差异"过程中是特别重要的,而且在比较所有的"特区"时是必须的。

尽管中欧与东欧的体系经常被相提并论,但注意到二者在过去的法律文化和社会文化中的根本差异仍是十分重要的。中欧体系在面对西方模式时很少出现问题,原因就在于在他们受制于强大的压力并被迫接受社会主义的社会文化和法律文化之前,已经具备了大量的民法法系特征。因此,社会主义传统在一定程度上只是民法传统的派生物。这些国家的法律体系可能被理解成为回归到西方的法律传统之中。但是,西方法律传统本身也不再是只具有民法法系特征,因为在欧洲共同法的背景下,社会主义法系和普通法系之间或者大陆法系和普通法系之间㉚,正在发生新的冲突。

而东欧国家更加问题重重。这一群体的国家,包括两组子群,每一个子群都面临不同的困难。第一组子群的国家先前与大陆法系或普通法系并没有实质的联系,现在,后两者成了国家在进行法律改革时可选择的两个相互竞争的体系。正如阿克马尔·赛义多夫(Akmal Saidov)指出的,例如,在乌兹别克斯坦,当俄罗斯人占领中亚的时候,罗马—日耳曼法的主要形式要素都被引入,在后来的苏维埃法时间又再次引入。㉛他认为,只是到了现在,乌兹别克斯坦的法律才不仅在形式上而且在内容上都与大陆法相符合。㉜

在这一子群中,阿尔巴尼亚可以作为"特区"的例子。这个国家的大部分人口是穆斯林,在经历了奥斯曼帝国 400 年的统治之后,阿尔巴尼亚已经与西方隔离。这个国家在 1912 年获得独立,随后经历了法西斯统治和共产主义。它的 1994 年民法典从结构到内容都受到旧的 1928

㉙ 见 Bogumila Pulchalska-Tych and Michael Salter, "Comparing Legal Cultures of East Europe:The Need for a Dialectical Analysis", (1996) 16 Leg. Stud. 157. 也见 Esin Örücü, *Critical, Comparative Law*:*Considering Paradoxes* for Legal Systems in Transition (Deventer:Kluwer, 1999), pp. 118—126.

㉚ 因此,信托已经进入了俄罗斯法典。

㉛ Akmal Saidov, "Le droit comparé et le droit ouzbek", Rev. int. dr. comp., 1996, p. 481.

㉜ *Id*., p.484. 我们知道在社会主义时代之前,俄罗斯法完全不是民法传统的。

年阿尔巴尼亚法典中的一些因素的影响,1928 年法典主要是基于法国民事和 1865 年的意大利民法典而制定的。至于商法典,阿尔巴尼亚 1992 年商法典受到法国、德国和意大利模式的影响。这里,与欧盟法实现一体化的需要可能进一步使问题复杂化。意大利对阿尔巴尼亚的普遍影响是非常引人注目的,尤其是通过 1989 年意大利刑事诉讼法典的影响,这一法典以英美的诉讼模式为纲,因为英美的诉讼模式已经成为"对某些后社会主义国家的立法者非常具有吸引力的模式"。[33]

在第一组子集的国家中,法律变调的过程必须发生,以解决传统法系与社会主义法系、社会主义法系与民法法系、社会主义法系与普通法系以及普通法系与民法法系之间的新冲突。第二组子群国家的体系与中欧的法律体系在很多方面有相似之处,即已经与民法传统具有一定的联系。这是一个重新提及约翰·梅里曼(John Marryman)的机会,他回顾了这种影响:"社会主义法律原则……至多只是一种建立在具有大量西方传统特征的法律基础上的、暂时性的上层建筑","西方法律似乎已经拒绝社会主义的移植","试图建立社会主义法律秩序的努力现在看上去更像一种暂时的背离而不是一个新的方向。"[34]这一观点必须被视为过分单纯了;在法律借鉴和变调开始起作用时,它将会受到考验。就它们将对"特殊"地区的分析至于对"一般"地区的分析的阴影下而言,梅里曼的观点也过于简化,因而模糊了要点。新的"刺激物"可能很容易刺激旧的对应物。因此,很难假定:所有的中欧和东欧国家将会为它们的经济模式塑造建立在欧盟模式之上的法律基础。

土耳其

移植的法律模式与继受者之间存在的根本性的不匹配可能会导致一种"混合法域",一种"混合法律体系",或者"法律多元主义"[35],由此而产生"特殊的"法律体系,在这些体系中各种各样的要素共存。任何混合都取决于很多原因。可能是这里不存社会文化多样性,只存在一种法律文化,因此不同的元素会被混合在一起。可能是由于政治原因,其中的一种因素成为主导,或者从一开始,其中的一种元素就被独裁权力系统地清除。土耳其可作为此类"特区"的例子。

---

[33] Ajani, *supra*, note 22, pp.74—80,特别是 p.74, n.17.
[34] John H. Merryman, "The French Deviation", (1996) 44 Am. J. Comp. L. 109, p.109.
[35] 见 Örücü, *supra*, note 20, pp.344—345.

478　　土耳其同时被作为亚洲、高加索、中东和欧洲国家，其人口由许多种族组成。从奥斯曼帝国开始，土耳其人经历了一个社会工程过程，在共和国时期，这一过程变得更加广泛。这一持续的过程始于 1839 年，在 1924 年和 1929 年之间表现最为强烈，并以如下形式而告终：形成了民法法系的法律传统，搭建了一个现代法律框架，世俗化，引入的法律与现存的法律混合成为"蔬菜泥"，在必要之处清除本土固有的法律。㊱ 土耳其目前的法律框架是从瑞士、意大利、法国以及最近从美国和欧盟输入法律的结果，也即是从与其自身具有不同社会文化和法律文化的社会和法律体系中输入法律的结果。通过一系列的强制接受、自愿接受、模仿和调整，土耳其的法律体系被建成了，在这一过程中，机遇、选择、历史的偶然和相互竞争法律模式的威望等所有因素都起到了重要作用。㊲ 不论法律文化还是社会文化都是"归化的"。法律解释和适用法律时，仍然参照这些"法律渊源"，也即，他们根据本土的环境和需要对这些法律进行变调和"调音"时，也仍会参照这些"法律渊源"。

　　当土耳其正在进行总体的现代化、西方化、世俗化、民主化和宪政化这些主要过程时，当它重塑自己的私法、行政法、宪法、刑法、民法、商法和海事法以及法律程序时，它早期的改革努力都是仅仅只依靠从"一般的"法律体系中输入法律。这一批发式的法律改革伴随着、也被如下过程补充着：采用一系列旨在改变人们行为方式的社会法。精英们消灭习俗的主要力量和欲求是与法律体系的建立相结合的，这一法律体系以立法为基础，而这些立法则使历史变得与法律毫不相关。当我们对上述法律"化合物"进行评价时，要反对将土耳其共和国的所有法律捆绑在一起的观点。

　　一个好的起点是记住在某一既定时刻有效的法律是各种各样有影响力的法律渊源之间相互竞争的、复杂的关系的结果。既然土耳其的立法机关一心想保持对法律和社会结构的控制，法院就会大体上强调正式
479　　法律体系的措辞和精神。然而，通过它们所处理的案件，法院也会迎合

　　㊱　对于土耳其经验的分析请见 Esin Örücü, "The Impact of European Law on the Ottoman Empire and Turkey", in Wolfgang J. Mommsen and Jan A. de Moor (eds.), European Expansion and Law (Oxford: Berg, 1992), pp. 39—58; id., "Turkey: Change Under Pressure", id., Attwooll and Coyle, supra, note 20, pp. 89—111; id., supra, note 29, pp. 80—118; id., supra, note 10, pp. 13—14.

　　㊲　在这里必须注意到：对几种不同模式的选择接受了"文化正当性"，因为看上去这一法律体系并未主要受益于任何一个主导模式，尽管它主要受到"西方文化"的影响。

呈现在它们面前的各种利益。但是,土耳其各种发生作用的体系是否成功地连结在一起? 一个实例将会表明,作为法律变调、调整和"调音"过程中的"熔炉"的民法、行政法和宪法高等法院,它们的重要作用再怎么强调都不为过。因此,高等地区上诉法院(Yargitay),也即高等上诉法院在使用1988修改的民法典第134节时非常谨慎,必须双方的同意才能提出离婚。法院认为表面上明显是基于双方同意的离婚,可能事实上并非如此。在土耳其的婚姻关系中,妇女作为社会上的弱势方,可能被她们的丈夫强迫而接受离婚。因此,根据法院的意见,第134节规定的所有条件都必须完全满足:婚姻关系至少持续一年;法官亲自分别听取了双方的陈述,并确信每一方的表达都是自由意志的表示;而且法院必须认可双方达成的离婚后的财产安排和子女抚养安排。因此,如果外国法官不能保证各种条件都得到满足,高等法院就不会承认外国法院所作的离婚判决。这里,我们可以看到法院在考虑法律标准的同时,也通过充分考虑土耳其的社会实现,充当妇女和儿童的保护者。因此,通过"法律航海家"——法官的努力,他们试图消除差异从而将不同的阶层联结起来,"分层的法律"也就变成了"归化的法律"。当他们与上一阶层或下一阶层的人进行互动时,每一个阶层的人们的行为就是法律。[38]

从一开始,土耳其的法律体系就与其本土固有的法律、社会、政治、意识形态、宗教和经济体系相混合,并且同时试图改变这些体系。因此,土耳其法律并不具有内在同质性,它的根基很广泛,存在于国内和国外。土耳其法律体系也不是完整连结的。这种情况是否将会一直如此仍未可知。

在这一时期,自上而下的模式与土耳其的现实紧密相关,即这个社会中存在经济上、文化上和社会意义上的多元群体。由于土耳其的法律体系和民族具有归化的本质,土耳其与某个"一般的"地区和以欧盟为代表的某"群一般的地区"存在"跛足的婚姻"。换句话说,正式的法律制度发挥着平衡的功能:土耳其的法律能够在某种程度上反映出"一般"地区的法律而又不会失去其作为"他者"的特征。很清楚,在土耳其法律体系基于主导地位的层级是"现代"法律,它反映了法律和法律系统的"归化"本质。然而,现代法律与基本的传统和宗教层级的规范之间的互动是最重要的。被继受的法律制度并未因迁移而发生深刻的变

---

[38] Elisabetta Grande, "Preface", *id.* (ed.), *Transplants Innovation and Legal Tradition in the Horn of Africa* (Trento: L'Harmattan, 1995), p. 14.

化,并且隐含的多元主义被庞大的法律体系所包围。这一法律体系反映了各种各样、互相紧密联系的法律文化,并将它们的社会文化与本土的社会文化相混合,在那里,一种社会文化成为另一种社会文化的环境。一个最引人注目的案例可以作为社会文化、宗教文化和正式的法律文化相互连结的范例。

  这是最高上诉法院在1979年作出的判决。该案件是关于一个未成年的乡村男童与邻家母牛之间的性丑闻。母牛的主人并没有依据刑法典以人兽性交为由提出控诉,而是主张从男孩的父亲处获得赔偿。他提出,他的母牛可能卖不出去,甚至牛肉和牛奶也没有人愿意买,因为根据他引用的宗教法典,这头母牛成为不祥的禁物。下级法院以缺乏法律依据为由驳回该案件,因为穆斯林法并不是受到正式认可的法律渊源。母牛的主人随即上诉。高等上诉法院推翻了下级法院的判决,并认为,尽管宗教规则不能成为任何主张的依据,如果原告通过专家证据能够证明:存在宗教信条或道德信条或习俗,它们会导致没有人愿意购买这样的动物的肉和牛奶;那么,就可以认定这一动物已经丧失了市场价值。在这种情形下,通过适用罗马法的"至害"(noxal)原则,这头母牛应该交由男孩的父亲占有,上诉人应该从男孩父亲处获赔与这头母牛市场价值相当的金额。㊴ 这一原则是高等上诉法院如何避免公开面对宗教问题而在正式的法律体系内解决纠纷的范例。这个案件表明了系统的不同"层级"是可以互相连结的。

  如果"多样之中的统一"成为一种规范,那么"归化"体系就具有特殊的地位。这里,生活着具有各种各样背景的民族,因此存在多样的社会文化,但是只有一个法律体系,而且看上去只有一种官方的社会文化。在这样一种"特区"之中,不同层级的规则能够很容易变得开放而又孤立,并日益变得自我指涉,除非,它们被很好地"调音"。这种特区才真正是上述三种意义上的"特区"。

㊴ 79/1644;79/14383;21.12.1979. 在最近的案例中,低等法院判定原告不享有法律权利,因为不存在医学客观性证明这头牛的肉和奶制品存在问题。最高上诉法院推翻了这一判决,并认为:虽然没有法典条文适用于这一事实,但根据民法典第一章,传统和习惯法与该事实相关。法庭认为:"既然本案中不存在对事实的争议,就可以适用传统和习惯。如果传统、习惯、宗教抑或道德信条和概念可以支持原告的主张,那么已经存在的损失就没有疑问。原告应该被询问有关是否愿意将牲畜交由被告并获得相应市场价格的补偿,如果原告不愿意这样做,法院应该判给他合理的补偿。这是一种经济损失": 98/2632;98/3249; 24.3.1998; 24 YKD, 1998, p.834。

香港

香港,另外一个"特区",一个最能够说明法律变迁的体系,1843 年至 1997 年受英国统治,目前是中华人民共和国的特别行政区,目前正成为另一种类型的"特区":"一个国家,两种制度"。它的法律体系曾经作为普通法传统的一部分,尽管混合了中国的传统的和文化的价值观,目前处于中国的母体系之中。中国的母体系有一个民法法系的框架,但却是社会主义的意识形态和制度,它们同时反映着意识形态和中国的社会文化。

普通法作为被强加的成分曾经是香港法律体系的主要法律渊源,今天则成为次要的法律渊源,同时,另一个次要法律渊源——香港的中国习惯法在新环境中正迅速地变得有效力。目前主要的法律渊源是中国大陆的法律体系。香港是否保留了普通法的一席之地是值得怀疑的,尽管"一个国家,两种制度"的理念已经得到官方的认可。然而,确定的是香港将会继续成为一个"特区",它具有"香港风格"的普通法、"地方化的普通法";并且,较之在英国法律体系和判例法的统治下,它会将进一步发展"地方色彩"。[40]

当然,普通法在许多其他混合法律体系作为主要法律渊源,通常是在那些存在于普通法的环境中又在培育自己的民法法律传统的法律体系中。然而,在香港,情况刚好相反,并且更为复杂,因为它的新的母体系,即中国,也不是一个"一般的"地区。很难说普通法在当地社会中已经得到很好的建立或者已经根深蒂固,也很难说普通法已经成为了社会的基础,在那里,大部分人甚至都不讲普通法的初始语言。[41] 中国的法律体系并不是取代了香港原有的法律,交互影响一定会非常强烈。若传统、文化和法律将会被整合,那么则需要进行小心审慎的变调和"调音"。在一个最"特殊的地区","多样中的统一"必定会成为成功的标

---

[40] 见 Chenguang Wang and Guobin Zhu, "A Tale of Two Legal Systems: The Interaction of Common Law and Civil Law in Hong Kong", Rev. int. dr. comp., 1999, p.917. 作者也比较并集中关注了路易斯安那和魁北克的区别,见 id., pp.920—921.

[41] Derry Wong, "Language Discrimination and the Hong Kong Jury", (1995) 1 J. Chinese & Comp. L. 153. 也见 D. W. Ling, "Confucianism and English Common Law: A Chinese Lawyer's Observations", (1995) 1 J. Chinese & Comp. L. 72.

语,而且一种分层的法律将会证明自身是其结局。㊷

共 享 因 素

尽管"实践的效用是继受法律的主要的基础"㊸,在"特区"之中"机遇"通常是更加重要的——机遇却是几乎不能被预测的。㊹ 然而,在今天的法律变调当中,机遇的因素已经被"威望"和相互竞争的体系的各自"权力姿态"以及"经济效率"等因素大大地取代了。精英们和知识分子们所扮演的关键角色是另一个需要强调的因素。波耶尔朱塞佩·莫纳泰里(Piergiuseppe Monateri)因此谈及在合法化研究中竞争的精英。㊺ 赋予1995年俄罗斯民法典以合法性的文本与这一背景是相关的。㊻ 另外,前面讨论的土耳其的例子提供了在重新塑造一个民族的过程中,精英能够扮演的角色的重要例证。㊼

然而,"选择"的因素看起来是缺少的和更加疑难的。例如,在十多年前,当社会主义崩溃之时,一个清楚的选择就是脱离既存的法律传统。之后,"选择"被"必然性"所替代。现在,新的欲求和梦想排除了真正的选择。这就是为什么"被迫继受"这一词汇更加适合描述现实的原因。但是,在关于应该遵循或模仿哪种附属模式的问题上,存在一种有限选择的因素。这里,外国模式的影响是发散的,因为往往外国的模式只是建议,而本国具有选择权。输入只具有建议的权威性,而且没有一种法律模式能够被整体引入。尽管关于民主、法治和人权的西方原教旨主义促进了西方制度的输出,经济因素仍起到了主导作用。在土耳其,选择就是法律精英的选择。在香港,从来就没有选择。

乌戈·马太(Ugo Mattei)指出,在寻求"经济效率"的过程中,"威

㊷ 我已在其他地方提到,"普通法现在已被作为一种民法法系传统的变种(如果不是内容,至少是结构)的中国法包围,普通法也因此将会夹在作为第一层的传统层次和作为最高第三层的中华、民法法系的层次之间: Örücü, supra, note 29, p.36. Wang and Zhu 预言"从统一体中分裂"将会是香港的未来, supra, note 40, pp.922—923.
㊸ Alan Watson, "Aspects of Reception of Law", (1996) 44 Am. I. Comp. L. 335, p.335.
㊹ 例如,"一本特别的书可能在一个特别时间的特别图书馆中陈列出来,或者可能没有", Id., p.339.
㊺ 见 Gianmaria Ajani, "By Chance and Prestige: Legal Transplants in Russia and Eastern Europe"(1995) 43 Am. J. Comp. L. 93. 也见 Ugo Mattei, "Why the Wind Changed: Intellectual Leadership in Western Law", (1994) 42 Am. J. Comp. L. 195.
㊻ supra, at text accompanying note 25.
㊼ supra, at text accompanying note 39.

望"是一种极为重要的因素⑱,这一因素鼓励从源自于相互竞争的法律模式的众多法律模式中作出选择,而且可能最终会使各种模式的趋同成为必要。阿雅尼(Gianmaria Ajani)在讨论"威望"的作用和"政治机会"时,特别对商法作出了评论。他指出,中东欧大多数商事立法显示了德国法的影响,是在"受到有威望的体系的驱使"下作出的选择。⑲ 尽管鲁道夫·萨科(Rodolfo Sacco)也接受,在法律模仿过程中最基础的原因之一就是"威望"——"通常法律接受的发生是出于分享他人的成果,而且这项成果具有某种品质被人们作为'威望'的来加以描述"⑳——他认为比较法并没有给"威望"下定义。但莫纳泰里(Monateri)痛斥这一整个观点。他认为,尽管所有都取决于对一个模式的有威望的陈述,而"有时也会参照'效率',效率在决定借鉴法律的精英的措辞中是一个具有魔力的关键词"。㉑ 当然,必须记住,最有"效率"的模式可能不是最具有"威望"的。

与作为社会文化一部分的法律文化相比,结构和本质的变换存在更少的困难。不论法律变调自身,还是在适应既存的传统中出现的变形,都会对法律结构和本质的运行产生强烈的影响。通过"抗体"的作用被变换的"刺激物"会产生什么,以及这一处于变革中的"特殊"体系的总体健康程度,都只有在将来才能评估。困难并不在于技术和形式的变调,而在于价值和内容,它们在现实中会反过来"污染"形式。然而,"法律规则的输入和输出"这一概念的使用就表明它们已经被"商品化"了。㉒ 这种情况尤其存在于前社会主义国家和土耳其。在那里,法律规则被作为一种"商品",与法律史或者法律文化没有必然的联系。我们所提到的所有特区都各自遭遇了文化、结构和本质不匹配的问题。

当我们研究目前正处于变革和"特区"中的法律体系在形式上和内容上的经验时,我们会注意到,形式的经验表明:在大多数情况下,所应用的技术,尤其是法典编纂方面的技术,是本国的而非引进的,因为大部分的法律体系都曾将其法律法典化。这在社会主义法律传统的国家中

---

⑱ Ugo Mattei, "Efficiency in Legal Transplants: An Essay in Comparative Law and Economics", (1994) 14 Int. R. L. & Econ. 3, pp.6—8. 经济绩效可能在"实际效用"的意义上被理解。

⑲ Ajani, *supra*, note 22, p.80.

⑳ Sacco, *supra*, note 5, pp.398—400.

㉑ Monateri, *supra*, note 11, p.95.

㉒ *Id*., pp.84—85.

尤为明显。然而,他们的法典主要根基于外国模式,即根据经典的大陆法模式。后来,法典化也成为社会主义法律传统的标志。不论如何,在大多数情况下,新的法典编纂标志着与刚刚过去的法律模式决裂,因此迫切需要编纂这些新的法典。另外的问题将会出现在香港,因为在那里糅和了普通法、大陆法和社会主义法的技术㊾,但是在土耳其没有出现这方面的问题。

中欧和东欧在内容上的经验表明法律是折中的,尽管主导的民法法系中的大部分条款旨在促成自由的市场经济。如果不是关于形式,而是关于法律的内容,则这些国家也从美国输入了法律。例如,在俄罗斯,大陆法的专家和英美法的专家共同工作以帮助准备和建立一种成型模式去适应俄罗斯社会文化转型的需要。法律意见并非仅仅以抽象的形式提出来,在起草过程中也以实践的形式提出来。㊾ 新的模式不仅是经典的模式,并且是以如下法律模式为特色的:欧盟法、统一法、国际惯例、英美法的经验和最近现代化的法律模式,诸如荷兰和魁北克的法律模式。在这方面,香港经验的结果则需拭目以待。

"特区"中的模式和不匹配

"特区"中的许多体系都试图发展成为某种在社会文化或者法律文化方式中与他们自身非常不同的体系。在法律文化上的差异可能是法律渊源方面的、法律推理方法上的或者法律制度上的。更加基本的差异存在于那些与社会文化和价值有关联的方面。在移植的法律模式和继受者从未存在过完美的匹配。尽管,沃森(Watson)主张,法律规则可以在许多其他地方与其在母体体系中一样,"不论它们的历史渊源曾经如何,私法规则能够在与任何特定人群、任何特殊时期或者任何特定地域都没有任何紧密联系的情况下存活"㊿,人们一定会怀疑这是否正确。这样的模式不能产生作用,除非它们经过了小心审慎的变调和"调音"。

伊恩·沃德(Ian Ward)提出这样的问题:"我们是否识别了差异并

㊾ 对于这些担心请见 Wang and Zhu, *supra*, note 40, pp. 933—944; Ling, *supra*, note 41, pp. 85—90.

㊾ Smits, *supra*, note 27, p. 64.

㊿ Alan Watson, "Legal Transplants and Law Reform", (1976) 92 L. Q. R. 79, p. 81. 对于沃森作品的分析见 William Eward, "Comparative Jurisprudence(Ⅱ): The Logic of Legal Transplants", (1995) 43 Am. J. Comp. L. 489.

珍视差异,或者我们是否试图通过令人印象深刻的共性去隐瞒差异?"⑯ 他建议"差异和共性的争论"支配着大部分的"理论比较主义"。的确,最不需要做的事就是"为了特殊性而寻找特殊性"⑰,并且今天的比较法律研究主要用作为法律整合的一种工具。但是,不允许挑战"差异"或者"多样性"的价值,这是"特区"的突出特征。是否过去过分强调差异,而现在过分强调共性了呢?⑱ 能否说,展示挑选出来的单个规则之间的共性,甚至是它们在本质或者功能的细节方面都具有共性,就足够否认"差异的路径"而确认"趋同的路径"了呢?⑲ 或者,无论发现什么,比较法律研究的功能是否都应该是带着法律体系和文化体系能够"分离而并存"的观念,在两者之间搭建桥梁?⑳ "特区"中的比较法律研究事实上起到了"桥梁"的作用,并通过促成法律变调的发生而减少不匹配的情况。当来自不同传统的法律体系,如社会主义、宗教的或者传统的体系朝向普通法或者大陆法体系发展的时候,仍然存在严重的脱节问题。㉑ 必须对那些从未完全属于某一单一法律传统的法律体系予以特别关注。例如,考虑一下在乌兹别克斯坦的美国统一商法典或者在吉尔吉斯共和国的德国破产法法典。这些问题对"特区"的法律和社会体系是特别重要的,它们总是在对民法法系和普通法系的法律体系、也即

---

⑯ Ian Ward, "The Limits of Comparativism: Lessons from UK-EC Integration", (1995) 2 Maastrich J. Eur. & Comp. L. 23, p. 31.

⑰ Eric M. Clive, "Scottish Family Law", in John P. Grant (ed.), *Independence and Devolution: The Legal Implications for Scotland* (Edinburgh: Green, 1976), p. 173.

⑱ 见 Luigi Moccia, "Historical Overview on the Origins and Attitudes of Comparative Law", in Bruno De Witte and Caroline Forder (eds.), *The Common Law of Europe and the Future of Legal Education* (Deventer: Kluwer, 1992), p. 619. 也见 Rudolf B. Schlesinger, "The Past and Future of Comparative Law", (1995) 43 Am. J. Comp. L. 477, p. 477, 他提到了"沟通的"(contractive)或者"对比的"(contrastive)比较的阶段,他也同是在强调差异;间或提到"整合的"(integrative)比较阶段,强调共性。他总结到未来属于"整合的比较法"。

⑲ 见 Peter-Christian Müller-Graff, "Common Private Law in the European Community" in De Witte and Forder, *supra*, note 58, p. 251. See also the editorial by Bruno De Witte, "The Convergence Debate", (1996) 3 Maastricht J. Eur. & Comp. L. 105.

⑳ Müller-Graff, *supra*, note 59, p. 254.

㉑ 即使是来自同样法律传统的体系在相互借鉴的时候也会出现问题。例如,英国法院倾向于考虑与英国似乎存在类似的社会文化和法律文化的其他普通法法域的判决。但是,偶尔涉及一些案件,当新西兰或者澳大利亚过于激进或者依赖于其他哲学的或者社会的前提时,也会考虑其他法域。关于此类案件,请见 Esin Örücü, "The United Kingdom as an Importer and Exporter of Legal Models in the Context of Reciprocal Influences and Evolving Legal Systems", in John Bridge (ed.), *UK Law for the Millennium*, 2d ed. (London: U. K. N. C. C. L., 2000), pp. 206—247.

"一般的"模式的继受运动的尾声中出现。

如何越过心理障碍呢？在欧洲，这一障碍与被输入的法律结构和如何接受这一法律的技术有关，而与在没有商谈余地的情况下接受某一规则或者解决方案的原则（比如执行欧盟指令）没有多大关联。所以，真正的问题与是否拒绝药物无关[62]，而是如何服用。是应该咀嚼服用还是应该整个吞下，是用水送服还是不用，若用水送服，是用一套管水还是一杯水呢？

"一般地区"的法律模式竟相向"特区"输出。例如，在准备制定俄罗斯民法典的过程中，荷兰民法典作为受偏爱的模式而赢得此场竞争；美国、欧盟和欧盟的成员国根据它们的"权利姿态"和参照它们先前跟正处于转型中的中欧和东欧的法律体系的联系来进行竞争。可能荷兰法律特别能够完成输出法律的任务，因为过去荷兰本身也是法律输入国。1992年的荷兰民法典受到德国、法国和英国法的影响，也是整体比较研究的结果。[63] 这些因素被认为是它作为理想模式和灵感之源而产生的吸引力的一部分。[64] 结果是，荷兰专家的法律建议比美国、德国和意大利专家的法律建议起到了更加重要的作用。[65] 荷兰专家参与了俄罗斯、白俄罗斯、哈萨克斯坦、吉尔吉斯共和国、乌克兰、蒙古、格鲁吉亚、亚美尼亚、摩尔多瓦、阿塞拜疆、乌兹别克斯坦民法典、刑法典和刑事诉讼法典的起草。例如，在另外一个"特区"——亚美尼亚，荷兰、美国和亚美尼亚专家都参与了新的刑事法典和刑事诉讼法典的起草，在此过程中还保持了与欧洲委员会的合作。[66]

评　价

"一般地区"的法律体系今天都在竞相成为"特区"在引进法律时的

---

[62] 见 Konrad Zweigert and Hein Kötz, *An Introduction to Comparative Law*, 3d ed. transl, by Tony Weir (Oxford: Oxford University Press, 1998), p.17, 耶林有句有名的话："接受外国法律制度与民族主义无关，但是与有用性和实际需要有关。没有人会费心费力从远处运来他家里本来就有个一样好甚至更好的东西，但是只有傻瓜会仅仅因为他家的后院里没有种而拒绝接受奎宁（quinine，又称金鸡纳霜）。"

[63] 见 Smits, *supra*, note 27, p.63.

[64] *Id.*, pp.47, 51 和 63. 有趣的是人们可以注意到，各种中东欧的法律改革项目都依赖一种向其亲密合作者——由美国商业顾问公司建立的法治联盟——征求意见的过程。

[65] *Id.*, p.63.

[66] *Id.*, p.57. 荷兰司法部也建立了宪法起草委员会帮助波兰进行现代化立法。

被选对象,即便它们自身也在尝试现代化。在中东欧、在亚洲和非洲,输入法律的过程会引发棘手的问题。例如,荷兰模式在俄罗斯如何发展? 是否能存在这样一个法律体系,即它自身是"特殊的"并会构成一个更好的模式,从而变得使"特区"中的继受者更容易接受?

某种程度的不匹配是不可避免的,因为从来就不存在量身定做的模式。因此,主要的问题是:我们如何对付这些不匹配? 它能否通过继受者对所继受的制度的想象和创造而得到解决,也即通过"调音"过程来解决? 什么是成功的标准? 这些问题仍然需要寻求令人满意的答案。

根据渗透的普遍性和法律、文化各层级之间内部矛盾的解决程度,"特区"的法律体系可被作为"分层的法律体系"、"归化的法律体系"、"跛足的婚姻"或者"简单的混合体系"。⑥⑦ 成功的法律变调和富有成果的异花授粉不需要共性,甚至即使是误解也能被成功地转换。但是,尽管国家规则之间存在的差异看上去并未阻止它们的法律输入,法律文化和社会文化的差异却经常影响它们的内化过程和效力。⑥⑧ 当两个不同的解释共同体走在一起时,他们如何深入了解对方和相互协调,从而产生成功的"文化对话"? 只有在法律移植的时候进行变调和"调音"才能实现"适应"。

许多法律体系,不论是在"一般的"还是"特殊的"地区,都处于转型之中,尽管各自的程度不同。它们中的大多数会继续重塑它们的社会和法律框架。比较法研究会被要求对此提供帮助甚至答案。比较法学家将会关注法律制度之间联系、不联系和转换的方式,他们还将会超越地理上和实体上的传统的和"一般"地区的界限,将自己的研究主题很好地延展到"特区"。⑥⑨ 因此,比较法研究必须投入到关于如下主题的所有

---

⑥⑦ 如格罗斯费尔德(Großfeld)指出,一旦我们离开欧洲地区到非洲或者亚洲,整个潘多拉的盒子打开了。请见 Bernhard Großfeld, *The Strength and Weakness of Comparative Law*, transl, by Tony Weir (Oxford: Oxford University Press, 1990), p.47. 这个意义上的比较法贡献请见 Werner F. Menski, Comparative Law in a Global Context: The Legal Systems of Asia and Africa (London: Platinium, 2000), pp.1M9 and 533—552.

⑥⑧ 比较 Volkmar Gessner, "Global Legal Interaction and Legal Cultures", (1994) 7 Ratio Juris 132,他提出:关于普遍一体化的讨论完全独立于法律的文化尺度——一个欧洲一体化过程中面对的主要问题。

⑥⑨ 因此,马太主张:"比较法从共同核心的路径到法律移植;从法律共振峰到将法律传统观念作为路径依赖的现象的过程中已经走向成熟,并已经涉猎法律中的未知(mute)的维度: Ugo Mattei, "An Opportunity Not to Be Missed: The Future of Comparative Law in the United States", (1998) 46 Am. J. Comp. L. 709, p. 715 [emphasis original]. 也见 Anthony Ogus, "Competition Between National Legal Systems: A Contribution of Economic Analysis to Comparative Law", (1999) 48 Int. & Gomp. L. Q. 405, pp.405—406 and 418.

讨论中：重新定义法律、法律概念、法律规则和法律体系；法律和文化之间的冲突；对立法自上而下和自下而上的解释；法律改革；现代化或现代性的新定义；处于转型之中的法律体系和法律多元主义；以及法系的解构。进而，比较研究必定有可能超越由多样性和共性所产生的问题。

转型中的体系和"特区"中的体系正在可选择的西欧、美国和远东体系中的各种竞争的模式中寻找合适的选择，以满足他们重新设计和现代化他们的法律、经济和社会体系的需要，它们将投入到更多的法律输入中。"一般的"模式则竞相兜售它们的法律产品，每一个都将自己的模式包装成为最有效率、比其他模式更受青睐的模式，它们所做的这一切都旨在进入"特区"的经济市场。这个时代是另一种强制的继受，即一种在输出者手执王牌的情况下自愿输入的行为。当这一过程加速发展，"特区"的体系将来是否会变成"一般的"模式吗？将来会有增加一致性还是不一致性？会不会存在缺乏整合的一致性？

显然，未来将会建立在"多样性"和"多样中的统一"基础上，而不是"通过一体化和标准化实现的统一"上。当"典型"地区不再是主要的关注焦点，"特区"中新的混合样式将会仍然是比较法学家关注的焦点。正是在"特区"之中，比较法学家能够最好地观察、分析和理解不同法律文化之间和社会文化之间的相互作用，他们能够最好地鉴别法律变调过程中"调音"的价值。然而，矛盾的是，也正是在"特区"之中，今天的比较法学家最缺少必要的准备从而难以开展卓有成效的工作。

第六编

结 语

第14章 超越比较

劳伦斯·罗森

(Lawrence Rosen)

尽管自1900年巴黎会议这许多年来情况已经发生了巨大的变化，但是有许多问题对于学习比较法的学生而言，仍然是不变的。当我们的前辈在上个世纪之交集会之时，他们仍然处于某种科学主义的痛苦之中，这影响了他们对自己所研究的主题的预见，事实上，也影响了对法律的未来的预见。他们的进化论本位、假定各种法律体系会变得更加相似以及坚持相信法律科学是一种中立的分析方法和发现法律体系的分类本质的方法，从今天的观点看来，这些观点显得幼稚和自欺欺人。对于未来的比较法学家所面临的困难已经有很多的讨论，认为很多比较法研究仍然会束缚于早先时代的纲领和预设。以某种哀叹的调子开始——而且有些是以哀叹为基调的，我的意图并非是毫无理由的责难，相反，我们认为强调这一点非常重要，作为某些问题和方法的继承者，比较法学家并未完全摆脱某些他们早期站不住脚的立场。

例如，一直存在对最新近的技术——"学者编织规则"①和对明显不准确的、过时的法律术语之间的连接的抱怨。这些法律术语包括最站不住脚的概念，如"传统"法，未经检验的概念，如"宗教"法，以及那些信手拈来的、简单的概念，例如，我自己也最喜欢用的"其他"法律概念。② 甚至有些人一直视英国法和欧洲大陆法之间的差异为一个地理问题，甚至

---

① 这些是梅里曼的用词，请参见 Pierre Legrand, "John Henry Merryman and Comparative Legal Studies: A Dialogue", (1999) 47 Am. J. Comp. L. 3, p.62.

② 关于前两者见 Ugo Mattei, "Three Patterns of Law: Taxonomy and Change in the World's Legal Systems", (1997) 45 Am. J. Comp. L. 5. 随后的分类可以参见勒内·达维德(René David), Les grands systèrnes de droit contemporains, 11th ed. by Camille Jauffret-Spinosi (Paris: Dalloz, 2002), no. 16, p.16 and no. 21, pp.20—21. 这里也提到的新的分类，"非洲的"法律，已经出现了。在这些有关阿拉伯国家的讨论中，甚至有一个特别奇怪的对"阿拉伯国家"的参照，不论试图包括什么。见 Konrad Zweigert and Hein Kötz, An Introduction to Comparative Law, 3d ed. transl, by Tony Weir (Oxford: Oxford University Press, 1998), pp.65—66. 类似的抱怨也涉及国际法领域中创造的有问题的分类。例如，见 David J. Bederman, "I Hate International Law Scholarship", (2000) 1 Chicago J. Int. L. 75.

泰然自若地说:"可以证明,可能由于生活在海边,生活将会无法按照完美的计划进行,英国人宁愿选择普通法,坚持一步一步的审慎方式,而不是用立法为所有未来的案件的解决制定规则。"③(后者特别令人苦恼,因为我曾经想过,如果比较法研究已经证明了什么东西,那就是英国人如此反常地依赖于普通法,事实上,是由于在其幼年成长时期过量地食用酵母酱和只有有限的血从穿着橡胶长筒雨靴的脚和带着无指手套的手流向大脑。

在这些以及更多较不可笑的例子中,"比较法"表现的根本与比较法无关,而与其他东西有关。当然,人们也可以指出,它的几个世纪以来的应用不过是促进这种或那种政治计划。在不同的时代,比较法(例如在孟德斯鸠的《法的精神》中)作为对现存政治秩序隐含的批评,作为殖民主义权力扩张的工具,甚至(在威格摩尔的例子中)作为阐明如下观点的方式,即法学家是真正的世界主义者,他们的理论在大学的层面应得到应用尊敬。在其他的时期,比较已经促进了商业规则在形式上更加适应那些习惯于应用这些规则的人们的需要(从在殖民地颁布商法典到乔治·布什和詹姆斯·贝克的"新世界秩序"),或者仅仅作为向东欧和第三世界的发展中国家推销西方产品的工具(在这种情形下,专家的知识都会附随西方的法律形式)。这可能与这一古老的争论有关,即当进行比较的时候人们应该关注差异还是共性,可能具有新的政治涵义:强调差异可能是为弱势的种族或者社会团体主张权利;相反,强调共性则可能促使我们转向泛国家关系,由此避免由极端的民族主义而带来的、不可避免的罪恶。当然,比较法可能也会用以正当化其作为分析组织问题和文化问题的最优方法,证明自己的国家正在变得"现代",体现法学教授或法学院在它们各自的教育和社会结构中的不朽作用,以此支持有时滋生出令人吃惊的简单化的如下主张:由于比较法学家屈尊于衰

---

③ 茨威格特和克茨,*supra*,note 2,p.70 [my emphasis]。他们一定想到他们需要缓和的语气,因此他们在自己著作的第二版中提到:"可能沿海的生活,已经证明:这样的生活排斥最好的计划,英国人满足于判例法而反对成文法": *id.*, *An Introduction to Comparative Law*, 2d ed. transl. by Tony Weir (Oxford: Oxford University Press, 1987), p.71. 第三版中引用了这样的段落:"在欧洲大陆法律家以观念指导实践,这些观念常常危险到取代了他们自己的生活;在英国,他们考虑了这样的图景……如果我们可以概括一下,欧洲大陆人乐于制定计划,提前规划事务,因此用法律的术语制定规则并将其系统化。他按照既定的观念安排生活,英国人喜欢即兴创作,不喜制定统一的决定,直到他不得不说:'遇桥跨桥'。正如梅特兰所说,他是经验主义者。只有经验对他有意义;理论化只有微小的吸引力;而且他也并不受制于抽象法律规则。" *id.*, *supra*, note 2, pp.69—70.

落的相对主义而使他们的帮助极具误导性,我们应该彻底避开比较,而重新导向对"自然法"牢固的基础的再次关注。④

无论这些方法各自具有什么价值,理解如下两点是同样关键的:比较法研究的一些负面涵义固有的价值、这些负面涵义与正面涵义具有如此多联系的原因。幸运的是,在这一方面比较法自身常常比在这一标题之下的经常讨论的话题更加有趣。有人曾经介绍了犹太神秘主义的出色研究者——肖勒姆(Gershom Scholem),并认为他研究的东西毫无意义,但是他研究的方式"啊哈""那是学问"!对比较法学家而言,有时常常是相反的:他们常常有一种相反的魔力总是试图把金子变成石头,这一主题本身远远比在这一主题之下的工作更有趣。然而,我很想强调,我们必须注意这些成就通常显得正面,正是因为它们是负面。例如,正是变化的幅度而不是类型的纯粹性成为法律和历史关系的核心,认识到这一点是很关键的;认识到在法律研究中(正如在自然科学和人文学科中)寻求一个更好的分析标准并不会必然导致与自身立场和判断相对立的方向,这既不是这一研究的固有缺陷,也不是形成更有见识的理解的障碍,论证这一点具有不可估量的价值。事实上,我所讲的负面贡献的正面作用,更具体地来看,我想指出比较法学家在下一个世纪之交之前可能选择的方向,让我将大家带回到基础层面作为开始,并提出这样一个相当简单的问题:比较究竟为我们做了什么?

在一个引用率很高的段落中,吉尔茨(Clifford Greetz)写道:"桑塔亚纳有句名言:人只有在不能真正了解事物本质时才会作比较。这对我来说……恰好与真理相反;正是通过比较,并且是对无法比较的事物的比较,我们事实上能够理解的任何本质都会被理解。"⑤我认为,这就是因为我们需要理解的是前提、涵义和使行为和立场在一个特定文化和法律内的具有意义的方式。现在,当我们陷入如下思考陷阱时,这些很容易被掩盖:认为我们看待文化的各个方面之间联系的方式,就是这些联系形成的"当然"方式。当然,更多地取决于人们作为比较基础的预设和立场。人们很容易陷入这种情况,像得克萨斯人向他的新雇工夸耀:"开我的汽车你花一整天的时间也走不出我的农场","呀哈",工人回答道,"我自己也曾经有过这样一辆老爷车"!在法律比较中,不仅是产生

---

④ 后一种争论得到了证实: Heidi Margaret Hurd, "Relativistic Jurisprudence: Skepticism Founded on Confusion", (1988) 61 Southern California L. R. 1417.

⑤ Clifford Geertz, Local Knowledge (New York: Basic Books, 1983), p. 233.

概念错误的可能性可以通过比较减少,而且——这是我最想强调的一点——否则,没有预见的关联(事实上是没有预见的结果)可能也会被忽略。我会立刻评价宏大理论的某些消极影响的积极作用。但请允许我用几个关于法律与殖民主义之间的关系、文化和法律推理之间的关系、功能主义的角色、法律分类的形成以及人权统一标准的表达的例子来阐述第一点。

随着我们对殖民主义的研究变得更加精细,我们已经认识到殖民者的法律与殖民地的法律之间的联系从未显得如此明显。长久以来的假定发生了动摇,例如,每一个殖民权力的法律本身都是完整统一的,它们本质上是同质的,但当它与被殖民者的法律取得联系的时候,它各种各样的后果则是一对一的反作用的功能。我们早就认识到,但文化发生联系时,诸如在其他领域一样,法律领域也会发生交互影响,如同十字军吸收了某些伊斯兰法的因素或者罗马法结合了许多希腊法的实践。但是我们现在能够看到——据我们对法域和地方性变化的研究——殖民者的法律本身通常是相当混杂的;即使在已经存在制度的连续性的情况下,也并不必然意味着存在伴生的文化的连续性。受影响的人们可以用不同的方法利用殖民地法的多重法域和多样原则,这事实上促成了地区间秩序的形成(而不是破坏)。甚至可能是这样:在早期阶段,殖民权力并不像是国家垄断了法律控制,而更像是当地文化和宗教团体繁殖的促成因素。⑥ 通过比较,我们不能只赞同(例如,在印度)殖民权力有时通过他们自己的法典化使宗教法具体化,而且开始认识到地方群体在利用殖民者法律的混杂要素方面发挥了创造性的作用,它们通过强化地方的多样性,转而使这种多样性能够幸存直到独立之时,并成为新的国家所

---

⑥ 见 Lauren Benton, *Law and Colonial Cultures: Legal Regimes in World History, 1400—1900* (Cambridge: Cambridge University Press, 2002), pp. 31—126. 在他的结论中,本顿(Benton)认为:"殖民国家在殖民主义早期的世纪中是否作为国家存在并不重要。他们并不主张或者制造一种法律权威的垄断,也并不追求垄断政治和法律认同。事实上殖民的状况经常是加强法律秩序的流动性以及通过由不同文化和宗教社群提出,或者代表他们利益的,诉诸于他们自身法律权威的属人法的策略性强化。当他们试图使具有良好品质的法律能够优先适用,存在一种无法否认的优势,不论殖民者还是被殖民的社群都不是非理性的或者被欺骗的。": *supra*, p. 259 [emphasis original]. 也见 *id.*, "Colonial Law and Cultural Difference: Jurisdictional Politics and the Formation of the Colonial State", (1999) 41 Comp. Stud. Soc. & Hist. 563. 关于地方社群创造性地吸纳殖民者法的例子,请参见 Maria Teresa Sierra, "Indian Rights and Customary Law in Mexico: A Study of the Nahuas in the Sierra de Puebla", (1995) 29 L. & Society R. 227; Marc Galanter, *Law and Society in Modern India* (Delhi: Oxford University Press, 1989), pp. 33 and 49.

认真对待的一股力量。⑦ 通过比较法,而非仅是政治史,已经了解清楚了这些问题,现在这些力量在我们对殖民主义过程和影响的全面评价中起到一种更加核心的作用。

与此相近的是,我们能够发现:在政治变革的过程中——可能特别是在建立民主形式的过程中——不同的群体正在通过政治过程逐渐形成,而不仅仅是作为这一过程的结果。这里重申一下,通过审视法律将这些方面推向了前沿。霍姆斯(Oliver Wendell Holmes)的论断认为:管辖权就是权力,对于被殖民者来说不是秘密,而且他们的反应常常是根据各种他们必须对这种管辖权的可能作出反应的方式形成各种联合体。但是,尽管某些殖民权力使多样性具体化,并通过对所有相似的群体适用同样的历史假定的方式使其同质化,比较法的研究显示:交易或者政治多元的历史影响而不是其他焦点在事实上导致了非常不同的地方性模式。后来,问题就被带到了现在,我们能够看到,如果人们按照过于统一的方法去研究殖民主义对各地历史的影响,则很容易将关于是什么构成正当权利的同样的观念一致地应用于所有的群体,因此而抹灭了可能会影响这些"权利"在特殊情况下之意味的语境和后果。⑧ 正如我下文将会指出的那样,与其说这是反对大规模人权标准的信念,不如说是比较法为服务于彻底的相对主义而提供的一个愚蠢的借口。然而,我想要强调的是:如果没有比较研究,我们可能像殖民者那样,卷入一种这样的认识,即同样对待每一种地方化的情景,好似它们是相同的,因而对于我们认为成问题的事物的解决途径也应该是相同。既然差异是不可避免的,比较法学家可以做很多工作以提醒这个世界不要忘记这一点,然而,我们可能碰上无法预料的结果,当地方集团足够有能力坚持己见,拒绝听从我们对他们的指导。

---

⑦ 很类似的是,许多地方习惯法实践已经受到鼓励而不是被人们一直所理解的殖民主义隐喻所压制,见 Hillel Frisch, "Modern Absolutist or Neopatriarchal State Building? Customary Law, Extended Families, and the Palestinian Authority", (1997) 29 Int. J. Middle East Stud. 341; William L. Rodman, "'A Law Unto Themselves': Legal Innovation in Ambae, Vanuatu", (1985) 12 Am. Ethnologist 603. See generally Lawrence Rosen, "Law and Social Change in the New Nations", (1978) 20 Comp. Stud. Soc. & Hist. 3.

⑧ 在这一文本中麦哈穆德·曼达尼作出了突出的贡献,Mahmood Mamdani: "From Conquest to Consent as the Basis of State Formation: Reflections After a Visit to Rwanda", Veena Das, "The 'Human' in Human Rights: Universalization Versus Globalization", papers presented at the Princeton University conference "Universalizing from Particulars: Islamic Views of Human Rights Declarations", 24 May 1996, on file with the author.

当我们稍稍转动万花筒,考虑一下它们在一个相当不同的文化类型中的整合,我们就会发现看起来相互契合的事物也许会显得非常不同,认识到这一点也是非常重要的。例如,类比推理的问题。从普通法的视角,可以说类比推理能够被横向的应用,在这种意义上,它通过行为分类体系的运转将法官们联系起来。相反,在伊斯兰法的语境中,可以说,(在缺乏足够的有说服力的案例报告和引用的情况下),类比推理纵向地运用,在这一意义上,它将规则与社会结果联系起来:在外部人看上去类似的案件,判决却完全不同。然而,对于穆斯林来说,共性存在于这样一种事实,即它们的文化预设是特定的法律实施是通过不同风格的分析,而不是通过统一化具体的结果。当然,我们可能对各种解释持有不同意见,而且我们也可以认为是我们的思维导致了"类比推理的普通法风格",然而,我们最后遇到了那些问题,我们考虑类比进行的方式——特别是它如何在整体上与具有文化风格的推理的其他要素整合——这些无疑会带着我们走一段漫长的路以发现我们可能忽视的联系。因此,正如在伊斯兰法的例子中,法律变成并非局限于自身的研究,而是作为发现下面这些问题的非常好的工具:关于人类本质和人际关系的预设是什么;什么样的关系和结果可以被等同;为何对于穆斯林来说,通过许多宗教和文化概念而得以强化的正义,并不意味着平等(equality),而意味着对等(equivalence)。⑨

强调特殊性和联系,即使是当涉及诸如法律体系的分类这样古老的问题之时,施加消极影响的同时也具有一种积极的影响。这里,我将会努力使自己不去引用一长串无聊的分类方案,只是想说,正如在生物学中一样,它们中的有些分类也是十分有趣的。如同有一些很好的老式的生物学分类,比如动物,可以分为"可驯养的"和"不可驯养的",或者分为"食果的"(fruits ordinary)和"厌果的"(fruits outlandish)。有些学术机构的负责人们可能特别欣赏我自己最喜欢的分类,即将动物分类为"无疑心的动物"(animals unsuspicious)和"易激怒的动物"(animals infuriate)。⑩ 但是,这里,太多的比较可能会影响我们对其相互关系而不是对实证主义类目的更深入的理解。在现代的进化论思想中,关键是变

---

⑨ 见 Lawrence Rosen, *The Justice of Islam: Comparative Perspectives on Islamic Law and Society* (Oxford: Oxford University Press, 2000), pp. 153—175.

⑩ Harriet Ritvo, *The Platypus and the Mermaid and Other Figments of the Classifying Imagination* (Cambridge, Mass.: Harvard University Press, 1997), pp. 36—39, 21 and 189, respectively.

异,而不是类目的纯粹性,而且当我们这样思考的时候,我们就开始,如同当代的生物学家一样,扩张了我们的领域,超越了我们原来想涵盖的范围。因此,比较法可能如同史蒂芬·杰(Stephen Jay)曾经提到的其他的知识领域,它应该是"方法论原则的良好范例,这一范例的范围通常只能够通过在其他种类的对象中识别适当的类似物才能够得到扩大"。⑪ 一旦我们开始以这样的方式思考,结果就不是一套僵化的鸽笼式分类,而是(作为一种可能性,推行我自己对法律体系的启发式分类标准)对权力分配方式和引入法律的文化概念的鉴别,因此,法律体系是如何在分配权力时使用各种各样的"途径"的,文化又是如何与法律体系整体中的其他方面相联系的。⑫ 人们可能在修订他们自己的法律体系的过程中也会犯分类的错误,认识到这一点可能是有意义的。因此(最后一次推销我自己的观点)可以证明伊斯兰原教旨主义者已经错误地假定:他们能够将伊斯兰法作为国家的武器来应用。如果我是对的话,当伊斯兰法更多的是作为普通法的变体,即将判决强加于地方法院,并且允许改变文化理念以形成直接的联合——这样,每一个伊斯兰原教旨主义者政权应用严格的伊斯兰法的失败就开始具有某种意义。

但是,现在以一种复兴的方式,这种与依情况而定的贡献将我们带回了一些作为我们研究领域特色的经典主题,而普世主义和功能主义则根本不属于这一行列。在 1900 年的巴黎会议上,大多数比较法学家都反对,所谓的令人不快的,通过新的国家法典从统一罗马法传统中脱离出来的运动,反对通过断言所谓的"法律是对人性的一致性的必要宣示"⑬浪漫化聚焦民族的个人主义。但是,假设,当年是我们试图对现在所具有的人性给出最好的科学的评价:这种主张如何形成? 它又将如何影响比较法方法? 简言之,我愿意以这样一种方式概况这一论述:人类是唯一为自己的经验创造类目的物种。在我们获得目前的物种之前,我们就获得了文化上的这种能力。出于各种各样的意图和目的,我们已经用创造类目的能力取代了本能,我们将这种能力当作真实存在的,反过来,我们不得不适应这种能力。因此,早在我们的特殊性的核心中存在

---

⑪ Stephen Jay Gould, *Eight Little Piggies* (New York: Norton, 1993), p.171.

⑫ 关于这种分类的列表请见本人的: "Islamic Law as Common Law: Power, Culture, and the Reconfiguration of Legal Taxonomies", in Rosen, *supra*, note 9, pp.38—68.

⑬ 我引用了 Giorgio del Vecchio's "Science of Universal Comparative Law", as reported in Richard Hyland, "Comparative Law", in Dennis Patterson (ed.), *A Companion to Philosophy of Law and Legal Theory* (Oxford: Blackwell, 1996), p.186.

着两个基本的命题。第一,我们经常进行分类——特殊性、差异——由此来掌握现实。第二,因为我们通过形成和表达我们的特殊性的符号来进行分类,思想是外在的(而不是存在于"头脑的神秘洞穴"中),是可以被研究和恢复的。正是通过能够开发我们无限潜力的能力,我们保留了改变我们行为的能力以最好地适应我们对周围环境的理解。⑭

这种看法的涵义可能是什么?第一,它可能指我们总是创造新的种类;也指一些新的种类可能当然地导致先前种类的合并,而产生新的特性的推动力几乎总是导致相反的结果,即产生分化。进一步讲,种类不再是原始的,并且经常不准确——即便当对每一个种类所含有的差异的迷恋比描述这些特性的能力更强时,也是如此。因此,在没有像早期理论家所设计得那样精确的社会结构的情况下,我们依然能够应付——在大多数情况下,"略知一二可能就足够了"——因为这时适应变化的环境的能力保持开放。当约瑟夫·拉兹(Joseph Raz)提出,我们的知识常常超越了我们清晰表达它们的能力⑮,或者当特定的文化同时形构了"秩序的趋势"和"混乱的趋势"(在随机的意义上)时,通过实践和结构,这些文化会继续一种能力,尽管这种能力的用途从未有过明确的形式。

在其他文化现象中的法律可能部分地与这一过程在几个关键的方面存在联系。第一,通过讨论会的方式。通过此种方式,各种所积累经验的种类会被包装得更像现实,法律通过对现实关系产生影响,检验和强化自身理解经验的方式。第二,通过它们处理种类形成的方式比通过它们在特定时期所产生的后果,法律体系之间能共享更多的因素。⑯ 如果思想是外在的这一观念具有价值,那么我们也能很容易地避开这一无解的问题,即我们是否能够从其内部了解其他文化——答案是"当然,我们能"和"当然,我们不能"——因为,作为通过其表征符号而很容易被理解的思想,能够被所有的人打开,但是,我们不必能够指出个人理解之间的细微差别,也不必能够对文化的逻辑长篇不论,因为这些文化逻

---

⑭ 见 E. Galanter and M. Gerstenhaber, "On Thought: The Extrinsic Theory", (1956) 63 Psychological R. 218; Clifford Geertz, *The Interpretation of Cultures* (New York: Basic Books, 1973), pp. 55—83 and 213—220.

⑮ 见 Joseph Raz, *Engaging Reason: On the Theory of Value and Action* (Oxford: Oxford University Press, 2000), passim.

⑯ 这与茨威格特和克茨提出的"法律样式"的模糊概念相当不同,我们被告知,通过这一令人惊讶的过程发现:"一个法律体系的'重要'方面,在来自另一个法律体系的比较法学家看来,是令人惊讶的",*supra*, note 2, p. 68。当然,这仅仅是用一个未知的东西代替了另一个而已。

辑属于这种文化的成员。文化既不是不能理解的,也不是通过它们的历史就会显得一目了然的:在它们所有的运作过程中,它们既不是对其成员来说是不明显的,也不是对其成员或外部人来说是明显的。事实上,文化中不同的领域互相之间是如此紧密相连而导致日常生活是不证自明的和自然的,这对任何一种文化来说都是至关重要的。共性或者差异问题并不是能够有效解决的问题,甚至这一问题也是如此:即对于那些参照这些概念和关系来指引自己生活的人们来说,它们具有不同的涵义,在这种情形下,它们的分化和互相连结这两个过程又是如何完成的呢?

我并不是指,我已经解决了对比较法学家而言所有这些困难的问题。相反,我只是简单地想指出人类的这一观点可能会具有的一些优点。例如,法律统一问题这一经典问题。我认为今天这一问题的很多方面都是在全球化的基调中提出——越来越一体化的经济,使法律体系的跨国化成为必要。这与1900年巴黎会议上我们的前辈们提出来的统一化主张结果将会完全一样,尽管出于不同的原因。但是,如果另一种观点具有价值,那么比较法学家和社会科学家可能会像吉卜林(Kipling)*诗中的人那样,需要"缓慢前行并重新解释它"。不,我的朋友,尽管世界正在麦当劳化,人们总是会创造性地区分不同的种类,当你认为你已经使所有的事物朝同一个方向发展时,你后来有可能会受到一些地方性的惊喜的刺激。我们之中来自西方传统的那些人可能会认识不到这一点的原因——也是比较之所以如此重要的原因——可能有两方面。第一,在西方存在一种普遍性的倾向,认为事物总是朝着特定的方向发展。与我们的前辈相比,我们一样不能免除这样一种观点——不论是存在于毫无根据的政治/经济观念中,认为"增长对大家都有利"或者同样不能忍受的"科学的"假定,生物圈总是朝向更加复杂化的方向发展。⑰ 在这一过程,我们忽视了第二个关键点,也即是,正是非定向性的变化,才最能代表自然界和人类社会。而且,一种生命形式的扩张至覆盖了其他生

---

* 英国作家,1865—1936,1907年获诺贝尔文学奖。——译者注

⑰ "进化一度等同于进步和复杂性的增长,生命似乎从原始阶段不断上升、上升、上升到高级阶段。现在有人认为,有些物种已经开始了生命的退化。病毒曾经被认为是处于无生命物和细胞生物之间的发展阶段,某种微生物(发疹伤寒等的病原体和支原体)被认为代表了病毒和细菌之间的发展阶段。现在这些微生物被视为某些更复杂的源体的退化;他们脱落了他们可能从寄主那里获得其功能的所有的内部组织。"Aron Karlen, *Biologist of a Germ*(New York: Pantheon, 2000), p. 81. 也见 Carol Kaesuk Yoon, "Biologist Deny Life More Complex", *The New York Times*, 30 March 1993, p. C1.

命形式则可能会遮掩如下真像:某些领域较大的扩张并不意味着所有的领域都朝着相同的方向在发展。这对有生命形式存在的领域和非生物领域一样适用。[18] 强调地方化(比如"麦当劳化"在法国的例子)[19]并不仅仅是地方沙文主义。对我自身而言,我承认,我倾向于将全球化(借鉴这一很多年前由克莱尔·布思·卢斯——Claire Boothe Luce 提出的表达)视为"全球主义鬼话"(globaloney)。而且我的确认为,当其他人都在鼓吹全球化,我们比较法学家,尽管很难主张自己的研究领域是具有预见性的科学,可能也会发现地方化的征兆,并运用这些去发现被别人忽略的研究主题。

另一个比较法学的经典问题之一当然是功能主义的作用。如同皮埃尔·勒格朗已经绝好说明了的[20],比较法中的功能主义是与 18 世纪和 19 世纪试图表明法律的所有形式都具有某种相似性这一努力有关——虽然,在我所研究的人类学领域,功能主义可能主要是起到了相反的作用,因为它试图表明不同的社会系统和法律体系都是通过完全与"更加发达社会"一样精细的方式而"运作"和变得"有意义"。[21] 事实上,在不同的时代,功能主义已经在各个学科中都成为最突出的方面,而且是对每一个学科自身的智识历史的回应。因此,在第一次世界大战之后的阶段,功能主义可能作为一种对社会达尔文主义定向性主张的平衡物而服务于人类学,社会达尔文主义认为人类学的研究主题根本不具有先兆的有效性。具有讽刺意味的是,正是在那个时代,人类学寻求避免科学模式,而比较法,从 19 世纪的"法律科学"的观点出发,争取通过将进化论作为对其研究的一种科学确认形式来正当化比较。在同样一个时代,建筑也受到功能主义的吸引,在路易斯·苏利文(Louis Sullivan)的阐释之中提到,"形式服务于功能",因为建筑试图摆脱与装饰热潮相

---

[18] 在这方面关于生物学的讨论请见:Stephen Jay Gound, *Full House*:*The Spread of Excellence from Plato to Darwin*(New Yaok: Harmony Books, 1996)。

[19] José Bové, 一个法国农民被证明有罪,其罪名是于 1999 年 8 月故意袭击一家麦当劳餐厅,这一袭击行为得到了全法国境内广泛的支持,他们认为麦当劳连锁餐厅代表了美国对法国价值观的破坏,也代表了美国经济在法国的主导地位。见 Suzanne Daley, "French Farmer is Sentenced to Jail for Attack on McDonald's", The New York Times, 14 September 2000, p. A13.

[20] 见 Pierre Legrand 在本书中的文章。

[21] 见 Max Gluckman, *The Judicial Process Among the Barotse of Northern Rhodesia*(Manchester: Manchester University Press, 1955); id., *The Ideas in Barotse Jurisprudence* (New Haven: Yale University Press, 1965),他认为巴罗特(Barotse)氏族有一种体系值得称之为"法理学"; E. E. Evans-Pritchard, *Nuer Religion* (Oxford: Oxford University Press, 1956),他认为纽尔族(Nuer)拥有一种发达的"神学"。

伴随的经典的精装修。与此相反,直到第二次世界大战前后,当功能主义成为对付法西斯主义对社会学的曲解研究的一种工具时,社会学才开始采用功能主义。对于一些社会学家来说,功能主义成为主张一种非政治化的分析的工具,但是对于其他社会学家来说,它为他们参与一种激进的社会学研究提供了正当性,这种社会学以如下前提为基础:某些特定的公共政策可能与一个正在运作社会的"功能性先决条件"相反。㉒在此意义上,功能主义在其被运用的领域取得了同样的成功:功能主义显示了关联性,而且产生新的理论去解释关系。但是,它在其被运用的每个领域都遭遇了不同的失败:在人类学领域,它不处理变迁问题;在社会学领域,它没有指出功能紊乱和忽略了政治(不过在麦卡锡时代和1960年代又报复性地注意了这一点);在建筑领域中,不允许任何看起来不具有功能的装饰品;在法律领域,则强化了规则中心主义和形式主义。

当然,在某些方面,我们都是功能主义者。而且,这是有百利而无一害的,因为它使我们发现了通过其他方式大概不能发现的关联。如果仅仅重新强调我自己的人类学的例子,那就不太具有吸引力了,它已经不能产生有关社会和文化变迁的有趣观念,因为所有的——巫术、世仇和种姓制度以及在所有其他的使人类学家过上好日子的东西之外的罪过——已经被视为维系整个体系持续运转的功能机制。进而,比较法学家,跟别人一样,也面临着伴随功能主义的分析问题,这一问题永远无法得到彻底的解决。例如,一种结构被希望完成何种"功能"?继承的功能,是通过具体的规则转移财产,还是通过分配财产的方式而建立某种关系,还是强加展示不同性别的不同本质的世界观,还是所有这些?这些问题并不会因为我们收集了更多的信息而得到自动回答,偏见也无法通过更广泛的研究而自动中立化:它们存在的根据并不是自动生效的,而是取决于关于它们存在的关联和原因的隐含的或明确的理论。因此茨威格特和克茨下面的断言不论作为方法还是作为理论都是不合理的:

> 所有的比较法的基本方法论原则是功能主义……比较法学家就可以满足了,如果他通过所有相关材料的研究都导向一个结论,即他们所比较的体系具有共同或者相似的实践结果。但是如果他发现仍然存在相当大的差异或者事实上得出完全相反的结果,他应

㉒ 见 Kingsley Davis, "The Myth of Functional Analysis as a Special Method in Sociology and Anthropology", (1959) 24 Am. Sociological R. 757; D. F. Aberle et al., "The Functional Prerequisites of a Society", (1950) 60 Ethics 100.

该受到警告,并重新回头检验,他提出问题所运用的术语是否是真正功能主义的,是否他已经将他的研究网络铺展的足够宽广。㉓

这里,我们再一次遭遇了共性与差异性的问题,当如此众多的其他学科已经远离了这一主题,这一问题却始终使比较法学家忙碌。谈论共性和差异似乎不仅是明显的而且是难以避免的:如果人们开始比较,是否人们首先就需要决定什么是类似的,因而值得去比较,以及什么是差异。但是这一问题的确不仅是假问题而且会造成误导,这一点是事实。说它是假问题,因为在辨别差异的时候不存在天然的界限,与此相反,在一些类似科学的研究中,我们能够发现这一点,即在何处能最好刻画分析的特性取决于我们试图去解释的是什么。语境是关键——关系和联系——包含还是排除的界限并不会天然地被界定。如同功能主义,假定分类有着"真实"的基础,这一预设具有不同的学科历史。在人类学中,没有人会根据共性与差异的这一组对立的概念去讨论弱势群体的政治权利问题。我们通过强调相对主义来解决这一问题以使自己满意:文化能够"隔离但平等"而不会导致诸如种族隔离(正相反)之类的政策倾向性。人类学家转移到了关于在文化和社会形式之中各种因素的背景中的其他问题。在法律中,共性和差异的二分法已经在各种不同的时代与如下两种主张相联系:法律会自己运作而产生纯粹结果;或者,既然效率总会出现,如果法律是一种类市场的力量,那么分析的"正确"种类将会是不证自明的。㉔ 真正

㉓ Zweigert and Kötz, *supra*, note 2, pp. 34 and 40 [emphasis original].

㉔ 例如,富勒(Fuller)认为,法典法并没有这样的负担并怀疑其渊源。因此也无法——用 Laord Mansfield 的著名的话说——通过那些界定其特点的比较、重新检验和重新说明的过程,普通法将"完全自我实现,这是不可能的": Lon L. Fuller, *Anatomy of the Law* (New York: Praeger, 1968), p. 106. 富勒继而断言普通法的道德优越性,因为它的逻辑倾向于排除罪恶:"我将会停留在对这一论断的确信的基础上,这一看似天真的论断:一致性与善之间的联系远远超过一致性与恶之间的联系。但我也坚信当人们被要求解释或者正当化他们的决定时,总的来说,结果将会将这些决定拉向善的方面,不论终极的善的标准是什么。建立在这些确信的基础上,我发现一个在任何概念中都相当不协调的方面,想象一下可能的未来,普通法将会'逐个案件的完全自我实现'这将是一种更加完美的不公平。" *id.*, "Positivism and Fidelity to Law—A Reply to Professor Hart", (1958) 71 Harvard L. R. 630, p. 636. 根据这样一种观念,法律最好被理解为一种自我维系的领域,见 Alan Watson and Khaled Abou el Fadl, "Fox Hunting, Pheasant Shooting, and Comparative Law", (2000) 48 Am. J. Comp. L. 1. 沃森和法德尔(Fadl)并未观察实际的法庭程序,甚至也没有参考大量与他们的论题直接相关的文本材料。与那些习惯将全部历史想象为外交史的人一样——在我们开始扩大我们的关于什么构成"文本"的观念——他们重构了同样的同义反复:因为他们并不是主流法律认同的组成部分,这样的附加渊源与法律没有关系。他们忽略的是文化假定法律程序的方式以及那些参与形成人们关于法律体系之观念的制度和关系的范围,还有那些使法律可辨认并获得认同的更广泛的合法性渊源。

的信奉者从来不会背离这一点:他们用来认识世界的概念是自然界定的,但是学者们却要求一个更高的标准。

进而,非常普遍的观念认为:在科学中如同在艺术中一样,那种简单地将问题废弃不用的做法,并不是因为它们就是确然虚假的,而是因为我们无法通过它们表达出新的东西。在这种意义上,对共性与差异二分法的关注简直是一种误导,它引导我们远离可能产生更多洞见的其他问题。如果区别差异或共性不再服务于能在学术上正当化的目标,而是服务于在政治上具有正当性的目标,那么,我们必须认识到这种区别已经丧失了有用性;至少到我们了解了现在我们并不知晓的事物后,我们就应该转移到其他更富有成效的概念化上来。

我将会很快回到什么时候一个研究领域需要放弃没有解决的这一问题上来,但是,在此需要注意,我认为,非常准确的一点,并不是比较法学家提出的,而是阿尔贝·加缪提出的。他说:"事实上,与其说是完全一致的结论,不如说是它们共有的矛盾,证明了思想是相互联系的。"㉕他的观点对我们来说也正说到点子上:并不是相同的功能目标使比较成为可能,而是如下两个问题使比较成为可能,即每一个社会如何解决它们认为是矛盾的事物,那些概念和关系所产生的结果又是如何成为它们的拥护者的常识的。而且,当人们寻找各种各样的方式时,通过这些方式这些程序久而久之会自己产生结果,分析种类的形成事实上就可能变得有用。在这里,我想最后举一个例子,回到这个古老的问题:是否存在一种法律体系的分类法"在那"(out there)。又一次,我们最好在自然科学的现代研究方法找到最接近的类比。正如古尔德(Stephen Jay Gould)所言:"在一个客观地被分为各种类目的世界中,分类并不是被动的排序工具,分类法是人类强加于自然的决定——关于自然秩序的起因的理论。"㉖进而,阿诺·卡伦(Arno Karlen)已经说过:"只有当它们比其他方式更具解释力、经受无限量的重新考验和适应新出现的事物,分类方法才能持久。"㉗无可否认的是,在这些领域之中我们某种程度上都是伪善的:植物学家和法学家都会用某种方式表明,我们清楚所有的分类体系

㉕ 我引用了 Camus, as reported in Charles W. Nuckolls, *Culture: A Problem That Cannot Be Solved* (Madison: University of Wisconsin Press, 1998), p.270.

㉖ Gould, *supra*, note 18, p.39. 也见 *id.*, *The Flamingo's Smile* (New York: Norton, 1985), pp.160—161. 关于我自己的对法律分类法的观念的应用请见 Rosen, *supra*, note 9, pp.38—68, 特别是 pp.45—46 and 63—68.

㉗ Karlen, *supra*, note 17, p.45.

都只不过是我们自我创造的结构;他们也会通过某种方式指出我们所属于的所有体系都当然是真实的! 当然,关键是做到如下几点:杜绝——像大多数自然科学家所认为的——将我们的研究对象当作是像邮票集或者鸽笼结构那样组织起来的;思考通过考察不同团体之间的联系,我们能否发现它们之间的关联;鉴别非比较法学家们可能会忽视什么,并通过发现这些被其他人忽视的联系来扩展我们的分类体系。

在不要求所有的方面都遵循相同途径的情况下,也许一些方面可以通过一些方式靠拢,这些方式指示着我们将来发展方向的共同主题。切斯特顿(G. K. Chesterton)曾经说:"想象的功能并不是使奇怪的事情变得稳定,而是使稳定的事情变得奇怪。"㉘比较法在某种程度上是一种想象,当然应该需要一种相似的作用。当然,重新改组我们的期望的过程包含了许多因素,其中没有任何因素会受到简单的食谱式应用的影响。但是,我向大家强调一点,人类学家经常在没有真正了解这一点的情况下,就投入其中。这一点在最近由我们研究了数十年的摩洛哥小城举办的会议上被注意到了,在他对研究此地的所有研究者展开研究的方式作出的相当精彩的评论中,他说:"我们不得不使自己显得有地方性,以使自己成为世界主义者。"的确,这对比较法学家来说也是个很好的观念,因为通过将自身沉浸在他者的法律体系之中,我们使自己的体系呈现为足够的特别,以理解我们在其他情形下认为是理所当然的特征。对于某些人来说,如果这因挑战了我们对自身的认识而成为一个"颠覆性的学科",那么我们就不能指责它们(只要不是所有都与比较相关)㉙;如果对于其他人来说,那是迫使我们自己看到没有预见的联系,这种联系也具有明显的助益。比较法不能被期望成为神奇地对每一个目的论问题或者实践影响都提供答案;它不能解决这样的问题,如,是否存在统一的价值观或者是否人们自身的法律应该关注程序、原初意图或者大多数人的需要。但是它能够帮助我们理解解决这些问题所要求的基础,而非使我们轻易地得出结论。在缺乏上述的知识的情况下,这样的结论从来不能因主张实现世界主义而避免地方性。

事实上,我们不得不重新调整某些基本方向,如果我们想要回归到这些目标的话。我们将要很好地转换我们自己的某些目的到手段上来,

㉘ G. K. Chesterton, *The Defendant* (London: Dent, 1922), p.84 [1901].

㉙ George P. Fletcher, "Comparative Law as a Subversive Discipline", (1998) 46 Am. I. Comp. L. 683, p.695.

例如,在分类体系运用中。我们也需要认识到,某些研究的主题不应该被作为适当的研究主题。法律移植可能适合作为这样的例子。无可否认的是,我已经有了一个相当不恭敬的反应,不论我何时听到法律移植:我倾向于认为与其说它们与植物学或者器官移植类似,不如说与头发移植更为类似——它们很少完全涉及潜在的条件,至少对那些带有某种历史观念的人,而是通常被视为,一种人为的联系。更严肃地说,这样的借鉴无疑会发生并且取得了不同程度的成功,但是,鉴于它们对专业应用的依赖和所受到的文化牵连,它们不能单独地成为建构程序的一种有效方式,也不能帮助产生关于相互关联的理论。诸如植物学的分类,将"所有在晚上碰到的植物"都混为一谈,如果从正在构建的分类中不能获得真正深刻的理解,那么就是时候摒弃它们了,重构问题并在新的线索上发展——即使是这个话题看上去好像具有某种存在的价值。某些范畴(诸如"农民"或者"戏剧")可能曾经产生了比较的洞见,而且可能一度已经获得了他们自己的学科机构(例如,《农民研究》杂志或者戏剧人类学研究协会),但现在也可能产生了并不能被其自身的解释有效包含的知识。事实上,如果人们不能很好地解答如下问题:为什么说这是形成主题的一个有效方式呢?——如果一个研究主题呈现为涵盖了如此大量的不同例子,而无法实现有效的分析——那么就是时候抛弃它,以免它的"自然的"形象一直将我们引入进一步的具体的错误。

相反,我们需要醒目地找出关键概念——关联性(connectedness)——的意义和任何既定情境下的关系,如果我们能揭示:在多数情境下,根据横穿法律领域的问题而不是完全与法律领域相区分的问题,为什么是那些可能看起来相互连贯并不充分的事物显得有意义?例如,比较法能够被应用于重新发展社会学中的精英理论、人类学家理解的世界主义的表达、经济管理理论中通过居间制度建立信任的问题、以及哲学领域考虑的"意图的属性"(the attribution of intentionality)问题。如果人们仅仅回归到法律,当问题需要他们被纳入任何他们想要导向的领域,不论法律理解还是学科理论建构都不具有优势。

这并不意味着所有的比较法学家必须成为社会科学家,这也并不意味着若我们不为比较法创造一套独特的理论,我们将无话可说。只要它还没有被作为一种对社会学简化论的良方,乔治·吉尔维兹(George Gurvitch)某种程度上难以琢磨的观念就是值得思考的:"几乎没有什么社会学会使你远离法律,但太多的是将你带回到法律之中。"我非常喜欢米切尔·拉瑟(Mitchel Lasser)将比较法作为"相关的实践"(relational practice)的提法㉚,尽管我是有点片面地(赫胥黎(Huxley)在其他语境中提到)将比较法作为一种对话。这意味着我们比较法学家事实上是混血儿,我们是法律研究的万能贡献者。我们的跨国研究主要是因为法律是跨国的。比较法(反过来解释梅特兰)的确不需要变为其他学科(如:人类学,社会学和历史)或者什么都不是:这样或那样有帮助的理论的适当性将会取决于其正在研究的主题。只要我们不断拓展外延和寻找相互之间的关联,那么对于我们的知识贡献来说,正如对生活的其他方面来说,"变化大多数都是在边缘地带发生的"是成立的。在这一过程中,不仅必须再一次与一些更加具有地方性、能够提出问题的法律同仁进行竞争。我们可能不得不拒绝我们自己的支持者的奉承。如果你曾被某些热爱你所从事的事业但并不真正正确理解它的人们所接近,你就能够了解我的意思。更像一个教授,在一番谈话之后,受到过度热情的追捧者的装腔作势地说,"哦,教授,您的演讲太精彩了,完全是多余的!"教授无疑想同样讥讽自己的事业,他回答道:"可能我应该在死后再发表它。""哦,是的,先生",对方回应道,"我认为您应该尽快将它付梓"!

正是在这样一种情绪中,面对我们所选择的研究领域的时候,我们既可以是乐观的也可以是低声下气的。我们是混血儿,我们可能从未拥有完全属于自己的家,而是必须不断地跨越边境,折中自己的本质立场,拒绝所有对场景的简化,发挥我们命中注定的作用。但是总有一种深深的满足来自这项研究,来自看到我们人类如何试图使我们生活的世界具有意义,来自人类如何使那些为了与其他人建立联系而必须作出的决定产生效果。他们的世界也是我们的,当我们看到他们是如何是他们世界中的所有要素联系起来而形成一个有意义的整体,我们就能更好地理解和交流他们所追求的东西。在一个世纪之初,我们也复制了在另一个世纪之末的动机。我们接受这样的观念:我们必须抛弃有时我们所理解的比较法,这是为了挽救比较法。

㉚ 见拉瑟(Mitchel Lasser)在本书中的文章。

索 引

（本索引页码为原书页码，即本书边码）

Abel, Richard, 阿贝尔·理查德 299
Abrams, Philip, 菲利普·艾布拉姆斯 135—6, 138, 153
Abu-Odeh, Lama, 阿布-乌达·拉玛 422
accounting, 会计 175, 189—93
Adorno, Theodor, 特奥多尔·阿多尔诺 242, 252, 258, 279, 281—2, 302
Adorno, Theodor and Max Horkheimer, 特奥多尔·阿多尔诺与马克斯·霍克海默尔 261
Ainsworth, Janet, 珍妮特·安斯沃思 290
Ajani, Gianmaria, 詹马里亚·阿雅尼 474, 483
Albania, 阿尔巴尼亚 476—7
Alexander, Larry, 拉里·亚历山大
　　critique of, 对拉里·亚历山大的批评, 256
Alford, William, 安守廉 217
Algeria, 阿尔及利亚 472
Allison, John, 约翰·阿莉森 470
Althusser, Louis
　　logic of indifference and 差异逻辑与阿尔都塞 48, 53
　　repression and, 压制与阿尔都塞 69
Ambedkar, B. R., 安贝德卡 68
Aquinas, 阿奎那 32—5, 39—40, 42—3, 170, 179
Aristotle, 亚里士多德 32—5, 42—3, 170
Armenia, 亚美尼亚 487
Ascarelli, Tullio, 图利奥·阿斯卡雷利 248
Augé, Marc, 马克·奥热 307
Austin, John, 奥斯丁 67, 70
autopoiesis, 自创生理论 8, 145—7, 150, 452, 462—4

Bachelard, Gaston, 巴舍拉尔·加斯东 251, 262, 265
Bacon, Francis, 弗兰西斯·培根 269
Baer, Susanne, 苏珊娜·贝尔 341
Balthus, 巴尔蒂斯 252
Baltic states, 波罗的海诸国 474
Bar, Christian von, 克里斯蒂安·冯·巴尔 304
Bauman, Zygmunt, 齐格蒙特·鲍曼 250—1, 268, 301—2, 311
Baxi, Upendra, 乌彭德拉·巴克西 265, 370, 430—1
Becker, A. L., 贝克尔 291
Beckett, Samuel, 塞缪尔·贝克特 281—2
Belleau, Marie-Claire, 马里-克莱尔·贝洛 214, 227
Benhabib, Seyla, 塞拉·本哈比 306
Benjamin, Andrew, 安德鲁·本杰明 283
Benjamin, Walter, 沃尔特·本杰明 245, 252—3, 264, 277, 291, 305—6
Bennett, Benjamin, 贝内特·本杰明 270
Benton, Lauren, 洛朗·本顿 497
Berlin, Isaiah, 以赛亚·伯林 265
Bernasconi, Robert, 罗伯特·贝尔纳斯

科尼 266
Betti, Emilio, 埃米利奥·贝蒂 325—6
Bhaskar, Roy, 罗伊·巴斯卡尔 74
Blanchot, Maurice, 莫里斯·布朗绍 259—60
Boethius, 波伊提乌 170
Bollack, Jean, 让·博拉克 249
Borges, Jorge Luis, 豪尔赫·路易斯·博尔赫斯 253
Bourdieu, Pierre, 皮埃尔·布尔迪厄 70
Bruns, Gerald, 杰拉尔德·布伦斯 243, 311
Burkert, Walter, 瓦尔特·布尔克特 339
Burkina Faso, 布基纳法索 472
Bussani, Mauro, 毛罗·布萨尼 216, 346—7, 355, 369, 373, 399, 420, 432—3

Cain, Maureen, 莫林·凯恩 462
Cambridge Conference (2000), 2000年剑桥会议 3—22, 25, 27—8
Camus, Albert, 阿尔贝·加缪 507
Cañizares, Felipe de Sola, 费利佩·德索莱·卡尼萨雷斯 388
Cantor, Georg, 格奥尔格·康托尔 172
capital markets, 资本市场 187—8
Cappelletti, Mauro, 毛罗·卡佩莱蒂 109, 370
central Europe, 中欧 472, 474, 476, 482—4
Chamberlain, Houston, 休斯顿·张伯伦 322
change, legal, 法律变革 450—2
 functionalism and, 功能主义与法律变革 118—26
 see also transfers, legal
Chesterton, G. K., 切特斯顿 13, 240, 508
Clifford, James, 詹姆斯·克利福德 293, 441
Clive, Eric, 埃里克·克莱夫 485
Code, Lorraine, 洛兰·科德 297
Cohen, Felix, 费利克斯·科恩 107
Coing, Helmut, 赫尔穆特·科英 326
Collins, Hugh, 休·科林斯 366
colonial law, 殖民地法 58—62
 affection and, 影响与殖民地法 60—1
 appropriation of land and, 占有土地与殖民地法 66
 conquest and, 征服与殖民地法 59
 constitution of subjects and, 宪政主体与殖民地法 68
 constitutional legality and, 宪政法制与殖民地法 69—70
 genetic policing and, 殖民地法与遗传基因管制 67
 genres of, 殖民地法的样式 52—3
 interpretation of, 殖民地法的解释 59
 legal paternalism and, 法律家长主义与殖民地法 60
 legal pluralism and, 法律多元主义与殖民地法 59—60
 loyalty and, 忠诚与殖民地法 60
 making of, 殖民地法的形成 52
 resistance to, 对殖民地法的抗拒 52—3, 61, 72, 74—5
colonial mind-set survival of, 殖民地法的殖民观念模式的剩余 49—51
 globalization and, 全球化与殖民地法 49, 73
 universality and, 一体化与殖民地法 49
colonialism, 殖民主义
 armed forces and, 武装力量与殖民

主义 65
"Caliban syndrome" and, 卡利班综合征与殖民主义 49
civil freedom and, 公民自由与殖民主义 62—5
detraditionalization and, 去传统化与殖民主义 64
England and, 英国与殖民主义 51—2, 55, 59, 60—1, 67
ethics and, 伦理学与殖民主义 47
Euro-American images of, 殖民主义的欧美想象 49
France and, 法国与殖民主义 52—3, 59
governmentality and, 治理术与殖民主义 57—8
history and, 历史与殖民主义 47—8
India and, 印度与殖民主义 50—2, 55—6, 60—1, 497
Kant and, 康德与殖民主义 47
legal inheritance of, 殖民主义法律传统 47
mercantilism and, 重商主义与殖民主义 57—8
modernity and, 现代性与殖民主义 49
neo-colonialism and, 新殖民主义与殖民主义 53
Portugal and, 葡萄牙与殖民主义 53, 59
post-colonialism and, 后殖民主义与殖民主义 50—2, 57, 75
post-modernity and, 后现代与殖民主义 49
Savigny and, 萨维尼与殖民主义 47—8
transactions and, 贸易与殖民主义 46

violence and making of, 殖民主义暴力 48
common-core research, 共同核心计划 280
Cornell project, as, 作为殖民主义的康奈尔计划 107—9, 120, 395—7
critique of, 对殖民主义的批评 261—2
Trento project, as, 作为殖民主义的特兰托计划 100, 346—7, 350—1, 355—7, 361, 369, 397, 406, 409, 420—1; critique of, 117—8
common law 普通法
colonial legality and, 殖民合法化与普通法 61, 70
reasoning and, 推理与普通法 498—9
systemics and, 系统性与普通法 38
Compagnon, Antoine, 安托万·孔帕尼翁 306
comparative legal studies 比较法研究
coffee culture analogy and, 咖啡文化的类比与比较法研究 236—9
colonialism and, 殖民主义与比较法研究 46—50, 56, 59, 62—3, 75, 86, 494, 496—8
commercial interests and, 商业利益与比较法研究 54
comparatists and attitudes toward, 比较法学家及其对比较法研究的态度 197—8
constitutional law and, 宪法与比较法研究 53
construction of object of analysis and, 建构分析客体与比较法研究 212—21, 232—6, 253—6, 284—5, 296
cultural anthropology and, 文化人类

学与比较法研究 331,340—1

culture and, 文化与比较法研究 110, 148—51

critique of, 对比较法研究的批评 114—16, 122, 126, 149

difference and, see difference, 差异与民法研究

epistemic communities and, 认识的共同体与比较法研究 46—7

epistemology of, 比较法研究的认识论 46—8, 108—18, 131—42, 154—5, 178—87, 193—4, 199—239, 440—6

eroticism analogy and, 性的隐喻与比较法研究 311

ethics and, 伦理学与比较法研究 250, 264, 284, 289—90, 301, 303, 306, 309

ethnocentrism and, 种族主义与比较法研究 46—75, 151

European Union and, 欧盟与比较法研究 294—5, 473

exclusionary narratives and, 排他的叙事与比较法研究 50, 56, 59, 62, 109—11; *see also* comparative legal studies, privleging sameness, as.

extraordinary places and, 特区与比较法研究 467—89

Foucault and, 福柯与比较法研究 53

functionalism and, see functionalism genres and limitations of, 比较法研究的功能主义 46—50, 56, 59, 62—3, 75, 131—2, 151—3, 162—5, 167—8, 180—3, 186—7, 313, 345—433, 438—9, 465, 467—8, 475, 493—510

governance and, 治理与比较法研究 345—55, 408—33

heteroglossia, 不同声音 227

ideolects and, 观念与比较法研究 222—32

informants and, 阐释者与比较法研究 334—5

instrumentalism and, 工具主义与比较法研究 54

internet and, 因特网与比较法研究 188

jurisprudence and, 法理学与比较法研究 154

languages and, 语言与比较法研究 154—94

legal culture and, see culture, legal 法律文化与比较法研究

legal tradition, 法律传统与比较法研究 77—99

literary analysis and, 文学分析与比较法研究 203—7

marginal status of, 比较法研究的边缘地位 197—8

mentalité and, 现实理解模式与比较法研究 149,276,486

method, as, 作为方法的比较法研究 101

methodology of, 比较法研究方法论 198—239, 345—408

national law and, 国家法与比较法研究 76—7, 79—80, 84, 495, 500

politics and, 政治学与比较法研究 279, 345—55, 408—33

positivism and, 实证主义与比较法研究 207—12

privileging sameness, as, 赋予单一性以优先性的比较法研究 108—

9，245—50，261—3，272—8，313—4

relational practice, as, 作为关系的实践的比较法研究 235

sociology and, 社会学与比较法研究 131—53，437—9

source materials and, 渊源材料与比较法研究 207—12，227—31

understanding and, 理解与比较法研究 18，150—1，183—5，199—239，250—2，281—3，297—8，326—9，334—43，440—6

US practice of, 比较法研究的美国实践 206，226—7，404

writing and, 书写与比较法研究 286，304，306

conflict of laws, see private international law 冲突法与比较法研究

Cotterrell, Roger, 罗杰·科特雷尔 448，454

Cover, Robert, 罗伯特·科弗 212—3

Craig, Gordon, 戈登·克雷格 267

criminal justice 刑事司法

colonial legality and, 殖民合法性与刑事司法 61，70

culture, legal, 文化，法律 110，148—51，154，183—5，193，205，227—8，243，268，275—6，288，341，344，361—8，424，445，464，468—9，473—4，483，485，488，496，500—2

critique of, 对法律文化的批评 114—6，122，126，149，468

technique and, 技术与法律文化 362—8，418，430

Curran, Vivian, 维维安·柯伦 109，151，172，313，327

Cusa, Nicholas of, 尼古拉斯·库斯 170—1，178

Custom 习惯

appropriation by colonial elites, 殖民精英的分配 51—2

Dadoun, Roger, 罗杰·达杜 259

Damaška, Mirjan, 米里扬·达马什卡 216，370

David, Jacques-Louis, 雅克-路易斯·达维德 205，228

David, René, 勒内·达维德 387—90，394—5，403—5

critique of, 对勒内·达维德的批评 493

Davidson, Donald, 唐纳德·戴维森

critique of, 对唐纳德·戴维森的批评 282—3

Dawson, John 约翰·道森

critique of, 对约翰·道森的批评 206

Deleuze, Gilles, 吉勒·德勒兹 242，254，264，299

Deleuze, Gilles and Félix Guattari, 吉勒·德勒兹和费里克斯·瓜塔里 242，264

Demleitner, Nora, 诺拉·德默莱特勒 313，327，338

Derrida, Jacques, 雅克·德里达 62—3，245，254，264，281，286，291，295，302

Descartes, 笛卡尔 305

Descombes, Vincent, 文森特·德孔布 263

Dezalay, Yves, and Bryant Garth, 伊夫·德扎莱和布赖恩特·加思 293，463

dialectics, negative, 辩证法，负面的

241—2
Diderot, 狄德罗 258
Difference, 差异
 civil law/common law and, 民法/普通法与差异 243—5, 285, 288—9, 294—7
 comparative legal studies and, 比较法研究与差异 44—5, 108—18, 121—5, 150—1, 240—311, 313—4, 330, 339, 344, 467—70, 475, 485—6, 488—9, 498—9, 502—3
 critique of, 对差异的批评 218—9, 442, 444, 446, 494, 505—6
 laws and principles distinguished, 法律和突出的原则与差异 31—4, 40—5
 pluralism and, 多元主义与差异 49
 sameness and, 单一性与差异 218—9, 355—69, 424—30
Dilthey, Wilhelm, 威廉·狄尔泰 319—21, 323, 326, 329
 Verstehen and, 理解与狄尔泰 320
Dimock, Wai Chee, 狄马克 48, 64
Durkheim, Emile, 涂尔干 62, 133, 136—8, 140—1, 371, 448, 450
Dworkin, Ronald, 德沃金 334—5, 344
 critique of, 对德沃金的批评 53

eastern Europe, 东欧 472, 474, 476, 482—4, 494—5
Eco, Umberto, 安伯托·艾柯 8
eco-feminism, 经济女权主义 52
eco-history, 经济史 52
Ehrenzweig, Albert, 艾伯特·A·埃伦茨威格 371
Empedocles, 恩培多克勒 256

English law 英国法
 disclosure in, 英国法中的话语 273
 enforcement of contracts in, 英国法中的合同履行 40
 good faith in, 英国法中的诚实信用 273
 judgements in, 英国法中的判决 160
 foreign law and, 外国法与英国法 486
 persuasive authority and, 权威典据与英国法 486
 practices of writing, 书写实践与英国法 23—6
 logic and, 逻辑与英国法 169
 negligence in, 英国法中的忽略 255
 statutory interpretation in, 英国法中的成文法解释 166—7
 trial in, 英国法中的审判 176—7
epistemic communities 认识共同体
 colonialism and, 殖民主义与认识共同体 63
 comparative legal studies and, 比较法研究与认识共同体 46—7
 power of, 认识共同体的权力 48
epistemology, 认识论 46—8, 108—18, 131—42, 154—5, 178—87, 193—4, 199—311, 345--408, 493—510
 ontology, distinguished from, 区别于认识论的本体论 132—3
 standpoint, 认识论观点、立场 297
Erikson, Erik, 埃里克·埃里克松 318
Esquirol, Jorge, 若热·埃斯基罗尔 389, 416
Esser, Josef, 约瑟夫·埃塞尔 313, 315, 326—7, 336
European Law 欧洲法
 consumer contracts in, 欧洲法中的消

费合同 36

European Union 欧盟

    model for law reform，欧盟的法律改革模式 as，**484**，**486**

Evans-Pritchard, E. E.，埃文斯-普里查德 **504**

Ewald, William，威廉·埃瓦尔德 **215**，**262**，**290**，**312—3**，**315**，**317—8**，**327—8**，**341—2**，**352**，**447—8**

    critique of，对威廉·埃瓦尔德的批评 **335—6**

existentialism，存在主义 **324—55**，**327**

Feldbrugge, Ferdinand，费迪南德·菲尔德布鲁格 **278**

Ferrarese, Maria Rosaria，玛丽亚·罗萨里亚·费拉雷塞 **461**

Feyerabend, Paul，保罗·法伊尔阿本德 **256—7**，**294**

Fish, Stanley，斯坦利·菲什 **213**，**275**

Flaubert, Gustave，居斯塔夫·福楼拜 **286**

Fletcher, George，乔治·弗莱彻 **37**，**262**，**264**，**293**，**508**

forest law 森林法

    colonial legality and，殖民合法性与森林法 **61**

Foucault, Michel，米歇尔·福柯 **47—8**，**55**，**58**，**62—3**，**69**，**257**，**289**

Frankenberg, Günter，冈特·弗兰肯贝格 **217**，**271—2**，**292**，**370**

    critique of，对冈特·弗兰肯贝格的批评 **220—1**

Frase, Paul，保尔·弗拉塞 **220**

Fraser, Nancy，南希·弗雷泽 **66**

French law 法国法

    bioethics in，法国法中的生物伦理学 **329**

    doctrine in，法国法中的原则 **214**

    enforcement of contracts in，法国法中的合同履行 **35—6**，**39—40**

    judgements in，法国法中的判决 **160**，**201**

    Lasser, Mitchel, on，拉瑟·米切尔对法国法的评论 **233—5**

    pre-contractual information in，法国法中的前合同信息 **273—4**

    privacy in，法国法中的隐私权 **43**

    rhetorics in，修辞学 **204—5**，**209**，**211—3**，**224—6**

    strict liability in，修辞学中的严格责任 **34**

Freud, Sigmund，西格蒙德·弗洛伊德 **248**，**284**，**309**

Friedman, Lawrence，劳伦斯·弗里德曼 **148—9**，**448—9**，**462**

    critique of，对劳伦斯·弗里德曼的批评 **149**，**448**

Friedmann, Wolfgang，沃尔夫冈·弗里德曼 **369**，**371**

Fuller, Lon，朗·富勒 **506**

functionalism，功能主义 **100—27**，**133**，**217**，**390—4**

    alternatives to，对功能主义的替代 **100—1**，**114—18**，**125—6**

    comparative methodology and，比较的方法与功能主义 **100—18**，**125**

    critique of，对功能主义的批评 **108—18**，**125—7**，**179—80**，**292—3**，**313**，**441**，**475**，**503—4**，**507**

    historical antecedents of，功能主义的历史先例 **103—8**

    legal change and，法律变革与功能主义 **118—26**

private international law and，国际私法与功能主义 103—6

Gadamer, H. -G.，伽达默尔 256—7，282，284，300，314，320，325—7，336—7

Gandhi, Mohandas，莫罕达斯·甘地 55，74

Garapon, Antoine，安托万·加拉蓬 446

Gasché, Rodolphe，鲁道夫·加谢 284，301

Geertz, Clifford，克利福德·格尔兹 295，298，441，496，508

Gény, François，弗朗西斯·惹尼 389，395

Gerber, David，戴维·格伯 293

German law，德国法

 Constitution：*Grundgesetz*，宪法，联邦基本法 40；

  Weimar，魏玛 174

 enforcement of contracts in，德国法中的合同的履行 36—9

 hate speech in，德国法中的煽动仇恨的言论 331—3

 illiteracy and，文盲与德国法 168—9

 judgements in，德国法中的判决 160

 logic and，逻辑与德国法 169

 privacy in，德国法中的隐私权 43—4

 strict liability in，德国法中的严格责任 35

Gerven, Walter van，瓦尔特·范·格文

 critique of，对格文的批评 262

Gessner, Volkmar，格斯纳 488

gift，礼物 41

Ginsburg, Tom，汤姆·金斯博格 456，462

Girard, René，勒内·吉拉尔 280

Glendon, Mary Ann，玛丽·安·格兰特 370

Glenn, H. Patrick，帕特里克·戈兰 356，424

globalization，全球化 49，51，54，98，188，293437，460—2，502—3，

 glocalization and，全球地方化与全球化 188，293

Gluckman, Max，马克斯·克鲁格曼 503—4

Gödel, Kurt，库尔特·格德尔 172

Goethe, J. W.，歌德 164—5，168，174

Goodrich, Peter，古德里奇 244，272，291

Gordley, James，戈德雷 218，272—4

 critique of，对戈德雷的批评 249，274—7

Gordon, Robert，罗伯特·戈登 275—6

Gould, Stephen Jay，古尔德 500，507

Gramsci, Antonio，安东尼奥·格拉姆希 56—7，69

Graziadei, Michele，米凯莱·格拉齐亚代伊 400

Greenhouse, Carol，卡罗·格林豪斯 272—3

Großfeld, Bernhard，伯恩哈德·格罗斯费尔德 213，277，488

Guha, Ranajit，拉纳吉特·古哈 61，66—7

Gurvitch, Georges，乔治·古维奇 152，509

Gutteridge, Harold，哈罗德·古维奇 10，133—4，289—90，388

Habermas, Jürgen，尤尔根·哈贝马斯 264

 critique of，对哈贝马斯的批评 53

Halbwachs, Maurice, 莫里斯·阿尔布瓦克斯 318
Haldane, Richard, 理查德·霍尔丹 7
Hall, Jerome, 杰罗姆·霍尔 138—40, 299
Hamacher, Werner, 维尔纳·哈马赫尔 243, 286, 303, 306—7
Hamann, J. G., 海曼 261
Heck, Philipp, 菲利普·赫克 106
Hegel, G. W. E, 黑格尔 258
Heidegger, Martin, 海德格尔 256—7, 268, 279, 287, 294, 307, 310—11, 324, 327, 336, 337
Heine, Heinrich, 海因里希·海涅 267
Heraclitus, 赫拉克利特 256
Herder, J. G., 赫尔德 261, 265—71, 312—4, 316, 328—9
Heritage, 传统
    colonialism and, 殖民主义与传统 46
hermeneutics, 解释学 166—8, 250, 283, 285, 306, 312, 314, 318—26, 446, 464
Herodotus, 希罗多德 256
Heydebrand, Wolf, 伍尔夫·海德布兰德 462
Historiography, 历史编纂
    colonial legality and, 殖民合法性与历史编纂 73—5
    feminist narratology and, 女权主义叙事学与历史编纂 52
    narrative hegemony and, 叙事的霸权历史编纂 46, 48
    post-colonialism and, 后殖民主义与历史编纂 51
    silencing and, 使沉默与历史编纂 46
    subaltern narratology and, 附属（属下）的叙事学与历史编纂 67—8

Hofstadter, Douglas, 道格拉斯·霍夫施塔特 295
Hofstede, Geert, 格特·霍夫施泰德 183
Holmes, Oliver W., 奥利弗·霍姆斯 161, 167, 177
Hong Kong, 香港 468, 481—4
Hooker, M. B., 胡克 293
human rights, 人权
    colonial governance and, 殖民治理与人权 52, 70—2
Humboldt, Wilhelm von, 威廉·冯·洪堡 267—8, 271, 282
    Nationalcharakter and, 国家文化与洪堡 267—8
    Verstehen and, 理解与洪堡 271
Hume, David, 大卫·休谟 269
Hungary, 匈牙利 468
Hunt, Alan, 艾伦·亨特 293
Huntington, Patricia, 帕特里夏·亨廷顿 242, 305
Hyland, Richard, 理查德·海兰 245

international organizations, 国际组织 423, 458—60
Irigaray, Luce, 露西·伊里加雷 305
Islamic law 伊斯兰法
    reasoning and, 推理与伊斯兰法 499—500
James, Scott, 斯科特·詹姆斯 67
Jamin, Christophe, 克里斯托芬·杰明 6—7, 214
Jason, Kathrine, 凯瑟琳·杰森 15
Jestaz, Philippe, 菲利普·吉史塔兹 214
Jhering, Rudolf von, 鲁道夫·耶林 177, 317, 328, 486
Juglart, Michel de, 祖格拉特 273—4
juridical world outlook (*juristische Weltan-*

schauung), 法学世界观 54—7
 exclusion and, 例外与法学世界观 54—5
 progress and, 过程与法学世界观 54—5
 repression and, 压制与法学世界观 55—7
 resistance and, 抗拒与法学世界观 56

Kahn-Freund, Otto, 奥托·卡恩-弗雷德 369, 371, 393
Kant, Immanuel, 伊曼纽尔·康德 47, 257, 263, 266, 328, 429
Kantorowicz, Hermann, 赫尔曼·坎托罗维奇 156
Karlen, Arno, 阿诺·卡伦 503, 507
Kasirer, Nicholas, 尼古拉斯·凯瑟尔 264, 292
Keats, John, 约翰·济慈 310
Kelsen, Hans, 汉斯·凯尔森 304
Kennedy, David, 戴维·肯尼迪 413
 critique of, 对戴维·肯尼迪的批评 301
Kennedy, Duncan, 邓肯·肯尼迪 248, 405, 413
 critique of, 对邓肯·肯尼迪的批评 206
Kessler, Friedrich, 弗里德里希·凯斯勒 371, 393
Kipling, Rudyard, 拉迪亚德·吉卜林 22, 502
Kleist, Heinrich von, 海因里希·冯·克莱斯特 183
Kötz, Hein, 海茵·克茨 36
Kohler, Josef, 约瑟夫·科勒 154, 321
Krygier, Martin, 马丁·克里杰尔 455

Kulcsar, Kalman, 卡尔曼·库尔恰尔 473
 Ethiopia, on, 论埃塞俄比亚 473
Kyrgyz Republic, 吉尔吉斯共和国 486

Lambert, Edouard, 爱德华·朗贝尔 6—7, 136—7, 246, 372, 374—9, 382—3, 386—9, 402—5, 421
Landolfi, Tommaso, 托马索·兰多尔菲 15—6
Landsberg, Ernst, 恩斯特·兰茨贝格 261
Langbein, John, 约翰·朗拜因 220
language, 语言 155—69
 mathematics and, 数学与语言 171—3
 oral v. written, 口头语与书面语 160—9
 reality and, 事实与语言 157—8, 162
 religion and, 宗教与语言 173—5
Larenz, Karl, 卡尔·拉伦茨 326
Larkin, Philip, 菲利浦·拉金 275, 298
Larrimore, Mark, 马克·拉瑞摩尔 266—7
Lasser, Mitchel, 米切尔·拉瑟 224—6, 228, 233—5, 509
Laughland, John, 约翰·劳夫兰德 261
Law, John, 约翰·劳 173
law-and-development, 法律与发展 151, 350, 437
law-making, approaches to, 制定法律, 做……的方法 34—40, 43—4
Lazarus, Moritz, 莫里茨·拉扎勒斯 318
Legrand, Pierre, 皮埃尔·勒格朗 122, 149—50, 185, 197—8, 205, 213, 216, 218, 220, 244, 285, 312, 314—15, 327, 336, 352, 358, 360, 370, 440—

7，450—1，453，459，461，470，503
    critique of, 对皮埃尔·勒格朗的批评 341—2，406，442—5，470
Leibniz, G. W., 莱布尼茨 158，279，320
Lepaulle, Pierre, 皮埃尔·勒波勒 258—9
Lessing, 莱辛 258
Leventhal, Robert, 罗伯特·利文撒尔 271
Levinas, Emmanuel, 伊曼纽尔·列维纳斯 217，256—7，264，286，298，304，307，311，325
Lévi-Strauss, Claude, 克洛德·列维-施特劳斯 257—8
Limitations, 限制
    colonial legality and, 限制与殖民法制 61
Lingat, Robert, 罗伯特·兰加 337
Livingstone, David, 戴维·利文斯通 64
Llewellyn, Karl, 卡尔·卢埃林 20，48，372
Logic 逻辑
    English law and, 英国法与逻辑 169
    German law and, 德国法与逻辑 169
López-Ayylon, Sergio, 洛佩斯·艾隆·塞尔希奥 458
    Mexican legal culture, on, 墨西哥法律文化 458
López-Medina, Diego, 洛佩斯-梅迪纳·迭戈 429
Louisiana, 路易斯安那 474
Luce, Claire Boothe, 克莱尔·布思·卢斯 503
Luhmann, Niklas, 尼古拉斯·卢曼 57—8，147，450，464
Luther, Martin, 马丁·路德 159，165，319

Lydgate, John, 约翰·利德盖特 162，165
Lyotard, Jean-François, 让-弗朗索瓦·利奥塔尔 254，257
McCready, Amy, 艾米·麦克里迪 269—70
McDougal, Myres, 麦克道格尔·迈尔斯 370
Machado, Antonio, 安东尼奥·马查多 300—1
Maine, Henry, 亨利·梅因 62，371—2
Malinowski, Bronislaw, 布罗尼斯拉夫·马林诺夫斯基 64
Mamdani, Mahmood, 麦哈穆德·曼达尼 51
Mandela, Nelson, 纳尔逊·曼德拉 74
Mann, F. A., 曼 371
Mansfield, Katherine, 凯瑟琳·曼斯菲尔德 309
Marcus, George, 乔治·马库斯 441
Marin, Louis, 路易斯·马林 306
Markesinis, Basil, 巴塞尔·马克西尼斯 10，290
    critique of, 对巴塞尔·马克西尼斯的批评 247，262，289—90，304，309
Márquez, Gabriel García, 加布里埃尔·加西亚·马奎斯 26—7
Marx, Karl, 卡尔·马克思 60，62，317，371
Mathematics 数学
    legal, 法律数学 155，171—3
    philosophy and, 哲学与数学 170
Mattei, Ugo, 乌戈·马太 118，197，216—8，220，247，370，483，488
    critique of, 对马太·乌戈的批评

247—8, 264—5, 288—9, 304,
493
Mehren, Arthur von, 亚瑟·冯·梅伦
369
Merryman, John, 约翰·梅里曼 197—8,
213, 215, 218—9, 245, 370, 477, 493
  critique of, 对约翰·梅里曼的批评
  206, 477
Monateri, Piergiuseppe, 波耶尔朱塞
佩·莫纳泰里 471, 482—3
Montesquieu, 孟德斯鸠 118—19, 245,
316, 428, 494
Mouffe, Chantal, 尚塔尔·墨菲 262
Munday, Roderick, 罗德里克·芒迪
23—6
Murdoch, Iris, 艾瑞斯·默多克 308
Murphy, W. T., 墨菲 260

Nader, Laura, 劳拉·纳德 53—4
  predatory legality and, 掠夺的合法性
  与纳德 65
Naipaul, V. S., 奈保尔 74
Naples 那不勒斯
  language and, 语言与那不勒斯 15—
  6
national law 国家法
  codification and, 法典化与国家法 83
  colonialism and, 殖民主义与国家法
  86
  content of, 国家法的内容 84
  exclusivity of national sources in, 对国
  家法的国家渊源的排他性 83—4
  foundational element of, 国家法的基
  本因素 83
  indigenous peoples and, 土著人与国
  家法 94
  intermediary, as, 调解作为国家法 99

  legal system and, 法律体系与国家法
  82—3, 91
  persuasive authority and, 说服的权威
  与国家法 76, 91—5
  resistance to, 对国家法的拒绝 90—
  9
  stare decisis and, 遵循先例与国家法
  83, 93—4
  state and, 国家与国家法 78
  tradition, as, 传统作为国家法 91
natural law, 自然法 31—4, 495
  cartography and, 地图学与自然法
  81—2
  Hugo, Gustav, and, 胡果与自然法
  316
Netherlands, The, 荷兰 484, 486—7
Nietzsche, Friedrich, 弗里德里希·尼采
  61, 257
Nisbet, H. B., 尼斯比特 267

Øyen, Else, 爱尔莎·厄延 272
Olsen, Fran, 弗朗西斯·奥尔森 220

Paris Congress (1900), 比较法巴黎会议
  (1900 年) 3—5, 131, 136, 154, 246,
  349, 371—2, 375, 393, 493, 500, 502
Parmenides, 巴门尼德 256
Pascal, 帕斯卡 179
Pashukanis, Evgeny, 叶夫根尼·帕舒卡
尼斯 450
path-dependence, 路径依赖 177—8,
  184, 294
Pavlov, [Ivan], 巴甫洛夫 23
Pearson, Keith, 凯瑟·皮尔森 288
phenomenology, 现象学 324—5, 342—3
Piaget, Jean, 让·皮亚热 252
Plato, 柏拉图 170, 256—7

Pluralism 多元主义
    legal, 法律多元主义 51, 54
    logic of difference and, 差异逻辑与多元主义 49
Pollock, Frederick, 弗里德里希·波洛克 372
Ponge, Francis, 弗朗西斯·蓬热 287—8
Post, Albert, 阿尔伯特·赫尔曼·波斯特 321
Pound, Ezra, 埃兹拉·庞德 244, 287
Pound, Roscoe, 罗斯科·庞德 206, 227, 372, 374, 379—83, 386—8, 395—6, 402—5
Privacy, 隐私(权)
    European and US law compared, 隐私权法在欧洲与美国的比较 330
private international law 国际私法
    alternatives to, 对国际私法的替代 98
    differences in national laws and, 国家法之间的差异与国际私法 85
    functionalism and, 功能主义与国际私法 103—6
    globalization and, 全球化与国际私法 98
procedure, 程序 175—7
progress 进步
    variation of idea within European countries, 进步观念在欧洲国家内部的不一致 67
    western legal institutions as, 将西方法律制度作为进步 49—51, 62, 66
Prosser, William, 威廉·普若瑟 38
Psycho-history, 心理—历史学 52
public international law 国际公法
    alternatives to, 对国际公法的替代 97
    erosion of, 国际公法的衰落 97—9
    globalization and, 全球化与国际公法 98
    governance and, 治理与国际公法 348—9, 413, 424
    hegemony of, 国际公法的霸权 86—7, 97—9
    legitimation of state territory by, 通过国际公法的国家领土的合法性 84—5
    Roman law and, 罗马法与国际公法 85
    state law and, 国家法与国际公法 85
    western character of, 国际公法的地方特点 85, 88—9
Pythagoras, 毕达哥拉斯 170

Quebec, 魁北克 484

Rabel, Ernst, 恩斯特·拉贝尔 104—6, 246, 259, 278, 372, 374, 383—7, 389, 391, 393—5, 402—5
Racism, 种族主义
    epistemic, 认识(论)的种族主义 53
Radbruch, Gustav, 古斯塔夫·拉德布鲁赫 351
Rawls, John, 约翰·罗尔斯 257, 429
    critique of, 对约翰·罗尔斯的批评 53
Raz, Joseph, 约瑟夫·拉兹 501
Reimann, Mathias, 马蒂亚斯·赖曼 197, 370
revenue law, 税收法
    colonial legality and, 殖民传统与收入法 61

review, judicial, 司法审查 282—3
Rheinstein, Max, 马克斯·莱茵施泰因*
54, 133, 369, 371, 386—7, 393
Ricoeur, Paul, 保罗·里克尔 281
Riles, Annelise, 安妮莉斯·瑞丽斯 313,
425
Rilke, Rainer Maria, 赖内·马利亚·里
尔克 258
Rittich, Kerry,里蒂希·凯瑞 429
Robertson, Roland, 罗兰·罗伯逊 293
Rodney, Walter, 沃尔特·罗德尼 51
Roman law, 罗马法 165
    European reception of, 欧洲对罗马
      法的继受 77—8, 187, 243
    German law and, 德国法与罗马法
      182, 316—7
    public international law and, 国际公
      法与罗马法 85
    systemics in, 罗马法中的系统化 38
Romanticism, 浪漫主义 158, 312—29,
336, 340
    historians and, 历史学家和浪漫主义
      322—3
    philosophers and, 哲学家和浪漫主
      义 324—5
    sociologists and, 社会学家和浪漫主
      义 323—4
Rorty, Richard, 理查德·罗蒂 279
Rosen, Lawrence 劳伦斯·罗森
    critique of, 对劳伦斯·罗森的批评
      301
Ross, Alf, 阿尔夫·罗斯 173
Rottleuthner, Hubert, 赫伯特·罗特洛伊
    特纳 326, 335

Rubin, Edward, 爱德华·鲁宾 456—7
    Chinese law, on, 爱德华·鲁宾对中
      国法的评论 456—7
Rudden, Bernard, 伯纳德·拉登 7, 113
Russia, 俄罗斯 474, 476, 482

Sacco, Rodolfo, 鲁道夫·萨科 115—17,
    120, 158, 215, 299, 369, 394, 397,
    399, 403—5, 483
    cryptotypes, 隐型 116, 125—6
    legal formants, 法律共振峰 116—7,
      125—6, 177, 213—4, 295,
      399—401, 420
Said, Edward, 爱德华·萨义德 285
Saidov, Akmal, 阿克马尔·赛义多夫
    476
    Uzbekistan, on, 阿克马尔·赛义多
      夫对乌兹别克斯坦的评论 476
Saleilles, Raymond, 雷蒙德·萨莱耶 4—
    6, 372, 393
Samuel, Geoffrey, 杰弗瑞·塞缪尔 10,
    108, 281, 290, 292, 304
Sarraute, Nathalie, 娜塔丽·萨罗特 241,
    309
Sartre, Jean-Paul, 让-保罗·萨特 324
Savigny, Friedrich Carl von, 弗里德里
    希·卡尔·冯·萨维尼 158, 171, 316
Scheler, Max, 马克斯·舍勒 324, 339
Scheuerman, William, 威廉姆·舒尔曼
    465—6
Schleiermacher, Friedrich, 施莱尔马赫
    320
Schlesinger, Rudolf, 鲁道夫·施莱辛格
    217—8, 247, 369, 371, 395—401,

---

* 学界通常译为莱因斯坦,但按照标准的德国人名的译法应为莱茵施泰因。参见《世界人名翻译大词典》,中国对外翻译出版公司1993年版,第2336页。——编者注

403—5, 485
    critique of, 对施莱辛格的批评 249, 262
Schmithoff, Clive, 克莱夫·施米托夫 371
Schütz, Alfred, 阿尔弗雷德·舒茨 318
Scotland, 苏格兰 472
semiotics, 符号学 156—62, 168, 183, 187, 193
Serres, Michel, 米歇尔·塞尔 258
Serverin, Evelyne, 伊夫林·塞尔韦瑞 214
sexual harassment law 性骚扰法
    Continental Europe and US 欧洲大陆和美国的性骚扰法
        compared, 性骚扰法律的比较 330, 338—9, 341—3
Shakespeare, 莎士比亚 179, 183, 269—70, 285
Shalakany, Amr, 阿默尔·萨拉卡尼 421—2
Simon, Claude, 克劳德·西蒙 309
Smith, Barbara Herrnstein, 巴巴拉·赫尔斯汀·史密斯 260, 264—5
Sophocles, 索福克勒斯 256
Spencer, Vicki, 维克·斯宾塞 267
Spengler, Oswald, 奥斯瓦尔德·斯宾格勒 322
Spinoza, 斯宾诺莎 259
State, 国家
    boundaries of, 国家的边境 80—3
    resistance to, 对国家的抵制 87—90
    carte blanche and, 全权委托与国家 82, 86, 96
    corruption and, 腐败与国家 96
    definition of, 国家的定义 78—9
    erosion of, 对国家的衰落 87—99

    European decline of, 国家在欧洲的衰落 91—3
    European export, as, 作为欧洲输出物的国家 85—6
    Locke and, 洛克和国家 86
    Maimonides phenomenon and, 迈蒙尼德现象与国家 99
    non-European, 非欧洲的国家 95—6
    normative authority of, 国家的规范性权威 80
    obstacles to emergence of, 国家出现的障碍 80
    resistance to, 对国家的拒绝 87—90
    territory of, 国家的边境 79—82
Steiner, George, 乔治·斯坦纳 277
Steinthal, Heymann, 施泰因塔尔 318
Stendhal, 司汤达 286
Stevens, Wallace, 华莱士·史蒂文斯 182, 185
Stone, Deborah, 德博拉·斯通 248
Stone, Julius, 朱利叶斯·斯通 65
Sudan, 苏丹 472
Sullivan, Louis, 路易斯·沙利文 504

Tanase, Takao, 棚濑孝雄 453
    Japanese law, on, 有关日本法的评论 453
Tarde, Gabriel, 加布里埃尔·塔尔德 278—9
Taylor, Charles, 查尔斯·泰勒 300
Teubner, Gunther, 贡塔·托依布纳 124—5, 145—7, 293, 303, 309, 440, 464, 470
    critique of, 对托依布纳的批评 147, 464
Thireau, Jean-Louis, 让-路易·梭罗 245
Thomas, Laurence, 劳伦斯·托马斯 290

Thompson, E. P., 汤普森 50, 57
Thucydides, 修昔底德 256
tradition, 传统 242—3, 445—6
  legal, 法律传统 77—99, 243
transfers, legal, 法律迁移 118—26, 142—8, 181—2, 341—3, 359—68, 437—89, 508—9
  culinary analogy and, 烹饪的隐喻与法律迁移 472
  functionalism and, 功能主义与法律迁移 118—26
  musical analogy and, 音乐的隐喻与法律迁移 471, 475
translation, 翻译 15—17, 201, 290—1, 305—6
  legal, 法律翻译 150, 185
transplants, legal see transfers, legal 法律移植, 也见法律迁移
transposition, 变换 469, 471, 477
  see also transfers, legal
Turkey, 土耳其 468, 472, 477—84
Twining, William, 威廉·特文宁 350—2, 358, 366—7, 370

Unger, Roberto, 罗伯特·昂格尔 294
Unidroit, 国际统一私法协会
  critique of, 对国际统一私法协会的批评 248—9, 295—6, 300
United States, 美国
  model for law reform, as, 法律改革的美国模式 484, 486
Upham, Frank, 弗兰克·厄珀姆 218
US law, 美国法
  capital punishment in, 美国法中的死刑 184, 329
  Constitution, 美国宪法 40, 174
  criminal law in, 美国的刑事法 329—30
  freedom of expression in, 美国法中的表达自由 39—40, 43
  impact of European law on, 欧洲法对美国法的影响 77—8
  jury trial in, 美国法中的陪审团审判 160—1
  Lasser, Mitchel, on, 拉瑟对美国法的评论 233—5
  privacy in, 美国法中的隐私权 38
  procedure in, 美国法中的程序 176—7
  rhetorics in, 美国法中的修辞 230
  strict liability in, 美国法中的严格责任 37
  voting rights in, 美国法中的选举权 184
Uzbekistan, 乌兹别克斯坦 486

Vico, Giambattista, 詹巴蒂斯塔·维科 261, 299—300
Vining, Joseph, 约瑟夫·瓦伊宁 245
Vinsonneau, Geneviève, 热纳维耶英·万索诺 260
Völkerpsychologie, 民族心理学 314, 318
Volksgeist, 民族精神 47—8, 267—8, 314, 316
Voltaire, 伏尔泰 316
Vorverständnis, 前理解 255—6, 298, 315, 325—6, 328—9, 336, 340—1, 343—4

Wagner, Wenceslas, 瓦茨拉夫·瓦格纳 357—8
Wai, Robert, 罗伯特·韦
  Canadian law, on, 罗伯特·韦对加拿大法的评论 422—3

Ward, Ian, 伊恩·沃德 262, 485
Watson, Alan, 艾伦·沃森 8, 121—2, 126, 142—5, 147—8, 246—7, 317, 360—1, 370, 440, 442—3, 446—52, 470—1, 482, 485
 critique of, 对艾伦·沃森的批评 123—5, 144—5, 277—8, 342, 406, 452, 485
Watson, Alan and Khaled Abou el Fadl, 艾伦·沃森和哈立德·阿布·法德勒
 critique of, 对艾伦·沃森和哈立德·阿布·法德勒的批评 506
Weaver, Warren, 沃伦·韦弗 290
Weber, Alfred, 阿尔弗雷德·韦伯 322—3
Weber, Max, 马克斯·韦伯 54, 59, 62, 73, 138, 321—3, 337, 371, 448
 Verstehen and, 理解与马克斯·韦伯 323
Weinreb, Lloyd, 劳埃德·魏因雷布 220
Weir, Tony, 托尼·韦尔 185, 278, 311
Whitman, James, 詹姆斯·惠特曼 261, 271, 315
 dignitary law, on, 詹姆斯·惠特曼对人格尊严法的评论 329—34
Whorl, Benjamin, 本杰明·沃夫 157
Wigmore, John, 约翰·威格摩尔 371—2, 494
Willett, Cynthia, 辛西娅·威利特 310
Williams, Bernard, 伯纳德·威廉斯 286, 339
Wilson, Edward, 爱德华·维尔松 294
Winch, Peter, 皮特·温奇 284

Windscheid, Bernhard, 伯恩哈德·温德沙特 171—2
Wittgenstein, Ludwig, 路德维希·维特根斯坦 20, 27—8, 268, 271
Wood, Stepan, 斯捷潘·伍德 425
Wordsworth, William, 威廉·华兹华斯 160, 163

Xenophanes, 色诺芬尼 256

Young, Iris Marion, 艾里斯·玛丽昂·扬 290

Zammito, John, 约翰·扎米托 266
Zedner, Lucia, 露西亚·塞德纳 280—1
Zimbabwe, 津巴布韦 472
Zimmermann, Reinhard 莱因哈德·齐默曼
 critique of, 对莱因哈德·齐默曼德批评 260—1, 304
Zimmermann, Reinhard and Simon Whittaker 莱因哈德·齐默曼与西蒙·惠特克
 critique of, 对莱因哈德·齐默曼与西蒙·惠特克的批评 303, 309
Zweigert, Konrad, 康拉德·茨威格特 358
Zweigert, Konrad and Hein Kötz, 康拉德·茨威格特和海因·克茨 3—4, 101—3, 106, 109, 245—6, 258, 350—2, 369, 390—5, 403—5
 critique of, 对茨威格特和克茨的批评 103, 109—10, 114, 292, 295—6, 493—4, 502, 505

译 后 记

似乎每个世纪之交都会给人们带来回顾历史的冲动和展望未来的愿望。诞生于1900年巴黎会议的现代比较法,走过了一百多年的历程。《比较法研究:传统与转型》一书是2000年6月26日—30日在剑桥大学召开的、有十五位当代世界最有影响的比较法学者参加的比较法研讨会文集。本书的作者群整体上能够代表世界一流的比较法研究水平。他们中许多人都有颇具影响力的比较法学专著问世,其中帕特里克·格伦的《世界法律传统:法律的持续多样性》(Legal Traditions of the World: Sustainable Diversity in Law)(该书曾获得国际比较法学会学术大奖,北京大学出版社2009年出版了中译本)、罗杰·科特雷尔的《文化中的法律》(Law in Culture)、达维德·内尔肯(David Nelken)的《比较法律文化》(Comparing Legal Cultures)、劳伦斯·罗森的《正义的人类学:穆斯林世界中作为文化的法律》(The Anthropology of Justice: Law as Culture in Muslim Society)等著作都是当代比较法研究的重要文献。在这个作者群中,有专攻比较法的学者如皮埃尔·勒格朗、H.帕特里克·格伦等,还有在其他法律领域也颇有建树的学者,比如擅长刑法、商法和合同法的罗德里克·芒迪、具有丰富的政府咨询专家经验并擅长法律与政策分析的戴维·肯尼迪以及法社会学家罗杰·科特雷尔等。他们来自不同的法律文化传统,既包括英美和欧洲的学者,也包括来自印度的乌彭德拉·巴克西和来自土耳其的埃辛·厄吕居。他们都有着跨文化的游学经历,有着跨领域的多元学术视角,在某种程度上这些全球顶尖的比较法学者的学术背景反映了这个学科发展的趋势。

这部书的开篇是比较法学科对20世纪主要学术流派的整体反省。20世纪比较法的学说史传统被概括为普世主义、国家主义、殖民主义和功能主义。传统的时代流变体现了比较法的学科理想与时代的角力。自然法、科学潮流和新兴全球资本主义造就了20世纪初的比较法的"高贵之梦"——建立文明社会普世的规则、建立普世的法律科学;上个世纪甚至更早期的全球殖民活动以文明化的家长主义之名将殖民地的地方法律文化隔离出去,而现代的新殖民主义者通过殖民时代对殖民法律之声望和惯性的影响在殖民地造成了一种"自愿的殖民";国家主义伴随着民族国家和"国际"观念的世界格局使对法律体系的理解框架框定在一国的法律体系之中,而"国际"事实上成为一种国家主义的副产品;比较法的功能主义方法某种意义上是对概念和规则本位主义的理论批判,也是比较法研究实践指向的需要。比较法迄今最具有代表性的学术流派的发展也许的确无法让人满意,但是至少我们拥有了自己的学科史传统。

整体而言这部书的主题是比较法哲学,具体而言是比较法方法论哲学,她让人们看到了那个一直被奚落为"灰姑娘"的比较法学科所可能具有的深邃和宽广。百年间,尽管出现过诸如马克斯·韦伯、坎特诺维茨(Hermann Kantorowicz)、魏因伯格、穗积陈重、拉贝尔、勒内·达维德、鲁道夫·施莱辛格、萨科、茨魏格特和克茨等比较法大师;创造并应用了"法系"、"法律移植"等重要概念;诞生了卷帙浩繁的比较法著作和百科全书;推动了法律移植运动、私法一体化的"康奈尔计划"、"欧洲私法的共同核心计划"等一系列法律发展运动;在国家法发展中也扮演了引人注意的角色,但是她仍然是方法论上的"灰姑娘"。方法论,似乎永远是比较法的瓶颈。"比较是否足以成其为方法,是否足以支撑这个学科?"这个问题就像达摩克利斯之剑时刻威胁着我们。但是,呈现在本书中的论文,却展现了一种比较的(of comparision)以及关于比较的(about comparision)的哲学进路和方法论的万花筒。他们运用了规则比较、文化比较和功能比较等分析进路;运用了大量的哲学、语言学、社会学、政治学、人类学等其他学科的理论工具和方法,在一切可能的问题上展现了比较法学家的方法论能力和自信。在某种程度上,比较法的传统是方法论意义上的,比较法的未来也要立足于方法论的超越。

本书最吸引我的是第三编的两篇文章:《理解的问题》和《共性与差异》。他们所讨论的是比较法哲学中最核心的两个问题:跨文化的法律理解是否可能? 理解不同法律之间的共性和差异过程中的认识论分歧会导向何方? 拉瑟在《理解的问题》中提出了自己的"乐观的方法论",回应了"完全理解外国法律是不可能的,我们的专家知识建立在流沙之上的"这一质疑。基于法律都存在某种程度上独立于其作者和语言环境的独立性,拉瑟认为,经由运用语言学和解释学的方法论,通过"精读"(close reading)建立一种贴近的同情的理解是可能的。事实上,能够基本理解他国法律制度的大有人在。当然,这一理解过程需要一定的经验和某种"艺术"。比较需要超越所谓的"内部人"和"外部人"视角,但比较的结论需要经过"内部人"的检验。拉瑟在温和地捍卫比较法研究的基本理论预设:跨文化的法律理解是可能的。而勒格朗在《共性与差异》中激进地批评了对人类牢固的共性偏好造成的扼杀多样性和排斥他者的危险。比较法在建立自己的学科传统之时就已然奠定了这个基调:法律之间的差异被视为有害的、应被克服的因素。然而,任何共性都来自对差异性的肯定,而且任何共性认识的尽头也总是会面对差异性的挑战。所以,差异应该被优先考虑:"差异的优先化满足了自我超越的需要。如果比较的目标首先显示的是所有法律共同体分享的东西,那么任何人都不需要为了考虑超越自身视角和经验而校正自己的观点"。因此,比较法学家必须克制使差异简单化为同一性的冲动。作为当代比较法学家中最有影响的、坚持法律多元主义和法律文化立场的学者之一,勒格朗反对戈德雷(Lames Gordly)的法律一元论的科学主义立场,反对阿伦·沃森的法律移植论,反对任何形式的使法律简单化和统一化的"霸权"。而他的这种"新浪漫主义"观念则在惠特曼随后的《新浪漫主义回归》中遭遇了温和的批判。惠特曼提出,尽管法律是一种文化事实,但不可否认的是它也是一种规范体系,是制度性事实。如果将法律作为只能在文化语境中理解之物,那并不是最好的理解法律的途径。

尽管在本书中关于比较法发展之未来的部分不足以展开一幅如同1900年的那样令人憧憬的画面,但毕竟法律的迁移在世界的各个角落里发生,基于各种原因产生的混合法"特区"也在不断挑战着比较法学家的理解能力。至少我们今天可以说:百岁的灰姑娘的梦想已经变得更加现实,但是她仍然有自己的梦想,并有追梦的好奇心和勇气。

在这本书的翻译过程中,译者内心经历了从无知无畏到一而再的挫折感,常常为了尽可能好的理解而绞尽脑汁。搁笔时我极尽疲惫也极尽欢欣,虽说难免漏洞百出,但一个看似不可能完成的任务到这里也总算能给自己一个交代。这本书的翻译校对和出版过程前后经历了四年多的时间,书稿陪着我走过了异国他乡的漫漫寒冬,走过了身体与心灵的双重危机,走过了那段艰难的步入中年的岁月,也和我一起迎来了新的生命和新的希望,我的鸣儿出生了。厚厚的译稿,我怯怯地翻着,仿佛总能窥见那些日日夜夜,好似昨天。

我要感谢所有对这部书稿的翻译和出版给予了帮助的人们:感谢齐海滨老师中肯的批评以及他和吴静等同学们的精准校对、感谢编辑王晶和薛颖师妹的"开水精神",感谢潘汉典老先生的谆谆教诲,感谢姚艳霞和郑轩铖高超的外语水平给予的及时帮助,感谢我的启蒙恩师杨亚非教授和授业恩师张文显先生一直以来的关心,感谢中国法学会比较法研究会和北京外国语大学法学院各位师长和朋友的支持。

  文中部分法文注释没有译出,谨附原文,供读者参阅。译事艰难,能力与精力有限,译文疏漏错误之责任由译者承担,并恳请各位读者不吝赐教。

  如威廉·特文宁(William Twining)所言:"严肃的比较法研究更像一种生活方式,而不是一种方法",愿我们的研究和生活都能保有更多的宽容、理解和尊重。

李晓辉

2010 年 11 月

北京西郊京汉旭城

校 者 附 识

自 2006 年底到华中科技大学任教以来,由 Pierre Legrand 与 Roderick Munday 主编的这本文集,一直是我在法学院《比较法总论》这门研究生课程上使用的阅读材料。最初讲授这门课时,由于尚无中译本,学生们阅读的是这本文集的英文版本。承蒙北大出版社王晶编辑的引介,我接受了为李晓辉博士所译书稿的校对工作。在随后两年的《比较法总论》课程中,学生们对照阅读英文原文和中文译稿,在上课讨论的过程中对译稿提出校订意见,然后分章节负责整理和完善这些意见,先后共有 23 位同学参加了校对工作,具体分工如下:

第一章:徐浩;
第二章:梁雨农,张梦洁;
第三章:梁雨农;
第四章:邱泉;
第五章:陈慧慧,李佳明,徐浩;
第六章:林辉煌,成雄虎;
第七章:万未平,张梦洁;
第八章:李应涛,邱泉;
第九章:夏辉,王涛,谢苏威;
第十章:鄢琦,雷颖;
第十一章:肖新林,李佳明,杨培;
第十二章:胡雯姬,陈丽;
第十三章:代琼,雷颖;
第十四章:吴莉,纪耀。

参考学生们讨论中提出的意见,我和吴静同学对全书作了统校。

在校对过程中,有些术语的翻译参考了潘汉典、米健、贺卫方、高鸿均、马剑银、孙世彦和姚建宗等学者的相关译著,在此一并感谢。书稿校对难免存在瑕疵之处,愿祈方家教正。

齐海滨
2010 年 11 月于武昌